Anette Grünewald
Das vorsätzliche Tötungsdelikt

Anette Grünewald

Das vorsätzliche Tötungsdelikt

Mohr Siebeck

Anette Grünewald, geboren 1966; Studium der Rechtswissenschaft und der Philosophie in Freiburg i. Br. und in Hamburg; 1999 Promotion; 2009 Habilitation; derzeit Lehrstuhlvertretung an der Westfälischen Wilhelms-Universität Münster.

Gedruckt mit Unterstützung des Förderungs- und Beihilfefonds Wissenschaft der VG WORT.

ISBN 978-3-16-150012-1

Die Deutsche Nationalbibliothek verzeichnet diese Publikation in der Deutschen Nationalbibliographie; detaillierte bibliographische Daten sind im Internet über *http://dnb.d-nb.de* abrufbar.

Das Buch wurde von Gulde-Druck in Tübingen gesetzt, auf alterungsbeständiges Werkdruckpapier gedruckt und von der Buchbinderei Spinner in Ottersweier gebunden.

Vorwort

Die vorliegende Untersuchung wurde im Wintersemester 2008/2009 als Habilitationsschrift von der Fakultät für Rechtswissenschaft der Universität Hamburg angenommen. Abgeschossen wurde die Arbeit im Herbst 2007. Literatur, die bis Anfang 2010 erschienen ist, wurde zumindest in die Fußnoten eingearbeitet. Das gilt zumal für die 2007 erschienene Habilitationsschrift „Zur Legitimität von Gesinnungsmerkmalen im Strafrecht" von Brigitte Kelker und den 2008 im Goltdammer's Archiv (S. 193 ff.) veröffentlichten „Alternativ-Entwurf Leben" (AE-Leben). Um in gebührender Weise berücksichtigt zu werden, hätte die Habilitationsschrift von Kelker im dritten Kapitel des Buches als weiteres Konzept einer Schuldsteigerung (mithin zu A II) eigens erörtert werden müssen. Aus der vorliegenden Arbeit ergibt sich jedoch, dass ein Ansatz, der eine Erhöhung der Schuld über das Unrecht der Tat hinaus für möglich hält (wie Kelker dies tut), nicht befürwortet werden kann. Mit dem AE-Leben bestehen Übereinstimmungen in zwei wesentlichen Punkten. Erstens darin, dass auch dort ein zweistufiges Modell, bestehend aus den beiden Tatbeständen Mord und Totschlag, vorgeschlagen wird; allerdings liegt dem AE-Leben nur ein „im Ansatz zweistufige[s] Modell" zugrunde (GA 2008, S. 193 [204, 206]), wohingegen hier ein reines zweistufiges Konzept favorisiert wird. Zweitens wird im AE-Leben Mord als eine einfache vorsätzliche Tötung und als Grundtatbestand angesehen, wozu der Totschlag nur mehr eine Privilegierung liefern kann. Damit aber hören die Gemeinsamkeiten schon auf. Während nämlich im AE-Leben ein auf verminderter Schuld basierendes Privilegierungskonzept vorgeschlagen wird, wird hier ein Privilegierungskonzept entfaltet, das ausschließlich auf unrechtsmindernden Aspekten beruht.

Ich bedanke mich bei Prof. Dr. Reinhard Merkel, an dessen Lehrstuhl ich als wissenschaftliche Assistentin tätig sein durfte, für die vielfältige Förderung und Unterstützung, die er mir gewährte; bei Prof. Dr. Rainer Keller für die Erstattung des Zweitgutachtens und manch andere Unterstützung; bei Svenja Elbers, meiner wissenschaftlichen Hilfskraft in Münster, für die große Hilfe bei der Erstellung des Sach- und Personenverzeichnisses; bei den Mitarbeiterinnen und Mitarbeitern des Mohr Siebeck Verlags für die freundliche verlegerische Betreuung; bei dem Förderungs- und Beihilfefonds Wissenschaft der VG Wort für die großzügige Gewährung eines Druckkostenzuschusses.

Hamburg/Münster, im Juni 2010 Anette Grünewald

Inhaltsverzeichnis

3. Kapitel

Möglichkeiten einer Abstufung des vorsätzlichen Tötungsdelikts nach rechtlichen Prinzipien

Einleitung

Die Tötungsdelikte sind reformbedürftig. Neu ist diese Ansicht nicht. Sie entspricht vielmehr seit einigen Jahrzehnten der ganz überwiegenden, beinahe einhelligen Auffassung in der Literatur[1]. An Vorschlägen, wie diese Lage zu beheben sei, und Anstößen dazu hat es ebenfalls nicht gefehlt. Erinnert sei vor allem an den Entwurf eines Strafgesetzbuches aus dem Jahr 1962 (E 1962), an den Alternativ-Entwurf aus dem Jahr 1970 (AE 1970) und zuletzt an den Alternativ-Entwurf Leben (GA 2008, S. 193ff.). Dazu kommen diverse andere Beiträge und Stellungnahmen aus dem Schrifttum, die oftmals ebenso ganz konkrete Gesetzgebungsvorschläge enthalten[2]. Hervorzuheben ist insoweit das Gutachten „Empfiehlt es sich, die Straftatbestände des Mordes, des Totschlags und der Kindestötung (§§ 211 bis 213, 217 StGB) neu abzugrenzen?", welches *Eser* 1980

[1] Siehe *Arzt*, ZStW 83 (1971), S. 1 ff.; *Arzt/Weber-Hilgendorf*, Strafrecht BT, § 2 Rdnr. 23; *Otto*, ZStW 83 (1971), S. 39ff.; *dens.*, Strafrecht BT, § 3 Rdnr. 29; *Zipf*, Würtenberger-FS, S. 151 ff., bes., 154 f.; *Jescheck*, in: Freiheitsstrafe, S. 127 (133); *Bertram*, in: Freiheitsstrafe, S. 157 (171); *Gössel*, DRiZ 1980, S. 281 (287); *Eser*, Gutachten, D 34 f.; Sch/Sch-*Eser*, § 211 Rdnr. 10 b; *Beckmann*, GA 1981, S. 335ff.; *dens.*, in: Juristinnen- und Juristentag, S. 61 ff.; *P.-A. Albrecht*, JZ 1982, S. 697 (705); *H.-L. Günther*, NJW 1982, S. 353 (358); *Laber*, MDR 1989, S. 861 (869); *Heine*, Tötung, S. 282 f.; *dens.*, Brauneck-Ehrengabe, S. 315ff.; *dens.*, GA 2000, S. 305ff.; *Saliger*, ZStW 109 (1997), S. 302 (334); *Müller-Dietz*, Nishihara-FS, S. 248 (258); *Grasberger*, MschrKrim 82 (1999), S. 147ff.; *Kargl*, StraFo 2001, S. 365 (374 f.); *Gerhard Wolf*, Schreiber-FS, S. 519 (532); *Wessels/Hettinger*, Strafrecht BT/1, § 2 Rdnr. 74; *Lackner/Kühl*, Vor § 211 Rdnr. 25; *Fischer*, Vor § 211 Rdnr. 1, § 211 Rdnr. 55 a. E.; NK/*Neumann*, Vor § 211 Rdnr. 156; *dens.*, Eser-FS, S. 431; MK/*Schneider*, § 211 Rdnr. 47; *Mitsch*, JZ 2008, S. 336ff., und Alternativ-Entwurf Leben, GA 2008, S. 193 (195, 203). – Eine zurückhaltendere Einschätzung der Reformbedürftigkeit findet sich hingegen vornehmlich bei Praktikern: *Fuhrmann*, Referat zum 53. Deutschen Juristentag, M 7 (10f., 15ff., 22); *Salger*, Sitzungsbericht zum 53. Deutschen Juristentag, M 58 f.; *Jähnke*, MDR 1980, S. 705 (708 f.); LK/*Jähnke*, Vor § 211 Rdnr. 36 a. E.; *Gribbohm*, ZRP 1980, S. 222 f.; vgl. des Weiteren aber auch *Rengier*, ZStW 92 (1980), S. 459 (474ff.); *dens.*, MDR 1980, S. 1 (3); *Küpper*, Kriele-FS, S. 777 (788).

[2] *Schröder*, in: Materialien, S. 283 (293); *Otto*, ZStW 83 (1971), S. 39 (79 f.); *Siol*, Mordmerkmale, S. 163; *Zipf*, Würtenberger-FS, S. 151 (155 f.); *Lackner* (Seminar), JZ 1977, S. 502 (503ff.); *Rüping*, JZ 1979, S. 617 (621); *Geilen*, JR 1980, S. 309 (314ff.); *Rengier*, MDR 1980, S. 1 (6); *ders.*, ZStW 92 (1980), S. 459 (474ff.); *Arzt*, in: Tötungsdelikte, S. 49 (61 mit Fn. 36); *Woesner*, NJW 1980, S. 1136 (1140); *Gribbohm*, ZRP 1980, S. 222 (225ff.); *Fuhrmann*, Referat zum 53. Deutschen Juristentag, M 7 (17, 22ff.); *Beckmann*, GA 1981, S. 335 (bes. 348, 360); *ders.*, in: Juristinnen- und Juristentag, S. 61 (71ff.); *P.-A. Albrecht*, JZ 1982, S. 697 (705 f.); *Heine*, Brauneck-Ehrengabe, S. 315 (330ff.); *ders.*, GA 2000, S. 305 (313ff.); *Grasberger*, MschrKrim 82 (1999), S. 147 (159); *Kargl*, JZ 2003, S. 1141 (1147ff.); *Gerhard Wolf*, Schreiber-FS, S. 519 (532); *Mitsch*, JZ 2008, S. 336 (340).

zum 53. Deutschen Juristentag verfasst hat[3]. Umgesetzt wurde von all diesen Ideen nichts – sieht man einmal ab von der Streichung des §217 StGB und der Anhebung der Mindeststrafe von sechs Monaten auf ein Jahr in §213 StGB durch das 6. Strafrechtsreformgesetz[4]. Bei Mord und Totschlag hingegen, den zentralen Vorschriften, ist es selbst zu geringfügigen Änderungen, die gänzlich unumstrittenen sind, nicht gekommen. Man denke nur an die Streichung der Wörter „Mörder" und „Totschläger" in den §§211 ff. StGB, die eine rein sprachliche Angelegenheit ist, mit der eine sachliche Modifikation also nicht verbunden wäre. Und die sogenannte große Lösung steht offenbar schon seit längerem – jedenfalls was die Legislative anbetrifft – nicht mehr zur Debatte[5]. *Rengier* bilanzierte daher unlängst nüchtern: „Der Schwung nach BVerfGE 45, 187 ist längst dahin und die 1980 geäußerte Hoffnung verflogen, die Diskussion und Reform werde bald nach dem Deutschen Juristentag 1980 ihren Abschluss finden."[6] Angesichts der jahrzehntelang äußerst engagiert geführten Reformdiskussionen ist das ein niederschmetterndes Resultat, steht doch das effektiv Erreichte in einem eklatanten Missverhältnis zu dem betriebenen Aufwand und darüber hinaus, was noch gravierender ist, zur Dringlichkeit und Bedeutsamkeit der Sache.

Dieser Befund überrascht, unvoreingenommen betrachtet, aus mehreren Gründen. So handelt es sich beim Tötungsverbot um eine Norm, die in so gut wie allen Kulturen zu finden ist[7]. Rechtsvergleichend lässt sich daher auf ein reichhaltiges Material zurückgreifen[8]. Außerdem verfügt kaum ein anderes Delikt über eine so lange Tradition wie das vorsätzliche Tötungsdelikt. Unter der Bezeichnung parricidium taucht es der Überlieferung nach schon in den Königsgesetzen im alten römischen Recht auf, und es dürfte neben der perduellio (Landes- oder Hochverrat) zu den ältesten Delikten des römischen öffentlichen Strafrechts gehören[9]. Seit der Zeit der späteren römischen Republik findet man ferner Differenzierungen zwischen den verschiedenen Arten der Tötung. Ne-

---

[3] *Eser*, Gutachten, bes. D 197ff.

[4] Gesetz vom 26. 1. 1998, das am 1. 4. 1998 in Kraft getreten ist (BGBl. I, S. 164).

[5] Vgl. Alternativ-Entwurf Leben, GA 2008, S. 193 (195, 198), wo von einem „schwer zu konkretisierenden Widerstand[ ]" die Rede ist (a.a.O., S. 198); *Otto*, Strafrecht BT, §3 Rdnr. 29.

[6] *Rengier*, NStZ 2004, S. 233 (240).

[7] *Höffe*, Rechtshistorisches Journal 12 (1993), S. 70, 77; *ders.*, Dialektik 1998/3, S. 31 (32); *ders.*, Vernunft, S. 10f., 39; *ders.*, Strafrecht, S. 16f., 67, 104f., 107f.; siehe weiterhin *Wesel*, Frühformen, S. 345.

[8] Dazu im Einzelnen: *Eser/Koch*, ZStW 92 (1980), S. 491ff.; *Eser*, Gutachten, D 74ff.; *Heine*, Brauneck-Ehrengabe, S. 315 (330ff.); *ders.*, GA 2000, S. 305 (313ff.); *Simson/Geerds*, Straftaten gegen die Person, S. 7ff.; – und früher schon *Wachenfeld*, Mord und Totschlag, S. 185ff.; *v. Liszt*, in: Vergleichende Darstellung, S. 1 (30ff.).

[9] *V. Hippel*, Strafrecht I, S. 60; *Geib*, Lehrbuch I, S. 16; *Köstlin*, Geschichte, S. 7; *v. Bar*, Geschichte des deutschen Strafrechts, S. 11; ferner *Rüping/Jerouschek*, Strafrechtsgeschichte, S, 62; weiter differenzierend *Kunkel*, Untersuchungen, S. 43f.

ben dem parricidium (also dem Vater- oder Verwandtenmord) sind das der Meuchel-, Gift- und Justizmord[10]. Zwar liegt diesen Unterscheidungen offenkundig (noch) kein normativ-systematisches Prinzip zugrunde. Vielmehr resultieren sie aus einer phänomenologischen Vorgehensweise und dürften mehr Aufschluss geben über den gesellschaftlichen und politischen Zustand jener Zeit: Es handelt sich um Tötungsformen, die (mit Ausnahme des parricidium[11]) in der schon vom Verfall gekennzeichneten römischen Republik besonders häufig vorkamen[12]. Modern gesprochen ist diese Typologie demnach durchweg kriminalpolitisch motiviert. Andererseits gab es in der Antike daneben erste Bemühungen, die verschiedenen Schweregrade von Taten (zumal am Beispiel der Tötung) herauszuarbeiten und nach allgemeinen Grundsätzen normativ schlüssig voneinander abzustufen. Das gilt namentlich für die philosophische Literatur[13]. Diese Bestrebungen wurden in der Folgezeit – wenngleich nicht durchgängig oder kontinuierlich – immer wieder aufgegriffen, neu verarbeitet und modifiziert. Insofern steht durch die lange historische Tradition, die das Delikt aufweist, ein umfangreicher Fundus zur Verfügung, auf den bei der Suche nach einem Abstufungsmodus rekurriert werden könnte.

Darüber hinaus erscheint die Zurückhaltung des Gesetzgebers noch aus einem anderen Blickwinkel frappant. Im Vergleich zu den beiden deutschsprachigen Nachbarländern, zu Österreich und der Schweiz, ist Deutschland nämlich gewissermaßen ins Hintertreffen geraten. So haben beide Länder ihre Vorschriften zum vorsätzlichen Tötungsdelikt in den letzten 35 Jahren novelliert. In Österreich bildet seit dem Inkrafttreten des Strafgesetzbuches am 1. 1. 1975[14] der Mord den Grundtatbestand (§ 75 öStGB). Er ist denkbar einfach gestaltet: „Wer einen anderen tötet, ist mit Freiheitsstrafe von zehn bis zu zwanzig Jahren oder mit lebenslanger Freiheitsstrafe zu bestrafen.“ Abgesehen von der Rechtsfolge, entspricht die Vorschrift § 212 StGB, dem Totschlag im deutschen Gesetz. Zu diesem Grundtatbestand des Mordes gibt es dann nur noch Privilegierungen,

[10] In der von *Sulla* (138 bis 78 v. Chr.) erlassenen Lex Cornelia de sicariis et veneficis (etwa 82/80 v. Chr.); siehe hierzu *Osenbrüggen*, Paricidium, S. 44; *Rein*, Criminalrecht der Römer, S. 407 ff., 455 f.; *Thomas*, Geschichte des Mordparagraphen, S. 10 ff.

[11] Ein parricidium wurde, wie sich einer beiläufigen Bemerkung *Ciceros* entnehmen lässt, nur selten begangen; vgl. *Cicero*, Reden (Rede für Sextus Roscius aus Ameria), S. 109 (123, Ziff. 38).

[12] *Rein*, Criminalrecht der Römer, S. 407 ff.; siehe außerdem *Köstlin*, Geschichte, S. 25 ff.

[13] Exemplarisch *Platon*, Gesetze IX, 7.4., S. 213 ff. Vgl. ferner *Cicero*, De officiis, I 8; *dens.*, De inventione, II 5; dessen Ausführungen beziehen sich freilich nicht speziell auf das Tötungsdelikt. *Cicero* stellt, allgemein gehalten, verschiedene Grade des Unrechts (der Ungerechtigkeit) heraus; diese lassen sich jedoch auf das Tötungsdelikt ebenso wie auf andere Delikte übertragen und für eine Abstufung fruchtbar machen – und so sind sie auch gedacht. Gleiches gilt für *Aristoteles*, Ethik, bes. Buch III, Ziff. 1 ff. (S. 54 ff.), und Buch V, Ziff. 10 (S. 136 ff.), der hier mehr noch als *Cicero* wegen der herausragenden Bedeutung seiner Lehre hervorzuheben ist.

[14] Es ist jedoch anzufügen, dass zuvor in Österreich noch das Strafgesetz von 1852 galt (vgl. *Tschulik*, in: Tötungsdelikte, S. 31; Wiener Kommentar/*Moos*, § 76 Rdnr. 1).

womit Österreich ein zweistufiges Modell vorsätzlicher Tötungstatbestände hat. Für hiesige Zwecke von besonderem Interesse ist §76 öStGB, der Totschlag[15]: „Wer sich in einer allgemein begreiflichen heftigen Gemütsbewegung dazu hinreißen läßt, einen anderen zu töten, ist mit Freiheitsstrafe von fünf bis zu zehn Jahren zu bestrafen." Als Totschlag wird demnach die sogenannte Tötung im Affekt verstanden. §76 öStGB ähnelt damit §213 StGB, ist mit diesem aber nicht identisch[16]. In der Schweiz ist eine neue Fassung der vorsätzlichen Tötungstatbestände, besonders des Mordes und des Totschlags, am 1.1.1990 in Kraft getreten. Wie es schon bei der vorherigen Regelung der Fall war, ist die einfache vorsätzliche Tötung, Art. 111 schwStGB, der Grundtatbestand[17]: „Wer vorsätzlich einen Menschen tötet, ohne dass eine der besonderen Voraussetzungen der nachfolgenden Artikel zutrifft, wird mit Zuchthaus nicht unter fünf Jahren bestraft." Davon werden als Qualifikation einerseits der Mord, Art. 112 schwStGB, und andererseits als Privilegierung der Totschlag, Art. 113 schwStGB, abgehoben[18]. Der Mordtatbestand, Art. 112 schwStGB, lautet: „Handelt der Täter besonders skrupellos, sind namentlich sein Beweggrund, der Zweck der Tat oder die Ausführung besonders verwerflich, so ist die Strafe lebenslängliches Zuchthaus oder Zuchthaus nicht unter zehn Jahren." Und als Totschlag gilt nach Art. 113 schwStGB: „Handelt der Täter in einer nach den Umständen entschuldbaren heftigen Gemütsbewegung oder unter grosser seelischer Belastung, so ist die Strafe Zuchthaus bis zu zehn Jahren oder Gefängnis von einem bis zu fünf Jahren." Die Schweiz hat damit das dreistufige System beibehalten, welches – jedenfalls vom Grundsatz her – auch das deutsche Recht kennzeichnet. Bei einer genaueren Gegenüberstellung beider Regelungen zeigt sich: Der Totschlag im schweizerischen Recht (Art. 113 schwStGB) kommt dem minder schweren Fall des Totschlags (§213 StGB) nach deutschem Recht nahe, ohne sich allerdings gänzlich mit ihm zu decken[19]. Weiterhin werden Mord und Totschlag in der Schweiz anhand eines Verwerflichkeitskonzepts voneinander geschieden[20], ein Abgrenzungsmodus, auf dem, jedenfalls der Grundidee nach, auch die deutsche Regelung basiert[21]. Die unmittelbaren Wurzeln dieses Ansatzes liegen bekanntlich in der Schweiz, namentlich im Vorentwurf zu einem

[15] Neben §76 öStGB regelt §77 öStGB die Tötung auf Verlangen des Opfers, §79 öStGB die Tötung bei der Geburt und §78 öStGB die Mitwirkung am Selbstmord.

[16] Vgl. auch *Moos*, ZStW 89 (1977), S. 796 (801), sowie Wiener Kommentar/*Moos*, §76 Rdnr. 2.

[17] Siehe nur *Donatsch*, in: Strafgesetzbuch, Art. 111.

[18] Im Weiteren – was hier aber nicht näher anzuschauen ist – erfasst Art. 114 schwStGB die Tötung auf Verlangen, Art. 116 schwStGB die Kindestötung, beides ebenfalls Privilegierungen, und Art. 115 schwStGB die Verleitung und Beihilfe zum Selbstmord.

[19] Vgl. *Schultz*, in: Tötungsdelikte, S. 13 (22).

[20] Dazu *Schwarzenegger*, SchwZStR 118 (2000), S. 349 (351 ff.); *Donatsch*, in: Strafgesetzbuch, Art. 112.

[21] Ausführlicher im zweiten Kapitel zu A I.

schweizerischen Strafgesetzbuch aus dem Jahr 1894 von *Carl Stooss*[22]. In der konkreten Ausgestaltung gibt es freilich Divergenzen: So ist Art. 112 schwStGB generalklauselartiger formuliert[23] als § 211 II StGB, der kasuistisch konzipiert ist[24]. Der Anwendungsbereich beider (Mord-)Vorschriften dürfte gleichwohl im Wesentlichen übereinstimmen. Was die Rechtsfolge betrifft, fällt indes auf, dass weder das österreichische noch das schweizerische Recht für den Mord zwingend eine lebenslange Freiheitsstrafe vorsehen; zwar bleibt diese möglich, es kann aber ebenfalls eine zeitige Strafe verhängt werden. In dieser Hinsicht bildet das deutsche Gesetz ohnehin eine Ausnahme, verglichen nicht nur mit Österreich und der Schweiz, sondern auch mit den anderen westeuropäischen Ländern. Denn diese sehen in ihren Gesetzen entweder eine flexible Strafandrohung oder jedenfalls Milderungstatbestände vor[25]. Zusammenfassend lässt sich, wenn man die Regelungen Österreichs und der Schweiz nimmt, festhalten: Die Abstufungen beim vorsätzlichen Tötungsdelikt werden in beiden Ländern – gleich ob dies in einem zwei- oder dreistufigen System geschieht – vornehmlich an einem sozialethischen Maßstab ausgerichtet. So hebt sich der Mordtatbestand in der Schweiz von der einfachen vorsätzlichen Tötung durch die besondere Skrupellosigkeit (oder eben Verwerflichkeit) ab, mit der der Täter bei der Tötung vorgeht[26]. In Österreich kommt es für den Totschlag (§ 76 öStGB) darauf an, ob die Gemütsbewegung allgemein begreiflich war, was sich wiederum nach der „sozialethische[n] Verständlichkeit der Erregung" bemessen soll[27]. Als weitere Komponente lässt sich neben der sittlich-moralischen eine psychologische ausmachen[28]. Besonders deutlich tritt diese in der schweizerischen Regelung des Totschlags mit dem Merkmal „unter grosser seelischer Belastung" hervor. Aber auch die Prüfung einer „sozialethischen Verständlichkeit" der Tat nach § 76 öStGB läuft leicht auf die Feststellung einer psychologischen Erklär-

---

[22] *Stooss*, Grundzüge, 2. Band, S. 3 ff., bes. 9 f.; *ders.*, Bericht über den Vorentwurf, S. 4 ff.; *Grau/Krug/Rietzsch*, Deutsches Strafrecht I, S. 294 f. Zum *Stooss'schen* Entwurf siehe auch *Schultz*, in: Tötungsdelikte, S. 13 f.; *Schroeder*, JuS 1984, S. 275 f.; *Blei*, Strafrecht II, S. 8 f.

[23] Noch vager gefasst war die vorherige Regelung: „Hat der Täter unter Umständen oder mit einer Überlegung getötet, die seine besonders verwerfliche Gesinnung oder seine Gefährlichkeit offenbaren, so wird er mit lebenslänglichem Zuchthaus bestraft." Dazu (auch kritisch) *Walder*, SchwZStR 96 (1979), S. 117 (143 ff.); *Schultz*, in: Tötungsdelikte, S. 13 (16 ff.). Der Anwendungsbereich der jetzigen Vorschrift soll jedoch mit dem alten Art. 112 schwStGB weitgehend identisch sein (siehe *Donatsch*, in: Strafgesetzbuch, Art. 112).

[24] Das gilt, auch wenn das Mordmerkmal „niedrige Beweggründe" als (Motiv-)Generalklausel fungiert.

[25] Ausführlicher dazu *Heine*, Brauneck-Ehrengabe, S. 315 (334); *ders.*, GA 2000, S. 305 (315 ff.).

[26] *Schwarzenegger* führt zum Merkmal der Verwerflichkeit in Art. 112 schwStGB aus (SchwZStR 118 [2000], S. 349 [355]): „Dieser Begriff verweist in erster Linie auf eine ethisch-moralische Einschätzung." – „[...] im Rahmen der Mordstrafnorm [spielt] das Moralisieren eine zentrale Rolle [...]."

[27] Wiener Kommentar/*Moos*, § 76 Rdnr. 5, 31.

[28] Vgl. auch *Schwarzenegger*, SchwZStR 118 (2000), S. 349 (360 f.).

barkeit (Einfühlbarkeit[29]) oder aber einer allgemein menschlichen Nachvollziehbarkeit[30] hinaus. Bei beiden Aspekten handelt es sich zunächst nicht um spezifisch rechtliche; sie stammen vielmehr aus einem anderen (wissenschaftlichen) Bezugssystem[31], dem der Psychologie oder dem der Sozialethik. Es ist durchaus bemerkenswert, dass als ein bedeutender Initiator der gegenwärtigen schweizerischen Gesetzesfassung *Hans Binder*, ein Zürcher Psychiater, angeführt wird[32]. Grundlegend ist insoweit ein Aufsatz *Binders* aus dem Jahr 1952[33]. Zwar betont *Binder* in seiner Abhandlung, die Annahme eines Mordes nach Art. 112 schwStGB[34] richte sich nicht nach psychologischen, sondern nach ethischen Gesichtspunkten[35]. Nun erfordert die Feststellung, ob eine besonders verwerfliche Gesinnung vorliegt, ob der Täter also aus „krassestem, primitivstem Egoismus"[36] getötet hat, ob er eine „besonders gemeine, niederträchtige Motivierung"[37] aufweist oder ob die Tat eine besonders weitgehende „Skrupellosigkeit und Gemütskälte"[38] erkennen lässt, sicherlich in erster Linie eine sozialethische Bewertung. Allerdings ist eine solche Bewertung nicht möglich, wenn nicht zugleich die Innenwelt des Täters, seine Einstellung oder Gesinnung, in den Blick genommen wird[39]. Beide Momente, das sozialethische und das psychologische, wirken also zusammen. Die Abgrenzung von Mord und Totschlag hängt nach allem sowohl in Österreich als auch in der Schweiz maßgeblich von sozialethischen Erwägungen ab sowie ferner von innerpsychischen Gegebenheiten. Hierin mag sich die Einschätzung *Esers*, eine „schuldorientierte" Abstufung beim vorsätzlichen Tötungsdelikt sei „im Zuge der Zeit", bestätigen[40]. Ob ein solcher Abgrenzungsmodus (wenngleich „im Zuge der Zeit")

---

[29] Dazu *Jaspers*, Psychopathologie, S. 23 f., 250 ff.; ferner *Rasch*, Psychiatrie, S. 186.

[30] Für diesen Maßstab bei der Beurteilung einer Affekttötung: *Eser*, Gutachten, D 137 (sehr weitgehend); außerdem (jedoch enger) NK/*Neumann*, § 213 Rdnr. 16; *ders.*, Zurechnung, S. 253 f.; *Donatsch*, in: Strafgesetzbuch, Art. 113; Wiener Kommentar/*Moos*, § 76 Rdnr. 31; *ders.*, ZStW 89 (1977), S. 796 (829 ff.); *Blau*, Tröndle-FS, S. 109 (112); LK/*Jähnke*, § 213 Rdnr. 4 a. E.; *Otto*, Strafrecht BT, § 5 Rdnr. 10; *Wessels/Hettinger*, Strafrecht BT/1, § 2 Rdnr. 173; *Kindhäuser*, Strafrecht BT I, § 1 Rdnr. 18.

[31] Hierzu *Rasch*, Psychiatrie, S. 186 f.; *Bresser*, NJW 1978, S. 1188; *Witter*, in: Der psychiatrische Sachverständige, S. 37 f.; *ders.*, Leferenz-FS, S. 441 (442); *Saß*, Forensia 6 (1985), S. 33 (36); *Nedopil*, Psychiatrie, S. 11 f.; *Jakobs*, Strafrecht, 18/3 ff., 24 ff.; *ders.*, in: Grenzfragen, S. 128 ff.; *ders.*, in: Handlungsanalyse, S. 21 ff.; weiterhin *Streng*, NStZ 1995, S. 12 (13), S. 161 (162 ff.); *Bernsmann*, NStZ 1989, S. 160 (163 ff.).

[32] Siehe *Schultz*, in: Tötungsdelikte, S. 13 (21); *Schwarzenegger*, SchwZStR 118 (2000), S. 349 (363).

[33] *Binder*, SchwZStR 67 (1952), S. 307 ff.

[34] Damals noch in der oben in Fn. 23 angegebenen Version.

[35] *Binder*, SchwZStR 67 (1952), S. 307 (309 f.).

[36] *Binder*, SchwZStR 67 (1952), S. 307 (314).

[37] *Binder*, SchwZStR 67 (1952), S. 307 (322).

[38] *Binder*, SchwZStR 67 (1952), S. 307 (325).

[39] Vgl. auch *Binder*, SchwZStR 67 (1952), S. 307 (313, 317); ferner *Schwarzenegger*, SchwZStR 118 (2000), S. 349 (362 ff.).

[40] *Eser*, Gutachten, D 113 f. Genauer meint *Eser* ein an der Schuld orientiertes, zweistufiges

jedoch als vorzugswürdig anzusehen ist und ein treffliches Vorbild abgeben könnte, ist eine andere Frage und damit noch nicht gesagt. Auf diese Frage wird im Laufe der Untersuchung noch zurückzukommen sein[41].

Nachdem bislang eher Gesichtspunkte aufgeführt worden sind, die die Passivität des deutschen Gesetzgebers zumindest prima facie erstaunlich erscheinen lassen, wäre zu überlegen, ob es nicht auch nachvollziehbare, gute Gründe dafür gibt. Vornehmlich seitens der Praxis wird die Notwendigkeit einer Reform – obzwar nicht gänzlich bestritten, so doch – als weniger dringlich eingestuft. Die Rechtsprechung, so wird vorgetragen, werde in aller Regel mit den Schwierigkeiten fertig, die der Mordtatbestand biete[42]. In diesem Sinne bemerkt *Fuhrmann* schon 1980, anlässlich der Verhandlungen zum 53. Deutschen Juristentag, zu einer möglichen Neuregelung der vorsätzlichen Tötungsdelikte: „Die Rechtsprechung hat nach fast vierzigjähriger Anwendung dieses Tatbestandes Wege gefunden, um mit ihm auszukommen und trotz seiner absoluten Strafdrohung im Einzelfall zu einer gerechten Strafe zu gelangen. Seine Ecken und Kanten haben sich abgeschliffen. Die Strafrechtspflege kann mit ihm leben."[43] Aus einer anderen Perspektive lässt sich diese Vorgehensweise freilich so beschreiben: Die Gerichte fragten sich zuerst, zu welchem Ergebnis sie gelangen wollten, und überlegten dann, wie dieses Ergebnis wohl am besten zu begründen sei[44]. Geteilt wird diese Einschätzung von dem forensischen Psychiater *Rasch*, nach dessen Erfahrung „[...] manche Schwurgerichte [...] bemüht [sind], Mordmerkmale zu finden, und andere [...], sie zu übersehen"[45]. Insofern überrascht es kaum noch, wenn – darüber hinausgehend – konstatiert wird, es sei letztlich so gut wie belanglos, wie der Mordtatbestand gerade formuliert sei, die Ergebnisse entsprächen sich ohnehin weitgehend[46]. Dementsprechend wurde und wird ei-

---

Abgrenzungsmodell, namentlich die Affekt- oder Konflikttötung als Privilegierung neben der einfachen vorsätzlichen Tötung.

[41] Im dritten Kapitel, besonders B I und III, ferner A II.

[42] *Fuhrmann*, Referat zum 53. Deutschen Juristentag, M 7 (15); vgl. des Weiteren *Bertram*, in: Freiheitsstrafe, S. 157 (168ff.), und *Staiger*, in: Freiheitsstrafe, S. 181 (188f.).

[43] *Fuhrmann*, Referat zum 53. Deutschen Juristentag, M 7 (15).

[44] *Middendorff*, in: Tötungsdelikte, S. 133 (137f.); *Schreiber*, Sitzungsbericht zum 53. Deutschen Juristentag, M 82f.

[45] *Rasch*, in: Freiheitsstrafe, S. 25 (38).

[46] Aufschlussreich das Zitat einer Bundesrichterin aus dem Jahr 1959 (zitiert nach *Steigleder*, Mörder, S. 8), die erläutert: „Wir werden – gleichgültig, wie wir den Tatbestand fassen – niemals ein Schwurgericht dazu bringen, jemand wegen Mordes zu verurteilen, wenn es ihn nicht wegen Mordes verurteilen will. Die Schwurgerichte werden, wie der Tatbestand auch aussehen mag, lernen, ihre Entscheidungen so zu begründen, daß sie nicht aufgehoben werden können; im äußersten Fall werden sie auf Annahme verminderter Zurechnungsfähigkeit ausweichen. Die Verantwortung für die Verhängung einer lebenslangen Zuchthausstrafe ist zu schwer, als daß sie von einem Schwurgericht auch dann übernommen würde, wenn es der Auffassung ist, aus irgendwelchen Gründen sei diese Strafe nicht angebracht." – Siehe des Weiteren *Arzt*, ZStW 83 (1971), S. 1 (9 in Fn. 22); *Bertram*, in: Freiheitsstrafe, S. 157 (168 ff.); *Staiger*, in: Freiheitsstrafe, S. 181 (188 f.).

nerseits vertreten, bei der alten Regelung des § 211 RStGB aus dem Jahr 1871, nach der eine vorsätzliche Tötung als Mord galt, die mit Überlegung ausgeführt wurde, hätten die Gerichte sich tatsächlich danach gerichtet, ob die Motive des Täters verwerflich waren oder nicht[47], und damit so entschieden, wie es die „niedrigen Beweggründe" jetzt vorgeben; während andererseits geltend gemacht wird, die Gerichte orientierten sich nunmehr bei der Auslegung der Mordmerkmale des § 211 II StGB oftmals nach wie vor am Merkmal der Überlegung[48]. Damit geht es einher, wenn *Jähnke* darauf hinweist, dass man, sofern man Entscheidungen des Reichsgerichts, in denen dieses nach der alten Regelung geurteilt habe, mit denen des BGH vergleiche, teils gar nicht merke, dass das Gesetz sich in der Zwischenzeit geändert habe[49]. Nun mag man diesem Befund sogar noch etwas Positives und Beruhigendes abgewinnen. Immerhin, so ließe sich sagen, scheine der Anwendungsbereich der höchststrafwürdigen Tötungsfälle doch weitgehend identisch zu sein und zu bleiben. Das vermag jedoch allenfalls bei einer sehr vordergründigen und pragmatischen Sichtweise zu besänftigen. Dogmatisch gesehen dürften die Wege, die hier gefunden werden, um mit § 211 StGB zurechtzukommen, nicht selten höchst bedenklich sein – ein Verdacht, den *Fuhrmanns* Erläuterungen belegen: „Es ist nicht zu bestreiten, daß die Tatgerichte hin und wieder bei bestimmten Grenzfällen zu Mitteln greifen, die den legalen Rahmen überschreiten." Und weiter: „Nun ist die extensive Berücksichtigung einer verminderten Schuldfähigkeit in der Praxis nichts Außergewöhnliches. Sie ist bei allen schweren Straftaten zu beobachten und war schon immer ein Mittel der Justiz, um starren Strafandrohungen aus dem Wege zu gehen, wenn sie zu ungerechten Ergebnissen führen."[50] Man hat es demnach offenbar mit den vielfach herausgestellten und kritisierten Umgehungsstrategien beim vorsätzlichen Tötungsdelikt zu tun[51] – Strategien, die eingeschlagen werden, um eine Bestrafung zu erreichen, die als angemessen und gerecht empfunden wird. Wenngleich das Ziel einer gerechten und adäquaten Strafe selbstverständlich anerkennenswert ist, so ist der eingeschlagene Weg doch – und insoweit ist den beschwichtigenden Stellungnahmen aus der Praxis zu wider-

---

[47] *V. Holtzendorff*, Verbrechen des Mordes, S. 263; *Eb. Schmidt*, DRZ 1949, S. 198 (200); *Kohlrausch/Lange* stellen (1950) in ihrer Kommentierung fest (§§ 211, 212 Anm. I): „Und Mord bedeutet heute grundsätzlich nicht anders als früher die eine besondere Verwerflichkeit oder Gefährlichkeit des Täters manifestierende Tötung."

[48] *Baldus*, Niederschriften, 7. Band, S. 55; *Jähnke*, MDR 1980, S. 705 (707); ferner *Geilen*, Schröder-GS, S. 235 (240).

[49] *Jähnke*, MDR 1980, S. 705 (707).

[50] *Fuhrmann*, Referat zum 53. Deutschen Juristentag, M 7 (15).

[51] Vgl. *Sessar*, Tötungskriminalität, S. 16 ff. 193, 206; *Eser*, Gutachten, D 53 ff.; *Kreuzer*, Kriminalistik, 1982, S. 428 ff., 491 ff.; *Kerner*, ZStW 98 (1986), S. 874 (881 ff., 896 ff.); *Rüping*, JZ 1979, S. 617 f.; MK/*Schneider*, § 211 Rdnr. 30 ff. Ausführlicher hierzu noch im ersten Kapitel zu A.

sprechen – nicht nur unbefriedigend, sondern aus rechtsstaatlichen Gründen höchst problematisch[52].

Möglicherweise aber gibt es einen anderen triftigen Grund, der die zögerliche Haltung des Gesetzgebers zu erklären vermag. So bemerkt *Eberhard Schmidt*: „Es ist eine historische seltsame Tatsache, daß man Mord und Totschlag seit eineinhalb Jahrtausenden unterscheidet, daß man aber im Grunde genommen nie gewußt hat, wo die Grenze wirklich verläuft."[53] Und *Franz v. Liszt* stellt schon 1905 in seiner ausführlichen und rechtsvergleichenden Darstellung „Verbrechen und Vergehen wider das Leben" fest, das Problem selbst sei unlösbar, einen „Begriff des Mordes" gebe es einfach nicht[54]. Für diese These lässt sich anführen, dass die beiden grundverschiedenen Lösungen, die in den letzten 200 Jahren in Deutschland Gesetz waren und sind – zum einen die Überlegungskonzeptionen, vom 19. Jahrhundert an bis in die erste Hälfte des 20. Jahrhunderts, zum anderen, seit 1941, die derzeitige Regelung, bei der die Verwerflichkeit der Motive oder der Art und Weise der Tatbegehung im Vordergrund steht –, nicht überzeugen konnten oder können[55]. „Die bisherige Entwicklung", so kann man mit *Eberhard Schmidt* zusammenfassen, „ist also schlechthin entmutigend"[56]. An dieser Tatsache kommt man nicht vorbei, und sie darf keineswegs gering veranschlagt werden. Denn beide Lösungsvarianten waren und sind nicht bloß marginal umstritten – so, wie in der Jurisprudenz (der Wissenschaft) eben einiges umstritten ist, ohne dass die Sinnhaftigkeit des Ganzen deswegen schon prinzipiell in Frage zu stellen wäre. Man muss sich vielmehr das Ausmaß der Kritik vergegenwärtigen: Ebenso wie es bereits unmittelbar nach Einführung des § 211 RStGB von 1871 kaum noch eine Stimme im Schrifttum gab, die diese Regelung als gelungen bezeichnet oder verteidigt hätte[57], gibt es das auch seit Jahrzehnten für § 211 StGB nicht mehr. Im Gegenteil, die Reformbedürftigkeit des § 211 StGB ist, wie eingangs geschildert, Opinio communis[58]. *Frommel* sieht daher nicht zu Unrecht in der „Reform der Tötungsdelikte [...] seit dem Ende des 19. Jahrhunderts [...] [die] Quadratur des Kreises"[59]. Das von *Arzt*

---

[52] Siehe auch *Lackner/Kühl*, Vor § 211 Rdnr. 25; dezidiert kritisch ferner *Mitsch*, JZ 2008, S. 336 ff., und der Alternativ-Entwurf Leben, GA 2008, S. 193 (203 [„schwer kontrollierbares instanzgerichtliches Schattenrechtssystem"]).

[53] *Eb. Schmidt*, Niederschriften, 7. Band, S. 32.

[54] *V. Liszt*, in: Vergleichende Darstellung, S. 1 (68, 69); ebenso *Schröder*, in: Materialien S. 283 (285 ff.); *ders.*, JZ 1952, S. 526 f.; *Bockelmann*, Niederschrift, 7. Band, S. 30 f.; *Frommel*, in: Leben ohne Lebenslänglich, S. 69 (70 f., 77, 82); ferner *Baldus*, Niederschriften, 13. Band, S. 146; *Gribbohm*, ZRP 1980, S. 222 f.; LK/*Jähnke*, Vor § 211 Rdnr. 36 a.E.; *Weiß*, Verdeckungsabsicht, S. 317.

[55] Eingehend dazu im zweiten Kapitel.

[56] *Eb. Schmidt*, Niederschriften, 7. Band, S. 32.

[57] Siehe *v. Liszt*, in: Vergleichende Darstellung, S. 1 (44); *Wachenfeld*, Tötungsdelikte, S. 34, sowie ferner die umfangreichen Nachweise bei *Conen*, Tötungsdelikte, S. 28 f.

[58] Nachweise in Fn. 1.

[59] *Frommel*, in: Leben ohne Lebenslänglich, S. 69 (70).

ausgesprochene Verdikt, der Regelung der Tötungsdelikte liege eine „Überschätzung der Mordmerkmale" zugrunde, passt hierzu ebenso und findet offenbar seine Bestätigung[60]. „Welche Geringschätzung des Rechtsguts ‚Leben' liegt dem geltenden Recht [...] zugrunde", so führt *Arzt* aus, „wenn die vorsätzliche Lebensverletzung nur mit zeitiger Freiheitsstrafe bedroht ist, und welche Überschätzung der Mordmerkmale und der darin liegenden Schuld- oder Unrechtssteigerung, wenn ihr Hinzutreten zur Anhebung der Strafe [...] auf lebenslänglich führt"[61].

Daraus ließe sich schlussfolgern: Gibt es keinen „Begriff des Mordes" oder lassen sich jedenfalls nicht allgemeingültig Tatbestandsmerkmale benennen, bei deren Vorliegen die absolut angesetzte Höchststrafe – wie immer diese gerade aussehen mag – stets angezeigt erscheint, ist das entscheidende Problem des § 211 StGB dessen Rechtsfolge. Mehr noch könnte man dann sagen: Einen Tatbestand des Mordes haben wir nur deshalb, weil wir eine absolute Strafandrohung haben und weil wir für diese Strafe einen Anwendungsbereich finden müssen[62]. Das Hauptproblem des § 211 StGB ist danach nicht die tatbestandliche Ausgestaltung, sondern die Rechtsfolge[63]. Geht man davon aus, legt das zwei Folgerungen nahe. Erstens – und de lege lata – ist die Auslegung der Mordmerkmale strikt an der Rechtsfolge auszurichten, womit die Frage, ob ein Mord anzunehmen ist oder nicht, im Grunde von hinten (eben von der Rechtsfolge) aufzurollen ist. Ausschlaggebend für die Interpretation des Mordtatbestands sind danach weniger dogmatische denn pragmatische und kriminalpolitische Erwägungen. Und die maßgebliche Maxime lautet, angesichts der lebenslangen Freiheitsstrafe, eine denkbar restriktive Handhabung der Mordmerkmale zu erreichen. Dieses Verfahren entspricht einer weitverbreiteten Ansicht in der Literatur, die hierin die einzige Möglichkeit sieht, zu adäquaten und gerechten Ergebnissen zu gelangen[64]. Dass dies de facto weithin so sein mag, soll nicht in

---

[60] *Arzt*, ZStW 83 (1971), S. 1 (12f.); *ders.*, in: Freiheitsstrafe, S. 141 (149); *Arzt/Weber*, Strafrecht BT, § 2 Rdnr. 23.

[61] *Arzt*, ZStW 83 (1971), S. 1 (12f.). – In der Sache ebenso *Lackner*, Referat zum 53. Deutschen Juristentag, M 25 (32, 36); ferner *Gössel*, DRiZ 1980, S. 281 (283); *Tschulik*, in: Tötungsdelikte, S. 31 (35f.); *Eser*, Gutachen, D 92.

[62] So bereits *v. Liszt*, in: Vergleichende Darstellung, S. 1 (70); ferner *Arzt*, ZStW 83 (1971), S. 1 (11); *ders.*, in: Tötungsdelikte, S. 49 (53); *Eser*, Gutachten, D 87.

[63] Vgl. *Küpper*, Kriele-FS, S. 777 (788ff., 794); *Arzt*, ZStW 83 (1971), S. 1 (13f., 24); *dens.*, in: Freiheitsstrafe, S. 141 (147); *Rengier*, ZStW 92 (1980), S. 459 (474f.); *dens.*, MDR 1980, S. 1 (3); *Gössel*, DRiZ 1980, S. 281 (285, 288); *Eser*, Gutachten, D 35ff., 53ff., 87ff.; *Müller-Dietz*, Jura 1983, S. 568, 574ff.; *Veh*, Mordtatbestand, S. 26f.; *Heine*, Brauneck-Ehrengabe, S. 315 (318, 340f.); *Kargl*, StraFo 2001, S. 365 (374f.); NK/*Neumann*, Vor § 211 Rdnr. 144; SK/*Horn*, § 211 Rdnr. 6.

[64] NK/*Neumann*, Vor § 211 Rdnr. 150; *Kindhäuser*, Strafrecht BT I, § 2 Rdnr. 7; *Rengier*, Strafrecht BT II, § 4 Rdnr. 4; ders., ZStW 92 (1980), S. 459 (476); SK/*Horn*, § 211 Rdnr. 6; Jescheck, in: Freiheitsstrafe, S. 127 (131f.); *Küpper*, Strafrecht BT/1, § 1 Rdnr. 34; *Mitsch*, JuS 1996, S. 121 (122f.); Sch/Sch-*Eser*, § 211 Rdnr. 10; *Freund*, GA 1999, S. 509 (514); *Krey/Heinrich*, Strafrecht BT/1, § 1 Rdnr. 55; ferner BVerfGE 45, S. 187 (259ff., bes. 261, 267); – und

Abrede gestellt werden. Zugleich muss aber der Hinweis erlaubt sein, dass das Vorgehen doch höchst bedenklich ist[65]. Denn es führt zuletzt zu einer völligen Preisgabe dogmatischer Prinzipien bei der Abgrenzung von Mord und Totschlag. Diese Preisgabe erweist sich nicht bloß als ein Zukunftsszenario, das hier in hypertropher Manier aufgebaut oder herbeigeredet würde – sie ist vielmehr weitgehend Realität[66].

Zweitens – und de lege ferenda – wäre die Problematik des Mordtatbestands relativ leicht zu lösen (jedenfalls theoretisch), indem man nämlich die absolute Strafandrohung abschafft. Ohne den noch folgenden Erörterungen vorgreifen zu wollen, lässt sich aber bereits an dieser Stelle festhalten: Unleugbar ist die starre Strafe, die §211 I StGB vorgibt, ein zentrales Problem der Vorschrift. Man wird aber bezweifeln dürfen, ob mit ihrer Abschaffung tatsächlich alle Probleme gelöst wären. Denn was bleibt, ist die Kernfrage: Wie lassen sich beim vorsätzlichen Tötungsdelikt Abstufungen im Schweregrad normativ schlüssig und dogmatisch fundiert begründen? Eine Relativierung der Strafandrohung löst dieses Problem nicht, sie verlagert es nur in die Strafzumessung. Diesen Einwand darf man auch allen Autoren entgegenhalten, die de lege ferenda beim vorsätzlichen Tötungsdelikt eine Strafzumessungslösung favorisieren[67]. Prima facie mag eine solche Lösung den Vorzug einer größtmöglichen Flexibilität versprechen. Richtig besehen, gerät dieser (scheinbare) Vorzug indes leicht zum Nachteil. So hat sich die Strafzumessung, wie es in den letzten Jahren verstärkt und prononciert eingefordert wird, an rationalen, klaren und dogmatisch fundierbaren Kriterien zu orientieren[68]. Die Strafzumessung lässt sich demzufolge

---

dezidiert in diesem Sinne bereits *Schmidhäuser*, Würtenberger-FS, S. 91 (104ff.); *ders.*, JR 1978, S. 269f.; *ders.*, in: Tötungsdelikte, S. 103 (109ff.); *ders.*, NStZ 1989, S. 55 (56); *ders.*, Strafrecht BT, 2/14, nach dessen „teleologischer Auslegung" die Rechtssätze auf das Ziel (das Telos), die Rechtsfolge, hin auszulegen sind (eingehend dazu *ders.*, Strafrecht AT, 5/34ff., 6/2ff.).

[65] Ebenfalls kritisch *Kargl*, StraFo 2001, S. 365 (366, 374f.), und *Mitsch*, JZ 2008, S. 336 (337).

[66] *Arzt* diagnostiziert, ganz zutreffend, einen „Kollaps des §211 unter der Last des case law" (*Arzt/Weber*, Strafrecht BT, §2 Rdnr. 23).

[67] *V. Liszt*, in: Vergleichende Darstellung, S. 1 (71ff.); *Schröder*, in: Materialien, S. 283 (284ff.); *ders.*, SJZ 1950, Sp. 560 (562, 565); *ders.*, JZ 1952, S. 526f.; Alternativ-Entwurf 1970, S. 16f.; *Siol*, Mordmerkmale, S. 163; *Lackner*, JZ 1977, S. 502 (503f.); *Zipf*, Würtenberger-FS, S. 151 (155f.); *Fuhrmann*, Referat zum 53. Deutschen Juristentag, M 7 (17f., 23f.); *Rengier*, ZStW 92 (1980), S. 459 (478f.); *ders.*, MDR 1980, S. 1 (3); *ders.*, NStZ 1982, S. 225 (226); *Gribbohm*, ZRP 1980, S. 222 (223, 225); *Beckmann*, GA 1981, S. 335 (360); *ders.*, in: Juristinnen- und Juristentag, S. 61 (71f.); *Frommel*, StV 1982, S. 533f.; *dies.*, in: Leben ohne Lebenslänglich, S. 69 (76); *Kratzsch*, JA 1982, S. 401 (404f.); *Heine*, Brauneck-FG, S. 315 (341); *ders.*, GA 2000, S. 305 (315, 319).

[68] Eingehend dazu *Frisch*, ZStW 99 (1987), S. 349 (bes. 375ff.), S. 751ff.; *ders.*, GA 1989, S. 338 (bes. 355ff.); *ders.*, 140 Jahre GA, S. 1ff.; *ders.*, BGH-FG, Band IV, S. 269 (bes. 286ff.); *ders.*, Müller-Dietz-FS, S. 237ff.; *Hörnle*, Strafzumessung, bes. 143ff.; *dies.*, JZ 1999, S. 1080ff.; *dies.*, in: Tatproportionalität, S. 99ff.; *Freund*, GA 1999, S. 509ff., und bereits *Schünemann*, in: Tendenzen der Kriminalpolitik, S. 209ff.

nicht (mehr) als ein „Sumpfgebiet" ansehen[69] – eine Rechtsmaterie also, in der man schlichtweg allerlei Gesichtspunkte berücksichtigen dürfte, die man irgendwie für beachtlich hält, und deren Anforderungen weitaus lässiger gehandhabt werden dürften als die der Straftatbegründung[70]. Vielmehr gilt: Ein normativ konsistentes Strafrechtssystems ist nur zu erreichen, wenn die Maßstäbe und Kriterien auf beiden Ebenen, der der Straftatbegründung und der der Strafzumessung, miteinander harmonieren und sich entsprechen[71]. Insbesondere lassen sich bei der Strafzumessung nicht irgendwelche diffusen Aspekte mit einbeziehen oder solche, die bereits bei der Straftatbegründung aus prinzipiellen und wohlerwogenen Gründen keine Relevanz entfalten können. Normativ stimmen die Kategorien der Strafzumessung daher grundsätzlich mit denen der Straftatbegründung überein. Eine Strafzumessungslösung verschiebt demnach, schon vordergründig besehen, das Abstufungsproblem bloß auf eine andere Ebene und beantwortet für sich genommen die entscheidende Frage, wie und nach welchen Kriterien das vorsätzliche Tötungsdelikt abgestuft werden könnte, nicht. Es überzeugt aber wenig, diese Problematik vorzeitig in die Strafzumessung zu verlegen (und sie somit mehr oder weniger einer offenen Diskussion zu entziehen?). Denn die Aufgabe bleibt bestehen.

Damit ist zugleich das Thema dieser Untersuchung benannt: Es geht darum, die Möglichkeiten auszuloten, wie vorsätzliche Tötungstatbestände – unter Beibehaltung der traditionellen Terminologie ließe sich auch formulieren: Mord und Totschlag – dogmatisch wie normativ schlüssig voneinander abgestuft werden können. Grundsätzlich lässt sich die Abschichtung auf der Unrechts- und/

---

[69] *Eser*, NStZ 1981, S. 383 (384), spricht vom „Zumessungssumpf"; ferner *P.-A. Albrecht*, JZ 1982, S. 697; zur Problematik der herkömmlichen Strafzumessungsdoktrin ausführlich *Hörnle*, Strafzumessung, S. 35 ff.; *dies.*, JZ 1999, S. 1080 ff.; *Frisch*, BGH-FG, Band IV, S. 269 ff.

[70] *Wesel* bemerkt hierzu in seinem Buch „Fast alles, was Recht ist" mokant (S. 192): „Man versteht also, warum im Strafrecht auf den Tatbestand gesehen wird. [...]: warum man so viel Scharfsinn darauf verwendet, das begriffliche Instrumentarium zu verfeinern, die sogenannte Dogmatik. Schließlich geht es um die Frage, ob ein Bürger bestraft wird. [...] Allerdings wird dabei immer übersehen, daß ein Strafgesetz aus zwei Teilen besteht: Es legt nicht nur den Tatbestand, sondern auch die Rechtsfolge fest. Und beim zweiten Teil, der Rechtsfolge, ist man bemerkenswert großzügig. Erst wird mit dem Elektronenmikroskop der Tatbestand geprüft und danach die Strafe mit dem Suppenlöffel zugeteilt." – „Schweiß von Generationen zu Fragen der Dogmatik, und wenn es ans Eingemachte geht, wird über den Daumen gepeilt. So ist das mit der Rechtswissenschaft, einer erstaunlichen Kombination von höchster Rationalität en détail und tiefster Irrationalität en gros." (a.a.O. S. 193).

[71] Zum Zusammenhang von Straftatbegründung und Strafzumessung: *Frisch*, ZStW 99 (1987), S. 349 (385 ff.); *ders.*, GA 1989, S. 338 (355 f.); *ders.*, BGH-FG, Band IV, S. 269 (279, 287 ff.); *ders.*, Müller-Dietz-FS, S. 237 (247 f., 259); *Hörnle*, Strafzumessung, S. 17 f., 143 ff.. 195 ff.; *dies.*, JZ 1999, S. 1080 (1087 f.); *dies.*, in: Tatproportionalität, S. 99 (105 ff.); *Freund*, GA 1999, S. 509 (526); MK/*Freund*, Vor §§ 13 ff. Rdnr. 72, 218; *Pawlik*, Person, S. 91 mit Fn. 60; ferner *Schünemann*, in: Grundfragen, S. 153 (158 f., 162 f., 187 ff., bes. 189 ff.); *ders.*, in: Tendenzen der Kriminalpolitik, S. 209 (225 ff.); *H.-J. Albrecht*, Strafzumessung, S. 52 ff.; und außerdem – eindringlich – *Köhler*, Begriff der Strafe, S. 6 f., 72 ff.

oder Schuldebene lokalisieren. Welche Alternativen sich hier bieten beziehungsweise welche vorzugswürdig sind, ist Gegenstand des dritten Kapitels. Erstrebt wird dabei eine Abgrenzung, die sich an strikt rechtlichen Prinzipien (und nicht an moralischen oder sozialethischen Erwägungen) orientiert.

Zuvor jedoch, im ersten Kapitel, werden kursorisch und im Übrigen mehr als Exkurs gedacht einige empirisch-kriminologische Daten zur vorsätzlichen Tötungsdelinquenz mitgeteilt. Im zweiten Kapitel werden sodann die geläufigen Abgrenzungskonzepte zu Mord und Totschlag, wie sie in der Literatur und Rechtsprechung vertreten werden, dargelegt und einer kritischen Würdigung unterzogen – bevor dann im dritten Kapitel die Möglichkeiten untersucht werden, wie das vorsätzliche Tötungsdelikt anhand spezifisch rechtlicher Kriterien abgestuft werden könnte.

1. Kapitel

Empirische Grundlagen vorsätzlicher Tötungsdelinquenz

A. Statistische Daten zur Tötungskriminalität

Die gerichtliche Aufarbeitung vorsätzlicher Tötungsdelikte wird in der Öffentlichkeit zumeist mit großer Aufmerksamkeit verfolgt. Mord und Totschlag gehören zu den Delikten, die die höchste Medienpräsenz genießen, was wiederum im Gegensatz steht zu der statistischen Bedeutung dieser Taten[1]. Denn mit durchschnittlich 0,1% an den gesamten polizeilich registrierten Straftaten ist der Anteil vorsätzlicher Tötungskriminalität äußerst gering[2] – so gering, dass er in der Polizeilichen Kriminalstatistik noch nicht einmal gesondert ausgewiesen wird[3]. Die Polizei erlangt jährlich von nicht mehr als 3000 vorsätzlichen Tötungsdelikten Kenntnis. Auffallend ist der recht hohe Anteil an Versuchen, die 2/3 der Fälle ausmachen[4]. Vergleicht man diese Zahl mit den Verurteilungen, die in einem Jahr wegen vollendeten oder versuchten Mordes oder Totschlags ausgesprochen werden, ergeben sich beachtliche Divergenzen. Selten nämlich wurden in den letzten Jahren mehr als 700 Personen wegen eines vorsätzlichen (versuchten oder vollendeten) Tötungsdelikts verurteilt[5]. Wie sich dieser Schwund

---

[1] Eingehend *Weber*, Abschaffung der lebenslangen Freiheitsstrafe, S. 276ff.

[2] *Sessar*, Tötungskriminalität, S. 4. Allerdings wird man von einem nicht unbeachtlichen Dunkelfeld ausgehen dürfen. Verlässliche Zahlen gibt es jedoch nicht; siehe etwa *Kreuzer*, in: Tötungsdelikte – mediale Wahrnehmung, S. 45 (54f. m.w.N.), der schätzt, dass auf ein entdecktes vollendetes Tötungsdelikt etwa drei bis sechs unentdeckte kommen, und der beim Versuch sogar einen Dunkelfeldanteil von über 90% für wahrscheinlich hält; vgl. in diesem Zusammenhang ferner den Aufsatz von *Brinkmann*, in: Tötungsdelikte – mediale Wahrnehmung, S. 31ff.

[3] Siehe Polizeiliche Kriminalstatistik 2005, S. 5f., und Polizeiliche Kriminalstatistik 2006, S. 12.

[4] 2005 wurden 2396 Mord- und Totschlagsfälle registriert, 33,6% davon waren vollendete Taten (PKS 2005, S. 26). Ähnlich sind die Ergebnisse der Vorjahre (vgl. die Nachweise in PKS 2005, S. 27).

[5] Vgl. Statistisches Bundesamt, Rechtspflege, Strafverfolgung, 1976–2006, Wiesbaden 2007 (nachzulesen unter www.statistischesbundesamt.de). Danach betrug die Zahl der nach §§ 211 bis 213 StGB Verurteilten 734 im Jahr 2001, 613 im Jahr 2002, 641 im Jahr 2003, 647 im Jahr 2004, 595 im Jahr 2005, 566 im Jahr 2006 (a.a.O., S. 30ff.). Einschränkend ist jedoch anzumerken, dass diese Zahlen sich nur auf das alte Bundesgebiet einschließlich Gesamt-Berlin beziehen (da die Strafverfolgungsstatistik in den neuen Bundesländern bisher nicht flächendeckend durchgeführt wird), wohingegen die Polizeiliche Kriminalstatistik die gesamte Bundesrepublik erfasst. – Allgemein zur begrenzten Aussagekraft der Polizeilichen Kriminalsta-

vorsätzlicher Tötungsfälle von der Straftatverfolgung durch die Polizei bis zur gerichtlichen Entscheidung genau erklären lässt und womit er zusammenhängt, ist nicht so leicht auszumachen. Der verbreiteten Annahme, es handele sich dabei um Umgehungsstrategien, deren Ziel es einzig sei, die in § 211 I StGB zwingend angeordnete lebenslange Freiheitsstrafe zu vermeiden[6], steht zunächst entgegen, dass vollendete wie versuchte Tötungstaten (bei denen das wegen der Strafmilderungsmöglichkeit in § 23 II StGB ja an sich nicht nötig wäre) gleichermaßen betroffen sind[7]. Ebenso wenig vermag der Hinweis, die Gerichte stuften nur 1/4 aller vorsätzlichen Tötungsdelikte als Mord ein, während sie das Gros der Fälle dem mittleren bis unteren Bereich der Tötungskriminalität zuordneten, diese These zu untermauern. Eine Umgehung der lebenslangen Freiheitsstrafe dürfte sich im Ergebnis aber zumindest darin zeigen, dass diese nur in 1/3 aller Mordfälle verhängt wird[8].

Offen ist damit noch, wo, formell wie materiell, eine Umdeutung der Tat vorgenommen wird. Dazu bieten sich mehrere Möglichkeiten an. Formell – das heißt mit Blick auf den verfahrensmäßigen Ablauf der Straftatverfolgung – ist eine Umdefinition, in aller Regel eine Abstufung der Straftat, bei der Staatsanwaltschaft oder bei den Gerichten denkbar, oftmals erfolgt sie sogar auf beiden Ebenen[9]. In materieller Hinsicht sind der bevorzugte Anknüpfungspunkt für eine Abschwächung des Tatvorwurfs die Mordmerkmale, die von den Gerichten vielfach restriktiver ausgelegt werden, als es Polizei und Staatsanwaltschaft vorgeben[10]. Eine weitere materiell-rechtliche Einbruchstelle ist der Tötungsvorsatz. Wird er verneint, bleibt allenfalls eine Körperverletzung mit Todesfolge (§ 227 StGB) übrig[11]. Darüber hinaus wird eine Abwendung der lebenslangen

---

tistik *Kerner*, Verbrechenswirklichkeit, S. 19ff.; speziell zum versuchten Tötungsdelikt *Sessar*, Kriminalistik 1979, S. 167ff.

[6] Ausführlich *Sessar*, Tötungskriminalität, S. 16ff., 193, 206; *ders.*, in: Kleines Kriminologisches Wörterbuch, Stichwort: Tötungskriminalität, S. 551f.; *Eser*, Gutachten, D 53ff.; *Kreuzer*, Kriminalistik 1982, S. 428ff., 491ff.; *Kerner*, ZStW 98 (1986), S. 874 (881ff., 896ff.); *Wulf*, Kriminelle Karrieren, S. 19f.; zusammenfassend *Weiher*, Vollendete Tötungsdelikte, S. 376ff.

[7] Differenzierend daher *Verrel*, Schuldfähigkeitsbegutachtung, S. 164ff.

[8] Dazu *Verrel*, Schuldfähigkeitsbegutachtung, S. 72; *Kerner*, ZStW 98 (1986), S. 874 (892, Tabelle 5, Zeile 7).

[9] Siehe etwa die Beispiele bei *Kerner*, ZStW 98 (1986), S. 874 (898ff.). – Exemplarisch sei auf die Ergebnisse einer Untersuchung von *Sessar* hingewiesen (MschrKrim 63 [1980], S. 193 [198f.]). Danach hat die Polizei Baden-Württembergs in den Jahren 1970/71 insgesamt 217 Verfahren wegen eines vorsätzlichen und vollendeten Tötungsdelikts an die Staatsanwaltschaft weitergegeben. Darunter waren ausdrücklich 109 Fälle als Mord und 69 Fälle als Totschlag benannt. Die Staatsanwaltschaft wiederum hat in 110 dieser Fälle Anklage erhoben, in 53 Fällen wegen Mordes, in 42 Fällen wegen Totschlags. Das Gericht beurteilte nur 29 der angeklagten Fälle als Mord, 44 als Totschlag. Schließlich wurde in den 29 Mordfällen nur in 11 die lebenslange Freiheitsstrafe ausgesprochen.

[10] *Verrel*, Schuldfähigkeitsbegutachtung, S. 165.

[11] *Sessar*, Tötungskriminalität, S. 18ff.; *Kreuzer*, Kriminalistik 1982, S. 428 (430).

Freiheitsstrafe in der Praxis vornehmlich durch eine Anwendung der §§ 20, 21 StGB sowie durch die Strafmilderungsmöglichkeit des Versuchs erreicht[12]. Während sich im letzteren Fall lediglich die extrem hohe Versuchsquote bei der Tötungskriminalität auswirkt, sticht bei den §§ 20, 21 StGB deren im Vergleich zu anderen Delikten auffallend große Relevanz hervor.

Seit Mitte der 70er Jahre liegt die Anwendungshäufigkeit der §§ 20, 21 StGB im Bereich der Tötungsdelinquenz bundesweit beständig über 40%, wohingegen ansonsten § 20 StGB bloß in circa 0,06%, § 21 StGB in etwa 2,3% der Fälle angenommen wird[13]. Wie es zu dieser Diskrepanz kommt, ist bislang nicht hinreichend geklärt. Sie dürfte sich aber auf die gesteigerte Bereitschaft zurückführen lassen, schuldmindernden Faktoren und Umständen bei vorsätzlichen Tötungsdelikten nachzugehen und sie anzuerkennen[14]. Wegen des extremen Unrechts solcher Taten und wegen ihres Ausnahmecharakters mag eine Beeinträchtigung der Schuldfähigkeit unter Umständen naheliegen[15]. Dementsprechend ist es in Totschlags- und Mordverfahren die Regel, Schuldfähigkeitsgutachten einzuholen, und eine seltene Ausnahme, wenn dies nicht geschieht[16]. In den allermeisten der begutachteten Fälle gelangen die Sachverständigen zu dem Ergebnis einer verminderten Schuldfähigkeit, eher vereinzelt zu dem einer Schuldunfähigkeit. Die Gerichte schließen sich dieser Beurteilung fast ausnahmslos an[17]. Bei den Störungen, die zur Bejahung einer De- oder Exkulpation

---

[12] Vgl. *Verrel*, Schuldfähigkeitsbegutachtung, S. 156; *Kerner*, ZStW 98 (1986), S. 874 (891 ff.).

[13] Siehe die Angaben und Berechnungen bei *Rasch*, Psychiatrie, S. 75 ff.; *Rasch/Volbert*, MschrKrim 68 (1985), S. 137 (139 f.); *Schmidt/Scholz*, MschrKrim 83 (2000), S. 414 (417 ff.); *Verrel*, Schuldfähigkeitsbegutachtung, S. 37 ff.; vgl. weiterhin *Janzarik*, Der Nervenarzt 63 (1992), S. 656 (661 f.).

[14] *Streng*, Sanktionen, Rdnr. 680; *ders.*, NStZ 1995, S. 12; siehe ferner *Göppinger*, Leferenz-FS, S. 411 (414 f.); kritisch vor allem: *Bresser*, Lange-FS, S. 665 (668, 671); *ders.*, Leferenz-FS, S. 429 (432 ff.); *Rauch*, in: Der Sachverständige im Strafrecht, S. 74 (bes. 82 ff.); *Saß*, Der Nervenarzt 54 (1983), S. 557 (558); ferner *Kröber*, in: Affektdelikte, S. 77 (89).

[15] *Leygraf*, in: Tötungsdelikte – mediale Wahrnehmung, S. 225 (233); *Schmidt/Scholz*, MschrKrim 83 (2000), S. 414 (422); *Verrel*, Schuldfähigkeitsbegutachtung, S. 41; kritisch *Saß*, Der Nervenarzt 54 (1983), S. 557 (558).

[16] In der Untersuchung von *Schmidt/Scholz* wurde in 94,5% der Fälle ein Gutachten eingeholt (MschrKrim 83 [2000], S. 414 [417], in der von *Verrel* waren es mehr als 80% (Schuldfähigkeitsbegutachtung, S. 87, 99). Die Gutachten werden größtenteils von Psychiatern, Nervenärzten oder Neurologen erstellt, während Psychologen nur als Zweit- oder Zusatzgutachter eine Rolle spielen (siehe *Schmidt/Scholz*, MschrKrim 83 [2000], S. 414 [417]; *Verrel*, Schuldfähigkeitsbegutachtung, S. 92 f.).

[17] Nach einer Untersuchung *Koslowskis* kamen die befragten Sachverständigen in sämtlichen Fällen zu dem Ergebnis, dass die Schuldfähigkeit des Angeklagten zumindest vermindert sei, und die Gerichte haben diese Bewertung sodann ausnahmslos übernommen (Tötungsdelikte, S. 106 ff.). Bei *Verrel* wurden die §§ 20, 21 StGB in 81,6% der Fälle bejaht, in denen ein Gutachten vorlag. Von den Beurteilungen der Sachverständigen sind die Gerichte beinahe nie abgewichen. § 20 StGB wurde in 8,1%, § 21 StGB in 65,5% der Fälle angenommen (Schuldfähigkeitsbegutachtung, S. 113 ff., 122, 142 ff.). Bei *Schmidt/Scholz* folgten die Gerichte den Sachverständigen zu 95%; § 20 StGB lag in 14,3%, § 21 StGB in 45,7% der Fälle vor

führen, rangiert an erster Stelle die Einnahme von Alkohol oder sonstigen Drogen, gefolgt vom Vorliegen eines Affekts und an dritter Stelle stehen Persönlichkeitsstörungen oder Neurosen des Täters[18]. Häufig liegt nicht nur eine dieser Beeinträchtigungen vor, sondern sie sind in Kombinationen anzutreffen (besonders Alkoholkonsum und Handeln im Affekt)[19]. Hierin zeigt sich auch, dass die Äußerung *Raschs*, Alkohol sei im Bereich der Tötungsdelinquenz „die in kriminologischer Hinsicht bedeutsamste Droge", berechtigt ist[20]. Das gilt umso mehr, als der Grad der Alkoholisierung zur Tatzeit mehrheitlich ganz beträchtlich ist[21].

Das vorsätzliche Tötungsdelikt ist, wie erwähnt, eine Straftat, die sich selten ereignet. Ganz zu Recht wird sie daher als eine Ausnahmetat eingeordnet. Andererseits treten die Täter einer solchen Tat nicht bloß ausnahmsweise strafrechtlich in Erscheinung. So gehört der Mord nach der Polizeilichen Kriminalstatistik 2005 zu den Straftaten, bei denen der Anteil sogenannter Mehrfachtäter auffällig hoch ist. Er liegt bei nahezu 60%[22]. Dieses Ergebnis steht im Einklang mit anderen Untersuchungen, denen zufolge im Schnitt etwa die Hälfte der Täter eines vorsätzlichen Tötungsdelikts vorbestraft ist, und das durchaus nicht nur im geringfügigen Bereich[23]. Hauptsächlich betrifft das

---

(MschrKrim 83 [2000], S. 414 [419]). Zum Zusammenhang von Schuldfähigkeitsentscheidung und Strafzumessung *Dölling*, Müller-Dietz-FS, S. 119 (128 f.).

[18] *Schmidt/Scholz*, MschrKrim 83 (2000), S. 414 (419): 38,7% Alkohol und andere Drogen, 33% Affekt. Bei *Verrel* sind es 37% Alkohol, Drogen oder Medikamente, 25,6% Affekt und 21% Persönlichkeitsstörungen und Neurosen (Schuldfähigkeitsbegutachtung, S. 109 f., und MschrKrim 77 [1994], S. 272 [275 f.]). – Insbesondere seit den 70er Jahren ist eine steigenden Annahme von Affekttaten zu verzeichnen, die im Weiteren aber konstant blieb; vgl. *Saß*, Der Nervenarzt 54 (1983), S. 557 (558); *Janzarik*, Der Nervenarzt 63 (1992), S. 656 (661 f.). *Saß* führt hierzu (kritisch) aus (a.a.O.): „Die oft dramatischen und tragischen Geschehnisse um die Affekttaten begünstigten eine Neigung, im Exzeptionellen und menschlich Bewegenden des Falles auch schon einen Hinweis für die Beeinträchtigung der Schuldfähigkeit zu sehen."

[19] Vgl. *Burgheim*, Psychologische Bedingungen, S. 105 f.; *Verrel*, Schuldfähigkeitsbegutachtung, S. 107, 110 mit Fn. 115; siehe ferner *Godenzi*, Gewalt, S. 147 ff. – Auffallend häufig fällt besonders der Affekt mit anderen sogenannten konstellativen Faktoren zusammen, namentlich Alkohol oder einer neurotischen beziehungsweise persönlichkeitsgestörten Verfassung des Täters; vgl. *Mende*, Bockelmann-FS, S. 311 (320 f.).

[20] *Rasch*, Psychiatrie, S. 211 f. Zur steigenden Bedeutung von Alkohol und Drogen bei der Begehung von Straftaten siehe *Rasch/Volbert*, die davon ausgehen, dass sich der Alkoholkonsum in der Bundesrepublik seit ihrer Gründung nahezu vervierfacht hat (MschrKrim 68 [1985], S. 137 [142]). Vgl. außerdem die Polizeiliche Kriminalstatistik 2005, wonach 26,7% der Mordtaten (im Zusammenhang mit Raubdelikten) und 39,5% der Totschlagstaten unter Alkoholeinfluss begangen wurden (S. 12).

[21] *Koslowski*, Tötungsdelikte, S. 96 ff.; *Verrel*, Schuldfähigkeitsbegutachtung, S. 109, der in seiner Untersuchung eine durchschnittliche Blutalkoholkonzentration von knapp 2 Promille errechnet hat; siehe außerdem *Steigleder*, in: Handwörterbuch der Rechtsmedizin, S. 59 (63).

[22] Genau sind es 57,3%, im Vorjahr waren es 61,1%; siehe Polizeilichen Kriminalstatistik 2005, S. 11. Demgegenüber wird der Totschlag in dieser Tabelle nicht aufgeführt.

[23] Vgl. etwa *Verrel*, Schuldfähigkeitsbegutachtung, S. 78 f., 81; *Rode/Scheld*, Sozialprognose, S. 14; *Weiher*, Tötungsdelikte, S. 178; *Burgheim*, Psychologische Bedingungen, S. 44, 69 f.;

männliche Täter, während Frauen, bevor sie ein vorsätzliches Tötungsdelikt begehen, weitaus weniger straffällig geworden sind und wenn, dann regelmäßig in wenig gravierender Weise[24]. Es ist zudem bemerkenswert, dass bei Taten, die als Mord abgeurteilt werden, der Anteil vorbestrafter Täter durchweg höher liegt als bei Taten, die als Totschlag angesehen werden[25]. Ob sich bei der Einordnung der Tat als Mord oder Totschlag die Vorstrafen des Täters jedenfalls dann auswirken, wenn sie nicht unerheblich sind, ist noch nicht hinreichend ausgemacht, liegt aber nahe[26].

Vorsätzliche Tötungskriminalität spielt sich weitgehend in den unteren Schichten der Gesellschaft ab, dort also, wo die Sozialisations- und Entwicklungsbedingungen extrem ungünstig sind[27]. Defizitäre Verhältnisse in der Herkunftsfamilie, sei es in Form von strukturellen oder von funktionalen Störungen[28], sind keineswegs eine Besonderheit. Das gilt für Täter wie Opfer gleichermaßen. Hierin spiegelt sich der Charakter des vorsätzlichen Tötungsdelikts wider, welches ganz überwiegend ein Beziehungsdelikt ist. Täter und Opfer kennen sich größtenteils, häufig besteht zwischen ihnen eine besonders enge persönliche Bindung[29]. Die Taten ereignen sich, wenn nicht innerhalb soge-

---

ein hiervon signifikant abweichendes Resultat liefert, soweit ersichtlich, lediglich *Steigleder*, in dessen Untersuchung nur 27% vorbestraft waren (Mörder, S. 23).

[24] Vgl. *Trube-Becker*, Frauen, S. 36 ff.; *Wulf*, Kriminelle Karrieren, S. 59; *Burgheim*, MschrKrim 77 (1994), S. 232 (233); *Götz*, GA 1977, S. 321 (325); in der Untersuchung von *Rode/Scheld* sind beispielsweise 14% der Frauen und 56% der Männer vorbestraft (Sozialprognose, S. 21), in der von *Weiher* sind es 30,8% Frauen und 62,7% Männer (Tötungsdelikte, S. 179).

[25] Bei *Dotzauer/Jarosch* liegt der Anteil der Vorbestraften im Falle des § 211 StGB bei etwa 50%, im Falle des § 212 StGB bei 40% (Tötungsdelikte, S. 170); vergleichbare Ergebnisse bei *Götz*, GA 1977, S. 321 (323), und *Rasch*, in: Handwörterbuch der Kriminologie, S. 353 (372); ferner *Wulf*, Kriminelle Karrieren, S. 145, 191; bei *Siol* beträgt das Verhältnis sogar 70% zu 50% (Mordmerkmale, S. 14 f.).

[26] Vgl. *Sessar*, MschrKrim 63 (1980), S. 193 (200 f.); weiter differenzierend *dens.*, Tötungskriminalität, S. 158 f.

[27] *Rode/Scheld*, Sozialprognose, S. 14, 19; *Wulf*, Kriminelle Karrieren, S. 90 ff.; *Trube-Becker*, Frauen, S. 22 ff., 49; *Rasch*, in: Handwörterbuch der Kriminologie, S. 353 (369, 376); *Götz*, GA 1977, S. 321 (326); *Verrel*, Schuldfähigkeitsbegutachtung, S. 78; *Steck*, MschrKrim 73 (1990), S. 384 (386); *Weiher*, Tötungsdelikte, S. 109 ff.

[28] Unter struktureller Störung versteht man eine unvollständige Familie, eine Familie also, bei der ein Elternteil fehlt oder beide fehlen. Dagegen meint funktionale Störung Belastungsfaktoren, die die familiäre Atmosphäre betreffen. Vgl. zu dieser Differenzierung *Burgheim*, Psychologische Bedingungen, S. 63 f.; *Weiher*, Tötungsdelikte, S. 109 ff.

[29] Siehe etwa die Polizeiliche Kriminalstatistik 2005, S. 30, wonach über 50% der vorsätzlichen Tötungsdelikte innerhalb einer Verwandtschaft gemäß § 11 I StGB (präziser: 25,2%) oder einer näheren Bekanntschaft (hier: 31,6%) begangen werden und in weniger als 20% der Fälle zwischen Täter und Opfer keine, in etwas mehr als 10% nur eine flüchtige Beziehung besteht; in circa 10% der Fälle bleibt das Verhältnis zwischen Täter und Opfer ungeklärt. Vergleichbar die Ergebnisse bei *Weiher*, Tötungsdelikte, S. 295; in der Untersuchung von *Dotzauer/Jarosch* existierten verwandtschaftliche oder bekanntschaftliche Verhältnisse zwischen Täter und Opfer in über 70% der Fälle (Tötungsdelikte, S. 206); vgl. außerdem *Sessar*, in: Kleines Kriminologisches Wörterbuch, Stichwort: Tötungskriminalität, S. 553.

nannter Primärbeziehungen, so doch mehrheitlich zumindest im sozialen Nahraum. Dass schicht- oder gruppenübergreifende Tötungen außerordentlich rar sind, findet seine Bestätigung ferner darin, dass die Opfer nichtdeutscher Täter so gut wie ausschließlich die Nationalität ihrer Täter besitzen[30]. Die Tat bewegt sich innerhalb derselben ethnischen wie sozialen Gruppe.

Frauen sind in die Tötungskriminalität in recht unterschiedlichem Ausmaß involviert, je nachdem, ob sie Täterinnen oder Opfer sind. Als Täterinnen eines vorsätzlichen Tötungsdelikts tauchen sie noch seltener auf als bei den übrigen Delikten[31]. Ihr Anteil in den einzelnen Untersuchungen variiert zwischen 8 bis 12%[32]. Dagegen ist der Anteil von Frauen auf Opferseite weitaus höher als auf Täterseite[33]; er liegt zum Teil weit über 1/3 und erreicht bislang einen Wert von nahezu 50%[34]. *V. Hentigs* Feststellung aus den 50er Jahren, der zufolge die Frau, zahlenmäßig betrachtet, als Mörderin kein bedeutsames Problem ist, umso mehr jedoch die Frau als Opfer[35], trifft daher nach wie vor zu. Sind Frauen, gleich ob als Opfer oder Täterinnen, in ein Tötungsgeschehen verwickelt, handelt es sich so gut wie stets um Taten im sozialen Nahraum. Denn sie töten als Täterinnen keine fremden Personen, zumeist finden ihre Taten innerhalb von Primärbeziehungen statt[36], und als Opfer sind sie wesentlich öfter als Män-

---

[30] Vgl. *Koslowski*, Tötungsdelikte, S. 70; treffend spricht *Sessar* von dem „gruppeninterne(n) Charakter von Tötungen", in: Kleines Kriminologisches Wörterbuch, Stichwort: Tötungskriminalität, S. 553.

[31] In der Polizeilichen Kriminalstatistik 2001 beträgt der Anteil weiblicher Tatverdächtigen an der Gesamtkriminalität 23,2% (S. 26), bei Mord und Totschlag hingegen 13,4% (S. 27). (In den Polizeilichen Kriminalstatistiken von 2005 und 2006 gibt es für das Tötungsdelikt keine entsprechenden Angaben.) Vgl. auch *Steck et al.*, MschrKrim 85 (2002), S. 341; leicht abweichende Resultate in der älteren Studie von *Dotzauer/Jarosch*, Tötungsdelikte, S. 138ff.

[32] *Verrel*, Schuldfähigkeitsbegutachtung, S. 76 (8% Frauen); *Rode/Scheld*, Sozialprognose, S. 14 (mit 10% Frauenanteil); *Weiher*, Tötungsdelikte, S. 98 (Frauenanteil von 7,6%).

[33] Nicht jedoch im Vergleich zu Männern, die in etwa doppelt so oft Opfer von Tötungsverbrechen werden als Frauen (vgl. etwa Polizeilichen Kriminalstatistik 2006, S. 20; Polizeilichen Kriminalstatistik 2005, S. 30). Allerdings weisen Untersuchungen darauf hin, dass die Zahl weiblicher Opfer bei Tötungsdelikten, nimmt man es absolut, weithin konstant ist, relativ gesehen hingegen nicht. Steigt nämlich die Zahl von Tötungsdelikten in einem Land, sind davon auf Opferseite regelmäßig nicht Frauen, sondern Männer betroffen. Das bedeutet: Ist die Tötungskriminalität in einem Land gering, ist zumeist der Anteil weiblicher Opfer recht groß (bis zur Hälfte), und er wird umso geringer, je mehr die Tötungskriminalität steigt, weil das wiederum nur Männer betrifft (zum Ganzen *Rasch*, in: Handwörterbuch der Kriminologie, S. 368; *Weiher*, Tötungsdelikte, S. 190f.).

[34] Siehe *Rode/Scheld*, Sozialprognose, S. 16; *Dotzauer/Jarosch*, Tötungsdelikte, S. 180; *Verrel*, Schuldfähigkeitsbegutachtung, S. 76; *Koslowski*, Tötungsdelikte, S. 67 – und die Ausführungen in der vorangegangenen Fn.

[35] *V. Hentig*, Psychologie der Einzeldelikte, S. 275.

[36] Vgl. auch *Müller-Luckmann*, in: Tötungsdelikte – mediale Wahrnehmung, S. 129f., mit dem Hinweis, dass es bestimmte Deliktsarten, wie etwa Raubmord oder Geiselnahme mit Tötung eines Opfers, bei Frauen so gut wie gar nicht gibt.

ner von Tötungen innerhalb verwandtschaftlicher Beziehungen (mit einem Mann als Täter) betroffen[37].

B. Das Tötungsdelikt als Beziehungsdelikt

Das Tötungsdelikt ist ein Beziehungsdelikt. So ereignet sich die Tötung einer nahen Person konstant weitaus am häufigsten. *Rasch* formuliert das so: „Eine besondere Riskierung, Opfer eines Tötungsverbrechens zu werden, schließt jede Form von Intimpartnerschaft ein."[38] Ihrer tatsächlichen Bedeutung entsprechend, nehmen Beziehungstötungen in der empirischen Forschung eine herausragende Stellung ein – beides sind Gründe, sie in diesem Kontext etwas eingehender zu behandeln und die Erkenntnisse der Seinswissenschaften knapp zu referieren.

In seinem bekannten Buch „Tötung des Intimpartners" hat *Rasch* die Tötungen innerhalb von Beziehungen – präziser: den Handlungsverlauf, der zur Tötung führt – anhand von praktischen Fällen näher untersucht und in zwei Gruppen eingeteilt: die Geliebtentötung durch den verlassenen Partner sowie die Gattentötung durch den verlassenen Partner oder als Elimination des ehestörenden Partners[39]. Dadurch lenkte er den Blick darauf, wie sehr Tötungen innerhalb von Beziehungen sich in ihrer Struktur ähneln, wie erstaunlich homogen sich die Handlungsmuster gestalten und die zur Tat führenden Verläufe sind[40]. Diese Beobachtung bestätigen spätere Untersuchungen[41]. Beziehungstötungen – begangen von Männern oder eben (seltener) von Frauen – sind danach

---

[37] Nach der Polizeiliche Kriminalstatistik 2001, S. 9f., ist der Anteil der Frauen, die innerhalb eines verwandtschaftlichen Verhältnisses getötet werden, doppelt so hoch wie der Anteil der Männer, wohingegen der Anteil männlicher Opfer bei flüchtigen Kontakten wesentlich höher ist als der weiblicher Opfer. Siehe ferner *Burgheim*, Psychologische Bedingungen, S. 21; *Götz*, GA 1977, S. 321 (327f.); *Wulf*, Kriminelle Karrieren, S. 58f.; *Rode/Scheld*, Sozialprognose, S. 24; *Oberlies*, KJ 1990, S. 318 (320).

[38] *Rasch*, in: Handwörterbuch der Kriminologie, S. 353 (371). In der Sache ebenso *Sessar*, in: Kleines Kriminologisches Wörterbuch, Stichwort: Tötungskriminalität, S. 553: „Der gefährlichste soziale Nahraum ist die Familie, in der etwa zwei von fünf Tötungen geschehen, mit einer besonderen Gefährdung von Mädchen und Frauen."

[39] *Rasch*, Tötung, 12ff., 30ff. Die dritte Gruppe, die bei *Rasch* auftaucht, die Tötung innerhalb einer flüchtigen Partnerschaft (*Rasch*, a.a.O., S. 78ff.), lässt sich jedenfalls nicht als Tötung in einer näheren Beziehung begreifen.

[40] *Rasch*, Tötung, S. 54f.; vgl. aber zuvor schon *Többen*, Untersuchungsergebnisse, S. 3ff., 105ff., sowie insbes. die Beispiele S. 9ff., 37ff.; ferner *Steigleder*, in: Handwörterbuch der Rechtsmedizin, S. 59 (68ff.). – Demgegenüber weisen Tötungsdelikte, die um materieller Vorteile willen erfolgen, keine vergleichbar homogene Struktur auf; vgl. *Volbert*, Tötungsdelikte, S. 55ff., 188ff. und bes. 205ff.; *Simons*, Tötungsdelikte, S. 71, 93ff., 117ff.; *Steck*, MschrKrim 73 (1990), S. 384 (396).

[41] Zum relativ einheitlichen Bedingungsgefüge von Beziehungstötungen siehe insbesondere *Burgheim*, Psychologische Bedingungen, S. 34ff.; *dens.*, MschrKrim 77 (1994), S. 232 (235); *Simons*, Tötungsdelikte, S. 58f., 72ff., 88f.; *Steck*, MschrKrim 73 (1990), S. 384 (396); *Steck et*

oftmals der Endpunkt einer längeren, mitunter langjährigen Misshandlungs- und/oder Missbrauchsbeziehung, in der sich das Paar befindet und aus der es sich nicht herauslösen kann. Vielfach, so scheint es, hängt es in solchen Fällen vom Zufall ab und ist vorher kaum prognostizierbar, wer von beiden, der Mann oder die Frau, die Tat schließlich begehen wird[42].

Es gibt eine grundsätzliche und bemerkenswerte Differenz zwischen Männern und Frauen als Täter(innen) eines Tötungsdelikts – mittlerweile freilich als Allgemeinplatz anzusehen: Männer begehen die Tötungen in erster Linie, weil Frauen sich von ihnen trennen wollen, bisweilen auch erst einige Zeit nach einer Trennung, oder wenn ein anderer Mann im Leben der Frauen existiert[43]. Sie töten also primär in Trennungssituationen. Dagegen töten Frauen aus diesem Grund eher nicht. Bei ihnen verhält es sich gewissermaßen umgekehrt und zugespitzt lässt sich sagen: Frauen töten ihre (teils gewalttätigen) Partner, weil sie es nicht schaffen, sich (auf andere Weise) von ihnen zu trennen[44].

I. Männer als Täter von Beziehungstötungen

Männer, die ihre Lebenspartnerinnen in Trennungssituationen getötet haben, gaben in einer Befragung als Grund für die Tötung mehrheitlich ihre „gefühlsmäßige" Abhängigkeit von der Frau und ihren mangelnden Einfluss auf deren Entscheidung an[45]. Da Frauen in ähnlichen (symbiotischen) Beziehungen von ihren Männern emotional kaum weniger abhängig sein dürften[46], sie diese aber so gut wie nie töten, sofern sie von ihnen verlassen werden, drängt es sich auf, den entscheidenden Grund für die Tötung nicht allein in der Abhängigkeit zu sehen. Hinzu kommen weitere Faktoren, sosehr eine psychische Abhängigkeit vordergründig als Motiv auch zutreffen mag. Der Unterschied wird zumeist mit einem starken Besitzdenken der Männer erklärt[47], das bei Frauen keine Entsprechung finde. *Schneider* beschreibt dies pointiert wie folgt: „Der Täter will

---

al., MschrKrim 80 (1997), S. 404 (409 ff., 415 f.); außerdem *Legnaro/Aengenheister*, Schuld und Strafe, S. 89 ff.

[42] Vgl. *Oberlies*, Tötungsdelikte, S. 109, 151; *Duncker*, Gewalt, S. 82; zudem *Rasch*, in: Handbuch, S. 353 (379, 387).

[43] *Burgheim*, Psychologische Bedingungen, S. 23, 75 f., 79, 101, 115; *Steck et al.*, MschrKrim 80 (1997), S. 404 (409 ff.); *Legnaro/Aengenheister*, MschrKrim 78 (1995), S. 212; *Lamott/Pfäfflin*, MschrKrim 84 (2001), S. 10; vgl. im Einzelnen die Analyse bei *Weiher*, Tötungsdelikte, S. 304 f., und *Koslowski*, Tötungsdelikte, S. 92 f.; ferner *Blühm*, Tötungen, S. 76 f.

[44] *Steck et al.*, MschrKrim 85 (2002), S. 341 (345, 347); *Legnaro/Aengenheister*, MschrKrim 78 (1995), S. 203; *Lamott/Pfäfflin*, MschrKrim 84 (2001), S. 10; *Oberlies*, KJ 1990, S. 318 (327 f.); außerdem *v. Hentig*, Psychologie der Einzeldelikte, S. 273 ff.

[45] Vgl. dazu die Untersuchung von *Steck et al.*, MschrKrim 80 (1997), S. 404 (414).

[46] Siehe *Brückner*, Frauen, S. 59 ff. – *H. J. Schneider* spricht von einer „wechselseitige(n), in sich verkrampfte(n) Abhängigkeitsbeziehung", GA 2002, S. 428 (429 f.).

[47] *Egger et al.*, Gewalt, S. 111, 132; *Hagemann-White et al.*, Hilfen, S. 92 f., 95.

seine Frau, die er als Eigentum betrachtet, völlig beherrschen und kontrollieren. Seine Obsessivitäts- und Possesivitätsbedürfnisse erreichen ihren Höhepunkt in einer für das Opfer lebensbedrohlichen Situation, wenn es die Beziehung verlassen will."[48] Zugleich impliziert dieses Männern zugeschriebene „Besitz-Modell", dass Frauen die Entscheidung, sich zu trennen, nicht zugestanden wird; nur der Mann ist danach berechtigt, eine solche Entscheidung zu treffen[49]. Es geht also vor allem um Macht über die Frau[50]. Wie ausgeprägt dieses Bedürfnis der Machtausübung und der Besitzanspruch sein können, zeigt sich nicht zuletzt, wenn Männer ihre Frauen oder ehemaligen Lebensgefährtinnen noch längere Zeit nach einer Trennung töten[51].

In zwei größeren empirischen Untersuchungen wurden Männern, die ihre Partnerinnen getötet hatten, zwei Vergleichsgruppen gegenübergestellt: zum einen nichtstraffällige Männer und zum anderen solche, die auf andere Weise straffällig geworden sind[52]. Hierbei fand man heraus, dass sich die sogenannten Beziehungstäter im Gegensatz zu den anders straffällig gewordenen und den nicht straffällig gewordenen Männern vornehmlich durch erhöhte Anzeichen sozialer Desintegration auszeichnen[53]. Ihre persönliche Situation ist gekennzeichnet durch eine generell mangelnde Eingebundenheit in soziale Gruppen sowie durch das Fehlen eines Ansprechpartners, mit dem (auch Beziehungs-) Probleme besprochen werden könnten. Beziehungstäter weisen außerdem – jedoch lediglich im Unterschied zur Gruppe nichtstraffälliger Männer – größere psychosoziale Belastungsfaktoren in der Herkunftsfamilie auf, namentlich funktionale oder strukturelle Störungen[54], und ein höheres Maß an Entwicklungsauffälligkeiten. Zu den Entwicklungsauffälligkeiten zählen etwa frühe

---

[48] *H.J. Schneider*, GA 2002, S. 428 (430).

[49] Siehe *Simons*, Tötungsdelikte, S. 5; *Oberlies*, Tötungsdelikte, S. 75 ff., bes. 81 ff.; *Burgheim*, MschrKrim 77 (1994), S. 232 (235); *Legnaro/Aengenheister*, Schuld und Strafe, S. 112; *Körner*, Machtgefälle, S. 39; *Junger*, Streit 1984, S. 35 f.

[50] *Fröschl/Löw*, Macht, S. 15, 22, 124 f.; *Welter-Enderlin*, in: Das Paar, S. 61 (72 ff.), und *Duncker*, Gewalt, S. 9 f., 15: „Der Kampf wird schließlich in dem Sinne weitergeführt, daß es besser sei, der andere sei tot, als daß man die Macht über ihn verlöre. Es kann somit keine Betrachtung der Gewalt und der mit ihr verbundenen manifesten Aggressionen zwischen Individuen geben, ohne den grundsätzlichen Einbezug dieses Machtverhältnisses und ohne die mit ihr verbundenen aggressiven Strebungen zu betrachten."

[51] *Körner*, Machtgefälle, S. 106 f., 117 f., 160. Siehe außerdem den bei *Glatzel*, Mord, S. 142 f., geschilderten Fall, in dem sich der Mann von seiner Ehefrau wegen einer anderen Frau getrennt hatte und mit dieser zusammenlebte, seine Ehefrau aber tötete, als diese sich schließlich mit der Trennung arrangiert hatte und einverstanden war. Er tötete sie, weil sie noch nie so „kalt und direkt" mit ihm gesprochen hatte und er nicht glauben wollte, dass sie „wegen eines anderen Mannes weg ist".

[52] Es handelt sich um die Untersuchungen von *Burgheim*, Psychologische Bedingungen (1993), siehe zusammenfassend *dens.*, MschrKrim 77 (1994), S. 215 ff., und *Steck et al.*, MschrKrim 80 (1997), S. 404 ff.

[53] *Steck et al.*, MschrKrim 80 (1997), S. 404 (409).

[54] So *Steck et al.*, MschrKrim 80 (1997), S. 404 (407); abweichend jedoch die Resultate bei *Burgheim*, Psychologische Bedingungen, S. 42 f., 63 ff., 97.

Verhaltensstörungen (wie Enuresis, Sprachstörungen), Suchtprobleme, Suizidabsichten oder -versuche, unkontrolliertes Verhalten in der Kindheit (wie Fernbleiben vom Schulunterricht, Weglaufen von zu Hause) sowie frühe Freiheitsstrafen[55]. Vermehrt sind Beziehungstäter weiterhin Beeinträchtigungen in ihrem sozialen Status ausgesetzt, was im Einzelnen vor allem meint: geringer oder kein Schulabschluss, keine Berufsausbildung, Arbeitslosigkeit, ein Einkommen unterhalb des Sozialhilfesatzes, keine eigene Wohnung, erhebliche Schulden (über 10.000 DM)[56]. Betrachtet man den Verlauf des Beziehungskonflikts, lassen sich hauptsächlich zwei Divergenzen feststellen: Erstens, Beziehungstäter setzen im Unterschied zu den beiden Vergleichsgruppen zur Lösung ihrer Beziehungsprobleme schon in einer sehr frühen Phase erheblich häufiger Gewalt gegenüber ihren Partnerinnen ein, und sie steigern diese Gewalt im Laufe der Auseinandersetzungen[57]. Ihr Repertoire an Strategien, Konflikte gewaltfrei zu bewältigen, ist als gering einzuschätzen[58]. Bereits die oben erwähnte Tendenz zur sozialen Desintegration dürfte hierfür ein Indiz sein, deutet sie doch auch auf eine unzulänglich ausgebildete Konfliktfähigkeit hin[59]. Besteht kein nennenswerter verbindlicher Kontakt zu anderen Menschen oder Gruppen – außer dem vorwiegend destruktiven Verhältnis zur Partnerin –, so sind die Möglichkeiten, kooperative Umgangsformen sowie eine konstruktive Konfliktbewältigung zu lernen, äußerst begrenzt. Hier schließt sich dann gewissermaßen der Kreis. Zweitens haben Beziehungstäter, verglichen mit den Männern der beiden anderen Gruppen, ein auffallend schwaches Selbstwertgefühl[60]. Kommt es, wie dies oftmals geschieht, im Vorfeld der Tat zu unangenehmen Begebenheiten, die sowohl reell als auch bloß subjektiv empfunden sein können, kann dadurch eine Eskalation ausgelöst werden, die schließlich mit der Tötung der Frau endet[61]. Zu derartigen belastenden Ereignissen werden in der Untersuchung beispielsweise gerechnet, dass die Frau ihre Trennung ankündigt, die gemeinsame Wohnung verlässt, den Mann beschimpft oder ihm droht, die Polizei einzuschalten. Da es hier ausschließlich darum geht, die Situation des Mannes zu erfassen, erfolgt die Bewertung eines Vorfalls als belastend unabhängig davon, ob wiederum die Frau für ihr Verhalten einen triftigen oder

---

[55] *Burgheim*, Psychologische Bedingungen, S. 43 f., 69 ff., 98; *ders.*, MschrKrim 77 (1994), S. 215 (221 f.); *Steck et al.*, MschrKrim 80 (1997), S. 404 (407 f.).

[56] *Steck et al.*, MschrKrim 80 (1997), S. 404 (408); *Burgheim*, Psychologische Bedingungen, S. 43, 66 ff., 97 f.; *ders.*, MschrKrim 77 (1994), S. 215 (220).

[57] *Burgheim*, Psychologische Bedingungen, S. 47, 75 f., 101 f.; *ders.*, MschrKrim 77 (1994), S. 215 (223 f.); *Steck et al.*, MschrKrim 80 (1997), S. 404 (410 f.).

[58] *Steck et al.*, MschrKrim 80 (1997), S. 404 (411).

[59] *Steck et al.*, MschrKrim 80 (1997), S. 404 (416), sprechen von einer „frühe(n) Manifestation der sozialen Inkompetenz der späteren Beziehungstäter".

[60] *Steck et al.*, MschrKrim 80 (1997), S. 404 (413, 415); vgl. auch *Burgheim*, Psychologische Bedingungen, S. 102 f.; *Egger et al.*, Gewalt, S. 110, 113; *Benard/Schlaffer*, Gewalt, S. 124.

[61] *Burgheim*, Psychologische Bedingungen, S. 47 f., 78, 102 ff.; *ders.*, MschrKrim 77 (1994), S. 215 (222, 224 f.); *Steck et al.*, MschrKrim 80 (1997), S. 404 (412 ff.).

nachvollziehbaren Grund hat. Darüber hinaus wird deutlich: Die Tötung der Ehefrau oder der Lebensgefährtin ist oftmals nicht bloß ein einmaliger Gewaltakt des Mannes in einer besonderen Belastungssituation, sondern sie ist zumeist der Endpunkt einer Entwicklung, die durchweg geprägt ist von aggressiven tätlichen Auseinandersetzungen[62]. *Burgheim* sieht in der Tötungshandlung lediglich „eine quantitative Steigerung der bereits vorher gezeigten aggressiven Bewältigungsversuche" und misst ihr „keine neue Qualität in der konflikthaften Auseinandersetzung" zu[63]. Konflikttäter, das zeigt sich hierin außerdem, können nicht ohne weiteres der sogenannten „Normal-Population" zugerechnet werden. Die manchenorts vertretene These, Konflikttäter seien, anders als Täter von Tötungsdelikten, die sich bereichern wollen oder die eine sexuelle Motivation aufweisen, vor der Tat weitgehend sozial und kriminell unauffällige Personen[64], bedarf zumindest der Korrektur. Denn es besteht nicht selten ja durchaus eine mehr oder weniger stark ausgeprägte Affinität zu kriminellen Verhaltensweisen[65]. Überdies bleibt zu berücksichtigen, dass sich die Kriminalität der Beziehungstäter (etwa bei dauerhaften, immer wiederkehrenden Gewalthandlungen gegen die Partnerin) zu einem großen Teil im familiären Bereich abspielen dürfte, mithin in einem Umfeld, in dem die Anzeigebereitschaft bekanntlich gering ist[66].

Daneben spielt bei Beziehungstötungen, die Männer begehen – anders als bei solchen, die Frauen begehen – Alkohol eine ganz erhebliche Rolle[67]. Er gehört fast schon als ein typisches Merkmal dazu[68]. Da solche Taten juristisch zumeist als Affekttaten bewertet werden[69], wird die typische Beziehungstat eines männ-

---

[62] *Burgheim*, Psychologische Bedingungen, S. 47, 75ff., 79, bes. 101f., 115; *ders.*, MschrKrim 77 (1994), S. 215 (228f.); ebenso *Oberlies*, Tötungsdelikte, S. 75ff., 149f.; *dies.*, KJ 1990, S. 318 (322f.); *Legnaro/Aengenheister*, MschrKrim 78 (1995), S. 212f.; ferner *Simons*, Tötungsdelikte, S. 72ff., 89f.

[63] *Burgheim*, Psychologische Bedingungen, S. 115; siehe überdies *Stumpfl*, Motiv, S. 30ff. (er spricht von „Vorgestalten der Tat").

[64] So *Wulf*, Kriminelle Karrieren, S. 141f., 264ff.

[65] Dezidiert in diesem Sinne *Burgheim*, MschrKrim 77 (1994), S. 215 (228); *ders.*, Psychologische Bedingungen, S. 44, 98f.; vgl. zudem die bereits angeführten statistischen Daten zu den Vorstrafen (Fn. 22ff.).

[66] *Rössner/Bannenberg*, Brauneck-Ehrengabe, S. 353 (360f., 363); *Sessar*, Tötungskriminalität, S. 50f., 98, 212f.; *Kreuzer*, Kriminalistik 1982, S. 491 (494); *Nedopil*, Psychiatrie, S. 261.

[67] Der Anteil liegt bei fast allen Untersuchungen über 50%, bei Frauen dagegen stets unter 20%; vgl. *Rasch*, in: Handwörterbuch der Kriminologie, S. 353 (378f., 392); *Rode/Scheld*, Sozialprognose, S. 22; *Weiher*, Tötungsdelikte, S. 166f., 346; *Siol*, Mordmerkmale, S. 9ff.; ferner *Gast*, Mörder, S. 16; *Maatz*, Der Nervenarzt 76 (2005), S. 1389.

[68] Siehe *Steck*, MschrKrim 73 (1990), S. 384 (391, 393, 395, 396); *Burgheim*, Psychologische Bedingungen, S. 44. Zur besonderen Relevanz von Alkohol, der als wesentlicher Verstärkungsfaktor bei Affekttaten oftmals hinzukommt: *Steigleder*, in: Handwörterbuch der Rechtsmedizin, S. 59 (63); *Mende*, Bockelmann-FS, S. 311 (320); *Rasch*, Psychiatrie, S. 70, 254; ausführlich zum Zusammenhang von Alkohol und Affekt *Joachim*, in: Affektdelikte, S. 180ff., bes. 183ff., 192ff.

[69] Kritisch dazu besonders *Schorsch*, in: Perversion, S. 139ff.

lichen Täters auf die Gleichung gebracht: Beziehungstat gleich Konflikttat gleich Affekttat gleich Alkoholeinfluss[70].

II. Frauen als Täterinnen von Beziehungstötungen

Untersuchungen, die sich speziell mit Frauen als Täterinnen beschäftigen, weisen auf Belastungsmomente in der kindlichen Entwicklung hin, die mit denen von männlichen Tätern vergleichbar sind[71]. Während bei männlichen Tätern jedoch körperliche Misshandlungen im Vordergrund stehen[72], sind Täterinnen in ihrer Kindheit neben den körperlichen Misshandlungen nicht selten ebenso sexuellem Missbrauch ausgesetzt, was zu schweren Traumatisierungen führen kann[73]. Allerdings führen auch extreme und außergewöhnliche Belastungsfaktoren im Sozialisationsprozess nicht schon zwangsläufig dazu, Täter oder Täterin eines Tötungsdelikts beziehungsweise überhaupt kriminell zu werden[74]. Sie dürften aber immerhin geeignet sein, derartige Entwicklungen zu begünstigen[75]. Im Einzelnen scheint vieles davon abzuhängen, wie Missbrauchs- oder Misshandlungssituationen erlebt und verarbeitet werden (was individuell unterschiedlich ist), in welcher Entwicklungsphase sie stattgefunden haben, auf welche Art und durch welche Person (eine vertraute oder eine fremde) sie vorgenommen wurden[76]. Vor allem Traumatisierungen, die unverarbeitet bleiben, können das Verhalten der betroffenen Personen, einschließlich ihrer Wahl von Beziehungspartnern, nachhaltig beeinflussen. Denn „unbewältigte traumatische Lebensbelastungen scheinen sich im Verlauf des Lebens zu reproduzieren"[77]. Mit dieser (psychoanalytischen) These deckt sich die empirische Erkenntnis, dass Beziehungstötungen, begangen sowohl von Männern als auch von Frauen, oft eine lange Zeit vorausgegangen ist, in der Misshandlung oder Missbrauch stattgefunden hat[78]. Die Annahme, man gerate in eine Beziehungssituation einfach so hinein, dürfte deshalb nicht ganz stimmig sein. Vielmehr

---

[70] *Burgheim*, Psychologische Bedingungen, S. 44, 98, 105 f.; ferner *Verrel*, Schuldfähigkeitsbegutachtung, S. 107, 110 mit Fn. 115.

[71] *Neubauer et al.*, Gewalt, S. 62; *Welter-Enderlin*, in: Das Paar, S. 61 (69 f.).

[72] *Steck et al.*, MschrKrim 80 (1997), S. 404 (407).

[73] *Lamott et al.*, MschrKrim 81 (1998), S. 235 (236); *Lamott/Pfäfflin*, MschrKrim 84 (2001), S. 10, 21.

[74] Grundsätzlich dazu neuerdings *Bliesener*, Lampe-FS, S. 139 (151).

[75] *Lamott et al.*, MschrKrim 81 (1998), S. 235 (236); *Steck et al.*, MschrKrim 80 (1997), S. 404 (407 f.).

[76] *Lamott et al.*, MschrKrim 81 (1998), S. 235 (236 ff.).

[77] *Lamott et al.*, MschrKrim 81 (1998), S. 235 (236); allgemein und grundsätzlich dazu *Ringel*, Selbstschädigung, S. 151 ff.

[78] Vgl. etwa *Burgheim*, Psychologische Bedingungen, S. 75 f., 79, 101, 115; *dens.*, MschrKrim 77 (1994), S. 232 (235); *Steck et al.*, MschrKrim 80 (1997), S. 404 (409 ff.); *Lamott/Pfäfflin*, MschrKrim 84 (2001), S. 10 f.; *Oberlies*, KJ 1990, S. 318 (327 f.); *v. Hentig*, Psychologie der Einzeldelikte, S. 273 ff.

scheint es so zu sein, als suche man sich diese, entsprechend der eigenen Sozialisation, gleichsam aus (wiewohl man sich dessen regelmäßig nicht bewusst sein wird)[79]. Da die Aufarbeitung von Traumatisierungen oder auch deren Kompensation vermutlich dort am ehesten gelingt, wo die äußeren und inneren Bedingungen im Übrigen günstig sind[80], dürften die Chancen dafür im Bereich der Tötungskriminalität, die zum großen Teil die unteren Schichten der Gesellschaft betrifft, nicht gut stehen.

Für Frauen ist die Tötung des Mannes häufig der letzte Ausweg aus einer verheerenden Beziehungssituation, die sie anders nicht in den Griff bekommen. Zuvor haben sie meist andere Lösungsmöglichkeiten versucht[81]. Weshalb solche Versuche so oft erfolglos bleiben, hängt von verschiedenen Faktoren ab und lässt sich schwer präzise benennen. Ins Gewicht fallen dürfte hierbei die geringe Bereitschaft Dritter, einschließlich staatlicher Organe, aktiv zu werden und sich in gewalttätige eheliche oder partnerschaftliche Auseinandersetzungen einzumischen[82]. Auf der anderen Seite schaffen es Frauen aber häufig nicht, selbst wenn Hilfe von außen erfolgt, aus einer Misshandlungsbeziehung auszubrechen – ein Umstand, der oft mit Verwunderung zur Kenntnis genommen wird. Die Gründe dafür sind vielfältig. Ansätze, die versuchen, die Ursachen für die Tat in Ausprägungen oder auch Störungen der Persönlichkeit respektive Auffälligkeiten in der Entwicklung (sowohl der Frauen als auch der Männer) zu finden, mögen hilfreich sein und teils plausible Erklärungen liefern. Allein mit ihnen kommt man jedoch nicht weiter, schon deshalb nicht, weil es keinen linearen Zusammenhang zwischen bestimmten Entwicklungsbedingungen in der Kindheit und Beziehungstötungen oder Beziehungsgewalt gibt. Insoweit ist die Kritik, die an diesem Konzept geübt wird[83], berechtigt. Die Zusammenhänge dürften bei weitem zu komplex sein, als dass man sie mit einem Erklärungsmo-

---

[79] Siehe *Simons*, Tötungsdelikte, S. 8f., 57ff.

[80] Allgemein dazu *Venzlaff*, in: Begutachtung (1986), S. 327 (334).

[81] Siehe *Burgheim*, MschrKrim 77 (1994), S. 232 (235).

[82] *Sessar*, Tötungskriminalität, S. 98f.; *Kreuzer*, Kriminalistik 1982, S. 491; *Burgheim*, MschrKrim 77 (1994), S. 232 (235); *Brückner*, Frauen, S. 21, 38; *Simons*, Tötungsdelikte, S. 39; außerdem *Legnaro/Aengenheister*, MschrKrim 78 (1995), S. 203 (209); *Schorsch*, in: Perversion, S. 72 (73). – Ob nach Inkrafttreten des Gewaltschutzgesetzes (am 1.1. 2002; vgl. BT/Drucks. 14/5429) an dieser unbefriedigenden Situation eine wesentliche Änderung eintritt, bleibt abzuwarten; siehe hierzu die Untersuchung von *Hagemann-White/Kavemann*, Gemeinsam gegen häusliche Gewalt (2004). – Dass es eine effektive Hilfe von Seiten des Staates oftmals nicht gibt, belegt eindrucksvoll der von *Rössner/Bannenberg* geschilderte Fall (Brauneck-Ehrengabe, S. 353 [374f.]), in dem sich eine Frau, die von ihrem Ehemann getrennt lebte und ständig von ihm bedroht und belästigt wurde, bei der Staatsanwaltschaft um Unterstützung bemühte. Die Staatsanwaltschaft stufte zwar die Drohungen des Mannes als ernstzunehmende ein und erkannte einen Handlungsbedarf, tat aber nichts. Die Frau wurde schließlich von ihrem Mann in einem Wald mit einem Baseballschläger und Messerstichen getötet.

[83] *Egger et al.*, Gewalt, S. 16, 17, 19, 20; *Fröschl/Löw*, Macht, S. 70ff., 97ff., 117ff.; *Brückner*, Frauen, S. 40.

dell, gleich mit welchem, hinreichend erfassen könnte. Es müssen daher, darüber besteht mittlerweile Konsens, andere, nämlich über das Individuelle hinausgehende Aspekte mit berücksichtigt werden. Damit kommt die Ebene der Gesellschaft hinzu[84]. Gewalt gegen Frauen und Kinder, allgemeiner: gegen körperlich unterlegene Familienmitglieder[85], wird als integraler Bestandteil der Gesellschaft ausgemacht[86]. Zumindest in einem bestimmten Umfang ist sie, obschon vielleicht nicht gerade erwünscht, so doch nichts, was der Gesellschaft grundsätzlich fremd, was nicht mehr systemkonform wäre. Das ändert sich erst, wenn ein gewisses Maß überschritten ist (wozu Tötungsdelikte, aber ebenso schon gravierendere Körperverletzungen selbstverständlich gehören)[87]. Als Beleg hierfür lässt sich wiederum die Enthaltsamkeit staatlicher Organe bei der Verfolgung solcher Taten anführen[88]. Gewalt im familiären Bereich wird – und das ist der zentrale Einwand, der hier geltend gemacht wird – nicht bündig delegitimiert[89], was aber erforderlich wäre, um eine Veränderung (in der Einstel-

---

[84] Eingehend zum Zusammenhang von Persönlichkeit und gesellschaftlich-historischen Bedingungen *Lorenzer*, in: Geschichten, S. 239 (242ff., bes. 248f., 252ff.).

[85] Hierzu zählt auch Gewalt gegen ältere, oftmals hilfsbedürftige Familienmitglieder, die zunehmend in das Blickfeld empirischer Wissenschaft sowie der Öffentlichkeit gerät; vgl. *Kreuzer/Hürlimann*, in: Alte Menschen, S. 13 (46f.); ausführlich *Wetzels et al.*, Kriminalität, S. 111ff., 143ff., 185ff.; *Greve et al.*, Kriminalität im Alter, S. 29f.; *Nedopil*, Psychiatrie, S. 261.

[86] *Egger et al.*, Gewalt, S. 11, 21ff., 107; *Hagemann-White et al.*, Hilfen, S. 18ff.; eingehende Analyse bei *Smaus*, KrimJourn. 26 (1994), S. 82 (90f., 93ff.); außerdem *Benard/Schlaffer*, Gewalt, S. 121ff., 128; *Brückner*, Frauen, S. 13; *Welter-Enderlin*, in: Das Paar, S. 61 (73ff., 77); *Büchler*, Gewalt, S. 10ff., 24ff.; *Schweikert*, Gewalt, S. 36, 82ff.; *Schorsch*, in: Perversion, S. 72 (73); vgl. auch die Untersuchungsergebnisse bei *Steck*, obschon es dort nicht darum ging, das herauszufinden (vgl. *Steck et al.*, MschrKrim 85 [2002], S. 341 [346f.]). – Dass sich diese These keineswegs als eine übertrieben feministische Betrachtung abtun lässt, zeigt die erste repräsentative Erhebung zum Ausmaß der Gewalt gegen Frauen in Deutschland aus dem Jahr 2004, die das Bundesministerium für Familien, Senioren, Frauen und Jugend in Auftrag gegeben hat. Danach sind mehr als ein Drittel aller Frauen seit ihrem 16. Lebensjahr mindestens einmal Opfer körperlicher Gewalt geworden und jede siebte Frau hat seit ihrem 16. Lebensjahr zumindest einmal sexuelle Gewalt erlitten. Bei den Tätern, so die Studie weiter, handelte es sich ganz überwiegend um die aktuellen oder früheren Beziehungspartner der Frauen. Dagegen kommt sozialen Faktoren, wie etwa Arbeitslosigkeit oder Alkoholismus, anders als bislang angenommen, keine zentrale Bedeutung zu. Hauptfaktor für die Gewalt ist vielmehr der Trennungswunsch der Frauen. Weiter geht aus der Studie hervor, dass Frauen, die als Kinder Opfer von Gewalt in der Erziehung oder von sexuellem Missbrauch geworden sind, als Erwachsene doppelt so oft als andere Frauen wieder Opfer von Gewalt werden (*Müller et al.*, Lebenssituation, bes. S. 9, 15, 20f., 32).

[87] Zur zwiespältigen Einstellung zur Gewalt siehe *Smaus*, KrimJourn. 26 (1994), S. 82 (89f.); zudem *Fröschl/Löw*, Macht, S. 13, 20f., 29, 53, 175. Die grundsätzliche Ambivalenz in der (moralischen wie rechtlichen) Bewertung von Gewalt innerhalb der Familie zeigt sich auch in der Diskussion um körperliche Züchtigung von Kindern durch ihre Eltern (siehe aus strafrechtlicher Sicht dazu nur *Roxin*, JuS 2004, S. 177ff. m. w. N.).

[88] Eingehend dazu *Schweikert*, Gewalt, S. 308ff., 324ff.; *Hagemann-White*, Hilfen, S. 132ff.; außerdem *Rössner/Bannenberg*, Brauneck-Ehrengabe, S. 353ff.

[89] *Legnaro/Aengenheister*, Schuld und Strafe, S. 111f.; *dies.*, KJ (28) 1995, S. 188 (193f.),

lung) zu bewirken oder jedenfalls anzustoßen[90]. Bezieht man diese Erwägungen mit ein, erschließt sich leicht, weswegen Ansätze, die die Ursachen für ein Tötungsdelikt oder, allgemeiner, für Beziehungsgewalt zu einseitig in besonderen Persönlichkeitsmerkmalen der betroffenen Frauen oder der Paare suchen, letztlich nicht nur unzureichend sind, sondern zudem problematisch. Denn sie führen dazu, die Beteiligten zu marginalisieren oder auch zu pathologisieren[91] (Letzteres gilt ganz überwiegend für Frauen[92]), während es sich andererseits bei Beziehungsgewalt (nicht jedoch bei Beziehungstötungen) weniger um eine Randerscheinung als mehr um ein verbreitetes Phänomen handelt[93].

Hinzu kommt, dass sich das in der Gesellschaft wohl immer noch dominierende Idealbild einer Frau auszeichnen dürfte durch Attribute wie Selbstlosigkeit und die Bereitschaft, sich aufzuopfern, sei es für einen Mann oder eine Familie. Die emotionale wie materielle Abhängigkeit einer Frau von einem Mann (teils selbst ihre Unterordnung unter den Mann) dürften nach wie vor der gesellschaftlich herrschenden Vorstellung von Weiblichkeit nicht wirklich entgegenstehen, sondern mit dieser grundsätzlich (noch) konform gehen[94]. Daraus resultiert eine gewisse Zwiespältigkeit. Frauen, die in Misshandlungsbeziehungen verharren, sind selbstlos, opfern sich auf, leben zumindest in psychischer, häufig ebenfalls ökonomischer Abhängigkeit von einem Mann und ordnen sich diesem unter. Insoweit stimmt ihr Verhalten (noch) überein mit dem gängigen weiblichen Ideal. Gleichwohl stößt es auf Unverständnis, wenn es Frauen nicht gelingt, sich aus einer solchen Beziehung zu befreien. Erst ein Zuviel an diesen an sich positiv konnotierten Eigenschaften – mithin zu viel Selbstaufgabe, zu viel Aufopferung, zu viel Abhängigkeit, zu viel Unterordnung – lässt die positive Bewertung in eine negative umschlagen. Die Grenze jedoch, ab

---

und MschrKrim 78 (1995), S. 203 (207 ff.); *Smaus*, in: Strafrecht, S. 122 (126); *Schorsch*, in: Perversion, S. 72 (73); *ders.*, ebd., S. 139 (141); *Büchler*, Gewalt, S. 26, 194 f.

[90] Von dieser Position aus lässt sich das am 1. 1. 2002 in Kraft getretene Gewaltschutzgesetz (siehe bereits Fn. 82) kritisieren: Bevor Gewalt in familiären Beziehungen klar und uneingeschränkt als verbotenes Verhalten bewertet wird, wird sie juristisch gesondert behandelt und damit – auch symbolisch – als ein Sonderfall von den sonstigen Gewaltfällen geschieden. Da familiäre Gewalt sehr lange Zeit (richtiger wohl: seit jeher) in gewissen Grenzen akzeptiert und als bloße Familienangelegenheit angesehen wurde, ist es zweifelhaft, ob das hinreicht, eine eindeutige Verhaltensanweisung zu statuieren (in diesem Sinne etwa *Egger et al.*, Gewalt, S. 106 ff., 160).

[91] Kritisch daher *Hagemann-White*, Hilfen, S. 20; *Büchler*, Gewalt, S. 10 ff.

[92] Siehe (kritisch) *Egger et al.*, Gewalt, S. 12, 117 f.; *Fröschl/Löw*, Macht, S. 153; *Oberlies/Giesen*, Streit 1986, S. 15 (16); ferner *Rode/Scheld*, Sozialprognose, S. 23; *Götz*, GA 1977, S. 321 (325); grundsätzlich *Smaus*, in: Strafrecht, S. 122 (126 ff.).

[93] Vgl. die vom Bundesministerium für Familien in Auftrag gegebene Studie zur Gewalt gegen Frauen in Deutschland (oben in Fn. 86); und davor zu entsprechenden Untersuchungen und Schätzungen etwa *Schall/Schirrmacher*, Gewalt, S. 11 ff.; *Rössner/Bannenberg*, Brauneck-Ehrengabe, S. 353 (359 ff.); *Schweikert*, Gewalt, S. 39 ff. – alle m. w. N.

[94] Vgl. *Brückner*, Frauen, S. 66 ff., 80 f., 94 ff.; des Weiteren *Fröschl/Löw*, Macht, S. 13, 155, 158, 175.

der das Verhalten vom positiven in den negativen Bereich fällt, ist in den geläufigen gesellschaftlichen Vorstellungen nicht genau markiert (beispielhaft: eine Ohrfeige, einmaliges oder mehrfaches Verprügeln, in welchen zeitlichen Abständen, in welcher Situation?)[95] – ebenso wenig wie in der rechtlichen Beurteilung[96]. Für die einzelne Frau ergibt sich daraus eine schwierige Gratwanderung: Wann erfüllt sie noch das Idealbild einer Frau, und ab wann überschreitet sie es? Kontraproduktiv wirkt sich hier nicht selten der Gedanke der Unauflösbarkeit der Ehe aus, der in der christlich-abendländischen Kultur verankert ist[97], und nicht minder, wenn Beratungsstellen oder therapeutische Einrichtungen zu einseitig das Ziel im Blick haben, die Ehe aufrechtzuerhalten[98]. Schließlich sind Trennungssituationen, abgesehen von den ökonomischen und emotionalen Schwierigkeiten, die mit ihnen verbunden sind[99], für Frauen nicht ungefährlich[100]. Denn Männer sind oftmals nicht bereit, die Entscheidung der Frau zu akzeptieren, und versuchen vieles (manchmal alles), um diese rückgängig zu machen, indem sie die Frauen belästigen, etwa durch Nachstellen oder Verfolgen, bedrohen, körperlich angreifen, und in seltenen Fällen töten sie diese auch[101]. Eine Trennung, ob ausgesprochen oder sogar schon äußerlich vollzogen, bedeutet daher – was viele Frauen wissen, zumindest aber ahnen dürften – nicht ohne weiteres eine Beendigung des Konflikts; sie stellt diese häufig noch nicht einmal in Aussicht.

III. Typische Kennzeichen konfliktreicher, mit einer Tötung endender Beziehungen

Die Verläufe von Beziehungskonflikten, die mit einer Tötung enden, und darüber hinaus die gesamte Struktur der Beziehungen ähneln sich vielfach. Danach ist die Tötung kein isoliertes Ereignis, das völlig unerwartet über Täter und Opfer hereinbräche. Es lässt sich vielmehr eine kontinuierliche Entwicklung,

---

[95] Siehe *Fröschl/Löw*, Macht, S. 152, 153; *Brückner*, Frauen, S. 68; *Hagemann-White*, Hilfen, S. 147; *Egger et al.*, Gewalt, S. 19, 21 ff., 166.

[96] Als Beispiel sei auf die umstrittene Frage nach einer Einschränkung des Notwehrrechts unter Ehegatten verwiesen; siehe zu dieser Problematik im dritten Kapitel zu B II 1 b (am Ende).

[97] Siehe *Simons*, Tötungsdelikte, S. 5; *Brückner*, Frauen, S. 38 f.; ferner *Fröschl/Löw*, Macht, S. 87, 89.

[98] Das gilt vornehmlich für die sogenannte systemische (oder systemtheoretische) Paartherapie (auch sogenanntes Interaktionsmodell); vgl. *Egger et al.*, Gewalt, S. 116 ff.; *Welter-Enderlin*, in: Das Paar, S. 61 (74 ff.); zudem *Brückner*, Frauen, S. 38.

[99] Dazu etwa *Walker*, Warum, S. 56.

[100] *Brückner*, Frauen, S. 64; *Egger et al.*, Gewalt, S. 119, 164; *Fröschl/Löw*, Macht, S. 36; *Hagemann-White*, Hilfen, S. 316 ff.; außerdem *H. J. Schneider*, GA 2002, S. 428 (430).

[101] Exemplarisch sei verwiesen auf die in Fn. 51 und 82 geschilderten Fälle – und auf drei Fälle aus der jüngeren Rechtsprechung: BGH NStZ-RR 2004, S. 14 ff., 34 und 44.

eine spezifische Beziehungsdynamik, beobachten, die zur Tötung führt[102], und der Verlauf dorthin zeichnet sich durch typische, verallgemeinerbare Kriterien aus, die nun näher zu betrachten sind.

Zunächst lässt sich eine sogenannte Tatanlaufzeit ausmachen, deren Dauer nicht festgelegt ist, sondern von Fall zu Fall divergiert[103]. Als Merkmale dieser Phase gelten äußerlich die zunehmenden Gewalttätigkeiten des Mannes gegenüber der Frau[104]. Diese sind vielfach geprägt durch einen zyklischen Verlauf, den man, leicht verkürzt, als einen ständigen Wechsel zwischen Gewalthandlungen und Versöhnungen beschreiben kann[105]. Während die Gewalttätigkeiten des Mannes dabei häufiger und massiver werden, bemühen sich Frauen vor allem, erneuten Gewaltausbrüchen durch immer mehr Anpassung und Wohlverhalten entgegenzuwirken[106]. Sie werden also unterwürfiger und passiver, erreichen da-

---

[102] Dazu vor allem *Rasch*, Tötung, bes. S. 54 ff.; des Weiteren bereits *Többen*, Untersuchungsergebnisse, bes. S. 105 ff.; siehe außerdem die Fallbeispiele bei *Oberlies*, Tötungsdelikte, S. 76 ff., 153 ff.

[103] Vgl. *Rasch*, Tötung, S. 66 f., von dem der Terminus „Tatanlaufzeit" stammt. In der Untersuchung *Burgheims* schwankte diese Zeit zwischen wenigen Tagen und 24 Jahren, wobei sich ein durchschnittlicher Wert von 16 Monaten ergab und zumeist – nämlich in 70% der Fälle – eine Dauer von nicht mehr als einem Jahr angegeben wurde (Psychologische Bedingungen, S. 79). Ferner *Simons*, Tötungsdelikte, S. 20, der – statt „Tatanlaufzeit" – den neutraleren und daher wohl vorzugswürdigeren Begriff „Problem-Situation" wählt.

[104] *Steck et al.*, MschrKrim 80 (1997), S. 404 (409 ff., 415); *Burgheim*, Psychologische Bedingungen, S. 74 ff., 101; vgl. auch *Stumpfl*, Motiv, S. 30 ff. („Vorgestalten der Tat"). – Es wird nicht übersehen, dass auch Männer Opfer von Beziehungsgewalt sein können (siehe dazu die deutsche Pilotstudie aus dem Jahr 2004 von *Jungnitz et al.*, Gewalt, bes. S. 10 ff.). Allerdings ist der umgekehrte Fall der weitaus üblichere. Für den Bereich der Tötungsdelikte lässt sich sogar feststellen: Selbst wenn Frauen ihre Männer töten, sind dem oftmals über eine lange Zeit andauernde Gewalttätigkeiten des Mannes (und nicht der Frau) vorausgegangen, und die Tötung geschieht, um sich aus dieser Situation zu „befreien" (*Rössner/Bannenberg*, Brauneck-Ehrengabe, S. 353 [357 f.]). Da es hier nur darum geht, die typischen Konstellationen und ihre besondere Dynamik darzustellen, werden, obschon verallgemeinernd und vergröbernd, Männer dem Täterkreis von Beziehungsgewalt, Frauen dagegen dem Opferkreis zugeordnet – ungeachtet dessen also, dass dies im Einzelfall durchaus umgekehrt sein kann.

[105] *Walker*, Warum, S. 84 ff.; *Welter-Enderlin*, in: Das Paar, S. 61 (70), und *Schweikert*, Gewalt, S. 62 ff. m. w. N.

[106] Legt man behavioristisch-lernpsychologische Ansätze zugrunde, lässt sich dieser Interaktionsprozess – aus der Sicht der Männer – so deuten (*Neubauer et al.*, Gewalt, S. 19 ff.): Da die Gewalthandlungen auf keinen nennenswerten Widerstand stoßen, haben die Männer mit ihnen „Erfolg" und lernen, dass sie sich mit Gewalttätigkeiten gegenüber ihren Frauen durchsetzen können. Das wiederum ist dann ein Grund, Gewalt immer wieder einzusetzen, um ein bestimmtes Ziel zu erreichen. – Demgegenüber wird das Verhalten der Frauen oft mit dem von Geiselopfern verglichen, die sich, weil sie keine Möglichkeit zu entkommen sehen, dem Geiselnehmer anpassen, teils sogar dessen Perspektive übernehmen, um zu überleben (sogenanntes Stockholm-Syndrom, benannt nach einer Geiselentführung in Stockholm, 1973; dazu *Egger et al.*, Gewalt, S. 33 f.; *Schweikert*, Gewalt, S. 58 ff.). Wegen dieses Zusammenhangs wird von einigen Autoren bezweifelt, dass bestimmte Eigenschaften, die man Frauen, die in solchen Beziehungen leben, typischerweise zuschreibt – nämlich Passivität, mangelndes Selbstwertgefühl und, nach heute aber überholter Ansicht, Masochismus (siehe nur *Schorsch*, in: Perversion, S. 72 [73]) – eine Ursache dafür sind, weswegen sie in einer derartigen Bezie-

durch aber nicht, weniger misshandelt zu werden, viel eher das Gegenteil. In diesem Verhaltensmuster zeigt sich auch: Beide, Männer wie Frauen, sind unfähig, die Konflikte, die sie miteinander haben, zu lösen; es fehlt ihnen an konstruktiven Konfliktlösungsmodellen[107]. Männer unterdrücken die Konflikte mit Gewalt, wohingegen Frauen bestrebt sind, Konflikte zu vermeiden, indem sie versuchen, Gewalttätigkeiten durch extreme Anpassung an den Mann zu verhindern[108] – beides unter Umständen mit fatalen Folgen. Einer Loslösung steht hier (neben anderen Gründen) nicht zuletzt im Wege, dass die Paare zumeist in einer stark symbiotischen Beziehung verhaftet und extrem aufeinander fixiert sind[109]. So fordern Männer im Laufe einer solchen Beziehung nicht selten von Frauen, sämtliche andere Kontakte abzubrechen, oft auch zur Ursprungsfamilie, damit sie ihnen ganz „gehören" und keinen anderen „störenden" Einflüssen ausgesetzt sind[110]. Die Folge davon ist eine weitgehende Isolierung der Frauen von der Außenwelt. Dagegen haben die Männer selbst oftmals schon andere Kontakte, wenngleich keine intensiven. Vor allem ihre Emotionalität leben sie ausschließlich in der Beziehung mit der Partnerin, womit sich zugleich die große Abhängigkeit erklären lässt[111]. Eingesetzt werden die Gewalttätigkeiten, um Macht und Kontrolle – sofern die Männer diese verloren haben oder nur befürchten, sie zu verlieren – aufrechtzuerhalten oder wiederherzustellen und um Überlegenheit zu demonstrieren[112]. Außerdem dient die Gewalt bisweilen dazu, anderweitig bedingten Frust oder Stress abzureagieren[113], und teils ebenso, die Frauen zu „erziehen"[114]. Die Problematik dürfte sich weiterhin verschärfen durch eine Orientierung an starren Rollenbildern, die besonders bei gewalttätigen Männern festzustellen ist, in beinahe gleichem Maße aber ebenso bei deren Frauen[115]. Da Aggression und Gewalt mit der traditionellen Vorstellung von

---

hung bleiben; vielmehr werden diese Eigenschaften als Folgen der Misshandlung angesehen (in diesem Sinne *Smaus*, KrimJourn. 26 [1994], S. 82 [88 f.]; *Egger*, a.a.O., S. 15, 33). Treffender wird man wohl von einer Wechselwirkung ausgehen dürfen (siehe *Duncker*, Gewalt, S. 17 f.).

[107] *Simons* sieht daher – entsprechend dem Titel seines Buches – Beziehungstötungen „als Folge mißlungener Problemlösungen" an (Tötungsdelikte, S. 34, 39, 56 ff.); außerdem *Ghysbrecht*, Psychologische Dynamik, S. 51 f.; *Steck et al.*, MschrKrim 80 (1997), S. 404 (415).

[108] *Fröschl/Löw*, Macht, S. 124, 140 f.

[109] *Egger et al.*, Gewalt, S. 24; *Hagemann-White*, Hilfen, S. 82; *Welter-Enderlin*, in: Das Paar, S. 61 (69).

[110] *Egger et al.*, Gewalt, S. 111, 132; *Hagemann-White*, Hilfen, S. 90 ff.

[111] *Egger et al.*, Gewalt, S. 24, 111; *Marneros*, Der Nervenarzt 78 (2007), S. 1283 (1285).

[112] *Rössner/Bannenberg*, Brauneck-Ehrengabe, S. 353 (357); *Smaus*, KrimJourn. 26 (1994), S. 82 (91); *Duncker*, Gewalt, S. 9 f., 15; *Welter-Enderlin*, in: Das Paar, S. 61 (72 ff.); *Fröschl/Löw*, Macht, S. 15, 22, 124 f.; *Egger et al.*, Gewalt, S. 21, 111.

[113] Siehe zur sogenannten Frustrations-Aggressions-Theorie *Neubauer et al.*, Gewalt, S. 16 ff.

[114] Vgl. *Benard/Schlaffer*, Gewalt, S. 121 f., 128 f.; siehe auch die Fallschilderung bei *Rasch*, Tötung, S. 33.

[115] *Walker*, Warum, S. 58, 60 f., 63; *Welter-Enderlin*, in: Das Paar, S. 61 (68 f.); *Egger et al.*, Gewalt, S. 19 f., 21 ff., 166.

Männlichkeit nicht völlig unvereinbar sind, ebenso wenig wie Besitzdenken oder ausgeprägtere Eifersucht[116], fehlt es an einem klaren Kontrapunkt. Einen solchen müsste die Gesellschaft aber wohl vermitteln, wollte sie ein hinreichendes Korrektiv zur Verfügung stellen.

Die sogenannte Tatanlaufzeit zeichnet sich im Inneren durch eine kognitive Einengung der Erlebnis-, Vorstellungs- und Wahrnehmungsfähigkeit aus[117]. Diese Einengung beeinflusst die emotionale Verfassung des (späteren) Täters, die sich wiederum auf die kognitiven Vorgänge auswirkt, so dass zwischen beiden, den Kognitionen und Emotionen, eine Wechselwirkung besteht[118]. Gleichzeitig ist dieser Prozess verbunden mit einer bezogen auf die Partnerin (oder den Partner) verstärkt negativen Attribuierung[119]. Daraus entsteht schließlich das, was *Rasch* als „homizidale Tatbereitschaft" bezeichnet – ein Zustand, in dem bereits ein Schlüsselreiz die Tat auslösen beziehungsweise die sogenannte „Terminierungsreaktion"[120] hervorrufen kann[121]. Einen solchen Schlüsselreiz stellen hauptsächlich Vorgänge dar, die als belastend erlebt werden (wie beispielsweise Ankündigung der Trennung, Verlassen der Wohnung oder, weniger erheblich, Streit, alltägliche Auseinandersetzungen, bloßer Widerspruch). Als ein weiterer Faktor, der die Terminierungsreaktion herbeiführen kann, kommt außerdem die vom Täter selbst initiierte letzte Aussprache in Betracht. Zwar lässt sie sich nicht unbedingt als ein typisches Phänomen von Beziehungstötungen betrachten, denen ein Trennungskonflikt zugrunde liegt. Bemerkenswert ist allerdings, dass es meistens zu einer Tötung kommt, wenn eine solche

---

[116] Die Bewertung schlägt erst um, wenn ein bestimmtes Maß überstiegen wird. Exemplarisch lassen sich hier Formulierungen aus Gerichtsentscheidungen anführen, in denen – um die negative Konnotation deutlich zu machen – von hemmungsloser, übertriebener Eifersucht gesprochen wird (siehe z.B. BGHSt 3, 180 [182f.]; BGH StV 2001, S. 571 [572]); vgl. ferner Sch/Sch-*Eser*, § 211 Rdnr. 19; NK/*Neumann*, § 211 Rdnr. 28, 35.

[117] *Rasch*, Tötung, S. 67.

[118] Ausführlich zum wechselseitigen Zusammenspiel von Kognitionen und Emotionen *Simons*, Tötungsdelikte, S. 58ff.; *Burgheim*, Psychologische Bedingungen, S. 24, 26f., 48f.; vertiefend *Brandtstädter*, in: Emotion und Reflexivität, S. 252 (256ff.); *Dörner*, in: Emotion und Reflexivität, S. 157 (171ff., 177ff.).

[119] *Simons*, Tötungsdelikte, S. 65ff., 81ff.; außerdem *Burgheim*, Psychologische Bedingungen, S. 19ff., 48f.; *ders.*, MschrKrim 77 (1994), S. 215 (229f.).

[120] So die von *Simons* – in Anlehnung an *Dörner* – gewählte Bezeichnung (Tötungsdelikte, S. 62f., 71). Unter Terminierungsreaktion versteht man ein Verhalten, durch das der Konflikt nicht gelöst, sondern beseitigt wird. Als typische Terminierungsreaktionen gelten Angriff, Flucht und Resignation oder, wie *Dörner* es plastischer ausdrückt, „‚Kaputtmachen', ‚Weglaufen', ‚Aufgeben'" (*Dörner*, in: Emotion und Reflexivität, S. 157 [162]). Solche Terminierungsreaktionen (die *Dörner* auch als „Notfallreaktionen" bezeichnet) ereignen sich in Situationen, in denen sich der Handelnde hilflos fühlt, weil er die Kontrolle über das Geschehen verloren hat oder jedenfalls meint, sie verloren zu haben, und weil er seine Kompetenz, die Situation nach seinen Vorstellungen zu regeln, als gering einschätzt (zum Ganzen eingehend *Dörner*, a.a.O., S. 157 [158, 160ff., 173]).

[121] *Rasch*, Tötung, S. 67f.; *Burgheim*, Psychologische Bedingungen, S. 27ff., 78ff.; in Ansätzen bereits *Stumpfl*, Motiv, S. 22ff.

Aussprache gesucht wird[122]. Dies dürfte hauptsächlich folgenden Grund haben: Männer, die eine letzte Aussprache mit der Partnerin anstreben, gehen regelmäßig nicht offen in dieses Gespräch hinein, sondern sind auf ein bestimmtes Ergebnis festgelegt: Sie wollen die Trennung auf alle Fälle und um jeden Preis abwenden[123]. Da die letzte Aussprache typischerweise in einem weit fortgeschrittenen Konfliktstadium erfolgt, in dem eine Fortsetzung der Beziehung von der Partnerin kaum noch zu erwarten ist, wird sie als ein „realitätsferner Lösungsversuch“ eingestuft[124].

Tötungsdelikte, die innerhalb enger Partnerschaften begangen werden, zeigen auffallend oft eine Nähe zum Suizid, und zwar in zweierlei Hinsicht. Erstens sind Suizidgedanken, -versuche oder -androhungen keine Seltenheit in der Phase vor einer Beziehungstötung; im Gegenteil, Selbst- und Fremdtötungsabsichten wechseln sich oftmals ab[125]. Darüber hinaus kommen Suizidabsichten oder -versuche in der Entwicklungsgeschichte von Beziehungstätern, auch vor beziehungsweise unabhängig von der verhängnisvollen Beziehung, merklich häufig vor[126]. Die Annahme einer „Verwandtschaft“ zwischen Suizid und Fremdtötung[127] gewinnt nicht zuletzt vor diesem Hintergrund an Plausibilität, und schon bei *Freud* findet sich die Feststellung, „daß kein Neurotiker Selbstmordabsichten verspürt, der solche nicht von einem Mordimpuls gegen andere auf sich zurückwendet [...]“[128]. Zweitens, und tiefergehend, zeigt sich die besondere Nähe zwischen Suizid und Fremdtötung an strukturellen Parallelen des Verlaufs, der dorthin führt. Das gilt zunächst für die Verfassung des Betroffenen, insbesondere die soeben erwähnte kognitive Einengung der Erlebnis- und Wahrnehmungsfähigkeit, aus der sich das weitere Geschehen – nach *Rasch* sogar mit einer gewissen „Zwanghaftigkeit“[129] – entwickelt. Denn diese Einen-

---

122 Vgl. *Burgheim*, in dessen Untersuchung es lediglich in 43% der Fälle zu einer letzten Aussprache kam, die in 82% dieser Fälle jedoch mit einer Tötungshandlung endete (Psychologische Bedingungen, S. 92, 107f.). Da dies so ist, die letzte Aussprache also offenbar einen negativen Verlauf fast schon vorzeichnet, wird sie als ein „konfliktverschärfendes Moment“ bewertet (vgl. *Burgheim*, a.a.O., S. 72).

123 *Steck et al.*, MschrKrim 80 (1997), S. 404 (415f.).

124 *Steck et al.*, MschrKrim 80 (1997), S. 404 (416).

125 *Steck*, MschrKrim 73 (1990), S. 384 (393, 396); *Steck et al.*, MschrKrim 80 (1997), S. 404 (411); *Burgheim*, Psychologische Bedingungen, S. 29, 47, 74f., 80, mit einer Suizidproblematik in etwas mehr als der Hälfte der von ihm untersuchten Fälle (ebd. S. 74f.); vgl. zudem *dens.*, MschrKrim 77 (1994), S. 215 (224).

126 *Steck et al.*, MschrKrim 80 (1997), S. 404 (408).

127 So *Ghysbrecht*, Psychologische Dynamik, S. 7f., 65; zudem *Wellhöfer*, Selbstmord, S. 48.

128 *Freud*, Trauer, S. 428 (438f.).

129 *Rasch*, Tötung, S. 66ff.; *Burgheim*, Psychologische Bedingungen, S. 78ff. – Dass diese Art der Zwanghaftigkeit nicht mit dem psychopathologischen Phänomen des Zwangs verwechselt werden darf, bei dem der Betroffene – anders als in den Fällen der späteren Beziehungstötung oder des Suizids – das Zwanghafte als ein Gezwungensein erlebt und damit das Zwanghafte auch als solches erkennt, hebt *Rasch* ausdrücklich hervor (a.a.O., S. 69). Beden-

gung fungiert ebenso als ein zentrales Merkmal des von *Ringel* beschriebenen „präsuicidalen Sydroms“[130]. Beim Suizid ist für diese Phase unter anderem eine starke Reduzierung zwischenmenschlicher Kontakte charakteristisch, die andererseits mit einer wachsenden Fixierung auf die verbliebene(n) Beziehungsperson(en) einhergeht. Und vergleichbar den Fällen der Beziehungstötung findet eine zunehmende Flucht in regressive Erlebnis- und Verhaltensweisen statt[131]. Der Zustand des Suizidenten zeichnet sich durch „geringe Frustrationstoleranz, Wahrnehmungsschwächen, überhaupt mangelnden Realitätssinn“ aus[132]. *Henseler*, der die psychoanalytische Narzissmustheorie[133] fruchtbar macht, um das unmittelbar suizidale Geschehen besser zu erfassen, benennt als „das zentrale Symptom narzißtisch gestörter Persönlichkeiten“ deren „enorme narzißtische Verletzlichkeit“[134] und kommt zu dem Ergebnis, dass der Suizid regelmäßig die Reaktion einer solchen „narzißtisch labilen Persönlichkeit“ auf

---

ken an dem Begriff – deshalb wurden die Anführungszeichen gesetzt – bestehen des ungeachtet insoweit, als er suggeriert, die Tötung ereigne sich quasi zwangsläufig. Ein derartiges Verständnis legen manche Formulierungen *Raschs* nahe; etwa wenn er auf die „überindividuelle Vorprägung“ der Tat hinweist, in der „ein Muster“ enthalten sei, „an dem gemessen das individuelle Tun wie ein mehr oder weniger gelungener Abzug“ erscheine (a.a.O., S. 54); oder wenn dem Täter attestiert wird, er handele „gleichsam einer Regieanweisung folgend so [...] wie andere Täter in der gleichen Situation“ (a.a.O., S. 60); und ebenso wenn vom „Charakter des Automatischen“ gesprochen wird (a.a.O., S. 69) oder die Tat als „Komplettierung“ des Geschehens angesehen wird (a.a.O., S. 70; siehe auch *Rasch*, Psychiatrie, S. 71, 196 f.). Diese Ausführungen erwecken leicht den Eindruck, die Tötung sei, da überindividuell determiniert, für den Täter nicht vermeidbar gewesen und wie ein unabwendbares Ereignis über ihn hereingebrochen (ähnliche Formulierungen bei *Wegener*, Psychologie, S. 80). Ins Juristische übersetzt, könnte man diesen Aussagen daher entnehmen, der Täter sei wegen fehlender Steuerungsfähigkeit nicht schuldfähig gewesen – eine Konsequenz, die *Krümpelmann* zieht (Affekt, S. 120 ff., 155 ff., 181; *ders.*, Welzel-FS, S. 327 [330 ff.]; *ders.*, ZStW 88 [1976], S. 6 [24 ff.]; *ders.*, Recht&Psychiatrie 8 [1990], S. 150 [152 f.]; hierauf wird später noch einmal zurückzukommen sein, im dritten Kapitel zu B III 1 c, zu Fn. 938 ff.). Aus psychiatrischer wie psychologischer Sicht lässt sich diese These nicht fundieren (vgl. *Saß*, in: Affektdelikte, S. 1 [3, 5]; *dens.*, Der Nervenarzt 54 [1983], S. 557 [559 f., 563]; *Simons*, Tötungsdelikte, S. 18 ff., und *Kröber*, in: Affektdelikte, S. 77 [82]), und sie wird von *Rasch* auch nicht vertreten (siehe Psychiatrie, S. 197 f.). *Rasch* dürfte mit seiner Darstellung vielmehr bezweckt haben, die Gleichartigkeit der jeweiligen Tatabläufe explizit zu machen. Überdies sollte nicht übersehen werden, dass in der forensischen Psychiatrie und Psychologie die Beurteilung der Tat und der vorangegangenen Entwicklung stets im Nachhinein erfolgt; es findet also retrospektiv eine (Re-)Konstruktion des Geschehens statt. Ex post mag es dann, betrachtet man die gesamte Beziehungsdynamik, nicht so verwunderlich erscheinen, dass es zur Tat gekommen ist; auf der anderen Seite ist die Tat ex ante aber nicht prognostizierbar (vgl. auch *Rasch*, Tötung, S. 66).

[130] Grundlegend *Ringel*, Selbstmord, S. 104 ff., bes. 117 ff.; bündig *ders.*, Selbstschädigung, S. 159 ff.

[131] *Ringel*, Selbstmord, S. 119 ff.; ferner *Henseler*, Der Nervenarzt 45 (1974), S. 238 f.; *Holderegger*, Suizid, S. 189.

[132] *Henseler*, in: Selbstmordgefährdung, S. 113 (116).

[133] Die hier nicht vertieft wird; vgl. dazu *Kohut*, Narzißmus, bes. S. 65 ff., und *Henseler*, Narzißtische Krisen, bes. S. 73 ff.

[134] *Henseler*, in: Selbstmordgefährdung, S. 113 (121 f.).

einen „Objektverlust“ ist. Gemeint ist damit in erster Linie der Verlust einer Beziehungsperson, die als unverzichtbarer Teil des „narzißtischen Regulationssystems“ erlebt wird; es kann sich aber ebenso um eine andere Enttäuschung handeln[135]. Der Suizident verfügt außerdem, vergleichbar dem Beziehungstäter, über ein geringes Selbstwertgefühl[136], und die Partnerschaften sind in beiden Fällen – neben der Fixierung auf den Beziehungspartner und dem extremen Abhängigkeitsverhältnis[137] – geprägt durch destruktive und kaum realitätsgerechte Konfliktlösungsmuster[138]. Desgleichen lassen sich bei den Suizidenten ein stark belastendes familiäres Umfeld in der Kindheit sowie schwere frühkindliche Traumatisierungen ausmachen, wobei Letztere in der späteren Lebensgestaltung der Betroffenen quasi fortgesetzt werden[139]. Bezieht man diese Erwägungen mit ein, überrascht es wenig, dass und weshalb Suizidtendenzen oder -versuche im Zusammenhang mit Beziehungstötungen vergleichsweise häufig auftreten.

Die typische Verlaufsform einer Beziehungstötung, bei der zuletzt eine kognitive Einengung von Erlebnis- und Wahrnehmungsfähigkeit des Täters zu verzeichnen ist, führt in der juristischen Bewertung des Falles vielfach zur Annahme eines Affekts[140]. Damit ist eine Affekttat nicht nur, was das allgemeine Vorverständnis nahelegen dürfte, eine plötzliche und unerwartete Tat, die in einem sogenannten akuten Affektzustand begangen wird[141]. Vielmehr lässt sich eine Affekttat offenbar ebenso annehmen, wenn es eine längere Entwicklung gibt, einen zermürbenden Partnerschaftskonflikt, der mit einer Tötung endet[142]. Man spricht hier von „protrahierten“ Affekten[143]. Nun wurde oben bereits dar-

---

[135] *Henseler*, in: Selbstmordgefährdung, S. 113, 117, 121 f.; vgl. auch *Holderegger*, Suizid, S. 192 f.

[136] *Balck et al.*, in: Selbstmordgefährdung, S. 28 (41 ff.).

[137] *Balck et al.*, in: Selbstmordgefährdung, S. 28 (32, 35).

[138] *Balck et al.*, in: Selbstmordgefährdung, S. 28 (37 f., 43 ff.), und *Koppány*, ebd., S. 55 (59).

[139] *Ringel*, Selbstschädigung, S. 151 ff., spricht anschaulich von einer „neurotischen Lebensverunstaltung“ (S. 155).

[140] *Marneros*, Der Nervenarzt 78 (2007), S. 1283 (1284); zur Häufigkeit von Affekttaten *Salger*, Tröndle-FS, S. 201 (206); *Bernsmann*, NStZ 1989, S. 160 (163). Empirisch wäre es allerdings verfehlt, Beziehungstötung und Affekttat gleichzusetzen; kritisch zu solchen Tendenzen *Schorsch*, in: Perversion, S. 139. Ebenso kritisch zur geradezu „inflationären“ Anwendung des § 21 StGB *Maatz*, Salger-FS, S. 91 (103); *Luthe*, in: Der psychiatrische Sachverständige, S. 94 (96); *Lange*, in: Der psychiatrische Sachverständige, S. 231 (256 ff.).

[141] Für ein solches Verständnis aus einer rechtsphilosophischen Perspektive *Köhler*, in: Affekt, S. 9 ff., bes. 17 ff.; *ders.*, Strafrecht, S. 418 ff.

[142] Aus juristischer Sicht dezidiert in diesem Sinne *Krümpelmann*, Affekt, S. 109 ff., bes. 118 ff., 155 ff.; *ders.*, Welzel-FS, S. 327 (332 ff.); *ders.*, ZStW 88 (1976), S. 6 (24 f.); *ders.*, Recht&Psychiatrie 8 (1990), S. 150 (152 f.); *ders.*, in: Affektdelikte, S. 18 f., 26 ff.

[143] *Steigleder*, in: Handwörterbuch der Rechtsmedizin, S. 59 (60 f.); in der Sache wohl ebenso *Venzlaff*, in: Begutachtung (1986), S. 327 (328 f., 339), der von akuten und protrahierten Konfliktreaktionen spricht; siehe zudem *dens.*, Blau-FS, S. 391 (400 f.); ferner bereits *Mezger/Mikorey*, MschrKrimbiol 9/10 (1938), S. 444 (445). Demgegenüber verzichtet *Glatzel*

auf hingewiesen, dass Beziehungstäter weitaus weniger der „Normal-Population“ angehören, als dies gemeinhin vermutet wird. Mit Blick auf die Affekttat lässt sich diese These untermauern. Zwar wird der Affekt, eingeordnet als eine „tiefgreifende Bewusstseinsstörung“ nach §§ 20, 21 StGB, als ein „normalpsychologischer“ bezeichnet, womit die Normalität der emotionalen Betroffenheit (nicht der Tat) zum Ausdruck kommen soll. „Normalpsychologischer Affekt“ meint also, der Affekt ist „normal“, hat an sich keinen Krankheitswert und tritt bei einer weitgehend gesunden Persönlichkeit auf[144]. Auf der anderen Seite kommt es aber bei seelisch unauffälligen und unbelasteten Personen, mithin bei normal funktionierenden Durchschnittspersönlichkeiten, nicht zu vergleichbaren Affekttaten[145]. Daher bilden andere psychische Störungen oder Auffälligkeiten, wie etwa neurotische Fehlhaltungen oder gestörte Persönlichkeitsverfassungen, nicht selten den „Basisbefund“, auf dessen Grundlage dann der Affekt entsteht[146]. Dennoch wäre es nicht treffend und zu vergröbernd, Affekttäter insgesamt als persönlichkeitsgestört anzusehen[147]. Aber sie sind eben, obschon Täter aus einer speziellen Situation, keine grundsätzlich unauffälligen Personen[148].

Damit ist der Überblick über die empirischen Grundlagen vorsätzlicher Tötungsdelinquenz, insbesondere von Beziehungstötungen, an sein Ende gekommen. In den beiden folgenden Kapiteln sind nun die spezifisch rechtlichen Probleme und Fragen, um deren Klärung es in dieser Arbeit vor allem geht, in den Blick zu nehmen.

– begrifflich wohl präziser – auf den „Affekt“-Terminus, ordnet die Fälle aber dennoch, sozusagen in direkterem Zugriff, als eine „tiefgreifende Bewusstseinsstörung“ nach § 20 StGB ein (vgl. Psychiatrie, S. 56 ff.; StV 1983, S. 339 ff.). Gegen einen „protrahierten“ Affekt *Saß*, Der Nervenarzt 54 (1983), S. 557 (568). *Rasch* zufolge ist der Begriff eine „contradictio in adjecto“ (Psychiatrie, S. 251); aus dem Strafrecht ablehnend *Köhler*, in: Affekt, S. 9 (21).

[144] *Rasch*, Psychiatrie, S. 71, 251, 254; *Saß*, Der Nervenarzt 54 (1983), S. 557 (569).

[145] *Rösler*, Der Nervenarzt 62 (1991), S. 49 (50); *Foerster/Venzlaff*, in: Begutachtung, S. 281 (284); *Venzlaff*, in: Begutachtung (1986), S. 327 (335), und *Mende*, ebd., S. 317 (318 f., 324); *Schiffer*, Der Nervenarzt 78 (2007), S. 294, 296; *Rasch*, Psychiatrie, S. 71.

[146] *Mende*, Bockelmann-FS, S. 311 (320); vgl. auch *Rasch*, Psychiatrie, S. 71 („[...] Persönlichkeitsentwicklung, die sich bereits in Richtung auf Krankheitsartigkeit vollzog.“); ebenso *Schorsch*, in: Perversion, S. 139 (147).

[147] *Venzlaff*, in: Begutachtung (1986), S. 327 (335); *Schiffer*, Der Nervenarzt 78 (2007), S. 294.

[148] *Rasch*, Psychiatrie, S. 153; *Burgheim*, MschrKrim 77 (1994), S. 215 (228 f.). – Zur empirischen Problematik der Affekttötung siehe ferner noch im dritten Kapitel zu B III 1 c.

2. Kapitel

Problematik der Begründung und Auslegung des Mordes in der Rechtsprechung und in der Literatur

Thema dieses Kapitels ist es, in kritischer Auseinandersetzung zu erörtern, welche Lösungsmöglichkeiten in Literatur und Rechtsprechung dargeboten werden, um Mord und Totschlag voneinander abzustufen. Hierzu zählen vor allem die beiden bekannten Leitprinzipien, die Verwerflichkeit und die Gefährlichkeit (A I und II). Außerdem ist auf das Kriterium der Überlegung einzugehen (A III), welches teilweise ebenso, obgleich im Gesetz nicht erwähnt, zur Abgrenzung der beiden Tötungstatbestände herangezogen wird. Es wird sich zeigen, dass weder die Verwerflichkeit noch die Gefährlichkeit als Abgrenzungskriterien zu überzeugen vermögen; beide Aspekte sind erheblichen Einwänden ausgesetzt. Sodann ist anschließend (unter B) ausführlicher auf die beiden relevantesten Mordmerkmale, die „niedrigen Beweggründe" und die „Heimtücke", einzugehen. Exemplarisch ist an beiden Merkmalen zu erläutern, welche Probleme sich bei der Auslegung von Einzelmerkmalen ergeben, und zwar auch unabhängig von einer expliziten Bezugnahme auf ein übergeordnetes Leitprinzip.

A. Zur Unzulänglichkeit der Leitprinzipien

I. Der Verwerflichkeitsaspekt

Es war das erklärte Ziel des Gesetzgebers, mit der Einführung des § 211 RStGB durch das „Gesetz zur Änderung des Reichsstrafgesetzbuchs" vom 4. 9. 1941[1] das bis dahin den Mord prägende Überlegungskriterium[2] – laut *Freisler* „ein echtes Kind einer hauptsächlich auf den Intellekt eingestellten Zeit"[3] – zu ersetzen durch eine sittliche Wertung, die die Abgrenzung zwischen Mord und Totschlag nunmehr kennzeichnen sollte[4]. Die Vorschrift ist in ihrem Absatz 2 bis

---

[1] RGBl. I, S. 549.

[2] § 211 RStGB von 1871 lautete: „Wer vorsätzlich einen Menschen tödtet, wird, wenn er die Tötung mit Ueberlegung ausgeführt hat, wegen Mordes mit dem Tode bestraft." Ausführlicher zu dieser Regelung noch später, in diesem Kapitel unter A III 1 c.

[3] *Freisler*, DJ 1941, S. 929 (933).

[4] *Freisler*, DJ 1941, S. 929 (934); ferner *Graf von Gleispach*, in: Das kommende deutsche

heute unverändert geblieben. Die in der Nachkriegszeit vorgenommenen Änderungen betrafen ausnahmslos die Strafandrohung[5]. *Freisler*, Staatssekretär im Reichsjustizministerium und Mitglied der damaligen Strafrechtskommission, erläuterte zur Bedeutsamkeit einer sittlichen Bewertung im Strafrecht, „jede strafrechtliche Mißbilligung [setze] die gemeinschaftsittliche Mißbilligung" voraus und „das Strafrecht [habe] in der staatlich-autoritativen Feststellung einer gemeinschaftsittlichen Mißbilligung überhaupt seine Grundlage"[6]. Zur Aufgabe des Strafrechts führte er aus: Die „beiden Hauptzwecke der Strafrechtspflege" seien der „Schutz des Volkes" sowie die „Sühne für Unrecht". Der Richter habe die „Gerechtigkeit seiner Entscheidung aus ihrer Begründetheit in der sittlichen Gesetzlichkeit der Volksgemeinschaft und aus ihrer Notwendigkeit für die Wohlfahrt der Volksgemeinschaft" zu entnehmen; hierbei gebe es „neben der völkischen keine besondere individuelle Gerechtigkeit, die aus einem Wechsel der Blickrichtung des Richters von der Volksgemeinschaft auf den einzelnen gewonnen" werde[7]. Die sittliche Wertung, die den neuen § 211 RStGB auszeichnen sollte, wird – der Sache nach nicht völlig zu Unrecht[8] – ausdrücklich auf die „germanisch-deutsche[ ] Entwicklung" gestützt[9]. Im Weiteren nahm die Vorschrift ebenso, obschon dies nicht erwähnt wird[10], auf den von *Stooss* erarbeiteten Vorentwurf des Schweizerischen Strafgesetzbuchs von 1894 Bezug, der bereits eine ähnliche Regelung vorsah[11]. Die tiefere Legitimation der Vorschrift wurde darin gesehen, dass eine an der Sittlichkeit ausgerichtete Bewertung gerade beim Mord „mit dem gesunden Empfinden des Volkes" übereinstimme, da dieses „mit dem Mord eine besondere sittliche Wertung" verbin-

---

Strafrecht, S. 371 (373); *Grau/Krug/Rietzsch*, Deutsches Strafrecht I, S. 295; *Schwarz* (12. Aufl.), Vorbemerkungen zu §§ 211, 212 Anm. 1; *Schönke* (2. Aufl.), Vorbem. §§ 211 ff. Anm. I 1; *Stock*, SJZ 1947, Sp. 529; *Eb. Schmidt*, DRZ 1949, S. 198 (200); *Jagusch*, SJZ 1949, Sp. 324; siehe auch *Schubert/Regge*, Quellen zur Reform II/1, S. 245.

[5] Vgl. das 3. Strafrechtsänderungsgesetz vom 4. 8. 1953 (BGBl. I, S. 735), welches die Abschaffung der Todesstrafe (Art. 102 GG) umsetzte, und das 1. Gesetz zur Reform des Strafrechts vom 25. 6. 1969 (BGBl. I, S. 645), welches die „lebenslange Zuchthausstrafe" in eine „lebenslange Freiheitsstrafe" änderte. – Dazu *Eser*, Gutachten, D 33 f.; *Werle*, Justiz-Strafrecht, S. 334; *Heine*, Tötung, S. 29; *Thomas*, Geschichte des Mordparagraphen, S. 239; *Müssig*, Mord, S. 90.

[6] *Freisler*, DJ 1941, S. 929 (933).

[7] *Freisler*, DJ 1941, S. 929 (930); lesenswert in diesem Zusammenhang die Ausführungen in RGSt 77, 41 (43 f.).

[8] Siehe *Grau/Krug/Rietzsch*, Deutsches Strafrecht I, S. 292; *Schönke* (2. Aufl.), Vorbem. §§ 211 ff. Anm. I 1; *Rüping*, JZ 1979, S. 617 (618); ferner *Müssig*, Mord, S. 80; zum germanischen Recht *Wilda*, Strafrecht der Germanen, S. 685 ff., bes. 705 ff., und *His*, Strafrecht des deutschen Mittelalters II, S. 84, 90 ff.

[9] *Freisler*, DJ 1941, S. 929 (933).

[10] Zu den lediglich zu vermutenden Gründen für das Fehlen eines solchen Hinweises *Werle*, Justiz-Strafrecht, S. 337.

[11] Danach war Mord eine vorsätzliche Tötung „aus Mordlust, aus Habgier, unter Verübung von Grausamkeit, heimtückisch, mittels Gift, Sprengstoffen, Feuer, um die Begehung eines andern Verbrechens zu verdecken oder zu erleichtern" (*Stooss*, Vorentwurf, S. 5).

de[12]; und das Strafrecht habe den „sittlichen Forderungen zum Durchbruch zu verhelfen“[13]. Dabei wurden sämtliche Mordmerkmale, die Motiv- und Absichtsmerkmale der ersten und dritten Gruppe sowie die die Ausführungsweise betreffenden Mordmerkmale der zweiten Gruppe, mit dem Verwerflichkeitsaspekt fundiert[14]. Hierzu wurde dargelegt: „Der Mord zeigt gegenüber dem Totschlag eine besonders gemeine Gesinnungsart, die im besonders verwerflichen Motiv oder in dem angewandten, besonders gemeinen Mittel Anwendung findet“[15] – oder, wohl treffender, nämlich der „neuen strafrechtlichen Auffassung gemäß“, formuliert: der „Mörder“[16]. Bei den Beweggründen, zu denen die Mordmerkmale der ersten und dritten Gruppe gehörten, trete der Verwerflichkeitsbezug ohne weiteres zutage. Er offenbare sich bei den Merkmalen der zweiten Gruppe aber ebenso in der Anwendung eines gemeingefährlichen Mittels oder in einer heimtückischen und grausamen Begehungsweise[17]. Darüber hinaus wählte man die Bezeichnung „Mörder“ in der Vorstellung, es gebe einen bestimmten Tätertyp des Mörders[18]. „Der Mörder“, schreibt *Freisler*, „ist von grundsätzlich anderer Wesensart als derjenige, der einen Totschlag begeht“[19]. Während es also einen Tätertyp des Mörders geben sollte, ließe sich ein solcher beim Totschläger, folgt man den Bekundungen *Freislers*, nicht ausmachen[20]. Ob

---

[12] *Freisler*, DJ 1941, S. 929 (936); *Grau/Krug/Rietzsch*, Deutsches Strafrecht I, S. 295; *Graf von Gleispach*, in: Das kommende deutsche Strafrecht, S. 371; *Schubert/Regge*, Quellen zur Reform II/1, S. 245.

[13] *Grau/Krug/Rietzsch*, Deutsches Strafrecht I, S. 295.

[14] Vgl. *Freisler*, DJ 1941, S. 929 (936); ferner *Grau/Krug/Rietzsch*, Deutsches Strafrecht I, S. 298 ff.; *Schwarz*, § 211 Anm. B; *Schönke* (2. Aufl.), § 211 Anm. I (siehe aber auch ebd. Anm. IV, wo zudem auf den Gefährlichkeitsaspekt hingewiesen wird).

[15] *Freisler*, DJ 1941, S. 929 (934).

[16] Siehe *Freisler*, DJ 1941, S. 929 (932).

[17] *Freisler*, DJ 1941, S. 929 (936).

[18] *Freisler*, DJ 1941, S. 929 (934, ferner 931 f.); vgl. auch *Schubert/Regge*, Quellen zur Reform II/1, S. 246; *Graf von Gleispach*, in: Das kommende deutsche Strafrecht, S. 371 (374), sowie *Schmidt-Leichner*, DR 1941, S. 2145 (2147 [„Wandel vom Tat- zum Täterstrafrecht“]).

[19] *Freisler*, DJ 1941, S. 929 (934). Noch krasser formuliert *Schmidt-Leichner*, DR 1941, S. 2145 (2148): „Mörder wird man nicht, Mörder ist man.“ – Weniger pathetisch aufgeladen erläutert *Schaffstein* (DStrR 1942, S. 33 [37]): Vom „Mörder“ ließe sich deshalb sprechen, „weil hier der Unrechtsgehalt des Delikts und seine Unterscheidung von anderen Straftaten besonders stark durch Gesinnung und Beweggründe, also durch subjektiv-ethische Faktoren bestimmt wird, die nun einmal stärker durch den Hinweis auf den Täter als durch die Bezeichnung seiner Tat betont werden“. Andererseits bedeutete dies: Man solle vom Tätertyp nur dort sprechen, wo „wirklich Gesinnung, Beweggründe, personale Stellung des Täters oder aber die individuelle Persönlichkeit unmittelbar den Sinngehalt des Tatbestandes wesentlich beeinflussen“ beziehungsweise „wenn und soweit wirklich dem Gesetzestatbestand geschlossene, innerlich gleichartige Lebensverhältnisse zugrunde liegen, die der Auslegung als Leitbilder dienen können“ (*Schaffstein*, DStrR 1942, S, 33 [38]).

[20] *Freisler*, DJ 1941, S. 929 (934); ferner *Schaffstein*, DStrR 1942, S. 33 (38 mit Fn. 21), der die Bezeichnung „Totschläger“ aus diesem Grund für einen „Mißgriff“ hält. Desgleichen meint *Dahm*, DR 1942, S. 401 (406), es sei „nicht vom ‚Totschläger‘, sondern vom ‚Totschlag‘ zu sprechen“: „Denn der Totschlag als negativ bestimmter Auffangtatbestand – kriminelle Tö-

und inwieweit hierdurch Anleihe genommen wurde bei *Dahms* Lehre vom (normativen) Tätertyp[21], wird unterschiedlich beurteilt[22], lässt sich aber wegen grundlegender Übereinstimmungen kaum bestreiten[23]. Die Frage braucht in diesem Zusammenhang jedoch nicht vertieft zu werden. Denn dem Ansinnen, es gebe einen „zwar vielgestaltige[n], aber doch sehr markante[n]" Tätertyp des Mörders, der sich „in den Mördergestalten widerspiegeln würde, die im Volke am lebendigsten sind"[24], begegneten Rechtsprechung und Literatur eher zurückhaltend[25]; so wie die Lehre vom normativen Tätertyp *Dahms* insgesamt durchaus uneinheitlich beurteilt wurde und keinesfalls konsentiert war[26]. (Vor-

---

tung, ohne daß der Täter ein Mörder wäre – stellt weder einen geschlossenen Typ im Sinne der geschichtlich gewordenen Volksanschauung dar, noch ist er ein Tatbestand mit ausgeprägt personalem Akzent."

[21] *Dahm*, Tätertyp, bes. S. 4 ff., 20 ff., 30 ff.; *ders.*, ZStW 57 (1938), S. 225 (252 ff.); *ders.*, DR 1942, S. 401 (404 ff.).

[22] Bejaht wird ein solcher Zusammenhang insbesondere von *Frommel*, JZ 1980, S. 559 (560 ff.), und StV 1982, S. 533; *Rüping*, JZ 1979, S. 617 (618); *Woesner*, NJW 1980, S. 1136; *Geilen*, JR 1980, S. 309 (311); *Müssig*, Mord, S. 83 ff., 89 f.; LK/*Jähnke*, Vor § 211 Rdnr. 36; *Lackner/Kühl*, Vor § 211 Rdnr. 19; NK/*Neumann*, Vor § 211 Rdnr. 137; MK/*Schneider*, § 211 Rdnr. 4, und schon *Grau/Krug/Rietzsch*, Deutsches Strafrecht I, S. 295 ff.; differenzierend *Werle*, Justiz-Strafrecht, S. 340 ff.; siehe ferner *Maurach/Schroeder/Maiwald*, Strafrecht BT/1, § 2 Rdnr. 6, 22; *Welzel*, JZ 1952, S. 72 (73); *Eser*, Gutachten, D 32; *Lange*, Schröder-GS, S. 217 (218); ablehnend *Eb. Schmidt*, DRZ 1949, S. 198 (201); *Stock*, SJZ 1947, Sp. 529 ff.

[23] So insbesondere das Abstellen auf die „Volksanschauung" zur Bestimmung von Tätertpyen wie dem „Mörder" (*Dahm*, Tätertyp, bes. S. 21, 23, 26, 29, 34, 37; *ders.*, ZStW 57 [1938], S. 255 [250 ff.]) sowie die Betonung des Gemeinschaftsbezugs und der Gesinnung („der Verbrecher als ‚personales Glied der Rechtsgemeinschaft mit verfallender Rechtsgesinnung'"; *Dahm*, Tätertyp, S. 25 ff.). – Siehe in diesem Kontext außerdem die vergleichbaren Ansätze bei *Erik Wolf*, ZStW 54 (1935), S. 544 (550 ff.), sowie schon 1931 in dessen Freiburger Antrittsvorlesung „Vom Wesen des Täters", bes. S. 14 ff., und ferner bei *Schaffstein*, Verbrechen als Pflichtverletzung, S. 5 ff. – Zusammenfassend lässt sich die „Lehre vom Tätertyp" mit *Schaffstein* als eine Richtung charakterisieren, die „den Blick zugleich und vornehmlich auf die personale, subjektive und ethische Seite des Unrechts, also auf die Persönlichkeit, Gesinnung und Motive als den Typ bestimmende Faktoren" richtet (DStrR 1942, S. 33 [34]). Die „Lehre vom tatbestandlichen Tätertyp" sollte, folgt man *Schaffstein* (DStrR 1942, S. 33 [42]), „mindestens in zweifacher Hinsicht neue Möglichkeiten" eröffnen: „einmal dadurch, daß sie, ohne den strafrechtlichen Ausgangspunkt ganz zu verlassen und in ein reines Täterstrafrecht im kriminologischen Sinne umzuschlagen, es doch ermöglicht, auch der Persönlichkeit des Täters Bedeutung für die Tatbestandsanwendung zuzuerkennen" – eine Möglichkeit, die „die auf die Tat beschränkte Unrechtslehre" nicht gewähre. Über diese führe „die Tätertypenlehre ferner dadurch hinaus, daß sie im Leitbild des ‚Typs' Tat und Täter als Ganzes begreift und über die Auslegung der einzelnen Tatbestandsmerkmale hinaus durch das zusätzliche Erfordernis, daß Täter und Tat dem Typ entsprechen müssen, die konstruktive Grundlage für die Ergänzung der rational-teleologischen durch die intuitive, der analysierenden durch die ganzheitliche Begriffsbestimmung des Deliktes gibt".

[24] *Freisler*, DJ 1941, S. 929 (935).

[25] RGSt 76, S. 297 f., aber durchaus ambivalent (zutreffende Analyse der Entscheidung bei *Werle*, Justiz-Strafrecht, S. 343 f.); ablehnende Haltung bei *Schönke* (2. Aufl.), Vorbem. §§ 211 ff. Anm. I, und *Schwarz*, Vorbemerkungen zu §§ 211, 212 Anm. B; befürwortend dagegen *Grau/Krug/Rietzsch*, Deutsches Strafrecht I, S. 295 ff.

[26] Kritisch *Welzel*, ZStW 60 (1941), S. 428 (461 f. in Fn. 61a – „kein neuartiges dogmatisches

dergründiger und konkreter) Sinn eines Rekurses auf den Tätertyp „Mörder" war es, „die Gesamtpersönlichkeit des Täters" prüfen und würdigen zu können[27]. Hierdurch sollte vor allem eine flexible Handhabung des Mordtatbestands gewährleistet werden, die es ermöglichte, Mord anzunehmen, wenn ein Merkmal nicht (explizit) erfüllt war, und umgekehrt Mord abzulehnen, obwohl ein Mordmerkmal einschlägig war[28]. Die Mordmerkmale hatten also eine bloß „veranschaulichende Funktion"[29]. De facto sollten die Mordmerkmale damit wie Regelbeispiele gehandhabt werden[30] – eine Auffassung, der der BGH später entgegengetreten ist[31].

Die Vorstellung, es gebe einen bestimmten Tätertyp des Mörders, ist in der Nachkriegszeit ebenso entschieden abgelehnt worden wie auf nationalsozialistische Implikationen verzichtet wurde. Hervorgehoben wurde jetzt die Anlehnung des § 211 StGB an die Schweizer Entwürfe[32]. Inhaltlich nahm man insbesondere von dem Bezug zur Volksgemeinschaft und deren Sittlichkeitsmaßstäben, der „gemeinschaftssittlichen" Betrachtung, Abstand. Es ging nicht mehr darum, „den Täter als gemeinschaftswidrig handelnden Volksgenossen zu kennzeichnen, ihn und seine Tat zu bestrafen, wie dies der Volksanschauung entspricht" und „ihm seinen Rang in der Gemeinschaft anzuweisen, oder [...] seinen Ausschluß aus der Gemeinschaft zum Ausdruck zu bringen", mithin um eine „wertbetonte, den Menschen in seiner Gemeinschaftszugehörigkeit tref-

---

Prinzip!"); zurückhaltend ferner *Bockelmann*, Studien zum Täterstrafrecht II, S. 124 ff., 146 ff., 162, und (jedoch changierend) *Gallas*, ZStW 60 (1941), S. 374 ff.; *ders.*, Graf von Gleispach-FS, S. 50 (65 ff.); positivere Beurteilung bei *Mezger*, ZStW 57 (1938), S. 675 (679 ff., 687 f.); *ders.*, ZStW 60 (1941), S. 353 (359 ff.), und *Schaffstein*, DStrR 1942, S. 33 ff.

[27] *Freisler*, DJ 1941, S. 929 (935); ferner *Schmidt-Leichner*, DR 1941, S. 2145 (2147 f.); *Dahm*, DR 1942, S. 401 (405 f.).

[28] *Freisler*, DJ 1941, S. 929 (935); *Dahm*, DR 1942, S. 401 (404); siehe auch *Jescheck*, JZ 1957, S. 385 (387); *Rüping*, JZ 1979, S. 617 (618).

[29] So *Freisler*, DJ 1941, S. 929 (935).

[30] *Freisler*, DJ 1941, S. 929 (935); *Dahm*, DR 1942, S. 401 (405); vgl. außerdem *Schönke* (2. Aufl.), § 211 Anm. IV; *Jescheck*, JZ 1957, S. 386 (387); *Geilen*, JR 1980, S. 309 (311); *Frommel*, JZ 1980, S. 559 (562 f.); *Werle*, Justiz-Strafrecht, S. 341 f., 345.

[31] Hierzu heißt es in BGHSt 9, 385 (388 f.), die Fassung des § 211 StGB, die Gesetz geworden sei, verlange weder ein besonders verwerfliches Handeln als allgemeinen Oberbegriff des Mordes, noch bezeichneten die genannten Mordmerkmale nur Regelfälle; vielmehr sollen die „Entstehungsgeschichte und die Fassung des § 211 StGB [...] deutlich das rechtspolitische Anliegen des deutschen Gesetzgebers [zeigen], dem Richter für die Beurteilung der Frage, ob eine Tötung Mord oder Totschlag ist, klare und fest umrissene Tatbestände an die Hand zu geben". „Das Gesetz umschreibt abschließend die Fälle, die es als besonders verwerflich und deshalb als Mord beurteilt. Es soll deshalb nicht von einer richterlichen Wertung des Gesamtbildes der Tat abhängen, ob der Täter wegen Mordes oder wegen Totschlags verurteilt wird." (BGH a.a.O.) Diese Auffassung ist „unrichtig" (so zutreffend *Werle*, Justiz-Strafrecht, S. 345; zuvor schon kritisch *Frommel*, JZ 1980, S. 559 [562 f.]; ferner *Müssig*, Mord, S. 80 ff.).

[32] Vgl. *Kohlrausch/Lange*, §§ 211, 212 Anm. I, III 5; *Schönke*, Vorbem. §§ 211 ff. Anm. I; *Eb. Schmidt*, DRZ 1949, S. 198 (201); *Jagusch*, SJZ 1949, Sp. 324 f.; *Schröder*, SJZ 1950, Sp. 560 (565); *Stock*, SJZ 1957, Sp. 529 f.

fende Sühne und Ehrenstrafe"[33]; es ging nicht mehr darum, einen Tätertyp „Mörder" nach der „Realität des völkischen Lebens [...] im Sinne der wirklichen Volksanschauung" zu bestimmen[34]. Der Täter wurde nicht mehr als „Glied der völkischen Gemeinschaft"[35] begriffen, und der im Grunde genommen totale Zugriff auf die Persönlichkeit des Täters[36] vermieden. Aufgegeben wurden die nationalsozialistische (Gesinnungs-)Rhetorik sowie explizite nationalsozialistische Bezüge. An der sittlichen Bewertung, nunmehr der Tat (und nicht mehr des Täters)[37], wurde dagegen festgehalten[38]; wenngleich vermehrt ein Verweis auf die Gefährlichkeit hinzukam[39]. Die zumal in der unmittelbaren Nachkriegszeit vertretene Ansicht, die Mordvorschrift sei durchweg unbedenklich, denn sie enthalte kein spezifisch nationalsozialistisches Gedankengut[40], ist in dieser Pauschalität schon allein wegen der Formulierung („Mörder") wenig überzeugend[41]. Zutreffend ist freilich, dass die Bezugnahme auf das Sittliche – jedenfalls im Allgemeinen, mithin die Verwerflichkeitsbetrachtung als solche – sich nicht als spezifisch nationalsozialistischer Inhalt ausweisen lässt[42]. Zum einen, weil der Entwurf von *Stooss* bereits in die gleiche Richtung wies[43]; zum anderen, weil lange vor der Zeit des Nationalsozialismus mehrere

---

[33] So *Dahm*, Tätertyp, S. 29.

[34] *Dahm*, Tätertyp, S. 26; *ders.*, DR 1942, S. 401 (406); ferner *Erik Wolf*, ZStW 54 (1935), S. 544 (550).

[35] So *Erik Wolf*, ZStW 54 (1935), S. 544 (551). Ähnlich *Schaffstein*, dem zufolge eine „am Gemeinschaftsprinzip ausgerichtete Denkweise [...] den Menschen niemals isoliert und damit als der Gemeinschaft entgegengesetzt, sondern nur in seiner notwendigen Gebundenheit als Gemeinschaftsglied, nicht als Individuum, sondern als Volksgenosse, zum Gegenstand strafrechtlicher Betrachtung machen" darf (Verbrechen als Pflichtverletzung, S. 6) und der weiterhin die „Einheit von Strafrecht und völkischer Sittenordnung" betont (ebd., S. 7).

[36] *Freisler*, DJ 1941, S. 929 (935): „[...] bei der Frage, ob der Täter Mörder ist und als solcher zu verurteilen ist, muß seine ganze Persönlichkeit angesehen werden." – Siehe aber noch *Kohlrausch/Lange* in der 39./40. Aufl. aus dem Jahr 1950, §§ 211, 212 Anm. IV: „Berücksichtigung der gesamten inneren Einstellung und Gesinnung des Täters."

[37] Vgl. aber *Kohlrausch/Lange*, §§ 211, 212 Anm. I und IV – mit starker Betonung des Täters: Mord als eine „besondere Verwerflichkeit oder Gefährlichkeit des Täters manifestierende Tötung" (Anm. I); oder der Hinweis, die Tötungsarten sollten nicht isoliert, sondern „in ihrer Verwurzelung in der Persönlichkeit des Täters" betrachtet werden (Anm. IV).

[38] Siehe auch *Heine*, Tötung, S. 30f.; *Müssig*, Mord, S. 90, 93 (spricht von einer auffälligen Kontinuität in der Interpretation); ferner *Frommel*, JZ 1980, S, 559 (563).

[39] *Kohlrausch/Lange*, §§ 211, 212 Anm. I, III; *Schönke* (2. Aufl.), § 211 Anm. IV; *Schröder*, SJZ 1950, Sp. 560 (563).

[40] *Eb. Schmidt*, DRZ 1949, S. 198 (201); *Kohlrausch/Lange*, §§ 211, 212 Anm. I; *Schönke* (2. Aufl.), Vorbem. §§ 211 ff. Anm. I; ferner *Lange*, Schröder-GS, S. 217f.; *Maurach/Schroeder/Maiwald*, Strafrecht BT/1, § 2 Rdnr. 3, 6, 22.

[41] *Frommel*, JZ 1980, S. 559 (562f.); *Heine*, Tötung, S. 23; *Müssig*, Mord, S. 79ff.; *Werle*, Justiz-Strafrecht, S. 345f.; ferner bereits *Welzel*, JZ 1952, S. 72 (73).

[42] Vgl. auch *Müssig*, Mord, S. 83f.

[43] Siehe bereits oben Fn. 11; ferner *Stooss*, Vorentwurf, S. 5 (Mord als „schändliche Tötung", ausgezeichnet „entweder durch den Beweggrund des Thäters oder durch die Art oder die Mittel der Begehung oder durch den Endzweck"); *dens.*, Grundzüge, S. 9 (Unterscheidung nach dem „gemeinen" Motiv oder Zweck beziehungsweise Mord als „unehrliche, gemei-

durchaus namhafte Autoren gerade die Nichteinbeziehung der Tätermotivation bei der damals geltenden Überlegungskonzeption als Hauptdefizit ausgemacht und deren Bedeutsamkeit für die rechtliche Bewertung der Tat teils mit erheblichem Nachdruck dargetan hatten[44]. Nach der Zeit des Nationalsozialismus blieb man zur Fundierung des Mordes beim Verwerflichkeitsprinzip; geändert hat sich nur dessen konkrete Ausgestaltung. Für diese Sichtweise lässt sich vorzugsweise die sogenannte Typenkorrektur anführen[45]. Nach dieser Ansicht kommt den Mordmerkmalen lediglich eine „symptomatisch-indizielle Bedeutung" zu[46]. Dadurch wird es möglich, einen Mord abzulehnen, selbst wenn ein Mordmerkmal erfüllt ist. Sofern nämlich die anzustellende Gesamtwürdigung, die die Persönlichkeit des Täters sowie sämtliche Tatumstände zu berücksichtigen habe, ergebe, dass die Tötung nicht besonders verwerflich sei; was eben ausnahmsweise trotz Vorliegens eines Mordmerkmals der Fall sein könne[47]. Desgleichen hielt der Entwurf 1962 an der Verwerflichkeitsbetrachtung fest. Von einer Generalklausel, die auf die besondere Verwerflichkeit oder die Gesinnung des Täters zielt, sah man zwar ab, weil man eine solche Lösung aus rechtsstaatlichen Gründen für bedenklich hielt und der Auffassung war, sie gefährde wegen ihrer Weite die Rechtssicherheit. Beim Verwerflichkeitsprinzip als leitender Maxime blieb es aber[48]. Für die Neuregelung des Mordtatbestands, so wurde ausgeführt, komme nur diejenige Methode in Betracht, „die den Maßstab der besonderen Verwerflichkeit der vorsätzlichen Tötung durch einzelne möglichst bestimmte Tatbestandsmerkmale im Gesetz erschöpfend zum Ausdruck bringt". Mord war danach die Tötung „1. aus Mordlust, 2. zur Erregung oder Befriedigung des Geschlechtstriebes, 3. aus Habgier oder 4. in der Absicht, eine andere Straftat zu ermöglichen" (§ 135 I E 1962). Diese als „absolute Mordmerkmale" verstandenen Motiv- beziehungsweise Absichtsmerkmale sollten die besondere Verwerflichkeit der Tat anzeigen[49]. Verzichtet wurde nur auf die „niedrigen Beweggründe", da dieses Merkmal einen Mord mit „der gebotenen

---

ne Tödtung"). *Stooss* stellte aber neben dem Aspekt eines „gemeinen" Motivs, soweit es um die Begehungsart ging, ebenso auf das Kriterium der Gefährlichkeit ab (*Stooss*, Grundzüge, S. 9). Zu den Unterschieden zur Novellierung des § 211 RStGB 1941 besonders *Frommel*, JZ 1980, S. 559 (562 f.).

[44] Zu nennen ist besonders *v. Holtzendorff*, Verbrechen des Mordes, S. 248 f., 262 ff., 266 ff.; *ders.*, Psychologie des Mordes, S. 11 ff., 15 ff.; im Weiteren *Hälschner*, System III, S. 86 ff.; *ders.*, Strafrecht II, S. 32 ff.; siehe auch *Eb. Schmidt*, DRZ 1949, S. 198 (200); *Kohlrausch/Lange* (39./40. Aufl.), §§ 211, 212 Anm. I; *Schönke* (2. Aufl.), Vorbem. §§ 211 ff. Anm. I. Vgl. hierzu noch in diesem Kapitel B I (bes. 2 c).

[45] *Jescheck*, JZ 1957, S. 386 (387); *ders.*, in: Freiheitsstrafe, S. 127 (132); Sch/Sch-*Eser*, § 211 Rdnr. 9 f.; siehe ferner *Lackner/Kühl*, Vor § 211 Rdnr. 19; *Frommel*, JZ 1980, S. 559 (563).

[46] Sch/Sch-*Eser*, § 211 Rdnr. 10.

[47] Sch/Sch-*Eser*, § 211 Rdnr. 10.

[48] Vgl. Entwurf 1962, S. 272. Kritisch zur Verwerflichkeitsbetrachtung äußerten sich in den Sitzungen vornehmlich *Gallas*, Niederschriften, 7. Band, S. 33 f., und *Welzel*, ebd., S. 35.

[49] Entwurf 1962, S. 272.

Bestimmtheit" nicht zu begründen vermöge[50]. Und auch das Kriterium der Überlegung, welches nach Absatz 2 der Mordvorschrift als relatives Mordmerkmal vorgesehen war[51], wurde dem Verwerflichkeitsansatz unterstellt: Die überlegte und somit „kaltblütige[ ] Vernichtung eines Menschenlebens" sei „regelmäßig ein Anzeichen für die besondere Verwerflichkeit der Tat"[52]. Im Weiteren lässt sich in diesem Zusammenhang ebenfalls die Gesinnungskonzeption nennen, die *Schmidhäuser* 1958 in seiner Monografie „Gesinnungsmerkmale im Strafrecht" dargelegt hat. Auf diesen Ansatz ist an späterer Stelle noch einmal ausführlicher zurückzukommen[53].

Die prinzipielle Problematik einer Verwerflichkeitsbetrachtung und -beurteilung, sei es des Täters (wie in der Zeit des Nationalsozialismus) oder der Tat (wie in der Nachkriegszeit), liegt erstens darin, dass hier neben einer strikt rechtlichen Bewertung der Tat (respektive des Täters) explizit eine sittliche oder sozialethische eingefordert wird. Für die nationalsozialistische Periode gilt sogar, dass rechtliche und sittliche Beurteilung ineinander aufzugehen haben und eine Scheidung von Recht und Sozialethik („Gemeinschaftssittlichkeit") gerade nicht mehr stattfindet. In einer modernen und pluralistischen Gesellschaft erweist sich ein solcher Ansatz schon deshalb als höchst zweifelhaft, weil sich sozialethische Werte allgemeinverbindlich hier nicht mehr vermitteln lassen[54]. Eine spezifisch sozialethische Bewertung (der Tat oder des Täters) ist für eine an Freiheitsgesetzen ausgerichtete Gesellschaft inadäquat. Bedenklich ist im Weiteren ebenso, dass die sozialethische Betrachtung einhergeht mit einem weitestgehenden Zugriff auf die Innenwelt des Täters. Paradigmatisch lässt sich diese Problematik am Mordmerkmal „niedrige Beweggründe" veranschaulichen und soll in diesem Zusammenhang später auch ausführlicher erörtert werden[55]. Denn dieses Mordmerkmal steht wie kein anderes für die Verwerflichkeits- und Sittlichkeitsbetrachtung[56]; es ist, wenn man so will, das „Parademerkmal" dieses Ansatzes und bringt den Wandel von der vorherigen „so verstandeskühle[n], ethisch so farblose[n]"[57] Überlegungskonzeption zur Verwerflichkeitslösung gleichsam auf den Punkt. Die Einbeziehung der Einstel-

---

[50] Entwurf 1962, S. 273.

[51] Nach § 135 II E 1962 wird wegen Mordes bestraft, „wer einen anderen mit Überlegung tötet". Nach Satz 2 dieser Vorschrift gilt das dann nicht, wenn § 134 III E 1962 gegeben ist – und das heißt, wenn „Mitleid, Verzweiflung oder andere Beweggründe, die den Täter zur Tat bestimmen, seine Schuld wesentlich mildern".

[52] Entwurf 1962, S. 273.

[53] Im dritten Kapitel unter A II 1.

[54] *Woesner*, NJW 1978, S. 1025 (1026); *ders.*, NJW 1980, S. 1136 (1137); *Eser*, Gutachten, D 41; *Rüping*, JZ 1979, S. 617 (620); *Heine*, Tötung, S. 61 ff.; *Müssig*, Mord, S. 103 f., 106.

[55] In diesem Kapitel unter B I 2 c.

[56] Vgl. *Graf von Gleispach*, in: Das kommende deutsche Strafrecht, S. 371 (373); *Grau/Krug/Rietzsch*, Deutsches Strafrecht I, S. 292, 294 f.; ferner *Eser*, Gutachten, D 32.

[57] *Kohlrausch/Lange*, §§ 211, 212 Anm. III 4.

lung des Täters, seiner Motivation im weitesten Sinne[58], versteht sich in einer freiheitlich-liberal verfassten Gesellschaft aber keineswegs von selbst, sondern ist ebenfalls gravierenden Einwänden ausgesetzt[59]. Fasst man es kurz zusammen, impliziert die Verwerflichkeitslösung eine Vermengung der Bereiche von Legalität und Moralität, was sich für ein modernes, freiheitlich begründetes Rechtsverständnis, welches der Person ein „forum internum" zuerkennt und belässt, als durchweg bedenklich erweist. Es sei gestattet, diese Einwände gegen das Verwerflichkeitskonzept hier nur summarisch vorzutragen. Eine eingehendere Beschäftigung mit dieser Thematik findet im Rahmen der Erörterungen zu den „niedrigen Beweggründen" statt. So erlaubt die Auseinandersetzung mit diesem Mordmerkmal eine präzisere Betrachtung der Problematik, als dies im hiesigen allgemeineren Kontext möglich wäre. Es ist deshalb auf die Ausführungen unter B I (besonders 2 b und c) zu verweisen.

Darüber hinaus gibt es Versuche, die Verwerflichkeitsmaxime gewissermaßen rational aufzulösen, indem als Grundprinzip, jedenfalls für die Mordmerkmale der ersten und dritten Gruppe, „das Mißverhältnis zwischen Mittel und Zweck" angeführt wird[60]. Diese Erwägung diente der Rechtsprechung zunächst dazu, das Mordmerkmal „niedrige Beweggründe" zu konkretisieren[61]. Je geringfügiger der Anlass ist, desto verwerflicher soll, folgt man dieser Ansicht, die Tat sein (beziehungsweise umso niedriger sind die Beweggründe)[62]. Das Kriterium des Missverhältnisses zwischen eingesetztem Mittel (der Tötung) und verfolgtem Ziel strebt – ebenso übrigens wie der von *Jakobs* eingeführte Gesichtspunkt der „Nichtigkeit des Anlasses"[63] – seiner Grundidee nach immerhin eine Rationalisierung und Objektivierung des Bewertungsmaßstabs an und führt weg von den problematischen sozialethischen Verflechtungen. Teils werden diese Aspekte daher auch nicht mehr dem Verwerflichkeits-, sondern dem Gefährlichkeitsprinzip zugeordnet[64] (zu diesem sogleich). Es ist jedoch fraglich, ob (allein) mit diesen Kriterien eine überzeugende Lösung gelingen

---

[58] Siehe hierzu *Kohlrausch/Lange*, §§211, 212 Anm. IV, wonach die gesamte innere Einstellung und Gesinnung des Täters zu berücksichtigen ist und „die die Tat begleitenden psychischen Umstände [...] auf ihre Wurzel in der Persönlichkeit des Täters zurück zu verfolgen" sind.

[59] Vgl. auch *Rüping*, JZ 1979, S. 617 (619); *Schild*, Lenckner-FS, S. 287 (302); *Müssig*, Mord, S. 92; ferner *Hörnle*, JZ 1999, S. 1080 (1085).

[60] Dazu vor allem *Schroeder*, JuS 1984, S. 275 (277f.); *Maurach/Schroeder/Maiwald*, Strafrecht BT/1, §2 Rdnr. 37; ferner *Jakobs*, NJW 1969, S. 489 (490f.); SK/*Horn*, §211 Rdnr. 8, 15; im Weiteren *Otto*, Strafrecht BT, §4 Rdnr. 13; *Mitsch*, JuS 1996, S. 121 (126); *Lackner/Kühl*, §211 Rdnr. 5; *Arzt*, JR 1979, S. 7 (10); *ders.*, JZ 1973, S. 681 (685f.). Von manchen dieser Autoren wird die Mittel/Zweck-Relation allerdings beim Gefährlichkeitsaspekt eingeordnet; dazu noch oben im Text.

[61] BGHSt 22, 12 (13); BGH NStZ 1994, 34f.; ansatzweise ferner schon OGHSt 2, 389 (392); BGHSt 3, 180 (183).

[62] *Schroeder*, JuS 1984, S. 275 (277); Jakobs, NJW 1969, S. 489 (490).

[63] *Jakobs*, NJW 1969, S. 489 (490).

[64] So insbesondere von *Jakobs*, NJW 1969, S. 489 (490f.); SK/*Horn*, §211 Rdnr. 8, 15.

könnte. So bezeichnen kritische Stimmen in der Literatur das Mittel/Zweck-Schema als eine „Leerformel“[65]. Nicht zu Unrecht wird die Frage gestellt, wann beim Tötungsdelikt ein krasses Missverhältnis zwischen Tat und Motivation eigentlich nicht bestehen soll[66], dürfte doch die vorsätzliche Tötung einer Person regelmäßig völlig unverhältnismäßig sein. Das Hauptdefizit der Mittel/Zweck-Betrachtung und ebenso des Kriteriums der „Nichtigkeit des Anlasses“ ist jedoch darin zu sehen, dass es sich hierbei zunächst nur um plakative Begrifflichkeiten handelt, denen kaum mehr als eine floskelhafte Funktion zuzusprechen ist. Es sind Topoi, die lediglich eine äußere Hülle liefern, während es an einer weitergehenden inhaltlichen Präzisierung der genannten Aspekte fehlt[67].

II. Der Gefährlichkeitsaspekt

Im Verzicht auf sittliche oder sozialethische Bezüge sowie im Bestreben, eine Rationalisierung und Objektivierung bei der Auslegung des Mordtatbestands zu erreichen, liegt das gemeinsame Ziel aller Konzeptionen, die zur Fundierung des Mordes auf den Gefährlichkeitsaspekt rekurrieren – so unterschiedlich diese im Einzelnen auch sein mögen. Vorzugsweise seit den frühen 70er Jahren finden entsprechende Ansätze Verbreitung, und der Gefährlichkeitsgedanke dürfte bis heute als Leitprinzip des Mordes von der überwiegenden Auffassung bevorzugt werden. Bei allen Divergenzen der jeweiligen Ansätze gilt ferner, dass sämtliche Konzeptionen, die das Gefährlichkeitskriterium als zentrale Maxime zur Begründung des Mordes oder der Mordmerkmale ausweisen, korrespondieren mit einem präventiven Strafrechtsverständnis, sei es einem spezial- oder generalpräventiven in negativer wie positiver Ausprägung. Daher können solche Begründungsvorschläge zuletzt nur so weit überzeugen, wie die Präventionsmodelle insgesamt zu überzeugen vermögen[68]. Während, wie oben dargelegt, der Entwurf 1962 noch dem Verwerflichkeitsprinzip anhing, offerierte der Alternativ-Entwurf 1970 eine Präventions- und Gefährlichkeitslösung. Dort hieß es: „Im geltenden Recht wie im E 1962 ist der leitende Gesichtspunkt für die Qualifizierung einer Tötung als Mord die besondere sittliche Verwerflichkeit. In ein Strafrecht, das auf den Schutz der Rechtsgüter, nicht auf Vergeltung sittlicher Schuld abzielt, kann dieser Gesichtspunkt nicht übernom-

---

[65] *Geilen*, Bockelmann-FS, S. 613 (642); *Rüping*, JZ 1979, S. 617 (619f.); *Gössel*, DRiZ 1980, S. 281 (286); MK/*Schneider*, § 211 Rdnr. 10; *Müssig*, Mord, S. 116.

[66] *Geilen*, Bockelmann-FS, S. 613 (642); *Rüping*, JZ 1979, S. 617 (619f.); *Gössel*, DRiZ 1980, S. 281 (286); *Küpper*, Kriele-FS, S. 777 (780); MK/*Schneider*, § 211 Rdnr. 10; *Müssig*, Mord, S. 116; *Weiß*, Verdeckungsabsicht, S. 202.

[67] Ähnlich *Müssig*, Mord, S. 116.

[68] Grundlegende Kritik an solchen Modellen bei *Köhler*, Zusammenhang, S. 15ff., 20ff., 29ff.; *dems.*, Begriff der Strafe, S. 67ff.; *dems.*, Strafrecht AT, S. 38ff., 44ff.

men werden.“[69] Es ging danach also nicht mehr um sittliche Schuld, sondern um etwas Greifbareres und Handfesteres: um Rechtsgüterschutz. Erreicht werden sollte der Schutz der Rechtsgüter, indem – in generalpräventiver Manier formuliert – „vermittels des Unwerturteils über ihre Verletzung auf das Bewußtsein der Allgemeinheit eingewirkt wird“[70]. Die Begriffe „Mord“ und „Totschlag“ wurden schließlich abgelehnt, weil sie den Verfassern des Entwurfs zu sehr „emotional gefärbt[ ]“ erschienen und damit der angestrebten „rationalen Analyse der Unrechts- und Schuldstufen“ entgegenstanden. Im Weiteren erwiesen sich diese Termini aber ebenso aus einem anderen Grund als unpassend: Der Alternativ-Entwurf enthielt eine strafzumessungsrechtliche Lösung, das Begriffspaar „Mord“ und „Totschlag“ machte also wenig Sinn[71]. Nach § 100 II AE 1970 konnte auf lebenslange Freiheitsstrafe erkannt werden, „wenn der Täter 1. durch eine oder mehrere Handlungen mehrere Menschen tötet, 2. durch die Tat das Leben weiterer Menschen unmittelbar gefährdet, 3. dem Opfer bei der Tat erhebliche körperliche oder seelische Qualen zufügt, 4. absichtlich und mutwillig handelt oder 5. zur Ermöglichung einer Straftat, zur Verdeckung einer Straftat auf Grund eines vor der Straftat gefaßten Entschlusses oder zur Erlangung eines Vermögensvorteils tötet“[72]. Hierzu hieß es in der Begründung des Entwurfs: „Eine Strafschärfung im Hinblick auf die Schwere der Rechtsgutsverletzung kann sich bei der vorsätzlichen Tötung nur aus der Begehung mehrerer Tötungsverbrechen, aus der Gefährdung weiterer Menschenleben oder aus der besonders qualvollen Art der Tötung ergeben. Eine Abstufung nach dem Wert des verletzten Rechtsguts Leben selbst ist ausgeschlossen, da jedes Menschenleben den gleichen Wert hat.“[73] Dass sich aus den genannten Begehungsvarianten – der Tötung mehrerer oder der Gefährdung weiterer Menschen sowie einer besonders grausamen Ausführungsart – möglicherweise schließen lässt, der Unrechtsgehalt der Tötung sei gesteigert und demzufolge eine besondere Gefährlichkeit gegeben, mag zunächst noch einleuchten und sei hier dahingestellt[74]. Es drängt sich allerdings nicht ohne weiteres auf, die aufgeführten Tatumstände heranzuziehen, um mit ihnen eine Abschichtung von „normalen“ und schwer(er)en Tötungsfällen vorzunehmen. Irritierend hieran ist vor allem, weshalb die Lösung dieser Fallvarianten nicht auf der Konkurrenzebene gesucht wird, anstatt mit ihnen einen Erschwerungstatbestand zu konzipieren[75]. So liegt die Konkurrenzlösung durchaus näher, dürfte zudem sachgerechter

---

[69] Alternativ-Entwurf 1970, S. 17.

[70] Alternativ-Entwurf 1970, S. 17.

[71] Wenngleich der Entwurf vorgab, die Strafschärfungs- und Strafmilderungsgründe abschließend zu umschreiben (Alternativ-Entwurf 1970, S. 17).

[72] Alternativ-Entwurf 1970, S. 7.

[73] Alternativ-Entwurf 1970, S. 17 und 19.

[74] Siehe in diesem Zusammenhang noch im dritten Kapitel unter A I 2 a.

[75] *Schroeder*, JuS 1984, S. 271 (277); *Arzt*, ZStW 83 (1971), S. 1 (15); *Müssig*, Mord, S. 114 („Additionsprinzip“).

sein und entspricht dem sonst üblichen Vorgehen. Etwa für den Fall einer Körperverletzung, Nötigung, Beleidigung mehrerer Personen gibt es auch keine gesonderte Qualifikations- oder Strafschärfungsvorschrift. Vielmehr handelt es sich hierbei um eine spezifische Konkurrenzthematik. Erkennt man dies an, dann bleibt für einen (Qualifikations- oder) abschließenden Strafschärfungstatbestand bei der vorsätzlichen Tötung nicht mehr viel übrig. Die Nr. 4 und 5 des § 100 II AE 1970 untermauerten die Verfasser argumentativ mit der „Nichtigkeit" beziehungsweise einer besonderen „Wertwidrigkeit" des Zwecks oder einem „krassen Mißverhältnis zwischen Zweck und Mittel"[76]. Der Verweis auf die „Wertwidrigkeit" des Zwecks lässt bereits begrifflich eine (für ein rationales Konzept erstaunliche) Nähe zur Verwerflichkeitsdiktion erkennen[77]. Des Weiteren sei auf die oben, im Rahmen des Verwerflichkeitsprinzips gemachten Ausführungen zum „Mißverhältnis von Mittel und Zweck" hingewiesen[78]. Mit diesen kursorisch vorgetragenen, sich mehr oder weniger leicht aufdrängenden Einwänden zum Alternativ-Entwurf 1970 soll es damit sein Bewenden haben. Denn der Entwurf basiert wie alle anderen Gefährlichkeitskonzepte auf präventiven (Gefährlichkeits-)Überlegungen – und diese sind nun näher anzuschauen.

Entsprechend den präventiven Strafrechtsmodellen, die in spezial- und generalpräventive eingeteilt werden, lassen sich bei den Gefährlichkeitslösungen zwei Hauptrichtungen unterscheiden: einerseits wird auf die Gefährlichkeit des Täters, andererseits auf die Gefährlichkeit der Tat für die Allgemeinheit abgestellt. Ersteres wird vornehmlich von *Arzt* dargetan[79]. Für ihn geht es bei den Mordmerkmalen „primär gar nicht um Tatschuld, sondern um Tätergefährlichkeit [...], auf die ‚an sich' nicht mit Strafe, sondern mit Sicherungsmaßregeln zu reagieren wäre"[80]. „Wie in der Mordstrafe die Sicherungsmaßregel steckt, so steckt im Mordtatbestand die besondere Tätergefährlichkeit."[81] „Angesichts der Bedeutung des Rechtsguts Leben übernimmt die lebenslange Freiheitsstrafe die Funktion der Sicherungsverwahrung, ohne daß die für die Sicherungsverwahrung allgemein vorausgesetzten Kriterien [...] vorliegen."[82] Das Merkmal „Mordlust" beispielsweise kollidiere „mit der üblichen Konzeption der Schuld-

---

[76] Alternativ-Entwurf 1970, S. 19.

[77] *Müssig*, Mord, S. 116.

[78] Zum Merkmal der Verdeckungs- oder Ermöglichungsabsicht (§ 100 II Nr. 5 AE 1970) ferner noch in diesem Kapitel zu B I 1 sowie im dritten Kapitel A I 1 b.

[79] *Arzt/Weber*, Strafrecht BT, § 2 Rdnr. 21 f.; *Arzt*, in: Tötungsdelikte, S. 49 (54 f.); *ders.*, ZStW 83 (1971), S. 1 (19 ff.); *ders.*, in: Freiheitsstrafe, S. 141 (151); ebenso *Rüping*, JZ 1979, S. 617 (619); *Beckmann*, GA 1981, S. 335 (356 ff.); *Schünemann*, Bockelmann-FS, S. 117 (132); *Amelung*, Sitzungsbericht zum 53. Deutschen Juristentag, M 140 f.; zudem SK/*Horn*, § 211 Rdnr. 3.

[80] *Arzt*, in: Tötungsdelikte, S. 49 (54).

[81] *Arzt*, in: Freiheitsstrafe, S. 141 (151).

[82] *Arzt*, in: Tötungsdelikte, S. 49 (54), sowie *Arzt/Weber*, Strafrecht BT, § 2 Rdnr. 22.

fähigkeit", wohingegen an der Gefährlichkeit derartiger Täter kaum zu zweifeln sei[83]. Desgleichen bestehe beim Merkmal „Habgier" „für den Kernbereich der Fälle, nämlich beim Raubmörder, Rückfallgefahr"[84]. Und die sogenannte Ermöglichungsabsicht treffe „in ihrem Kern den besonders gefährlichen Schwerkriminellen"[85]. Der grundlegende Einwand gegen diese Sichtweise liegt auf der Hand, und er wird von *Arzt* selbst ausgesprochen. Versteht man den Mordtatbestand wie vorgeschlagen, impliziert dies eine Vermengung von Strafe und Sicherungsverwahrung – mehr noch, Strafe bedeutet hiernach Sicherungsverwahrung, womit sie, genau besehen, keine Strafe mehr ist. Zu Recht fragt *Eser*, „ob es sich beim Rekurs auf lebenslanges Sicherungsbedürfnis im Rahmen der Strafbegründung nicht um einen Kategorienfehler [...] zum Nachteil des Betroffenen handelt"[86]. Die Verschlechterung resultiert daraus, dass Vorschriften zum Schutz des Betroffenen bei der Sicherungsverwahrung (wie namentlich die zweijährige Überprüfung, § 67e II StGB) keine Anwendung finden (jedenfalls zunächst), wenn eine lebenslange Freiheitsstrafe (statt oder als Sicherungsverwahrung) verhängt wird[87]. Dass die Sicherungsverwahrung der Idee nach zunächst nur für Rückfall- oder Mehrfachtäter vorgesehen war (§ 66 StGB) und auf die Mordvorschrift daher an sich nicht passte[88], liefert ebenfalls kein hinreichendes Argument für die Legitimität dieser Betrachtung. Folgt man nämlich diesem Verständnis, dann wird die Frage, ob Mord oder Totschlag vorliegt, nicht mehr nach strafrechtsdogmatischen und somit spezifisch (straf-)rechtlichen Kriterien entschieden, sondern die Frage ist vom Ergebnis her zu beantworten. Lebenslange Freiheitsstrafe wird allein aus pragmatisch-kriminalpolitischen Erwägungen verhängt. Es wird überlegt, auf welchen Täter die lebenslange Freiheitsstrafe passt, weil er sich durch die Tötung als entsprechend gefährlich erwiesen hat[89]. Zugleich ist damit das Tatstrafrecht verlassen und das Täterstrafrecht erreicht; so geht es ja nicht mehr um Tatschuld (also: um Schuld für diese Tat), sondern es geht um die weitere Gefährlichkeit des Täters[90]. Die

[83] *Arzt*, in: Tötungsdelikte, S. 49 (55); *ders.*, ZStW 83 (1971), S. 1 (19 [„Wiederholungsgefahr"]).

[84] *Arzt*, ZStW 83 (1971), S. 1 (19).

[85] *Arzt*, ZStW 83 (1971), S. 1 (20).

[86] *Eser*, Gutachten, D 166; ferner *Gössel*, DRiZ 1980, S. 281 (286). Siehe auch *Arzt/Weber*, Strafrecht BT, § 2 Rdnr. 22, wo von einer „dogmatische[n] Inkonsequenz" gesprochen wird.

[87] *Heine*, Tötung, S. 201; *P.-A. Albrecht*, JZ 1982, S. 697 (702); *Eser*, Gutachten, D 166; *Burckhardt*, Sitzungsbericht zum 53. Deutschen Juristentag, M 115.

[88] *Arzt/Weber*, Strafrecht BT, § 2 Rdnr. 22.

[89] Vgl. hierzu schon *v. Liszt*, in: Vergleichende Darstellung, S. 1 (63, 65), der jeweils die Frage stellt, ob dieses oder jenes (Mord-)Merkmal beziehungsweise (Täter-)Verhalten die „schlimmste antisoziale Gesinnung" oder eine „größere Gemeingefährlichkeit" des Täters zum Ausdruck zu bringen vermag. Zu *v. Liszts* Ansatz auch *Arzt/Weber*, Strafrecht BT, § 2 Rdnr. 21; *Arzt*, ZStW 83 (1971), S. 1 (23).

[90] *P.-A. Albrecht*, JZ 1982, S. 672 (702), spricht zutreffend von einer „Abkehr vom Schuldprinzip"; vgl. ferner *Maiwald*, Sitzungsbericht zum 53. Deutschen Juristentag, M 79; *Küpper*, Kriele-FS, S. 777 (781).

Tat liefert nur mehr den Anlass, nicht hingegen den (eigentlichen) Grund für die Strafe[91]. Das alles widerspricht dem Wesen der Strafe; denn der Strafe kommt als Reaktion auf ein begangenes Unrecht zwangsläufig eine retrospektive Ausrichtung zu[92]. Demgegenüber geht es bei der Sicherungsverwahrung – wie im Übrigen bei allen Präventionsmodellen – um Zukünftiges: Es geht um die Sicherheit der Gesellschaft beziehungsweise um die Gefahr, die der Gesellschaft (möglicherweise) durch den Täter droht. Die Perspektive ist bei der Sicherungsverwahrung deshalb eine andere – eine prospektive[93]. Nun mögen präventive Momente bei der Strafe durchaus nicht völlig bedeutungslos sein; aber sie können bei der Strafbegründung jedenfalls keine elementare, unmittelbar tragende Funktion übernehmen[94]. Und bei einer ausschließlichen Bezugnahme auf präventive Erwägungen lässt sich von Strafe nicht mehr reden[95]. Im Weiteren bedeutet dies aber nicht, die Strafe sei zweckgelöst. Denn „Zweck" der Strafe oder des Strafrechts ist es, so lässt sich sagen, das Recht wiederherzustellen, die Störung des Rechtsfriedens, die durch die Rechtsverletzung eingetreten ist, wiederaufzuheben und explizit zu machen, dass der Rechtsbruch nicht gilt[96]. Der Einwand von *Arzt*, nur „eine puristische und den derzeitigen Stand der Schuldlehre überschätzende Betrachtung kann auf eine reinliche Scheidung von Tatschuld und Tätergefährlichkeit dringen"[97], verfängt nicht. Soll nämlich, wie vorgeschlagen, die lebenslange Freiheitsstrafe beim Mord (allein) mit einem Sicherungsbedürfnis begründet werden, besteht kein Zweifel, dass diese „Strafe" (reinen) Maßnahmecharakter trägt[98]. Streng genommen lässt sich in ein solches spezialpräventives Konzept das Erfordernis einer Tat als Anknüpfungspunkt für die „Strafe" schlüssig nicht mehr integrieren[99]. So kommt es ja maßgeblich auf die Gefährlichkeitsprognose an und eine solche ließe sich (für jede Person) auch ohne vorangegangene Tat stellen. In empirischer Hinsicht kommt nun außerdem hinzu, dass sich verlässlich nicht bestimmen oder vorhersagen lässt, wann eine entsprechende Tätergefährlichkeit anzunehmen ist[100]. Dass die Merk-

[91] Siehe auch *Köhler*, Strafrecht AT, S. 41.

[92] *Köhler*, Begriff der Strafe, bes. S. 50ff.; *ders.*, Zusammenhang, S. 16f.; *ders.*, Strafrecht AT, S. 43; *Lesch*, Verbechensbegriff, S. 168; *ders.*, JA 1994, S. 510 (511), 590 (597ff.).

[93] Dezidiert *Lesch*, Verbrechensbegriff, S. 168; *ders.*, JA 1994, S. 510 (515ff.), S. 590ff.; ferner *Köhler*, Zusammenhang, S. 16f.

[94] *Köhler*, Begriff der Strafe, S. 59, 64, 67ff.; *ders.*, Zusammenhang, S. 49ff.; *ders.*, Strafrecht AT, S. 43, 50f.; *Pawlik*, Person, S. 93ff.

[95] Vgl. *Schmidhäuser*, Gesinnungsmerkmale, S. 224, 243.

[96] *Hegel*, Grundlinien, §§ 82, 97, 99; ferner, wenngleich mit (teils erheblichen) Abweichungen, *Köhler*, Strafrecht AT, S. 43, 48ff.; *ders.*, Begriff der Strafe, S. 50ff.; *Pawlik*, Person, S. 88ff., 97; *Lesch*, JA 1994, S. 590 (598).

[97] *Arzt*, in: Tötungsdelikte, S. 49 (54f.).

[98] *Eser*, Gutachten, D 166.

[99] *Köhler*, Strafrecht AT, S. 41.

[100] *Müssig*, Mord, S. 112f. (mit eingehenden Nachweisen); siehe ferner *Rengier*, ZStW 92 (1980), S. 459 (471); *Köhler*, Strafrecht AT, S. 41.

male „Mordlust“, „Habgier“ oder die „Ermöglichungsabsicht“ besonders gefährliche Täter (oder gar Schwerkriminelle) treffen, mag, unvoreingenommen besehen, noch eine gewisse Plausibilität aufweisen. Es kommt aber über eine empirisch nicht abgesicherte (und wohl auch nicht abzusichernde) Behauptung nicht hinaus[101]. Man bewegt sich im Bereich des Hypothetischen, weshalb die lebenslange Freiheitsstrafe für den Täter kaum etwas anderes bedeutet als „eine Freiheitsminderung auf Verdacht“[102]. Zu sagen, es sei besser, die Auslegung des Mordes „am präziseren Kriterium der Tätergefährlichkeit“ zu orientieren statt „an einer vagen Verwerflichkeit“[103], ist also wenig einleuchtend und erscheint ziemlich euphemistisch. Am wenigsten aber überzeugt an diesem Konzept, dass die Abgrenzung zwischen Mord und Totschlag dem Prinzip nach von der Rechtsfolge her vorzunehmen ist und die Lösung nicht mehr innerhalb strafrechtsdogmatischer und spezifisch rechtlicher (Zurechnungs-)Kategorien gesucht wird[104].

Die zweite Variante der Gefährlichkeitslösung nimmt die Gefährlichkeit der Tat in den Blick und stützt sich auf generalpräventive Erwägungen. Am ausführlichsten hat *Eser* ein solches Konzept herausgearbeitet. Die Begründung erstreckt sich auf Momente der negativen wie positiven Generalprävention, es wird also sowohl mit Abschreckungs- als auch mit Integrationsaspekten argumentiert. Nach diesem Ansatz sollen der sogenannten Abschreckungsprävention Fälle „konstellativer Gefährlichkeit“ zuzuordnen sein[105]. Das sind Fälle, in denen „sich der Täter sehenden Auges in eine tötungsfördernde Situation begibt“, wie dies bei den Merkmalen der sogenannten Ermöglichungs- und Verdeckungsabsicht anzunehmen sei[106]. Gleiches soll gelten, wo „sich der Täter auf eine den Abbau von Hemmungen begünstigende Bandenbildung einläßt und sich durch gewohnheitsmäßiges Mitführen von Schußwaffen auf Gewaltanwendung einstellt“[107]. Darüber hinaus erscheine „gegenüber der Disponierung zu habituell tötungsfördernden Einstellungen wie Gewinnsucht oder unbeherrschte Triebbefriedigung [...] eine gesteigerte Abschreckungsprävention am

---

[101] *Rengier*, ZStW 92 (1980), S. 459 (471); *P.-A. Albrecht*, JZ 1982, S. 697 (702); *Heine*, Tötung, S. 201 f.

[102] *Köhler*, Zusammenhang, S. 36.

[103] So *Arzt/Weber*, Strafrecht BT, § 2 Rdnr. 21.

[104] Eine spezialpräventive Begründung des Mordes wird als „schlechterdings für illegitim“ angesehen von *Burckhardt*, Sitzungsbericht zum 53. Deutschen Juristentag, M 115, und *P.-A. Albrecht*, JZ 1982, S. 697 (702). – *Arzt* räumt ein (*Arzt/Weber*, Strafrecht BT, § 2 Rdnr. 22): „Die Gefährlichkeitslösung lässt sich mit dem derzeitigen engen Verständnis des Tatschuldgedankens eigentlich nicht vereinbaren.“ Und ebenso nicht mit dem Schuldbegriff, „wie er unserem Strafrecht seit der Einführung der zweiten Spur (Maßregeln) zugrunde liegt“; aber: „im Mord wirkt die Auffassung einer Sicherungsstrafe nach“ (*Arzt/Weber*, Strafrecht BT, § 2 Rdnr. 21; *ders.*, ZStW 83 [1971], S. 1 [23]).

[105] *Eser*, Gutachten, D 166.

[106] *Eser*, Gutachten, D 166; ferner MK/*Schneider*, § 211 Rdnr. 18.

[107] *Eser*, Gutachten, D 166.

Platze“[108]. Vom Boden der positiven Integrationsprävention aus, bei der es um das Vertrauen der Allgemeinheit „in die Bestands- und Durchsetzungskraft der Rechtsordnung“ geht, seien vor allem „sozialpsychologische Mechanismen“ zu beachten, namentlich „das Gefühl der Sicherheit gegenüber Lebensbedrohungen durch andere“. Dies gelte zumal für solche Tötungen, die sich als besonders „gemeinschaftsbedrohlich“ erwiesen und auf die daher mit „‚Eliminierung‘ des Betreffenden“ durch lebenslange Freiheitsstrafe zu reagieren sei[109]. Als „gemeinschaftsbedrohlich“ werden Tötungen angesehen, „deren Opfer jeder werden könnte, weil sie nicht aus einer speziellen Täter-Opfer-Beziehung resultieren oder nicht auf ein bestimmtes Opfer beschränkt sind, wie auch solche, die [...] in besonderer Weise sozial unerträglich erscheinen, wie etwa der Mißbrauch von Vertrauensbeziehungen oder grausam quälerisches Vorgehen“. So seien solche Verhaltensweisen „– kollektiv-psychologisch betrachtet – in besonderer Weise geeignet, Angst und Unsicherheit zu verbreiten“[110]. *Eser* hebt hervor, es gehe bei all dem nicht so sehr um „eine gesicherte Prognose über die Gefährlichkeit des Täters“. Entscheidend sei vielmehr, „ob die Tat einem ‚bedrohlichen‘ Verhaltensmuster entspricht und ob mit diesem Verhaltensmuster – möglicherweise [...] – eine besonders gefährliche Einstellung korrespondiert“[111]. Die lebenslange Freiheitsstrafe wird damit „letzlich davon abhängig gemacht, daß in der Tatbegehung eine bestimmte Gefährlichkeitseinstellung zum Ausdruck kommt“[112]. Aus allem ergibt sich für *Eser* eine Strafzumessungsregelung für die vorsätzliche Tötung, nach der in der Regel ein besonders schwerer, mit lebenslanger Freiheitsstrafe zu sanktionierender Fall vorliegt, wenn „der Täter dadurch eine besonders gefährliche Einstellung gegen Leib und Leben erkennen läßt, daß er 1. mehrere Menschen tötet oder zu töten versucht oder die Lebensgefährdung Dritter in Kauf nimmt, 2. mit Schußwaffen tötet, die er oder ein Tatbeteiligter gewohnheitsmäßig unerlaubt mit sich führt, 3. die Tötung unter Mitwirkung eines anderen begeht, mit dem er sich bandenmäßig zur Begehung von Gewalttaten verbunden hat, 4. die Tötung in einer für das Opfer besonders qualvollen Weise ausführt, 5. das Vertrauen des Opfers oder einer Schutzperson arglistig erschlichen oder bestärkt hat, 6. zur Erregung oder Befriedigung des Geschlechtstriebs oder aus Gewinnsucht tötet oder 7. die Tötung zur Ermöglichung oder Verdeckung einer anderen Straftat begeht“[113].

---

[108] *Eser*, Gutachten, D 166.

[109] *Eser*, Gutachten, D 167; desgleichen MK/*Schneider*, § 211 Rdnr. 18; ähnliche auch *Woesner*, NJW 1978, S. 1025 (1027).

[110] *Eser*, Gutachten, D 167.

[111] *Eser*, Gutachten, D 167.

[112] *Eser*, Gutachten, D 168. *Heine*, Brauneck-Ehrengabe, S. 315 (341), erklärt die besonders gefährliche Einstellung gegenüber Leib und Leben, wie *Eser* sie herausgearbeitet hat, zum „archimedische[n] Punkt jeglicher Reform“.

[113] *Eser*, Gutachten, D 200 (dort als zweite Alternative aufgeführt); vergleichbar teils *Lackner* (Seminar), JZ 1977, S. 502 (503, 504).

Die Einwände, die gegen das generalpräventive Konzept vorzubringen sind, entsprechen in ihrem Kern vielfach den Einwänden, die bereits gegen die spezialpräventive Auffassung geltend gemacht wurden. So liegt ein wesentliches Problem der generalpräventiven Begründung eines Mordes bereits darin, dass von (tatsächlichen) Voraussetzungen ausgegangen wird, die sich empirisch nicht fundieren lassen[114]. *Eser* konzediert, die Darlegungen basierten auf „Alltagshypothesen und Plausibilitätserwägungen“[115]. Hiermit müsse man sich vorerst zufriedengeben, wolle man nicht resignieren. Denn für „Gefährlichkeits- und Präventionsprognosen [fehle es] noch weithin an gesichertem empirischem Wissen, wenn nicht sogar an operationalisierbaren Erhebungsmethoden und Evaluierungskriterien“[116]. Ebenso wie bereits beim spezialpräventiven Ansatz moniert, handelt es sich für den Täter, der eine lebenslange Freiheitsstrafe aus den vorgetragenen, „spekulativ[en]“[117] Erwägungen erhält, um eine „Freiheitsminderung auf Verdacht“[118]. Nicht hinlänglich dargetan wird darüber hinaus, aus welchem Grund diesen rein faktischen Gegebenheiten oder Annahmen ein normativer Gehalt zuzusprechen sein soll. Dies erscheint, im Gegenteil, sogar recht bedenklich. So ist das Gefühl der Sicherheit der Allgemeinheit, auf welches maßgeblich Bezug genommen wird – „die gesteigerte kollektive Furcht vor Lebensbedrohungen durch andere“[119] –, nicht zuletzt und keineswegs nur unerheblich abhängig von (massen-)medialen Einflüssen[120], die stark an der Realität vorbeigehen können. Dass – wie es von Vertretern dieses Ansatzes dargetan wird – mit dem generalpräventiven Gefährdungskonzept im Gegensatz zur Verwerflichkeitslösung „wenigstens auf rationalere Weise jener Bereich von Tötungen“ abgesteckt werden könne, „auf die – jedenfalls in der Regel – mit der möglichen Höchstsanktion zu reagieren ist“[121] beziehungsweise dass hier zumindest „auf vorrationalen Ballast“ verzichtet werde[122], erscheint deshalb nicht weniger euphemistisch als die oben erwähnte, vergleichbare Einschätzung zum Kriterium der Tätergefährlichkeit. Der Gewinn an Rationalität dürfte in beiden Fällen nur ein vorgeblicher sein. Pointiert: Gefühle, auf die hier rekurriert wird (konkret: das Gefühl der Sicherheit der Allgemeinheit), gelten ja schon eo ipso als ein

---

[114] Hierzu besonders *P.-A. Albrecht*, JZ 1982, S. 697 (703 f.), sowie *Müller-Dietz*, in: Freiheitsstrafe, S. 91 (98 ff.).

[115] *Eser*, Gutachten, D 163 mit Fn. 43.

[116] *Eser*, Gutachten, D 163 mit Fn. 43; im Ergebnis auch *Burckhardt*, Sitzungsbericht zum 53. Deutschen Juristentag, M 116; MK/*Schneider*, § 211 Rdnr. 22.

[117] *Schroeder*, JuS 1984, S. 275 (276).

[118] Zutreffend hebt *P.-A. Albrecht*, JZ 1982, S. 697 (704), hervor, die lebenslange Freiheitsstrafe lasse sich nicht „aus Hypothesen ableiten, die empirisch nicht im entferntesten fundiert sind“. Desgleichen bereits *Amelung*, Sitzungsbericht zum 53. Deutschen Juristentag, M 140 f.

[119] MK/*Schneider*, § 211 Rdnr. 19.

[120] *Müssig*, Mord, S. 122; siehe ferner *Burckhardt*, Sitzungsbericht zum 53. Deutschen Juristentag, M 115 („der argumentativen Manipulation [steht] Tür und Tor offen“).

[121] *Eser*, Gutachten, D 163; ferner MK/*Schneider*, § 211 Rdnr. 20.

[122] *H. Schneider*, Grund und Grenzen, S. 110.

Zeichen höchster Irrationalität. Und wenn *Eser* weiterhin ausführt, bei der sozial- oder kollektiv-psychologischen Betrachtung kämen „via Entsetzen und Empörung mittelbar auch Verwerflichkeitsaspekte mit ins Spiel“[123] und die in der Tat sich ausdrückende Gefährlichkeitseinstellung des Täters enthalte ein „dispositionale[s] Element“, welches man an und für sich auch „Gesinnung“ nennen könne, wäre dieser Begriff nur nicht „durch manchen Mißbrauch zu sehr vorbelastet [...], um vor Fehldeutung gefeit zu sein“[124], dann wird deutlich: Gefährlichkeits- und Verwerflichkeitserwägungen gehen ineinander über[125]; die Argumentation ist also weitgehend tautologisch. So lässt sich beispielsweise sagen: Wer jemanden aus „niedrigen Beweggründen“ tötet, zeigt eine Einstellung, die sich für die Allgemeinheit als besonders gefährlich erweist; obgleich dieses Merkmal seinem Wesen nach ganz offenkundig dem Verwerflichkeitskonzept zuzuordnen ist[126]. Ebenso wie sich beim Merkmal „Heimtücke“, welches der Art nach eher mit dem Gefährlichkeitskonzept harmoniert[127], konstatieren lässt, in der gefährlichen Begehungsweise offenbare sich die gesteigerte Verwerflichkeit. Das Gefährlichkeitskriterium mag daher dem ersten Anschein nach rationaler sein, und „das undankbare, Andersdenkende verletzende Geschäft des Moralisierens“[128] braucht jedenfalls nicht explizit betrieben zu werden. Bei näherem Hinsehen zeigt sich aber, dass das Gefährlichkeitskriterium der Verwerflichkeitsbetrachtung an Irrationalität kaum nachsteht[129]. Insofern lässt sich sogar fragen, ob die Verwerflichkeitslösung nicht immerhin den Vorzug bietet, ehrlicher zu sein[130], weil sie Rationalität noch nicht einmal behauptet. Betrachtet man schließlich die aufgeführten Regelbeispiele im Einzelnen, lässt sich, wie schon zum Alternativ-Entwurf 1970 dargelegt, für die meisten Fälle fragen (etwa Nr. 1 bis 4 und 7), ob eine Lösung über die Konkurrenzen nicht sachgemäßer wäre anstatt einen besonders schweren Fall zu kreieren. Zuletzt bleibt maßgeblich darauf hinzuweisen, dass es nicht überzeugt, eine lebenslange Freiheitsstrafe gegen den Täter zu verhängen, (ausschließlich) weil dies das Sicherheitsbedürfnis (oder -gefühl) der Allgemeinheit erfordert. Der Täter ist zu bestrafen, weil er ein Unrecht begangen hat. Und die Höhe der Strafe richtet

---

[123] *Eser*, Gutachten, D 167.

[124] *Eser*, Gutachten, D 168; zur Nähe von Verwerflichkeits- und Gefährlichkeitsüberlegungen *Burckhardt*, Sitzungsbericht zum 53. Deutschen Juristentag, M 116.

[125] Hierzu auch NK/*Neumann*, Vor § 211 Rdnr. 139. Dementsprechend sieht *Heine* in dem von *Eser* vorgeschlagenen Kriterium einer „besonders gefährlichen Einstellung gegenüber Leib und Leben“ eine „Kombinationslösung von Verwerflichkeits- und Gefährlichkeitsansätzen“, die sich bewährt habe (Brauneck-Ehrengabe, S. 315 [341]).

[126] Vgl. oben zu I sowie später noch unter B I.

[127] Bereits *Stooss*, Grundzüge, S. 9.

[128] So *Woesner*, NJW 1978, S. 1025 (1027).

[129] *Maiwald*, Sitzungsbericht zum 53. Deutschen Juristentag, M 80, und *Schreiber*, ebd., M 82; *P.-A. Albrecht*, JZ 1982, S. 697 (702); *Lüderssen*, in: Kriminalpolitik, S. 39 (44), sowie *Schroeder*, JuS 1984, S. 275 (276).

[130] Siehe *Maiwald*, Sitzungsbericht zum 53. Deutschen Juristentag, M 80.

sich in erster Linie nach der Höhe des (zurechenbar begangenen) Unrechts. Erwägungen, die man im weitesten Sinne der „Sicherheit der Gesellschaft" (nicht hingegen dem Sicherheitsgefühl) zuordnen könnte, können hierbei zwar durchaus von Belang sein[131]; eine konstitutive Bedeutung für die Strafe aber haben sie nicht.

III. Mord – die überlegte Tötung

1. *Historische Bezüge*

Es mag zunächst merkwürdig anmuten, das Kriterium der Überlegung, welches weder in §211 StGB noch sonst im Strafgesetzbuch Erwähnung findet, als einen Abgrenzungsmodus für Mord und Totschlag zu erörtern. Und in der Tat dürfte die Bedeutung dieses Merkmals in allererster Linie in seiner Historie zu suchen sein. Gleichwohl ist es aber bis heute für die Differenzierung von Mord und Totschlag keinesfalls belanglos. In höchstrichterlichen Entscheidungen taucht es ebenso auf wie im Schrifttum, sei es, dass es eher implizit herangezogen wird oder dass es offen proklamiert und teilweise sogar mit einer dogmatisch anspruchsvollen Begründung unterlegt wird (im Einzelnen unter 2). Der prima facie erstaunliche Stellenwert, den dieses Merkmal genießt (eben weil es im Gesetzestext nicht vorkommt), lässt sich hinreichend nicht begreifen, wenn man die geschichtliche Perspektive außer Acht lässt. Ausdrücklich durch das Merkmal der Überlegung definiert wurde der Mord erstmals im bayerischen Strafgesetzbuch von 1813, das aus einem Entwurf *Feuerbachs* hervorgegangen war[132]. Nach Art. 146 bayStGB war Mord die mit Vorbedacht beschlossene oder mit Überlegung ausgeführte Tötung, wohingegen Totschlag eine „ohne Überlegung und Vorbedacht in aufwallender Hitze des Zornes" beschlossene und

[131] Vgl. in diesem Zusammenhang noch die Ausführungen im dritten Kapitel unter A I 1 b und 2 b.

[132] Zuvor schon, im Allgemeinen Landrecht für die preußischen Staaten von 1794 (ALR), wurde als Mörder bezeichnet, wer „mit vorher überlegtem Vorsatz zu tödten einen Todschlag wirklich verübt" (Teil II, 20. Titel, §826). Das ALR zeichnete sich jedoch mehr durch seine extrem detaillierte Kasuistik aus – so behandelten die §§806–825 (II, 20) den Totschlag, die §§826–887 (II, 20) den Mord – als durch eine systematische Durchdringung des Stoffes (siehe auch *Hälschner*, System III, S. 60ff.; *Thomas*, Geschichte des Mordparagraphen, S. 164; Einzelheiten zur Regelung der Tötungsdelikte im ALR bei *Temme*, Tödtung, bes. S. 54ff., 131ff.; *Wachenfeld*, Mord und Totschlag, S. 139ff., 147ff.). Außerdem spricht vieles dafür, dass die Wendung „mit vorher überlegtem Vorsatze" in Anlehnung an die gemeinrechtliche Doktrin den dolus directus meinte, der beim Mord notwendig war, während beim Totschlag dolus indirectus genügte (vgl. *Hälschner*, System III, S. 60f.; *Wachenfeld*, Mord und Totschlag, S. 147f.; abweichend jedoch *Temme*, Tödtung, S. 131ff.). Dementsprechend bestimmte §806 (II, 20) ALR den Totschlag so: „Wer in der feindseligen Absicht, einen Anderen zu beschädigen, solche Handlungen vornimmt, woraus nach dem gewöhnlichen, allgemein oder ihm bekannten Verlauf der Dinge der Tod desselben erfolgen mußte, und ihn dadurch wirklich tödtet, der hat als Todschläger die Strafe des Schwertes verwirkt."

durchgeführte Tötung[133] war (Art. 151 bayStGB). *Feuerbach* lehnte sich damit an den französischen Code pénal von 1791 an, in dem als Mord die mit Vorbedacht („avec préméditation") ausgeführte Tötung galt[134]. Die Wurzeln der Überlegung als dem oder doch einem maßgeblichen Unterscheidungskriterium für Mord und Totschlag sollen jedoch wesentlich weiter zurückreichen. Gewöhnlich werden sie im römischen Recht verortet.

a) Römisches Recht

In seinen 1896 erschienen „Studien aus dem Strafrecht" stellte *Kohler* fest: „Der Unterschied zwischen Affekt und Vorbedacht, insbesondere zwischen der Affekt- und Vorbedachtstödtung ist im römischen Recht festgestellt worden, er wurde von den italienischen Statuten und den italienischen Juristen übernommen und ist von da zum Weltrecht geworden."[135] Diese Ansicht ist bis heute recht verbreitet[136]. Gleichwohl ist sie keineswegs unzweifelhaft und dürfte sich, was das klassische römische Recht betrifft, kaum aufrechterhalten lassen.

Das Tötungsdelikt oder, genauer gesagt, das parricidium gehörte neben der perduellio (Landes- oder Hochverrat) zu den ältesten öffentlichen Delikten im römischen Strafrecht und damit zu den Taten, die mit einer öffentlichen Strafe geahndet wurden[137]. Bereits aus der Zeit *König Numas* (715 bis 672 v.Chr.), namentlich aus der Lex Numae, soll die folgende Bestimmung stammen: „Si qui hominem liberum dolo sciens morti duit, parricidas esto."[138] Danach galt jemand, der einen anderen freien Menschen getötet hat, als parricida (Mörder), vorausgesetzt, er handelte mit dolus[139]. Eine Besonderheit des Tötungsdeliktes

---

[133] Genau heißt es nicht „Tötung", sondern „lebensgefährliche Handlung wider den Andern", womit der Totschlag wohl keinen Tötungsvorsatz verlangte. Dieser teils umstrittenen Frage braucht in diesem Zusammenhang nicht weiter nachgegangen zu werden (dazu *Wachenfeld*, Mord und Totschlag, S. 64 ff., 71 f.).

[134] Art. 11 des Code pénal lautete vollständig: „L'homicide commis avec préméditation sera qualifié d'assassinat." In Art. 8 war der Totschlag definiert: „L'homicide commis sans préméditation sera qualifié de meurtre." Zitiert nach *Opitz*, Tötungsdelikte, S. 8 Fn. 1; siehe weiterhin *Wachenfeld*, Mord und Totschlag, S. 68 f.; *Weiß*, Verdeckungsabsicht, S. 10.

[135] *Kohler*, Studien, S. 704.

[136] Vgl. *Schröder*, SJZ 1950, Sp. 560 (561); *Kohlrausch/Lange*, §§ 211, 212 Anm. III 2; *Eser*, Gutachten, D 115; *Maurach/Schroeder/Maiwald*, Strafrecht BT/1, § 2 Rdnr. 2; *Stuckenberg*, Vorstudien, S. 279.

[137] *V. Hippel*, Strafrecht I, S. 60; *v. Bar*, Geschichte des deutschen Strafrechts, S. 11; *Geib*, Lehrbuch I, S. 16; *Köstlin*, Geschichte, S. 7 f. – Einschränkend wird man davon ausgehen müssen, dass das parricidium in der frühen Zeit des römischen Rechts wohl vor einem öffentlichen Gericht verhandelt wurde, dass die Erhebung der Anklage sowie die Strafverfolgung aber privat blieben (siehe *Kunkel*, Untersuchungen, S. 43 f.).

[138] Zitiert nach *Mommsen*, Strafrecht, S. 612 f. in Fn. 4; siehe ferner *Brunnenmeister*, Tödtungsverbrechen, S. 16 mit Fn. 1; *Löffler*, Schuldformen, S. 63 f.; *Rein*, Criminalrecht der Römer, S. 402.

[139] Ergänzend lässt sich ein weiterer Rechtssatz anführen, der der Überlieferung nach ebenfalls schon in der Königszeit galt: „Si telum manu fugit magis quam iecet, aries subicitur." Hieraus geht – sozusagen vice versa – hervor, dass eine unvorsätzliche Tötung, bei der

drückte sich hierin nicht aus, wohl aber eine solche des römischen öffentlichen Strafrechts. So war es für die Verhängung einer öffentliche Strafe unerlässlich, dass die Tat mit dolus begangen wurde, da andernfalls, bei nicht dolosen Taten, mithin im Falle von casus und später auch der culpa, eine öffentliche Strafhaftung ausschied[140]. Dolus meint dabei nicht, wie es unserem heutigen modernen Verständnis entspricht, jede Form des Vorsatzes (also auch den Eventualvorsatz), sondern lediglich die absichtlich begangene Tat oder eben Tötung[141]. Nur vereinzelt wurde demgegenüber geäußert, das „dolo sciens" stehe für den überlegten Vorsatz[142]. Plausibler ist es hingegen, „dolo sciens" mit Absicht zu übersetzen und das „sciens" als eine Akzentuierung des Wissensmoments beim Vorsatz zu deuten. Zumal diese Beifügung im römischen Recht – ebenso wie die Wendung dolus malus (statt dolus)[143] – durchaus üblich war und allenfalls der Hervorhebung einer bestimmten Komponente gedient haben dürfte, sofern sie nicht bloß allgemein zur Verstärkung benutzt wurde[144]. Das „parricidas esto" nun verweist auf das parricidium und damit auf die älteste bekannte Bezeichnung für das Tötungsdelikt im römischen Recht. Was die Römer unter einem parricidium genau verstanden haben, ist indes umstritten und dürfte letztlich nicht aufzuklären sein. Teils wurde davon ausgegangen, parricidium sei ursprünglich der Vater- oder Elternmord gewesen (eine Zusammensetzung aus pater oder parens caedere)[145]; teils wurde das parricidium in Anlehnung an die perduellio („böser Krieg", abgeleitet vom griechischen para und dem lateinischen bellum) mit böser oder sehr arger Tötung (para und caedere) übersetzt[146]. *Kunkel* bezeichnet all diese Versuche als „sprachwissenschaftliche[ ] Spekulationen", denen nachzugehen sich nicht lohne, und schlägt stattdessen vor, sich an die verlässlicheren Fakten zu halten[147]. Festzuhalten bleibt danach:

---

die Waffe mehr der Hand entfloh, als dass sie geworfen wurde, als weniger gravierend angesehen wurde (*Kunkel*, Untersuchungen, S. 39 ff.; *Osenbrüggen*, Paricidium, S. 22 ff.).

140 *Löffler*, Schuldformen, S. 64 f., 79 f., 83 ff., bes. 86; *Mommsen*, Strafrecht, S. 85 ff., bes. 89, 95 (jedoch teils abweichend, was die culpa betrifft); ferner *Abegg*, Lehrbuch, S. 313; *Hälschner*, System III, S. 20; *Stuckenberg*, Vorstudien, S. 509.

141 *Mommsen*, Strafrecht, S. 86, 89, 616, 625 f.; *Löffler*, Schuldformen, S. 6, 66, 78 f.; *Hälschner*, System III, S. 20; *Abegg*, Lehrbuch, S. 313.

142 Vgl. *Osenbrüggen*, Paricidium, S. 22 (aber nicht ganz klar, siehe auch *dens.*, ebd., S. 28 f., 39).

143 Und desgleichen später die Wortfolge „sciens dolo malo", vgl. *Mommsen*, Strafrecht, S. 86 in Fn. 3.

144 So die herrschende Ansicht; vgl. *Kunkel*, Untersuchungen, S. 39 f.; *Löffler*, Schuldformen, S. 66; *Mommsen*, Strafrecht, S. 86; *Binding*, Normen II/2, S. 669 ff.; *Stuckenberg*, Vorstudien, S. 509 f.

145 *Rein*, Criminalrecht der Römer, S. 449 f.; *Brunnenmeister*, Tödtungsverbrechen, S. 4 ff., 14.

146 *Osenbrüggen*, Paricidium, S. 39 ff., 52 ff.; *Mommsen*, Strafrecht, S. 612 f.; *v. Hippel*, Strafrecht I, S. 60 f.; *Geib*, Lehrbuch I, S. 16.

147 *Kunkel*, Untersuchungen, S. 39.

Der „parricidas-esto"-Satz sieht denjenigen als Mörder (parricida) an, der einen anderen freien Menschen absichtlich tötet[148].

In den Zwölftafeln (circa 451/449 v. Chr.), der ersten Kodifikation des römischen Rechts, gab es hierzu keine Veränderung beziehungsweise lässt sich eine solche nicht nachweisen[149]. Dagegen enthielt die von *Sulla* erlassenen Lex Cornelia de sicariis et veneficis (etwa 82/80 v. Chr.) eine Erweiterung, indem dort verschiedene Arten der Tötung spezifiziert wurden. Neben dem parricidium, (spätestens jetzt) zu verstehen im Sinne von Vater- respektive Verwandtenmord, wurden dort der Meuchel-, Gift- und Justizmord aufgeführt[150]. Es handelte sich hierbei offensichtlich um Tötungsformen, die – sieht man einmal vom parricidium ab[151] – in der damaligen Zeit und demnach in der bereits vom Verfall geprägten römischen Republik besonders oft vorgekommen waren[152]. Die Hervorhebung dieser Taten lässt sich deshalb nicht als das Resultat einer weiteren wissenschaftlichen (dogmatischen) Durchdringung des Stoffes ansehen, sondern sie ist mehr eine Antwort auf die gesellschaftlich-politischen Verhältnisse jener Zeit. Sie war also, wie wir heute sagen würden, kriminalpolitisch motiviert. Nicht zuletzt zeigt sich das an der erheblichen Ausdehnung der Strafbarkeit, die die Lex Cornelia mit sich brachte. So wurden nunmehr in recht weitgehendem Maße Versuchs- wie Vorbereitungshandlungen erfasst und genauso wie eine vollendete Tat bestraft. Beispielhaft: Als sicarius (Meuchelmörder) galt nicht erst jemand, der einen anderen Menschen mit dem Dolch (sica) tötete, sondern schon jemand, der in bloßer Tötungsabsicht einen Dolch bei sich trug. Desgleichen wurde als veneficus (Giftmörder) angesehen und bestraft, wer Gift herstellte, vertrieb, erwarb oder in seinem Besitz hatte[153]. Es geht daher

[148] Diese Interpretation ergibt sich jedenfalls, wenn man parricidium als eine allgemeine Bezeichnung für Mord (also die absichtliche, besonders arge, böse Tötung) auffasst und damit den parricida als Mörder ansieht. Geht man dagegen davon aus, parricidium habe ursprünglich Vater- oder Elternmord bedeutet, wäre die obige Aussage zu modifizieren: Der Satz enthielte dann eine Gleichstellung des absichtlich einen anderen Menschen Tötenden mit dem Vatermörder. Noch anders wird erwogen, ob der „parricidas-esto"-Satz nicht möglicherweise nur die Zuständigkeit einer dolosen Tötung zum Parricidialgericht (questores parricidii) regeln sollte. Diesen Meinungsdivergenzen ist hier nicht weiter nachzugehen. Zu den einzelnen Ansichten: *Rein*, Criminalrecht der Römer, S. 401 f., 451 f.; *Osenbrüggen*, Paricidium, S. 33 ff., 38 ff.; *Brunnenmeister*, Tödtungsverbrechen, S. 16 ff.; *Mommsen*, Strafrecht, S. 527 f., 614 f.; *Kunkel*, Untersuchungen, S. 39 ff.

[149] *Kunkel/Schermaier*, Rechtsgeschichte S. 41.

[150] Ausführlicher *Rein*, Criminalrecht der Römer, S. 407 ff., 455 f.; des Weiteren *Hälschner*, System III, S. 20; *Mommsen*, Strafrecht, S. 629 f.; *Osenbrüggen*, Paricidium, S. 44 f.; *Thomas*, Geschichte des Mordparagraphen, S. 10 ff.

[151] Dass ein Vater- oder Verwandtenmord nur äußerst selten vorgekommen sein dürfte, lässt sich *Ciceros* berühmter Verteidigungsrede für Sextus Roscius aus Ameria, der wegen Vatermordes angeklagt war, entnehmen; siehe *Cicero*, Reden (Rede für Sextus Roscius aus Ameria), S. 109 (123, Ziff. 38).

[152] *Rein*, Criminalrecht der Römer, S. 407 ff.; *Thomas*, Geschichte des Mordparagraphen, S. 11 ff.; außerdem *Köstlin*, Geschichte, S. 25 ff.

[153] Zum Ganzen besonders *Kunkel*, Untersuchungen, S. 64 ff., und *Thomas*, Geschichte

nicht fehl, wenn diese Gesetzgebung zwar als eine Reaktion auf die zunehmende Kriminalität, zugleich aber als eine „rigorose[ ] Polizeijustiz“ eingeordnet wird[154]. Wie schon zuvor waren in der Lex Cornelia jedoch nur die dolosen, also absichtlichen Tötungen strafbar[155]. Als Strafe traf die Täter, falls sie Freie waren, bei allen Tötungsdelikten, außer dem parricidium, die aquae et ignis interdictio (Verbannung, Ächtung)[156]. Hingegen wurde ein parricidium, wie es auch vordem schon üblich war, mit dem Tode durch Säckung, der sogenannten poena cullei, bestraft[157]. In der wenig später erlassenen Lex Pompeia de parricidiis (wohl um 55 v. Chr.), einer Ergänzung der Lex Cornelia, wird erstmals explizit aufgeführt, welche Verwandtschaftsverhältnisse dem parricidium zuzurechnen sind[158]. Die Strafe des Säckens wird danach lediglich bei Tätern angewandt, die den Vater, die Mutter oder die Großeltern getötet haben, während in anderen Fällen eines parricidium die aquae et ignis interdictio verhängt wird[159]. Hieraus – also aus der Rechtsfolge – wird man ableiten können, dass das schwerwiegendste Tötungsdelikt sowohl nach der Lex Cornelia als auch nach der Lex Pompeia das parricidium war, da (und soweit) es mit der schweren poena cullei geahndet wurde. Und ein parricidium erforderte eine absichtliche Tötung – mehr nicht.

In der römischen Kaiserzeit wurde die Lex Cornelia gleichsam zu einem allgemeinen Gesetz über Tötungsverbrechen, was die damals aufkommende Bezeichnung „homicidium“ für das Tötungsdelikt zum Ausdruck brachte[160]. Aus dieser klassischen Periode des römischen Rechts stammt eine Textstelle, in der der römische Jurist *Marcianus* zum latrocinium, dem Raubmord, bemerkt:

---

des Mordparagraphen, S. 15 ff., 22 f.; ferner *v. Bar*, Geschichte des deutschen Strafrechts, S. 15 mit Fn. 47.

[154] So *Kunkel*, Untersuchungen, S. 91 f., 67; *Thomas*, Geschichte des Mordparagraphen, S. 12 f., 15 ff., 22.

[155] *Rein*, Criminalrecht der Römer, S. 412 f.; *Köstlin*, Mord und Todtschlag, S. 126 f.; *Dahm*, Das Strafrecht Italiens, S. 328.

[156] *Rein*, Criminalrecht der Römer, S. 413 f.; *Hälschner*, System III, S. 20; *Mommsen*, Strafrecht, S. 971 f. – Skeptisch *Kunkel*, Untersuchungen, S. 67 Fn. 253, der bezweifelt, dass man es den humiliores (also etwa einem gewöhnlichen sicarius) gestattet habe, ins Exil zu gehen.

[157] *Mommsen*, Strafrecht, S. 921 ff.; *Rein*, Criminalrecht der Römer, S. 453 f., ferner 458 f. – *Cicero* spricht von der „einzigartigen Strafe für den Verwandtenmörder“ (in: Reden [Rede für Sextus Roscius aus Ameria], S. 109 [137, Ziff. 70]) und liefert an anderer Stelle eine anschauliche Beschreibung der poena cullei (De inventione, II 50): „Ein gewisser Mann wurde wegen Vatermordes verurteilt, und sofort wurden ihm, weil ihm nicht erlaubt war zu entfliehen, hölzerne Sandalen an die Füße gebunden; sein Gesicht aber wurde mit einem kleinen Ledersack verhüllt und zugebunden; danach wurde er in das Gefängnis weggeführt, damit er dort so lange bliebe, bis der große Ledersack gefertigt war, in den er gesteckt und in ein fließendes Gewässer hinabgeschafft wurde.“

[158] Im Einzelnen angeführt bei *Mommsen*, Strafrecht, S. 645; ferner *Rein*, Criminalrecht der Römer, S. 455 f.

[159] *Rein*, Criminalrecht, S. 457; *Hälschner*, System III, S. 21.

[160] Siehe *Rein*, Criminalrecht, S. 415 f.

„proposito delinquunt latrones, qui factionem habent [...].“[161] Der Begriff „propositum“ tauchte somit im Zusammenhang mit dem Raubmord auf – ein Begriff, der im späteren juristischen Schrifttum gemeinhin mit Vorbedacht und Überlegung übersetzt oder gleichgesetzt wurde und der vorzugsweise im römisch-italienischen Recht des Mittelalters Verbreitung fand[162]. Hieraus wurde teils hergeleitet, das latrocinium sei durch das Kriterium des Vorbedachts (propositum) näher bestimmt gewesen und es stehe zugleich für eine qualifizierte Form des Tötungsdelikts[163]. Mehr noch wurde behauptet, hierin drücke sich so etwas wie der Unterschied zwischen Mord und Totschlag in der Carolina aus[164]. Diese These lässt sich jedoch kaum aufrechterhalten[165]. So wird man bezweifeln dürfen, ob mit „propositum“ hier tatsächlich etwas anderes gemeint sein sollte als die absichtliche Tatbegehung. Denn es war im römischen Recht durchaus üblich, zur Be- oder Umschreibung des dolus andere Ausdrücke zu benutzen. Neben dem erwähnten „propositum“ waren Begriffe wie „consilium“, „consulto“, „voluntas“, „prudens“, „data opera“ und so fort geläufig[166]. Diese Termini wurden als Synonyme für den dolus verwendet. Allenfalls ließe sich sagen, dass durch den Gebrauch des einen oder anderen Begriffs jeweils ein bestimmtes Moment des dolus besonders hervorgehoben werden sollte. Dem „proposito“, zumal an einer vereinzelten Stelle, darüber hinaus eine derart weitreichende Bedeutung zuzuschreiben, überzeugt dagegen kaum[167].

Kohler stützte seine eingangs zitierte Feststellung, der Unterschied zwischen Affekt- und Vorbedachtstötung gründe im römischen Recht, maßgeblich auf *Cicero*[168], und Verweise auf diesen römischen Schriftsteller findet sich auch andernorts[169]. Aus *Ciceros* Ausführungen derart weitreichende Schlüsse zu zie-

---

[161] *Marcianus*, Digesta, 48/19,11.

[162] *Kohler*, Studien, S. 708 ff.; *Dahm*, Das Strafrecht Italiens, S. 265 f., 268 ff., 328; vgl. noch im obigen Text zu b.

[163] *Birnbaum*, Neues Archiv des Criminalrechts 14 (1834), S. 492 (506 f., 524).

[164] *Birnbaum*, Neues Archiv des Criminalrechts 14 (1834), S. 492 (524 f.).

[165] Ausführlich und dezidiert dagegen *Köstlin*, Mord und Todtschlag, S. 214 ff.

[166] Vgl. *Köstlin*, Mord und Todtschlag, S. 112 f., 127, 143, 155 f., 215, 218, 220; *Löffler*, Schuldformen, S. 78 f.

[167] Ebenso wenig einleuchtend ist das weitere Argument, die latrones (Raubmörder) seien mit dem Tode bestraft worden, was ansonsten nur beim parricidium üblich gewesen sei, und diese Todesstrafen seien außerdem verschärft gewesen, woraus dann die besondere Schwere der Tötung abgeleitet wird (*Birnbaum*, Neues Archiv des Criminalrechts 14 [1834], S. 492 [509 ff., bes. 513 ff.]). Dass latrones mit dem Tode bestraft wurden und teils auf eine sehr harte Weise (z.B. wilden Tieren vorgeworfen), trifft zu. Allerdings ist zu berücksichtigen, dass Raubmörder durchweg einem niedrigeren Stand angehört haben dürften, namentlich sogenannte humiliores gewesen sein werden, für die härtere (Todes-)Strafen in der Kaiserzeit nicht ungewöhnlich waren (*Köstlin*, Mord und Todtschlag, S. 216 ff.; ferner *Rein*, Criminalrecht der Römer, S. 425; siehe auch *Mommsen*, Strafrecht, S. 1038 ff.).

[168] *Kohler*, Studien, S. 704 ff.; daneben führt *Kohler* noch *Seneca* („De ira“) an und die Schrift „Rhetorica ad Herennium“, deren Verfasser nicht feststeht.

[169] *Eser*, Gutachten, D 115; *Köstlin*, Mord und Todtschlag, S. 189 f.

hen, ist jedoch problematisch, denn die einschlägigen Texte weisen keinen im engeren Sinn juristischen Gehalt auf. Es handelt sich bei ihnen entweder um rhetorische Schriften (wie „De inventione"), wo die Vermittlung von Argumentationstechniken und rhetorischen Finessen im Vordergrund steht und wo rechtlich aussagekräftige Erwägungen bloß beiläufig vorkommen und sich zudem nur mittelbar erschließen lassen. Oder es handelt sich um primär philosophisch geprägte Schriften (namentlich „De officiis" und „Gespräche in Tusculum"). *Cicero* geht es in diesen Werken beziehungsweise den einschlägigen Passagen kaum darum, zu zeigen, wie das römische Recht ist, wohl auch nicht darum, darzulegen, wie es sein sollte. Zutreffend ist es hingegen, dass *Cicero* zwei Arten, ein Unrecht zu tun, voneinander scheidet: zum einen, wenn dieses aus einer plötzlichen seelischen Erregung heraus begangen wird, zum anderen, wenn es mit Vorbedacht oder Überlegung („consulto et cogitata" oder „ratiocinatio") vorgenommen wird[170]. Im ersten Fall ist das Unrecht für ihn ein leichteres als im zweiten[171]. Jedoch werden die jeweiligen Begriffe, die *Cicero* verwendet, kaum in einem präzisen juristisch-technischen Sinn benutzt, und ein solcher lässt sich ihnen auch schwer zuschreiben. Ob die oben mit Vorbedacht und Überlegung übersetzten Begriffe nur dazu dienen (oder ob sie überhaupt dazu dienen), den dolus im römischen Recht mit anderen Termini zu umschreiben, ist deshalb nicht auszumachen[172]. Desgleichen lässt sich aus den Textstellen nicht herleiten, hier werde etwas anderes oder etwas Qualifizierteres als der dolus beschrieben. Mit der Gegenüberstellung eines Handelns in seelischer Aufgewühltheit (Affekt) und in ruhiger Überlegung[173] (was ins Juristische übertragen möglicherweise aber nichts anderes bedeutet als die dolose Tatbegehung[174]) rekurriert *Cicero* erkennbar auf die griechische Philosophie, vor allem auf *Platon* und *Aristoteles*, bei denen sich bereits ähnliche Unterscheidungen finden[175]. Dass dieses Differenzierungskonzept vorzugsweise im italienischen Recht des Mittelalters Verbreitung fand, zumal beim Tötungsdelikt[176], ist nicht zu bestreiten. Für das römische Recht lässt sich das indes nicht feststellen. Die Relevanz des Überlegungskriteriums oder des Vorbedachts im römischen Recht

170 *Cicero*, De officiis, I 8: „Sed in omni iniustitia permultum interest, utrum perturbatione aliqua, quae plerumque brevis est et ad tempus, an consulto et cogitata fiat iniuria." *Ders.*, De inventione II 5: „Causa tribuitur in impulsionem et in ratiocinationem."

171 *Cicero*, De officiis I 8: „Leviora enim sunt ea, quae repentino aliquo motu accidunt, quam ea, quae meditata et praeparata inferuntur."

172 Dafür insbesondere *Köstlin*, Mord und Todtschlag, S. 189f. – Der Terminus dolus taucht bei *Cicero*, soweit ersichtlich (also in einem entsprechenden Kontext), überhaupt nicht auf.

173 Neben den bereits genannten Textstellen lassen sich anführen: *Cicero*, De inventione I 25ff., II 6, 8. – Dagegen betreffen die Erörterungen *Ciceros* in „Gespräche in Tusculum" lediglich die Affekte und sind – sieht man einmal davon ab – doch sehr rechtsfern.

174 *Köstlin*, Mord und Todtschlag, S. 189f.

175 *Platon*, Gesetze IX, bes. 7.4.2, S. 217f.; *Aristoteles*, Ethik, Buch III, Ziff. 1ff. (S. 54ff.), und Buch V, Ziff. 10 (S. 136ff.),

176 *Kohler*, Studien, S. 708ff.; *Dahm*, Das Strafrecht Italiens, S. 265f., 268ff., 328.

ist ferner nicht mit einem Hinweis auf die Lex Iulia de adulteriis (18/17 v. Chr.) zu untermauern[177]. Nach diesem Gesetz durfte der Ehemann oder der Vater unter bestimmten Voraussetzungen einen Ehebrecher töten – insbesondere wenn sie die Ehefrau oder die Tochter unmittelbar beim Ehebruch (in flagranti) in ihrem Haus ertappten und die Tötung sofort (in continenti) vorgenommen wurde[178]. Diese Regelung wurde später, unter *Antoninus Pius*, geändert: Vater und Ehemann wurden nun bestraft, allerdings wegen des „iustus dolor" milder[179]. Unter Umständen mag man noch, wie es häufig, fast standardmäßig zu lesen ist, die Lex Iulia als einen frühen Beleg für eine Privilegierung der sogenannten Affekttötung anführen können – wiewohl auch dies, derart undifferenziert, zweifelhaft ist[180]. Jedenfalls lässt sich mit diesem Gesetz aber nicht, gewissermaßen umgekehrt, die Bedeutsamkeit der Überlegung oder des Vorbedachts im römischen Recht fundieren. Dass in der nachfolgenden Zeit juristische Autoren nicht zuletzt gestützt auf dieses Gesetz die Zweiteilung Affekt/Überlegung herausgearbeitet und weiterentwickelt haben, ändert daran nichts.

Abschließend bleibt festzuhalten: Schwerstes Tötungsdelikt im römischen Recht war das parricidium[181]. Die Schwere dieser Tat erklärt sich augenscheinlich nicht aus einer bestimmten (qualifizierten) inneren Einstellung des Täters, sondern vielmehr aus dem spezifisch familiären Verhältnis, in dem Täter und Opfer standen[182]. Dafür, dass eine innere Einstellung des Täters, die über den dolus (Absicht) hinausreichen würde (also Überlegung oder Vorbedacht), nötig gewesen wäre, oder dass eine solche Einstellung zu einer schärferen Bewertung der Tat geführt hätte, gibt es keine Anhaltspunkte. Soweit Begriffe wie „propositum", „consilium" und Ähnliches im römischen Recht auftauchen, werden sie lediglich verwendet, um den dolus mit anderen Worten zu umschreiben. Zugleich kennzeichnen diese Begriffe eine innere Verfassung des Täters, in der ein dolus ganz offensichtlich gegeben ist. Darüber hinaus mag durch die Verwendung des einen oder anderen Terminus eine spezifische Komponente des dolus

---

177 Vgl. aber *Kohler*, Studien, S. 706 f.

178 So lassen sich die Ehebruch-Fälle etwas vergröbernd zusammenfassen; zu Einzelheiten besonders *Gardner*, Rom, S. 132; *Köstlin*, Mord und Todtschlag, S. 166 ff.; *Abegg*, Untersuchungen, S. 154 ff., bes. 157 ff. – Durch die Lex Iulia wurde die vorher dem Ehemann und Vater gestattete Tötungsbefugnis eingeschränkt, womit die Tötung des Ehebrechers zugleich als strafbares öffentliches Verbrechen aufgewertet wurde (*Gardner*, a.a.O., S. 129, 131 f.; *Rein*, Criminalrecht der Römer, S. 839 f.; *Abegg*, a.a.O., S. 155 ff.; *Köstlin*, a.a.O., S. 167 f.). – Vgl. hierzu noch im dritten Kapitel B III 1 a.

179 *Allfeld*, Entwicklung, S. 19 f.; *Rein*, Criminalrecht der Römer, S. 419.

180 Vgl. hierzu noch die Ausführungen im dritten Kapitel zu B III 1 a. – Siehe vorerst zur Bedeutsamkeit der Lex Iulia für eine mildere Bewertung der Affekttat besonders *Abegg*, Untersuchungen, S. 172 f., und *Köstlin*, Mord und Todtschlag, S. 169 f.

181 Nochmals: *Köstlin*, Mord und Todtschlag, S. 222 f.

182 Vgl. im Weiteren zur Einordnung solcher Tat auch *Platon*, Gesetze IX, 7.4.4.3 (S. 233 f.); *Brunnenmeister*, Tödtungsverbrechen, S. 191 ff.; *Leist*, Rechtsgeschichte, S. 313 ff.

besonders herausgestellt worden sein. Mehr jedoch lässt sich aus dem römischen Recht nicht herleiten.

b) Constitutio Criminalis Carolina (1532)

Gleichermaßen fragwürdig erscheint es, die Constitutio Criminalis Carolina, die 1532 unter *Karl V.* auf dem Reichstag zu Regensburg zum Reichsgesetz erhoben wurde, als ein Beispiel dafür anzuführen, Mord sei die überlegte Tötung gewesen. Nach Art. 137 CCC war „ein fürsetzlicher mutwilliger mörder mit dem rade" zu bestrafen und jemand, der „eyn todtschlag, auss gecheyt vnd zorn gethan, vnd sunst auch gemelte entschuldigung nit hat, mit dem schwert vom leben zum todt [...]"[183]. Die Carolina griff damit zum einen das Begriffspaar Mord und Totschlag auf, das sich schon in den ältesten deutschen beziehungsweise germanischen Rechten fand[184]. Zum anderen wurde explizit dazu aufgefordert, beide Taten, den Mord und den Totschlag, unterschiedlich zu bestrafen und nicht „nach gewonheyt etlicher gegent", wie es in Art. 137 CCC hieß, zu verfahren, wo beide Taten offenbar in gleicher Weise, nämlich mit der äußerst grausamen Radstrafe sanktioniert worden waren. Der Abgrenzungsmodus, den Art. 137 CCC für Mord und Totschlag vorgibt, scheint zumindest auf den ersten Blick eindeutig zu sein. Dennoch ist nicht hinreichend klar, wie die beiden Tötungsformen in Art. 137 CCC präzise voneinander geschieden wurden. Bezogen auf den Mord stellt sich sowohl die Frage, was mit dem Begriff „fürsetzlich", als auch, was mit dem Begriff „mutwillig" gemeint ist.

Was die Interpretation des „fürsetzlich" anlangt, gibt es eine Auffassung, die diesen Terminus mit Vorbedacht oder Überlegung gleichsetzt[185]. Es wird aber ebenso vertreten, „fürsetzlich" bedeute nichts anderes als Vorsatz, und hierbei handele es sich um den dolus des römischen Rechts[186]. Geht man davon aus, dass der dolus im römischen Recht auf die absichtliche Tatbegehung beschränkt war, hätte „fürsetzlich" dann die Bedeutung von Absicht[187]. Als Hauptargument für die erste These (mithin „fürsetzlich" als Vorbedacht oder Überlegung) wird

---

[183] Zitiert nach *Zoepfl*, Peinliche Gerichtsordnung, S. 115.

[184] *Wilda*, Strafrecht der Germanen, S. 686ff., 706ff.; *Wachenfeld*, Tötungsdelikte, S. 22; *ders.*, Lehrbuch, S. 303.

[185] *Abegg*, Lehrbuch, S. 327ff.; *Brunnenmeister*, Quellen der Bambergensis, S. 249 mit Fn. 4; *Wächter*, Lehrbuch, § 164 N. 29; *Hälschner*, System III, S. 54; *Binding*, Lehrbuch BT/1, S. 25; *Löffler*, Schuldformen, S. 164; *v. Hippel*, Strafrecht I, S. 189; *His*, Strafrecht des deutschen Mittelalters I, S. 82; *Schaffstein*, in: Abhandlungen, S. 65 (71f.); *ders.*, ebd., S. 87 (89); *ders.*, ebd., S. 103 (104); *Eb. Schmidt*, Einführung, S. 116.

[186] Siehe besonders *Wachenfeld*, Tötungsdelikte, S. 23f.; *dens.*, Mord und Totschlag, S. 12, 20; *Allfeld*, Entwicklung, S. 105f.; im Ergebnis auch *Rüping/Jerouschek*, Strafrechtsgeschichte, S. 53.

[187] Vgl. *Wachenfeld*, Mord und Totschlag, S. 12. – Problematisch hieran erscheint freilich, dass der dolus im römischen Recht ursprünglich zwar auf die Absicht begrenzt war, später aber, besonders im römisch-italienischen Recht des Mittelalters, eine Ausdehnung erfuhr (vgl. dazu im Einzelnen *Dahm*, Das Strafrecht Italiens, S. 258ff.).

geltend gemacht, *Schwarzenberg*, der als führender Kopf der Constitutio Criminalis Bambergensis von 1507 angesehen wird, auf der die Carolina maßgeblich basiert, habe sich, um Mord und Totschlag voneinander abzugrenzen, an die römisch-italienische Doktrin angelehnt[188]. In den italienischen Statuten und bei den italienischen Juristen im Mittelalter wurde jedenfalls – trotz mancherlei Abweichungen im Einzelnen – in aller Regel eine schwere Form des Tötens, die vornehmlich mit Begriffen wie „propositum" oder „praemeditatio", „deliberatio" näher beschrieben wurde, geschieden von einer weniger gravierenden Form, der Tötung im Affekt[189]. Und diese Zweiteilung liegt nun offenkundig dem Art. 137 CCC zugrunde. Auf der anderen Seite fanden sich vergleichbare Unterscheidungsformen auch im deutschen Recht des Mittelalters[190], dem insbesondere die Entgegensetzung von Vorbedacht, Überlegung oder Vorsatz („Aufsatz") einerseits und Affekt andererseits durchaus bekannt war[191]. *His* konstatierte daher, die Fassung des Mordes in der Bambergensis lasse sich nicht nur auf den Einfluss der italienischen Lehre zurückführen, gleichzeitig habe man an die deutsche Entwicklung anknüpfen können[192]. Wie *His* detailliert herausgearbeitet hat, wurde im mittelalterlichen deutschen Recht nicht exakt zwischen den Begriffen Vorsatz (auch „Aufsatz", „Fürsatz"), Absicht (teils Arglist) und Vorbedacht differenziert; vielmehr wurden die Begriffe mal in dieser, mal in jener Bedeutung benutzt[193]. Speziell zur Carolina wies *Löffler* darauf hin, einzelne Termini seien nicht einheitlich verwendet worden; etwa für den dolus

---

[188] *Brunnenmeister*, Quellen der Bambergensis, S. 249; *Schaffstein*, in: Abhandlungen, S. 65 (71); *Löffler*, Schuldformen, S. 164; *Hälschner*, System III, S. 54; *Eb. Schmidt*, Einführung, S. 116; *His*, Strafrecht des deutschen Mittelalters I, S. 82. – Dass *Schwarzenberg* der Schöpfer der Bambergensis ist, lässt sich wohl nicht mehr vertreten. Denn *Schwarzenberg* als Nichtjurist dürfte, wie ausführlich dargelegt wurde, kaum zu solch einer überragenden „gesetzgeberische[n] Meisterleistung" in der Lage gewesen sein (*Trusen*, in: Strafrecht, S. 29 [92 ff., Zitat S. 102]; *Koch*, Rüping-FS, S. 393 [407]; *Rüping/Jerouschek*, Strafrechtsgeschichte, S. 51 f.). Man wird ihn aber als den „politisch führende[n] Kopf der Strafrechtsreform" ansehen dürfen (*Rüping/Jerouschek*, a.a.O., S. 52).

[189] Ausführlich *Kohler*, Studien, S. 708 ff.; ferner *Dahm*, Das Strafrecht Italiens, S. 265 f., 268 ff., 328.

[190] Vgl. *His*, Strafrecht des deutschen Mittelalters I, S. 72 ff., 76, 81 ff.; *dens.*, Strafrecht des deutschen Mittelalters II, S. 88 f., 93 f.; *dens.*, Geschichte des deutschen Stafrechts, S. 124 f.; und davor im Übrigen teils auch schon im germanischen Recht, siehe *Wilda*, Strafrecht der Germanen, S. 272 f.

[191] *His*, Strafrecht des deutschen Mittelalters I, S. 74 ff., 79; *Schaffstein*, Die allgemeinen Lehren, S. 104.

[192] *His*, Strafrecht des deutschen Mittelalters II, S. 94. – Desgleichen führt *Brunnenmeister* aus (Quellen der Bambergensis, S. 246): „So gewiss die Grundlage für die Behandlung, welche die Tödtungsverbrechen in der C. C. B. erfahren haben, im deutschen Rechte zu suchen ist, so unzweifelhaft ist es auf der anderen Seite, dass das römische Recht durch das Medium der italienischen Doktrin einen bedeutsamen Einfluss auf diese Behandlung ausgeübt hat, [...]."

[193] *His*, Strafrecht des deutschen Mittelalters I, S. 68 f., bes. 76 ff.; *ders.*, Geschichte des deutschen Stafrechts, S. 9 f.; ferner *v. Hippel*, Strafrecht I, S. 142 f.; *Brunnenmeister*, Quellen der Bambergensis, S. 249 f. in Fn. 4. – Vergleichbares gilt für das römisch-italienische Recht des Mittelalters; siehe *Dahm*, Das Strafrecht Italiens, S. 264 f.

des römischen Rechts gebe es diverse andere Bezeichnungen, darunter (neben „wissentlich", „williglich", „böslich", „argklistig") auch „fürsetzlich"[194]. Dem Begriff „fürsetzlich" in Art. 137 CCC die Bedeutung von Überlegung oder Vorbedacht zuzuschreiben, erscheint demnach jedenfalls nicht ganz unzweifelhaft. Möglicherweise gilt für das „fürsetzlich" in Art. 137 CCC grosso modo das, was *Schaffstein* einst zum dolus bemerkte: „Wie so oft auf dem Gebiet der allgemeinen Lehren hat man auch in den dolus der römischen Quellen und in den Wortlaut der Carolina nur das hineininterpretiert, was man aus ihnen herauslesen wollte."[195]

Darüber hinaus stellt sich die Frage, was „mutwillig" bedeutete. Vereinzelt spricht man diesem Wort eine besondere Relevanz ab und sieht in ihm lediglich eine Verstärkung des „fürsetzlich"[196]. Verbreiteter ist die Auffassung, dem Begriff „mutwillig" einen eigenen, vom Merkmal „fürsetzlich" losgelösten Bedeutungsinhalt zuzuerkennen. Wenngleich es nun nicht ganz klar ist, ob der Begriff „fürsetzlich" in Art. 137 CCC als eine Reminiszenz an das römisch-italienische Recht des Mittelalters anzusehen ist, so lässt sich das „mutwillig" doch recht eindeutig dem deutschen und vermutlich schon dem germanischen Recht zuordnen[197]. So begegnet der Terminus vorzugsweise im deutschen Recht des Mittelalters und weist auf den Beweggrund der Tat hin – darauf, dass die Tat aus „Unehrlichkeit", „gemeiner Gesinnung" oder „niederträchtiger Bosheit" begangen wurde[198]. Man ist sich daher, soweit dem Begriff in Art. 137 CCC ein eigener Aussagewert zugeschrieben wird, fast durchweg über die Bedeutung einig: „Mutwillig" soll heißen eine Tötung ohne Grund (sine causa), eine Tötung also, zu der das Opfer keine Veranlassung gegeben hat[199]. Untermauern lässt sich diese Deutung mit Art. 128 und 129 CCC, wo der Begriff „mutwillig" im Sinne von „wider recht vnnd billicheyt" gebraucht wird[200]. Mit dieser Interpretation des Mordes korrespondiert es im Weiteren, wenn zum Totschlag in Art. 137 CCC vertreten wird, es sei nicht allein ausschlaggebend gewesen, ob beim Täter ein Affekt vorlag oder nicht, mithin ob die Tötung aus

---

[194] *Löffler*, Schuldformen, S. 163.

[195] *Schaffstein*, Die allgemeinen Lehren, S. 107 f.

[196] *V. Hippel*, Strafrecht I, S. 189. *Rüping/Jerouschek*, Strafrechtsgeschichte, S. 53, zufolge hat „mutwillig" die Bedeutung „böser Vorsatz".

[197] Die Zuordnung zum germanischen Recht ist nicht ganz so offensichtlich, lässt sich aber wohl annehmen; vgl. *Wilda*, Strafrecht der Germanen, S. 272, bes. 562 ff., 705, 711; *Allfeld*, Entwicklung, S. 55 f.; ferner *Hälschner*, System III, S. 35 ff., 52 ff.

[198] *His*, Strafrecht des deutschen Mittelalters I, S. 68 ff., 84 f.

[199] *Hälschner*, System III, S. 52 ff.; *Wachenfeld*, Mord und Totschlag, S. 13, 20; *ders.*, Überlegung, S. 8; *ders.*, Tötungsdelikte, S. 23; *Löffler*, Schuldformen, S. 164 f. in Fn. 57; grundsätzlich ebenso *Allfeld*, Entwicklung, S. 93 (etwas abweichend jedoch S. 95); siehe des Weiteren *His*, Strafrecht des deutschen Mittelalters I, S. 84 f.; *Maurach/Schroeder/Maiwald*, Strafrecht BT/1, § 2 Rdnr. 2.

[200] *Löffler*, Schuldformen, S. 164 in Fn. 57.

Jäheit und Zorn begangen wurde[201], sondern es sei außerdem darauf angekommen, ob es für diesen Zorn einen hinreichenden Anlass, eine honesta oder iusta causa, gegeben habe[202]. Dementsprechend gilt für *Hälschner* als Totschlag in der Carolina „die Tödtung, die ihren Grund im Zorne, der Jäheit, d.h. in der Gefühlsaufregung des Thäters hat" und die „von außen veranlaßt" wurde[203]. Zur Abgrenzung von Mord und Totschlag fasst *Hälschner* schließlich zusammen: „Von dem [...] Todtschlage wird endlich der Mord als die mit Willen und sine causa vollbrachte Tödtung unterschieden."[204] Der äußere Tatanlass, durch den die Tötung zum (Affekt-)Totschlag wird, fungiert demzufolge als Pendant zur mutwilligen Tötung, dem Mord, verstanden als eine Tötung sine causa, mithin ohne hinreichenden Tatanlass. Als Beispiel für einen solchen Tatanlass gilt vornehmlich eine Provokation oder Reizung des Täters durch das Opfer. Die Ergänzung, die ein rein subjektiver Affektbegriff hierdurch erfährt, indem ihm nämlich ein äußeres Kriterium, das der Tatveranlassung, hinzugefügt wird, taucht ebenfalls nicht erstmals in der Carolina auf (soweit man bereit ist, sie dort hineinzulesen). Anhaltspunkte für ein solches Verständnis der Affekttötung finden sich hauptsächlich wiederum in den römisch-italienischen Quellen des Mittelalters[205]. Die Meinungen gingen dort zwar auseinander, und nach einer Ansicht bewirkte schon der Affekt als solcher eine Entlastung des Täters. Daneben gab es aber ebenso die Auffassung, eine Affekttötung sei nur dann milder zu bestrafen, wenn eine ira ex iusta causa, ein iustus dolor, ein homicidium provocatum (oder Ähnliches) gegeben waren[206]. Des Weiteren finden sich Anhaltspunkte für eine solche Betrachtung im germanischen wie im deutschen Recht, wo die Privilegierung einer Tötung weniger von der inneren Verfassung des Täters abhängig war als davon, ob das Opfer dem Täter einen hinreichenden

---

201 In diesem Sinne jedoch *Löffler*, Schuldformen, S. 164, 166; *Brunnenmeister*, Quellen der Bambergensis, S. 249; *v. Hippel*, Strafrecht I, S. 189; *Schaffstein*, in: Abhandlungen, S. 87 (89).

202 So *Allfeld*, Entwicklung, S. 93ff., und *Hälschner*, System III, S. 53.

203 *Hälschner*, System III. S. 53.

204 *Hälschner*, System III, S. 53.

Das im Zitat ausgelassene Wort ist „böse". Denn Hälschner differenziert bei den vom Opfer veranlassten Tötungen und damit beim Totschlag noch weiter zwischen Taten, die entschuldigt waren (vgl. Art. 137 der Carolina: „vnd sunst auch gemelte entschuldigung nit hat"), und denen aus Jäheit und Zorn. Bei den erstgenannten Taten handelt es sich um solche, die als gerechtfertigt bzw. entschuldigt anzusehen sind, wohingegen ein – wie *Hälschner* sagt – böser Totschlag, der dem Mord in Art. 137 der Carolina entgegengesetzt wird und von dem oben nur die Rede ist, lediglich im zweiten Fall vorliegt (*Hälschner*, a.a.O.; ferner *Wachenfeld*, Mord und Totschlag, S. 14).

205 *Dahm*, Das Strafrecht Italiens, S. 270f., 334ff.; ferner *Stuckenberg*, Vorstudien, S. 280; und zuvor schon im römischen Recht – siehe hierzu noch die Erläuterungen im dritten Kapitel zu B III 1 a.

206 Ausführlich *Kohler*, Studien, S. 708ff.; ferner *Schaffstein*, Die allgemeinen Lehren, S. 104; *Dahm*, Das Strafrecht Italiens, S. 270f., 334ff.; *Hälschner*, System III, S. 49; *Brunnenmeister*, Quellen der Bambergensis, S. 248f.

Grund (wie namentlich einen Streit oder eine Provokation) für seine Aufregung geliefert hatte[207].

Sofern bekundet wird, die Carolina neige „zur Auflösung alter objektiver Typisierungen [...] und zur Subjektivierung der begrifflichen Differenzierung“[208] und sie habe sich mit dem Abgrenzungsmodus, den sie in Art. 137 vorgibt, zu einer „psychologischen Unterscheidung zwischen Mord und Totschlag bekannt“[209], wird man dem im Großen und Ganzen zustimmen können – jedoch nicht einschränkungslos[210]. Denn in einer reinen Form wurde diese Tendenz in Art. 137 CCC wohl nicht umgesetzt. Vielmehr zeigt sich eine Vermischung subjektiver oder täterinterner Momente (wie das „fürsetzlich“ oder „gecheyt vnd zorn“, also der Affekt), die man gewöhnlicherweise mit dem römisch-italienischen Recht in Zusammenhang bringt, mit objektiv-äußerlichen Momenten (wie „mutwillig“ oder der Tatveranlassung durch das Opfer), die mehr dem germanisch-deutschen Recht zuzuordnen sind[211]. Mord nach Art. 137 CCC wird man daher als eine vorbedachte (überlegte) oder vorsätzliche (absichtliche) Tötung ansehen dürfen, die mutwillig, mithin nicht vom Opfer veranlasst, geschah.

c) §§ 211 und 212 des Reichsstrafgesetzbuchs von 1871

In der Carolina stehen sich die beiden Tötungstatbestände Mord und Totschlag noch relativ scharf umrissen und klar voneinander abgegrenzt, gleichsam in antithetischer Form, gegenüber: Mord als die überlegte oder absichtliche Tötung ohne Tatanlass und Totschlag als die Affekttötung. Eine herausragende und wirklich eigenständige Funktion kommt der Überlegung (respektive Absicht) damit nicht zu; sie steht in unmittelbarem Zusammenhang zur Affekttötung und bildet deren Gegenstück. Diese Konzeption – einerseits Mord als überlegte oder vorbedachte Tötung, andererseits Totschlag als Affekttat – liegt auch noch dem eingangs bereits zitierten bayerischen Strafgesetzbuch von 1813 zugrunde.

---

[207] *Wilda*, Strafrecht der Germanen, S. 562 ff.; *Hälschner*, System III, S. 35, 44 f.; *Allfeld*, Entwicklung, S. 42 f., 70 f., 94; *His*, Strafrecht des deutschen Mittelalters I, S. 89 f.

[208] *Schaffstein*, in: Abhandlungen, S. 65 (71).

[209] *Schaffstein*, in: Abhandlungen, S. 87 (89).

[210] Differenziertere Bewertung bei *Hälschner*, System III, S. 47 f., 50 f., 53 f., und *Brunnenmeister*, Quellen der Bambergensis, S. 246 f., 248 f.

[211] Zu dieser Grundtendenz, wonach im römischen Recht der Wille, der dolus oder dolus malus, im Vordergrund stand und für die Verhängung einer öffentlichen Strafe ja auch nötig war, während das germanische Recht sich mehr am äußeren Erfolg orientierte als an der inneren Willensrichtung des Täters beziehungsweise diese aus dem äußeren Tatablauf erschloss – siehe *Temme*, Lehrbuch, S. 783 f.; *Löffler*, Schuldformen, S. 35 ff., 42 f., 64 ff., bes. 67 ff., 74 ff., 79 f.; *v. Hippel*, Strafrecht I, S. 46 f., 57 f., 71, 72 ff.; und nur zum römischen Recht *Mommsen*, Strafrecht, S. 85 ff., 95, 627; lediglich zum germanischen Recht *Eb. Schmidt*, Einführung, S. 31 ff., und – obgleich um eine andere Akzentsetzung bemüht – *Wilda*, Strafrecht der Germanen, S. 146 ff., 544 ff., 559 ff., 688 f.

Durchgreifend änderte sich das 1871 mit dem Reichsstrafgesetzbuch[212], in dem die Überlegung zum einzigen Unterscheidungsmerkmal von Mord und Totschlag avancierte[213]. Mord war nach § 211 RStGB eine vorsätzliche Tötung, die mit Überlegung ausgeführt wurde, Totschlag eine vorsätzliche Tötung, die ohne Überlegung ausgeführt wurde (§ 212 RStGB)[214]. Und die Affekttötung, die zuvor als typische Totschlagstat galt, wurde in § 213 RStGB abgehandelt, der in etwa dem heutigen § 213 StGB entsprach[215]. Die Dichotomie der Tötungsdelikte war damit aufgegeben und durch eine dreistufige Konzeption ersetzt worden[216] – eine Lösung, wie sie sich bis heute im Strafgesetzbuch findet.

Die elementare Neuerung liegt, sieht man von der Dreistufigkeit einmal ab, in dem überragenden Stellenwert, der der Überlegung nunmehr zuerkannt wurde. Bislang markierte sie lediglich den Gegenpart zur Affekttötung und diente primär dazu, die Abgrenzung zur Affekttat zu konturieren[217]. Mit dem Reichsstrafgesetzbuch erfuhr das Merkmal der Überlegung daher (angelegt freilich schon vorher in anderen Strafgesetzbüchern) eine enorme Aufwertung. Zum einen hing die Unterscheidung von Mord und Totschlag jetzt einzig von der Überlegung ab, womit diese eine eigenständige Funktion erlangte, die losgelöst war von der Affekttat[218]. Zum anderen kommt durchaus entscheidend hinzu, dass die Überlegung nun auch das Merkmal war, von dem bei einer vor-

---

[212] Gesetz vom 13. 5. 1871; RGBl. S. 127.

[213] Eine geradlinige Entwicklung von der Carolina zum Reichsstrafgesetzbuch gibt es nicht. Zumal in der Folgezeit, im gemeinen Recht, wurden Mord und Totschlag – besser formuliert: das homicidium qualificatum und das homicidium simplix – vorzugsweise anhand der Vorsatzart, nämlich dolus directus oder dolus indirectus, voneinander abgegrenzt (hierzu noch im dritten Kapitel zu A I 1 a); zudem kamen im gemeinen Recht weitere Unterscheidungs- oder Abstufungsaspekte hinzu (vgl. *Schaffstein*, Abhandlungen, S. 89 ff., 105 ff.).

[214] Als Grundstein dieser Regelung dürfte sich, wie erwähnt, das bayerische Strafgesetzbuch von 1813 anführen lassen. Unmittelbare Vorläufer waren indes das Strafgesetzbuch für die Preußischen Staaten von 1851 und das Strafgesetzbuch für den Norddeutschen Bund, das am 1. Januar 1871 in Kraft treten sollte, wenige Tage vor Gründung des Deutschen Reiches (am 18. Januar 1871), und das dann wenig später das Reichsstrafgesetzbuch wurde (speziell zum preußischen Strafgesetzbuch *Beseler*, Kommentar, S. 342 ff.; zu beiden Gesetzbüchern und ihrer Entstehungsgeschichte eingehend *Wachenfeld*, Mord und Totschlag, S. 139 ff., bes. 170 f., S. 177 ff., bes. 181 f.; zum Ganzen ferner *Hälschner*, System III, S. 85 ff.; *Eb. Schmidt*, Einführung, S. 343 f.).

[215] § 213 RStGB lautete: „War der Todtschläger ohne eigene Schuld durch eine ihm oder einem Angehörigen zugefügte Mißhandlung oder schwere Beleidigung von dem Getödteten zum Zorne gereizt und hierdurch auf der Stelle zur That hingerissen worden, oder sind andere mildernde Umstände vorhanden, so tritt Gefängnißstrafe nicht unter 6 Monaten ein."

[216] Gleiches galt bereits für das preußische Strafgesetzbuch von 1851 (vgl. §§ 175–177 preußStGB; dazu *Beseler*, Kommentar, S. 342 ff.). – Die dreistufige Regelung war eine logische Folge der Funktion, die der Überlegung nun zukam. Gleichzeitig wurde damit anerkannt, dass es zwischen der überlegten Tötung und der Tötung im Affekt noch ein Drittes gab: die einfache vorsätzliche Tötung ohne Überlegung und ohne Affekt (zum Ganzen *Berner*, Lehrbuch, S. 510 f.; *Wachenfeld*, Tötungsdelikte, S. 27).

[217] *Hälschner*, System III, S. 63.

[218] *Hälschner*, System III, S. 87; *Eser*, Gutachten, D 27.

sätzlichen Tötung die Todesstrafe abhing. Denn bekanntlich wurde der Mord nach dem Reichsstrafgesetzbuch mit dieser Strafe geahndet. Der Grund für diese herausragende Bedeutung, die die Überlegung im 19. Jahrhundert einnahm und die sie insgesamt fast 100 Jahre lang hatte, dürfte ideengeschichtlich nicht zuletzt im Gedankengut der Aufklärung und der Philosophie des deutschen Idealismus zu suchen sein[219].

Soweit heute, obschon vereinzelt, einer Wiederaufnahme der Überlegung – wohlgemerkt, als einzigem Unterscheidungsmerkmal – das Wort geredet wird[220], vermag das nicht darüber hinwegzutäuschen, wie sehr dieses Kriterium zumindest ab der zweiten Hälfte des 19. Jahrhunderts umstritten war. *V. Liszt* konnte deshalb 1905, anlässlich der Vorarbeiten zur deutschen Strafrechtsreform, in seinem Gutachten feststellen: „Ernstliche Verteidigung hat die auf das Merkmal der Überlegung gestützte Unterscheidung von Mord und Totschlag in den letzten Jahren überhaupt nicht mehr gefunden."[221] Vor allem zwei Erwägungen dürften es gewesen sein, die sich zunächst positiv für das Kriterium verwenden ließen. Die Überlegung als Abgrenzungsmodus für Mord und Totschlag war, erstens, zur damaligen Zeit ausgesprochen weit verbreitet[222]. Zweitens wird man einräumen müssen, dass mit der Überlegung, sprachlich gesehen, ein recht klares Kriterium vorgegeben wurde, das der derzeitigen Regelung des § 211 StGB insofern sicherlich überlegen war[223]. Zumal eine begriffliche Ungenauigkeit, die im Laufe des 19. Jahrhunderts Anlass zu Auseinandersetzungen gab – nämlich die Frage, ob die Überlegung bei Ausführung der Tat oder bei der Fassung des Tatentschlusses oder bei beidem vorliegen müsse[224] – beseitigt wur-

---

[219] Vgl. *Thomas*, Geschichte des Mordparagraphen, S. 174 ff.

[220] So *Gerhard Wolf*, Schreiber-FS, S. 519 (532).

[221] *V. Liszt*, in: Vergleichende Darstellung, S. 1 (44); desgleichen *Wachenfeld*, Tötungsdelikte, S. 34; siehe auch die Auflistung der Strafrechtswissenschaftler, die die Überlegung ablehnten, bei *Conen*, Tötungsdelikte, S. 28 f.

[222] Eingehend *K. J. A. Mittermaier*, GA 2 (1854), S. 141 (147 ff.), und *v. Liszt*, in: Vergleichende Darstellung, S. 1 (35 ff.); ferner *Wachenfeld*, Tötungsdelikte, S. 27, 30 f.; *ders.*, Mord und Totschlag, S. 57 ff., 184 ff., 277 ff.; *Hälschner*, System III, S. 85 mit Fn. 1; *Thomas*, Geschichte des Mordparagraphen, S. 184. *Eser* stellt treffend fest, das Reichsstrafgesetzbuch habe sich „auf der Erkenntnishöhe seiner Zeit" befunden (Gutachten, D 27).

[223] Zutreffend insoweit *Gerhard Wolf*, Schreiber-FS, S. 519 (532). – Hieran ist entgegen der mehrheitlich anders lautenden Kritik (siehe besonders *Conen*, Tötungsdelikte, S. 13 ff.; *Müssig*, Mord, S. 65 f.) festzuhalten.

[224] Zum Meinungsstreit: *Wachenfeld*, Überlegung, S. 23 ff.; *ders.*, Mord und Totschlag, S. 179, 283; *Hälschner*, System III, S. 96 f.; *Katzenstein*, ZStW 24 (1904), S. 503 (519 ff.); *Schwarze*, Der Gerichtssaal 11 (1859), S. 321 f., 324, 325; 13 (1861), S. 450 (462); *v. Liszt*, Lehrbuch, S. 311; *Olshausen*, Kommentar, S. 837 f. – Indem Art. 146 des bayerischen Strafgesetzbuchs von 1813 den Mord als die mit Vorbedacht beschlossene oder mit Überlegung ausgeführte Tötung bestimmte (siehe oben eingangs zu 1), brachte es klar zum Ausdruck, dass entweder eine der Tat vorangegangene Überlegung oder eine Überlegung während der Tat erforderlich, aber auch ausreichend war. Demgegenüber definierte § 175 des preußischen Strafgesetzbuchs von 1851 den Mord als die „vorsätzlich und mit Überlegung" begangene Tötung (vgl. *Beseler*, Kommentar, S. 342). Hierdurch entstand sodann das Problem, zu wel-

de, indem das Reichsstrafgesetzbuch ausdrücklich verlangte, die Tötung müsse „mit Überlegung ausgeführt" werden[225]. Gewiss, nicht alle Divergenzen konnten durch § 211 RStGB ausgeräumt oder verhindert werden[226]. Diskutiert wurde hauptsächlich dieses: Was sollte der Bezugspunkt der Überlegung sein, die Tat als solche oder wie, also mit welchen Mitteln und auf welche Weise sie begangen werden sollte oder wiederum beides – oder lässt sich zwischen beidem zwar analytisch, aber nicht praktisch sinnvoll differenzieren[227]? Des Weiteren, teils mit dieser Frage zusammenhängend: In welcher Intensität muss die Überlegung vorliegen beziehungsweise was macht die Überlegung inhaltlich exakt aus[228]? Auch die Rechtsprechung des Reichsgerichts erwies sich keinesfalls als einheitlich[229]. Im hiesigen Zusammenhang braucht die Debatte nicht im Einzelnen nachgezeichnet zu werden[230]. Es überzeugt allerdings wenig, den Grund für die Meinungsverschiedenheiten in einer „Unklarheit des Begriffes" der Überlegung zu sehen, der „bei jedem Schriftsteller einen andern Inhalt" habe[231]. Denn die Formulierung des Reichsstrafgesetzbuchs und der Begriff der Überlegung als solcher sind durchaus klar. Jedenfalls ist nicht zu erkennen, dass sich das Kriterium insofern von anderen Begriffen im Gesetzestext negativ abhöbe. Die Differenzen bei der Interpretation des Merkmals lassen sich richtig besehen auch nicht auf eine mangelnde Präzision des Begriffes zurückführen, sondern sie resultierten maßgeblich aus dem kriminalpolitischen Bestreben, den Anwendungsbereich des § 211 RStGB zu begrenzen und auf Fälle zu reduzieren, in

chem Zeitpunkt die Überlegung genau vorliegen müsse. Anders als der Begriff des Vorbedachts, der schon von seiner unmittelbaren Wortbedeutung her mehr ein vorheriges Bedenken der Tat nahelegt, wird durch das Merkmal der Überlegung der zeitliche Bezugspunkt weitaus weniger (falls überhaupt) antizipiert.

225 Grundlegend ferner die Entscheidung RGSt 8, 276 ff.

226 So blieb, bezogen auf das Erfordernis einer Koinzidenz von Überlegung und Ausführung der Tat, noch die Frage offen, ob die Überlegung nur zu Beginn der Ausführung oder aber während der gesamten Ausführungshandlung vorhanden sein musste. Nach Auffassung des Reichsgerichts war Letzteres notwendig (RGSt 32, 253 ff.; 42, 260 ff.; 70, 257 [259 f.]; modifizierend *Berner*, Lehrbuch, S. 513 ff.; *Meyer*, Lehrbuch, S. 458; *Allfeld*, Lehrbuch, S. 332).

227 Für die erste Variante z. B. *K. J. A. Mittermaier*, GA 2 (1854), S. 285 (301); *Wachenfeld*, Überlegung, S. 13 ff.; *ders.*, Tötungsdelikte, S. 29; *ders.*, Lehrbuch, S. 305; *Hälschner*, Strafrecht II, S. 48 f.; *Binding*, Lehrbuch BT 1, S. 27; *ders.*, Normen II/2, S. 986; *Allfeld*, Lehrbuch, S. 331; – für die zweite dagegen *Katzenstein*, ZStW 24 (1904), S. 503 (515 mit Fn. 31, 517 ff., 522 ff.); *v. Holtzendorff*, in: Handbuch, S. 405 (428); *ders.*, Verbrechen des Mordes, S. 260; – beides verlangend *v. Liszt*, in: Vergleichende Darstellung, S. 1 (41 f.); *ders.*, Lehrbuch, S. 311; vgl. auch *Hälschner*, System III, S. 96 f.; *Meyer*, Lehrbuch, S. 457 f.

228 Vgl. dazu beispielsweise die abweichenden Ansichten von *Hälschner*, Strafrecht II, S. 35 ff., 48 ff., und *Wachenfeld*, Tötungsdelikte, S. 28 f.

229 Eine detaillierte Analyse der Rechtsprechung liefern *Conen*, Tötungsdelikte, S. 20 ff., und *Thomas*, Geschichte des Mordparagraphen, S. 205 ff.; vgl. ferner auch *Otto*, ZStW 83 (1971), S. 39 (52 f.).

230 Ausführlich dazu *Opitz*, Tötungsdelikte, S. 27 ff.; *Thomas*, Geschichte des Mordparagraphen, S. 205 ff., 222 ff.; *Conen*, Tötungsdelikte, 20 ff., 24 ff.

231 So der Vorwurf *v. Liszts*, in: Vergleichende Darstellung, S. 1 (61 f.).

denen die Todesstrafe hinnehmbar oder noch irgendwie akzeptabel erschien. Von daher waren die Schwierigkeiten, eine einheitliche Linie bei der Auslegung der Überlegung zu finden, wohl weniger ein Zeichen für eine Unklarheit, die dem Terminus an sich anzulasten gewesen wäre. Sie waren vielmehr ein elementares Indiz dafür, dass das Kriterium an sich ungeeignet war, Fälle, in denen die Höchststrafe angezeigt war, von Fällen zu unterscheiden, in denen diese Strafe als nicht mehr vertretbar erschien[232]. Hierin zeigt sich eine prinzipielle Parallele zur Regelung und Handhabung des § 211 StGB. So lässt sich, um ein Beispiel zu nennen (und ohne den noch folgenden Erörterungen vorgreifen zu wollen), das zentrale Problem des Mordmerkmals „Heimtücke" kaum in seiner fehlenden begrifflichen Schärfe erblicken, obgleich doch sehr unterschiedliche Ansichten zu seiner Interpretation angeboten werden[233]. Per se dürfte das Merkmal nicht weniger klar sein als etwa das Merkmal „mittels eines hinterlistigen Überfalls" in § 224 I Nr. 3 StGB. In der Sache geht es deshalb bei den meisten (wenn nicht bei allen) Auslegungsdivergenzen – ob sie nun die Überlegung in § 211 RStGB oder die Heimtücke in § 211 II StGB betreffen – wohl nicht um spezifisch sprachliche Defizite dieser Kriterien. Das Grundproblem dürfte mehr darin liegen, dass mit einem bestimmten Qualifikationsmerkmal der Anwendungsbereich des Mordes absolut und damit zugleich der für eine Höchststrafe markiert werden soll. Die unterschiedlichen Vorschläge, die zur Auslegung der Merkmale unterbreitet werden, verbunden mit immer weiteren Modifikationen und Verästelungen, lassen daher viel eher erhebliche Zweifel daran aufkommen, ob das, mithin die Benennung absoluter Mord- oder Qualifikationsmerkmale, grundsätzlich zu leisten ist – und zwar gleich mit welchem Aspekt[234].

Nun vermögen weder die Klarheit des Gesetzestextes noch die damalige Geläufigkeit des Überlegungskriteriums als bloßes Faktum etwas über die sachliche Legitimation dieses Merkmals auszusagen. Zu Letzterem bemerkte *Berner* schon treffend: „Diese Übereinstimmung beweist indeß ... [nicht] ..., daß es sich gesetzgeberisch rechtfertige, ‚von dem Vorhandensein dieses Momentes die Todesstrafe abhängig zu machen'. Sie beweiset nur, daß das Gesammtdenken in Europa den Standpunkt unseres Gesetzbuches nicht überschritten hat."[235] Gegen die normative Berechtigung des Merkmals zur Abgrenzung von Mord und Totschlag sowie zur Begründung der Höchststrafe wurden seinerzeit durchweg überzeugende Argumente vorgebracht. Der Haupteinwand lässt sich so zusammenfassen[236]: Neben der Überlegung könnten ohne weiteres noch mildernde

---

232 Im Ergebnis wohl auch *v. Liszt*, in: Vergleichende Darstellung, S. 1 (62).

233 Zur „Heimtücke" in diesem Kapitel B II.

234 Hierzu im dritten Kapitel die Ausführungen unter A.

235 *Berner*, Lehrbuch (12. Aufl.), S. 483 in Fn. 1.

236 Zum Folgenden: *K.J.A. Mittermaier*, GA 2 (1854), S. 285 (286, 287, 309); *Hälschner*, System III, S. 86 ff.; *ders.*, Strafrecht II, S. 32 ff.; *Wachenfeld*, Tötungsdelikte, S. 32; *v. Holtzendorff*, Psychologie des Mordes, S. 7 f.; *ders.*, in: Handbuch, S. 405 (430 mit Fn. 13).

Umstände vorliegen. Da § 211 RStGB jedoch einzig auf die Überlegung abstelle, ließen diese sich nicht integrieren; denn der Gesetzestext lasse eine Nivellierung nicht zu. „Die Überlegung bei der Tötung gilt", so die lakonische, aber auch resignierende Bilanz *Wachenfelds*, „als der Gipfel aller Verschuldung"[237]. Schon früh, nämlich 1854, hat *Mittermaier* auf die Unzulänglichkeit einer solchen Regelung hingewiesen und das Defizit präzise benannt: „Dann aber müssen die Gesetzgeber erkennen, daß ebenso, wie bei jedem anderen Verbrechen, Abstufungen der Verschuldung eintreten und daher auch verschiedene Strafen erkannt werden müssen, auch bei der Tödtung die Verschuldung eine höchst verschiedene sein kann, und daß namentlich bei den Tödtungen, welche der Gesetzgeber unter dem Ausdrucke: Mord, zu umfassen sucht, diese Verschiedenheit jedem Beobachter sich aufdrängt."[238] Das Manko, um das es ging, war keineswegs ein bloß geringfügiges, führte es doch im Ergebnis zu einer fundamentalen Ungerechtigkeit: Während schuldmildernde Faktoren bei allen anderen Taten unbestritten in der Strafzumessung Beachtung fanden – und hervorzuheben wäre hier insbesondere der Totschlag, die andere vorsätzliche Tötung – war das beim Mord a limine ausgeschlossen. Was diesen kategorischen Ausschluss bewirken konnte, war indes nicht zu sehen, zumal Mord und Totschlag, die mit oder ohne Überlegung ausgeführte vorsätzliche Tötung, wie *v. Holtzendorff* herausstellte, jeweils aus denselben Gründen begangen wurden[239]. Nun braucht man hierbei nicht so weit zu gehen wie *v. Holtzendorff*, der der Auffassung war, die größere oder geringere Strafbarkeit aller vorsätzlichen Tötungen gründe in der „sittlichen Eigenschaft der Motive", nicht aber im Merkmal der Überlegung[240] – eine Ansicht, die, wie unschwer zu erkennen ist, nahezu zwangsläufig auf das heutige Mordmerkmal der „Beweggründe" und deren sittlich-moralischer Bewertung hinausläuft[241]. Der Einwand enthält prinzipiell Richtiges: Es gibt kein einleuchtendes Argument dafür, weshalb die Berücksichtigung mildernder Tatumstände (im Unrechts- oder Schuldbereich) von vornherein ausgeschlossen sein soll, sofern die vorsätzliche Tötung mit Überlegung ausgeführt wird. Die Überlegung lässt sich also, um die Wendung *Wachenfelds* aufzugreifen, nicht als der Gipfel aller Verschuldung begreifen.

Die meisten Beispiele, die zu jener Zeit angeführt wurden, um die Ungeeignetheit des Kriteriums zu belegen, besitzen aus heutiger Sicht oftmals nur noch eine begrenzte Überzeugungskraft[242]. Zu sehr haben sich die moralischen Anschauungen in der Gesellschaft gewandelt. Dennoch bringen sie das grundsätz-

---

[237] *Wachenfeld*, Lehrbuch, S. 306.

[238] *K. J. A. Mittermaier*, GA 2 (1854), S. 285 (289).

[239] *V. Holtzendorff*, Verbrechen des Mordes, S. 266

[240] *V. Holtzendorff*, Psychologie des Mordes, S. 11.

[241] Vgl. *v. Holtzendorff*, Psychologie des Mordes, S. 11: „Die Beweggründe, welche zum Morde treiben, genauer zu erforschen, ist daher von großer Wichtigkeit." – Zum Ganzen noch nachfolgend zu B I.

[242] Vgl. etwa die Fallbeispiele bei *K. J. A. Mittermaier*, GA 2 (1854), S. 285 (304 ff.).

liche Monitum hinreichend zum Ausdruck. Am Beispiel des Ehebruchs lässt sich das veranschaulichen – einem Fall, der damals von fast jedem Autor herangezogen wurde, um die Problematik des Überlegungsmerkmals paradigmatisch zu entfalten[243]: Soll es, so wurde gefragt, den Unterschied zwischen Mord und Totschlag ausmachen, ob ein Ehemann, der seine Frau mit einem anderen Mann erwischt, diesen spontan tötet, oder ob er, falls er zunächst nur einen entsprechenden Verdacht hegt, seiner Frau nachspioniert, den Verdacht bestätigt findet und sich nach längerem Nachdenken dazu entschließt, dem Paar erneut aufzulauern, um den Freund seiner Frau dann zu erschießen[244]? Will man den Fall nicht nur anhand sozialethisch-moralischer Kategorien prüfen (was für eine rechtliche Betrachtung grundsätzlich unzureichend wäre), ist mit einzubeziehen, dass der Ehebruch nach § 172 RStGB strafbar war[245]. Geht man von dieser Rechtslage aus, lässt sich für beide Tatvarianten in erster Linie ein unrechtsmin-

---

[243] Siehe *K.J.A. Mittermaier*, GA 2 (1854), S. 285 (287, 289, 303, 304); *Hälschner*, System III, S. 89 mit Fn. 1; *Wachenfeld*, Tötungsdelikte, S. 32; *v. Holtzendorff*, Verbrechen des Mordes, S. 264 f.

[244] Der Ehebruch wurde stets in dieser Variante thematisiert, in der die Ehefrau den Ehemann betrügt und der Ehemann den Geliebten seiner Frau dann tötet, nie umgekehrt. Diese einseitige Betrachtung lässt sich als geschlechtsspezifisch kritisieren (siehe *Thomas*, Geschichte des Mordparagraphen, S. 193 f., 232). Sofern hierdurch der Eindruck entstehen sollte, der Ehebruch eines Mannes sei, obzwar nicht gleich legitim, so doch zumindest weniger gravierend gewesen, ist dieser Eindruck falsch – gemessen jedenfalls an den rechtlichen (und nicht an irgendwelchen gesellschaftlichen) Maßstäben. Lediglich im römischen Recht wurde nur der Ehebruch der Frau pönalisiert, und das schon ab dem Verlöbnis. Demgegenüber war der Ehebruch des Ehemanns zulässig, vorausgesetzt, er beging ihn nicht mit einer verheirateten Frau, was auch für ihn verboten war (*Rein*, Criminalrecht der Römer, S. 835 ff.; *v. Wächter*, Abhandlungen, S. 102 ff.; *Gardner*, Rom, S. 54, 125 ff., bes. 129 ff.). Diese Sichtweise änderte sich langsam, entgegen der allgemeinen Anschauung, aber unter dem Einfluss des kanonischen Rechts, nach dem der Ehebruch für beide Ehepartner strafbar war (*Hälschner*, Der Gerichtssaal 22 [1870], S. 401 [405 ff.]; *Welsch*, Bestrafung des Ehebruchs, S. 17 ff.; *v. Wächter*, a.a.O., S. 123). In Art. 120 CCC wurde explizit auf den Fall hingewiesen, dass der Ehemann den Ehebruch beging. Diese Auffassung fand sich ebenfalls in den Entwürfen und Gesetzbüchern der deutschen Länder im 19. Jahrhundert (*v. Wächter*, a.a.O., S. 333 ff.). Auf der anderen Seite lässt sich daraus noch nicht herleiten, es habe eine echte Gleichstellung gegeben. Denn vielfach waren die Strafen für den Ehemann milder als für die Ehefrau (im Einzelnen *Pfeil*, Ehebruch, S. 37; *Hälschner*, a.a.O., S. 438 f.; beispielhaft auch *Feuerbach*, Lehrbuch, S. 245). § 172 RStGB, der den Ehebruch behandelte, differenzierte im Strafmaß nicht mehr zwischen Mann und Frau. Dennoch wurde noch bis ins 20. Jahrhundert hinein vereinzelt bezweifelt, ob eine Gleichbehandlung tatsächlich angezeigt sei. So vertrat *Eduard Ritter von Liszt* – mit kurioser Begründung – die Meinung, eine Provokation nach § 213 RStGB könne im Falle eines Ehebruchs nur für den Ehemann, nicht aber für die Ehefrau angenommen werden (Tötungen, S. 75). Dagegen klang die Ansicht *Berners*, „mit dem einer edleren Ehe durchaus wesentlichen Gefühl der Gleichberechtigung beider Gatten" vertrage es sich nicht, einen Unterschied zu machen (Lehrbuch, S. 452), geradezu modern (wenngleich nicht minder idealistisch).

[245] Allerdings nicht in jedem Fall; § 172 RStGB bestimmte: „Der Ehebruch wird, wenn wegen desselben die Ehe geschieden ist, an dem schuldigen Ehegatten sowie dessen Mitschuldigen mit Gefängniß bis zu sechs Monaten bestraft."

dernder Sachverhalt erwägen[246]. Sollte nämlich die eheliche Treuepflicht als eine rechtliche (und somit nicht bloß als eine moralische) Pflicht anzusehen sein, führt die Verletzung dieser Rechtspflicht zu einer Unrechtsminderung; und diese Unrechtsminderung ist in beiden Fallvarianten identisch[247]. Hierin liegt das normativ Gleichwertige beider Tatalternativen. Insoweit betonte *v. Holtzendorff* zu Recht, beide Taten hätten den „völlig gleichen Grund“[248]. Allerdings lässt sich das normativ Gleichwertige aus hiesiger Sicht – und entgegen der Auffassung *v. Holtzendorffs* – nicht mit der „sittlichen Eigenschaft der Motive“ begründen[249]; denn eine sittlich-moralische Beurteilung der Tat oder des Tatmotivs geht über den Bereich des Strikt-Rechtlichen hinaus[250]. Die normative Gleichwertigkeit der Fälle ergibt sich vielmehr aus spezifisch rechtlichen Erwägungen – nämlich dem Verstoß des Opfers gegen eine rechtliche Pflicht[251], der wiederum auf Seiten des Täters eine Unrechtsminderung auszulösen vermag. Demgegenüber diskutierten die Vertreter des Schrifttums diesen Fall zur damaligen Zeit ausnahmslos unter dem Gesichtspunkt schuldmindernder Umstände. Ungeachtet dieser Divergenz lässt sich der Kritik an der (absoluten) Bedeutung des Überlegungsaspekts im Ergebnis beipflichten: Die Tatumstände führen in beiden Fällen gleichermaßen zu einer Minderung des Unrechts (oder der Schuld), und diese Unrechts- (oder Schuld-)minderung liegt unabhängig davon vor, ob die Tat mit oder ohne Überlegung ausgeführt wurde. In dem einen Fall einen Totschlag mit einer zeitigen (Zuchthaus-)Strafe, in dem anderen Fall einen Mord mit Todesstrafe anzunehmen ist deshalb normativ schlüssig nicht mehr zu begründen. Verschärft wurde dieses Problem schließlich dadurch, dass bei einem Totschlag auch die Anwendung des § 213 RStGB möglich war. Dessen Provokationsvariante erschien hier durchaus einschlägig, wodurch sich die Mindesstrafe auf sechs Monate Gefängnis reduziert hätte.

De facto wurde eine Berücksichtigung mildernder Tatumstände bisweilen durch zweifelhafte Deutungen des Sachverhaltes oder des Merkmals der Über-

---

[246] Ausführlicher hierzu im dritten Kapitel B II; dort ebenso zur Behandlung des Ehebruchs aus heutiger Perspektive (B II 1 c).

[247] Dass sich hier bei (eventuell nur leicht) modifiziertem Sachverhalt Änderungen ergeben können, zumal was die zeitliche Komponente bei der Annahme einer Unrechtsminderung betrifft, sei in diesem Zusammenhang außer Acht gelassen. Vgl. zu dieser Frage im dritten Kapitel B II 1 d.

[248] *V. Holtzendorff*, Verbrechen des Mordes, S. 264.

[249] *V. Holtzendorff*, Psychologie des Mordes, S. 11.

[250] Dazu eingehender sogleich B I 2 c in diesem Kapitel.

[251] Präziser: Die eheliche Treuepflicht gilt ausschließlich im Verhältnis der Ehepartner zueinander; sie verpflichtet also nur die Ehegatten und kann daher nur von ihnen, nicht aber von einem Dritten verletzt werden. Eine Pflichtverletzung des Dritten lässt sich begründen, wenn man auf die Ehe als rechtlich geschützte Institution abstellt, in die der Dritte verbotenerweise eingreift. § 172 RStGB, der eine Strafe sowohl für den schuldigen Ehegatten als auch dessen Mitschuldigen vorsah, legt dieses Verständnis nahe.

legung erreicht. Wie das im Einzelnen aussah, zeigten (noch vor 1871) die „Mittheilungen aus der Praxis" von *Schwarze*[252] – obwohl es *Schwarze* nicht darum ging, die Rechtslage zu kritisieren, sondern nur, über diese zu informieren. So wurde eine Überlegung mitunter angenommen, wo ihr Vorliegen äußerst fragwürdig erschien, sofern nämlich der Tatentschluss ganz plötzlich, aus einer Konfliktsituation heraus entstanden war. Die beiden hierzu angegebenen Fälle zeichneten sich aber dadurch aus, dass allein der Täter die Verantwortung für den Konflikt trug, wohingegen das Opfer sich tadellos verhalten hatte[253]. Umgekehrt wurde eine Überlegung abgelehnt – in Fällen, in denen sie sich kaum bestreiten ließ – so in einem Fall, in dem das Vorverhalten des Opfers fehlerhaft war[254]. Das scheint die Einschätzung *v. Holtzendorffs*, die Geschworenen gäben „trotz vorhandener Überlegung kein der Anklage entsprechendes Verdikt, wenn die Überlegung mit edleren und besseren Motiven gepaart" sei[255], zu stützen – eine Einschätzung, die von vielen anderen geteilt wird und wurde[256].

---

[252] *Schwarze* war Oberstaatsanwalt im Königreich Sachsen, und die sächsische Regelung entsprach im Kern der des späteren RStGB. So wurde nach Art. 155 des sächsischen Strafgesetzbuchs von 1855 als Mord die vorsätzliche, mit Überlegung ausgeführte Tötung angesehen (siehe *Krug*, Strafgesetzbuch, S. 66). – Die Mitteilungen *Schwarzes* werden hier deshalb primär herangezogen, weil sie – verglichen mit den späteren Entscheidungen des Reichsgerichts – aussagekräftiger sind; und zwar insofern, als *Schwarze* die Sachverhalte wesentlich ausführlicher wiedergibt, als dies in den Entscheidungen des Reichsgerichts der Fall ist.

[253] *Schwarze*, Der Gerichtssaal 11 (1859), S. 321 (323ff.). Wortreich wird eine Überlegung hier mehr behauptet denn schlüssig dargetan. Im ersten Fall wird als sachliches Argument für eine Überlegung nur vorgebracht, der Täter habe während der Tat seine Pfeife ruhig fortgeraucht, und allenfalls noch, er sei nach der Tat besonnen vorgegangen, in dem er die Spuren der Tat verwischt habe (ebd., S. 324f.; für die Relevanz des letzteren Aspekts, also des Nachtatverhaltens, zur Feststellung, ob eine Überlegung vorlag oder nicht, hat sich insbesondere *Berner* ausgesprochen [Lehrbuch, S. 514f.]). – Als zumindest prima facie problematisch erweist sich ferner die Bejahung einer Überlegung in RG JW 1931, S. 2805 Nr. 23. Dort fasste der Täter den Entschluss, ein Mädchen zu töten, im Affekt, wie das Reichsgericht annahm; und zwar nachdem das Mädchen ihm eröffnet hatte, es sei schwanger, und ihn um ein Abtreibungsmittel gebeten hatte. Dennoch soll der Täter „alsbald" nach diesem Entschluss seine Ruhe wiedererlangt haben und bei Ausführung der Tötung die von der Tat abhaltenden Motive und die zur Tat hindrängenden „kaltblütig" gegeneinander abgewogen haben.

[254] *Schwarze*, Der Gerichtssaal 12 (1860), S. 481 (495ff.); ferner aber auch bei Kindstötung, siehe *Schwarze*, Der Gerichtssaal 15 (1863), S. 229ff. Zum ersten Beispiel: Einerseits wird explizit darauf hingewiesen, der Täter habe den Entschluss, seinen Stiefvater zu erschießen, schon vorher gefasst und hierzu die nötigen Vorbereitungen getroffen (vor allem die Tatwaffe, eine Pistole, besorgt). Andererseits – und im Widerspruch dazu – soll keine Überlegung vorliegen, weil der Täter „bisher den Gedanken an die Tödtung jedes Mal zurückzudrängen gewußt hatte, ehe er zum Entschluß gereift war", weshalb dann der unmittelbare Tatentschluss ein unüberlegter gewesen sein soll (a.a.O., S. 498). – Nicht unzweifelhaft auch RG JW 1932, S. 2719 Nr. 15 (zum Affekt): Der Täter tötete das Opfer einige Stunden nach einer Beleidigung, als das Opfer bereits auf einer Pritsche eingeschlafen war. Für die Frage eines Affekts, der hier angenommen wurde, soll zu berücksichtigen sein, dass der Täter dem Opfer körperlich und geistig unterlegen war und dass er auch deshalb nicht sofort reagierte, weil er die Erregung, die durch die Beleidigung hervorgerufen wurde, erst „in sich hineinwirken" ließ.

[255] *V. Holtzendorff*, Verbrechen des Mordes, S. 263.

[256] So konstatieren *Kohlrausch/Lange*, eine Überlegung sei verneint worden, falls man den

Gleichzeitig bestätigt sich hierin die ganz zu Beginn geäußerte Vermutung, für die Annahme oder Ablehnung eines Mordes komme es nicht entscheidend auf die jeweilige Formulierung des Tatbestands an[257]. Darüber hinaus existierte eine ausgesprochen extensive Praxis der Begnadigung[258], die eine weitere und zugleich die letzte Möglichkeit bot, die eklatanten Mängel des materiellen Rechts auszugleichen. Au fond bedeutete all dies freilich nichts anderes als eine Desavouierung der Regelung an sich. Längst stand außer Zweifel, dass es Fälle einer überlegten Tötung gibt, die weniger schwer wiegen als manche unüberlegte Tötung[259]. Die Überlegung hat sich demnach zumindest als alleiniges Unterscheidungsmerkmal als unhaltbar erwiesen. Ob sie des ungeachtet eine Schuldsteigerung begründen kann, ist damit noch nicht entschieden und an späterer Stelle zu erörtern[260].

d) *Der Entwurf 1962*

Mit dem Entwurf 1962 hat man aus dieser Einsicht Konsequenzen gezogen. Einerseits wurde auf das Überlegungskriterium zwar nicht verzichtet, es wurde vielmehr wieder aufgegriffen, verlor andererseits aber seinen herausragenden Stellenwert sowohl als das einzig ausschlaggebende als auch als absolutes Mordmerkmal. Wie es in dem Entwurf hieß, wurde nunmehr anerkannt, dass „die Überlegung als ausschließliches und unbeschränktes Merkmal nicht geeignet ist [...]“[261]. Hieraus ergab sich die folgende Regelung: Nach § 135 I des Entwurfs, dem Mordtatbestand, sollte mit lebenslangem Zuchthaus bestraft werden, wer einen anderen Menschen aus Mordlust oder anderen Motiven beziehungsweise Absichten tötet[262]. Absatz 2 dieser Vorschrift nahm sodann die

---

Fall als nicht todeswürdig eingestuft habe (§§ 211, 212 Anm. III 4); ebenso spricht *Eb. Schmidt* von einer Praxis „der Schwurgerichte alten Stiles“, „die vom Ergebnis her die ‚Überlegung‘ da als gegeben feststellten, wo die Verwerflichkeit der Tat gerade die Todesstrafe als gerecht erscheinen ließ, die ‚Überlegung‘ andererseits verneinten, wo sich im Hinblick auf den Täter und seine Motive die Todesstrafe nicht rechtfertigen ließ“ (DRZ 1949, S. 198 [200]); *Dünnebier*, Niederschriften, 13. Band, S. 204, führt aus: „Unter der alten Fassung des § 211 StGB wurde das Gericht zur Lüge gezwungen, wenn es bei einem Täter, der mit Überlegung getötet hatte, der Auffassung war, daß er trotzdem kein Mörder sei.“ Vgl. zudem *Bockelmann*, Niederschriften, 7. Band, S. 30; *Blühm*, Tötungen, S. 98 ff.

[257] Siehe in der Einleitung. – Eine Vermengung des Merkmals „Überlegung“ mit den Tatmotiven war schon darin angelegt, dass die Bejahung einer Überlegung davon abhängig gemacht wurde, ob der Täter die „zum Handeln drängenden und von diesem abhaltenden Beweggründe“ gegeneinander abgewogen habe (*Olshausen*, Kommentar, S. 838; *Frank*, StGB, § 211 N. 2; RG JW 1931, S. 2805 Nr. 23). Explizit für eine Kombination beider Aspekte *Baldus*, Niederschriften, 7. Band, S. 28, und *Koffka*, ebd., S. 32.

[258] *K. J. A. Mittermaier*, GA 2 (1854), S. 285 (304); *Hälschner*, Strafrecht II/1, S. 34; *Schwarze*, Der Gerichtssaal 11 (1859), S. 321 (339 ff.).

[259] *Meyer*, Lehrbuch, S. 456 in Fn. 1; *Wachenfeld*, Lehrbuch, S. 305.

[260] Im dritten Kapitel A II 2.

[261] Entwurf 1962, S. 272.

[262] § 135 I des E 1962 lautete exakt: „Mit lebenslangem Zuchthaus wird bestraft, wer 1. aus

Überlegung als Mordmerkmal auf und bestimmte: „Ebenso wird bestraft, wer einen anderen mit Überlegung tötet. Die Tat ist jedoch als Totschlag nach § 134 Abs. 3 strafbar, wenn dessen Voraussetzungen erfüllt sind." § 134 III des Entwurfs, ein privilegierter Fall des Totschlags, lautete: „Wenn Mitleid, Verzweiflung oder andere Beweggründe, die den Täter zur Tat bestimmen, seine Schuld wesentlich mindern, so ist die Strafe Gefängnis nicht unter einem Jahr. Der Versuch ist strafbar."

Es ist leicht zu sehen, dass der Entwurf den vorgetragenen Einwänden *v. Holtzendorffs* ziemlich genau Rechnung trägt und außerdem dessen Einschätzung zur Handhabung des alten § 211 RStGB umsetzt. Und danach gilt, wie oben bereits ausgeführt: Für die gerichtliche Beurteilung einer vorsätzlichen Tötung, so *v. Holtzendorff*, komme es in erster Linie auf die „sittliche Eigenschaft der Motive" an, weshalb ein Mord – trotz vorhandener Überlegung – abzulehnen sei, sofern beachtenswerte Beweggründe vorlägen[263]. Ungeachtet dessen, ob eine sittlich-moralische Bewertung von Motiven des Täters tatsächlich ein normativ einleuchtendes Differenzierungskriterium für Mord und Totschlag liefern kann (was sogleich unter B I ausführlicher zu erörtern ist), hängt die Überzeugungskraft des § 135 II des Entwurfs aber in jedem Fall davon ab, ob es gelingt, die Überlegung dogmatisch plausibel als ein Qualifikationsmerkmal auszuweisen. Die Beantwortung dieser Frage wird hier zurückgestellt und im dritten Kapitel unter A II 2 wieder aufgegriffen.

An dieser Stelle sei lediglich noch auf eine normative Inkonsistenz im Entwurf 1962 hingewiesen: § 135 II des Entwurfs anerkennt das Merkmal der Überlegung, obgleich nicht als absolutes, so doch als ein relatives Mordmerkmal. Vorausgesetzt wird damit entweder eine unrechts- oder aber eine schuldsteigernde Wirkung dieses Kriteriums. So enthält § 134 I des Entwurfs den Grundtatbestand einer vorsätzlichen Tötung, den Totschlag: „Wer einen anderen tötet", so lautet die Vorschrift, „wird mit Zuchthaus nicht unter fünf Jahren bestraft." Hierzu fungiert § 135 des Entwurfs, der Mord, als Qualifikationstatbestand[264]. Die Überlegung muss daher, tritt sie hinzu, – in den üblichen dogmatischen Kategorien gedacht – entweder eine Erhöhung des „normalen" Tötungsunrechts oder der Schuld bewirken. Wo die Überlegung genau einzuordnen ist, dazu verhält sich der Entwurf nicht. Es heißt dort nur, die Überlegung „sei regelmäßig ein Anzeichen für die besondere Verwerflichkeit der Tat"[265], ohne dass eine präzise Zuordnung zu Unrecht oder Schuld vorgenommen wür-

---

Mordlust, 2. zur Erregung oder Befriedigung des Geschlechtstriebes, 3. aus Habgier oder 4. in der Absicht, eine andere Straftat zu ermöglichen, einen anderen tötet."

[263] *V. Holtzendorff*, Psychologie des Mordes, S. 11; *ders.*, Verbrechen des Mordes, S. 263; siehe auch Entwurf 1962, S. 271.

[264] Vgl. Entwurf 1962, S. 270, 272.

[265] Entwurf 1962, S. 273.

de[266]. Fest steht jedoch: Liegt eine Überlegung vor und ist gleichzeitig ein mildernder Beweggrund im Sinne des § 134 III des Entwurfs vorhanden, so führt das nicht etwa zu einem gewöhnlichen Totschlag und damit zum Grundtatbestand (§ 134 I des Entwurfs) und dessen Rechtsfolge; vielmehr ist in einem solchen Fall darüber hinaus ein privilegierter Totschlag nach § 134 III des Entwurfs gegeben. Normativ schlüssig ist das nicht. Selbst wenn man davon ausgeht, bestimmte Tatmotive (wie § 134 III sie nennt) minderten die Schuld des Täters[267], müsste doch die unrechts- oder schuldsteigernde Qualität des Überlegungsmerkmals daneben bestehen bleiben. Jedenfalls ist nicht zu sehen, weshalb diese durch bestimmte Beweggründe, die schon ihrer Art nach einen völlig anderen Aspekt der Tatbewertung betreffen, gewissermaßen aufgehoben oder komplett gelöscht werden sollte – so, als sei sie gar nicht vorhanden (gewesen). Wesentlich schlüssiger wäre es doch, in einem solchen Fall, in dem einerseits die Überlegung als qualifizierendes Moment vorliegt und andererseits „achtenswerte Beweggründe" als schuldmindernde Aspekte gegeben sind, zu einem Mittleren zu gelangen – was der Totschlag (§ 134 I des Entwurfs) und nicht ein privilegierter Fall des Totschlags wäre. Den Verfassern des Entwurfs ist diese Unstimmigkeit nicht ganz verborgen geblieben. Darauf deutet es jedenfalls hin, wenn ausgeführt wird, „im Einzelfalle" sollten „an die Anwendung des Absatzes 3 [des § 134] im Verhältnis zu § 135 Abs. 2 Satz 2 wegen des immerhin gegebenen Überlegungsmerkmals strengere Anforderungen gestellt werden, [...]". Weiter heißt es dann: „Die Klärung dieser Gesichtspunkte muß der Rechtsprechung überlassen bleiben."[268] Indes ist die normative Inkonsistenz regelungsimmanent, und ihre Behebung ließe sich redlicherweise kaum der Rechtsprechung überantworten.

2. *Gegenwärtige Debatte*

Nicht nur im 19. Jahrhundert, als das Reichsstrafgesetzbuch in Kraft trat, war das Überlegungsmerkmal weit verbreitet; es findet sich bis heute in mehreren Gesetzbüchern anderer Länder[269]. *Eser/Koch* meinen sogar: „Nimmt man den Verbreitungsgrad zum Maßstab, so ist unter den generellen Kriterien an erster Stelle das sogen. Überlegungsprinzip zu nennen."[270] Obschon es in § 211 StGB

---

[266] Wohl im Sinne einer Zuordnung zur Schuld z.B. *Baldus*, Niederschriften, 13. Band, S. 146, und *Schwalm*, ebd., S. 198; eindringlich dagegen *Welzel*, ebd., S. 223.

[267] So Entwurf 1962, S. 271.

[268] Entwurf 1962, S. 271.

[269] Jedoch in unterschiedlichen Ausprägungen und oftmals nicht als einziger Aspekt; im Einzelnen *Heine*, in: Brauneck-Ehrengabe, S. 315 (331 f. mit Fn. 95, 96); *Simson/Geerds*, Straftaten gegen die Person, S. 8 ff., 13 f. – *Stuckenberg* legt in seiner Untersuchung allerdings dar, dass das Kriterium als Qualifikationsmerkmal insgesamt – mithin nicht nur bezogen auf das Tötungsdelikt – „in neueren Gesetzen zunehmend außer Gebrauch" kommt (Vorstudien, S. 282).

[270] *Eser/Koch*, ZStW 92 (1980), S. 491 (508 f.).

nicht erwähnt wird, kommt es nach wie vor, sei es explizit oder implizit, in der Rechtsprechung und in der Literatur als ein Kriterium zur Abgrenzung von Mord und Totschlag vor.

In den Entscheidungen des BGH lassen sich mitunter starke Anklänge an das alte Überlegungskriterium erkennen und teilweise wird sogar offen mit diesem Gesichtspunkt argumentiert. Das gilt vor allem für das Mordmerkmal „Heimtücke", bei dem eine Bezugnahme auf die Überlegung besonders naheliegen mag[271]. Tötet ein Täter nämlich heimtückisch, sofern er – der gängigen Definition zufolge – die Arg- und Wehrlosigkeit seines Opfers bewusst zur Tötung ausnutzt[272], ist in aller Regel ein überlegtes Handeln gegeben, da der Täter sich bewusst (und damit überlegt) für diese Vorgehensweise entschieden hat[273]. Noch deutlicher wird der Rekurs auf die Überlegung in Fällen, in denen der Täter das Opfer wohlüberlegt oder geplant in einen Hinterhalt gelockt oder ihm eine Falle gestellt hat. Denn eine heimtückische Tötung wird hier bejaht, obwohl das Opfer unmittelbar vor der Tötungshandlung nicht mehr arglos war. Hierzu führt der BGH aus, es könnten sonst „gerade besonders schwere Fälle der Tötung wie das wohldurchdachte Locken in einen Hinterhalt oder das raffinierte Fallenstellen nicht als Mord qualifiziert werden". Und weiter: „Darauf, daß das Opfer unmittelbar vor der Tötungshandlung nicht mehr arglos war und ihm noch gewisse Verteidigungsmöglichkeiten zur Verfügung standen, mag es ankommen, wenn der Täter die Tötung gerade erst vor ihrer Ausführung ins Auge gefaßt hat. Handelt es sich aber um eine von langer Hand geplante und

271 Eine Einbeziehung der Überlegung lässt sich zudem bei anderen Mordmerkmalen erkennen, wie den „niedrigen Beweggründen" oder der sogenannten „Verdeckungsabsicht"; sie tritt dort jedoch nicht ganz so offensichtlich hervor. In seiner Analyse der Rechtsprechung zu den „niedrigen Beweggründen" stellt *Siol* fest, dass beim Motiv der Eifersucht ein niedriger Beweggrund angenommen wird, wenn der Täter sich längere Zeit mit Tötungsabsichten herumgetragen oder die Tat geplant habe, ein Mord aber abgelehnt wird, wenn die Tat spontan, unter Umständen aus einem Streit heraus geschah (Mordmerkmale, S. 110). Vgl. hierzu etwa BGHSt 3, 180 (182f.), und BGH NStZ 2005, S. 331: „Fasste der Täter, wie hier, den Tatentschluss vielmehr ohne Plan und Vorbereitung ‚spontan' aus der Situation heraus, ist besonders sorgfältig zu prüfen, ob sich der Täter der Umstände bewusst war, die seine Beweggründe als niedrig erscheinen lassen." Siehe ferner *Köhler*, GA 1980, S. 121 (136); *Klesczewski*, in: Affekt, S. 57 (73); *Geilen*, Dreher-FS, S. 357 (360 Fn. 7); *M.-K. Meyer*, JR 1979, S. 485 (488); vgl. dagegen aber BGHSt 35, 116 (120f.)). – Zur „Verdeckungsabsicht" führt BGHSt 27, 346 (348), aus, die besondere Verwerflichkeit trete vor allem hervor, wenn es sich „um eine geraume Zeit zurückliegende Tat handelte und der Täter seinen Entschluß zum Töten überlegt fassen konnte, wenn am Ende auch schon die Vortat geplant ins Werk gesetzt war […]"; nivellierend aber bereits BGH GA 1979, S. 426f., und ferner schließlich BGHSt 35, 116 (120ff.); zu den Entscheidungen *Klesczewski*, in: Affekt, S. 57 (74ff.).

272 Zur Definition BGHSt 2, 251 (254f.); 6, 120 (121f.); 11, 139 (144f.); 30, 105 (116ff.), 116; 32, 382 (383f.); *Fischer*, § 211 Rdnr. 34; *Lackner/Kühl*, § 211 Rdnr. 6; *Rengier*, Strafrecht BT II, § 4 Rdnr. 23; *Gössel/Dölling*, Strafrecht BT/1, § 4 Rdnr. 91.

273 Vgl. *Wessels/Hettinger*, Strafrecht BT/1, § 2 Rdnr. 106, wo verlangt wird, der Täter müsse die Arg- und Wehrlosigkeit „planmäßig-berechnend" ausnutzen; ferner *Jähnke*, MDR 1980, S. 705 (707); *Klesczewski*, in: Affekt, S. 57 (65).

vorbereitete Tat, so kann das Heimtückische bereits und gerade in den Vorkehrungen und Maßnahmen liegen, die der Täter ergreift, um eine günstige Gelegenheit zu schaffen, falls sie bei Ausführung der Tat noch fortwirken."[274] Die Überlegung oder Planung des Täters ersetzt also gewissermaßen die Arglosigkeit des Opfers, womit das Erfordernis genau genommen aufgegeben wird[275]. Eine dogmatische Verankerung dieser Erwägungen fehlt[276].

Soweit in der Literatur eine Berücksichtigung der Überlegung beim Mord befürwortet wird[277], weichen die Ansichten darüber, wie (und wo) das geschehen sollte, stark voneinander ab. Am weitesten geht der Vorschlag, die Lösung des alten §211 RStGB wieder einzuführen[278], womit das Kriterium zum alleinigen und absoluten Mordmerkmal erhoben würde. Insofern reicht es, auf die vorangegangenen Ausführungen zu §211 RStGB von 1871 hinzuweisen (oben zu 1 c). Die Untauglichkeit dieser Regelung zur Abgrenzung von Mord und Totschlag wurde dort bereits dargetan. Am engsten ist dagegen die Auffassung, wonach die Überlegung grundsätzlich zwar nicht geeignet sein soll, Mord und Totschlag voneinander abzustufen, sich aber gleichwohl bei der Auslegung eines „Verdeckungsmordes", und damit bei einem einzigen Mordmerkmal, „als hilfreich" erweisen soll[279]. Diese Ansicht überzeugt schon auf den ersten Blick wenig und lässt Inkonsequenzen in der Begründung vermuten. In den Ausführungen von *Weiß* wird die Widersprüchlichkeit der Position manifest. So plädiert *Weiß* im Ergebnis dafür, die Anwendung des Überlegungsaspekts auf die Verdeckungsabsicht zu beschränken, wegen der seiner Meinung nach durchgreifenden Bedenken, die gegen das Kriterium vorgebracht würden[280]. Eine Sei-

---

[274] BGHSt 22, 77 (79); ferner BGHSt 32, 382 (385ff.); BGH NStZ 1989, S.364f.; BGH NJW 1991, S.1963 (1964). Zu dieser „Ausnahme" von der „Zeitregel" besonders *Küper*, JuS 2000, S.740 (743); *ders.*, Strafrecht BT, S.197; außerdem bereits *M.-K. Meyer*, JR 1986, S.133 (134); ferner *Wessels/Hettinger*, Strafrecht BT/1, §2 Rdnr.106; LK/*Jähnke*, §211 Rdnr.41; kritisch *Otto*, Jura 2003, S.612 (618); *ders.*, JR 1991, 382 (383).

[275] *Maurach/Schroeder/Maiwald*, Strafrecht BT/1, §2 Rdnr.43.

[276] *Küper*, Strafrecht BT, S.197.

[277] Dafür äußern sich: *Woesner*, NJW 1978, S.1025 (1027); *ders.*, NJW 1980, S.1136 (1139); *Geilen*, Bockelmann-FS, S.613 (646); *M.-K. Meyer*, JR 1979, S.441 und S.485 (488f.); *Köhler*, GA 1980, S.121 (124ff., 130ff.); *ders.*, JZ 1981, S.548f.; *ders.*, JuS 1984, S.762 (765); *Lackner*, Referat zum 53. Deutschen Juristentag, M 36ff., 43; *Frommel*, JZ 1980, S.559 (563f.); *Hohmann/Matt*, JA 1989, S.134 (136, 138); *Wohlers*, JuS 1990, S.20 (23f.); *Saliger*, ZStW 109 (1997), S.302 (334); *ders.*, StV 1998, S.19 (20); *Weiß*, Verdeckungsabsicht, S.311ff.; *Gerhard Wolf*, Schreiber-FS, S.519 (531f.); *Baldus*, Niederschriften, 7. Band, S.28; *Koffka*, Niederschriften, 7. Band, S.32. – Dagegen sind: *Arzt*, ZStW 83 (1971), S.1 (8f.); *Arzt/Weber-Hilgendorf*, Strafrecht BT, §2 Rdnr.19; *Otto*, ZStW 83 (1971), S.39 (52ff.); *Rüping*, JZ 1979, S.617 (621); *P.-A. Albrecht*, JZ 1982, S.697 (698); *Heine*, Tötung, S.185ff.; MK/*Schneider*, §211 Rdnr.188; *Maurach/Schroeder/Maiwald*, Strafrecht BT/1, §2 Rdnr.25; *Momsen*, JR 2000, S.29 (32); skeptisch und eher ablehnend weiterhin *Rieß*, NJW 1968, S.628 (631); *Jähnke*, MDR 1980, S.705 (707f.).

[278] *Gerhard Wolf*, Schreiber-FS, S.519 (532).

[279] *Wohlers*, JuS 1990, S.20 (23); ebenso *Weiß*, Verdeckungsabsicht, S.311ff.

[280] *Weiß*, Verdeckungsabsicht, S.313.

te zuvor konstatiert er hingegen, dass „im Kern das mit der Überlegung verbundene ‚Idealbild' der kaltblütig ausgeführten Tötung eines Menschen durchaus geeignet" sei, „eine Unrechtssteigerung gegenüber dem gewöhnlichen Totschlag anzuzeigen"[281]. Träfe Letzteres zu, müsste das folgerichtig ebenso für alle anderen Mordmerkmale gelten. Jedenfalls ist kein Grund ersichtlich (und es wird auch keiner vorgetragen), aus dem sich eine Begrenzung gerade auf das Merkmal der Verdeckungsabsicht ergeben könnte[282]. Vielmehr ist festzuhalten: Sollte sich mit der Überlegung eine Steigerung der Schuld (oder des Unrechts) begründen lassen, so gilt das grundsätzlich. Denn das Kriterium der Überlegung ist weder ein Spezifikum der Verdeckungsabsicht noch ein solches des Mordes insgesamt. Zwar mag es, wie gezeigt, in der Tat eine Tradition geben, das vorsätzliche Tötungsdelikt, also Mord und Totschlag, (auch) anhand der Überlegung voneinander abzugrenzen. Die Tradition alleine stellt aber noch kein sachliches Argument dar, das Kriterium ausschließlich bei den Tötungsdelikten oder sogar nur bei einem bestimmten Mordmerkmal anzuwenden. Ganz offensichtlich bringt das Merkmal doch einen generellen Gedanken zum Ausdruck, der – falls man ihn prinzipiell für berechtigt hält – richtigerweise im allgemeinen Teil der Strafrechtsdogmatik anzusiedeln wäre[283]. Um es konkreter zu machen: Bei einer mit Überlegung ausgeführten Tötung eine Schuld- (oder Unrechts-)steigerung anzuerkennen, diese bei einer überlegt ausgeführten Körperverletzung, Nötigung und so fort aber abzulehnen, ist normativ unplausibel.

---

[281] *Weiß*, Verdeckungsabsicht, S. 312. Wie das Zitat belegt, geht *Weiß* offenbar von einer Unrechtssteigerung der Überlegung aus. Demgegenüber wird die Überlegung wohl zumeist als Schuldsteigerung diskutiert (vgl. *Köhler*, GA 1980, S. 121 [130, 134]; *Wohlers*, JuS 1990, S. 20 [24]; *Frommel*, JZ 1980, S. 559 [564]). Die Einordnung der Überlegung zum Bereich des Unrechts oder der Schuld hängt ab von den jeweils unterschiedlichen Ansichten zum Gegenstand von Unrecht oder Schuld und braucht in diesem Kontext nicht weiter vertieft zu werden.

[282] *Wohlers*, der diese Auffassung ebenfalls vertritt, liefert kein positives Argument für seine These. Er gelangt zu seiner Position, indem er die überlegte Tötung der Affekttat strikt gegenüberstellt (siehe JuS 1990, S. 20 [24]; genauso *M.-K. Meyer*, JR 1979, S. 485 [488 f.]). Dass damit die beiden extremen Pole benannt werden – nämlich einerseits die mit Überlegung ausgeführte oder längere Zeit geplante Tötung, andererseits die Affekttötung –, soll nicht bestritten werden. Es reicht jedoch nicht aus, die Schuldsteigerung der Überlegung in Abhängigkeit von der Affekttat beziehungsweise ausschließlich negativ zu begründen, wie *Wohlers* es tut. So schreibt er: „Eine Höchstschuld kann nur dem Verdeckungstäter zugerechnet werden, der die Verdeckungstat nicht aus einer affektiven Erregung heraus begeht." (*Wohlers*, JuS 1990, S. 20 [24]). Notwendig wäre eine positive Argumentation, mit der die dogmatische Relevanz des Merkmals zur Annahme einer „Höchstschuld" (wenn auch nur bei der Verdeckungsabsicht) dargetan wird. Selbst wenn die Einbeziehung der Überlegung nicht eine Ausweitung, sondern gerade umgekehrt eine Einschränkung des Tatbestandes bezweckt (das betonen besonders *Hohmann/Matt*, JA 1989, S. 134 [138]), hängt die Annahme eines Verdeckungsmordes letztlich immerhin von der Bejahung dieses Merkmals ab. Und dies müsste dann schon normativ und dogmatisch hinreichend fundiert werden.

[283] Zutreffend *Köhler*, GA 1980, S. 121 (130, 133, 136, 137).

Für eine Einbeziehung der Überlegung wird geltend gemacht, derjenige, der überlegt handele, sei besonders gefährlich[284] – jedenfalls weitaus gefährlicher als jemand, der aus einer Konfliktsituation heraus oder im Affekt töte[285]. Dieses Argument basiert auf dem Konzept einer gesteigerten Gefährlichkeit (des Täters oder der Tat) zur Begründung des Mordes – ein Ansatz, der bereits im Vorangegangenen besprochen wurde[286]. Insoweit ist auf die Einwände, die dort gegen das Gefährlichkeitskonzept vorgebracht wurden, zu verweisen. Dass es sich bei der Annahme, der überlegt handelnde Täter sei besonders gefährlich, lediglich um eine schlichte (und unbeglaubigte) Behauptung handelt, zeigt sich nicht zuletzt daran, dass sich Gegenteiliges mit gleicher Plausibilität vertreten ließe. So könnte man geltend machen, gerade ein Konflikt- oder Affekttäter sei besonders gefährlich, weil er nicht in der Lage sei, seine Gefühle und Leidenschaften zu beherrschen, sondern sich diesen vielmehr einfach hingebe. Dies dürfte umso mehr gelten, je alltäglicher die Konfliktsituationen oder je gewöhnlicher die Gefühle sind, um die es geht[287]. Die Argumentation ist also mindestens austauschbar. Weiterhin könnte man sogar sagen, Personen, die leicht die Kontrolle über sich verlören, gäben für die Gesellschaft oder den Schutz der Normenordnung ein höheres Bedrohungspotential ab und seien somit gefährlicher als Personen, die mit Besonnenheit und überlegt agierten. So ließe sich fragen, ob der gewaltfreie Umgang mit ubiquitären Konflikten und Gefühlen, selbst wenn diese sehr intensiv sein mögen (wie etwa Liebe oder Hass), von der Gesellschaft nicht eingefordert werden muss, weil ansonsten eine funktionierende Gesellschaft, ein irgendwie planbares und halbwegs sicheres Leben nicht mehr möglich sind[288]. Hinzu kommt, dass die Ansicht, der mit Überlegung vorgehende Täter sei gefährlicher als andere Täter, zumindest unterschwellig an die Vorstellung eines bestimmten Prototyps von Täter anknüpft, ein Täter, der „kaltblütig" und „kühl abwägend" einen anderen tötet[289]. Nüchtern besehen dürfte hiermit, stark überzeichnet und theatralisch aufgeladen, kaum mehr als

---

[284] *Woesner*, NJW 1978, S. 1025 (1027).

[285] *Frommel*, JZ 1980, S. 559 (564).

[286] In diesem Kapitel unter A II.

[287] Zumal wenn diese dann noch zu einer vorsätzlichen Tötung, immerhin der Verletzung des fundamentalsten Rechts der Person, führen (vgl. auch *Blau*, Tröndle-FS, S. 109 [120]). – In die gleiche Richtung gingen schon die Äußerungen *v. Liszts*, in: Vergleichende Darstellung, S. 1 (65, 66): „Wer in leidenschaftlicher Aufwallung bei dem geringfügigsten Anlaß einen Menschen tötet, beweist damit die denkbar schlimmste antisoziale Gesinnung." Oder: „[...] aber daß die Tat, nur weil sie in leidenschaftlicher Aufwallung verübt wurde, eine geringere antisoziale Gesinnung des Täters, seine geringere soziale Gefährlichkeit, dokumentiert, das sollte man doch nicht im Ernst behaupten." Wie *v. Liszt* ferner *v. Holtzendorff*, Verbrechen des Mordes, S. 263 ff., und *v. Bar*, Gesetz und Schuld II, S. 432 ff.

[288] *Jakobs*, Schuldprinzip, S. 32.

[289] Siehe etwa *Temme*, Lehrbuch, S. 791; *Wachenfeld*, Mord und Totschlag, S. 71 f.; *Thomas*, Geschichte des Mordparagraphen, S. 222, 236 ff.; ferner *Baldus*, Niederschriften, 7. Band, S. 28; *dens.*, Niederschriften, 13. Band, S. 146; *Dünnebier*, Niederschriften, 7. Band, S. 30.

ein Klischee produziert werden[290]. Die negative Konnotation, die die Überlegung durch die gewählten Attribute erhält, ist weithin als willkürlich anzusehen; sie lässt sich ohne weiteres ins Positive wenden. So zeichnet sich der überlegt handelnde Mensch durch ein höheres Maß an Besonnenheit und die Fähigkeit zur Reflexion aus. Das wiederum sind Eigenschaften, die nicht bloß durchweg positiv bewertet[291], sondern vom Rechtssystem grundsätzlich sogar erwartet werden[292]. Mit einer erhöhten Gefährlichkeit des überlegt Handelnden lässt sich eine Schuld-(oder Unrechts-)Steigerung mithin nicht begründen[293].

Teilweise wird beim Mord, über das Merkmal der Überlegung hinaus, ein geplantes Vorgehen des Täters für erforderlich gehalten. Eine präzise Scheidung von Planung und Überlegung wird dabei zumeist nicht vorgenommen, sondern die Kriterien werden gleichsam in eins gesetzt. Ein geplantes Vorgehen zu verlangen geht jedoch über das Merkmal der Überlegung insofern hinaus, als eine

---

290 Exemplarisch *Temme*, Lehrbuch, S. 791 f.: „Wer aus Ueberlegung einen Menschen zu tödten vermochte, wer vielleicht sogar mit kaltem Blute ein menschliches Leben vernichten konnte, der bleibt, und wenn er auch aus einem an sich anzuerkennenden Motive gehandelt haben sollte, wenn auch aus Liebe, Mitleid, für das Sittliche, für das menschliche Gefühl, immer ein Wesen, vor dem man sich wie vor etwas Unheimlichem entsetzt, das durch seine That gleichsam sein Menschliches von sich gethan hat. Anders verhält es sich, wenn die That nicht das Produkt der Ueberlegung, sondern einer Seelenbestimmung war [...]. Es ist dies der Zustand des Affectes. Der Todtschläger, der nur von dem plötzlich heftig aufflammenden Gefühle sich hinreißen ließ, war er auch roh, gewalthätig, hat doch eben nur sein menschliches Wesen, freilich sein zu sehr sinnlich menschliches Wesen an den Tag gelegt. Man kann ihn bemitleiden, man kann ihn fürchten im Hinblick auf künftige neue Ausbrüche seines gewaltthätigen Charakters: aber er ist kein unheimliches, entmenschtes Wesen, vor dem man sich entsetzen müßte."

291 Die positive Bewertung des besonnenen Verhaltens (oder auch Menschen) lässt sich bis in die Antike zurückverfolgen. Grundlegend *Aristoteles*, Ethik, Buch VII, S. 177 ff. (zur Unbeherrschtheit und Beherrschtheit): „Sodann wollen wir [...] feststellen, daß es drei Arten von Charaktereigenschaften gibt, die man meiden muß: Minderwertigkeit, Unbeherrschtheit und tierisches Wesen. Was zu zweien davon den Gegensatz bildet ist klar: den einen nennen wir Trefflichkeit, den anderen Beherrschtheit." (a.a.O., S. 177).

292 Beispielhaft: Notwehr ist nach § 32 II StGB nur zulässig, solange der Angriff noch gegenwärtig ist, und sie scheidet bei beendeten Angriffen aus. Das gilt auch, wenn der Angriff soeben erst abgeschlossen wurde und der Angegriffene deswegen noch in aufgebracht-aggressiver Verfassung sein mag, wie etwa bei einer gerade ausgesprochenen Beleidigung (siehe z. B. *Baumann/Weber/Mitsch*, Strafrecht AT, § 17 Rdnr. 14). Des Weiteren erlaubt die Notwehr eine Verteidigung nur, soweit diese erforderlich ist. Anderes Beispiel: Ein Irrtum nach § 17 StGB entlastet den Täter lediglich, wenn er ihn nicht vermeiden konnte, was – nach gängiger Ansicht – voraussetzt, dass er ihn „bei gehöriger Anspannung des Gewissens" nicht hätte verhindern können (so BGHSt 2, 194 (201); 3, 357 (365); ferner *Wessels/Beulke*, Strafrecht AT, § 11 Rdnr. 466; *Kühl*, Strafrecht AT, § 13 Rdnr. 61; kritisch zu dieser Formel *Roxin*, Strafrecht AT I, § 21 Rdnr. 34 ff.). Oder: Bei der Nötigung hängt die Frage, ob eine Drohung mit einem empfindlichen Übel vorliegt, nach herrschender Meinung davon ab, ob man von dem Betroffenen in der konkreten Situation hätte verlangen können, „daß er der Drohung in besonnener Selbstbehauptung standhält" (so BGHSt 31, 195 [201]; 32, 165 [174]; *Küper*, Strafrecht BT, S. 109; *Lackner/Kühl*, § 240 Rdnr. 13). Die Reihe ließe sich fortsetzen.

293 Ob sich eine Schuldsteigerung aufgrund anderer Erwägungen fundieren lässt, ist damit noch nicht ausgemacht und später im dritten Kapitel unter A II 2 zu erörtern.

überlegte Tatausführung auch ohne (vorherige oder längere) Tatplanung möglich ist, während eine Tatplanung ohne Überlegung nicht denkbar ist. Nimmt man die historische Perspektive hinzu, weist das Kriterium der Planung eine deutliche Nähe zum Merkmal des Vorbedachts (oder der Prämeditation) auf. Im bayerischen Strafgesetzbuch von 1813 wurden beide Merkmale noch voneinander abgehoben, indem dort sowohl von einer mit Vorbedacht beschlossenen als auch von einer mit Überlegung ausgeführten Tötung die Rede war (Art. 146; siehe eingangs zu 1). Diese Unterscheidung implizierte eine zeitliche Differenz: Tatplanung oder Vorbedacht finden in aller Regel etwas längere Zeit vor der Tat statt, wohingegen die Überlegung ausdrücklich auf den Zeitpunkt der Tatausführung bezogen wurde. Zu einem Unterschied in der rechtlichen Beurteilung führte das freilich nicht; denn es handelte sich um die beiden Tatvarianten eines Mordes. Obwohl das Merkmal des Vorbedachts (und ebenso das der Planung) in der Folgezeit weder in das einflussreiche preußische Strafgesetzbuch von 1851 noch später ins Reichsstrafgesetzbuch aufgenommen wurde[294], taucht es bis heute vereinzelt in Rechtsprechung und Literatur zur Abstufung von Mord und Totschlag auf.

So wird das Erfordernis einer Planung von einigen Autoren vorzugsweise bei der Verdeckungsabsicht befürwortet[295]. Auf diese Weise lässt sich eine denkbar restriktive Auslegung dieses Mordmerkmals erreichen, da der Täter bereits vor der Vortat die Verdeckungstötung geplant haben muss. Ob damit jedoch der (Verdeckungs-)Mord und der Totschlag sachlich überzeugend voneinander abgegrenzt werden können, ist eine andere (wenngleich die zentrale) Frage und lässt sich bezweifeln[296]. Gleiches gilt für Vorschläge, nach denen das Kriterium einer Tatplanung bei anderen Mordmerkmalen[297] oder in Unterlas-

[294] Das Merkmal findet sich vornehmlich noch in der ersten Hälfte des 19. Jahrhunderts in den Gesetzbüchern mancher deutscher Länder, namentlich im Strafgesetzbuch für das Königreich Württemberg vom 1. 3. 1839 (in Art. 237), im Strafgesetzbuch für das Großherzogtum Baden vom 6. 3. 1845 (in § 205), im Strafgesetzbuch für das Großherzogtum Hessen vom 17. 9. 1841 (Art. 252), im Kriminalgesetzbuch für das Herzogtum Braunschweig vom 10. 7. 1840 (§ 145 I), im Kriminalgesetzbuch für das Königreich Sachsen vom 30. 3. 1838 (Art. 121) und im Strafgesetzbuch für das Großherzogtum Sachsen-Weimar-Eisenach vom 20. 3. 1850 (Art. 119) – dazu *Wachenfeld*, Mord und Totschlag, S. 98, 106, 111, 118 f., 131, 137.

[295] *Jescheck*, in: Freiheitsstrafe, S. 127 (130); *Schmidhäuser*, JR 1978, S. 265 (270); *Wohlers*, JuS 1990, S. 20 (24); *Groth*, Verdeckungsmord, S. 67; vgl. auch die Lösung im Alternativ-Entwurf 1970, § 100 II Nr. 5; außerdem erwogen in BVerfG 45, S. 187 (267); kritisch jedoch *Otto*, ZStW 83 (1971), S. 39 (68 f.), und dezidiert dagegen BGHSt 35, 116 (120), wo unmissverständlich festgestellt wird: „Planung und Vorbedacht sind hier ebensowenig wie sonst Merkmale des Mordtatbestands."

[296] Vgl. *Otto*, ZStW 83 (1971), S. 39 (68 f.).

[297] Beispielhaft: Bei seiner „Neubestimmung des Merkmals ‚heimtückisch'" geht *Schmoller* davon aus, der Unwert einer Tat steige umso mehr, je sorgfältiger der Täter sie vorbereitet habe. Höchststrafe und Mord seien daher nur angezeigt, sofern der Täter eine „außergewöhnlich intensiv und raffiniert vorbereitete Tötung" begangen habe. Heimtücke soll danach defi-

sungsfällen[298] heranzuziehen ist. Der Rekurs auf das Planungsmoment geschieht durchweg unvermittelt. Systematisch entwickelt oder dogmatisch verankert wird der Standpunkt nicht, und selten reichen die Ausführungen über die lapidare Feststellung, eine Schuld-(oder Unrechts-)Steigerung liege (unproblematisch) vor[299], hinaus. Dabei ist nicht zu bestreiten, dass sich durch die Einbeziehung dieses Kriteriums der Mordtatbestand sehr effektiv begrenzen lässt[300]. Entscheidend muss aber sein, ob mit diesem Kriterium eine normativ wie dogmatisch konsistente Abstufung von Mord und Totschlag zu leisten ist. Mit den Worten *Schmidhäusers*: „So geht es denn bei den Mordmerkmalen nur um den richtigen Begriff [...] und nicht um ‚Einschränkungen'."[301] Problematisch erscheint hier nicht zuletzt, weshalb die Planung bloß bei bestimmten Mordmerkmalen (Verdeckungsabsicht, Heimtücke) oder bei einer bestimmten Begehungsvariante (dem Unterlassen) beachtlich sein soll, liegt es doch bei diesem Gesichtspunkt – ebenso wie es oben für das Überlegungskriterium geltend gemacht wurde – schon von vornherein nahe, dass er etwas Allgemeines zum Ausdruck bringt.

Ob mit dem Merkmal der Planung und desgleichen mit dem der Überlegung eine Schuldsteigerung zu begründen ist, ist damit noch nicht abschließend geklärt. Die Frage ist vielmehr im dritten Kapitel (unter A II 2) aufzugreifen und eingehender zu diskutieren.

B. Zur Problematik der Auslegung von Einzelmerkmalen – erläutert am Beispiel der „niedrigen Beweggründe" und der „heimtückischen" Tötung

Da sich die geläufigen Leitprinzipien, die Verwerflichkeit und die Gefährlichkeit, zur Fundierung eines Mordes (oder der Abhebung eines Mordes vom Totschlag) als wenig geeignet erwiesen haben, besteht noch die Möglichkeit, sich

niert werden, „als eine im Verborgenen besonders weitgehende Tatvorbereitung" (*Schmoller*, ZStW 99 [1987], S. 389 [412 ff., die Zitate S. 416 und 423]).

[298] *Arzt*, Roxin-FS, S. 855 (860, 864 f.); Sch/Sch-*Eser*, § 211 Rdnr. 27; *Mitsch*, JuS 1996, S. 213 (215); BGH MDR 1974, S. 14; kritisch zu diesen Auslegungen *Grünewald*, GA 2005, S. 502 (507 ff.), und Jura 2005, S. 519 (524).

[299] Das vertreten selbst Autoren, die dem Kriterium der Planung ebenso wie dem der Überlegung an sich keine Bedeutung beimessen wollen; siehe *Heine*, Tötung, S. 186; MK/*Schneider*, § 211 Rdnr. 188 („Gewiss trifft es zu, dass die von langer Hand geplante Straftat mit anschließender Verdeckungstötung idealtypisch das Höchstmaß strafrechtlicher Schuld verwirklicht.").

[300] Allerdings ist insoweit auch an die oben zitierte BGH-Entscheidung zur Heimtücke zu erinnern (siehe oben zu Fn. 274). Indem der BGH dort eine Ausnahme von der Regel statuiert, bewirkt er de facto eine Ausdehnung des Merkmals „Heimtücke". Denn die Arglosigkeit wird quasi durch das Moment der Planung kompensiert.

[301] *Schmidhäuser*, NStZ 1989, S. 55 (57).

auf die einzelnen Mordmerkmale zu kaprizieren und in ihnen, gleichsam isoliert und nicht durch ein übergeordnetes Prinzip vermittelt, den Grund für die Schärfung des Mordes gegenüber einer einfachen vorsätzlichen Tötung zu sehen. Diese Sichtweise entspricht im Wesentlichen der Ansicht der Judikatur, die sich weder auf das Verwerflichkeits- noch auf das Gefährlichkeitsmodell festgelegt hat (wiewohl bei Bedarf auf den Verwerflichkeits- oder Gefährlichkeitsaspekt rekurriert wird), sondern die Mordmerkmale als abschließende Kriterien begreift, die einen gegenüber dem Totschlag unterschiedlichen Unwertgehalt zum Ausdruck bringen sollen[302]. Darüber hinaus sind in der neueren Literatur vermehrt Stimmen zu vernehmen, die – obgleich mehr aus Resignation, eben weil ein überzeugendes Leitprinzip nicht zur Verfügung steht – allein in einer restriktiven Auslegung der Einzelmerkmale des § 211 II StGB noch einen Weg sehen, zu einigermaßen akzeptablen Ergebnissen zu gelangen[303]. Erfolgversprechend könnte dieser Weg indes nur sein, wenn die jeweiligen Mordmerkmale für eine normativ wie dogmatisch schlüssige, rechts-(oder freiheits-)theoretisch überzeugende Interpretation offen sind. Gerade das aber erscheint, wie zu zeigen sein wird, äußerst zweifelhaft. Die Problematik wird veranschaulicht an den beiden in der Praxis bedeutsamsten und zugleich umstrittensten Mordmerkmalen: den „niedrigen Beweggründen" und der „Heimtücke"[304]. Ein Vorzug ist dabei nicht zuletzt darin zu sehen, dass wegen der Praxisrelevanz eine eingehende Auseinandersetzungen mit diesen Merkmalen stattgefunden hat und erhebliche Bemühungen zu verzeichnen sind, eine adäquate Interpretation zu erreichen[305]. An einer hinreichenden dogmatischen Durchdringung dürfte es also nicht fehlen. Das Merkmal „niedrige Beweggründe" auszuwählen, erweist sich überdies deshalb als sinnvoll, weil dieses Merkmal sich als sogenannte Motivgeneralklausel gleichsam stellvertretend für die Mordmerkmale der ersten und ebenso der dritten Gruppe behandelt lässt (dazu noch I 1). Mutatis mutandis gelten die folgenden Erörterungen daher ebenso für diese Merkmale.

---

[302] Vgl. BGHSt 1, 368 (370 ff.); 9, 385 (388 f.); 11, 139 (143); 22, 375 (377); 30, 105 (111 ff.); 41, 359 (361 ff.); siehe auch *Gössel/Dölling*, Strafrecht BT/1, § 4 Rdnr. 8.

[303] NK/*Neumann*, Vor § 211 Rdnr. 150; *Kindhäuser*, Strafrecht BT I, § 2 Rdnr. 7; *Rengier*, Strafrecht BT II, § 4 Rdnr. 4; *ders.*, ZStW 92 (1980), S. 459 (476); SK/*Horn*, § 211 Rdnr. 6; *Küpper*, Strafrecht BT/1, § 1 Rdnr. 34; *Mitsch*, JuS 1996, S. 121 (122 f.); *Freund*, GA 1999, S. 509 (514); *Krey/Heinrich*, Strafrecht BT/1, § 1 Rdnr. 55; ferner BVerfGE 45, S. 187 (259 ff., bes. 261, 267).

[304] *Eser*, Gutachten, D 40; *ders.*, NStZ 1983, S. 433 (436); *Maurach/Schroeder/Maiwald*, Strafrecht BT/1, § 2 Rdnr. 23; *Bertram*, in: Freiheitsstrafe, S. 157 (161 mit Fn. 11, 168 mit Fn. 30).

[305] Kritisch besehen könnte man hier freilich einen „Publikationsexzess" beklagen, der dazu führt, dass „[k]lare Linien [...] überwuchert und dann mehr und mehr aufgelöst [werden], bis das Filigran unter seiner eigenen Last zusammenbricht" (so *Arzt/Weber-Hilgendorf*, Strafrecht BT, § 2 Rdnr. 23).

I. Die „niedrigen Beweggründe" – zur Fragwürdigkeit der Motivgeneralklausel

Das Mordmerkmal „niedrige Beweggründe" stellt die wohl augenfälligste Ausprägung des Verwerflichkeitsprinzips dar und symbolisiert die vom historischen Gesetzgeber bezweckte Wendung von der vorherigen „rein verstandesmäßige[n]" Überlegungskonzeption zur sittlich-ethischen Bewertung der Tat, treffender wohl: „Täterpersönlichkeit", am prägnantesten[306]. Gleichzeitig wurde mit der Aufnahme der „niedrigen Beweggründe" in den Gesetzestext einem der Hauptmonita Rechnung getragen, welche gegen die alte Regelung geltend gemacht wurden[307]. So setzte *v. Holtzendorff* sich schon 1875, mithin wenige Zeit nach Inkrafttreten des Reichsstrafgesetzbuchs (im Jahr 1871), dezidiert für eine Abgrenzung von Mord und Totschlag ein, die am Tatmotiv, mithin dem Beweggrund des Täters, auszurichten sei[308]. Denn, so führte *v. Holtzendorff* aus, die größere oder geringere Strafbarkeit einer vorsätzlichen Tötung hänge nicht vom Überlegungskriterium, sondern von der „sittlichen Eigenschaft der Motive" ab[309]. Der „psychologische" Abgrenzungmodus erweise sich daher als untauglich[310] und sei durch einen „moralischen" oder „sittlichen" zu ersetzen[311], wonach ausschlaggebend sei, ob die Tat aus „besseren", „relativ edleren" oder mehr „gemeinen" Motiven begangen wurde[312]. Mit Recht konnte *v. Holtzendorff* für seine Position reklamieren, die Berücksichtigung der Tatmotivation sei anerkannt und es entspreche gängiger Praxis, „außer den juristischen Kategorien, auch die sittlichen Momente" einer Tat zu würdigen[313]. Indem das Merkmal 1941 in das Gesetz aufgenommen wurde, wurde diese Forderung eingelöst. Vor diesem Hintergrund erstaunt es nicht wenig, wenn man sich vergegenwärtigt, dass etwa 40 Jahre nach Einführung der Vorschrift, nämlich im Jahr 1980, auf dem 53. Deutschen Juristentag, mehrheitlich für die Strei-

---

306 Siehe *Grau/Krug/Rietzsch*, Deutsches Strafrecht I, S. 294 f., 298 ff.

307 Hierzu bereits oben unter A III 1 c.

308 *V. Holtzendorff*, Verbrechen des Mordes, S. 248 f., 263 ff., 266 ff.; *ders.*, Psychologie des Mordes, S. 11 ff., 15 ff.

309 *V. Holtzendorff*, Psychologie des Mordes, S. 11; *ders.*, Verbrechen des Mordes, S. 267 ff.

310 Und zwar insbesondere, um die damals für Mord angedrohte Todesstrafe zu legitimieren; im Weiteren aber ebenso, um Mord sinnvoll vom Totschlag abzustufen; siehe *v. Holtzendorff*, Verbrechen des Mordes, S. 234 ff.

311 *V. Holtzendorff*, Verbrechen des Mordes, S. 248 f., 262 ff.

312 Dazu *v. Holtzendorff*, Verbrechen des Mordes, S. 267 ff.

313 *V. Holtzendorff*, Verbrechen des Mordes, S. 262 f.; vgl. im Weiteren besonders *Hälschner*, System III, S. 86 ff.; *dens.*, Strafrecht II, S. 32 ff.; zum Ganzen ferner *Eb. Schmidt*, DRZ 1949, S. 198 (200); *Kohlrausch/Lange*, §§ 211, 212 Anm. I (S. 283), sowie noch die oben unter 2 c folgenden Ausführungen. – Vergleichbar mit *v. Holtzendorffs* Einwand bemängelt *Eser*, die Überlegungskonzeption des Reichsstrafgesetzbuchs sei „als solche wertneutral" gewesen, weshalb sie „weder über die Verwerflichkeit der Gesinnung noch über die Stärke des Tatdrucks verbindlich Aufschluß" habe geben können (Gutachten, D 29).

chung dieses Mordmerkmals votiert wurde[314]. Und bereits zuvor, sowohl im Entwurf 1962 wie auch im Alternativ-Entwurf 1970, verzichtete man auf das Merkmal[315]. Im Entwurf 1962 heißt es dazu als Begründung[316]: „Das Merkmal ist so unbestimmt, daß darauf künftig die Kennzeichnung einer Tat als Mord mit der gebotenen Bestimmtheit nicht begründet werden kann. [...] Mit dem allgemeinen Merkmal der niedrigen Beweggründe ist eine klare Abgrenzung nicht zu erreichen." Schließlich: Ausgehend von der Prämisse, man müsse sich um „die Kunst des Möglichen" bemühen, da das geltende Recht nun einmal aufgebe, „mit den [...] Problemen angemessen fertig zu werden"[317], kommt selbst *Heine*, dem es in seiner Habilitationsschrift „Tötung aus ‚niedrigen Beweggründen'" entsprechend der genannten Zielvorgabe darum geht, eine Präzisierung sowie Rationalisierung der „niedrigen Beweggründe" zu erreichen, zu dem Resultat, der Gesetzgeber wäre „wohl gut beraten, die Motivgeneralklausel [...] abzulösen"[318]. Prima facie überrascht das. Bei genauerem Hinsehen zeigt sich jedoch, dass die Bedenken, die gegen das Merkmal sprechen, durchaus vielfältig und erheblich sind. Grob gesagt, lassen sie sich einteilen in innersystematische beziehungsweise spezifisch dogmatische, in empirische und in rechts- oder freiheitstheoretische Erwägungen. Bevor auf diese Aspekte im Einzelnen eingegangen wird (dazu unter 2), ist jedoch zunächst eine Begriffsbestimmung vorzunehmen und außerdem darzulegen, welcher Stellenwert den „niedrigen Beweggründen" innerhalb der Mordmerkmale der ersten und dritten Gruppe zukommt.

---

314 Vgl. Sitzungsbericht zum 53. Deutschen Juristentag, M 164. Für eine Streichung des Merkmals plädieren außerdem: *Arzt/Weber-Hilgendorf*, Strafrecht BT, § 2 Rdnr. 73; *Woesner*, NJW 1978, S. 1025 (1028); *ders.*, NJW 1980, S. 1136 (1138); *Rüping*, JZ 1979, S. 617 (620); ablehnend hingegen MK/*Schneider*, § 211 Rdnr. 70.

315 Dabei verzichten weder der Entwurf 1962 noch der Alternativ-Entwurf 1970 generell darauf, von einer Bewertung der Beweggründe oder der Motive des Täters Abstand zu nehmen. So behält § 135 E 1962 als Mordmerkmale alle anderen sogenannten Motivmerkmale bei (Nr. 1 bis Nr. 3: „aus Mordlust", „zur Erregung oder Befriedigung des Geschlechtstriebes", „aus Habgier") und außerdem die sogenannte Ermöglichungsabsicht (Nr. 4); und nach § 100 II Nr. 5 AE 1970 kann auf lebenslange Freiheitsstrafe erkannt werden, wenn der Täter „zur Ermöglichung einer Straftat, zur Verdeckung einer Straftat auf Grund eines vor der Straftat gefaßten Entschlusses oder zur Erlangung eines Vermögensvorteils tötet". In beiden Entwürfen ist eine mildere Bewertung der Tat zudem bei entsprechend positiv besetzten („achtenswerten") Beweggründen, besonders Mitleid und Verzweiflung, vorgesehen (vgl. § 134 III E 1962 und § 100 III Nr. 1 AE 1970). Auf dieser Linie liegt ebenfalls der Alternativ-Entwurf Leben, GA 2008, S. 193 (200 f., 213 ff.).

316 Entwurf 1962, S. 273.

317 *Heine*, Tötung, S. 120 und 119.

318 *Heine*, Tötung, S. 282.

1. Beweggrund, Motiv und (weitere) Absichten des Täters – eine Begriffsbestimmung

Es entspricht dem Sprachgebrauch und allgemeiner Anschauung, in den Beweggründen des Täters die Tatmotive zu sehen und demzufolge beide Begriffe, Motiv und Beweggrund, synonym zu verwenden[319]. Gleichbedeutend sind Termini wie Triebfeder[320] oder Handlungsantrieb[321]. Von diesem begrifflichen Verständnis wird auch hier ausgegangen. Zweifelhaft ist im Weiteren allein, wie sich der Begriff Absicht zu dem des Beweggrunds (Motivs) verhält. Bei § 211 II StGB ist diese Frage insofern relevant, als die Mordmerkmale der dritten Gruppe Absichtsmerkmale enthalten – die Tötung einer Person, um eine andere Straftat zu ermöglichen oder zu verdecken (kurz: die sogenannte Ermöglichungs- und Verdeckungsabsicht) – und sich daher die Frage stellt, in welchem Verhältnis diese Absichtsmerkmale zu den Mordmerkmalen der ersten Gruppe (den sogenannten Motivmerkmalen) stehen. Soweit in diesem Kontext (also in diesem Abschnitt, B I) von Absichten des Täters die Rede ist, sind diese Absichtsmerkmale beziehungsweise vergleichbare andere Absichten (Ziele oder Zwecke) des Täters gemeint. Es geht also nicht um Absicht als Form des Vorsatzes, mithin eine Absicht, die unmittelbar und ausschließlich auf die Rechtsverletzung gerichtet ist. Vielmehr geht es um darüber hinausreichende Zwecke, die der Täter mit seiner vorsätzlichen Tötung verfolgt. Ebenso wenig geht es ferner um Absichten, die für den Deliktstyp konstitutiv sind, wie dies etwa für die Zueignungs- oder Bereicherungsabsichten bei Eigentums- und Vermögensdelikten (§§ 242, 249 StGB und §§ 263 oder 253, 255 StGB) gilt. Denn diese (Zueignungs- und Bereicherungs-)Absichten bilden, anders als das bei der Verdeckungs- und Ermöglichungsabsicht in § 211 II StGB der Fall ist, erst das Delikt[322]. Liegen Bereicherungs- oder Zueignungsabsichten nicht vor, ist regelmäßig kein Unrecht gegeben oder es liegt zumindest der spezifische Unrechtstyp der besagten Zueignungs- oder Bereicherungsdelikte nicht vor (sondern allenfalls, wie etwa

---

[319] *Heine*, Tötung, S. 35 ff., 139 ff., 165 ff.; *Hörnle*, Strafzumessung, S. 267; *Lampe*, Unrecht, S. 140 ff., 123 ff., 234; *Paeffgen*, GA 1982, S. 255 (259 ff.); MK/*Schneider*, § 211 Rdnr. 48; NK/*Neumann*, § 211 Rdnr. 4 ff.; Sch/Sch-*Eser*, § 211 Rdnr. 14, 18; LK/*Jähnke*, § 211 Rdnr. 2, 23; *Fischer*, § 211 Rdnr. 14; *Lackner/Kühl*, § 211 Rdnr. 5a; außerdem bereits *v. Liszt*, ZStW 16 (1896), S. 477 (484); *v. Calker*, Strafrecht, S. 25; *M. E. Mayer*, Lehrbuch, S. 102, 103; *Binding*, Normen II/1, S. 26; *Mezger*, Strafrecht, S. 274; *Allfeld*, Lehrbuch AT, S. 174; *Friedrich*, Motive, S. 51; *Thomsen*, Begriff des Verbrechensmotivs, S. 210 f.; aus psychologischer Sicht *Thomae*, in: Handbuch der Psychologie, 2. Band, S. 39 f.

[320] *Lampe* unterscheidet noch weiter zwischen Beweggründen und Trieben beziehungsweise Triebfedern, was aus seiner Untergliederung in einen psycho-noetischen und einen psycho-vitalen Bereich resultiert (Unrecht, S. 118, 123 ff., 135 ff., 140 ff., 169 ff.).

[321] Siehe nur *Jakobs*, Strafrecht AT, 8/94.

[322] Zu dieser Unterscheidung und den folgenden Ausführungen: NK/*Puppe*, § 15 Rdnr. 107 ff.; *Jakobs*, Strafrecht AT, 8/90 ff.; ferner auch *Roxin*, Strafrecht AT I, § 10 Rdnr. 70 ff.

bei § 248b StGB, ein anderer Unrechtstyp)[323]. Hingegen tragen die Ermöglichungs- oder die Verdeckungsabsicht beim Mord zur Kennzeichnung dieses Delikts – als Delikt, welches gegen das Gut „Leben" gerichtet ist – nichts bei. Im Unterschied zu den genannten Zueignungs- und Bereicherungsdelikten, bei denen „der Tatzweck den Tattyp bestimmt"[324], handelt es sich bei der Ermöglichungs- oder Verdeckungsabsicht nicht um deliktspezifische oder -konstitutive Absichten[325]. Pointiert: Mord ist kein Absichtsdelikt[326], und das für den Delikttyp charakteristische Unrecht, das Tötungsunrecht, liegt auch ohne diese Absichten vor. Mehr noch lässt sich sogar sagen: Die Verbindung zwischen den Absichtsmerkmalen (Verdeckungs- und Ermöglichungsabsicht) und dem durch § 211 II StGB geschützten Gut „Leben" ist logisch nicht zwingend, noch ist hier sonst ein innerer Zusammenhang, eine gewisse Stringenz zu erkennen. Die Beziehung, die § 211 II StGB zwischen dem Gut „Leben" und den genannten Absichten herstellt, drängt sich auch nicht ohne weiteres auf. Wenngleich sie historisch begründet[327] und dem Vorverständnis unmittelbar einleuchtend sein mag, so ist sie doch eher akzidentiell. Man wird daher die Auswahl gerade dieser beiden Absichten, da ohne innere Konsequenz, wohl als kontingent („beliebig"[328]) anzusehen haben[329]. Die Verdeckungs- und die Ermöglichungsabsicht stellen, so gesehen, mehr zufällig herausgegriffene und in exemplarischer Weise benannte Handlungsantriebe dar, die negativ bewertet werden[330].

Sprachlich und denklogisch lassen sich die Beweggründe einer Handlung von den mit einer Handlung verfolgten Zielen oder Zwecken (mithin den Absichten im soeben erläuterten Sinn) sehr wohl abgrenzen. Der Beweggrund, so lässt sich differenzieren, ist das Motiv, das einer Handlung vorausgeht beziehungsweise zum entscheidenden Auslöser für die Handlung wird. Hingegen liegt das (beabsichtigte) Ziel in der Zukunft, es ist das, was mit der Handlung erst erreicht werden soll[331]. Der Beweggrund gibt also den Grund an, der zur Handlung

---

[323] *Roxin*, Strafrecht AT I, § 10 Rdnr. 70; *Jakobs*, Strafrecht AT, 8/92.

[324] *Jakobs*, Strafrecht AT, 8/91.

[325] Etwas anderes ließe sich nur annehmen, wenn man im Mordtatbestand einen eigenen und vom Totschlag abweichenden Unrechtstyp sieht (so von der Tendenz her der BGH in seiner älteren Rechtsprechung, vgl. BGHSt 1, 368 [370, 372]; 22, 375 [377, 381]) – eine Ansicht, die freilich nicht überzeugt.

[326] Siehe in diesem Zusammenhang *Jescheck/Weigend*, Lehrbuch, § 30 II 1.

[327] Ausführlich hierzu die Monografie von *Weiß*, Verdeckungsabsicht, S. 10ff., bes. 118ff.

[328] So *Jakobs*, Strafrecht AT, 8/90.

[329] Zur Möglichkeit, eine Unrechtssteigerung auf diese Absichten zu stützen, siehe noch die Erläuterungen im dritten Kapitel zu A I 1 b.

[330] *Jakobs*, Strafrecht AT, 8/90 („unwertige Motive"), 8/94f.; *ders.*, Schroeder-FS, S. 507 (516).

[331] Vgl. nur Sch/Sch-*Eser*, § 211 Rdnr. 14; schon bei *M. E. Mayer*, Handlung, S. 61, heißt es: „Die Vorstellung ist Hauptmotiv, wenn ich sie als das Agens betrachte, aus dem meine Willensbethätigung hervorgeht, sie ist Zweck, wenn ich sie als psychische Antizipation dessen, was meine Handlung bewirken soll, ansehe." Ferner *Gruhle*, Mschr.Kriminalpsych. 27 (1936), S. 113 (117).

„bewegt" (führt), wohingegen die Absicht das Ziel benennt, das mit der Handlung verfolgt wird. Die Perspektive ist beim Beweggrund eine retrospektive, während sie bei der Absicht (dem Zweck) eine prospektive ist[332]. Hiermit stimmt es weiterhin überein, wenn Beweggründe als „Weil-Motive", angestrebte Ziele dagegen als „Um-zu-Motive" beschrieben werden[333]. Diese Differenzierung leuchtet unmittelbar ein und scheint sogar, jedenfalls auf den ersten Blick, ein klares und griffiges Abgrenzungsschema bereitzuhalten. Zweifel ergeben sich indes darüber, ob eine derart exakte Trennung zwischen Beweggründen und Zielen einer Handlung tatsächlich möglich ist oder ob es nicht vielfach zu Überschneidungen kommt und beide Begriffe ineinanderfallen, teils identisch sind[334]. So ist es weithin anerkannt, dass den Beweggründen einer Handlung nicht nur eine gleichsam rückwärts gewandte Komponente immanent ist, sondern dass sie ebenso eine intentionale Ausrichtung aufweisen oder zumindest aufweisen können[335], und zwar vornehmlich dort, wo „der Beweggrund zur Wahl eines Handlungszieles führt"[336]. Eine Abgrenzung zwischen Absichten und Beweggründen ist hier nur schwer (falls überhaupt) möglich[337]. Daher verwundert es nicht, wenn entsprechende Ambivalenzen auch im Gesetzestext hervortreten. Beispielhaft: Das Mordmerkmal „zur Befriedigung des Geschlechtstriebs" steht, gesetzessytematisch betrachtet, in der Reihe der Mordmerkmale der ersten Gruppe und wird damit offenbar als Motivmerkmal eingeordnet („oder sonst aus niedrigen Beweggründen"). Zugleich ist das Merkmal jedoch in der Art eines Absichtsmerkmals formuliert („zur"). Demgegenüber enthält das Merkmal der Verdeckungsabsicht – anders als das der Ermöglichungsabsicht, das sozusagen nach vorne hin (also in die Zukunft) ausgerichtet ist – wegen des Bezugs auf ein zurückliegendes Ereignis ein restrospektives Moment, was eine Deutung dieses Merkmals als Beweggrund ohne weiteres zuließe[338]. Ähnliches

---

[332] Siehe *Heine*, Tötung, S. 167ff., der von primär reaktiven und primär intentionalen Motivationsformen spricht; ferner *Alwart*, GA 1983, S. 433 (438ff.): „vorausschauendes" und „rückschauendes" Motiv.

[333] *Alwart*, GA 1983, S. 433 (439f.), und bereits *M. E. Mayer*, Handlung, S. 61, der – zur Veranschaulichung – die beiden folgenden Aussagen gegenüberstellt: „Er ist vom Turm gesprungen, weil er sich das Leben nehmen wollte." Und: „Er ist vom Turm gesprungen, um sich das Leben zu nehmen."

[334] Vgl. knapp *Stratenwerth/Kuhlen*, Strafrecht AT I, § 8 Rdnr. 143; ausführliche Erläuterungen bei *Heine*, Tötung, S. 146ff., 158, 160ff., 167ff.

[335] Eingehend *Heine*, Tötung, S. 146ff. (aus empirischer Sicht), S. 160ff. (nach geläufigem Verständnis), S. 165ff. (auf der Grundlage einer funktionalen Betrachtung). Siehe aus der psychologischen Literatur insbesondere *Heckhausen/Heckhausen*, Motivation, S. 3; *Thomae*, in: Handbuch der Psychologie, 2. Band, S. 17.

[336] *Stratenwerth/Kuhlen*, Strafrecht AT I, § 8 Rdnr. 143.

[337] *Stratenwerth/Kuhlen*, Strafrecht AT I, § 8 Rdnr. 143, meinen, eine Trennung sei „im Prinzip nur dahin möglich, dass der Beweggrund die hinter dem Verhalten des Täters liegende Leitvorstellung bildet, während die Absicht auf sein vor ihm liegendes Handlungsziel verweist".

[338] Vgl. *Jakobs*, Strafrecht AT, 8/95.

lässt sich für das Merkmal „Habgier" konstatieren: Weil es dem Täter um ein Haben-(oder Behalten-)Wollen geht, er also entweder die Vermehrung seines Vermögens oder aber die Vermeidung von Aufwendungen „erstrebt"[339], verfügt dieses Merkmal über eine in die Zukunft weisende Komponente, womit eine Interpretation als Absichtsmerkmal durchweg plausibel wäre[340]. Um es noch anschaulicher zu machen: Ob T, wenn er O tötet, das Ziel verfolgt, sich sexuelle Befriedigung zu verschaffen (also „zur Befriedigung des Geschlechtstriebs" handelt), oder ob sein dringender Wunsch, durch die Tötungshandlung sexuelle Befriedigung zu erreichen, als Movens anzusehen ist, dürfte sich faktisch kaum ausmachen lassen. Ebenso wenig wie sich – um ein zweites Beispiel zu geben – hinreichend differenzieren lässt, ob T den O getötet hat, weil er eine vorangegangene Straftat verdecken wollte (dann ein Beweggrund), oder ob er ihn getötet hat, um diese Straftat zu verdecken (in diesem Fall Absicht). Wie in diesen (Beispiels-)Fällen sachlich einleuchtend zwischen Beweggrund und Absicht (Ziel) unterschieden werden könnte, ist nicht ersichtlich[341]. Zuletzt reduziert sich die (sprachlich und theoretisch freilich möglich bleibende) Differenzierung auf eine Frage der bevorzugten Formulierung; sie erschöpft sich in bloßen Zufälligkeiten, hängt doch alles davon ab, welche Blickrichtung von zwei denkbaren und gleichermaßen plausiblen man wählt und welche Akzentuierung des Sachverhaltes man vornimmt. Hierin zeigt sich eine enorme Relativität (um nicht zu sagen: Willkür) bei Handlungsbeschreibungen und -erklärungen[342], die sich sinnvoll nicht auflösen lässt[343]. Es empfiehlt sich schon aus diesem mehr tatsächlichen Grund nicht, zwischen Beweggründen und Absichten im genannten Sinn zu differenzieren. Denn die Scheidung impliziert zu sehr einen Akt bloßer Willkür (nämlich der zufällig gewählten Formulierung, Handlungsbeschreibung)[344]. Wohl noch entscheidender bleibt gegen eine Differenzierung zwischen den Beweggründen und diesen (weitergehenden) Absichten allerdings geltend zu machen, dass – unabhängig davon, ob und inwieweit eine Trennung tatsächlich sinnvoll durchführbar wäre – nicht zu erkennen ist, welchen Gewinn eine solche Abgrenzung normativ brächte. Was sollte es normativ an der

[339] Letzteres ist umstritten; vgl. NK/*Neumann*, § 211 Rdnr. 21 f.; LK/*Jähnke*, § 211 Rdnr. 8; MK/*Schneider*, § 211 Rdnr. 65; Sch/Sch-*Eser*, § 211 Rdnr. 17.

[340] *Jakobs*, Strafrecht AT, 8/95 („wörtlich genommen mehr Antrieb als Motiv").

[341] Ebenso *Heine*, Tötung, S. 148, 158, 172 f.

[342] Siehe auch *Alwart*, GA 1983, S. 433 (438).

[343] Zutreffend spricht *Heine*, Tötung, S. 173, von Abgrenzungsversuchen, die „(mangels exakter Kriterien) ‚an Willkür' grenzen".

[344] Eine Unterscheidung lehnen daher ab: *Schmidhäuser*, Gesinnungsmerkmale, S. 227 f.; *Heine*, Tötung, S. 165 ff., 172 f.; *Arzt/Weber-Hilgendorf*, Strafrecht BT, § 2 Rdnr. 58; vgl. ferner *Baumann/Weber/Mitsch*, Strafrecht AT, § 20 Rdnr. 44; *Trechsel*, ZStW 93 (1981), S. 397 (405 f.); siehe vorher bereits *v. Liszt*, ZStW 16 (1896), S. 477 (484); *Allfeld*, Lehrbuch AT, S. 174; *v. Bar*, Gesetz und Schuld II, S. 356; *Thomsen*, Begriff des Verbrechensmotivs, S. 154 f., 246; *Friedrich*, Motive, S. 71; abweichend *Paeffgen*, der aus Gründen begrifflicher Klarheit für eine Trennung plädiert, GA 1982, S. 255 (258, 262 f., 274).

Beurteilung der Tat schon ändern, ob die Befriedigung des Geschlechtstriebs, die Habgier und so fort eher Beweggründe für die Tötung einer anderen Person sind oder ob es sich dabei mehr um Ziele handelt, welche der Täter verfolgt? Worauf sich eine normativ bedeutsame Differenz hier stützen ließe, ist nicht zu sehen. Insofern überzeugt es dem Prinzip nach, die Mordmerkmale der ersten Gruppe (mithin die sogenannten Motivmerkmale) und die Mordmerkmale der dritten Gruppe (die sogenannten Absichtsmerkmale) einander gleichzustellen und gleich zu behandeln. Der wohl herrschenden Meinung, die die „niedrigen Beweggründe" als Generalklausel für die Mordmerkmale beider Gruppen ansieht, lässt sich daher zustimmen[345]. Nicht geklärt ist damit jedoch, welche Konsequenzen hieraus im Einzelnen zu ziehen sind. Ob also beispielsweise dem Merkmal „niedrige Beweggründe" eine Art Sperrwirkung zukommt, so dass, sind „niedrige Beweggründe" beziehungsweise (allgemeiner) eine niedrige Motivation nicht gegeben, zwangsläufig ein anderes, spezielleres Merkmal aus der ersten oder dritten Gruppe nicht vorliegen kann[346]. Oder ob nicht eher umgekehrt den speziellen Merkmalen beider Gruppen eine die Motivgeneralklausel konkretisierende wie einschränkende Funktion zuzuweisen ist, weshalb „niedrige Beweggründe" ausgeschlossen sind, sofern der Täter sich in einem „Motivationsbereich" bewegt, der durch ein Einzelmerkmal (zum Beispiel die Verdeckungsabsicht) an sich abgedeckt wird[347]. In diesem Fall schiede ein Rückgriff auf die „niedrigen Beweggründe" aus, falls die (restriktive) Auslegung eines Einzelmerkmals negativ ausfällt. Diese Fragen können hier dahingestellt bleiben; denn ihre Beantwortung ist weder in diesem Kontext noch für den weiteren Verlauf der Arbeit von Belang[348]. Maßgebend ist für die hiesigen Zwecke nur, dass in beiden Fällen, also bei Absichten im zugrundegelegten Sinn und Beweggründen, strukturgleich auf die Innenwelt des Täters Bezug genommen wird (man spricht ganz passend von „subjektiven Mordmerkmalen") und dass diese Welt einer sozialethischen Bewertung unterzogen wird. Im Ergebnis entscheidet diese Bewertung dann darüber, ob Mord oder Totschlag vorliegt beziehungsweise eine lebenslange oder zeitige Freiheitsstrafe zu verhängen ist. Dem Grundsatz nach lässt sich das weiterhin für emotionale Zustände einer

[345] *Maurach/Schroeder/Maiwald*, Strafrecht BT/1, §2 Rdnr. 30; *Arzt/Weber*, Strafrecht BT, §2 Rdnr. 58; Sch/Sch-*Eser*, §211 Rdnr. 14; SK/*Horn*, §211 Rdnr. 8, 54, 63; LK/*Jähnke*, §211 Rdnr. 2; *Gössel/Dölling*, Strafrecht BT/1, §4 Rdnr. 20; *Heine*, Tötung, S. 160ff., 172f. Aus der Rechtsprechung: BGHSt 11, 226 (227f.); 35, 116 (126f.); 41, 358 (361f.).

[346] *Gössel/Dölling*, Strafrecht BT/1, §4 Rdnr. 20f., 49, 53, 86; im Ergebnis zudem Sch/Sch-*Eser*, §211 Rdnr. 10 (durch Anwendung der negativen Typenkorrektur); ablehnend LK/*Jähnke*, §211 Rdnr. 2; MK/*Schneider*, §211 Rdnr. 163f.; *Arzt/Weber-Hilgendorf*, Strafrecht BT, §2 Rdnr. 69.

[347] NK/*Neumann*, §211 Rdnr. 7.

[348] Siehe aber noch im dritten Kapitel zu D.

Person (wie Hass, Verärgerung, Zorn, Wut) konstatieren[349], die gemeinhin und nach umfassendem Verständnis – Motive als „Vorstellungen, Zielsetzungen, Emotionen" – ebenfalls als Beweggründe angesehen werden[350]. Hieraus ergeben sich, zumal aus empirischen und rechtstheoretischen Erwägungen, gravierende und, wie sich zeigen wird, auch durchgreifende Bedenken (dazu besonders 2 b und c). Da keine Gründe ersichtlich sind, zwischen den Beweggründen und den (weitergehenden) Zielen und Absichten zu unterscheiden, jedenfalls nicht in diesem Kontext, gelten die folgenden, sprachlich mehr auf das Merkmal „niedrige Beweggründe" zugeschnittenen Ausführungen in gleicher Weise für alle diese Absichten, Ziele oder Zwecke, die der Täter mit seiner vorsätzlichen Tötung verfolgt.

2. *Einwände gegen das Merkmal „niedrige Beweggründe"*

Es wurde schon erwähnt, dass sich die Bedenken, die sich gegen das Merkmal „niedrige Beweggründe" vorbringen lassen, insbesondere aus empirischen und rechts- oder freiheitstheoretischen Überlegungen herleiten. Bevor auf diese Problematik eingegangen wird (b, c), ist, mehr kursorisch, auf dogmatische Fragwürdigkeiten hinzuweisen, die mit dem Merkmal „niedrige Beweggründe" verbunden sind und die sich bereits bei einer mehr vordergründigen Betrachtung aufdrängen (a). Die gesonderte Behandlung dogmatischer Bedenken und deren jedenfalls formale Scheidung von den rechts- und freiheitstheoretischen Einwänden soll nicht den Eindruck erwecken, eine exakte Trennung beider Aspekte sei möglich, nötig oder wünschenswert. Das ist nicht der Fall. Strafrechtsdogmatische Erwägungen und Positionen hängen stets von einem bestimmten Rechtsverständnis, ab; gäbe es ein solches nicht, fehlte ihnen das Fundament, und sie hingen quasi in der Luft. Daher darf die Einteilung nicht so verstanden werden, als ließen sich dogmatische und rechtstheoretische Aspekte strikt voneinander trennen. Die vorgenommene Aufteilung erfolgt vielmehr ausschließlich aus Gründen der gedanklichen Strukturierung der Einwände und damit vor allem, um mehr Übersichtlichkeit zu gewährleisten. Als spezi-

---

[349] Wobei sich hier noch andere, spezifische Probleme ergeben; siehe dazu noch später im Text zu 2 c.

[350] *Heine*, Tötung, S. 165, 167 ff.; *Stuckenberg*, Vorstudien, S. 269, 275 f.; zuvor bereits *Schmidhäuser*, Gesinnungsmerkmale, 228 f.; ferner Sch/Sch-*Eser*, § 211 Rdnr. 14, 18 f.; NK/*Neumann*, § 211 Rdnr. 28, 33 ff.; LK/*Jähnke*, § 211 Rdnr. 29 ff.; *Fischer*, § 211 Rdnr. 14, 19, 24 ff.; MK/*Schneider*, § 211 Rdnr. 71, 88; *Wessels/Hettinger*, Strafrecht BT/1, § 2 Rdnr. 95; *Gössel/Dölling*, Strafrecht BT/1, § 4 Rdnr. 37; siehe ferner auch aus der Rechtsprechung BGH MDR 1980, S. 985; BGH StV 1981, S. 399 f.; BGH StV 1984, S. 329; BGH NStZ 1989, S. 363 f.; BGH NStZ 1995, S. 181 (182); BGH StV 1998, S. 25; BGH StV 2001, S. 20 f.; aus psychologischer Perspektive *Thomae*, in: Handbuch der Psychologie, 2. Band, S. 17; aus der Sicht der philosophischen Handlungstheorie *Stoecker*, Handlungen, S. 9, 21 f., 27.

fisch oder primär dogmatische Erwägungen werden solche verhandelt, die mehr vordergründig auf die innersystematische Konsistenz dieses Merkmals zielen. Es geht also um mögliche Unstimmigkeiten oder Fragwürdigkeiten, die sich schon prima facie, mithin mit einem mehr oder minder schlichten Blick in den Gesetzestext, aufdrängen. Die darüber hinaus anzustellenden rechtstheoretischen Überlegungen (unter c) setzen dagegen explizit ein bestimmtes Rechtsverständnis voraus, von dem aus das Merkmal „niedrige Beweggründe" zu kritisieren ist.

a) Dogmatische Bedenken

Dogmatische oder normative Brüche in Zusammenhang mit den „niedrigen Beweggründen" entstehen vor allem leicht mit Blick auf § 213, 1. Variante StGB sowie die Mordmerkmale der zweiten Gruppe. Selbst wenn man jedoch weitere Vorschriften (§ 213 StGB) oder andere (die „objektiven") Mordmerkmale unberücksichtigt lässt, lassen sich Widersprüche erkennen, die bereits begriffsimmanent zu sein scheinen. So hat *Saliger* darauf aufmerksam gemacht, dass die Einordnung einer Tötung als auf einer besonders niedrigen (verwerflichen) Motivation beruhend, umso „plausibler" wird, je mehr man sich vom eigentlichen Begriffskern entfernt[351]. Beispielhaft: Keinen Beweggrund für eine Tötung zu haben ist prima vista gravierender, als einen Beweggrund für die Tötung zu haben, auch wenn dieser Beweggrund nach geläufiger Einschätzung negativ konnotiert ist (zum Beispiel Motive wie Rache, Hass oder Ähnliches)[352]. Präzisiert man die Verwerflichkeit des Beweggrunds anhand der Mittel-Zweck-Formel[353], tritt diese Problematik wohl am offenkundigsten hervor: Das Missverhältnis zwischen Mittel (der vorsätzlichen Tötung) und verfolgtem Zweck ist besonders evident, wenn ein Zweck (Motiv) überhaupt nicht vorhanden oder (besser wohl) ersichtlich ist[354]. Vergleichbares lässt sich für andere Motiv- oder Absichtsmerkmale festhalten: Es dürfte nach allgemeiner Anschauung „verständlicher" sein, jemanden zu töten, um eine schwere Straftat, die man begangen hat, zu verdecken, als jemanden zu töten, um damit eine moralische Anstößigkeit, eine bloße Unschicklichkeit zu kaschieren[355]. Desgleichen dürfte es ein

[351] *Saliger*, ZStW 109 (1997), S. 302 (308 f., 314, 316 f., 324).

[352] Vgl. *Saliger*, StV 2003, S. 37 (39).

[353] Dazu bereits oben unter A I am Ende.

[354] Motivloses Handeln gibt es jedenfalls im Bereich vorsätzlichen Handelns nicht. Wenn hier davon gesprochen wird, der Täter habe kein Motiv für die Tat, meint dies daher, herkömmlichem Verständnis entsprechend, dass entweder kein Motiv festgestellt werden konnte oder zumindest keins, mit welchem sich die Tat einigermaßen plausibel erklären ließe. Zu dieser Thematik noch im Folgenden unter b.

[355] Siehe *Saliger*, ZStW 109 (1997), S. 302 (308 ff., 314, 316 ff.). – Vgl. hierzu etwa den Sachverhalt, der der Entscheidung BGH NStZ-RR 1999, S. 234 f. zugrunde lag: Der Täter tötete ein Nachbarskind, welches er mit in seine Wohnung genommen hatte, weil er befürchtete, in eine „peinliche Situation" zu geraten, wenn herauskäme, dass er sich mit dem Kind, dem das Verlassen der elterlichen Wohnung untersagt war, in seiner Wohnung aufgehalten hatte. Ei-

sozusagen „triftigeres" Motiv abgeben, jemanden wegen mehrerer Millionen statt nur eines oder zwei Euro zu töten[356]. Letzteres wird man sogar, gewöhnliche Lebensumstände vorausgesetzt, als nicht mehr „nachvollziehbar" einordnen können. Je weniger daher ein Grund (Motiv) vorhanden ist beziehungsweise je geringfügiger, banaler der Anlass ist, desto deutlicher ist auch das Missverhältnis von Mittel und Zweck, die Unverhältnismäßigkeit wird also umso größer[357]. Diese Erkenntnis widerstreitet zunächst recht offensichtlich zahlreichen Bemühungen, wonach die einzelnen Motiv- und Absichtsmerkmale restriktiv auszulegen sind. Das gilt zumal für die Verdeckungsabsicht, auf die *Saliger* sich hauptsächlich bezieht. In der Tat lässt sich der von *Saliger* dargelegte Befund schwerlich in Abrede stellen. Das von ihm aufgezeigte Dilemma resultiert allerdings aus einem nicht tragfähigen Begriffsverständnis der „niedrigen Beweggründe" und im Weiteren ebenso sonstiger Motiv- und Absichtsmerkmale. Zu konzedieren ist dabei zunächst, dass dieses Begriffsverständnis nicht nur ganz herrschender Auffassung entspricht, sondern ebenfalls – unbestritten – vom historischen Gesetzgeber intendiert war. Gleichwohl sind die Paradoxien, die *Saliger* beschreibt, Folge einer Interpretation, die das vorsätzliche Tötungsdelikt, Mord und Totschlag mithin, (auch) danach abgrenzt, ob die Motive des Täters noch als „allgemein verständlich" anzusehen sind (dann keine „niedrigen Beweggründe") oder ob sie kaum mehr „nachvollziehbar" sind (dann „niedrige Beweggründe")[358]. Die Motivation des Täters wird also bewertet anhand alltagsmoralischer Vorstellungen. Hierin liegt das Problematische und Fragwürdige – nämlich, erstens, in einer Bezugnahme auf die Innenwelt des Täters (seine Motivation), sowie, zweitens, in der Bewertung dieser Welt nach Maßgabe einer gängigen sozialethischen Beurteilung (einschließlich der vorausgesetzten Steigerung ins Negative – besonders verwerfliche, niedrige Motivation)[359]. *Saligers* in jeder Hinsicht einleuchtende Analyse legt den Finger lediglich auf die Wunde. Eindringlich und mit aller Deutlichkeit wird vorgeführt, dass der Rekurs auf Tatmotive und deren Bewertung, orientiert an einem vagen alltagsmoralischen Wertekodex, nicht der richtige Weg sein kann, das vorsätz-

---

nen Verdeckungsmord lehnt der BGH ab, weil der Täter keine Straftat, sondern nur eine „peinliche Situation" verdecken wollte. Das Merkmal „niedrige Beweggründe" hält er hingegen für einschlägig, wenn „das Opfer zur Verdeckung einer Verhaltensweise des Täters getötet wird, die er zwar nicht für strafbar, jedoch für verwerflich und seinem Ansehen abträglich hält" (a.a.O., S. 234).

[356] Zu solchen Erwägungen bereits *Schroeder*, JuS 1984, S. 275 (277).

[357] *Saliger*, ZStW 109 (1997), S. 302 (324).

[358] Sch/Sch-*Eser*, § 211 Rdnr. 18; NK/*Neumann*, § 211 Rdnr. 27 f.; LK/*Jähnke*, § 211 Rdnr. 29 („einfühlsame[r] Anlaß"); *Wessels/Hettinger*, Strafrecht BT/1, § 2 Rdnr. 95; *Rengier*, Strafrecht BT II, § 4 Rdnr. 17; *Kindhäuser*, Strafrecht BT I, § 2 Rdnr. 17; aus der neueren Rechtsprechung: BGH NStZ 2002, S. 368; BGH NStZ-RR 2003, S. 147 (149); BGH NJW 2005, S. 996 (998); BGH NJW 2006, S. 1008.

[359] Zum Ganzen eingehender sogleich unter b und c.

liche Tötungsdelikt normativ überzeugend abzustufen[360]. Dieses ist das einzig konsequente Resultat, welches sich aus der Analyse ziehen lässt[361].

Ungereimtheiten entstehen darüber hinaus leicht, wenn man § 213, 1. Variante StGB hinzunimmt. Irritierend ist dabei, dass das Motiv des Zorns in § 213, 1. Alternative StGB hervorgehoben und privilegiert wird, während Zorn oder Rache sowie vergleichbare Motive (Wut, Verärgerung, Hass) als sthenische Affekte generell negativ bewertet (§ 33 StGB)[362] und beim Mord oftmals als „niedrige Beweggründe" eingeordnet werden. Wenngleich hervorgehoben wird, diese Motive seien nicht ausnahmslos als niedrig zu beurteilen, sondern es komme darauf an, ob sie „ihrerseits auf einer niedrigen Gesinnung (oder [...] Einstellung) beruhen"[363], bleibt eine solche Bewertung möglich und wird vielfach vorgenommen. Ein und dasselbe Motiv kann demnach entweder, sofern es als „niedriger Beweggrund" nach § 211 II StGB klassifiziert wird, eine erschwerende (und mordqualifizierende) Funktion haben und damit gleichzeitig eine lebenslange Freiheitsstrafe auslösen; oder aber dasselbe Motiv hat, bei nur geringfügig modifiziertem Sachverhalt[364], eine privilegierende Wirkung, wodurch eine vergleichsweise geringe Freiheitsstrafe (von einem Jahr bis zu zehn Jahren) möglich wird[365]. Das ist eine denkbar große Spannweite, die sich für die Einordnung entsprechender Fälle auftut, deren Bewertung (flexibel) zwischen „gerechtem" und „verwerflichem" Zorn changiert. Einschränkend ist jedoch anzumerken, dass für die endgültige Bewertung der Tat nicht wirklich, wie es der Wortlaut des § 211 II StGB vorgibt, die (affektive) Motivation des Täters als solche ausschlaggebend ist – den Motiven kommt genau genommen bloß eine vordergründig schillernd-plakative Funktion zu –, sondern es findet eine um-

---

[360] Es klingt ein wenig ratlos, wenn *Arzt* zu den Erörterungen *Saligers* bemerkt, „m. E. ist die Rechtsunsicherheit total" (*Arzt/Weber*, Strafrecht BT, § 2 Rdnr. 62, Fn. 91).

[361] *Saliger* zieht diese Schlussfolgerung nicht. Obwohl er zutreffend darlegt, dass die einzelnen Aspekte zur Begründung eines Mordes (namentlich Überlegung, Verwerflichkeit, Gefährlichkeit) einen überzeugenden Beitrag zur Auslegung des Tatbestands nicht leisten können, dass sie sogar eine gewisse paradoxe Struktur aufweisen, soll die Lösung in einer kumulativen Anwendung der genannten Aspekte liegen (*Saliger*, ZStW 107 [1997], S. 302 [334]). Wie aber lässt sich von Kriterien, die für sich genommen nicht überzeugen, in Kombination mit anderen, die genauso wenig überzeugen, eine akzeptable Lösung erwarten?

[362] Dazu noch im dritten Kapitel B III 1 d zu Fn. 1020.

[363] Sch/Sch-*Eser*, § 211 Rdnr. 18; ferner *Fischer*, § 211 Rdnr. 19; *Lackner/Kühl*, § 211 Rdnr. 5a; MK/*Schneider*, § 211 Rdnr. 71; LK/*Jähnke*, § 211 Rdnr. 29; *Otto*, Strafrecht BT, § 4 Rdnr. 13; *Maurach/Schroeder/Maiwald*, Strafrecht BT/1, § 2 Rdnr. 37; *Wessels/Hettinger*, Strafrecht BT/1, § 2 Rdnr. 95; aus der Rechtsprechung nur: BGH MDR 1980, S. 985 f.; BGH StV 1995, S. 302; BGH StV 1998, S. 25; BGH NStZ 2002, S. 368.

[364] Das gilt vor allem, wenn man, wie es herrschender Auffassung entspricht, § 213, 1. Variante StGB extensiv interpretiert und eine bloße Kränkung sowie einen weit verstandenen Motivationszusammenhang genügen lässt, um die Voraussetzungen zu bejahen. Siehe im Einzelnen noch die Ausführungen im dritten Kapitel unter B I.

[365] Dezidierte Kritik bereits bei *Geilen*, Dreher-FS, S. 357 (bes. 358 ff., 383 ff.); ferner *Heine*, Tötung, S. 47 f.

fassende Gesamtwürdigung statt[366]. So zu verfahren ist jedoch gleichfalls erheblichen Bedenken ausgesetzt, auf die im übernächsten Absatz zurückzukommen sein wird.

Innerhalb des Mordtatbestands selbst lassen sich normative Unstimmigkeiten verzeichnen, sofern man die Mordmerkmale der zweiten Gruppe hinzuzieht. So ist es nicht ohne weiteres einsichtig, weswegen den Beweggründen des Täters eine so bedeutsame Funktion zuzumessen sein soll, dass sie in Form einer niedrigen Motivation einen Mord zu begründen vermögen; dass ihnen aber andererseits, nämlich als positive, „achtenswerte" Beweggründe, bei der Auslegung der Mordmerkmale der zweiten Gruppe keinerlei Relevanz zukommen soll, dass sie also die unrechts- (oder auch schuld-)steigernde Qualität dieser Merkmale weder ausschließen noch sonst irgendwie in Frage stellen oder nivellieren können[367]. Wenn *Köhler* insoweit von einem „gespannte[n] Verhältnis" zwischen den „niedrigen Beweggründen" und dem Mordmerkmal „Heimtücke" spricht[368], ist das noch recht zurückhaltend formuliert. Denn es zeigen sich hier Inkonsistenzen, die § 211 II StGB offenbar innewohnen und sich nur schwer auflösen lassen. Hält man nämlich die Motivation des Täters für beachtlich, was das Merkmal „niedrige Beweggründe" der Grundidee nach unzweifelhaft intendiert, muss die Motivation des Täters insgesamt beachtlich sein. So lässt sich die Tätermotivation nicht nur im Negativen (als niedrige Motivation) und damit zu Ungunsten des Täters berücksichtigen, im Positiven, mithin zugunsten des Täters, aber außer Acht lassen. Sollen die Beweggründe des Täters für die Bewertung der Tat relevant sein, müssen sie es in beiden Fällen gleichermaßen sein.

Diese Problematik, die normativen Friktionen zwischen dem Merkmal „niedrige Beweggründe" und den Mordmerkmalen der zweiten Gruppe (von Bedeutung besonders das Merkmal „Heimtücke"), verschärft sich noch, wenn man bedenkt, welch umfassende Prüfung das Mordmerkmal „niedrige Beweggründe" nach ganz herrschender Auffassung erfordert: Es hat eine „Gesamtwürdigung" stattzufinden. Darüber, was dort genau zu prüfen ist, kann man lesen: Für die Bewertung, ob „niedrige Beweggründe" anzunehmen sind oder nicht,

---

[366] SK/*Horn*, § 211 Rdnr. 15; *Fischer*, § 211 Rdnr. 15; Sch/Sch-*Eser*, § 211 Rdnr. 18 f.; MK/*Schneider*, § 211 Rdnr. 69; *Lackner/Kühl*, § 211 Rdnr. 5; (modifizierend) NK/*Neumann*, § 211 Rdnr. 32; *Rengier*, Strafrecht BT II, § 4 Rdnr. 16; *Otto*, Strafrecht BT, § 4 Rdnr. 13; *Wessels/Hettinger*, Strafrecht BT/1, § 2 Rdnr. 95; *Kindhäuser*, Strafrecht BT I, § 2 Rdnr. 16; *Maurach/Schroeder/Maiwald*, Strafrecht BT/1, § 2 Rdnr. 37; *Gössel/Dölling*, Strafrecht BT/1, § 4 Rdnr. 25; BGHSt 35, 116 (127); BGH NStZ 2001, S. 88; BGH NStZ 2003, S. 146 (147); BGH NStZ 2004, S. 34. – Für § 213, 1. Variante gilt das gleichermaßen, siehe Sch/Sch-*Eser*, § 213 Rdnr. 5, 12a; *ders.*, Middendorff-FS, S. 65 (69 ff.); SK/*Horn*, § 213 Rdnr. 4, 10; *Lackner/Kühl*, § 213 Rdnr. 2; dazu noch im dritten Kapitel unter B I.

[367] Zu diesem Einwand besonders *Köhler*, JuS 1984, S. 762 (765 ff.); ferner *Heine*, Tötung, S. 184.

[368] *Köhler*, JuS 1984, S. 762 (765).

sei eine „Gesamtwürdigung aller äußeren und inneren für die Handlungsantriebe des Täters maßgeblichen Faktoren" anzustellen[369]. Es seien „die ‚Gesamtumstände des Falles'" zu ermitteln, die sich „insbesondere bei mehreren Tötungsbeweggründen" aus „der Person des Täters, dessen Beziehungen zum Opfer und seinen Lebensverhältnissen" ergeben[370]. In die Beurteilung einzubeziehen sind, kurz gesagt, die „Vorgeschichte, die Lebensverhältnisse des Täters und seine Persönlichkeit"[371]. Neben Kriterien wie dem Missverhältnis zwischen Tatanlass und Zweck sollen daher ebenso „schwere Persönlichkeitsstörungen" oder auch „provokationsbedingte Affekte und personkonfliktgeprägte Affektlagen" (die „eher entlastend denn belastend zu bewerten" seien) von Belang sein[372]. Es scheint kaum etwas zu geben, was hier nicht zu prüfen wäre, jedenfalls nichts, was für die rechtliche Beurteilung insgesamt als irgendwie relevant erachtet wird. Die „niedrigen Beweggründe" avancieren damit zu einem hochkomplexen, inhaltsreichen (man könnte auch sagen: überladenen) Merkmal. Daran, dass nicht nur vergleichsweise simpel ein Tatbestandsmerkmal zu prüfen ist, lassen die Formulierungen keinen Zweifel aufkommen. Die Prüfung des Tatbestandsmerkmals „niedrige Beweggründe" fällt vielmehr mit der Strafzumessung zusammen. Denn sämtliche Erwägungen, die im Rahmen einer Strafzumessung für bedeutsam angesehen werden, werden bereits in die tatbestandliche Prüfung der „niedrigen Beweggründe" integriert. Damit ist die Scheidung von Straftatbestand und Strafzumessung aufgehoben. Dieses Vorgehen mag verständlich sein vor dem Hintergrund, dass § 211 I StGB eine Strafzumessung nicht zulässt und dadurch in gewisser Weise ein solches Verfahren evoziert. De facto ist man hiermit bei der einst von *Schröder* geäußerten Vorstellung angekommen, Mordmerkmale seien Strafzumessungsgesichtspunkte. „‚Mord' sind die schwersten Fälle des Totschlags", führt *Schröder* aus; „es sind reine Strafzu-

[369] So *Tröndle/Fischer* (55. Aufl.), § 211 Rdnr. 9; BGHSt 35, 116 (127); 47, 128 (130); BGH NStZ-RR 2003, S. 78; BGH NStZ 2004, S. 34.

[370] *Gössel/Dölling*, Strafrecht, § 4 Rdnr. 25; ferner *Maurach/Schroeder/Maiwald*, Strafrecht BT/1, § 2 Rdnr. 37; *Rengier*, Strafrecht BT II, § 4 Rdnr. 16; *Wessels/Hettinger*, Strafrecht BT/1, § 2 Rdnr. 95; Sch/Sch-*Eser*, § 211 Rdnr. 18; SK/*Horn*, § 211 Rdnr. 15; LK/*Jähnke*, § 211 Rdnr. 29 („Gesamtwürdigung unter Einschluß der Vorgeschichte"); BGHSt 35, 116 (127).

[371] MK/*Schneider*, § 211 Rdnr. 69; – weiter differenzierend *Paeffgen* mit dem Vorschlag, auf empirischer Ebene bei der Feststellung des dominanten Handlungsmotivs die „Prozeßhaftigkeit" und den „dazugehörigen Handlungsrahmen" auszublenden, ihn bei der anschließenden sozialethischen Bewertung aber wieder einzubeziehen (GA 1982, S. 255 [267, Fn. 57a]).

[372] Sch/Sch-*Eser*, § 211 Rdnr. 18; vergleichbar *Otto*, Strafrecht BT, § 4 Rdnr. 13 (zu berücksichtigen seien „besondere emotionelle Erregungen und ihr Anlaß sowie Persönlichkeitsgegebenheiten"); *Lackner/Kühl*, § 211 Rdnr. 5 (unter anderem „Persönlichkeitsmängel"); SK/*Horn*, § 211 Rdnr. 15; – teils kritisch NK/*Neumann*, § 211 Rdnr. 32, der die Auffassung vertritt, „bei der Rekonstruktion der Motive [...] können die Lebensverhältnisse des Täters und seine Persönlichkeit als Indizien berücksichtigt werden", während es „bei der Bewertung dieser Motive auf die Persönlichkeit des Täters nicht ankommen" könne.

messungs- und Wertungsgründe, die sie voneinander trennen"[373]. Betrachtet man die Handhabung und Auslegung der „niedrigen Beweggründe", hat diese Auffassung zu Unrecht keine Gefolgschaft gefunden. Auf der anderen Seite wird durch dieses komplexe Bewertungsverfahren bei den „niedrigen Beweggründen" der Graben zu den anderen Mordmerkmalen immer größer. Erstens kann es schon mit den anderen Motiv- und Absichtsmerkmalen zu erheblichen normativen Unstimmigkeiten kommen, insbesondere soweit es dort Bemühungen um eine strikt wortlautorientierte, restriktive Interpretation gibt. Zweitens vergrößert sich die normative Kluft, die ohnehin zwischen den „niedrigen Beweggründen" und den Mordmerkmalen der zweiten Gruppe (zumal der „Heimtücke") zu verzeichnen ist[374]. So lässt sich fragen: Wenn die Bejahung oder Verneinung „niedriger Beweggründe" unter anderem von der Vorgeschichte der Tat, den Lebensverhältnissen und der Persönlichkeit des Täters abhängt, weshalb ist dann die Prüfung des Merkmals „Heimtücke" vergleichsweise asketisch auf mehr oder minder äußere[375] und vor allem auf streng tatzeitbezogene Aspekte zu beschränken? Weshalb lassen sich nicht auch hier die gesamte Vorgeschichte zwischen Täter und Opfer (virulent etwa in den Fällen der Tötung sogenannter Haus- und Familientyrannen[376]), die Lebensverhältnisse und Persönlichkeit des Täters (der Täterin) umfassend berücksichtigen? Es ist durchaus nicht zu sehen, weswegen die genannten Gesichtspunkte zwar beim Merkmal „niedrige Beweggründe", nicht aber bei dem der „Heimtücke" eine Rolle spielen sollen; immerhin entscheiden diese Erwägungen bei den „niedrigen Beweggründen" über Mord und Totschlag. Hierin mag nun eine gewisse Berechtigung sowohl der Typenkorrektur[377] als auch der von der Rechtsprechung beim Merk-

---

[373] *Schröder*, in: Materialien, S. 283 (284); ferner *ders.*, SJZ 1950, Sp. 560 (562, 565); *ders.*, JZ 1952, S. 526 f. – Geht man davon aus, § 211 StGB enthalte Strafzumessungsaspekte, dann folgt daraus im Weiteren, dass „die Aufzählung des § 211 [...] nicht-abschließend" ist (*Schröder*, JZ 1952, S. 526 [527]) und dass „im Prinzip [...] alle qualifizierenden Umstände dafür in Betracht [kommen], einen Totschlag zum Mord zu machen" (*Schröder*, in: Materialien, S. 283 [284]). § 211 StGB hebt danach nur „die wichtigsten Fälle schwerster Tötungen beispielhaft hervor"; ebenso wie es daher möglich ist, einen Mord anzunehmen, wenn eines der genannten Mordmerkmale nicht verwirklicht ist, ist es möglich, einen Mord abzulehnen, falls „ein Merkmal des § 211 an sich vorliegt" (siehe *Schröder*, SJZ 1950, Sp. 560 [562 f.]). – Diese Auffassung entspricht dem historischen Gesetzgeber, vgl. oben zu A I.

[374] Vgl. auch *Lackner/Kühl*, Vor § 211 Rdnr. 20, die darauf hinweisen, „dass die Möglichkeit der Persönlichkeitswürdigung im Rahmen der ungleichartigen Mordmerkmale sehr verschieden ist"; während sie bei den „niedrigen Beweggründen" im Vordergrund stehe, trete sie bei Tötungen „mit gemeingefährlichen Mitteln" ganz zurück. Ferner *Fischer*, § 211 Rdnr. 4.

[375] Das gilt jedenfalls dem Prinzip nach; nicht übersehen wird hierbei, dass nicht zuletzt über Subjektivierungen bei der „Heimtücke" verstärkt versucht wird, Ergebnisse zu vermeiden, die als völlig inadäquat und inakzeptabel angesehen werden (siehe dazu mit zutreffender Kritik MK/*Schneider*, § 211 Rdnr. 27 ff., 140 ff.; zur Problematik ferner *Rengier*, Küper-FS, S. 473 [478 ff.]).

[376] Zu diesen Fällen noch unter B II in diesem Kapitel sowie besonders im dritten Kapitel unter B II 1 d.

[377] In diesem Sinne auch *Heine*, Tötung, S. 184.

mal „Heimtücke" entwickelten Rechtsfolgenlösung[378] zum Ausdruck kommen. So könnte man, die vorgetragenen Bedenken aufgreifend, zu der Auffassung gelangen, den normativen Widersprüchen ließe sich abhelfen durch eine entsprechend umfangreiche Gesamtwürdigung, die bei allen Mordmerkmalen anzustellen sei (was die Typenkorrektur ja bezweckt[379]). Eine gewisse Konsequenz lässt sich einer solchen Lösung nicht absprechen. Zugleich bedeutet sie jedoch, die so undurchschaubare wie unheilvolle Vermengung von Straftatbestandsvoraussetzungen und (teils diffusen) Strafzumessungskriterien, die bei den „niedrigen Beweggründen" zu monieren ist, bei den anderen Mordmerkmalen fortzusetzen. Wenngleich sich die Kriterien, die einen Straftatbestand konstituieren, von Kriterien, die erst bei der Strafzumessung von Bedeutung sind, nicht exakt voneinander scheiden lassen und es daher auch im Ermessen des Gesetzgebers steht, ob eine tatbestandliche Ausformung (in Gestalt eines Qualifikations- oder Privilegierungstatbestands) vorgenommen wird oder ob die Berücksichtigung von unrechts- oder schuldmodifizierenden Aspekten (lediglich) der Strafzumessung zugewiesen wird[380]; und wenngleich straftatbestandsbegründende und strafzumessungsrechtliche Erwägungen in einem normativ konsistenten Rechtssystem nicht divergieren können und dürfen, sondern vielmehr in sich stimmig sein müssen[381] – so ist es doch vorzugswürdig, die Unterscheidung von Mord und Totschlag tatbestandlich auszugestalten und sie nicht der Strafzumessung zu überantworten[382]. Dies gilt zunächst schon aus Gründen der Klarheit und Rechtssicherheit, zumal in Anbetracht des derzeitigen Strafmaßes, vor allem beim Mord. Schwerlich vermag es ferner zu überzeugen, ein derart exponiertes Begriffspaar wie Mord und Totschlag, welches eine beacht-

---

[378] Hierzu nachfolgend unter B II (Fn. 614).

[379] Paradigmatisch die Kommentierung von Sch/Sch-*Eser*, § 211 Rdnr. 10, 15, 17, 26, 28, 32, 55.

[380] Siehe *Jakobs*, Strafrecht AT, 31/13.

[381] Zum Verhältnis von Straftatbegründung und Strafzumessung besonders *Frisch*, ZStW 99 (1987), S. 349 (385 ff.); *ders.*, GA 1989, S. 338 (355 f.); *ders.*, BGH-FG, Band IV, S. 269 (279, 287 ff.); *ders.*, Müller-Dietz-FS, S. 237 (247 f., 259); *Hörnle*, Strafzumessung, S. 17 f., 143 ff.. 195 ff.; *dies.*, JZ 1999, S. 1080 (1087 f.); *dies.*, in: Tatproportionalität, S. 99 (105 ff.); MK/*Freund*, Vor §§ 13 ff. Rdnr. 72, 218; *ders.*, GA 1999, S. 509 (526); *Pawlik*, Person, S. 91 mit Fn. 60; ferner *Schünemann*, in: Grundfragen, S. 153 (158 f., 162 f., 187 ff., bes. 189 ff.); *ders.*, in: Tendenzen der Kriminalpolitik, S. 209 (225 ff.); siehe außerdem – eindringlich – *Köhler*, Begriff der Strafe, S. 6 f., 72 ff.

[382] Für eine Strafzumessungs- (bzw. Regelbeispiel-)lösung hingegen neben *Schröder* (siehe Fn. 373) schon *v. Liszt*, in: Vergleichende Darstellung, S. 1 (71 ff.), sowie ferner Alternativ-Entwurf 1970, S. 16 f.; *Siol*, Mordmerkmale, S. 163; *Lackner*, JZ 1977, S. 502 (503 f.); *Zipf*, Würtenberger-FS, S. 151 (155 f.); *Fuhrmann*, Referat zum 53. Deutschen Juristentag, M 7 (17 f., 23 f.); *Rengier*, ZStW 92 (1980), S. 459 (478 f.); *ders.*, MDR 1980, S. 1 (3); *ders.*, NStZ 1982, S. 225 (226); *Gribbohm*, ZRP 1980, S. 222 (223, 225); *Beckmann*, GA 1981, S. 335 (360); *ders.*, in: Juristinnen- und Juristentag, S. 61 (71 f.); *Frommel*, StV 1982, S. 533 f; *dies.*, in: Leben ohne Lebenslänglich, S. 69 (76); *Kratzsch*, JA 1982, S. 401 (404 f.); *Heine*, Brauneck-FG, S. 315 (341); *ders.*, GA 2000, S. 305 (315, 319).

liche quantitative Differenz im Unwertgehalt der Tat mindestens erwarten lässt, nach teils subtilen, kaum mehr überschaubaren Strafzumessungsgesichtspunkten voneinander abzustufen – wie es gegenwärtig beim Merkmal „niedrige Beweggründe“ geschieht. Der tatbestandlichen und begrifflichen Hervorhebung der beiden Tötungsvorschriften wird das nicht gerecht, noch weniger den angedrohten Strafen.

b) Empirische Vorbehalte

Motivloses Handeln gibt es zumindest im Bereich bewussten oder vorsätzlichen Verhaltens nicht. Das ist in den Seinswissenschaften ein unumstrittener Befund[383]. Möglich ist es jedoch, dass das Motiv nicht ermittelt oder vermittelt werden kann – so insbesondere, wenn der Täter die Aussage verweigert[384] oder ein Motiv liefert, welches als nicht mehr nachvollziehbar anzusehen ist, ein Motiv also, mit dem sich die Tat einigermaßen plausibel nicht mehr erklären lässt[385]. Da jeder vorsätzlichen Tötungshandlung ein Motiv zugrunde liegt, könnte man meinen, aus empirischer Sicht sei gegen das Merkmal „niedrige Beweggründe“ nichts zu erinnern. Diese Annahme trifft indes nicht zu. Die Erforschung „des“ Tatmotivs gestaltet sich vielmehr als außerordentlich intrikat. So liegt in aller Regel nicht bloß ein einzelnes, klar erkennbares und feststellbares Motiv vor, welches den Täter zur Tat führt, sondern es sind durchweg mehrere (Tat-)Motive vorhanden[386]. Als fragwürdig erweist es sich hierbei (man könnte sagen:

---

383 Vgl. *de Boor*, in: Antrieb und Hemmung, S. 1; *Rasch*, in: Handwörterbuch der Kriminologie, S. 353 (388); *dens.*, Tötung, S. 7; *dens.*, Psychiatrie, S. 190; *Stuckenberg*, Vorstudien, S. 271. 274f. – Mit dieser These stimmt weitgehend das überein, was in der philosophischen Handlungstheorie „Handlungsgründe“ genannt wird (*Stoecker*, in: Handbuch der politischen Philosophie, S. 472, sowie *ders.*, Handlungen, S. 9: „Handlungen sind dadurch charakterisiert, dass sie aus Handlungsgründen geschehen.“). In der philosophischen Debatte taucht zwar die Frage auf, was mit Handlungen ist, die gänzlich unreflektiert vorgenommen werden, wie etwa Handungen aus Gewohnheit oder Versehen. Vorgeschlagen wird ein „umfassenderes Handlungsverständnis, dem zufolge Handlungen dasjenige sind, was man entweder selbst absichtlich (willentlich, mit Gründen) tut oder was man dadurch tut, dass man etwas anderes absichtlich tut“ (*Stoecker*, in: Handbuch der politischen Philosophie, S. 473f.). Ob man das Problem auf diese Weise überzeugend lösen kann, erscheint zweifelhaft. Dem braucht jedoch nicht weiter nachgegangen zu werden, weil es im Kontext dieser Arbeit ausschließlich um vorsätzliche (Tötungs-)Handlungen geht.

384 Kritisch zur Motivsuche deshalb *Arzt/Weber-Hilgendorf*, Strafrecht BT, § 2 Rdnr. 70.

385 Siehe *Rasch*, Psychiatrie, S. 191. – Soweit der BGH der Auffassung ist, „niedrige Beweggründe“ könnten auch vorliegen, wenn ein Motiv für die Tat fehle oder nicht feststellbar sei (BGHSt 47, 128 [131 ff.]; BGH NStZ-RR 2004, S. 332 [333]), impliziert diese Aussage bereits, dass es nicht um das Tatmotiv als solches, mithin um ein empirisches Phänomen gehen kann (die Rede vom „Motiv“ ist insofern irreführend), sondern dass hier eine spezifisch normative Position bezogen wird (vgl. dazu noch im dritten Kapitel zu C I). Legt man diese Prämisse zugrunde, geht die Kritik, kein Beweggrund könne nicht ein „niedriger Beweggrund“ sein (so *Saliger*, StV 2003, S. 38 [40]; siehe auch *Fabricius*, StV 1995, S. 636 [637]), an der Entscheidung vorbei. Sie hebt auf Empirisches ab, wo es um Normatives geht.

386 *Kretschmer*, Medizinische Psychologie, S. 182ff. („Motivbündel“); *Gruhle*, Mschr.Kriminalpsych. 27 (1936), S. 113 (121, 123); *Bürger-Prinz*, Motiv, S. 24f.; *Heckhausen/Heckhau-*

erwartungsgemäß), wie aus diesem Konglomerat von Motiven das ausschlaggebende, zentrale Tatmotiv herausgefiltert werden soll[387]. Die Problematik lässt sich am Beispiel einer Tötung aus Eifersucht veranschaulichen, in der Praxis eines der häufigsten Tatmotive in Fällen einer Beziehungstötung[388]. Bei diesem Motiv irritiert nicht erst, dass dessen Einordnung als niedriger oder nicht niedriger Beweggrund schwankt, dass es mithin einmal als täterentlastend, das andere Mal aber als täterbelastend fungieren soll und demnach normativ ambivalent ist[389]. Problematisch ist bereits, wie der zugrundeliegende Sachverhalt aufbereitet (rekonstruiert) und auf die normative Beurteilung (das Ergebnis) hin zugeschnitten wird. Betrachtet man es empirisch-psychologisch, fließen in derartigen (Eifersuchts-)Fällen regelmäßig überaus vielfältige, durchaus disparate Aspekte zusammen, wie beispielsweise „unglückliche[ ] Liebe, Zorn auf die geliebte Person und den tatsächlichen oder vermeintlichen Rivalen, verletztes Selbstwertgefühl, Traurigkeit, Bereitschaft zu paranoider Verarbeitung, Hoffnung“, wovon wiederum jeder dieser Aspekte „auf einen weitgespannten Hintergrund weist“[390]. *Rasch* erläutert hierzu anschaulich[391]: „Die Grundhaltung des Eifersüchtigen ist durch Ambivalenz gekennzeichnet, das Ganze ist instabil, wogend, ständig im Umbau, bereit, sich nach dieser oder jener Seite fortzuentwickeln. Man könnte also z.B. sagen, daß aus verschmähter Liebe Eifersucht entstand, die sich zu Haß gegen den Geliebten oder den Nebenbuhler entwickelte, und daß die Tat schließlich aus Rache begangen wurde. Damit wird aber auch ansichtig, daß diese Begriffe ihren Platz und Rang nur in einem von außen herangetragenen Deutungsprozeß erhalten und daß dem Deutenden freisteht, auf welcher Stufe, bei welchem Begriff er den Prozeß beendet. Es liegt aber auch in seiner Hand, der verknüpfenden Interpretation eine andere Richtung zu geben, das heißt, die Eifersucht könnte z.B. auch zu Verzweiflung geführt haben.“ Da es bei der strafrechtlichen Beurteilung zuletzt darum geht, die Motive des Täters zu bewerten, sie als niedrig oder eben als nicht niedrig zu klassifizieren, kommt es entscheidend darauf an, „bis wohin das Bemühen um

---

sen, Motivation, S. 3; *Rasch*, Tötung, S. 8; ferner *Stock*, SJZ 1947, Sp. 529 (531 f.); *Blühm*, Tötungen, S. 72 ff.; *Heine*, Tötung, S. 40, 43, 62, 97; *Paeffgen*, GA 1982, S. 255 (261); *Stoecker*, Handlungen, S. 11 f.

387 Zur Problematik knapp *Lempp*, Sitzungsbericht zum 53. Deutschen Juristentag, M 76; ferner *Prüfer*, ebd., M 109 f.

388 *Weiher*, Tötungsdelikte, S. 303; *Koslowski*, Tötungsdelikte, S. 92 f.; *Blühm*, Tötungen, S. 74; *Siol*, Mordmerkmale, S. 44.

389 Vgl. nur Sch/Sch-*Eser*, § 211 Rdnr. 19; MK/*Schneider*, § 211 Rdnr. 88 ff.; *Siol*, Mordmerkmale, S. 110.

390 *Rasch*, Tötung, S. 5; *ders.*, ebd., S. 58 f., und Psychiatrie, S. 194 ff., mit einer exemplarischen Auflistung sowie Gegenüberstellung „unlogischer“ Motive, die den Täter schließlich zur Tötung führen; grundsätzlich *Heckhausen/Heckhausen*, Motivation, S. 4, 247 f.; ferner bereits *Gruhle*, Mschr.Kriminalpsych. 27 (1936), S. 113 (121).

391 *Rasch*, Tötung, S. 5 f.; ferner *ders.*, in: Handwörterbuch der Kriminologie, S. 353 (388); außerdem *Ghysbrecht*, Psychologische Dynamik, S. 56 f.; *Simons*, Tötungsdelikte, S. 77 ff.

Verständnis reicht und [wo] es einsetzt" – denn: „gegensätzliche Schlüsse [sind] möglich"[392]. So lässt sich, um es konkreter zu machen, annehmen, der Täter sei zunächst aus gutem Grund eifersüchtig, verletzt und verzweifelt gewesen, bei der Tat wirksam geworden sei jedoch mehr sein Bedürfnis nach Rache. Ebenso gut ließe sich umgekehrt die These aufstellen, der Täter habe die Tötung wohl auch aus Rache begangen, beherrscht habe ihn dagegen seine berechtigte Eifersucht, Verletzung und Verzweiflung[393]. Die Entscheidung für das Hauptmotiv hängt wesentlich „von der Wahl der benutzten Perspektive" ab; und da „grundsätzlich mit einer Mannigfaltigkeit von Möglichkeiten zu rechnen ist"[394], darf diese Wahl als weitgehend willkürlich eingestuft werden, sie steht im Belieben des Interpreten[395]. Lakonisch heißt es hierzu bei *Rasch*, der Vorzug dieses Verfahrens sei darin zu sehen, dass man durch die Festlegung des Motivs dem Gesetz Rechnung trage, während die Auswahl des Motivs durch die Überlegung bestimmt werde, welche Strafe angemessen sei[396]. Wenn daher vielfach zwischen der empirischen Motivergründung als erster Stufe und der anschließenden Bewertung der explorierten Motive als zweiter Stufe differenziert wird[397], dann ist diese Unterscheidung mindestens ungenau und in gewisser Weise künstlich. In der Praxis findet sie, obgleich analytisch möglich, keine Entsprechung. Motiverforschung und -bewertung stellen sich nicht als zwei separate Schritte dar, die aufeinanderfolgen und sich auseinanderhalten lassen. Beides, Motiverforschung und -bewertung, fällt vielmehr in eins zusammen, weshalb die eigentliche normative Entscheidung bereits mit der (Aus-)Wahl des Motivs erfolgt[398].

Hinzu kommt, dass die Motivsuche und -auswahl – offenbar zumal wenn sie den Juristen/die Juristin überzeugen soll – geleitet wird durch rationalistische Erwägungen und Annahmen, die in der Realität wenig Rückhalt finden und dem Innenleben des Täters (allgemeiner: von Personen) selten gerecht werden. Denn die Innenwelt einer Person (ihre Meinungen, Einstellungen, Motive, Gefühle und Ähnliches) folgt nicht einem rationalen oder logischen Maßstab. Tatmotive, die rational ohne weiteres einleuchten, lassen daher oftmals eher keine adäquate Erfassung der Innenwelt des Täters vermuten[399]. *Bürger-Prinz* führt hierzu aus: „Juristischerseits ist der Hang nach einer allzu rationalistischen und

[392] *Rasch*, Tötung, S. 6.

[393] *Rasch*, Tötung, S. 6.

[394] *Rasch*, Tötung, S. 6.

[395] *Rasch*, Psychiatrie, S. 191, 193; *ders.*, Tötung, S. 6, 56; *ders.*, in: Handwörterbuch der Kriminologie, S. 353 (388); vgl. auch *Gerhard Wolf*, Schreiber-FS, S. 519, der in diesem Zusammenhang nicht ganz zu Unrecht von „okkulten Vorgängen" (525) und einem „Glücksspiel" (531) spricht. Außerdem *Lempp*, Sitzungsbericht zum 53. Deutschen Juristentag, M 76, sowie *Prüfer*, ebd., M 109f.

[396] *Rasch*, Tötung, S. 56.

[397] Vgl. die Positionen von *Paeffgen* und *Neumann* oben in Fn. 371, 372.

[398] *Rasch*, Psychiatrie, S. 190f.; ebenso *Sessar*, Tötungskriminalität, S. 42; *Heine*, Tötung, S. 93.

[399] *Bürger-Prinz*, Motiv, S. 19, 23, 35, 37f.; *Volbert*, Tötungsdelikte, S. 216f.; *Rasch*, Psych-

intellektualistischen Psychologie sehr groß und dementsprechend sind die Motivbildungen, die an einen Täter herangetragen werden, oft allzu einfach."[400] Daher bedeute die Klarheit, der man sich insoweit rühme, häufig nur „intellektuelle Blindheit". Auch sei eine „intellektualistische Psychologie" nicht etwa „ein Denken besonders strenger Observanz"[401]; vielmehr impliziere ein solches Ansinnen neben „einer Überschätzung des scheinbar Klaren [...] eine Überbewertung der Motivation und [...] der Einsicht in die Genese menschlicher Verhaltensweisen und Handlungen"[402]. Im Weiteren geht hiermit einher, „daß sehr intelligente ‚durchrationalisierte' Persönlichkeiten, die mit gutem intellektuellem Raisonnement auftreten [...], die meiste Aussicht darauf haben", verstanden zu werden[403] – mit dem Ergebnis einer milderen Bewertung der Tat, da die Beweggründe dann als nicht niedrig eingestuft werden. Während die Chance, dass man ihnen Glauben schenkt, bei solchen Tätern erheblich höher liegt als in anderen Fällen, wäre hier tatsächlich viel eher ein größeres Misstrauen angezeigt[404]. Die Motivation des Täters (von Personen) resultiert demgegenüber, wie seitens der empirischen Wissenschaften dargetan wird, aus „ein[em] komplizierte[n] System der Antriebe", mit horizontalem und vertikalem Aufbau, ein System, welches wiederum eingelagert ist in andere Systeme, „die einwirken und steuern"[405]. „So gesehen", bilanziert *Bürger-Prinz*, „ist es in der forensischen Situation erstaunlich, daß es überhaupt möglich ist, Motive krimineller Handlungen aus der individuellen Verfassung der Vitalantriebe eines Menschen abzuleiten"[406].

Diesen Erkenntnissen Rechnung tragend, lässt sich aus der Sicht des Strafrechts die Position beziehen: Die empirische Suche nach Tatmotiven sei, da durchweg zu vielgestaltig und undurchsichtig, nicht sinnvoll durchführbar, weshalb nichts anderes übrigbleibe, als die Empirie, salopp gesprochen, nicht so

---

iatrie, S. 191; *ders.*, Tötung, S. 1 ff., 56 ff.; des Weiteren *Gruhle*, Mschr.Kriminalpsych. 27 (1936), S. 113 (116, 123, 125 ff.); *Ghysbrecht*, Psychologische Dynamik, S. 56 f.

[400] *Bürger-Prinz*, Motiv, S. 19.

[401] *Bürger-Prinz*, Motiv, S. 19.

[402] *Bürger-Prinz*, Motiv, S. 37.

[403] *Bürger-Prinz*, Motiv, S. 37. Vgl. ferner *Simons*, Tötungsdelikte, S. 11 f. („verbale Konditionierung"); *Rasch*, in: Handwörterbuch der Kriminologie, S. 353 (367); *Blühm*, Tötungen, S. 72; *v. Hentig*, Psychologie der Einzeldelikte, 238 f.; *Oberlies*, Tötungsdelikte, S. 89. – Die Problematik lässt sich an *Albert Camus'* bekannter Erzählung „L'Etranger" veranschaulichen. Meursault, der ohne einen rational einsehbaren Grund am Strand einen Araber getötet hat, antwortet in der Gerichtsverhandlung auf die Frage des Richters nach seinem Tatmotiv, es sei die Sonne gewesen („c'était à cause du soleil"). Diese Antwort trifft zu, Meursault lügt also nicht; im Gerichtssaal bricht jedoch Gelächter aus.

[404] So *Bürger-Prinz*, Motiv, S. 37.

[405] *Bürger-Prinz*, Motiv, S. 25; ferner *Rasch*, Psychiatrie, S. 191; *Thomae*, in: Handbuch der Psychologie, 2. Band, S. 17 ff.; *Gruhle*, Mschr.Kriminalpsych. 27 (1936), S. 113 (121); siehe zudem *Paeffgen*, GA 1982, S. 255 (260); ausführlich zum Ganzen *Heckhausen/Heckhausen*, Motivation und Handeln (2006).

[406] *Bürger-Prinz*, Motiv, S. 25.

ernst zu nehmen. Dementsprechend führt *Heine* aus, „das tatsächlich wirkende Motivationsfeld [sei] entschieden zu komplex", als dass es vollständig „in den normativen Strukturierungsprozeß" Eingang finden könne[407]. Da „die Fülle des Möglichen so groß" sei, wird eine Reduzierung und Typisierung empfohlen: Die „Verhaltensweisen [sollen] soweit wie möglich auf relativ beständige Charakteristika" beschränkt werden[408]. Die Legitimation für diese „Begriffsverkürzung und [...] Problemreduzierung" sieht *Heine* in den „Prämissen rechtsstaatlicher Gleichheit und Berechenbarkeit"[409] sowie darin, dass das geltende Gesetz, indem es Motivmerkmale statuiere, die Aufgabe stelle, angemessen damit umzugehen[410]. Hieraus folgt nahezu zwangsläufig das Postulat, eine „‚hauseigene' strafrechtliche Psychologie" zu etablieren, die (zumindest nach derzeitigem Stand der Wissenschaft) als „unverzichtbar" angesehen wird[411]. Von einem anderen Blickwinkel aus betrachtet, lässt sich insoweit freilich, mehr negativ, eine Quasi- oder Oberflächen-Psychologie monieren[412]. Darüber hinaus stellt sich die Frage, ob es, die empirisch-psychologischen Kalamitäten berücksichtigend, nicht redlicher wäre, auf empirische Implikationen (beziehungsweise einen entsprechenden Anschein) zu verzichten. Denn das, was vorgegeben wird, wird ja nicht oder bloß derart verkürzt – nach *Heine* pragmatisch-kriminalpolitischen Zielsetzungen folgend[413] – geprüft, dass dies der Realität kaum mehr gerecht wird[414]. Eine adäquate und überzeugende Lösung des Problems lässt sich hierin nicht sehen.

---

[407] *Heine*, Tötung, S. 166.

[408] *Heine*, Tötung, S. 166; ferner *Paeffgen*, GA 1982, S. 255 (262 Fn. 32).

[409] *Heine*, Tötung, S. 145. – Vergleichbar schon *Krauß*, Bruns-FS, S. 11 (14), und besonders *ders.*, Schaffstein-FS, S. 411 (417 ff.), mit der Feststellungen (ebd., S. 419): „Wenn die Probleme für die oberflächliche Auseinandersetzung des Prozesses zu komplex und schwierig sind, müssen sie vereinfacht werden. Dieses Ziel ist nur zu erreichen, wenn die dogmatischen Konstruktionen und Begriffe des materiellen Rechts die entscheidungserheblichen psychologischen, soziologischen und ethischen Probleme verkürzen, wenn sie etwa psychisch komplexe Geschehen [...] bestimmten einfacher strukturierten Typen zuordnen, sie gleichsam umformulieren und auf diese Weise schwierige Fragen der Empirie definitorisch beseitigen."

[410] *Heine*, Tötung, S. 119; ebenso *Paeffgen*, GA 1982, S. 255 (259).

[411] *Heine*, Tötung, S. 144; desgleichen *Trechsel*, ZStW 93 (1981), S. 397 (421); *Paeffgen*, GA 1982, S. 255 (259 ff.), sowie bereits *Bockelmann*, Radbruch-GS, S. 252 ff. – mit dem Plädoyer, das Strafrecht müsse seine eigene „esoterische" Moral und Psychologie verfolgen. Aus Sicht der Psychologie *Thomae*, in: Handbuch der Psychologie, 2. Band, S. 39 f.

[412] Vgl. *Rasch*, Tötung, S. 1; *Geilen*, Lackner-FS, S. 571 (586).

[413] Siehe *Heine*, Tötung, S. 144.

[414] Dass sich die Lösung, soll sie halbwegs verlässlich sein, im Inneren einer Person nicht verorten und finden lässt, konzediert in gewisser Weise auch *Heine*. So bezeichnet er es als einen „Grundmangel" der Motivgeneralklausel, dass „ein rein innerpsychisches Merkmal über die besondere Strafwürdigkeit und -bedürftigkeit bei Tötungsdelikten" entscheide und „‚die Nacht des Inneren' letztlich immer äußerst problematischen Feststellungsverzerrungen ausgesetzt" sei (Tötung, S. 282). Die naheliegende Folgerung, die Lösung im Äußeren, im Tatgeschehen, zu suchen, wird nicht gezogen.

Denkbar wäre es nun noch, einen anderen Weg zu beschreiten: Bei den Motiven könnte es um Handlungshermeneutik gehen. Motive stellen danach keine im Inneren der Person zu lokalisierenden Gegebenheiten dar, die es empirisch zu ergründen gilt[415]. Vielmehr dienen Motive dazu, sozialem Verhalten Sinn und Bedeutung zu verleihen. Sie erklären das Verhalten von Personen, und dies geschieht, indem der Person Motive gesellschaftlich zugeschrieben werden[416]. Hierzu heißt es bei *Blum/McHugh*: „Ein Motiv zu bestimmen heißt [...] nicht, daß man eine Ursache der Handlung ermittelt, sondern es bedeutet, daß ein Beobachter festlegt, wie ein Verhalten durch die Zuschreibung einer gesellschaftlich verfügbaren Handlungsorientierung sozial verständlich ist."[417] Demzufolge sind es in „einem genaueren soziologischen Sinn [...] die Beobachter, die dem Verhalten ein Thema zugrunde legen, seien es Motive oder etwas anderes"[418]. Motive, obschon aus psychologischer Perspektive durchaus als innere Triebfeder von Verhalten begreifbar, liefern demnach „nur" eine „Regel des Beobachters für die Beschreibung von Gründen des Verhaltens"[419]. Die „Tiefenstruktur von Motiven" ist also, so gesehen, „durch und durch soziologisch"[420]. Diese Betrachtung läuft, wie unschwer zu erkennen ist, auf eine reine Bewertung des Verhaltens von Personen hinaus, denn die Motivzuschreibung impliziert zuletzt nichts anderes. Hierdurch entfällt gleichsam expressis verbis die einer Bewertung von Beweggründen angeblich vorgeschaltete empirische Motivsuche beziehungsweise braucht diese als normativ gesteuert nicht erst dekuvriert zu werden (siehe schon oben[421]). Immerhin dürfte damit auf realitätsgerechtere Weise erfasst werden, wie es zu den Motiven des Täters für seine Tat kommt[422]. Die Problematik dieser Vorgehensweise liegt freilich darin, dass durch die Zuschreibung von Motiven zugleich eine Bewertung des Verhaltens vorgenommen wird, die sich in aller Regel nicht an spezifisch rechtlichen, son-

---

415 *Blum/McHugh*, in: Abweichendes Verhalten II, S. 171 (180).

416 Dazu ausführlich *Blum/McHugh*, in: Abweichendes Verhalten II, S. 171 ff.; siehe ferner *Klaus Günther*, Schuld, S. 174 ff.; *Stuckenberg*, Vorstudien, S. 270, 276. Im Ergebnis ebenso *Alwart*, GA 1983, S. 433 (437); teils auch *Heine*, Tötung, S. 166. Prinzipiell – und das heißt als Basis – an der Psychologie festhaltend aber *Heine*, Tötung, S. 145, 166, sowie *Paeffgen*, GA 1982, S. 255 (262 Fn. 32). Vgl. zudem *Thomae*, in: Handbuch der Psychologie, 2. Band, S. 18 f., nach dem Motivation und Einzelmotive hypothetische Konstrukte sind, die der Psychologe erfindet, um ein bestimmtes Verhalten, das er beobachtet, zu erklären. Vergleichbare Aussagen lassen sich in der philosophischen Handlungstheorie finden; siehe *Stoecker*, Handlungen, S. 10, 31 f.

417 *Blum/McHugh*, in: Abweichendes Verhalten II, S. 171 (174).

418 *Blum/McHugh*, in: Abweichendes Verhalten II, S. 171 (173).

419 *Blum/McHugh*, in: Abweichendes Verhalten II, S. 171 (173).

420 *Blum/McHugh*, in: Abweichendes Verhalten II, S. 171 (191).

421 Sowie die Ausführungen bei *Rasch*, Psychiatrie, S. 190 f.

422 Vgl. zu den gesellschaftlichen und kulturellen Einflüssen bei der Motivbildung ferner *Rasch*, in: Handwörterbuch der Kriminologie, S. 353 (389), sowie *Simons*, Tötungsdelikte, S. 5, 77 ff.

dern an sozialethisch-moralischen Vorgaben orientiert. Das leitet über zum nächsten Abschnitt.

c) Rechts- oder freiheitstheoretische Bedenken

„Das RStGB", bemerkte *Eberhard Schmidt*, „hat, wie das Bayerische StGB 1813 und das Preußische StGB 1851 den von der Carolina dem italienischen Recht entlehnten Vorbedachts-Gesichtspunkt seiner Unterscheidung zugrunde gelegt, sehr begreiflich in einer Zeit, der für strafrechtliches Denken die strenge Trennung von Moralität und Legalität geradezu eine Notwendigkeit gewesen ist, weil den Staat die sittliche Qualität der menschlichen Persönlichkeit und ihre Motive nichts angehen durfte. So hat nun aber das Gesetz vom 4.9. 1941 bezüglich der Unterscheidung von Mord und Totschlag einen völlig andersartigen Standpunkt einnehmen wollen, als es dem § 211 die veränderte Fassung gab"[423]. Diese andere Sichtweise, nämlich die (rechtliche) Unbedenklichkeit eines Zugriffs auf die Innenwelt des Täters in Form einer weitgehenden Erforschung seiner Motive für die Tat und die Bewertung dieser motivationalen Einstellungen anhand eines sozialethischen Maßstabs, schien damals und scheint heute noch weithin konsentiert. Unter freiheitstheoretischen Gesichtspunkten erweist sich diese Position gleichwohl, das Zitat *Eberhard Schmidts* deutet es bereits an, mehr als problematisch und im Ergebnis als nicht mehr tragfähig.

Schon für *Hälschner* bildeten die Motive allerdings „ein wesentlich mitbestimmendes, für die rechtliche und sittliche Beurtheilung der That unentbehrliches Moment", deren Einfluss bei der Bewertung einer Straftat von jeher von der Gesetzgebung anerkannt worden sei[424]. Als die denkbar niedrigsten benannte er die „sinnlichen" Motive der Genusssucht, Habsucht und Gewinnsucht[425]. *V. Liszt* forderte sodann mit Nachdruck dazu auf, ein „System der Motive" zu entwerfen und lieferte dazu selbst eine umfangreiche Aufstellung möglicher Tatmotive in acht Gruppen[426]. Schließlich entwickelte *Max Ernst Mayer*

---

[423] *Eb. Schmidt*, DRZ 1949, S. 198 (200).

[424] *Hälschner*, Strafrecht 1, S. 511 (Zitat) und 510.

[425] *Hälschner*, Strafrecht 1, S. 524 f.

[426] *V. Liszt*, ZStW 16 (1896), S. 477 (485 ff., 490 ff.). – Das Anliegen *v. Liszts* war jedoch ein anderes als das von *Hälschner*. *V. Liszt* ging es darum, eine wissenschaftlich begründete Kriminalpsychologie zu schaffen, wozu die Systematisierung von Tatmotiven einen wesentlichen Beitrag leisten sollte (a.a.O., S. 484 ff.). Den Wert, den eine solche Einteilung wiederum für die Kriminalpolitik haben könnte, beurteilte er skeptisch (ebd., S. 494 ff.). „Wir können mithin Art und Maß der Strafe unmöglich nach der Zugehörigkeit der That zu der einen oder der andern Gruppe bestimmen. Die kriminalpolitisch verwertbare Einteilung der Verbrecher, zu der wir gelangen wollen und gelangen müssen, deckt sich nicht mit der gewonnenen psychologischen Einteilung der Verbrecher." (a.a.O., S. 495) Damit unterschied *v. Liszt* klar zwischen etwaigen empirischen Erkenntnissen der Kriminalpsychologie und den normativen Anforderungen einer Kriminalpolitik (vgl. a.a.O., S. 496). Und obwohl *v. Liszt* prononciert für die Bedeutung von Tatmotiven eintrat, stand er dem schweizerischen Entwurf von *Stooss*, in dem der Mord (vergleichbar § 211 II StGB) auch durch die Tatmotive bestimmt wurde (siehe zu A I in Fn. 11), ablehnend gegenüber (siehe *v. Liszt*, in: Vergleichende Darstellung, S. 1

vor circa 100 Jahren die sogenannte Motivtheorie, in der er den Motiven emphatisch eine wesentliche Rolle bei der Beurteilung einer Straftat zuerkannte[427]. Obgleich der Begriff des Motivs für das Strafrechtssystem grundlegend sei, habe ihn die Literatur bislang vernachlässigt[428]. Ein umfassendes und hinreichendes Urteil über die Tat – genauer: die Schuld des Täters – ließe sich aber nur bilden, wenn sämtliche Motive berücksichtigt würden, die zu der vorsätzlichen oder aber fahrlässigen Tat geführt hätten. Die „lebendige Fülle von bewegenden Vorstellungen und erregenden Gefühlen, also die Gesamtheit der Motive" müsse „in den Gesichtskreis" gelangen[429]. Denn es seien die Motive, „die nach ihrem Inhalt, nach moralischer Berechtigung und sozialem Wert, nach ihrer Gefühlsbetonung und nach ihrem Verhältnis zum Charakter des Handelnden, nach dem Tempo ihrer Wirksamkeit und nach andern Eigenschaften unendlich variierbar sind und dadurch der Pflichtwidrigkeit in jedem konkreten Fall ein individuelles Gepräge geben"[430]. Das Ausmaß der Schuld des Täters hing damit neben dem verursachten Erfolg maßgeblich von seinen Motiven ab, die den Grad der Pflichtwidrigkeit bestimmten[431]. Wegen der Möglichkeit, eine Tat unbewusst fahrlässig zu begehen, führte dieser Ansatz dazu, dass auch Motive erfasst werden sollten (besser wohl: mussten), die dem Täter nicht bewusst geworden waren[432]. „Gerade in dieser verborgenen psychischen Differenzierung" lag für *Mayer* „der Grund der evidenten ethischen Abstufung" der einzelnen Taten[433]. Sein Schuldbegriff setzte sich demzufolge zusammen aus psychischen (oder, wie er selbst es nannte, psychologischen) und ethischen Momenten[434]. Das „psychologische Schuldelement" fungierte als Basis, „von der aus [...] auf das ethische geschlossen werden soll"[435]. 50 Jahre nach *Max Ernst Mayer* hob

---

[67]). *V. Liszt* beanstandete, *Stooss* stelle zu sehr auf eine niederträchtige Gesinnung ab und nehme dadurch eine sittliche statt, wie erforderlich, rechtliche Bewertung der Tat vor (*v. Liszt*, ZStW 16 [1986], S. 477 [499 ff., bes. 502, 510]).

427 Grundlegend *M. E. Mayer*, Handlung, S. 40 ff., 141 ff.; *ders.*, Lehrbuch, S. 102 ff., 240 f., 243, 248, 496 f.; – sodann, im Einzelnen zwar abweichend, was die exponierte Stellung des Motivbegriffs betrifft, jedoch vergleichbare Konzeptionen bei *Thomsen*, Begriff des Verbrechensmotivs, bes. S. 131 ff., 208 ff., 238 ff., 321 ff., und *Friedrich*, Motive, S. 32 ff., bes. 40 ff., 116 ff.; siehe ferner *v. Calker*, Strafrecht, S. 22 ff.; zur Resonanz, die die Motivtheorie fand, und zur Kritik vgl. insbesondere *Mezger*, Strafrecht, S. 273 f.; *dens.*, Der Gerichtssaal 89 (1924), S. 207 (253); kritisch zur Motivbetrachtung schon damals *Kitzinger*, Aphorismen, S. 34 ff.

428 *M. E. Mayer*, Lehrbuch, S. 103 in Fn. 6.

429 *M. E. Mayer*, Lehrbuch, S. 240 f. (Zitat), ferner S. 243.

430 *M. E. Mayer*, Lehrbuch, S. 248.

431 *M. E. Mayer*, Lehrbuch, S. 248. An anderer Stelle fügte *Mayer* vorsorglich an (Lehrbuch, S. 241 in Fn. 27 a. E.): „Natürlich muß aber das Dasein und das Fehlen der Erfolgsvorstellung überall in den Mittelpunkt gestellt werden."

432 Siehe *M. E. Mayer*, Lehrbuch, S. 249 f.

433 *M. E. Mayer*, Lehrbuch, S. 243.

434 *M. E. Mayer*, Lehrbuch, S. 244 ff.

435 *M. E. Mayer*, Lehrbuch, S. 246.

Armin Kaufmann erneut den Stellenwert der Tatmotive für die Beurteilung der Tat hervor, nunmehr eingeordnet allerdings als Elemente des Unrechts und nicht mehr der Schuld[436]. So bestimme sich das Maß des Unwertes eines Aktes, das Handlungsunrecht, „in erster Linie nach den Motiven, die für die Willensbildung bestimmend waren“[437].

An der prinzipiellen Relevanz von Tatmotiven für die rechtliche Bewertung einer Tat – gleich, wo diese dogmatisch präzise zu lozieren wären[438] – scheint es seither keine ernsthaften Zweifel mehr zu geben[439]. Bedenken hiergegen werden allenfalls vereinzelt und zumeist nur am Rande geäußert[440]. *Kühls* Einschätzung, auf die Erforschung von Motiven für den Rechtsbruch werde man wohl nicht mehr verzichten wollen[441], trifft daher zu. Hinzu kommt, dass das Gesetz an manchen Stellen eine an der Sozialethik orientierte Bewertung der Tat offenbar einfordert[442], wie namentlich an dem Verweis auf „die guten Sitten“ in § 228 StGB zu erkennen ist[443]. Ebenso erstrebte der Gesetzgeber mit der Einführung

---

[436] *Armin Kaufmann*, Bindings Normentheorie, S. 158, 208 f.

[437] *Armin Kaufmann*, Bindings Normentheorie, S. 208 f.

[438] Für Unrechtselemente neben *Armin Kaufmann* ferner *Welzel*, Strafrecht, S. 79; *ders.*, JZ 1952, S. 72 (74 mit Fn. 16); *Jakobs*, Strafrecht AT, 8/96; SK/*Horn*, § 211 Rdnr. 3; LK/*Jähnke*, Vor § 211 Rdnr. 46 ff.; *Fischer*, § 211 Rdnr. 6; MK/*Schneider*, § 211 Rdnr. 211; *Maurach/Schroeder/Maiwald*, Strafrecht BT/1, § 2 Rdnr. 23, 30 ff., 43 ff.; *Maurach/Zipf*, Strafrecht AT/1, § 23 Rdnr. 55 f.; *Otto*, Strafrecht BT, § 4 Rdnr. 1; *Rengier*, Strafrecht BT II, § 4 Rdnr. 7 f.; *Kindhäuser*, Strafrecht BT I, § 1 Rdnr. 3, § 2 Rdnr. 3; *Gössel/Dölling*, Strafrecht BT/1, § 1 Rdnr. 21; *Krey/Heinrich*, Strafrecht BT/1, § 1 Rdnr. 23; – für Schuldelemente hingegen *Wessels/Beulke*, Strafrecht AT, § 10 Rdnr. 422; *Jescheck/Weigend*, Lehrbuch, § 39 II 1, § 42 I 2, II 3a; LK/*Jescheck* (11. Aufl.), Vor § 13 Rdnr. 81; *Roxin*, Strafrecht AT I, § 10 Rdnr. 73 ff.; LK/*Roxin* (11. Aufl.), § 28 Rdnr. 74 f.; LK/*Schünemann* (12. Aufl.), § 28 Rdnr. 73; NK/*Puppe*, Vor § 13 Rdnr. 18, § 15 Rdnr. 107; Sch/Sch-*Lenckner/Eisele*, Vorbem. §§ 13 ff. Rdnr. 122; *Gallas*, ZStW 67 (1955), S. 1 (46); *Lange*, Schröder-GS, S. 217 (218, 221, 226 f.); *Köhler*, Strafrecht AT, S. 170; *Oehler*, Das objektive Zweckmoment, S. 148 ff.; *Grasnick*, Schuld, S. 230 f., 233 ff.; *Kelker*, Legitimität von Gesinnungsmerkmalen, S. 479 ff., 613 f.; – für eine Unrechts- wie Schuldkomponente *Paeffgen*, GA 1982, 255 (bes. S. 256 ff., 270 ff.); *Heine*, Tötung, S. 231.

[439] Vgl. *Köhler*, Strafrecht AT, S. 364, 373, 430, 599, 604; *Roxin*, Strafrecht AT I, § 10 Rdnr. 71; *Maurach/Zipf*, Strafrecht AT/1, § 20 Rdnr. 4, 22 und § 22 Rdnr. 55; *Jescheck/Weigend*, Lehrbuch, § 39 II 1, § 42 II 3a, § 83 II 2; *Stratenwerth/Kuhlen*, Strafrecht AT I, § 8 Rdnr. 55; *Lackner/Kühl*, § 46 Rdnr. 33; *Fischer*, § 46 Rdnr. 27.

[440] Vgl. *Kühl*, Lampe-FS, S. 439 (453 ff.); *dens.*, Schreiber-FS, S. 959 (963 f.); *dens.*, in: Recht und Moral, S. 139 (bes. 148 f., 161 f.); *dens.*, Bedeutung der Rechtsphilosophie, S. 36 ff.; *Kelker*, Legitimität von Gesinnungsmerkmalen, S. 439 ff.; *Jakobs*, Strafrecht AT, 8/99; wohl auch *Stuckenberg*, Vorstudien, S. 278, sowie schon *Oehler*, Das objektive Zweckmoment, S. 139 f.; – speziell für die Strafzumessungsebene, mithin § 46 StGB betreffend: *Frisch*, ZStW 99 (1987), S. 751 (766 ff.); *ders.*, 50 Jahre BGH-FG, S. 269 (288 f.); *Hörnle*, JZ 1999, S. 1080 (1087); *dies.*, Strafzumessung, S. 60 f.

[441] *Kühl*, in: Recht und Moral, S. 139 (154 f.); ferner *Paeffgen*, GA 1982, S. 255 (261 mit Fn. 28 a. E.).

[442] Vgl. *Kühl*, Schreiber-FS, S. 959 (967); *dens.*, Schroeder-FS, S. 521 (530 f.); *Duttge*, NJW 2005, 260; *Jakobs*, NJW 1969, S. 489 f.

[443] Entschieden und zutreffend kritisch zu dieser Norm insbesondere *Köhler*, Strafrecht AT, S. 247. – Siehe zu weiteren Beispielen *Kühl*, in: Recht und Moral, S. 139 (158 ff.); *dens.*, Jahrbuch für Recht und Ethik, 11 (2003), S. 219 ff.; *dens.*, Schreiber-FS, S. 959 (966 ff.); *dens.*,

des Mordmerkmals „niedrige Beweggründe" unzweifelhaft eine an der Sozialethik ausgerichtete Deutung, die die Abgrenzung von Mord und Totschlag tragen sollte[444]. Diesen Vorstellungen kommt die herrschende Meinung nach, indem sie die „niedrigen Beweggründe" ganz in diesem Sinne als Motive versteht, die „nach allgemeiner sittlicher Wertung auf tiefster Stufe steh[en], durch hemmungslose, triebhafte Eigensucht bestimmt und deshalb besonders verwerflich, ja verächtlich [sind]"[445]. Für die Beurteilung entscheidend sollen „die in der Rechtsgemeinschaft als sittlich verbindlich anerkannten Anschauungen" sein[446]. Trotz der insoweit bestehenden weit verbreiteten Einhelligkeit ist jedoch in Frage zu stellen, ob es einem an Freiheitsgesetzen ausgerichteten Rechtssystem entspricht, die Bewertung einer Tat, bei § 211 II StGB immerhin maßgeblich und nicht nur rudimentär, auf moralisch-sozialethische Vorstellungen zu stützen. So müsste die sozialethische Bewertung bei der Mordvorschrift im Vergleich zur einfachen vorsätzlichen Tötung (dem Totschlag) die Begründung der Höchststrafe tragen[447].

Exemplarisch sei die Problematik an einem Beispiel veranschaulicht, welches *Paeffgen* in diesem Zusammenhang anführt. Zum Merkmal „Habgier" wird dort erläutert: Töte der Täter das Opfer, um an eine Dose Kaviar zu gelangen, so handele der Täter, falls er sich bloß einen „Gaumenkitzel" verschaffen wolle,

---

Meurer-FS, S. 545 (550 ff.); *dens.*, Lampe-FS, S. 439 (446 ff.). – Beiläufig sei in diesem Zusammenhang darauf hingewiesen, dass es neuerdings insbesondere in der Judikatur Bestrebungen gibt, die Auslegung des § 228 StGB von einer Sozialethik zu befreien. So führt der BGH in der Entscheidung BGHSt 49, 166 (169) aus, der Begriff „gute Sitten" in § 228 StGB betreffe „weniger außerrechtliche, ethisch-moralische Kategorien" (insoweit abweichend von BGHSt 49, 34 [40 f.]); er sei vielmehr auf „seinen rechtlichen Kern" zu beschränken; ein Verstoß „gegen die Wertvorstellungen einzelner gesellschaftlicher Gruppen oder des mit der Tat befaßten Strafgerichts" genüge nicht (kritisch zu diesem Ansatz *Kühl*, Schroeder-FS, S. 521 [530 f.]). In der Literatur sind entsprechende Bemühungen schon länger zu verzeichnen (siehe *Köhler*, Strafrecht AT, S. 255; LK/*Hirsch* [11. Aufl.], § 228 Rdnr. 9; *Frisch*, Hirsch-FS, S. 485 [488 ff., bes. 491 ff., 504 f.]; zuletzt eingehend *Jakobs*, Schroeder-FS, S. 507 [bes. 511 ff.]).

444 Vgl. in diesem Kapitel zu A I; nochmals knapp: *Grau/Krug/Rietzsch*, Deutsches Strafrecht I, S. 294 f., 298 ff. – wo es heißt: „Deutsches Rechtsempfinden fordert, daß, wer aus achtbaren oder jedenfalls nicht unbedingt verwerflichen Motiven [...] tötet, vor dem bevorzugt werde, der dieselbe Tat aus Gründen begeht, die sich ethisch nicht vertreten lassen."

445 BGHSt 3, 132 (133); ferner BGHSt 42, 226 (228); *Gössel/Dölling*, Strafrecht BT/1, § 4 Rdnr. 24; *Rengier*, Strafrecht BT II, § 4 Rdnr. 16; *Wessels/Hettinger*, Strafrecht BT/1, § 2 Rdnr. 95; *Maurach/Schroeder/Maiwald*, Strafrecht BT/1, § 2 Rdnr. 37; *Kindhäuser*, Strafrecht BT I, § 2 Rdnr. 15; Sch/Sch-*Eser*, § 211 Rdnr. 18; NK/*Neumann*, § 211 Rdnr. 26; *Lackner/Kühl*, § 211 Rdnr. 5; SSW-StGB/*Momsen*, § 211 Rdnr. 19; kritisch LK/*Jähnke*, § 211 Rdnr. 24, und vor allem *Fischer*, § 211 Rdnr. 14, wo hervorgehoben wird, es komme auf eine „rechtliche Beurteilung" an und die „Missachtung allein moralisch-sittlicher Postulate" könne den Mordvorwurf nicht begründen. *Otto*, Strafrecht BT II, § 4 Rdnr. 13 („weitgehend anerkannt[ ], jedoch pathetisch überladen").

446 Sch/Sch-*Eser*, § 211 Rdnr. 18.

447 Kritisch daher *Jakobs*, NJW 1969, S. 489 f.; *Arzt*, in: Freiheitsstrafe, S. 141 (148); *Arzt/Weber*, Strafrecht BT, § 2 Rdnr. 73; *Woesner*, NJW 1978, S. 1025 (1026); *ders.*, NJW 1980, S. 1137 (1140); ferner *Schünemann*, Bockelmann-FS, S. 117 (131 f.).

nicht aus dem Motiv „Habgier", sondern aus „Genußsucht"[448]. Dagegen setze „Habgier" ein „Haben-Wollen/Müssen um seiner selbst willen" voraus, was gegeben sein soll, wenn sich der Täter „in dem Besitz des Objekts sonnen [... oder] dessen Wert durch Tausch oder Verkauf o.ä. wirtschaftlich nutzen" wolle[449]. Die Feinsinnigkeit dieser Differenzierung sei nicht in Abrede gestellt. Man wird aber fragen dürfen, ob es von derart subtilen Unterschieden in der Vorstellungswelt des Täters abhängen sollte, ob Mord oder Totschlag anzunehmen und damit zugleich eine lebenslange oder zeitige Freiheitsstrafe zu verhängen ist. So müsste diese Unterscheidung auf eine normativ erhebliche Differenz verweisen, was sich bereits unvoreingenommen betrachtet, mithin „vom Standpunkt eines unverbildeten Betrachters"[450], schwerlich aufdrängen dürfte.

Abgesehen von diesen mehr vordergründigen Bedenken, gibt es grundsätzlichere Einwände gegen eine weitestgehende Berücksichtigung und Bewertung der Innenwelt des Täters. Zu erinnern ist insoweit an die einem auf Freiheit gegründeten Rechtssystem (Art. 1, 2 GG) entsprechenden freiheitstheoretischen Grundlagen und (Rechts-)Prinzipien. Als solche lassen sich namentlich der kantische Rechtsbegriff und die von *Kant* vorgenommene fundamentale Unterscheidung zwischen Legalität und Moralität anführen. Das Recht bezieht sich danach ausschließlich auf das äußere (Freiheits-)Verhältnis von Personen[451], und seine Aufgabe ist es, deren Freiheitssphären in strikter Wechselseitigkeit voneinander abzugrenzen und zu garantieren. „Das Recht ist also der Inbegriff der Bedingungen, unter denen die Willkür des einen mit der Willkür des anderen nach einem allgemeinen Gesetz der Freiheit vereinigt werden kann."[452] Aus diesem Rechtsprinzip erwächst jeder Person die Pflicht, den Freiheitsbereich anderer Personen zu achten und nicht schädigend oder verletzend in deren rechtlich geschützte (Freiheits-)Sphäre einzudringen. Hierfür genügt es, wenn die Person sich äußerlich korrekt, also dem Freiheitsgesetz entsprechend, verhält. Denn die Legalität als legitimer Gegenstand des Rechts geht einzig auf das äußere Verhalten von Personen[453]. Legalität betrifft somit allein die äußerliche Gesetzmäßigkeit des Verhaltens, wohingegen die Moralität auf das Innere der Person zielt[454]. So ist es für die Moralität, mithin die moralische Beurteilung eines Verhaltens, über diesen äußeren Bereich hinaus entscheidend, aus welchem Grund (Motiv) sich eine Person für ihr Verhalten entschieden hat. Es

---

[448] *Paeffgen*, GA 1982, S. 255 (265 in Fn. 44).

[449] *Paeffgen*, GA 1982, S. 255 (265).

[450] So die Maßfigur bei Sch/Sch-*Eser*, § 211 Rdnr. 18.

[451] *Kant*, MdS-RL, Einleitung in die MdS, S. 318f., 324, sowie ebd., Einleitung in die Rechtslehre, S. 336, 337 („Der Begriff des Rechts [...] betrifft erstlich nur das äußere und zwar praktische Verhältnis einer Person gegen eine andere [...].").

[452] *Kant*, MdS-RL, Einleitung in die Rechtslehre, S. 337.

[453] *Kant*, MdS-RL, Einleitung in die Rechtslehre, S. 338.

[454] Zur Unterscheidung *Kant*, MdS-RL, Einleitung in die MdS, S. 318f., 323ff., sowie ebd., Einleitung in die Rechtslehre, S. 338, und MdS-TL, Einleitung, S. 508ff.

kommt auf die Triebfeder, die Beweggründe der Person an, während es für die Legalität gleichgültig ist, aus welchem Grund eine Person handelt oder unterlässt, sich pflichtgemäß verhält. Denn es kann vom Recht „nicht verlangt werden [...], daß dieses Prinzip aller Maximen selbst wiederum meine Maxime sei". Vielmehr ist das „Rechthandeln mir zur Maxime zu machen, [...] eine Forderung, die die Ethik an mich tut"[455]. Daher lautet das „allgemeine Rechtsgesetz": „handele äußerlich so, daß der freie Gebrauch deiner Willkür mit der Freiheit von jedermann nach einem allgemeinen Gesetze zusammen bestehen könne [...]"[456]. Moralisch ist das Verhalten von Personen nur dann von Wert, wenn es der Moralität entspricht; und das heißt: die Person muss ihre Pflicht einzig um der Pflicht willen und nicht aus einem anderen Motiv erfüllen[457]. Das ethische Gebot heißt deshalb, mit *Kant* gesprochen: „handle pflichtmäßig, aus Pflicht"[458]. Nur auf diese Weise erlangt das Verhalten von Personen eine moralische Qualität. Demgegenüber kann es im Recht (oder in der Legalität), da auf ein Äußeres beschränkt, nicht um die Feststellung einer moralischen Dignität von Verhalten gehen[459]. Das Recht erweist sich vielmehr als moralisch indifferent. Im Weiteren geht damit einher, dass mit den äußeren Rechtspflichten der Person ein äußerer Zwang korrespondiert[460]. Die Person kann zwar gezwungen werden, nicht schädigend in den äußeren Freiheitsbereich anderer Personen einzugreifen; sie kann aber nicht dazu gezwungen werden, dies deshalb (aus dem Motiv) zu tun, weil es ihr darum geht, das äußere Freiheits- oder Rechtsverhältnis zu respektieren und sich legalitätskonform zu verhalten. Mit anderen Worten: Die Person kann nicht gezwungen werden, moralisch zu sein[461]. Denn der Zwang als Kehrseite des Rechts ist ebenso wie das Recht nur auf die Einhaltung und Beachtung eines Äußeren gerichtet. Der Bereich des Inneren einer Person bleibt beiden, Recht und Zwang, versperrt.

Legt man diese Prämissen zugrunde, ließe sich – um es zunächst noch vorsichtig zu formulieren – schlussfolgern, die Motivergründung und -bewertung sei, als der Innenwelt der Person (des Täters) zugehörig und somit die Moralität betreffend, im Recht nicht angängig. Ein Zugriff darauf stünde dann in Widerspruch zu dem erläuterten Rechts- und Freiheitsprinzip. Eine solche Schlussfolgerung wäre aber womöglich voreilig. So hat *Engisch* dargelegt, dass die kan-

---

[455] *Kant*, MdS-RL, Einleitung in die Rechtslehre, S. 338, sowie ferner, MdS-TL, Einleitung, S. 511.

[456] *Kant*, MdS-RL, Einleitung in die Rechtslehre, S. 338.

[457] *Kant*, MdS-RL, Einleitung in die MdS, S. 324, sowie MdS-TL, Einleitung, S. 521, 523.

[458] *Kant*, MdS-TL, Einleitung, S. 521.

[459] *Kant*, MdS-TL, Einleitung, S. 521.

[460] Zum Verhältnis von Recht und Zwang, *Kant*, MdS-RL, Einleitung in die MdS, S. 325, sowie ebd., Einleitung in die Rechtslehre, S. 338 ff. – knapp (a.a.O., S. 340): „Recht und Befugnis zu zwingen bedeutet also einerlei."

[461] Insoweit ist nur Selbstzwang der Person möglich; siehe *Kant*, MdS-TL, Einleitung, S. 508 f.

tische Begrenzung des Rechts auf ein Äußeres lediglich bei rechtmäßigem, nicht jedoch bei rechtswidrigem Verhalten gelte[462]. Nur wo „Gehorsam geleistet" werde und sich die Person gesetzmäßig verhalte, werde die Frage nach den Motiven „unterdrückt"[463]; dagegen stünden die Ausführungen *Kants* einer Berücksichtigung der Motivation bei rechtswidrigem Verhalten nicht entgegen. Es stehe „dem Juristen [vielmehr] frei, die Motive zu erforschen und bei der Beurteilung [der Tat] zu berücksichtigen"[464]. Zumal in einem Recht, das am Schuldprinzip ausgerichtet sei, müssten die Triebfedern rechtswidrigen Verhaltens von erheblicher Bedeutung sein[465]. Schon bei *Köstlin* heißt es: „Der Staat kann das Böse niemals von dem Standpunkt der Sittlichkeit aus betrachten, da für ihn alles Subjective nur soweit Geltung hat, als es sich objectiv realisirt. Er kann daher auch in der Form der Strafgerichtsbarkeit niemals darauf ausgehen, den bösen Willen als solchen zu strafen, sondern nur dann wird derselbe für ihn ein böser, wenn er sich entweder ganz oder theilweise in Realität umgesetzt hat. Für das Sittlichböse als solches ist der Richter das Gewissen und das, worauf das Gewissen hinweist, das vergeltende Jenseits. In dieser inneren Welt kann sehr viel verdorbene Gesinnung, [...] ja sehr viel böses Benehmen herrschen; – der Staat muß sich [...] so lange gleichgültig verhalten, als es den Kreis der objectiv gewordenen Sittlichkeit, des Gesetzes [...] nicht berührt."[466] Einigkeit besteht demzufolge darüber, dass Moralwidrigkeiten, die ausschließlich in der Innenwelt einer Person bleiben (moralisch fehlerhafte Einstellungen also) und die in der äußeren Welt nicht sichtbar werden, kein legitimer Gegenstand des Rechts sein können. Der böse Gedanke, die schlechte Gesinnung allein gehen das (Straf-)Recht nichts an[467]. Etwas anderes soll aber gelten, falls eine Person sich nicht gesetzeskonform verhält. Der Zugriff auf die Innenwelt dieser Person sowie deren Bewertung wird, obzwar sonst durchweg unzulässig, nunmehr als durchweg zulässig und dem Freiheitsprinzip nicht entgegenstehend angesehen. Dieser Standpunkt dürfte bis heute der überwiegenden Auffassung entsprechen[468].

---

462 *Engisch*, Gerechtigkeit, S. 87 ff.

463 *Engisch*, Gerechtigkeit, S. 88.

464 *Engisch*, Gerechtigkeit, S. 88.

465 *Engisch*, Gerechtigkeit, S. 91.

466 *Köstlin*, Mord und Todtschlag, S. 127 f.

467 *Köhler*, Strafrecht AT, S. 14 f., 452 ff., 545; *Kühl*, Bedeutung der Rechtsphilosophie, S. 33 ff., bes. 37 f.; *ders.*, Schreiber-FS, S. 959 (963); *ders.*, Meurer-FS, S. 545 (550); *ders.*, Lampe-FS, S. 439 (454); *Kelker*, Legitimität von Gesinnungsmerkmalen, S. 400 ff., 412 ff.; *Kindhäuser*, ZStW 107 (1995), S. 701 (724 f., 726 f.).

468 Zumal in der juristischen Literatur, siehe *Radbruch*, Rechtsphilosophie, § 5 (bes. S. 128); *Schmidhäuser*, Gallas-FS, S. 81 (90); ferner *Köhler*, Strafrecht AT, S. 364 f., 373, 599; NK/*Puppe*, Vor § 13 Rdnr. 22; differenzierend *Kühl*, Bedeutung der Rechtsphilosophie, S. 40 f.; *dens.*, Lampe-FS, 439 (455 ff.); ausführlich zum Ganzen *von der Pfordten*, Rechtsethik, S. 66 ff. und bes. 364 ff., sowie zuletzt *Kelker*, Legitimität von Gesinnungsmerkmalen, bes. S. 446 ff.

Als Erstes ist *Engisch* und anderen Autoren freilich zuzugeben, dass *Kant* seine Konzeption an gesetzmäßigem und nicht an gesetzwidrigem Verhalten entfaltet. Dies ergibt sich aber zwangsläufig aus seinem Anliegen und dem Blickwinkel, den er einnimmt. *Kant* geht es darum, die verschiedenen Arten von Pflichten und ihren jeweiligen Erfüllungsmodus aufzuzeigen; dargelegt wird eine „Sittenlehre“ [469]. Seine Perspektive ist mithin nicht die Nichterfüllung von Pflichten. Pointiert: Sujet der Rechts- und Moralphilosophie sind Legalität und Moralität und nicht deren Gegenteil. Sodann trifft es zu, dass sich den Ausführungen *Kants* jedenfalls nicht explizit entnehmen lässt, dass die Unbeachtlichkeit der Einstellung des Täters, seine Motivation, gleichermaßen im Falle eines nicht normgerechten Verhaltens gelten müsse. Andererseits wird explizit aber auch nicht dargetan, die weitestgehende Berücksichtigung der Innenwelt des Täters bei gesetzwidrigem Verhalten sei unschädlich[470]. Die Formulierung „weitestgehende Berücksichtigung der Innenwelt des Täters“ wird gewählt, um Missverständnisse zu vermeiden. So ist damit, worauf schon hingewiesen wurde[471], nicht ein etwaiger Wille des Täters gemeint, der unmittelbar auf die Vornahme einer Rechtsverletzung gerichtet wäre. Es geht folglich nicht um Absicht als Form des Vorsatzes[472], sondern um mentale Einstellungen des Täters, die hierüber hinausreichen und dieser Willensbildung im weitesten Sinne zugrunde liegen beziehungsweise vorgelagert sind. Insofern bleibt es irritierend, dass die Berücksichtigung der inneren Haltung einer Person bei legalem Verhalten ausnahmslos untersagt, während sie bei illegalem Verhalten ohne weiteres gestattet sein soll. Gewiss, sofern ein (äußeres) gesetzwidriges Verhalten zu verzeichnen ist, geht es bei der Einbeziehung der Beweggründe des Täters nicht mehr ausschließlich um Moralität; aber: es geht auch um Moralität. Und wenn es die Rechtslehre „bloß mit der formalen Bedingung äußerer Freiheit zu tun“ hat, wohingegen die Ethik „noch eine Materie [...], einen Zweck [...] an die Hand“ gibt[473]; wenn außerdem das Recht „überhaupt nur das zum Objekt hat, was in

[469] Hierzu *Kant*, MdS-RL, Einleitung in die MdS, S. 318 ff.; ferner eingehend *Kersting*, Wohlgeordnete Freiheit, S. 176 ff., bes. 178, sowie *Höffe*, Neue Hefte für Philosophie 17 (1979), S. 1 (9 ff.); vgl. auch *Engisch*, Gerechtigkeit, S. 87.

[470] Zu diesem Schluss kommt auch *Kelker*, Legitimität von Gesinnungsmerkmalen, S. 446 ff., bes. 456, die – mit Verweis auf *Kant*, Einleitung in die Metaphysik der Sitten, S. 334 f. – im Ergebnis aber für eine Einbeziehung von Gesinnungen und Tatmotiven plädiert. *Kelker* räumt ein, dass sich aus der von ihr angegebenen und analysierten Textpassage *Kants* eine Einbeziehung von Motiven und Gesinnungen des Täters zwar „nicht ausdrücklich“ entnehmen lasse; sie meint aber, eine solche Auslegung stehe „in einem sinnvollen Zusammenhang“ mit *Kants* Ausführungen. Vgl. im Weiteren *Kühl*, in: Recht und Moral, S. 139 (148).

[471] Oben zu B I 1.

[472] Was freiheitstheoretisch unbedenklich wäre; vgl. *Kant*, MdS-RL, Einleitung in die MdS, S. 330, wo die „vorsätzliche“ Übertretung als „Verbrechen“ definiert wird. Zur Unterscheidung des Vorsatzes von weiteren Motiven und Absichten auch *Kelker*, Legitimität von Gesinnungsmerkmalen, S. 419, 422; ferner *Haas*, Strafbegriff, S. 252. Siehe außerdem noch die Ausführungen im dritten Kapitel unter A I 1 a.

[473] *Kant*, MdS-TL, Einleitung, S. 509.

Handlungen äußerlich ist" und „dem nichts Ethisches beigemischt ist", es somit, soll es „rein und mit keinen Tugendvorschriften vermengt" sein, dasjenige ist, „welches keine andern Bestimmungsgründe der Willkür als bloß die äußeren fordert"; wenn man ein striktes Recht also „nur das völlig äußere nennen" kann[474] – dann ist es doch schwer einsichtig zu machen, weswegen der Gegenstand des Unrechts (und damit ebenso „rechtlicher" Schuld[475]) etwas grundsätzlich anderes und über eine vorsätzliche (oder absichtliche) Rechtsverletzung dermaßen weit Hinausreichendes sein kann und soll. Denn das Unrecht ist ja nichts anderes als die Kehrseite des Rechts – dessen Verkehrung. Dass der Zugriff auf die Innenwelt von Personen, von *Kant* bei legalem Verhalten vehement und mit großem Argumentationsaufwand verworfen, hier derart weitreichend zulässig sein soll, wirkt befremdlich. Dies nicht zuletzt, weil damit zugleich die „extreme Privatisierung der Moral"[476], Kennzeichnen und Kernstück der kantische Konzeption, partiell aufgehoben wird. Speziell im hier zu verhandelten Fall des § 211 II StGB kommt in unmittelbarem Vergleich mit § 212 I StGB hinzu, dass es allein die mentale Einstellung des Täters ist, die die Schärfung trägt. Damit basiert die Höchststrafe konkret auf Gründen der Moralität, und sie lässt sich nicht auf spezifisch oder strikt rechtliche Erwägungen zurückführen. Anders gesagt: Mord bedeutet vorsätzliche Tötung plus moralwidrige Einstellung. Stellt man überdies in Rechnung, dass Recht und Zwang analytisch miteinander verbunden sind – da „mit dem Rechte zugleich eine Befugnis, den, der ihm Abbruch tut, zu zwingen, nach dem Satz des Widerspruchs verknüpft" ist[477] –, dass aber die innere Einstellung von Personen nicht erzwingbar ist[478], vermag die Berücksichtigung und (moralische) Bewertung von Beweggründen ebenfalls nicht recht zu überzeugen. Schlüssiger erscheint es daher, diese auch bei gesetzwidrigem Verhalten weitestgehend außer Acht zu lassen[479]. In diesem Sinne führt *Kersting* aus: „Aus welchen Gründen sich jemand rechtskonform verhält ist für die rechtliche Wertung seiner Handlung ebenso belanglos wie die

---

[474] *Kant*, MdS-RL, Einleitung in die Rechtslehre, S. 339.

[475] Also nicht einer bloß moralischen Schuld, um die es im Recht nicht gehen kann. Wird daher die Schuld neben dem Unrecht, auf das sie sich bezieht, noch zusätzlich mit moralischen Kriterien angereichert, handelt es sich nicht mehr ausschließlich um eine rechtliche, sondern um eine über die spezifisch rechtliche hinausreichende moralische Schuld. So ist ihr Bezugspunkt in diesem Fall nicht nur das strikte Recht (besser: Unrecht), sondern auch die Moralität. Vgl. dazu ausführlicher im dritten Kapitel unter A II 3.

[476] *Höffe*, Neue Hefte für Philosophie 17 (1979), S. 1 (19).

[477] *Kant*, MdS-RL, Einleitung in die Rechtslehre, S. 339, sowie MdS-TL, Einleitung, S. 527.

[478] Vgl. *Kant*, MdS-TL, Einleitung, S. 510.

[479] *Kersting*, Wohlgeordnete Freiheit, S. 176; siehe ferner *Höffe*, Neue Hefte für Philosophie 17 (1979), S. 1 (30f.); *Bielefeldt*, GA 1990, S. 108 (116); *Ebbinghaus*, Strafen für Tötung eines Menschen, S. 78ff.; *Trapp*, ARSP 72 (1986), S. 153 (171). Andere Ansicht mit eingehender Begründung: *Kelker*, Legitimität von Gesinnungsmerkmalen, S. 446ff.; siehe dazu noch im dritten Kapitel zu A II 3 in Fn. 304.

Motivation des Unrechthandelnden hinsichtlich der Beurteilung seiner Tat."[480] Wenngleich sich womöglich nicht klären lässt, was die „richtige" *Kant*-Exegese ist, so spricht doch mehr dafür, den weitreichenden Zugriff auf die Innenwelt einer Person im Falle eines Verstoßes gegen (äußere) Gesetze als unzulässig anzusehen. Denn erst so erscheint das kantische Freiheitsprinzip konsequent zu Ende gedacht und umgesetzt.

Darüber hinaus lassen sich für diese Position, die Nichtberücksichtigung der motivationalen Einstellung des Täters bei der rechtlichen Beurteilung der Tat, noch andere Gründe anführen. So zeichnet sich die freiheitlich-demokratisch verfasste Gesellschaft, wie sie dem Grundgesetz entspricht, durch Pluralismus aus. Bestimmte moralische, religiöse, politische Wertvorstellungen lassen sich Personen nicht mehr vorschreiben; es handelt sich hierbei um private Angelegenheiten[481]; deshalb lassen sich entsprechende Einstellungen rechtsverbindlich (in aller Regel) auch nicht einfordern oder garantieren[482]. Dies zu tun widerspräche vielmehr dem freiheitlich-pluralistischen Gesellschaftskonzept. Denn die Pluralität von Wertvorstellungen ist gerade logische Konsequenz einer freien und liberalen Gesellschaft. So erstreckt sich das „Interesse des liberalen Staates [...] allein auf äußere Handlungen; weder die Sittlichkeit noch die Religion, weder die Gesinnung noch die Überzeugungen der Individuen gehen den liberalen Staat etwas an"[483]. Und der Staat darf nur „solche Zwecke [...] legitim verfolgen, die allgemein anerkennungsfähig sind; und allgemein anerkennungsfähig und von jedermann vernünftigerweise gewollt ist nur der individualisierungs- und pluralisierungsresistente formale Zweck der Rechtsbestimmung und Rechtsdurchsetzung im demokratischen Verfassungsstaat"[484]. Dies

480 *Kersting*, Wohlgeordnete Freiheit, S. 102.

481 *Böckenförde*, Recht, S. 81 ff.; *Kersting*, Wohlgeordnete Freiheit, S. 46 ff.; *Woesner*, NJW 1978, S. 1025 (1026); *Müssig*, Mord, S. 103 f.; *Arvanitis*, Unterscheidung zwischen Mord und Totschlag, S. 111 f.; vgl. aber *Kühl*, Schroeder-FS, S. 521 (531). – Ferner *Engisch*, Gerechtigkeit, bes. S. 83 f., 93 f., 101 f., dessen Haltung allerdings ambivalent ist. So wird einerseits konstatiert, man stoße „sofort auf die eminente Schwierigkeit, daß es die Moral, d. h. eine einzige, in sich geschlossene absolut gültige Moral allenfalls vom Standpunkt des Glaubens, nicht aber als wissenschaftlich beweisbaren Normkomplex" geben könne; daher gebe es „eigentlich nur ‚Moralen'" (a.a.O., S. 93 f.). Andererseits bestehe aber eine „praktische Notwendigkeit", das Recht an die Sittlichkeit zu binden, da ansonsten eine geradezu substantielle Verelendung des Rechts drohe (ebd., S. 105 f.). Zum letzten Einwand noch später oben im Text (bei Fn. 503 ff.).

482 Soweit dargelegt wird (siehe *Köhl*, Gesinnungsethik, S. 112), es würden ja nicht bestimmte Werte oder Einstellungen erzwungen, sondern es komme auf das daraus folgende Verhalten an (hier also die Tötung), mag dies zutreffen; es fragt sich aber, weshalb es dann eines Rückgriffs auf die Werte überhaupt bedarf. Im Weiteren impliziert der Einwand eine gewisse Inkonsequenz (besser vielleicht: Halbherzigkeit), die man so beschreiben könnte (vgl. *Böckenförde*, Recht, S. 82): „Der normative Impuls der Werte, ihre Geltung, wendet sich auffordernd an das moralische Subjekt und will von diesem angenommen werden, intendiert aber nicht den unbedingten, durch Anwendung von Zwang gestützten Geltungsanspruch des Rechts."

483 *Kersting*, Wohlgeordnete Freiheit, S. 47.

484 *Kersting*, Wohlgeordnete Freiheit, S. 48.

in Frage zu stellen bedeutete zugleich diese (unsere) Gesellschaftsform in Frage zu stellen, womit ein Rückfall hinter das „historisch erreichte Maß an Freiheit"[485] verbunden wäre. Die weitgehende Berücksichtigung und Bewertung der Innenwelt des Täters anhand eines moralisch-sozialethischen Maßstabs soll an sich wohl auch dem Schutz, der Anerkennung und Integration bestimmter sittlicher Werte dienen[486]. In Wirklichkeit impliziert sie jedoch eine erhebliche Einschränkung von Freiheit, die mit einem liberalen Gesellschaftskonzept konfligiert. Hinzu kommt, dass vielfach Kriterien fehlen, mit denen sich die jeweiligen Werte rational einsehbar und damit überzeugend (mithin nicht nur einem allgemeinen Meinen und Fühlen nach) als achtenswert oder verwerflich einstufen ließen[487]. Die Sicherheit, mit der auf die Sozialethik verwiesen wird, kontrastiert daher auffallend mit der Dürftigkeit des (dargelegten) Inhalts. Schließlich: Der Rekurs auf Wertvorstellungen birgt in einer pluralistischen Gesellschaft, wo bestimmte moralisch-sozialethische Werte nicht mehr verallgemeinerungsfähig sind, nicht zuletzt die Gefahr eines „ewigen Kampfes der Werte und Weltanschauungen" (modern: der Kulturen), vergleichbar „einem Krieg aller mit allen, einem ewigen bellum omnium contra omnes"[488].

Die weitgehende Relevanz der Tätermotivation und deren Bewertung anhand sozialethischer Vorgaben sind daher in einem konsequent freiheitstheoretischen (Straf-)Rechtskonzept überzeugend nicht zu begründen. Vor diesem Hintergrund erweisen sich Äußerungen als problematisch, denen zufolge einer bestimmten Einstellung oder Haltung des Täters eine strafschärfende (sub specie schuldsteigernde) Funktion zuzuerkennen sein soll. So soll eine „noch weitergehende Negation" des Rechts vorliegen, sofern der Täter seine „subjektive Überzeugung als solche gegen das Recht [setzt], sei es in der sich selbst verstellenden Form moralischen Hochmutes, sei es in der bewußten ironischen bis zynischen Selbstüberhebung, die subjektive Maxime als solche sei Recht"[489]. Hiergegen bleibt festzuhalten: Für die rechtliche Bewertung allein von Interesse ist es, dass sich der Täter bewusst und gegebenenfalls zielgerichtet über die Norm hinweggesetzt hat oder – um in der hegelschen Terminologie zu bleiben – dass er das Recht (voll)verantwortlich negiert hat[490]. Dass er dies außerdem mit einer „verwerflichen" Einstellung (Gesinnung) tut, fällt für sich genommen

---

[485] *Trapp*, ARSP 72 (1986), S. 153 (163).

[486] Vgl. BGHSt 3, 132 (133): „Mindestmaß der Anforderungen [...], die die Gemeinschaft allgemein stellen muß" – kurz: es geht also um ein sozialethisches Minimum.

[487] *Böckenförde*, Recht, S. 81 ff.; ferner *Kindhäuser*, ZStW 107 (1995), S. 701 (724 f.).

[488] Gegen den „der mörderische Naturzustand" eines *Thomas Hobbes* eine „wahre Idylle" gewesen sein soll – so, möglicherweise recht weitsichtig, *C. Schmitt*, in: Tyrannei, S. 9 (31).

[489] *Köhler*, Strafrecht AT, S. 364.

[490] *Frisch*, BGH-FG, Band IV, S. 269 (289); *ders.*, ZStW 99 (1987), S. 349 (382 ff.), S. 751 (767); vgl. ferner *Hörnle*, JZ 1999, S. 1080 (1085, 1087); *dies.*, Strafzumessung, S. 269 ff.; vgl. in diesem Kontext noch im dritten Kapitel unter A I 1 a und b.

in den Bereich der Moralität. Eine „weitergehende Negation" des Rechts lässt sich auf eine solche moralisch tadelnswerte, innere Haltung nicht stützen[491]. Denn es kann nicht Aufgabe des Strafrechts sein, die weniger noblen Züge einer Person (wie etwa Hochmut), selbst wenn diese (auch) in der Begehung eines Delikts zum Ausdruck kommen mögen, gleichsam mitabzustrafen, was durch die Schärfung implizit geschieht. Hierdurch werden dem strengen Recht moralisierende Aspekte hinzugefügt, womit es seinen Charakter als strenges Recht zum Teil verliert.

Die vorgetragenen Einwände gelten in gleicher Weise für das von *Heine* verfochtene Kriterium einer „solipsistischen sozialen Rücksichtslosigkeit", mit dem er eine Präzisierung der „niedrigen Beweggründe" erstrebt[492]. Bereits prima facie erhellt es kaum, worin der Vorzug dieses Kriteriums liegen soll. Zwar findet sich das Erfordernis eines „rücksichtslosen" Verhaltens, positivgesetzlich verankert, ebenfalls in § 315c II Nr. 2 StGB. Das Merkmal ist dort aber durchaus vergleichbaren Bedenken ausgesetzt wie das Merkmal „niedrige Beweggründe" in § 211 II StGB[493]. Generell ist freilich eine starke Tendenz zu verzeichnen, egoistische Motivationen des Täters negativ, altruistische hingegen eher positiv zu bewerten, was neben § 211 II StGB ebenso für die Strafzumessung (§ 46 II StGB) gilt[494]. Man bewegt sich hierbei wiederum auf dem Feld der Moralität, und nicht zuletzt die Ambivalenz bei der Einordnung entsprechender Motivationen (beispielhaft seien Tötungen aus Mitleid genannt[495]) zeigt, dass ein konsistentes moralisches Wertesystem offenbar nicht zur Verfügung steht[496]. Eine weitere Problematik ergibt sich daraus, dass die Beweggründe einer Person, ge-

---

[491] Siehe im Weiteren hierzu noch im dritten Kapitel unter A II 3.

[492] *Heine*, Tötung, S. 213 ff.; zu diesem Kriterium ferner *Köhler*, GA 1980, S. 121 (138 f.); *ders.*, JZ 1980, S. 238 (240 „extrem selbstsüchtige Motivationen"); *Paeffgen*, GA 1982, S. 255 (269); *Rengier*, Strafrecht BT II, § 4 Rdnr. 17.

[493] *Kühl*, in: Recht und Moral, S. 139 (158 f. und 161 f.); *ders.*, Lampe-FS, S. 439 (455 f.), sowie schon *Welzel*, Strafrecht, S. 79 f.

[494] Vgl. (neben den in Fn. 492 Genannten) *Jescheck/Weigend*, Lehrbuch, § 83 II 2; Sch/Sch-*Stree*, § 46 Rdnr. 12 ff.; LK/*Gribbohm* (11. Aufl.), § 46 Rdnr. 75 ff.; *Lackner/Kühl*, § 46 Rdnr. 33; *Fischer*, § 46 Rdnr. 27; *Maurach/Gössel/Zipf*, Strafrecht AT/2, § 63 Rdnr. 154; siehe ferner für den Mordtatbestand nach schweizerischem Recht *Schwarzenegger*, SchwZStR 118 (2000), S. 384 (367); desgleichen zum Totschlag beziehungsweise der Frage der allgemeinen Begreiflichkeit der Gemütsbewegung im österreichischen Recht Wiener Kommentar/*Moos*, § 76 Rdnr. 37, 38.

[495] Man lese hierzu BGHSt 9, 385 (390); BGH NJW 1978, S. 709; BGH NStZ-RR 1997, S. 42 (43 f.); BGHSt 37, 376 (377 f.); BGH NStZ-RR 2000, S. 327; BGH NStZ 2001, S. 88. Zur Problematik ferner *Geilen*, Spendel-FS, S. 519 ff.

[496] Siehe auch *Paeffgen*, GA 1982, S. 255 (266 f.), sowie bereits *v. Bar*, Gesetz und Schuld II, S. 357. – So ist es, dies aber nur nebenbei bemerkt, schon prinzipiell zweifelhaft, wie sich eine solche Bewertung (Egoismus als Negativum, Altruismus als Positivum) friktionslos in eine vor allem auf Leistung und Erfolg orientierte Gesellschaft einfügen soll.

meinhin verstanden als „Vorstellungen, Zielsetzungen, Emotionen"[497], eben auch Gefühle erfassen. Gefühle wie Liebe oder Hass sind aber (falls überhaupt) nur schwer steuerbar; man hat sie oder man hat sie nicht[498]. Soweit nun einschränkend dargetan wird, es gehe nicht um die Gefühle, sondern um das aus ihnen resultierende Verhalten[499], mag dies zwar zutreffen; es stellt sich aber die Frage, welche Relevanz dem Gefühl (Hass oder Liebe) für sich genommen dann überhaupt noch zukommen soll. Und selbst wenn man mit *Kant* eine Pflicht annehmen wollte, sein moralisches Gefühl „zu kultivieren"[500], sich selbst zu vervollkommnen[501], so handelt es sich dabei nur um eine moralische, nicht um eine rechtliche Pflicht[502]. Daher mag sich an sich sogar beurteilen lassen – soweit man dieser Sicht folgt –, ob und wie gut eine Person diese Pflichten „gegen sich selbst" erfüllt. Dem Recht jedoch steht ein solches moralisches Urteil über die Person nicht zu.

Gegen Vorschläge, die wie hier bestrebt sind, das Recht von Sozialethik freizuhalten[503], findet sich bei *Heine* der Hinweis, einem Recht, welches keine ethische Rückbindung aufweise, fehle „jedes stabile Fundament"[504]. Unvoreingenommen betrachtet dürfte dieses Argument eine gewisse Plausibilität besitzen; es trifft allerdings das Verhältnis von Recht und Sittlichkeit (oder Sozialethik) nicht genau. So lässt sich, abermals auf *Kant* Bezug nehmend, sagen: Das Recht ist ebenso wie die Ethik oder die Moral ein Teil der Sittlichkeit[505] (oder sollte es jedenfalls sein). Die Ethik geht aber über das Recht noch hinaus, in dem Sinne, dass zwar jede rechtliche zugleich eine ethische Pflicht ist, nicht aber kann jede ethische Pflicht auch schon eine rechtliche sein[506]. Dem Recht fehlt daher keinesfalls zwangsläufig die (notwendige) Rückkoppelung an die Sittlichkeit oder Sozialethik, sofern wie hier eine „reine" sozialethische Komponente im Recht abgelehnt wird. Folgt man dem, ist rechtliche Schuld sogar auch sittliche (oder sozialethische) Schuld, was aber etwas anderes ist als rechtliche

---

[497] *Heine*, Tötung, S. 165, 167 ff.; weitere Nachweise bereits oben unter B I 1, Fn. 350.

[498] Vgl. *Lampe*, Unrecht, S. 119; außerdem zu der recht begrenzten Möglichkeit, Gefühle wahrzunehmen, *Heine*, Tötung, S. 170, 179 f.

[499] *Köhl*, Gesinnungsethik, S. 112 (dazu schon oben Fn. 482); vgl. auch *Paeffgen*, GA 1982, S. 255 (267).

[500] *Kant*, MdS-TL, Einleitung, S. 530 f., unter der Prämisse, dass jeder Mensch als ein moralisches Wesen ein solches (mithin ein moralisches Gefühl) ursprünglich in sich habe.

[501] *Kant*, MdS-TL, Ethische Elementarlehre, I. Teil, S. 551 ff.

[502] *Höffe*, Neue Hefte für Philosophie 17 (1979), S. 1 (31): „keine zulässigen Themen des Rechts".

[503] Siehe die oben in Fn. 447 Genannten.

[504] *Heine*, Tötung, S. 58; vergleichbar bereits *Engisch*, Gerechtigkeit, S. 104 ff. (siehe bereits oben in Fn. 481).

[505] *Kant*, MdS-RL, Vorrede, S. 309, und Einleitung in die MdS, S. 323 ff. Vgl. hierzu auch *Kaulbach*, in: Recht und Ethik, S. 43 (48 ff.).

[506] *Kant*, MdS-RL, Einleitung in die MdS, S. 323 ff., bes. 326; siehe hierzu auch *Höffe*, Neue Hefte für Philosophie 17 (1979), S. 1 (22 f.).

Schuld plus eine spezifisch ethische Schuld, was Schuld im streng-rechtlichen Sinn nicht sein kann[507].

II. Das Mordmerkmal „Heimtücke"

Das Merkmal „Heimtücke" steht in der Kritik, bereits seit Jahrzehnten. In den Entwurf 1962 hat es ebenso wenig Eingang gefunden wie später in die beiden Alternativ-Entwürfe[508]. *Eser* hat es in seinem Gutachten, das er 1980 zum Deutschen Juristentag verfasste, vorgezogen, anstelle der „Heimtücke" eine Beschreibung zu wählen, die den Vertrauensaspekt stärker in den Vordergrund rückt. Danach soll ein besonders schwerer Fall der vorsätzlichen Tötung in der Regel vorliegen, wenn der Täter „das Vertrauen des Opfers oder einer Schutzperson arglistig erschlichen oder bestärkt hat"[509].

Andererseits gibt es mit der „Heimtücke" vergleichbare Kriterien als Qualifikationsmerkmale des Tötungsdelikts auch in anderen Rechtsordnungen, wie beispielsweise das Töten aus einem Hinterhalt, die Hinterlist oder aber wiederum Heimtücke in einer Verbindung mit dem Vertrauenskriterium[510]. Die Wurzeln des Merkmals mag man ferner womöglich bis in das germanische Recht verfolgen können, wo die heimliche Tötung als Mord galt[511]. Neben den „niedrigen Beweggründen" ist die „Heimtücke" das Mordmerkmal mit der weitaus größten praktischen Bedeutung[512]. Die Folge hiervon ist eine reichhaltige, im Einzelnen kaum noch überschaubare – man könnte auch sagen: uferlose[513] – Kasuistik. Im Nomos Kommentar konstatiert *Neumann*: „In der Tat ist es bis heute weder in der Rspr. noch im Schrifttum gelungen, dem Merkmal der ‚Heimtücke' eine konsistente, sachlich überzeugende und hinreichend präzise Interpretation zu geben."[514] Die Liste der Mängel ist lang. Gerügt wird die

---

507 Siehe ferner noch im dritten Kapitel A II 3.

508 Im Entwurf 1962 heißt es: „Die Erfahrungen der Praxis haben gezeigt, daß die heimtückische Begehungsweise als absolutes Mordmerkmal wenig geeignet ist […]." Man ging jedoch davon aus, das Merkmal „Heimtücke" werde von dem relativen Merkmal „Überlegung" weitgehend miterfasst (S. 273). Vgl. zuletzt Alternativ-Entwurf Leben, GA 2008, S. 193 (242 f.).

509 *Eser*, Gutachten, D 200, 180 ff.

510 *Eser/Koch*, ZStW 92 (1980), S. 491 (525 f.); *Heine*, Brauneck-Ehrengabe, S. 315 (337 f.).

511 Hierunter ist nicht nur die heimliche Ausführung der Tat zu verstehen, sondern, und das sogar in erster Linie, die verheimlichte Tötung durch Verbergen des Leichnams; vgl. *Wilda*, Strafrecht der Germanen, S. 705 ff., 159, 569 f.; *Allfeld*, Entwicklung, S. 43; *Hälschner*, System III, S. 36; ebenso für das Recht des deutschen Mittelalters: *His*, Strafrecht des deutschen Mittelalters II, S. 90 f.; *ders.*, Geschichte des deutschen Strafrechts, S. 123 ff.; *v. Hippel*, Strafrecht I, S. 115.

512 *Eser*, Gutachten, D 40; *ders.*, NStZ 1983, S. 433 (436); *Maurach/Schroeder/Maiwald*, Strafrecht BT/1, § 2 Rdnr. 23; *Bertram*, in: Freiheitsstrafe, S. 157 (161 mit Fn. 11, 168 mit Fn. 30).

513 So *Kargl*, StraFo 2001, S. 365 (370).

514 NK/*Neumann*, § 211 Rdnr. 47.

„Flickschusterei"[515]. Ja, es herrsche „eine regelrechte Basteltechnik der einengenden und ausdehnenden Auslegung"[516], eine Ad-hoc-Modifikation folge auf die andere, wodurch eine Korrektur durch die nächste ersetzt beziehungsweise ergänzt werde[517], was dann beinahe zwangsläufig zu einer „immer verworrener werdenden Begriffsbildung"[518] führen müsse. „Es wird eine Regel aufgestellt, von der Ausnahmen gemacht werden, die wiederum durch Ausnahmen durchbrochen werden."[519] Das Merkmal „Heimtücke" scheint also für eine „geradezu trostlose[ ] Misere"[520] zu stehen, und nur wenige treten für eine Beibehaltung dieses Kriteriums ein[521]. Es kann im Folgenden nicht darum gehen, die möglichen Interpretationsvarianten in allen Einzelheiten und Verästelungen zu entfalten. Das machte auch wenig Sinn. Denn die Defizite dieses Merkmals liegen, wie sich zeigen wird, im Grundsätzlichen.

Als Basisdefinition der „Heimtücke" fungiert das Ausnutzen einer Arg- und Wehrlosigkeit des Opfers[522]. Das so verstandene objektive Kriterium[523] wird als unrechtssteigerndes Moment gemeinhin mit einer erhöhten Gefährlichkeit des Täters, eben durch seine Vorgehensweise, begründet[524]. Bereits diese Grundan-

---

515 *Kargl*, StraFO 2001, S. 365 (370).

516 *Kargl*, StraFO 2001, S. 365 (370).

517 *Kerner*, Juristischen Fakultät der Universität Heidelberg-FS, S. 419 (438).

518 *Geilen*, Schröder-GS, S. 235 (261).

519 *Otto*, NStZ 2004, S. 142 (143).

520 So *Otto*, NStZ 2004, S. 142 (143).

521 Siehe aber *Schröder*, Materialien, S. 283 (293); *Schmidhäuser*, Würtenberger-FS, S. 91 (104 ff.); *Rengier*, MDR 1980, S. 1 (6); ferner *Geilen*, Schröder-GS, S. 235 (260 f.).

522 SK/*Horn*, § 211 Rdnr. 30; NK/*Neumann*, § 211 Rdnr. 50; Sch/Sch-*Eser*, § 211 Rdnr. 23; LK/*Jähnke*, § 211 Rdnr. 40; *Fischer*, § 211 Rdnr. 34; *Lackner/Kühl*, § 211 Rdnr. 6; MK/*Schneider*, § 211 Rdnr. 122; SSW-StGB/*Momsen*, § 211 Rdnr. 37; *Küper*, Strafrecht BT, S. 193; *Gössel/Dölling*, Strafrecht BT/1, § 4 Rdnr. 91, 93; *Arzt/Weber-Hilgendorf*, Strafrecht BT, § 2 Rdnr. 44; *Rengier*, Strafrecht BT II, § 4 Rdnr. 23; *Kindhäuser*, Strafrecht BT I, § 2 Rdnr. 21; *Otto*, Strafrecht BT, § 4 Rdnr. 17; *Wessels/Hettinger*, Strafrecht BT/1, § 2 Rdnr. 105; *Maurach/Schroeder/Maiwald*, Strafrecht BT/1, § 2 Rdnr. 43; *Krey/Heinrich*, Strafrecht BT/1, § 1 Rdnr. 32; – aus der Rechtsprechung: BGHSt 2, 60 (61); 2, 251 (254); 3, 183 (185 f.); 6, 120 (121); 7, 218 (221); 9, 385 (389 f.); 19, 321 (322); 20, 301 f.; 23, 119 (120); 30, 105 (117); 32, 382 (383 f.); 39, 353 (368); 41, 72 (78 f.).

523 Abgesehen vom Ausnutzungsbewusstsein, was aber sinnvollerweise nichts anderes als der Vorsatz sein kann; anders die wohl herrschende Meinung, siehe z. B. NK/*Neumann*, § 211 Rdnr. 71 f.; Sch/Sch-*Eser*, § 211 Rdnr. 25; *Rengier*, Strafrecht BT II, § 4 Rdnr. 41 f.; *Kindhäuser*, Strafrecht BT I, § 2 Rdnr. 27; zutreffend kritisch MK/*Schneider*, § 211 Rdnr. 143; wie hier *Maurach/Schroeder/Maiwald*, Strafrecht BT/1, § 2 Rdnr. 46. Dieser Aspekt ist hier nicht weiter zu verfolgen; vgl. aber noch die folgenden Ausführungen im obigen Text zu den Autoren, die bei der Auslegung des Merkmals subjektiv die Tückekomponente besonders hervorheben.

524 *Küper*, JuS 2000, S. 740 (742); *Kargl*, JZ 2003, S. 1141 (1144); *ders.*, StraFO 2001, S. 365 (368); *Revel*, Anwendungsprobleme, S. 107; *Kindhäuser*, Strafrecht BT I, § 2 Rdnr. 22; *Wessels/Hettinger*, Strafrecht BT/1, § 2 Rdnr. 105; *Krey/Heinrich*, Strafrecht BT/1, § 1 Rdnr. 40; *Maurach/Schroeder/Maiwald*, Strafrecht BT/1, § 3 Rdnr. 43; NK/*Neumann*, § 211 Rdnr. 46; SK/*Horn*, § 211 Rdnr. 30; MK/*Schneider*, § 211 Rdnr. 122; LK/*Jähnke*, § 211 Rdnr. 40; BGHSt 30, 105 (116).

nahme ist erheblichen Bedenken ausgesetzt und nicht aufrechtzuerhalten. So ist es für einen körperlich unterlegenen Täter bekanntlich oftmals die einzige Möglichkeit, eine Tötung zu begehen, indem er gerade die Arg- und Wehrlosigkeit des Opfers bewusst und zielgerichtet ausnutzt. Demgegenüber kann es sich der dem Opfer körperlich überlegene Täter leisten, diesem offen feindselig und aggressiv, gar die Tat ankündigend, entgegenzutreten[525]. „Heimtücke“ ist deshalb, mit *Jescheck* gesprochen, nicht selten die „Waffe des Schwachen und Wehrlosen gegen Übermacht, Gewalt und Brutalität“[526], was sich geradezu paradigmatisch in den Fällen der Tötung sogenannter „Familientyrannen“ zeigt[527]. Insofern lässt sich sogar sagen, das Merkmal impliziere eine „strukturelle[ ] Benachteiligung des physisch und sozial Schwächeren“[528]. Man darf also durchaus bezweifeln, dass sich das „Ausnutzen einer Arg- und Wehrlosigkeit“ als Qualifikationskriterium oder Unrechtsteigerung gegenüber einer „normalen“ vorsätzlichen Tötung ausweisen lässt. Rekurriert man auf den Gedanken einer erhöhten Gefährlichkeit, ist schon prima facie wenig plausibel, weshalb der konstitutionell schwache Täter, der in gewisser Weise heimtückisch agieren muss, allein deshalb (und damit letztlich wegen seiner konstitutionellen Unterlegenheit) gefährlicher sein soll als ein konstitutionell starker Täter. So wie es umgekehrt nicht einleuchtet, einen Täter, der sich gegenüber einem körperlich schwächeren Opfer Gewalttätigkeiten im Vorfeld einer Tötung leistet, deswegen als weniger gefährlich einzustufen[529]. Gleiches gilt für den Verwerflichkeitsaspekt[530]: Weder lässt sich in einer heimtückischen Begehungsweise, die der physisch Schwache wählt, ein Indiz für eine erhöhte Verwerflichkeit erblicken, noch besteht vice versa Anlass, in der nicht heimtückischen Begehungsweise eines körperlich Starken eo ipso eine geringere Verwerflichkeit zu sehen[531]. Vielmehr verhält es sich doch so: Ein Täter, der einen anderen töten will, muss zwangsläufig, will er „erfolgreich“ sein, immer irgendeine Schwäche seines Opfers ausnutzen; in dem

---

[525] Zu diesem Einwand bereits *Jescheck*, JZ 1957, S. 386 (387); *Lange*, Schröder-GS, S. 217 (230ff.); *M.-K. Meyer*, JR 1979, S. 441 (444); *Frommel*, StV 1987, S. 292 (293); *Rengier*, NStZ 2004, S. 233 (234); *ders.*, NStZ 1982, S. 225 (228); *Spendel*, StV 1984, S. 45f.; *Otto*, Jura 1994, S. 141 (147); *Junger*, Streit 1984, S. 35 (38ff.); *Oberlies*, Tötungsdelikte, S. 119ff.; *Oberlies/Giesen*, Streit 1986, S. 15 (18); *Körner*, Machtgefälle, S. 130ff.; *Rotsch*, JuS 2005, S. 12 (13); ferner *Burgsmüller*, StV 1981, S. 340ff.; *Hillenkamp*, Miyazawa-FS, S. 141 (145); Alternativ-Entwurf Leben, GA 2008, S. 193 (242f.).

[526] *Jescheck*, JZ 1957, S. 386 (387).

[527] RGSt 60, 318ff.; BGHSt 3, 194ff.; BGH StV 1981, S. 622f.; BGH NStZ 1984, S. 20f.; BGHSt 48, 255ff.

[528] *Frommel*, StV 1987, S. 292 (293); ebenso *Rengier*, NStZ 2004, S. 233 (234); *Nothafft*, MschrKrim 82 (1999), S. 111 (127); pointiert *Schorsch*, in: Perversion, S. 139 (141): „Die offen aggressive Auseinandersetzung wird privilegiert nach Art des Ehrenkodexes im Turnierkampf.“

[529] Siehe darüber hinaus zu den grundsätzlichen Einwänden gegen das (Gefährlichkeits-) Merkmal bereits oben zu A II.

[530] Vgl. *Lange*, Schröder-GS, S. 217 (232f.); ferner *Jakobs*, JZ 1984, S. 996 (997).

[531] Das gilt ungeachtet der prinzipiellen Problematik dieser Leitmaxime; dazu oben zu A I.

einen Fall ist es eben die körperliche Unterlegenheit des Opfers, in dem anderen dessen Arg- und Wehrlosigkeit[532]. In der letztgenannten Variante eine Unrechtssteigerung zu sehen, die den Totschlag zum Mord qualifiziert, überzeugt nicht. Die in der Grunddefinition der Heimtücke zum Ausdruck kommende Wertung überrascht zudem aus einem anderem Grund: Ein betont aggressives respektive gewalttätiges Auftreten des Täters wird zumindest als Nötigung (gegebenenfalls Körperverletzung) des Opfers rechtlich eindeutig negativ bewertet und als Unrecht erfasst. Für ein listiges oder hinterlistiges Verhalten gilt das nicht. Hierzu bemerkt *Jakobs*: „[...]; denn alle Nötigungsdelikte werten das Verhältnis von Heimtücke und Gewalt im Ansatz insofern umgekehrt, als die Gewalt das selbstverständliche tatbestandsmäßige und List das Zweifelsfragen aufwerfende Tatmittel ist."[533] Auch insofern leuchtet es nicht ein, mit der Komponente „List" und eben nicht mit der der „Gewalt" ein gegenüber dem Totschlag gesteigertes Unrecht der vorsätzlichen Tötung und damit Mord zu begründen[534]. Zumal das im Weiteren auch zu Wertungswidersprüchen innerhalb des Mordtatbestands selbst, namentlich mit dem Merkmal „grausam", führen kann[535]. So verkehrt sich der offen feindlich-aggressive Angriff, der bei der „Heimtücke" zur Einschränkung dient, beim Merkmal „grausam" allzu leicht wieder ins Gegenteil. Man kann den Unterschied zwischen einer heimtückischen und einer nicht heimtückischen Begehungsweise schließlich auf folgenden Punkt bringen: Was dem Opfer durch das heimtückische Vorgehen des Täters genommen wird, ist die Chance auf Notwehr (oder auf Flucht)[536]. Genommen wird dem Opfer also die Möglichkeit, sich gegen einen Angriff auf sein Leben zur Wehr zu setzen (oder diesem zumindest auszuweichen); sei es, dass es sich hierbei um eine erfolgreich realisierbare oder aber um eine wenig Erfolg versprechende und damit doch recht zweifelhafte Möglichkeit handelt[537]. Zu Recht weist *Maria-Katharina Meyer* darauf hin, die Anforderungen an mögliche Verteidigungsmaßnahmen seien „sehr niedrig angesetzt"[538]. Schaut man sich einschlägige BGH-Entscheidungen an[539], erkennt man leicht: Im Einzelfall bewegen sich die angenommenen Verteidigungsmöglichkeiten oftmals im „Rand-

---

[532] *Otto*, Strafrecht BT, § 4 Rdnr. 23; *Arzt/Weber*, Strafrecht BT, § 2 Rdnr. 49; *Schmoller*, ZStW 99 (1987), S. 389 (401); *Jakobs*, JZ 1984, S. 996 (997); *M.-K. Meyer*, JR 1979, S. 441 (444); *Müssig*, Mord, S. 301.

[533] *Jakobs*, JZ 1984, S. 996 (997); ebenso *Schmoller*, ZStW 99 (1987), S. 389 (400 f.).

[534] Vgl. auch *Otto*, Jura 1994, S. 141 (147); *dens.*, Brauneck-Ehrengabe, S. 27 (28); *dens.*, Strafrecht BT, § 4 Rdnr. 23: „Das typische Unrecht des Totschlags wird nicht durch den edlen Ritter realisiert, der nach Ansage der Fehde dem Gegner Zeit gewährt, sich entsprechend zu rüsten."

[535] *Witt*, Mordmerkmal „grausam", S. 161; *Kargl*, StraFO 2001, S. 365 (371).

[536] Vgl. auch BGHSt 11, 139 (143).

[537] *M.-K. Meyer*, JR 1979, S. 441 (444); NK/*Neumann*, § 211 Rdnr. 48.

[538] *M.-K. Meyer*, JR 1979, S. 441 (444).

[539] Man betrachte unter diesem Gesichtspunkt etwa die folgenden Entscheidungen des BGH: BGHSt 32, 382 ff.; BGH NStE 1987, Nr. 5, Nr. 11 und Nr. 12 zu § 211, sowie NStE 1990,

bereich [einer] theoretischen Fiktion"[540]. Darin aber, dass dem Opfer Verteidigungsmöglichkeiten abgeschnitten werden, bei denen ohnehin so gut wie keine Aussicht auf Erfolg bestand, lässt sich eine Unrechtssteigerung schwerlich sehen. Und andernfalls, sofern dem Opfer Verteidigungsmöglichkeiten genommen werden, die (rein hypothetisch gesehen) erfolgreich gewesen wären, betrifft dies den Unterschied zwischen Versuch und Vollendung[541].

Mit den vorangegangenen Erwägungen hängt eine weitere Problematik zusammen: der Ausschluss bestimmter Opfergruppen aus dem Merkmal „Heimtücke" und hiermit nicht selten aus dem Mordtatbestand insgesamt, falls nicht ein anderes Mordmerkmal einschlägig ist. Beispielhaft seien die Tötungen von kleineren Kindern genannt. Das Merkmal „Heimtücke" soll hier, jedenfalls bei Kindern unter drei Jahren[542], (grundsätzlich[543]) nicht vorliegen, weil bei ihnen Arg- und Wehrlosigkeit konstitutionell bedingt sind[544]. Hiergegen ließe sich zunächst vorbringen, gerade in diesem Fall seien doch die Arg- und Wehrlosigkeit unbestreitbar vorhanden[545]. Allerdings beruht die Wehrlosigkeit wiederum nicht auf der Arglosigkeit[546]. Aber gut – diese (und manch andere) Auslegungsfeinheiten seien hier dahingestellt[547]. Denn die entscheidende Frage muss doch sein, ob es für die Herausnahme einer bestimmten Opfergruppe aus der „Heimtücke" normativ einleuchtende Gründe gibt oder nicht. Unter pragmatischen Gesichtspunkten lässt sich insoweit gegebenenfalls ein gewisses Dilemma diagnostizieren: Entweder nämlich unterstellt man die Personengruppe „Kleinkind" stets § 211 StGB, oder man schließt § 211 StGB für diesen Opferkreis

---

Nr. 31 zu § 211; BGH StV 1993, S. 361; BGH NStZ-RR 1996, S. 98 und S. 322 f.; BGH NStZ-RR 1999, S. 234 f.; BGH NStZ-RR 2004, S. 234 f.

[540] So treffend *Müssig*, Mord, S. 300 Fn. 218

[541] Zutreffend NK/*Neumann*, § 211 Rdnr. 48.

[542] BGH NJW 1978, S. 709; BGH NStZ 1995, S. 230; BGH StV 2006, S. 468 (469); zweifelnd *Fischer*, § 211 Rdnr. 43.

[543] Eine Ausnahme wird gemacht, wenn der natürliche Abwehrinstinkt des Kindes ausgeschaltet wird, indem ihm das tödliche Gift in einen wohlschmeckenden Brei gemischt wird (vgl. BGHSt 8, 216 [218 f.]). – Kritisch dazu die überwiegende Literaturansicht, siehe NK/*Neumann*, § 211 Rdnr. 58; *Wessels/Hettinger*, Strafrecht BT/1, § 2 Rdnr. 121; *Krey/Heinrich*, Strafrecht BT/1, § 1 Rdnr. 37; *Rengier*, Strafrecht BT II, § 4 Rdnr. 29. – Dem BGH zustimmend hingegen MK/*Schneider*, § 211 Rdnr. 134; Sch/Sch-*Eser*, § 211 Rdnr. 25b. – Desgleichen soll bei einer Tötung von Kleinkindern „Heimtücke" in Betracht kommen, wenn die Arglosigkeit schutzbereiter Dritter ausgenutzt wird (siehe zuletzt BGH NStZ-RR 2006, S. 43).

[544] So die ganz herrschende, fast allgemeine Meinung; siehe *Rengier*, Strafrecht BT II, § 4 Rdnr. 27; *Kindhäuser*, Strafrecht BT I, § 2 Rdnr. 23; SK/*Horn*, § 211 Rdnr. 30; LK/*Jähnke*, § 211 Rdnr. 42; Sch/Sch-*Eser*, § 211 Rdnr. 25b; NK/*Neumann*, § 211 Rdnr. 56; – aus der Rechtsprechung: BGHSt 3, 330 (332); 4, 11 (12 f.).

[545] So *Gössel/Dölling*, Strafrecht BT/1, § 4 Rdnr. 100, die deshalb auch anderer Ansicht als die herrschende Meinung sind; siehe ferner *Maurach/Schroeder/Maiwald*, Strafrecht BT/1, § 2 Rdnr. 44.

[546] *Krey/Heinrich*, Strafrecht BT/1, § 1 Rdnr. 36; MK/*Schneider*, § 211 Rdnr. 134.

[547] Eine so instruktive wie zutreffend kritische Darstellung zur Interpretation der „Heimtücke" findet sich bei *Otto*, Brauneck-Ehrengabe, S. 27 (28 ff.).

prinzipiell aus[548]. Sowohl für die eine als auch für die andere Lösung müsste es aber normativ und dogmatisch überzeugende Argumente geben. Es müsste dargetan werden, weshalb die Tötung eines kleinen Kindes ein geringeres Unrecht ausmacht als die Tötung eines größeren Kindes oder einer erwachsenen Person. Dass man bei Tötungen von kleineren Kindern von einer geringeren Gefährlichkeit oder aber Verwerflichkeit ausgehen könnte – verglichen auch mit einer heimtückischen Tötung älterer Personen –, lässt sich durchaus nicht sagen[549]. Denn sowenig sich annehmen lässt, eine besonders (hinter-)listige oder heimtückische Vorgehensweise erhöhe das Unrecht einer Tötung und qualifiziere den Totschlag zum Mord (wie oben dargelegt), sowenig kann eine Verminderung des Tötungsunrecht sich allein daraus ergeben, dass eine bestimmte, konstitutionell arg- und wehrlose Opfergruppe betroffen ist, bei der eine solche Vorgehensweise nicht erforderlich ist. (Das gilt neben Kleinkindern gleichermaßen für Bewusstlose und Schlafende[550].) Etwas anderes zu vertreten liefe wiederum nur auf eine strukturelle Ungleichbehandlung verschiedener Personengruppen hinaus. Mit einem unterschiedlichen Personenstatus (des kleinen Kindes gegenüber einem größeren Kind oder einem Erwachsenen) lassen sich die Differenzierungen jedenfalls nicht begründen. Die Höhe des Unrechts und damit im Weiteren des Schutzes, den die Rechtsordnung den einzelnen Personen gewährt (hier entweder §211 StGB oder §212 StGB), kann nicht von der körperlichen Beschaffenheit oder Verfassung der Personen abhängen und je nach Zustand variieren. Weshalb auch sollte ein Täter in gewisser Weise begünstigt sein, wenn er sich ein Opfer aussucht, das konstitutionsbedingt wehr- und hilflos ist, und es deswegen nicht nötig ist, besonders geschickt oder verschlagen vorzugehen, um das Opfer zu töten? Ebenso wie es umgekehrt nicht überzeugt, eine Schlechterstellung letztlich darauf zu stützen, dass der Täter wegen der körperlichen Überlegenheit des Opfers (hinter-)listig handeln muss (wie oben schon ausgeführt). Was im Einzelnen bei diesem oder jenem Opfer „notwendig" ist, um die Tötung „erfolgreich" durchzuführen, bemisst sich nach Äußerlichkeiten und Zufälligkeiten[551]. Es überzeugt nicht, eine gravierende Unrechtsdifferenz, hier die Abgrenzung zwischen Mord und Totschlag einschließlich der Rechtsfolgen

---

548 *Arzt/Weber*, Strafrecht BT, §2 Rdnr. 47; ferner *Fischer*, §211 Rdnr. 43.

549 Vgl. auch *Schmoller*, ZStW 99 (1987), S. 389 (398).

550 Normativ gibt es kein plausibles Argument, zwischen Schlafenden und Bewusstlosen zu unterscheiden; im Ergebnis ebenso *Dreher*, MDR 1970, S. 248ff.; *Schmoller*, ZStW 99 (1987), S. 389 (399f.); *Krey/Heinrich*, Strafrecht BT/1, §1 Rdnr. 45; *Otto*, Jura 1994, S. 141 (149); *ders.*, Jura 2003, S. 612 (618f.); *ders.*, NStZ 2004, S. 142; *Küper*, JuS 2000, S. 740 (745); *Bosch/Schindler*, Jura 2000, S. 77 (79f.); – andere Ansicht BGHSt 23, 119 (120f.); 32, 382 (385f.); *Lackner/Kühl*, §211 Rdnr. 7; *Maurach/Schroeder/Maiwald*, Strafrecht BT/1, §2 Rdnr. 44; *Rengier*, Strafrecht BT II, §4 Rdnr. 30f.; *Wessels/Hettinger*, Strafrecht BT/1, §2 Rdnr. 120; *Fischer*, §211 Rdmr 42a.

551 Wenn *Müssig* daher schlussfolgert, die „Heimtücke" basiere weitgehend auf „(sozial-) psychologischen Plausibilitäten", denen ein „normatives Konzept [nicht] abgelesen werden

(lebenslange oder zeitige Freiheitsstrafe), auf derartige Erwägungen zu stützen[552]. Im Übrigen erstaunt der kategorische Ausschluss wehr- und hilfloser Personen (Kleinkinder, Bewusstlose) aus dem Merkmal „Heimtücke" zunächst auch mit Blick auf andere gesetzliche Regelungen. So deutet etwa die Wertung des § 243 I Nr. 6 StGB (und möglicherweise auch des § 225 StGB, hier allerdings mit weiteren Voraussetzungen) eher auf eine Unrechtssteigerung bei Taten gegenüber hilf- oder wehrlosen Personen hin. Jedoch wird man insoweit einschränken müssen: Dass das Ausnutzen der Hilflosigkeit einer Person das Unrecht der Tat in einer nennenswerten Weise erhöhen könnte, ist eher zu bezweifeln. So muss der Täter (wie dargelegt) zumindest bei Taten, die sich gegen die Rechte einer anderen Person richten, in aller Regel eine Schwäche oder ein Defizit des Opfers ausnutzen, will er die Tat „erfolgreich" begehen. Im Falle der Hilflosigkeit des Opfers tritt diese Schwäche nur besonders offenkundig hervor. Des Weiteren lässt sich darauf verweisen, dass der Täter einem unbekannten hilflosen Opfer gegenüber allenfalls die allgemeine Hilfeleistungspflicht nach § 323c StGB verletzt, die als (schwache) Solidaritätspflicht kaum geeignet ist, eine signifikante Unrechtserhöhung zu fundieren[553].

Nicht überzeugend ist es ferner, für die Bejahung einer heimtückischen Tötung subjektiv eine feindliche Willensrichtung des Täters vorauszusetzen. „Heimtücke" soll danach ausscheiden, falls der Täter meint, mit der Tötung „zum Besten" des Opfers zu handeln[554]. In Betracht kommen Tötungen aus Mitleid[555] oder Fälle eines sogenannten Mitnahmesuizids[556]. Im Ergebnis werden hiermit die Beweggründe des Täters in das Merkmal „Heimtücke" mit hineingezogen. Abgesehen davon, dass eine vorsätzliche Tötung ohne feindliche Willensrichtung sich kaum vorstellen lässt[557], überzeugt es schon grundsätzlich

---

[könne]" (Mord, S. 301 f.), lässt sich selbst das, die (sozial-)psychologische Plausibilität, in Abrede stellen.

[552] Im Ergebnis ebenso *Arzt/Weber-Hilgendorf*, Strafrecht BT, § 2 Rdnr. 49; *Schmoller*, ZStW 99 (1987), S. 389 (398 ff.); NK/*Neumann*, § 211 Rdnr. 48; *Otto*, Strafrecht BT, § 2 Rdnr. 23; *ders.*, Jura 1994, S. 141 (147).

[553] Zu den Möglichkeiten einer Unrechtserhöhung bei Verletzung einer qualifizierten (Schutz-)Pflicht siehe noch die Ausführungen im dritten Kapitel zu A I 2 b.

[554] BGHSt 9, 385 (390); 30, 105 (119); 32, 382 (383 f.); 37, 376 (377), sowie BGH NJW 1978, S. 709; *Busch*, Rittler-FS, S. 287 (295); *Lackner/Kühl*, § 211 Rdnr. 6a; SK/*Horn*, § 211 Rdnr. 30; *Maurach/Schroeder/Maiwald*, Strafrecht BT/1, § 2 Rdnr. 46; *Gössel/Dölling*, Strafrecht BT/1, § 4 Rdnr. 117; *Wessels/Hettinger*, Strafrecht BT/1, § 2 Rdnr. 120; – entschieden kritisch vor allem *Geilen*, Spendel-FS, S. 519 (520 ff.); MK/*Schneider*, § 211 Rdnr. 148 f.; *Fischer*, § 211 Rdnr. 44a; ferner NK/*Neumann*, § 211 Rdnr. 73; Sch/Sch-*Eser*, § 211 Rdnr. 25a; *Kargl*, StraFo 2001, S. 365 (370).

[555] Etwa BGHSt 37, 376 f.

[556] Vgl. BGHSt 9, 385 (390).

[557] Vgl. *Langer*, JR 1993, S. 133 (139), der von der „Leerformel ‚feindliche Willensrichtung'" spricht; ferner *Hassemer*, JuS 1971, S. 626 (629); *Otto*, Jura 1994, S. 141 (147 f.); *Mitsch*, JuS 1996, S. 213 (214); Sch/Sch-*Eser*, § 211 Rdnr. 25a; *Kargl*, StraFo 2001, S. 365 (370); *Arzt/Weber-Hilgendorf*, Strafrecht BT, § 2 Rdnr. 46.

nicht, dem Motiv des Täters und seiner Einstellung zur Tat eine solche Relevanz zuzusprechen[558]. Eine andere Position wird mittlerweile im Grunde selbst von jenen nicht mehr vertreten, die an dem Kriterium einer „feindlichen Willensrichtung“ vordergründig besehen noch festhalten; beziehungsweise es wird diese Position nicht konsequent durchgehalten. Denn es ist nicht das Motiv, das im Ergebnis entscheidend wäre; vielmehr findet eine normativierende Betrachtung statt[559]. So soll das Motiv Mitleid eine „Heimtücke“ nur dann ausschließen können, „wenn es sich aus einer objektiv nachvollziehbaren Wertung des Täters ableitet“[560].

Von einem Teil des Schrifttums wird zur Auslegung des Merkmals „Heimtücke“ das Vertrauenskriterium eingeführt[561]. Umstritten sind sowohl die Funktion, die diesem Kriterium zukommt, als auch sein Inhalt. Teilweise wird davon ausgegangen, der Vertrauensaspekt enthalte eine Ergänzung, die zur üblichen Definition der Heimtücke, dem „Ausnutzen einer Arg- und Wehrlosigkeit“, hinzukomme. Teilweise wird der Vertrauensaspekt dagegen als ein Ersatz zur gebräuchlichen Heimtücke-Definition angesehen, oder er wird herangezogen, um die „Arglosigkeit“ zu interpretieren[562]. Die einzelnen Auffassungen hierzu seien dahingestellt; denn allererst setzen sie voraus, dass der Vertrauensaspekt, so wie er in der Literatur dargetan wird, einen dogmatisch wie normativ überzeugenden Inhalt aufweist – und das erscheint äußerst fraglich. Die Meinungen sind insoweit wiederum uneinheitlich: Unklar ist vor allem, ob das Vertrauen faktisch oder normativ zu verstehen ist. Einige Autoren betonen, es gehe nicht um eine normative Beurteilung, sondern entscheidend sei rein faktisch, ob das Opfer dem Täter tatsächlich vertraut habe[563]. Hingegen verlangen

[558] Dazu im vorangegangenen Abschnitt B I.

[559] Siehe BGHSt 37, 376 (377f.); BGH NStZ-RR 1997, S. 42 (43f.); BGH NStZ-RR 2000, S. 327; *Gössel/Dölling*, Strafrecht BT/1, § 4 Rdnr. 118; *Otto*, Jura 1994, S. 141 (147f.); MK/*Schneider*, § 211 Rdnr. 147; LK/*Jähnke*, § 211 Rdnr. 46.

[560] BGHSt 37, 376 (377).

[561] Grundlegend *Schmidhäuser*, Gesinnungsmerkmale, S. 233ff.; *ders.*, Würtenberger-FS, S. 91 ((106); *ders.*, JR 1978, S. 265 (269f.); *ders.*, Strafrecht BT, 2/25; weiterhin *Schaffstein*, Mayer-FS, S. 419 (428f.); *Otto*, ZStW 83 (1971), S. 39 (63f.); *ders.*, Strafrecht BT, § 4 Rdnr. 25; *Hassemer*, JuS 1971, S. 626 (630); *Lange*, Schröder-GS, S. 217 (233); *Jescheck*, in: Freiheitsstrafe, S. 127 (130), und *Staiger*, ebd., S. 181 (185); *M.-K. Meyer*, JR 1979, S. 485ff.; *dies.*, JR 1986, S. 133 (135); *Eser*, JR 1981, S. 177 (182f.); Sch/Sch-*Eser*, § 211 Rdnr. 26; *Jakobs*, JZ 1984, S. 996 (997f.); *Langer*, JR 1993, S. 133 (139f.); SK/*Horn*, § 211 Rdnr. 32; *Krey/Heinrich*, Strafrecht BT/1, § 1 Rdnr. 58; und zuvor schon *Kohlrausch/Lange*, Strafgesetzbuch, §§ 211, 212 Anm. VII.5; *Eb. Schmidt*, DRZ 1949, S. 241 (245); OGHSt 1, 143f., und 321 (326); erwogen außerdem vom BVerfGE 45, S. 187 (267); vgl. ferner BGHSt 2, 60 (61): „Heimtückisch tötet, wer die Arg- und Wehrlosigkeit des Angegriffenen zur Tat ausnutzt, erst recht aber, wer dabei ein besonderes Vertrauensverhältnis mißbraucht, mag es auch erst seit kurzer Zeit bestehen und vom Täter nicht selbst herbeigeführt worden sein […].“

[562] Zu den verschiedenen Ansichten siehe besonders *M.-K. Meyer*, JR 1979, S. 441 (445); *Eser*, Gutachten, D 45.

[563] Dezidiert *Schaffstein*, Mayer-FS, S. 419 (428): „Zu beachten ist, daß der Begriff des Vertrauensverhältnisses hier im faktischen, nicht im normativen Sinn zu verstehen ist. Nicht ob

andere Autoren, normativierend, ein berechtigtes Vertrauen[564], werden jedoch nicht konkreter und legen daher auch nicht weiter dar, nach welchen Kriterien sich das richten soll. Manchenorts schließlich ist bloß, ganz pauschal, von einem verwerflichen Vertrauensbruch die Rede[565]. Mehrheitlich jedoch wird das Vertrauenskriterium abgelehnt[566]. Haupteinwand ist seine fehlende Bestimmtheit[567]. Im Ergebnis ist dieser Einwand berechtigt, obgleich er das Defizit nur vordergründig benennt. Entscheidend gegen den Vertrauensaspekt, wie er bislang im Schrifttum vertreten wird, sprechen vielmehr die folgenden Kritikpunkte, und seine fehlende Bestimmtheit resultiert, wie sich zeigen wird, maßgeblich aus einer unzureichenden dogmatischen wie normativen Verankerung.

Soweit schlicht auf einen verwerflichen Vertrauensbruch abgestellt wird, vermag dieses Kriterium so wenig zu überzeugen wie das der Verwerflichkeit zur Begründung eines Mordes insgesamt[568]. Grundlegend ist gegen das Verwerflichkeitskriterium geltend zu machen, dass es auf sozialethische Erwägungen Bezug nimmt, Erwägungen, die in einem modernen und freiheitlichen Strafrechtssystem, das sich elementar durch die Trennung von Legalität und Moralität auszeichnet, keine Bedeutung erlangen können. Solche Erwägungen zu berücksichtigen bedeutet, den Bereich des strikt Rechtlichen zu verlassen. Auch lassen sich in einer pluralistischen Gesellschaft sozialethisch-moralische Maßstäbe und entsprechende Werte allgemeinverbindlich nicht mehr vermitteln.

---

nach der (etwa verwandtschaftlichen oder rechtsgeschäftlichen) Beziehung zwischen Täter und Opfer Vertrauen hätte bestehen sollen, sondern ob es tatsächlich […] zwischen ihnen bestanden hat, ist für die Frage, ob die Tötung ‚heimtückisch' […] erfolgt ist, maßgebend." In der Sache ebenso *Schmidhäuser*, Gesinnungsmerkmale, S. 233 ff.; *ders.*, Würtenberger-FS, S. 91 (106); *ders.*, Strafrecht BT, 2/25; *M.-K. Meyer*, JR 1979, S. 485 ff.; *dies.*, JR 1986, S. 133 (135); *Otto*, ZStW 83 (1971), S. 39 (63 f.); *ders.*, Strafrecht BT, § 4 Rdnr. 25; Sch/Sch-*Eser*, § 211 Rdnr. 26; *Eser*, JR 1981, S. 177 (182 f.); SK/*Horn*, § 211 Rdnr. 32; siehe auch BGHSt 2, 60 (61).

564 *Lange*, Schröder-GS, S. 217 (233); in diese Richtung gehen auch schon die Ausführungen *Eb. Schmidts*, DRZ 1949, S. 241 (245); siehe aber ferner *Langer*, JR 1993, S. 133 (140).

565 *Jescheck*, in: Freiheitsstrafe, S. 127 (130); *Krey/Heinrich*, Strafrecht BT/1, § 1 Rdnr. 58.

566 *Geilen*, Schröder-GS, S. 235 (253 ff.); *Arzt*, JR 1979, S. 7 (11); *Arzt/Weber-Hilgendorf*, Strafrecht BT, § 2 Rdnr. 50; *Rengier*, Strafrecht BT II, § 4 Rdnr. 33; *ders.*, MDR 1980, S. 1 (4 f.); *ders.*, NStZ 1982, S. 225 (226); LK/*Jähnke*, § 211 Rdnr. 48 ff.; NK/*Neumann*, § 211 Rdnr. 49; MK/*Schneider*, § 211 Rdnr. 155 ff.; *Kargl*, StraFo 2001, S. 365 (369); *Lackner*, NStZ 1981, S. 348 (349); *Küper*, Strafrecht BT, S. 200; *ders.*, JuS 2000, S. 740 (745 f.); *Maurach/Schroeder/Maiwald*, Strafrecht BT/1, § 2 Rdnr. 43; *Gössel/Dölling*, Strafrecht BT, § 4 Rdnr. 111; *Kindhäuser*, Strafrecht BT I, § 2 Rdnr. 30; *Wessels/Hettinger*, Strafrecht BT/1, § 2 Rdnr. 108; *Mitsch*, JuS 1996, S. 213 (214); – aus der Rechtsprechung: BGHSt 7, 218 (221); 28, 210 (211 f.); 30, 105 (114 ff.).

567 BGHSt 30, 105 (115 f.); *Geilen*, Schröder-GS, S. 235 (255); *Arzt*, JR 1979, S. 7 (11); *Rengier*, MDR 1980, S. 1 (4); *ders.*, Strafrecht BT II, § 4 Rdnr. 33; *Wessels/Hettinger*, Strafrecht BT/1, § 2 Rdnr. 108; *Mitsch*, JuS 1996, S. 213 (214); *Gössel/Dölling*, Strafrecht BT, § 4 Rdnr. 111; NK/*Neumann*, § 211 Rdnr. 49; *Kindhäuser*, Strafrecht BT I, § 2 Rdnr. 30; *Schlechtriem*, Mordmerkmal der Heimtücke, S. 76.

568 Vgl. oben A I, ergänzend auch B I.

Schießlich wird der Verwerflichkeitsaspekt durch eine Verbindung mit dem Kriterium des Vertrauensbruchs, welches er gerade präzisieren soll, nicht etwa tauglicher. Daher bleibt festzuhalten: Ein so verstandenes Vertrauenskriterium ist für eine rechtliche Bewertung nicht akzeptabel.

Um eine Konkretisierung des Vertrauensaspekts bemühen sich vor allem jene Autoren, die eine faktische Betrachtung bevorzugen. *Schmidhäuser* stellt hierzu fest, es komme darauf an, ob der Täter „in der Tötung ein ihm in der konkreten Situation entgegengebrachtes Vertrauen grob verwerflich breche“[569]. *Maria-Katharina Meyer*, Schülerin *Schmidhäusers*, hat diese Position weiterentwickelt und zugleich in ihrer prononciertesten Form vertreten. Ein Vertrauenstatbestand sei, so *Meyer*, insbesondere „bei den auf Freundschaft, Ehe oder Liebesverhältnis gestützten Vertrauensverhältnissen“ anzunehmen[570]. Darüber hinaus ergebe er sich ebenso im Rahmen „sozial-freundliche[r] Kontakt[e]“[571]. Der Missbrauch dieser „anerkannten sozial-positiven Verhaltensregeln“ stelle einen Vertrauensbruch dar[572]. Er liege vor, sofern „das Gegenüber nicht ohne vorherige Warnung aus einem positiv bewerteten Verhaltensmuster ausbricht“[573]. Hauptsächlich anhand der folgenden zwei Beispiele veranschaulicht *Meyer* ihre Ausführungen: Begegneten sich in einem Zugabteil zwei Menschen, werde ein Vertrauenstatbestand begründet, wenn es zwischen den beiden zu einem freundlichen Gespräch komme. Töte anschließend der eine den anderen unerwartet aus dieser Situation heraus, werde auch eine „spezielle Erwartung“ des Opfers enttäuscht[574]; denn der Täter setze sich mit seiner Tat über die „im mitmenschlichen Verkehr anerkannten sozial-positiven Verhaltensregeln“ hinweg, und er verletze nicht mehr bloß „den Wert der Achtung vor fremdem Leben, sondern auch [...] den Wert, den die Kommunikation zwischen Menschen“ darstelle[575]. Als zweites Beispiel führt *Meyer* eine Ehefrau an, die als Radfahrerin am Straßenverkehr teilnimmt und von ihrem Ehemann vorsätzlich überfahren wird. Habe sie ihn vorher nicht erkannt, sei ein Vertrauensbruch abzulehnen, weil lediglich ihre „allgemeine Legalitätserwartung“ enttäuscht worden sei, auf öffentlichen Straßen nicht Opfer einer Straftat zu werden[576]. „Der Täter ist seiner Frau gegenüber“, so begründet *Meyer*, „in der konkreten Situation nicht aus einem Verhaltensmuster herausgefallen, sondern hat lediglich unter Bedingungen gehandelt, wie sie jeder Dritte auch hatte“. Anders soll der Fall zu beur-

[569] *Schmidhäuser*, Würtenberger-FS, S. 91 (106); ferner *ders.*, Gesinnungsmerkmale, S. 231 f.; *ders.*, Strafrecht BT, 2/25.

[570] *M.-K. Meyer*, JR 1979, S. 485 (486); desgleichen *Otto*, Strafrecht BT, § 4 Rdnr. 25.

[571] *M.-K. Meyer*, JR 1979, S. 485 f.

[572] *M.-K. Meyer*, JR 1979, S. 485 f.; ferner Sch/Sch-*Eser*, § 211 Rdnr. 26; SK/*Horn*, § 211 Rdnr. 32.

[573] *M.-K. Meyer*, JR 1979, S. 485 (486).

[574] *M.-K. Meyer*, JR 1979, S. 485 f.

[575] *M.-K. Meyer*, JR 1979, S. 485 (486).

[576] *M.-K. Meyer*, JR 1979, S. 485 (487).

teilen sein, falls die Frau ihren Mann vorher wahrgenommen hat: „Hier bricht der Täter ohne Warnung aus dem vom Opfer aufgrund der Lebensgemeinschaft unbewußt zu erwartenden Verhaltensmuster (besondere Rücksichtnahme auf den Ehegatten) aus.“[577] *Meyers* Darlegungen sind im Schrifttum nahezu durchweg auf Zustimmung gestoßen bei den Autoren, die das Vertrauenskriterium anwenden wollen[578].

Dagegen moniert *Rengier* die Befremdlichkeit der Resultate[579]. In der Tat leuchtet es schon auf den ersten Blick wenig ein, weshalb die Einstufung der Tat als Mord oder Totschlag davon abhängen soll, ob die Ehefrau im obigen Beispielsfall ihren Mann vorher gesehen hat oder ob, im ersten Beispielsfall, die Zugreisenden ein freundliches Wort miteinander gewechselt haben. Gegen das vorgetragene Verständnis des Vertrauensaspekts sind insbesondere folgende Einwände geltend zu machen: Erstens ist ein Vertrauenstatbestand, der auf sozial anerkannte Verhaltensmuster oder die Regeln einer freundlichen Kommunikation zwischen Menschen verweist, zu allgemein und damit zu unspezifisch. Es geht hierbei doch um nichts anderes als um Umgangsformen, die normal und üblich sind, zumindest für wohlerzogene, freundliche Menschen[580]. Weshalb sollte die Beachtung solcher gewöhnlicher Umgangsformen und eine anschließend aus diesem Verhaltensmuster ausbrechende vorsätzliche Tötung die spezifische Steigerung im Unrechts- und/oder Schuldgehalt eines Mordes fundieren? Was hier fehlt ist ein spezifischer Zusammenhang zwischen dem Vertrauenstatbestand und dem durch das Tötungsdelikt geschützten Gut „Leben“[581]. Der Rekurs auf sozial anerkannte positive Verhaltensregeln oder auf den Wert der Kommunikation ist dafür nicht geeignet. Zweitens, und damit einhergehend, liegt das Defizit der vorgetragenen Auffassung darin, dass die rechtliche Relevanz der Vertrauenskomponente nicht dargetan wird (und so, wie diese verstanden wird, wohl auch nicht dargetan werden kann). Nötig wäre es hierfür, den Vertrauensaspekt schlüssig mit normativen und dogmatischen (Zurechnungs-) Prinzipien in Einklang zu bringen beziehungsweise ihn aus solchen herzuleiten. Eine derart dogmatische Fundierung des Vertrauensaspekts wird aber gerade nicht geleistet. Drittens kann es für eine rechtliche Bewertung nicht genügen, lediglich an tatsächlichen Gegebenheiten orientiert, danach zu fragen, ob

---

[577] *M.-K. Meyer*, JR 1979, S. 485 (487).

[578] Siehe Sch/Sch-*Eser*, § 211 Rdnr. 26; *Eser*, JR 1981, S. 177 (182 f.); SK/*Horn*, § 211 Rdnr. 32; *Jakobs*, JZ 1984, S. 996 (997 f.); außerdem vorher schon *Otto*, ZStW 83 (1971), S. 39 (63 f.); *dens.*, Strafrecht BT, § 4 Rdnr. 25.

[579] *Rengier*, MDR 1980, S. 1 (5); *ders.*, NStZ 1982, S. 225 (226); siehe ferner *Schlechtriem*, Mordmerkmal der Heimtücke, S. 77 f.; *Veh*, Mordtatbestand, S. 159.

[580] In diese Richtung geht auch die Kritik *Vehs*, Mordtatbestand, S. 159: Er bemängelt das „gesellschafts-politische[ ] Bild, von dem Meyer ausgeht“; sie beschreibe „eine Gesellschaft der angeborenen Vorsicht und Skepsis gegenüber Fremden“.

[581] Ähnlich der Einwand bei *Schmoller*, ZStW 99 (1987), S. 389 (408); MK/*Schneider*, § 211 Rdnr. 160.

das Opfer dem Täter Vertrauen entgegengebracht hat oder nicht. Entscheidend wäre vielmehr normativ, ob das Opfer dem Täter zu Recht vertraut hat, ob es ihm also vertrauen durfte. In der ersten Variante geht es um eine ausschließlich faktische Betrachtung, die für das (Straf-)Recht als normative Disziplin nicht hinreicht. Und aus dem bloßen Faktum, mithin daraus, dass etwas ist, wie es ist, lässt sich nicht schon entnehmen, dass es auch so sein soll. Dennoch: Mit dem Vertrauensaspekt wird ein an sich zutreffendes Kriterium benannt. Allerdings wäre es erforderlich, diesen Aspekt anhand allgemeiner dogmatischer Zurechnungskriterien zu entwickeln und ihn damit zugleich strafrechtssystematisch hinreichend zu verankern. Wie das aussehen könnte, wird an späterer Stelle noch erörtert[582].

Des Weiteren wird vorgeschlagen, die Bejahung des Merkmals „Heimtücke" von einer besonders tückischen Vorgehensweise des Täters abhängig zu machen[583]. Auffallend ist insoweit die inhaltliche Uneinheitlichkeit der Vorschläge. So gibt fast jeder Autor eine andere Antwort auf die Frage, was genau das Moment des Tückischen auszeichnen soll. Wird das Tückische gleichgesetzt mit dem Ausnutzen eines sozial anerkannten positiven Vertrauenstatbestands[584], gelten hiergegen die soeben vorgetragenen Einwände. Darüber hinaus mag das Verwenden metaphorisch stark aufgeladener Begrifflichkeiten, wie ein tückisch-verschlagenes, listiges, hinterhältiges, planmäßig oder kaltblütig berechnendes Vorgehen[585] oder der Hinweis auf Verrat und Treuebruch[586], dem Vorverständnis noch halbwegs plausibel erscheinen und in einem ganz allgemeinen Sinn auf eine besonders üble Tatbegehung hindeuten. Jedoch können derartige Begrifflichkeiten eine hinreichende normative wie dogmatische Argumentation nicht ersetzen. Es wäre vielmehr darzulegen, weshalb diesen Attributen eine rechtliche (und nicht bloß eine moralische) Relevanz zukommen sollte, und das bedeutet vor allem: sie müssten schlüssig in ein strafrechtsdogmatisches Konzept integrierbar sein, das seinerseits überzeugt. Der geläufige Hinweis auf eine

---

[582] Siehe im dritten Kapitel zu A I 2 b.

[583] *M.-K. Meyer*, JR 1979, S. 485 (487); *dies.*, JR 1986, S. 133 ff. (bes. 135); *Eser*, Gutachten, D 182; *Lackner*, NStZ 1981, S. 348 (349); *Spendel*, JR 1982, S. 269 (271 ff.); *ders.*, StV 1984, S. 45 (46); *Wessels/Hettinger*, Strafrecht BT/1, § 2 Rdnr. 114, 122; *Welzel*, Strafrecht, S. 283; *Veh*, Mordtatbestand, S. 170 f.; *Schild*, JA 1991, S. 48 (55); *Küpper*, Kriele-FS, S. 777 (786 f.); NK/*Neumann*, § 211 Rdnr. 72; *Hillenkamp*, Rudolphi-FS, S. 463 (477 ff.); das Moment der „Tücke" betonen auch BGHSt 20, 301 (302); 22, 77 (79 f.); 23, 119 (121); ablehnend dagegen BGHSt 11, 139 (144 f.).

[584] In diesem Sinne *M.-K. Meyer*, JR 1979, 485 (487); *dies.*, JR 1986, S. 133 (135); ähnlich, aber restriktiver *Langer*, JR 1993, S. 133 (140, 143).

[585] Alle Begriffe bei *Wessels/Hettinger*, Strafrecht BT/1, § 2 Rdnr. 114, 122.

[586] Dazu *Schaffstein*, H. Mayer-FS, S. 419 (428); zu den (möglichen) historischen Zusammenhängen dieser Kriterien siehe *Schaffstein*, in: Abhandlungen, S. 87 (91 f.).

erhöhte Tätergefährlichkeit bei tückischem Verhalten ist hierfür nicht hinreichend[587]. Erstens ist das Gefährlichkeitskonzept zur Begründung des Strafrechts schon prinzipiellen Bedenken ausgesetzt[588]; zweitens braucht die tückische Vorgehensweise ihren Grund keinesfalls in einer gesteigerten Gefährlichkeit des Täters zu haben. Das gilt vor allem, wenn das tückisch-verschlagene Verhalten, wie typischerweise bei einem konstitutionell unterlegenen Täter, die einzige Möglichkeit ist, die Tat überhaupt zu begehen[589]. Im Weiteren wäre eine Einbeziehung des Tückemoments allenfalls noch mit einem Verwerflichkeitsansatz zu leisten. So handelt es sich bei der „Tücke" um eine subjektive Komponente, also um ein Täterinterna, und die oben angeführten Beschreibungen deuten mit ihrem moralisierenden Klang auch auf das Verwerflichkeitskonzept hin. Mit einem modernen strafrechtsdogmatischen System ist dieses Konzept aber nicht mehr vereinbar[590]. Bemerkenswerterweise hat gerade *Spendel*, ein Hauptverfechter der „Tücke"-Interpretationsvariante, erkannt und deutlich herausgestellt, wie wenig eine Akzentuierung dieses Moments letztlich zu überzeugen vermag. Sein Plädoyer für eine stärkere Berücksichtigung der Tückekomponente endet resignierend: Da die „Heimtücke" im Gesetz stehe, komme man nicht umhin, an ihr festzuhalten, wenn „auch sonst aus rechtsphilosophischen und rechtspolitischen (rechtsstaatlichen) Gründen derartige ‚Gesinnungsmerkmale' abzulehnen und möglichst objektiv gefasste Tatbestände zu fordern" seien[591]. *Spendel* fährt fort: „Die ganzen Auslegungsschwierigkeiten zeigen jedenfalls anschaulich, wie verfehlt die fortschreitende Subjektivierung der Deliktstypen, insbesondere der Mordvoraussetzungen ist und wie not daher die Rückkehr des Gesetzgebers zu einem Objektivismus in der Tatbestandsbildung tut."[592] Dieser Einschätzung bleibt nichts hinzuzufügen. Auf den ersten Blick plausibler sind noch, da nicht ohne weiteres moralisierend, Überlegungen, ein „planmäßiges"[593] oder „unrechtsbewußt-überlegtes"[594] Verhalten bei der Heimtücke zu verlangen. Zuletzt hängt die Überzeugungskraft derartiger Kriterien davon ab, ob es gelingt, mit ihnen eine Steigerung des Unrechts oder der Schuld zu fundieren. Darauf ist an späterer Stelle ausführlicher einzugehen[595]. Vordergründig gesehen, wird man freilich darauf verweisen dürfen, dass der Gesetzestext keine Anhaltspunkte dafür bietet, eine Planung oder Überlegung zu verlangen. Zudem gilt der oben bereits angeführte Einwand: Der körperlich Schwache hat in

[587] Siehe auch *Köhler*, JuS 1984, S. 762 (763 f.).
[588] Vgl. oben zu A II.
[589] Siehe auch *Veh*, Mordtatbestand, S. 160 f.
[590] Vgl. oben zu A. I.
[591] *Spendel*, JR 1983, S. 269 (273).
[592] *Spendel*, JR 1983, S. 269 (273).
[593] NK/*Neumann*, § 211 Rdnr. 72; noch weitergehend *Schmoller*, ZStW 99 (1987), S. 389 (412 ff.).
[594] So *Köhler*, JuS 1984, S. 762 (765).
[595] Im dritten Kapitel A II 2.

aller Regel keine andere Chance, als überlegt oder geplant gegen den konstitutionell Stärkeren vorzugehen. Des Weiteren sind unrechtsmindernde Umstände weder bei einem tückisch-verschlagenen noch bei einem überlegt-geplanten Vorgehen ausgeschlossen. Sofern nun diesbezüglich – wiederum einschränkend – vorgetragen wird, das Moment der Tücke sei einer normativ geprägten Interpretation nicht nur zugänglich, es gebiete sie sogar[596], mag das im Ergebnis einleuchten. Mit dem Begriff der Tücke an sich oder mit einem tückisch-verschlagenen Verhalten hat das aber nichts mehr zu tun[597]; es geht vielmehr um etwas ganz anderes, nämlich um eine ausschließlich normative Deutung der Heimtücke – und das leitet über zum nächsten und letzten Aspekt.

Neuerdings lassen sich Bestrebungen verzeichnen, den Begriff der „Heimtücke" zu normativieren. Danach ist die Arglosigkeit des Opfers nicht faktisch, sondern nach normativen Kriterien zu bemessen[598]; oder es wird das Element des tückischen Verhaltens stärker fokussiert und ebenfalls normativierend gedeutet[599]. Den entscheidenden Anstoß zu dieser Debatte lieferte der BGH mit seiner Entscheidung zu einem Erpressungsfall (BGHSt 48, 207ff.). Der BGH lehnte eine Arglosigkeit des Opfers ab, das den Täter durch eine der Tötung unmittelbar vorangegangene Erpressung in eine Notwehrlage gebracht hatte. Da der Angreifer (das Opfer der Tötung) einen Gegenangriff des Täters durch sein Verhalten (die Erpressung) herausgefordert habe, sei er nicht als arglos anzusehen, selbst wenn er wie hier tatsächlich keinen Gegenangriff erwartet habe[600]. Das Merkmal „Heimtücke", so der BGH, sei einer solchen „normativ orientierten einschränkenden Auslegung zugänglich", und dem Gegenangriff wohne „hier ersichtlich nicht das Tückische in einem Maße" inne, „welches den gesteigerten Unwert des Mordmerkmals" ausmache[601]. Im Weiteren werde mit der Normativierung der Heimtücke ein „Wertungsgleichklang mit dem Notwehrrecht" gewährleistet[602]. In der Literatur ist die Ansicht des BGH sowohl

---

596 *Hillenkamp*, Rudolphi-FS, S. 463 (479). – Erwägungen, bei der Heimtücke den („achtenswerten") Beweggrund miteinzubeziehen (vgl. *Schwalm*, MDR 1957, S. 260f., und bes. *Köhler*, JuS 1984, S. 762 [765ff.]), mögen in eine ähnliche Richtung weisen; zu stark wird hierbei jedoch die (innere) Motivation des Täters bewertet statt auf das äußere Tatgeschehen Bezug zu nehmen (siehe schon oben unter B I).

597 *Rengier*, NStZ 1982, S. 225 (226). *Hillenkamp* verkennt das freilich nicht, vgl. JZ 2004, S. 48 (49f.).

598 *Rengier*, NStZ 2004, S. 233 (236f., 239); *ders.*, Strafrecht BT II, § 4 Rdnr. 26a; *Otto*, NStZ 2004, S. 142 (143); *Roxin*, JZ 2003, S. 966.

599 In diesem Sinne *Hillenkamp*, JZ 2004, S. 48 (49f.); *ders.*, Rudolphi-FS, S. 463 (477ff.).

600 BGHSt 48, 207 (210).

601 BGHSt 48, 207 (211). – Dagegen stellte der 2. Senat des BGH unlängst (BGH NStZ 2005, S. 688 [689]) in Abgrenzung zum 1. Senat (also BGHSt 48, 207) fest, die Arg- und Wehrlosigkeit sei faktisch und nicht normativ zu bestimmen.

602 BGHSt 48, 207 (211).

auf Zustimmung als auch auf Ablehnung gestoßen[603]. Unstrittig ist jedoch, dass das Unrecht der Tötung in diesem Fall gemindert ist, weil der Täter sein Opfer aus einer Notwehrlage heraus getötet hat[604]. Das wird selbst von den Gegnern der Entscheidung nicht in Abrede gestellt[605]. Seitens des Schrifttums wird darüber hinaus geltend gemacht, die Normativierung der Heimtücke, wie der BGH sie vornehme, ließe sich kaum auf Fälle einer Notwehrlage beschränken, sondern sie müsse auch in Notstandslagen zur Anwendung kommen, zumal dann, wenn es sich um Fälle eines Defensivnotstands handele[606]. Demgegenüber hat der BGH explizit darauf hingewiesen, das Merkmal „heimtückisch" könne bei einer „Dauergefahr" anders als in einer Notwehrlage sehr wohl zu bejahen sein[607]. In einer wenig später ergangenen Entscheidung (BGHSt 48, 255 ff.), in der es um die Tötung eines sogenannten „Familientyrannen" durch seine Ehefrau ging und wo eine Dauergefahr vorlag, hat der BGH (immerhin derselbe Senat) über eine Normativierung der Heimtücke erstaunlicherweise kein Wort verloren. Macht man jedoch ernst mit einer Normativierung der Heimtücke, und das bedeutet, dass die Prinzipien konsequent anzuwenden sind, dann lässt sich eine Unrechtsminderung in einer Defensivnotstandslage jedenfalls nicht a limine von der Hand weisen. Darin ist der Literatur beizupflichten. Der BGH hätte daher in der genannten „Familientyrannen"-Entscheidung diese Frage mindestens aufwerfen und diskutieren müssen. Andererseits ist den Kritikern der erstgenannten BGH-Entscheidung und damit einer normativen Deutung der Heimtücke zuzugeben, dass mit einer derartigen Interpretation der klassische Heimtückebegriff an und für sich verlassen wird[608]. Denn der Kerngehalt des Merkmals, das Ausnutzen einer Arg- und Wehrlosigkeit des Opfers, wird mit dieser Auslegung aufgegeben; es geht darum überhaupt nicht mehr. Die Basisdefinition der „Heimtücke", die restlos obsolet wird, geht vielmehr vollständig in der Normativierung des Merkmals auf. Da man jedoch mit dem Kern des

---

603 Zustimmend *Roxin*, JZ 2003, S. 966; *Geppert*, JK-StGB 1/04, § 211/41; *Rengier*, Strafrecht BT II, § 4 Rdnr. 26a; *ders.*, NStZ 2004, S. 233 (236); *Otto*, NStZ 2004, S. 142 (143); *Müssig*, Dahs-FS, S. 117 (135 ff.); – ablehnend *H. Schneider*, NStZ 2003, S. 428 ff. (der eine Lösung auf der Rechtsfolgenebene und damit die sogenannte Rechtsfolgenlösung befürwortet [430 f.]); *Zaczyk*, JuS 2004, S. 750 (752, 754); *Quentin*, NStZ 2005, S. 128 ff.; *Küper*, GA 2006, S. 310 (312); *Fischer*, § 211 Rdnr. 37a, 49 ff.; *Eisele*, Strafrecht BT I, § 4 Rdnr. 99; *Arzt/Weber-Hilgendorf*, Strafrecht BT, § 2 Rdnr. 48; *Maurach/Schroeder/Maiwald*, Strafrecht BT/1, § 2 Rdnr. 43.

604 *Hillenkamp*, JZ 2004, S. 48 (50 f.); *ders.*, Rudolphi-FS, S. 463 (472); *Otto*, NStZ 2004, S. 142 f.; *Rengier*, NStZ 2004, S. 233 (236).

605 Vgl. *Zaczyk*, JuS 2004, S. 750 (752); *H. Schneider*, NStZ 2003, S. 428 (430).

606 Dezidiert *Rengier*, NStZ 2004, S. 233 (236 f.); *Otto*, NStZ 2004, S. 142 f.; *Hillenkamp*, Rudolphi-FS, S. 463 (468 f., 472); *ders.*, JZ 2004, S. 48 (50); *Müssig*, Dahs-FS, S. 117 (136 f.); ferner *H. Schneider*, NStZ 2003, S. 428 (430 f.); *Fischer*, § 211 Rdnr. 54.

607 BGHSt 48, 207 (212).

608 Vgl. *Zaczyk*, JuS 2004, S. 750 (751 f.); *Rengier*, NStZ 2004, S. 233 (235); *Küper*, Strafrecht BT, S. 194; *dens.*, GA 2006, S. 310 (312); *Hillenkamp*, JZ 2004, S. 48 (49); *dens.*, Rudolphi-FS, S. 463 (472 ff.); *Fischer*, § 211 Rdnr. 50 ff.

Merkmals, wie gesehen, ohnehin nicht zu normativ einleuchtenden Resultaten gelangt, mag das im Ergebnis sogar zu begrüßen sein. *Otto* schreibt hierzu lapidar: „Das Urteil erweist [...] erneut die Untauglichkeit der Definition der Heimtücke als Ausnutzung der Arg- und Wehrlosigkeit des Opfers zur Erfassung eines qualifizierten Tötungsunrechts [...].“[609] Vorzugswürdiger wäre es, wenigstens de lege ferenda von einem Merkmal abzusehen, das normativ von Grund auf (und mithin nicht nur in Randbereichen) nicht überzeugt. Soweit der BGH schließlich einen „Wertungsgleichklang mit dem Notwehrrecht“ reklamiert, ist dem im Prinzip durchaus zu folgen. Es geht hierbei, formuliert man es allgemeiner, nicht zuletzt um eine Harmonisierung strafrechtlicher Zurechnungserwägungen und damit zugleich um ein normativ konsistentes und in sich schlüssiges Strafrechtssystem[610]. Unter anderem die Regelung des Notwehrrechts in § 32 StGB vermag Aufschluss darüber zu geben, wann Minderungen des Unrechts in Betracht kommen. Diese Diskussion ist hier aber nicht weiter zu vertiefen; im dritten Kapitel (zu B II) wird sie wieder aufgegriffen, wo detailliert zu erörtern sein wird, unter welchen Voraussetzungen Unrechtsminderungen anzuerkennen sind.

Zum Merkmal „Heimtücke“ bleibt resümierend festzuhalten: Eine Steigerung des Unrechtsgehalts der vorsätzlichen Tötung lässt sich auf eine heimtückische Begehungsweise des Täters nicht stützen. Bereits die Basisdefinition ist durchgreifenden Bedenken ausgesetzt, da sie zu erheblichen normativen Inkonsistenzen führt. Soweit Alternativen (zum Beispiel das Vertrauenskriterium) angeboten oder Einschränkungen (etwa eine feindliche Willensrichtung, ein besonders tückisch-verschlagenes Verhalten) vorgeschlagen werden, können auch diese nicht überzeugen. Für den Vertrauensaspekt gilt das zumindest in der Form, in der er bisher in der Literatur vertreten wird. Noch nicht gesagt ist damit, dass er, anders konzipiert, nicht doch eine unrechtsteigernde Komponente enthalten könnte[611]. Die sogenannte Normativierung der Heimtücke schließlich, nach der das Mordmerkmal abzulehnen sein soll, sofern der Täter die Tötung aus einer Notwehrlage heraus gegenüber dem Angreifer begeht, bedeutet in Wahrheit eine Destruktion des Kerngehalts der Heimtücke (mithin des Ausnutzens einer Arg- und Wehrlosigkeit des Opfers) und ersetzt diesen und damit zugleich das Mordmerkmal durch die „Normativierung“. Wegen der normativen Friktionen, zu denen man mit der Basisdefinition gelangt, mag das zuletzt nicht sonderlich zu bedauern sein. Vorzuziehen wäre es jedoch – zumindest de lege ferenda –, auf das Merkmal zu verzichten und von vornherein nach

[609] *Otto*, NStZ 2004, S. 142.

[610] Es lässt sich hiergegen nicht einwenden, es gehe um „asymmetrische Problemlagen“ (so jedoch *Zaczyk*, JuS 2004, S. 750 [752]).

[611] Hierzu im dritten Kapitel unter A I 2 b.

normativ wie dogmatisch schlüssigen Kriterien zu suchen, mit denen sich eine Abstufung vorsätzlicher Tötungstatbestände erreichen lässt[612].

Soweit in der Literatur seit langem bemängelt wird, das Merkmal „Heimtücke" sei zu starr, denn es biete nicht die Möglichkeit, (schuld-)mindernde Motive des Täters zu berücksichtigen, bei deren Vorliegen die Höchststrafe nicht mehr angezeigt sei[613], mag darin etwas Zutreffendes zum Ausdruck kommen. Vergleichbares dürfte sich im Übrigen für die Rechtsfolgenlösung des BGH konstatieren lassen[614]. Das Defizit der „Heimtücke" liegt aus hiesiger Sicht allerdings nicht darin, dass etwaige (schuld- oder auch unrechts-)mindernde Beweggründe nicht adäquat in das Kriterium integriert werden könnten. Denn auf die Tatmotive des Täters kann es nicht ankommen (hierzu oben B I). Und Aspekte, die sich aus prinzipiellen Gründen zu Ungunsten des Täters (mithin zur Steigerung von Unrecht oder Schuld) nicht verwenden lassen, können nicht, wenn es zum Vorteil des Täters gereicht, berücksichtigt werden. In bonam et in malam partem hat vielmehr ein und dasselbe zu gelten. Das Defizit der „Heimtücke" betrifft hingegen etwas Objektives: Ebenso wenig nämlich wie das Merkmal geeignet ist, eine Unrechtssteigerung zu fundieren, erlaubt es auf der anderen Seite die Berücksichtigung eines unrechtsmindernden Sachverhalts. In den Fällen einer „Normativierung der Heimtücke" tritt dieses Manko mit aller Deutlichkeit hervor[615]. *Neumanns* eingangs zitierte Feststellung, es sei bis heute

---

612 Dazu im dritten Kapitel.

613 *Schwalm*, MDR 1957, S. 260f.; *Jescheck*, JZ 1957, S. 386 (387); *Eser*, Gutachten, D 44ff.; *Köhler*, JuS 1984, S. 762 (765ff.); *Otto*, Jura 1994, S. 141 (147); siehe auch den Entwurf 1962, S. 273.

614 BGHSt 30, 105ff. – Der BGH hebt (S. 119) hervor, bei „außergewöhnlichen Umständen" sei die Verhängung der lebenslangen Freiheitsstrafe „trotz des tatbestandsmäßigen Unrechts wegen erheblich geminderter Schuld unverhältnismäßig". Beispielhaft nennt er, durch „eine notstandsnahe, ausweglos erscheinende Situation motivierte, in großer Verzweiflung begangene, aus tiefem Mitleid oder aus ‚gerechtem Zorn' […] auf Grund einer schweren Provokation verübte Taten, die in einem vom Opfer verursachten und ständig neu entfachten, zermürbenden Konflikt oder in schweren Kränkungen des Täters durch das Opfer, die das Gemüt immer wieder heftig bewegen, ihren Grund haben".

615 Als Ausweg aus dieser Situation lässt sich neben der Normativierung der Heimtücke auf die umstrittene Frage hinweisen, ob § 213 StGB auf § 211 StGB Anwendung finden kann (ablehnend die herrschende Meinung: *Lackner/Kühl*, Vor § 211 Rdnr. 23 und § 213 Rdnr. 1; LK/*Jähnke*, § 213 Rdnr. 2; MK/*Schneider*, § 213 Rdnr. 2; *Arzt/Weber-Hilgendorf*, Strafrecht BT, § 2 Rdnr. 78; *Gössel/Dölling*, Strafrecht BT/1, § 1 Rdnr. 7 und § 3 Rdnr. 1; *Mitsch*, JuS, 1996, S. 121; *Saliger*, ZStW 109 [1997], S. 302 [331]; BGHSt 30, 105 [118f.]; vermittelnd die Positionen von Sch/Sch-*Eser*, §§ 211 ff. Vorbem. Rdnr. 9a und § 213 Rdnr. 3; SK/*Horn*, § 213 Rdnr. 2; *Rengier*, Strafrecht BT II, § 4 Rdnr. 34). Jedenfalls in der erstgenannten Alternative des § 213 StGB, der sogenannten Provokationsvariante, ist eine Unrechtsminderung durch die vorangegangene „Misshandlung oder schwere Beleidigung" durch das spätere (Tötungs-) Opfer gegeben (dazu noch die Ausführungen im dritten Kapitel zu B II 1 bes. a und c) – vorausgesetzt, diese Begriffe werden in einem „strafrechtlich-technischen" Sinn (also wie bei §§ 223ff. und 185ff. StGB) verstanden (in diesem Sinne *Gössel/Dölling*, Strafrecht BT/1, § 3 Rdnr. 5, 10; MK/*Schneider*, § 213 Rdnr. 12, 16; *ders.*, in: Tötungsdelikte – mediale Wahrnehmung, S. 203 [208f.]; *ders.*, NStZ 2001, S. 455 [456]; anders aber die herrschende Meinung,

weder der Judikatur noch der Literatur gelungen, dem Merkmal „Heimtücke" einen normativ konsistenten und sachlich plausiblen Anwendungsbereich zu geben[616], darf man daher ergänzen: ein solcher ist nach allem mit diesem Merkmal auch nicht zu haben.

C. Ergebnis

Als Ergebnis des zweiten Kapitels lässt sich festhalten: Die beiden geläufigen Leitprinzipien zur Begründung eines Mordes, die Verwerflichkeits- und die Gefährlichkeitsmaxime, vermögen eine Fundierung des Mordes überzeugend nicht zu leisten. So fordert die Verwerflichkeitsbetrachtung eine zusätzliche sozialethische Bewertung der Tat ein, die über eine strikt rechtliche hinausführt, was eine Konfundierung der Bereiche von Legalität und Moralität bedeutet. Paradigmatisch lässt sich das am Mordmerkmal „niedrige Beweggründe" zeigen – dem augenfälligsten Kennzeichen eines solchen Ansatzes. Demgegenüber ist es Ziel der Gefährlichkeitslösungen, Abstand zu nehmen von einer moralisierenden Betrachtung und eine Rationalisierung wie Objektivierung bei der Auslegung des Mordtatbestands zu erreichen. Sämtliche Gefährlichkeitsansätze korrelieren mit spezial- oder generalpräventiven Strafrechtskonzeptionen, die gleichsam die Grundierung liefern. Soweit die Mordmerkmale oder aber die Mordstrafe spezialpräventiv mit einer besonderen Gefährlichkeit des Täters begründet werden, trägt dieser Aspekt mehr Maßnahme- als Strafcharakter. Denn maßgebend ist nicht mehr die Schuld des Täters für die begangene Tat, sondern es geht prospektiv um Tätergefährlichkeit. In empirischer Hinsicht kommt au-

---

siehe *Maurach/Schroeder/Maiwald*, Strafrecht BT/1, § 2 Rdnr. 56; *Fischer*, § 213 Rdnr. 5; NK/*Neumann*, § 213 Rdnr. 8 f.; *Lackner/Kühl*, § 213 Rdnr. 2; Sch/Sch-*Eser*, § 213 Rdnr. 5; ferner BGH MDR/H 1978, S. 110; BGH StV 1983, S. 198 [199]). Insofern nämlich ermöglicht die Anwendung zumindest dieser Variante des § 213 StGB auf § 211 StGB durchaus ein normativ konsistentes Resultat (im Ergebnis bejahend daher: *Maurach/Schroeder/Maiwald*, Strafrecht BT/1, § 2 Rdnr. 28, 55; NK/*Neumann*, Vor § 211 Rdnr. 154; *ders.*, Eser-FS, S. 431 [436 f.]; *Laber*, MDR 1989, S. 861 [869]; *Zwiehoff*, Tötung, S. 25 ff., 37 ff.; *Küpper*, Kriele-FS, S. 777 [792 ff.]; siehe ferner *Geilen*, Dreher-FS, S. 357 [383 ff.]; *ders.*, JA 1980, S. 309 (314]). Denn die Annahme eines Mordes und damit ebenso die Verhängung der Höchststrafe ist in diesen Fällen eine ganz inadäquate Lösung, die sich normativ schlüssig nicht begründen lässt. Wieso sollte ein Umstand, der das Unrecht der vorsätzlichen Tötung mindert, zwar beim Totschlag, nicht aber beim Mord von Bedeutung sein? Ob diese Auslegung sich mit dem strikten Gesetzeswortlaut vereinbaren lässt (vgl. § 213 StGB: „War der Totschläger [...]"), mag womöglich zweifelhaft sein (siehe einerseits Sch/Sch-*Eser*, § 211 Rdnr. 11; LK/*Jähnke*, § 213 Rdnr. 2; MK/*Schneider*, § 213 Rdnr. 2; andererseits *Zwiehoff*, Tötung, S. 26 f.; *Geilen*, JR 1980, S. 309 [314]; *Bernsmann*, JZ 1983, S. 45 [47]; NK/*Neumann*, Vor § 211 Rdnr. 153; *ders.*, Eser-FS, S. 431 [435 f.]; *Küpper*, Kriele-FS, S. 777 [792 f.]). Vorrangig wird man jedoch auf normative Konsistenz innerhalb der Tötungstatbestände zu achten haben.

[616] NK/*Neumann*, § 211 Rdnr. 47.

ßerdem hinzu, dass sich die (zukünftige) Gefährlichkeit des Täters mit hinreichender Verlässlichkeit nicht bestimmen lässt. In seiner zweiten Variante weist der Gefährlichkeitsansatz eine generalpräventive Ausrichtung auf. Argumentiert wird mit der Gefährlichkeit der Tat für die Gesellschaft. Hiernach soll der Mordtatbestand Ausdruck einer besonders gefährlichen Einstellung des Täters sein. Dabei wird im Weiteren auf sozialpsychologische Mechanismen verwiesen, namentlich auf das Gefühl der Sicherheit der Allgemeinheit und dessen Beeinträchtigung durch die Tat (Tötung). Die generalpräventive Variante der Gefährlichkeitslösung geht ebenso wie die spezialpräventive von Prämissen aus, die sich empirisch nicht absichern lassen. Gearbeitet wird mit Alltagshypothesen und vordergründigen Plausibilitäten. In beiden Fällen bewegt man sich weitgehend im Bereich des Spekulativen und Hypothetischen. Die Annahme eines Mordes oder die Verhängung einer lebenslangen Freiheitsstrafe letztlich auf Verdacht und Vermutungen zu gründen, geht aber nicht an. Dass die Gefährlichkeitskonzeptionen gegenüber der Verwerflichkeitsbetrachtung zu einem Mehr an Rationalität führen, wie es von den Vertretern dieser Richtung(en) dargetan wird, ist deshalb zu bezweifeln. Darüber hinaus überzeugt es schon grundsätzlich nicht, die Strafe des Täters entscheidend mit den Sicherheitsbedürfnissen der Gesellschaft zu begründen und nicht mit der Schwere der begangenen Tat.

Da die Leitprinzipien nicht geeignet sind, einen Mordtatbestand zu fundieren, bleibt noch die Auslegung der Einzelmerkmale – ein Weg, der jedoch ebenfalls nicht zu einem befriedigenden Resultat führt. So lassen sich innersystematische und normative Inkonsistenzen sowohl beim Merkmal der „niedrigen Beweggründe" als auch bei dem der „Heimtücke" ausmachen, die es schwer, wenn nicht unmöglich machen, zu schlüssigen und überzeugenden Ergebnissen zu gelangen. Das Hauptproblem der „niedrigen Beweggründe", die die markanteste Ausprägung der Verwerflichkeitsmaxime darstellen, liegt ferner darin, dass hier – ebenso wie generell bei allen anderen Motiv- und Absichtsmerkmalen des § 211 II StGB – sehr weitgehend auf die Innenwelt des Täters Bezug genommen wird und diese Innenwelt einer sozialethischen Bewertung unterzogen wird. Für ein an Freiheitsgesetzen ausgerichtetes Rechtsverständnis, welchem die strikte Trennung von Legalität und Moralität eigen ist, ist ein derart weitreichender Zugriff auf das Innenleben einer Person überzeugend nicht zu begründen. Damit lässt sich ein Qualifikationstatbestand der vorsätzlichen Tötung weder mit den Leitprinzipien noch mit den erwähnten, zentralen Mordmerkmalen hinreichend fundieren. Im folgenden dritten Kapitel soll daher, ausgehend von einem, wie man sagen könnte, Tabula-rasa-Zustand, untersucht werden, welche Möglichkeiten sich prinzipiell bieten, Mord und Totschlag – oder, allgemeiner formuliert: zwei vorsätzliche Tötungstatbestände mit unterschiedlichem Schweregehalt – voneinander abzustufen.

3. Kapitel

Möglichkeiten einer Abstufung des vorsätzlichen Tötungsdelikts nach rechtlichen Prinzipien

Vergegenwärtigt man sich die Möglichkeiten, die grundsätzlich zur Verfügung stehen, das vorsätzliche Tötungsdelikt (oder auch: Mord und Totschlag) voneinander abzustufen, ergeben sich – denklogisch sowie losgelöst von der derzeitigen gesetzlichen Regelung gesehen – folgende Varianten: Abstufungen sind – erstens – denkbar sowohl auf der Ebene des Unrechts als auch auf der Ebene der Schuld. Es ließen sich daher verschiedene Tötungstatbestände entweder auf der Unrechts- oder auf der Schuldstufe voneinander abheben. Darüber hinaus bestünde die Möglichkeit, Aspekte der Unrechts- und Schuldebene miteinander zu kombinieren und die Abstufung, dann freilich komplexer, von beiden Ebenen abhängig zu machen[1]. Zweitens lassen sich die (potentiellen) Abstufungen

[1] Was die Abgrenzung von Mord und Totschlag betrifft, so wie das Gesetz sie gegenwärtig durch die Mordmerkmale vorgibt, werden sämtliche dieser genannten Möglichkeiten zu §211 II StGB vertreten, teils noch mit weiteren Modifikationen. – Um einen knappen Überblick zu geben: Durchweg als Unrechtsmerkmale werden die Mordmerkmale gesehen von: SK/*Horn*, §211 Rdnr. 3; LK/*Jähnke*, Vor §211 Rdnr. 46ff.; MK/*Schneider*, §211 Rdnr. 211; *Maurach/Schroeder/Maiwald*, Strafrecht BT/1, §2 III Rdnr. 23, 30ff., 43ff.; *Maurach/Zipf*, Strafrecht AT/1, §23 Rdnr. 55f.; *Otto*, Strafrecht BT, §4 Rdnr. 1; *Rengier*, Strafrecht BT/2, §4 Rdnr. 7f.; *Kindhäuser*, Strafrecht BT I, §1 Rdnr. 3, §2 Rdnr. 3; *Gössel/Dölling*, Strafrecht BT/1, §1 Rdnr. 21; *Krey/Heinrich*, Strafrecht BT/1, §1 Rdnr. 23; *Eisele*, Strafrecht BT I, §4 Rdnr. 63f.; *Welzel*, JZ 1952, S. 72 (74); modifizierend *ders.*, Strafrecht S. 79; *Fuhrmann*, JuS 1963, S. 19f. mit Fn. 6; außerdem BGHSt 1, 368 (370f.). – Durchweg als Schuldmerkmale werden sie dagegen eingeordnet von: *Lange*, JR 1949, S. 167 (169ff., bes. 171); *ders.*, Schröder-GS, S. 217 (221); *ders.*, JR 1950, S. 615 (619); *Kohlrausch/Lange*, §§211, 212, Anm. VII (S. 287); *Engisch*, GA 1955, S. 161 (166); *Köhler*, GA 1980, S. 121 (123, 130, 134 et passim); *ders.*, JuS 1984, S. 762 (763); *Schmidhäuser*, Gesinnungsmerkmale, S. 223ff., 243.; differenzierend jedoch *ders.*, Strafrecht AT, 8/92ff., 10/124ff.; *ders.*, Strafrecht BT, 2/14f. – Andere Autoren unterscheiden nach tat- und täterbezogenen Merkmalen, wobei Erstere dem Unrecht, Letztere der Schuld zugerechnet werden: *Jescheck/Weigend*, Lehrbuch, §42 II 2, 3; *Lackner*, NStZ 1981, S. 348; *Wessels/Hettinger*, Strafrecht BT/1, §2 Rdnr. 92f., 101, 123; *Oehler*, Das objektive Zweckmoment, S. 148ff. – Weiterhin wird differenziert: Bestimmte Merkmale, wie etwa die „niedrigen Beweggründe“ oder das Merkmal „grausam“, wiesen sowohl eine Unrechts- als auch eine Schuldkomponente auf; siehe hierzu die folgenden, mitunter jedoch stark voneinander abweichenden Ansichten von *Arzt/Weber-Hilgendorf*, Strafrecht BT, §2 Rdnr. 28f.; *Schmidhäuser*, Strafrecht BT, 2/14f., 20f.; *dems.*, Strafrecht AT, 8/92ff.; Sch/Sch-*Lenckner/Eisele*, Vorbem. §§13ff. Rdnr. 122; LK/*Roxin* (11. Aufl.), §28 Rdnr. 74ff.; *dems.*, Strafrecht AT I, §10 Rdnr. 70ff.; *Langer*, Lange-FS, S. 241 (262); vgl. ferner *Heine*, Tötung, S. 231; *Stratenwerth/Kuhlen*, Strafrecht AT, §8 Rdnr. 147ff., §12 Rdnr. 193ff.; *Paeffgen*, GA 1982, S. 255 (270ff.). – Die gesamten Meinungsdivergenzen hängen maßgeblich mit den unterschiedlichen Auffas-

auf Unrechts- und Schuldebene wiederum in zwei Richtungen denken: sie sind möglich einerseits als Steigerungen, andererseits als Minderungen von Unrecht und Schuld. Denklogisch sind damit die möglichen Koordinaten benannt, innerhalb derer sich eine Differenzierung vorsätzlicher Tötungstatbestände prinzipiell gestalten lässt. Diese Überlegungen sind zunächst ausschließlich hypothetischer Natur und stehen unter Vorbehalt: Denn ob und inwieweit sich Steigerungen oder Minderungen von Unrecht und Schuld beim vorsätzlichen Tötungsdelikt schlüssig fundieren lassen, ist erst zu untersuchen und Gegenstand der folgenden Erörterungen (zu A und B). Erst wenn das feststeht, lässt sich in einem weiteren Schritt klären, welche Folgerungen für die tatbestandliche Abstufung des vorsätzlichen Tötungsdelikts hieraus gezogen werden können, und das heißt, welchem Unterscheidungsmodus der Vorzug einzuräumen ist (dazu C). Dass die Antworten auf diese Fragen zwangsläufig ein bestimmtes Verständnis von Unrecht und Schuld voraussetzen und ohne ein solches nicht gedacht werden können, dürfte sich von selbst versteht. Dieses Verständnis soll hier aber nicht – sozusagen in Form eines allgemeinen Teils – vorweg entfaltet werden. Zuletzt liefe das auf eine Grundlegung der Verbrechenslehre hinaus – eine Aufgabe, die über das Ziel dieser Untersuchung weit hinausreichen würde und die in diesem Rahmen sinnvoll auch nicht zu leisten ist. Auf der anderen Seite sind grundsätzlichere Ausführungen und Stellungnahmen zum Unrechts- und Schuldbegriff nicht zu umgehen; sie werden, soweit sie erforderlich sind, in die folgenden Erörterungen integriert und damit mehr punktuell bearbeitet, als dass sie streng systematisch entwickelt würden.

A. Steigerungen von Unrecht und Schuld

I. Unrechtssteigerungen

Es entspricht der herrschenden Auffassung, im Mord und somit in den Mordmerkmalen eine Unrechtssteigerung zum Totschlag zu sehen[2]. Geht man mit

---

sungen zu Unrecht und Schuld zusammen, die die einzelnen Autoren vertreten. Im obigen Text wird verschiedentlich auf sie zurückzukommen sein. Jedoch stehen im Vordergrund der hiesigen Untersuchung nicht die einzelnen Mordmerkmale, ihre Auslegung und ihre korrekte Zuordnung zu Unrecht oder Schuld – mithin die Handhabung der lex lata. Vielmehr ist, wie oben bereits dargetan, gleichsam abstrakter und prinzipieller der Frage nachzugehen, wie eine Abstufung vorsätzlicher Tötungstatbestände, orientiert an allgemeinen strafrechtsdogmatischen Grundsätzen, aussehen könnte.

[2] SK/*Horn*, § 211 Rdnr. 3; LK/*Jähnke*, Vor § 211 Rdnr. 46 ff.; MK/*Schneider*, § 211 Rdnr. 211; *Maurach/Schroeder/Maiwald*, Strafrecht BT/1, § 2 Rdnr. 5, 23; *Maurach/Zipf*, Strafrecht AT/1, § 23 Rdnr. 55 f.; *Otto*, Strafrecht BT, § 4 Rdnr. 1; *Rengier*, Strafrecht BT/2, § 4 Rdnr. 7 f.; *Kindhäuser*, Strafrecht BT I, § 1 Rdnr. 3, § 2 Rdnr. 3; *Gössel/Dölling*, Strafrecht BT/1, § 1

der allgemeinen Ansicht davon aus, der Mordtatbestand enthalte eine Qualifikation der einfachen vorsätzlichen Tötung[3], und lehnt man es zudem ab, den

---

Rdnr. 21; *Krey/Heinrich*, Strafrecht BT/1, § 1 Rdnr. 23; *Eisele*, Strafrecht BT I, § 4 Rdnr. 63 f.; *Welzel*, JZ 1952, S. 72 (74); modifizierend *ders.*, Strafrecht S. 79; *Fuhrmann*, JuS 1963, S. 19 f. mit Fn. 6; außerdem BGHSt 1, 368 (370 f.). Teils wird eine Unrechtssteigerung lediglich bei den sogenannten tatbezogenen Mordmerkmalen der zweiten Gruppe angenommen; siehe *Jescheck/Weigend*, Lehrbuch, § 42 II 2, 3 (andererseits freilich § 83 II 2, wo auch Ziele und Beweggründe des Täters dem Handlungsunrecht zugerechnet werden); *Lackner*, NStZ 1981, S. 348; *Wessels/Hettinger*, Strafrecht BT/1, § 2 Rdnr. 92 f., 101, 123; *Oehler*, Das objektive Zweckmoment, S. 148 ff. – Zur (Gegen-)Ansicht, wonach sämtliche Mordmerkmale Schuldmerkmale sein sollen sowie zu anderen, weiter modifizierenden Meinungen siehe bereits die Nachweise in Fn. 1.

[3] Das gilt unproblematisch für die Literatur; siehe LK/*Jähnke*, Vor § 211 Rdnr. 43 ff.; *Lackner/Kühl*, Vor § 211 Rdnr. 22; SK/*Horn*, § 211 Rdnr. 2; Sch/Sch-*Eser*, Vorbem. zu § 211 Rdnr. 5; NK/*Neumann*, Vor § 211 Rdnr. 136, 141; *ders.*, Lampe-FS, S. 642 ff.; MK/*Schneider*, § 211 Rdnr. 211; *Fischer*, § 211 Rdnr. 6, 98; *Welzel*, Strafrecht, § 38 (S. 280); *ders.*, JZ 1952, S. 72 (74); *Schmidhäuser*, Strafrecht BT, 2/3; *Maurach/Schroeder/Maiwald*, Strafrecht BT/1, § 2 Rdnr. 5; *Rengier*, Strafrecht BT II, § 4 Rdnr. 1; *Wessels/Hettinger*, Strafrecht BT/1, § 2 Rdnr. 69; *Otto*, Strafrecht BT, § 2 Rdnr. 14; *ders.*, Jura 1994, S. 141 (142); *ders.*, Jura 2003, S. 612 (614); *Arzt/Weber-Hilgendorf*, Strafrecht BT, § 2 Rdnr. 26; *Kindhäuser*, Strafrecht BT/1, § 1 Rdnr. 2 f.; *Gössel/Dölling*, Strafrecht BT/1, § 1 Rdnr. 7; *Krey/Heinrich*, Strafrecht BT/1, § 1 Rdnr. 19, 27; *Mitsch*, JuS 1996, S. 26 f.; *Schünemann*, Jura 1980, S. 568 (580 f.); – abweichend *Eb. Schmidt*, DRZ 1949, S. 272 (§ 211 StGB als Grundtatbestand und § 212 StGB als Privilegierung); noch anders *Sax*, ZStW 64 (1952), S. 393 (399 ff., 404 f.), und *Hall*, Eb. Schmidt-FS, S. 343 (356 ff.), sowie neuerdings *Kargl*, JZ 2003, S. 1141 ff. – Zweifelhafter ist dagegen die Position der Judikatur. Diese vertrat lange die Ansicht, Mord und Totschlag seien „zwei selbständige Tatbestände mit verschiedenem Unrechtsgehalt" (BGHSt 1, 368 [370, 372]) und die Mordmerkmale seien „echte Tatbestandsmerkmale" (BGHSt 1, 368 [371]; 22, 375 [377]), die die Strafbarkeit des Täters (im Sinne des § 28 I StGB) begründeten (BGHSt 1, 368 [372]; 22, 375 [377, 381]). Was das genau zu bedeuten hatte, war durchaus nicht so leicht auszumachen (siehe dazu die aufschlussreiche Analyse von *Küper*, JZ 1991, S. 761 ff., 862 ff., 910 ff.). Spätere Entscheidungen des BGH ließen dann bereits Auflockerungen dieses ursprünglichen Standpunkts erkennen. So hielt der BGH zunächst Mittäterschaft bei Mord und Totschlag für möglich (BGHSt 36, 231 [233 ff.]), während es in BGHSt 6, 329 (330), noch geheißen hatte, von Mittäterschaft könne nur gesprochen werden, sofern die Täter denselben Grundtatbestand erfüllten. Mord und Totschlag, so führte der BGH nun aus, seien zwar „selbständige Tatbestände", das besage aber nicht („notwendig"), Mörder und Totschläger begingen auch „verschiedene Straftaten im Sinne des § 25 Abs. 2 StGB", wenn sie gemeinsam einen Menschen töteten (BGHSt 36, 231 [233]). In der Sache lief diese Begründung darauf hinaus, dass §§ 211 und 212 StGB keine selbständigen (oder „eigenständigen") Tatbestände sein können (vgl. *Küper*, JZ 1991, S. 862 [868]). Im Weiteren wurde in BGHSt 41, 8 (9), vom „Qualifikationsgrund der Verdeckungsmodalität" gesprochen und in BGHSt 41, 358 (361), von „mordqualifizierenden Motiven". Mittlerweile äußerte der BGH (wiewohl in einem obiter dictum), eine von zwei Personen gemeinschaftlich begangene Tötung ließe sich „schwerlich als Verwirklichung zweierlei verschiedenen Unrechts und zweier selbständiger Tatbestände" verstehen, sondern sie stelle „sich als ein Tötungsunrecht im Sinne von § 212 StGB dar, zu dem lediglich bei einem der Täter mit dem Mordmerkmal der niedrigen Beweggründe besonders erschwerende Umstände (vgl. § 28 Abs. 2 StGB)" hinzukämen; das Verhältnis der beiden Tötungstatbestände entspreche daher, so der BGH weiter, „nach der üblichen Systematik demjenigen zwischen Grunddelikt und Qualifikation" (BGH JZ 2006, S. 629 [632]; dazu besonders *Küper*, JZ 2006, S. 608 [612 f.], der in diesem obiter dictum eine „veritable Überraschung" sieht).

Mordmerkmalen einen ausschließlich schuldsteigernden Gehalt zuzusprechen[4], ist das Unrecht die einzige Stufe im Verbrechensaufbau, wo sich die Qualifikation lozieren lässt.

Dass das Unrecht einer Tat prinzipiell abstufbar ist, darf als allgemein anerkannt vorausgeschickt werden[5]; und ebenso darf davon ausgegangen werden und wird hier vorausgesetzt, dass das Unrecht sowohl aus einem Erfolgs- als auch aus einem Handlungsunrecht besteht[6]. Dabei hat sich die Einbeziehung des subjektiven Handlungsunwerts (in das Unrecht) vornehmlich unter dem Einfluss des Finalismus durchgesetzt und ist heute überwiegend anerkannt, unabhängig davon, ob dem finalistischen Modell gefolgt wird oder nicht[7]. Um-

---

[4] Nur zur Klarstellung: Selbstverständlich bewirkt eine Steigerung des Unrechts eine Steigerung der Schuld. Diese Schuldsteigerung ist aber nur ein Reflex der Unrechtssteigerung und beruht damit nicht auf spezifischen, die Schuld betreffenden Erwägungen; und Letzteres ist oben gemeint.

[5] *Kern*, ZStW 64 (1952), S. 255 ff.; *Noll*, Uebergesetzliche Rechtfertigungsgründe, S. 45 ff.; *ders.*, ZStW 68 (1956), S. 181 ff.; *ders.*, ZStW 77 (1965), S. 1 (13 ff.); *Lenckner*, Nostand, S. 32 ff.; Sch/Sch-*Lenckner/Eisele*, Vorbem. §§ 13 ff. Rdnr. 51 und Sch/Sch-*Lenckner*, Vorbem. §§ 32 ff. Rdnr. 22; *Lampe*, Unrecht, S. 262 f.; *Küper*, JZ 1968, S. 651 (657); *Schmidhäuser*, Strafrecht AT, 8/92 ff. (unter Aufgabe der noch in Gesinnungsmerkmale, S. 206 ff., 213, vertretenen Ansicht); *Hillenkamp*, Vorsatztat, S. 237 f.; *ders.*, Miyazawa-FS, S. 141 (150); *H.-L. Günther*, Strafrechtswidrigkeit, S. 114 ff.; *ders.*, Göppinger-FS, S. 458 (460 ff.); *ders.*, JR 1985, S. 268 (270); SK/*Günther*, Vor § 32 Rdnr. 18 f.; NK/*Paeffgen*, Vor §§ 32 bis 35 Rdnr. 50, 138; *Hörnle*, Strafzumessung, S. 285.

[6] Das entspricht der ganz herrschenden Ansicht: *Gallas*, Bockelmann-FS, S. 155 (161 ff.); *Stratenwerth*, Schaffstein-FS, S. 177 ff.; *Stratenwerth/Kuhlen*, Strafrecht AT I, § 8 Rdnr. 59 f.; *Rudolphi*, Maurach-FS, S. 51 (54 ff., 70); *Otto*, ZStW 87 (1975), S. 539 (566 ff.); *Wolter*, Objektive und personale Zurechnung, S. 25 ff., 180 ff.; *ders.*, 140 Jahre GA, S. 269 (278 ff., 294 ff.); *Lampe*, Unrecht, S. 210 ff.; *Krümpelmann*, Bagatelldelikte, S. 62 ff., 82 ff.; *Mylonopoulos*, Verhältnis von Handlungs- und Erfolgsunwert, S. 63 ff., 67 ff.; *Maurach/Zipf*, Strafrecht AT/1, § 17 Rdnr. 1 ff.; *Köhler*, Strafrecht AT, S. 27 f.; *Jakobs*, Strafrecht AT, 6/69 ff., bes. 75 f.; *Roxin*, Strafrecht AT I, § 10 Rdnr. 88 ff.; *Ebert/Kühl*, Jura 1981, S. 225 (231 ff.); *Jescheck/Weigend*, Lehrbuch, § 24 III 1; LK/*Jescheck* (11. Aufl.), Vor § 13 Rdnr. 44; SK/*Günther*, Vor § 32 Rdnr. 20; Sch/Sch-*Lenckner/Eisele*, Vorbem. §§ 13 ff. Rdnr. 52 ff.; *Lackner/Kühl*, Vor § 13 Rdnr. 20 f.; NK/*Puppe*, Vor § 13 Rdnr. 20 ff.

[7] Demgegenüber wurden nach dem klassischen Verbrechensbegriff von *v. Liszt*- und von *Belingscher* Provenienz sämtliche subjektiven Momente einer Tat (und damit insbesondere der Vorsatz) der Schuld zugeordnet (vgl. *v. Liszt*, Lehrbuch, § 26 I; *Beling*, Lehre, § 19). Maßgeblich bedingt durch den Finalismus (siehe *Welzel*, Strafrecht, § 10 III, § 11 I, § 13; *ders.*, in: Abhandlungen, S. 120 ff.) wurde diese Ansicht aufgegeben. Vereinzelt gibt es darüber hinaus eine Tendenz, einseitig den Handlungs- oder Verhaltensunwert einer Tat zu fokussieren. Danach soll der Erfolg als Unrechtselement keine Bedeutung mehr haben (*Zielinski*, Handlungs- und Erfolgsunwert, S. 129 ff., 143 ff.; *Armin Kaufmann*, Welzel-FS, S. 393 [410 f.]; *Horn*, Konkrete Gefährdungsdelikte, S. 78 ff., bes. 80, und neuerdings MK/*Freund*, Vor §§ 13 ff. Rdnr. 300 ff.; *ders.*, Strafrecht AT, § 2 Rdnr. 57 ff., sowie *Mir Puig*, Armin Kaufmann-GS, S. 253 [262 ff.]). Diese Auffassung überzeugt nicht, was in diesem Kontext aber nicht weiter dargelegt werden kann (siehe nur *Jakobs*, Strafrecht AT, 6/72 f.; NK/*Puppe*, Vor § 13 Rdnr. 20 f.; Sch/Sch-*Lenckner/Eisele*, Vorbem. §§ 13 ff. Rdnr. 59; *Roxin*, Strafrecht AT I, § 10 Rdnr. 94 ff.; *dens.*, ZStW 116 [2004], S. 929 [937 ff.]; LK/*Walter* [12. Aufl.], Vor § 13 Rdnr. 18; *dens.*, Kern des Strafrechts S. 86).

stritten ist hingegen, welche Unrechtselemente im Einzelnen dem Erfolgs- und welche dem Handlungsunrecht zuzuordnen sind[8]. Jedoch braucht dieser Diskussion im Rahmen dieser Arbeit nicht weiter nachgegangen zu werden, handelt es sich hierbei doch, wie *Roxin* hervorhebt, weitgehend bloß um „eine Definitionsfrage"[9]. Aus hiesiger Sicht und bezogen auf das vorsätzliche Tötungsdelikt genügt es festzustellen: Eine Steigerung des Erfolgsunrechts ist bei einer Tötung ausgeschlossen[10]. Mehr als die absolute Vernichtung eines Lebens ist nicht denkbar; der „Erfolg" ist also nicht steigerungsfähig. Eine Erhöhung des Unrechts ließe sich nur auf das Handlungsunrecht stützen. Soweit eine Schuldsteigerung abgelehnt wird oder sich als nicht begründbar erweisen sollte[11], ist die Annahme einer Steigerung des Handlungsunrechts die einzig denkbare Möglichkeit, den Mord (oder einen Mordtatbestand) als Qualifikation zur einfachen vorsätzlichen Tötung auszuweisen.

Das Handlungsunrecht einer Tat setzt sich nun aus subjektiven und aus objektiven Komponenten zusammen[12]. In subjektiver Hinsicht gilt als „Kern des Handlungsunrechts" zunächst der Vorsatz[13]. Des Weiteren sollen ebenso Ziele und Beweggründe des Täters Bestandteile des Handlungsunrechts sein[14]. Ob-

---

[8] Sch/Sch-*Lenckner/Eisele*, Vorbem. §§ 13 ff. Rdnr. 56; *Ebert/Kühl*, Jura 1981, S. 225 (231 ff., 233 ff.); *Roxin*, Strafrecht AT I, § 10 Rdnr. 101.

[9] *Roxin*, Strafrecht AT I, § 10 Rdnr. 101.

[10] *Schmidhäuser*, Engisch-FS, S. 433 (447); Alternativ-Entwurf 1970, S. 17, 19; *Eser*, Gutachten, D 98; Sch/Sch-*Eser*, Vorbem. zu §§ 211 ff. Rdnr. 2; *Lackner*, Referat zum 53. Deutschen Juristentag, M 32; *ders.*, NStZ 1981, S. 348; *Köhler*, JuS 1984, S. 762 (763).

[11] Dazu später die Ausführungen unter II.

[12] *Schmidhäuser*, Strafrecht AT, 8/2 f., 81, 95; *ders.*, Engisch-FS, S. 433 (447 ff.); *Jescheck/Weigend*, Lehrbuch, § 24 III 3 f., § 83 II 1 f.; LK/*Jescheck* (11. Aufl.), Vor § 13 Rdnr. 44; *Stratenwerth/Kuhlen*, Strafrecht AT I, § 8 Rdnr. 60; siehe ferner *Köhler*, Strafrecht AT, S. 27 f.; *Jakobs*, Strafrecht AT, 6/96 ff. – Da die Zuordnung einzelner Unrechtselemente zum Erfolgs- oder Handlungsunrecht, wie oben schon erwähnt, nicht einheitlich gehandhabt wird, gibt es Abweichungen von der hier vorgenommenen Einteilung; siehe z. B. Sch/Sch-*Lenckner/Eisele*, Vorbem. §§ 13 ff. Rdnr. 57, wonach alle äußeren Momente zum Erfolgsunwert gehören sollen. – Im Ergebnis vergleichbar nimmt *Hörnle* beim Mordmerkmal „grausam" ein gesteigertes Erfolgsunrecht an, weil das Opfer bei einer grausamen Begehungsweise mehr Schmerzen erleide (in: Tatproportionalität, S. 99 [116]; *dies.*, Strafzumessung, S. 384). Eine solche Einschätzung mag möglich sein, wenn man das Erfolgsunrecht einer Tat nach dem Ausmaß der Einbußen an Lebensqualität des Opfers bemisst (dazu *Hörnle*, in: Tatproportionalität, S. 99 [106 f.], und Strafzumessung, S. 226 ff.). Überzeugender dürfte es dagegen sein, den Erfolg tatbestandskonform zu begreifen und das Merkmal im Rahmen des Handlungsunrechts zu thematisieren, weil der Erfolg „Tod" eben nicht gesteigert werden kann. Genau besehen ist es so, dass durch das Merkmal „grausam" zum Todeserfolg ein weiterer (Körperverletzungs-) Erfolg hinzukommt (zum Ganzen noch später zu 2 a). Aber auch hierin liegt keine Steigerung des Todeserfolgs als solcher. Zuletzt kann dies auf sich beruhen, da von der Einordnung im hiesigen Kontext nichts abhängt.

[13] *Kühl*, Strafrecht AT, § 5 Rdnr. 4; *Jescheck/Weigend*, Lehrbuch, § 24 III 4c; *Maurach/Zipf*, Strafrecht AT/1, § 17 Rdnr. 9 ff.; Sch/Sch-*Lenckner/Eisele*, Vorbem. §§ 13 ff. Rdnr. 54/55 f.

[14] *Welzel*, Strafrecht, S. 79; *Stratenwerth/Kuhlen*, Strafrecht AT I, § 8 Rdnr. 142 ff.; *Jakobs*, Strafrecht AT, 8/94 ff.; *Maurach/Zipf*, Strafrecht AT/1, § 20 Rdnr. 4, 39 und § 23 Rdnr. 55; *Je-*

jektiv sind die Art und Weise der Tatbegehung sowie etwaige besondere Pflichten von Bedeutung für das Ausmaß des Handlungsunrechts[15]. Eine Steigerung des Handlungsunrechts beim vorsätzlichen Tötungsdelikt ist daher bezogen auf diese Aspekte zumindest grundsätzlich diskutabel.

1. *Subjektive Aspekte*

a) *Vorsatzabstufungen*

Es ließe sich erwägen, Differenzen im Unrechtsgehalt auf die verschiedenen Vorsatzformen zu stützen und eine Steigerung des Unrechts vom Grad des Vorsatzes abhängig zu machen. Historisch gibt es sogar Vorläufer, einen Mord nur bei einer absichtlichen Tötung anzunehmen. Eine solche Lösung tauchte zunächst im gemeinen Recht auf, wo für die Annahme eines Mordes ein dolus directus nötig war, während ein dolus indirectus lediglich zu einem Totschlag führen konnte[16]. Allerdings wurde damals nicht exakt zwischen dolus directus (Absicht) und dolus deliberatus (überlegtem Vorsatz) geschieden[17]. Zudem erfasste der dolus indirectus – der unter dem Einfluss *Carpzows* als vollgültige Vorsatzform aufgewertet wurde[18] – auch Fälle, die heute als vorsätzliche Körperverletzung mit Todesfolge einzuordnen sind[19]. Das Erfordernis eines direkten Tötungsvorsatzes für den Mord gibt es noch bis zum Allgemeinen Landrecht für die Preußischen Staaten von 1794[20]. Und in Österreich galt eine solche Regelung immerhin über 150 Jahre, nämlich von 1803 bis 1975, bis zum Inkraft-

---

scheck/Weigend, Lehrbuch, § 83 II 2, sowie zwangsläufig alle oben in Fn. 1 Genannten, die die Mordmerkmale durchweg als Unrechtsmerkmale ansehen.

[15] *Schmidhäuser*, Strafrecht AT, 8/81.; *ders.*, Engisch-FS, S. 433 (477 ff.); *Jescheck/Weigend*, Lehrbuch, § 24 III 3; LK/*Jescheck* (11. Aufl.), Vor § 13 Rdnr. 44; *Ebert/Kühl*, Jura 1981, S. 225 (233); *Roxin*, Strafrecht AT I, § 10 Rdnr. 101.

[16] *Carpzow*, Practicae novae, qu. I, n. 27, sowie qu. XV, n. 1 ff. (parricidium), qu. XIX, n. 27 (assassinium), qu. XXII, n. 13 (latrocinium), qu. XXI, n. 13 (veneficium, hier aber zweifelhaft); *Böhmer*, Meditationes, Art. 137, §§ 4, 11, 14, 24; *ders.*, Observationes I, qu. I, wo zum homicidium qualificatum, also dem qualifizierten Tötungsdelikt oder Mord (im Gegensatz zum homicidium simplex), ausgeführt wird: „omne homicidium qualificatum animo directo committitur“; bei *Quistorp*, Grundsätze, §§ 251 ff., bes. 253 schließlich findet sich die Feststellung: „Zu einem Mord erfordert man nicht allein überhaupt den Vorsatz, sondern es kommt darauf nach dem Gerichtsgebrauch besonders an, daß der angebliche Mörder die eigentliche und unmittelbare Absicht gehabt habe, einen Todtschlag zu begehen.“

[17] Vgl. *Boldt*, Böhmer und die gemeinrechtliche Strafrechtswissenschaft, S. 171 ff., 178 ff., 189; *Kröner*, Tötungsdelikte, S. 34.

[18] *Löffler*, Schuldformen, S. 170 ff.; *Boldt*, Böhmer und die gemeinrechtliche Strafrechtswissenschaft, S. 181 ff.; *Schaffstein*, Die allgemeinen Lehren, S. 109 ff., 117 ff.; *Lobe*, Die allgemeinen strafrechtlichen Begriffe, S. 9.

[19] *Schaffstein*, Die allgemeinen Lehren, S. 125; *Boldt*, Böhmer und die gemeinrechtliche Strafrechtswissenschaft, S. 254 ff.; *Löffler*, Schuldformen, S. 172.

[20] Dazu bereits die Ausführungen im zweiten Kapitel zu A III 1 in Fn. 132; vgl. ferner *Tittmann*, Handbuch, S. 42 (auch 46).

treten des gegenwärtigen Strafgesetzbuchs[21]. Die absichtliche Tat, genauer: der absichtlich herbeigeführte Taterfolg dürfte außerdem die ursprünglichste und typischste Form des Vorsatzes gewesen sein[22], und die Absicht wird auch heute gelegentlich noch als „Idealtyp des Vorsatzes" bezeichnet[23]. Ebenso dürfte eine Gleichsetzung von Absicht und Vorsatz dem allgemeinen Sprachgebrauch entsprechen[24] (woraus aber nicht schon gefolgert werden kann, die juristische Begriffsbildung müsse sich daran orientieren).

Mit dem gegenwärtigen Gesetzestext lässt sich eine Beschränkung des Mordes auf eine absichtliche Tötung nicht fundieren. Enthält nämlich der jeweilige Deliktstatbestand keine besondere Anordnung, dann ist Vorsatz zwar erforderlich (§ 15 StGB); es reicht hierfür aber jede Form des Vorsatzes aus und damit auch Eventualvorsatz. Etwas anderes gilt nur dann, wenn das Gesetz eine spezielle Vorsatzart vorschreibt, namentlich Absicht oder Wissentlichkeit[25]. Da es beim Mord (§ 211 StGB) eine solche Anordnung nicht gibt, muss davon ausgegangen werden, dass einfacher Tötungsvorsatz genügt[26]. Andererseits schließt das nicht

---

[21] § 117 des Gesetzbuchs über Verbrechen und schwere Polizei-Übertretungen vom 3. 11. 1803 bestimmte: „Wer gegen einen Menschen mit dem Entschlusse ihn zu töten auf eine solche Art handelt, daß dessen Tod notwendig daraus erfolgt, macht sich des Verbrechens des Mordes schuldig." In § 123 hieß es: „Wird die Handlung, wodurch ein Mensch ums Leben kommt, zwar nicht mit dem Entschlusse ihn zu töten, aber doch in anderer feindseliger Absicht ausgeübt, so ist das Verbrechen ein Totschlag." Noch deutlicher ordnete das Gesetzbuch vom 31. 12. 1852 in § 134 an: „Wer gegen einen Menschen, in der Absicht ihn zu töten, auf eine solche Art handelt, daß daraus dessen oder eines anderen Menschen Tod erfolgte, macht sich des Verbechens des Mordes schuldig; [...]." Und § 140 regelte ganz entsprechend dem vorherigen § 123: „Wird die Handlung, wodurch ein Mensch um das Leben kommt (§ 134), zwar nicht in der Absicht ihn zu töten, aber doch in anderer feindseliger Absicht ausgeübt, so ist das Verbrechen ein Totschlag." Das Gesetzbuch von 1852 galt in Österreich bis 1975. – Die Vorschriften sind zitiert nach *Wachenfeld*, Mord und Totschlag, S. 44 ff. Dass die Regelungen weitgehend der gemeinrechtlichen Lehre entsprechen, ist kaum zu übersehen (siehe dazu auch *Löffler*, Schuldformen, S. 182 ff., bes. 187 ff.).

[22] Vgl. *His*, Geschichte des Strafrechts, S. 9 f.; *Schaffstein*, Die allgemeinen Lehren, S. 107, 108; *Mommsen*, Strafrecht, S. 85, 86; *Löffler*, Schuldformen, S. 6, 37 f., 78, 86; *Stuckenberg*, Vorstudien, S. 218, 534; ferner auch *Wilda*, Strafrecht der Germanen, S. 149, 155 f., 547, 559 ff.

[23] *Ziegert*, Vorverschulden, S. 70; LK/*Schroeder* (11. Aufl.), § 16 Rdnr. 80.

[24] *Schmidhäuser*, GA 1958, S. 161 (169 f.); *ders.*, Oehler-FS, S. 135 (141, 145); *Maurach/Zipf*, Strafrecht AT/1, § 22 Rdnr. 16; NK/*Puppe*, § 15 Rdnr. 14; *Köhler*, Strafrecht AT, S. 162; *Lesch*, JA 1997, S. 802 (808).

[25] Zur Uneinheitlichkeit des gesetzlichen Sprachgebrauchs *Jescheck/Weigend*, Lehrbuch, § 29 III 1b; Sch/Sch-*Cramer/Sternberg-Lieben*, § 15 Rdnr. 70; LK/*Schroeder* (11. Aufl.), § 16 Rdnr. 79 f., 84.

[26] Sch/Sch-*Eser*, § 211 Rdnr. 40; *Fischer*, § 211 Rdnr. 78 f.; *Gössel/Dölling*, Strafrecht BT, § 4 Rdnr. 132 ff., bes. 136; *Schmidhäuser*, Strafrecht BT, 2/8, 23; *Otto*, Strafrecht BT, § 4 Rdnr. 53 ff. (Ausnahme aber das Merkmal „grausam", das eine absichtliche Schmerzzufügung verlange). – Dagegen soll nach fast allgemeiner Ansicht das Mordmerkmal „aus Mordlust" nur vorliegen können, wenn der Täter Tötungsabsicht hat; vgl. *Küper*, Strafrecht BT, S. 237; *Maurach/Schroeder/Maiwald*, Strafrecht BT/1, § 2 Rdnr. 31; *Gössel/Dölling*, Strafrecht BT, § 4 Rdnr. 40, 136; *Arzt/Weber-Hilgendorf*, Strafrecht BT, § 2 Rdnr. 54; *Rengier*, Strafrecht BT II, § 4 Rdnr. 11; *Otto*, Strafrecht BT, § 4 Rdnr. 5 (einerseits, andererseits Rdnr. 53 f.); LK/*Jähnke*,

aus, Unrechtsabstufungen nach der Art des Vorsatzes vorzunehmen und so möglicherweise eine Unrechtssteigerung bei Absicht oder bei Wissentlichkeit anzunehmen. Es ist deshalb zu überlegen, ob und inwieweit das angezeigt ist.

Als Grundform vorsätzlichen Verhaltens ist der dolus eventualis anzusehen[27]. Denn im Eventualvorsatz ist bereits alles enthalten, was den Vorsatz insgesamt ausmacht[28]. Vorsätzliches Handeln, gleich in welcher Form, zeichnet sich maßgeblich und unproblematisch durch eine Wissenskomponente aus. So lässt sich § 16 I StGB entnehmen, der Täter müsse sämtliche Umstände kennen, die zum gesetzlichen Tatbestand gehören, da er andernfalls, bei Unkenntnis relevanter Tatumstände, nicht vorsätzlich handeln kann. Die Wissenskomponente gilt demnach für alle Vorsatzarten; sie ist ebenfalls bei der Absicht nötig, und bei der Wissentlichkeit wird ihre Notwendigkeit sogar expressis verbis herausgestellt[29]. Vorauszusetzen ist für das Wissensmoment, dass der Täter die Möglichkeit der Tatbestandsverwirklichung erkennt[30]. Soweit behauptet wird, das Wissensmoment in dieser Form, wie es beim dolus eventualis vorliege (und ebenso bei der Absicht vorliegen könne), sei bloß ein abgeschwächtes[31], ist das irreführend. Denn wenn der Täter die Möglichkeit erkennt, das Rechtsgut zu verlet-

§211 Rdnr. 6; SK/*Horn*, §211 Rdnr. 9; NK/*Neumann*, §211 Rdnr. 9; MK/*Schneider*, §211 Rdnr. 51; Sch/Sch-*Eser*, §211 Rdnr. 15; *Fischer*, §211 Rdnr. 8, 79; BGHSt 47, 128 (133). – Eine solche Ansicht überzeugt schon auf den ersten Blick wenig. Weshalb sollte Tötungsabsicht nur bei einem und gerade diesem Motivmerkmal erforderlich sein, bei den anderen aber nicht?

[27] *Frisch*, Vorsatz und Risiko, S. 496ff.; *Freund*, Strafrecht AT, §7 Rdnr. 70; NK/*Puppe*, §15 Rdnr. 105; *Kindhäuser*, Strafrecht AT, §14 Rdnr. 11; *ders.*, Eser-FS, S. 345 (346f.). – Hingegen entsteht, schaut man sich Erläuterungen zum Eventualvorsatz an, oftmals der Eindruck, es handele sich hierbei um eine ausgesprochen problematische Vorsatzform, weil die Elemente des Vorsatzes (dazu noch oben im Text) lediglich rudimentär vorhanden seien. So führt *Roxin* (Strafrecht AT I, §12 Rdnr. 4) aus, der Eventualvorsatz unterscheide sich von der Absicht und der Wissentlichkeit dadurch, dass sowohl die Wollens- als auch die Wissensseite schwach ausgeprägt seien, und bemerkt: „In dieser Verkürzung des intellektuellen wie voluntativen Elements liegt eine Schrumpfung der Vorsatzsubstanz [...].“ Ebenso *Kühl*, Strafrecht AT, §5 Rdnr. 43; *Geppert*, Jura 1986, S. 610; *Baumann/Weber/Mitsch*, Strafrecht AT, §20 Rdnr. 40, 48; wohl auch *Jescheck/Weigend*, Strafrecht AT, §29 III 3a. Geht man davon aus, dürfte sich der dolus eventualis wohl kaum als Grund- oder Normalform des Vorsatzes betrachten lassen.

[28] *Frisch*, Vorsatz und Risiko, S. 496f.; *Kindhäuser*, ZStW 96 (1984), S. 1 (30); *ders.*, Strafrecht AT, §14 Rdnr. 11; NK/*Puppe*, §15 Rdnr. 105, und ferner schon *Klee*, Der dolus indirectus, S. 2.

[29] *Schmidhäuser*, GA 1958, S. 161 (179f.); *ders.*, Vorsatzbegriff, S. 37; *ders.*, Strafrecht AT, 10/32ff.; *ders.*, Oehler-FS, S. 135 (143ff., 157ff.); *Frisch*, Vorsatz und Risiko, S. 190ff., 341, 497; *Puppe*, ZStW 103 (1991), S. 1 (9ff.); *Kindhäuser*, ZStW 96 (1984), S. 1 (24ff.); *ders.*, Strafrecht AT, §13 Rdnr. 2, §14 Rdnr. 11; *Jakobs*, Strafrecht AT, 8/5ff.

[30] *Freund*, Strafrecht AT, §7 Rdnr. 70; *Kühl*, Strafrecht AT, §5 Rdnr. 43; *Jakobs*, Strafrecht AT, 8/8; *Stratenwerth/Kuhlen*, Strafrecht AT I, §8 Rdnr. 78; *Fischer*, §15 Rdnr. 4; LK/*Schroeder* (11. Aufl.), §16 Rdnr. 85; *Lackner/Kühl*, §15 Rdnr. 23.

[31] *Kühl* nennt das ein „verdünnte[s] Wissenselement“ (Strafrecht AT, §5 Rdnr. 43); vergleichbar *Baumann/Weber/Mitsch*, Strafrecht AT, §20 Rdnr. 48; *Roxin*, Strafrecht AT I, §12 Rdnr. 4.

zen, dann weiß er – anders ausgedrückt – auch, dass er es verletzen kann[32]. Damit aber ist das Wissenselement vorhanden, komplett und vollwertig[33]. Der dolus eventualis lässt sich demzufolge jedenfalls mit Bezug auf die Wissenskomponente nicht als eine problematische, da reduzierte Vorsatzform ansehen[34]. Bei der Wissentlichkeit liegt das Wissensmoment zwar in einem stärkeren Maße vor, weil der Täter die Erfüllung des Tatbestands für (so gut wie) sicher hält[35]. Es wäre jedoch überzogen, volles (oder vollwertiges) Vorsatzunrecht nur anzuerkennen, wenn der Täter sich gewiss ist, den Tatbestand zu erfüllen. Zumal es hierbei immer um eine Prognose geht (und wann kann man sich schon ganz sicher sein?)[36]. Die Wissentlichkeit verkörpert daher, soweit es um das Wissensmoment geht, nicht etwa den eigentlichen Vorsatz, im Gegensatz zum Eventualvorsatz. Sie ist vielmehr nur ein ganz evidenter Fall des Vorsatzes[37].

Zweifelhafter und wesentlich umstrittener ist dagegen die Frage, ob vorsätzliches Verhalten, der dolus eventualis und die Wissentlichkeit, ein Wollensmoment verlangt. Üblicherweise wird dieses definiert als ein Sich-Abfinden mit oder als ein In-Kauf-Nehmen der Tatbestandsverwirklichung[38]. Sofern für vorsätzliches Verhalten ein echtes Wollen für notwendig erachtet wird, soll es darin, obschon in abgeschwächter Form, liegen[39]. Da die Wollenskomponente jedoch durchweg bejaht wird, wenn der Täter die Tatbestandserfüllung an sich nicht will, und das heißt, wenn sie ihm unerwünscht ist und er froh wäre, sie bliebe aus[40], lässt sich von einem echten Wollen beim Vorsatz nicht mehr re-

---

[32] Siehe *Freund*, Strafrecht AT, § 7 Rdnr. 70.

[33] Zutreffend führt *Schmidhäuser* aus (Oehler-FS, S. 135 [144]): „Wissen im Sinne eines aktuellen Bewußtseins ist als Vorsatzmerkmal nicht abstufbar, insoweit steht ihm nur das Nichtwissen gegenüber; andererseits kann sich dieses aktuelle Bewußtsein auf verschiedene Grade von Sicherheit erstrecken, in denen sich der Täter einen Umstand als gegenwärtigen oder künftigen vorstellt. [...]; am Bewußtsein als solchem ändert diese Abstufbarkeit nichts."

[34] *Frisch*, Vorsatz und Risiko, S. 341 f., 497; ferner *Freund*, Strafrecht AT, § 7 Rdnr. 70; *Jakobs*, Strafrecht AT, 8/7; NK/*Puppe*, § 15 Rdnr. 105; *Kindhäuser*, ZStW 96 (1984), S. 1 (25); ambivalent *Schmidhäuser*, Oehler-FS, S. 135 (144), und Strafrecht AT, 10/50.

[35] *Roxin*, Strafrecht AT, § 12 Rdnr. 18, 20; *Jescheck/Weigend*, Lehrbuch, § 29 III 2; Sch/Sch-*Cramer/Sternberg-Lieben*, § 15 Rdnr. 68; NK/*Puppe*, § 15 Rdnr. 110; *Jakobs*, Strafrecht AT, 8/18; präzisierend *Frisch*, Vorsatz und Risiko, S. 195, 500.

[36] Vgl. NK/*Puppe*, § 15 Rdnr. 110.

[37] *Frisch*, Vorsatz und Risiko, S. 498 f.

[38] *Wessels/Beulke*, Strafrecht AT, § 7 Rdnr. 214, 223 f.; *Roxin*, Strafrecht AT I, § 12 Rdnr. 27, 29; *Jescheck/Weigend*, Lehrbuch, § 29 III 3a; *Kühl*, Strafrecht AT, § 5 Rdnr. 44, 84 f.; *Baumann/Weber/Mitsch*, Strafrecht AT, § 20 Rdnr. 48; *Stratenwerth/Kuhlen*, Strafrecht AT I, § 8 Rdnr. 116 f.; *Fischer*, § 15 Rdnr. 9a f.; Sch/Sch-*Cramer/Sternberg-Lieben*, § 15 Rdnr. 82, 84; *Lackner/Kühl*, § 15 Rdnr. 23 ff.; aus der Rechtsprechung: BGHSt 7, 363 (368 f.); 36, 1 (9 f.); 44, 99 (101 f.); ferner BGH NStZ 1984, S. 19; BGH NStZ 1999, S. 507 (508); BGH NStZ 2000, S. 583 (584).

[39] *Kühl*, Strafrecht AT, § 5 Rdnr. 74, 84; *Baumann/Weber/Mitsch*, Strafrecht AT, § 20 Rdnr. 53; für ein (echtes) Wollensmoment plädieren insbesondere *Köhler*, Strafrecht AT, S. 164 f.; *Otto*, Strafrecht AT, § 7 Rdnr. 3, 44; *ders.*, Jura 1996, S. 484 (470 f.).

[40] Vgl. BGHSt 7, 363 (369 f.); *Baumann/Weber/Mitsch*, Strafrecht AT, § 20 Rdnr. 54 f.;

den[41]. Ähnliches gilt für den Täter, dem es gleichgültig ist, ob er den Tatbestand verwirklicht. Obwohl hier eine innere Stellungnahme ganz fehlt, ist Vorsatz gegeben[42]. Genau genommen ist die Annahme eines Vorsatzes in diesen Fällen nur über eine Normativierung zu leisten[43]. Sprachlich wird ein „Nichtvermeidenwollen" der Tatbestandserfüllung in ein Wollen umgedeutet[44]. Ein echtes Wollen zu postulieren und in den Sachverhalt (oder: den Täter) hineinzuinterpretieren, wirkt gekünstelt und impliziert eine Fiktion[45]. Hält man ein (echtes) Wollen dennoch für notwendig, kommt außerdem eine Unwägbarkeit hinzu, die nur am Rande erwähnt sei: Der Unterschied von dolus eventualis und bewusster Fahrlässigkeit wird dann gemeinhin darin gesehen, dass der Täter im ersten Fall die Tatbestandsverwirklichung will, eben im Sinne eines (ernsthaften) Billigend-in-Kauf-Nehmens oder eines Sich-damit-Abfindens, wohingegen Fahrlässigkeit vorliegen soll, wenn der Täter (ernsthaft) auf einen guten Ausgang hofft oder vertraut[46] und die Tatbestandserfüllung aus dem „Verletzungsgeschehen an sich ungewollt resultiert"[47]. *Puppe* bezweifelt nicht zu Unrecht, ob diese Unterscheidung nicht „allzu geringfügig [sei], um den Wertunterschied zwischen Vorsatz und Fahrlässigkeit zu begründen"[48]. Des Weiteren wird man bezweifeln dürfen, dass sich eine derart feinsinnige Abstufung empirisch auch nur ansatzweise verlässlich durchführen und nachweisen ließe[49]. Es ist deshalb – so oder so – unumgänglich, auf objektive Kriterien beziehungsweise äußere Gegebenheiten zurückzugreifen, um die Abgrenzung im Einzelfall

---

Stratenwerth/Kuhlen, Strafrecht AT I, § 8 Rdnr. 116; *Kühl*, Strafrecht AT, § 5 Rdnr. 54 ff.; *Lackner/Kühl*, § 15 Rdnr. 24; kritisch hierzu *Engisch* NJW 1955, S. 1688 (1690).

[41] *Schmidhäuser*, Oehler-FS, S. 135 (140); *Kindhäuser*, ZStW 96 (1984), S. 1 (21 ff.); NK/*Puppe*, § 15 Rdnr. 27, 43 ff.; *Schild*, Rehbinder-WidmungsS, S. 119 (132); *Lesch*, JA 1997, S. 802 (806 ff.); *Frisch*, Vorsatz und Risiko, S. 494 ff. – Die Wendung von einem Wollen oder Billigen „im Rechtssinne" (so BGHSt 7, 363 [369]) kann darüber nicht hinwegtäuschen; viel eher liefert sie eine Bestätigung der obigen These.

[42] LK/*Schroeder* (11. Aufl.), § 16 Rdnr. 93; *Roxin*, Strafrecht AT I, § 12 Rdnr. 30.

[43] Eindringlich NK/*Puppe*, § 15 Rdnr. 24 ff., 31 ff.; *dies.*, GA 2006, S. 65 (75 ff.); *Hruschka*, Kleinknecht-FS, S. 191 (200 ff.); *ders.*, Strukturen, S. 25 ff.; siehe ferner auch *Roxin*, Strafrecht AT I, § 12 Rdnr. 30.

[44] *Kindhäuser*, Strafrecht AT, § 14 Rdnr. 29.

[45] Treffend *Schmidhäuser*, Oehler-FS, S. 135 (142 f.); siehe auch *dens.*, Vorsatzbegriff, S. 12 ff. („und es ist kein gutes Zeichen für eine Wissenschaft, wenn sie nicht mit den Begriffen redet, die sie meint", ebd., S. 13 f.).

[46] Vgl. *Kühl*, Strafrecht AT, § 5 Rdnr. 85; *Jescheck/Weigend*, Lehrbuch, § 29 III 3c; *Baumann/Weber/Mitsch*, Strafrecht AT, § 20 Rdnr. 50; *Wessels/Beulke*, Strafrecht AT, § 7 Rdnr. 216.

[47] So eine Formulierung bei *Köhler*, Strafrecht AT, S. 150.

[48] NK/*Puppe*, § 15 Rdnr. 44; siehe auch *Schünemann*, GA 1985, S. 360 (363).

[49] *Schewe*, in: Handlungsanalyse, S. 1 (10); *ders.*, Lange-FS, S. 687 (695 ff., 699 f., 699 f.); *Bresser*, Lange-FS, S. 665 (671 ff.); *Hruschka*, Kleinknecht-FS, S. 191 (194 ff., bes. 200 ff.); *Grasnick*, in: Der psychiatrische Sachverständige, S. 287 ff.; NK/*Puppe*, § 15 Rdnr. 52 ff.; vgl. auch *Roxin*, Strafrecht AT I, § 12 Rdnr. 27; *Schünemann*, GA 1985, S. 360 (363).

vorzunehmen[50]. Wesentlich einleuchtender sind daher grundsätzlich alle Konzepte, die, auf ein Wollensmoment verzichtend, die Lösung offen in einer Normativierung des Vorsatzes suchen und den Schwerpunkt bei der Wissenskomponente setzen[51]. Dieser Weg überzeugt nicht zuletzt, weil es auf ein tatsächliches Wollen weder ankommt noch ankommen kann. Wäre dies anders, müsste man den Vorsatz (was freilich von niemandem gefordert wird und was auch nicht vertretbar wäre) auf die Absicht beschränken, den einzigen Fall, wo der Erfolg direkt angestrebt wird. Denn lediglich bei der Absicht richtet sich der Wille des Täters auf die Verwirklichung des Tatbestands, sei es, dass er diese als ein End- oder aber als ein notwendiges Zwischenziel seines Handelns erstrebt. Hingegen tritt die Tatbestandserfüllung beim Eventualvorsatz und bei der Wissentlichkeit nur als Nebenfolge eines anderen, des an sich gewollten Ereignisses ein[52]. Geht es beim Vorsatz demzufolge, genau besehen, nur noch um die Wissenskomponente, lässt sich zugespitzt behaupten: Vorsatz ist Wissen[53]. Diese These mag provokanter klingen, als sie ist. Denn die Unterschiede zu den traditionellen Ansichten, die ein Wollensmoment für nötig halten, sind keineswegs zu überschätzen[54]. So legen die floskelhaften Formulierungen wie „Sich-Abfinden" oder „In-Kauf-Nehmen" bereits eine normative und an objektiven Kriterien orientierte Deutung nahe, und tatsächlich wird eine solche auch von jenen

---

[50] *Roxin*, Strafrecht AT I, § 12 Rdnr. 66 f.; *ders.*, Rudolphi-FS, S. 243 (244 ff.); *Lackner/Kühl*, § 15 Rdnr. 25; *Köhler*, Fahrlässigkeit, S. 318; *Grasnick*, in: Der psychiatrische Sachverständige, S. 287 (bes. 302 ff.); – und speziell zum Tötungsvorsatz NK/*Neumann*, § 212 Rdnr. 11 ff.; MK/*Schneider*, § 212 Rdnr. 6 ff., 46.

[51] Dazu zählen: *Schmidhäuser*, GA 1958, S. 161 (179 f.); *ders.*, Vorsatzbegriff, S. 17 ff.; *ders.*, Oehler-FS, S. 135 (146 ff.); *ders.*, Strafrecht AT, 10/51 ff.; *Frisch*, Vorsatz und Risiko, S. 496 ff.; *Jakobs*, Strafrecht AT, 8/21 ff.; *ders.*, in: Handlungsanalyse, S. 21 (25 f.); *ders.*, in: Der psychiatrische Sachverständige, S. 271 (275 ff.); *Kindhäuser*, ZStW 96 (1984), S. 1 (21 ff.); *ders.*, Gefährdung, S. 92 ff.; *ders.*, Strafrecht AT, § 14 Rdnr. 27 ff.; *ders.*, Eser-FS, S. 345 (353 ff.); *Herzberg*, JuS 1986, S. 249 (253 ff.); *ders.*, BGH-FG, Band IV, S. 51 (78 ff.); *Puppe*, ZStW 103 (1991), S. 1 (9 ff., 14 ff.); *dies.*, Vorsatz und Zurechnung, S. 35 ff.; *dies.*, GA 2006, S. 65 (72 ff.); NK/*Puppe*, § 15 Rdnr. 64 ff.; *Schild*, Rehbinder-WidmungsS, S. 119 (136); *Lesch*, Verbrechensbegriff, S. 140 ff., bes. 146 ff., 245 ff.; *ders.*, JA 1997, S. 802 (805 ff.); *Freund*, Strafrecht AT, § 7 Rdnr. 55 ff., 68 ff.; *ders.*, Küper-FS, S. 63 (80 f.).

[52] Zu dieser Unterscheidung von Haupt- und Nebenfolgen *Kühl*, Strafrecht AT, § 5 Rdnr. 35; *Jakobs*, Strafrecht AT, 8/7 f., 15, 18, 21; *Kindhäuser*, Strafrecht AT, § 14 Rdnr. 5; *Lesch*, JA 1997, S. 802 (805 ff.); *ders.*, Verbrechensbegriff, S. 61 Fn. 134; kritisch aber *Merkel*, Früheuthanasie, S. 174 ff.

[53] Vgl. *Frisch*, Vorsatz und Risiko, S. 300, 497; *Jakobs*, Strafrecht AT, 8/8 („Vorsatz ist Wissen um die Handlung nebst ihren Folgen."); *Herzberg*, JuS 1986, S. 249 (262 – „Es kommt für den Vorsatz nicht darauf an, daß der Täter eine erkannte Gefahr ernstgenommen, sondern daß er eine ernstzunehmende Gefahr erkannt hat."); NK/*Puppe*, § 15 Rdnr. 69, 76. – Ideengeschichtlich lässt sich eine Verbindung herstellen zur Lehre vom dolus indirectus der gemeinrechtlichen Doktrin (ausführlich dazu *Puppe*, ZStW 103 [1991], S. 1 [23 ff.]; NK/*Puppe*, § 15 Rdnr. 69 ff.; *Lesch*, Verbrechensbegriff, S. 61 ff.; *ders.*, JA 1997, S. 802 ff.).

[54] Vgl. *Roxin*, Strafrecht AT I, § 12 Rdnr. 67; *Kindhäuser*, Strafrecht AT, § 13 Rdnr. 3; *Freund*, Strafrecht AT, § 7 Rdnr. 54.

vorgenommen, die vorgeben, es komme auf ein echtes Wollen an[55]. Da das Wollenselement nach allem keine zwingende Voraussetzung des Vorsatzes ist (und sein kann), lässt sich die Absicht, bei der dieses Moment gegeben ist, nicht als die Grundform des Vorsatzes ansehen[56]. Eine absichtliche Tatbegehung ist daher – entsprechend dem oben bereits zur Wissentlichkeit Ausgeführten (jetzt allerdings mit Blick auf das Wollen) – nicht eine bessere Form des Vorsatzes[57]. Absicht ist nur eine besonders offensichtliche Art des Vorsatzes, kommt doch bei ihr zum Wissensmoment noch hinzu, dass der Täter die Tatbestandsverwirklichung geradezu anstrebt[58].

Im Weiteren bleibt zu klären, ob eine Steigerung des Handlungsunrechts bei einer wissentlichen oder absichtlichen Tatbegehung bejaht werden kann. Da der Eventualvorsatz als Grundform des Vorsatzes anzusehen ist, ist eine solche Steigerung jedenfalls prinzipiell vorstellbar. So könnte man annehmen, im Fall der Wissentlichkeit sei eben die Wissenskomponente stärker ausgeprägt und im Fall der Absicht komme ein auf die Verwirklichung des Tatbestands gerichtetes Wollen hinzu. Demgegenüber wird jedoch ein Einfluss der Vorsatzarten auf das Ausmaß des Handlungsunrechts teilweise kategorisch abgelehnt[59]. Zur Begrün-

---

[55] Siehe bereits *Schmidhäuser*, Oehler-FS, S. 135 (141 ff.); eingehende Analyse bei *Frisch*, Vorsatz und Risiko, S. 255 ff.; ferner NK/*Puppe*, § 15 Rdnr. 23 ff., 31 ff., 37 ff., 41 ff., 45 ff., sowie *Roxin*, Rudolphi-FS, S. 243 (244 ff.).

[56] Zu einem anderen Ergebnis gelangt man, wenn man von einem Strafrechtsverständnis ausgeht, das den Willen des Einzelnen (den Tatwillen oder die Willensschuld) in den Vordergrund rückt. Dann wird man in der absichtlichen Tatbegehung die eigentliche und grundlegende Form des Vorsatzes sehen müssen. Als Beispiel lässt sich auf *Feuerbach* verweisen. Vorsatz und Absicht werden bei ihm in eins gesetzt (vgl. Lehrbuch, §§ 54, 59), was in Einklang steht mit seinem naturalistisch-psychologischen Verständnis der Willensschuld (a.a.O., §§ 84, 116, 118 ff.) und seiner Lehre vom psychologischen Zwang (ebd., §§ 8 a ff., bes. 13). *Feuerbach* ist mit diesem engen Dolusbegriff allerdings nicht ausgekommen und hat ihn erweitert (vgl. a.a.O., §§ 59 f.). – Als weiteres und aktuelleres Beispiel ist das Konzept *Köhlers* zu nennen. Für *Köhler* besteht der „subjektive Tatbestand des vorsätzlichen Tätigkeitsdelikts [...] im Tatwillen als Tatvorsatz" (Strafrecht AT, S. 149). An späterer Stelle heißt es bei *Köhler* (Strafrecht AT, S. 162): „Der Tatwille (Tatvorsatz) ist der Oberbegriff, der zunächst in der Form der Absicht vorkommt." Die Gleichsetzung von Tatvorsatz und Tatwillen entspricht *Köhlers* Verbrechensbegriff, wonach die „Objektivität des Verbrechens [...] nicht zu trennen [ist] vom tätig-bösen Unrechtswillen" und „substantiell tätersubjektiv-handlungsdefiniert" ist (Begriff der Strafe, S. 48). Sinn der Strafe ist es sodann konsequenterweise, „das Verbrechen, d.h. den existierenden bösen Willen in seinem Verallgemeinerungsschein, aufzuheben" (Begriff der Strafe, S. 50). Die Problematik des Ansatzes liegt, wie sich aus obigen Ausführungen ergibt, in dem vorausgesetzten starken Willensdogma, auf dem er grundlegend basiert.

[57] Dementsprechend wenig überzeugend ist es, wenn ausgeführt wird, das geringe Wissensmoment bei der Absicht werde kompensiert durch das starke Wollensmoment, so wie andererseits das schwache Willenselement bei der Wissentlichkeit durch das sichere Wissen ausgeglichen werden soll (so *Kühl*, Strafrecht AT, § 5 Rdnr. 43; *Roxin*, Strafrecht AT, § 12 Rdnr. 4; siehe ferner MK/*Joecks*, § 16 Rdnr. 34). Einer Kompensation bedarf es nicht. Ginge man von Gegenteiligem aus, wäre der Eventualvorsatz tatsächlich eine höchst problematische Vorsatzvariante und nur schwer zu legitimieren.

[58] *Frisch*, Vorsatz und Risiko, S. 498 ff.

[59] *Jakobs*, Strafrecht AT, 8/8, ferner 13, 29; NK/*Puppe*, § 15 Rdnr. 114; *Kindhäuser*, ZStW

dung werden hauptsächlich zwei Argumente vorgebracht: Die subjektive Zielrichtung, die der Täter verfolge, mithin sein Wille, sei für den Vorsatz nicht wesentlich[60], so das erste Argument. Zum anderen wird geltend gemacht, es betreffe die Ethik, darauf abzustellen, der Täter habe sich für die Gesetzesverletzung entschieden; und im Übrigen fehle bei dieser Erklärung ein „hinreichend dichter Bezug zur Funktion des Strafrechts“[61]. Es trifft (wie erläutert) zu, dass beim dolus eventualis, der basalen Form des Vorsatzes, ein Wollen, das auf die Realisierung des Tatbestands gerichtet wäre, weder vorhanden noch erforderlich ist. Hieraus den Schluss zu ziehen, ein solches Wollen sei, selbst wenn es gegeben ist, unbeachtlich, erscheint jedoch fragwürdig. Denn ein Täter, der zielgerichtet eine Rechtsverletzung herbeiführt, negiert das Recht in einer fundamentaleren Weise als ein Täter, der die Verletzung des Rechts zwar voraussieht und sich dadurch von seinem Verhalten nicht abhalten lässt, der aber andererseits diese Rechtsverletzung nicht gerade erstrebt[62]. Die Missachtung des Rechts und die Negation des rechtlichen und freiheitlichen Zustands sind in der ersten Variante ungleich stärker ausgeprägt als in der zweiten, was für ein erhöhtes Handlungsunrecht spricht. Gegen eine Steigerung des Handlungsunrechts verfängt auch nicht der erwähnte zweite Einwand, es impliziere ein ethisierendes Moment, den Willen des Täters zu berücksichtigen. Die inneren Einstellungen des Täters in einem darüber hinausreichenden Sinn, mithin seine Beweggründe und Zwecke oder seine Gesinnung, gehören zwar dem Bereich der Moralität an[63]. Für eine strikt rechtliche Bewertung, in der es nur darum gehen kann, die äußeren Freiheitssphären von Personen zu regeln, haben sie keine Bedeutung. Es betrifft jedoch nicht bloß die Ethik, sondern ebenso unmittelbar das Recht, wenn ein Täter sich explizit für eine Rechtsverletzung entscheidet und diese geradezu erstrebt[64]. Obgleich hierbei die innere Einstellung des Täters zu einem gewissen Teil in die Bewertung miteinbezogen wird, wird

---

96 (1984), S. 1 (30 f.); *Stratenwerth/Kuhlen*, Strafrecht AT I, § 8 Rdnr. 128; wohl auch Sch/Sch-*Cramer/Sternberg-Lieben*, § 15 Rdnr. 69, 72.

[60] *Jakobs*, Strafrecht AT, 8/13; weiterhin *Kindhäuser*, ZStW 96 (1984), S. 1 (21 ff.); *ders.*, Gefährdung, S. 100; NK/*Puppe*, § 15 Rdnr. 106.

[61] *Jakobs*, Strafrecht AT, 8/5; ferner NK/*Puppe*, § 15 Rdnr. 106. – *Jakobs'* Ausführungen beziehen sich allerdings nicht, wie sie im obigen Text verwendet werden, speziell auf die Absicht, sondern auf den Vorsatz insgesamt und seine Abgrenzung zur Fahrlässigkeit.

[62] *Kelker*, Legitimität von Gesinnungsmerkmalen, S. 422, sowie (zunächst aus generalpräventiver Sicht) *Frisch*, Vorsatz und Risiko, S. 499, 46 ff., 102 ff.; *ders.*, ZStW 99 (1987), S. 751 (768 f.), 349 (366 ff.), und (dann mit anderer Akzentuierung, vergleichbar den obigen Ausführungen) *ders.*, BGH-FG, Band IV, S. 269 (290, 278 f.); *ders.*, Müller-Dietz-FS, S. 237 (253 f.); des Weiteren *Hörnle*, Strafzumessung, S. 260 ff., bes. 263; *dies.*, in: Tatproportionalität, S. 99 (117 f.); *dies.*, JZ 1999, S. 1080 (1088), die allerdings zur Begründung maßgeblich auf die Opferperspektive abhebt (zu diesem Ansatz *dies.*, Strafzumessung, S. 221 ff., 226 ff.; *dies.*, in: Die Stellung des Opfers, S. 175 [176 ff., 183 ff.]; *dies.*, in: Tatproportionalität, S. 99 [102 ff., 106 ff.]).

[63] Siehe bereits im zweiten Kapitel zu B I 2 c.

[64] Vgl. auch *Kant*, MdS-RL, Einleitung in die MdS, S. 330.

die Grenze zu einem Bereich reiner Ethik, der einem freiheitlichen Rechtssystem entzogen bleiben muss, nicht überschritten. Denn es geht nicht um mentale Einstellungen des Täters in einem weiten Sinn; es geht vielmehr nur um eine streng auf das Recht (genauer: auf die Negation des Rechts) bezogene Stellungnahme. Das ist ein sehr bestimmter, festumrissener und minimaler Auszug aus der Innenwelt des Täters, ein Auszug, der nur und unmittelbar das Recht betrifft[65]. Hingegen wäre es der Ethik zuzuschlagen, die innere Einstellung des Täters darüber hinausgehend zu berücksichtigen. Die weiteren Motive oder Beweggründe des Täters, die Frage also, wieso er sich für dieses rechtsverletzende Verhalten entschieden hat oder welche Zwecke er weiterhin verfolgt, sind für die rechtliche Bewertung grundsätzlich irrelevant. Etwas anderes gilt nur, sofern es sich um (Tat-)Gründe oder Umstände handelt, die sich rechtlich fundieren lassen[66]. Des Weiteren mangelt es nicht an einem hinreichenden Bezug zur Funktion des Strafrechts, wenn bei einer zielgerichteten Entscheidung gegen das Recht eine Erhöhung des Handlungsunrechts angenommen wird. Es ist Aufgabe des Strafrechts, die elementaren Freiheitsbereiche von Personen vor Eingriffen anderer zu schützen. Die Strafe dient dazu, im Falle der Verletzung rechtlich geschützter Freiheitssphären diese Verletzung des Rechts (wenngleich bloß symbolisch) wiederaufzuheben und damit zugleich den rechtlichen Zustand wiederherzustellen beziehungsweise manifest zu machen, dass das Recht (und nicht das Unrecht) gilt[67]. Durch die dezidierte und explizite Ablehnung des Rechts- oder Anerkennungsverhältnisses, die mit einer absichtlichen Rechtsverletzung verbunden ist, wird der rechtliche Zustand weitaus massiver beeinträchtigt und in Abrede gestellt als durch eine nicht beabsichtigte Verletzung. Mit der Aufgabe des Strafrechts geht es daher durchaus konform, eine Unrechtssteigerung bei einer absichtlich herbeigeführten Rechtsverletzung anzunehmen[68]. Dem steht auf der anderen Seite nicht entgegen, dass es Umstände oder Gründe für die Tat geben kann, die eine Minderung des Unrechts bewir-

[65] Vgl. auch *Köhler*, Schroeder-FS, S. 257 (261), und *Kelker*, Legitimität von Gesinnungsmerkmalen, S. 406, 424 ff., 421 f.; ferner *Haas*, Strafbegriff, S. 252.

[66] Vgl. in diesem Zusammenhang *Frisch*, ZStW 99 (1987), S. 751 (769 f.) – sowie noch in diesem Kapitel unter B II.

[67] *Hegel*, Grundlinien, §§ 82, 92 ff., bes. 95, 97, 99 ff.; übereinstimmend insoweit *Köhler*, Begriff der Strafe, S. 14, 47 ff., 50 ff.; *ders.*, Zusammenhang, S. 34 ff., bes. 37 ff.; *ders.*, Strafrecht AT, S. 37, 48 ff.; *Jakobs*, Strafrecht, 1/9 ff.; *ders.*, Rechtsphilosophie, S. 98 ff., bes. 105 ff.; *ders.*, Staatliche Strafe, S. 25 f., 30; *Zaczyk*, Unrecht der versuchten Tat, S. 187 f.; *Frisch*, in: Strafrechtssystem, S. 135 (145 ff.); *ders.*, BGH-FG, Band IV, S. 269 (278 f.); *Pawlik*, Person, S. 75 ff., bes. 88 ff., 97; *Lesch*, JA 1994, S. 590 (596 ff.); *ders.*, Verbrechensbegriff, S. 79 ff., 90 ff., 98 f.; siehe ferner *Seelmann*, Anerkennungsverlust, S. 66 ff.

[68] Im Ergebnis ebenso *Frisch*, Vorsatz und Risiko, S. 498 ff.; *ders.*, ZStW 99 (1987), S. 751 (768 f.); *ders.*, BGH-FG, Band IV, S. 269 (290); *ders.*, Müller-Dietz-FS, S. 237 (254); *Hörnle*, Strafzumessung, S. 263; *dies.*, JZ 1999, S. 1080 (1088); *dies.*, in: Tatproportionalität, S. 99 (117 f.); *Kelker*, Legitimität von Gesinnungsmerkmalen, S. 422; *Herzberg*, BGH-FG, Band IV, S. 51 (64); *Foth*, JR 1985, S. 397 (398); *Fahl*, Bedeutung des Regeltatbildes, S. 154.

ken[69]. An der unrechtssteigernden Qualität der Absicht an sich vermag das nichts zu ändern. Es zeigt nur, dass die Absicht nicht ein gewissermaßen absoluter Faktor ist, der immer und in jedem Fall zu einer Unrechtssteigerung führt. Daneben sind unrechtsmindernde Aspekte, so sie gegeben sind, selbstverständlich zu beachten, und diese können der Steigerung des Unrechts entgegenwirken beziehungsweise diese aufheben.

Offen ist sodann noch die Frage, ob bei einer wissentlichen Verwirklichung des Tatbestands eine Unrechtserhöhung ebenfalls zu befürworten ist. In der Literatur wird das überwiegend bejaht[70], sieht man einmal ab von jenen Autoren, die eine Steigerung des Unrechts bei den verschiedenen Vorsatzarten ohnehin prinzipiell ablehnen[71]. Dabei werden die absichtliche und wissentliche Tatbegehung zumeist in einem Atemzug genannt und dem dolus eventualis gegenüberstellt. Das liest sich so: Differenzen im Unwertgehalt bestünden zwischen Eventualvorsatz einerseits sowie Absicht und Wissentlichkeit andererseits. Dagegen soll es nicht angebracht sein, nochmals zwischen Absicht und Wissentlichkeit zu unterscheiden, deren Unrechtsgehalt sich vielmehr entspreche[72]. Die Vertreter dieser Auffassung bedienen sich oftmals (auch) einer etwas anderen Terminologie. Statt von Absicht und Wissentlichkeit ist bevorzugt von dolus directus ersten und zweiten Grades die Rede, womit die Wissentlichkeit als ein Fall des dolus directus eingeordnet wird[73]. Danach erscheint es, schon vordergründig besehen, naheliegend, die sogenannten Dolus-directus-Fälle von den Dolus-eventualis-Fällen abzusondern und genau dort, zwischen dolus directus (beider Varianten) und dolus eventualis, eine Grenzlinie zu ziehen. Im Weiteren korrespondiert diese Ansicht mit der geläufigen Einschätzung, wonach bei der Absicht das geringere Wissens- durch das starke Wollensmoment kompensiert werde und bei der Wissentlichkeit, vice versa, das schwache Wollens- durch das erhöhte Wissensmoment[74]. Darüber hinaus – und noch anders – wird sogar geäußert, aus dem starken Wissenselement bei der Wissentlichkeit könne auf ein

[69] Darauf weist besonders *Frisch*, BGH-FG, Band IV, S. 269 (290 f.), hin; *ders.*, ZStW 99 (1987), S. 751 (769); *Jakobs*, Strafrecht AT, 8/8; *Lackner/Kühl*, § 46 Rdnr. 33; wohl auch *Jescheck/Weigend*, Lehrbuch, § 83 II 2.

[70] *Frisch*, Vorsatz und Risiko, S. 498 ff.; *ders.*, ZStW 99 (1987), S. 751 (768 f.); *ders.*, BGH-FG, Band IV, S. 269 (290); *ders.*, Müller-Dietz-FS, S. 237 (254); *Hörnle*, Strafzumessung, S. 263; *dies.*, JZ 1999, S. 1080 (1088); *dies.*, in: Tatproportionalität, S. 99 (117 f.); LK/*Schroeder* (11. Aufl.), § 16 Rdnr. 100; *Jescheck/Weigend*, Lehrbuch, § 29 III 2, 3a; *Foth*, JR 1985, S. 397 (398). Andere Ansicht jedoch *Fahl*, Bedeutung des Regeltatbildes, S. 154, für den das Handeln mit direktem Vorsatz dem „Regeltatbild" eines Vorsatzdelikts entspricht und der daher (folgerichtig) beim dolus eventualis eine Milderung annimmt.

[71] Bereits oben Fn. 59.

[72] LK/*Schroeder* (11. Aufl.), § 16 Rdnr. 100; *Jescheck/Weigend*, Lehrbuch, § 29 III 2, 3a; *Lackner/Kühl*, § 46 Rdnr. 33; *Hörnle*, Strafzumessung, S. 263; *Schünemann*, GA 1985, S. 341 (363).

[73] Vgl. *Jescheck/Weigend*, Lehrbuch, § 29 III 1, 2; *Hörnle*, Strafzumessung, S. 263; *Schünemann*, GA 1985, S. 341 (363).

[74] Hierzu bereits oben Fn. 57.

Wollen geschlossen werden[75]. Sonderlich überzeugend ist das nicht. Um mit Letzterem zu beginnen: Es ist durchaus möglich, sich sicher zu sein, mit einer bestimmten Handlung einen Tatbestand zu verwirklichen, dies jedoch nicht zu wollen, die Handlung aber gleichwohl und des ungeachtet vorzunehmen, lediglich um eines anderen Zieles willen. Das lässt sich an einem Beispiel (nach *Merkel*) demonstrieren: Wer sich am Abend bewusst ordentlich betrinkt und den Kater am anderen Morgen gewiss voraussieht, muss und wird diesen damit keineswegs (zwangsläufig) auch wollen[76]. Obgleich das Beispiel keinen strafrechtlichen Sachverhalt wiedergibt, vermag es doch das Verhältnis von Wissen und Wollen, um das es hier geht, analytisch zu erhellen[77]. *Hruschka* macht gegen diese Position geltend, es sei „absurd“ anzunehmen, die Folge (im Beispiel der Kater am anderen Morgen) sei nicht gewollt; das laufe auf ein „venire contra factum proprium“, einen „pragmatischen Selbstwiderspruch“ hinaus[78]. Dieser Einwand geht offenbar von der Prämisse aus, menschliches Verhalten respektive Denken sei durchgängig rational und konsistent. Das ist indes nicht der Fall. So ist menschliches Verhalten nicht selten widersprüchlich, und man mag darin sogar etwas spezifisch Menschliches sehen. Die These, aus dem sicheren Wissen, den Tatbestand zu erfüllen, ergebe sich zwangsläufig das Wollen der Tatbestandsverwirklichung, trifft demnach nicht zu[79]. Ebenso wenig überzeugt der Gedanke einer wechselseitigen Kompensation von Wissens- und Wollenselement bei Absicht und Wissentlichkeit. Dafür besteht nach hiesigem Verständnis bereits keine Notwendigkeit. Denn das entscheidende Kriterium des Vorsatzes ist das des Wissens, und dieses ist in allen Vorsatzvarianten komplett und vollwertig vorhanden (mithin auch bei der Absicht und beim Eventualvorsatz); es bedarf also keines Ausgleichs. Die Gleichsetzung der beiden Dolus-directus-Fälle, der Absicht und der Wissentlichkeit, ist aber noch aus einem anderen Grund zweifelhaft. So sind die Gemeinsamkeiten, die die beiden Vorsatzarten

---

[75] *Hruschka*, Kleinknecht-FS, S. 191 (192f.); *ders.*, Strafrecht, S. 434ff.; *ders.*, Strukturen, S. 26f.; LK/*Schroeder* (11. Aufl.), § 16 Rdnr. 81f.; *Lackner/Kühl*, § 15 Rdnr. 21; *Wessels/Beulke*, Strafrecht AT, § 7 Rdnr. 213; *Maurach/Zipf*, Strafrecht AT/1, § 22 Rdnr. 15, 29; *Kühl*, Strafrecht AT, § 5 Rdnr. 40; *Baumann/Weber/Mitsch*, Strafrecht AT, § 20 Rdnr. 46; *Roxin*, Strafrecht AT I, § 12 Rdnr. 19; *Ziegert*, Vorverschulden, S. 80f., 122; ferner *Köhler*, Fahrlässigkeit, S. 186f., 192f.

[76] *Merkel*, Früheuthanasie, S. 177.

[77] Um noch ein strafrechtsrelevantes Beispiel anzuführen: Gesetzt den Fall, A fordert B mit vorgehaltener Pistole auf, den C, seinen Freund, sofort zu erschießen, da er andernfalls selbst sogleich erschossen werde, und tötet B dann, unter diesem Druck, seinen Freund C, so darf man ihm durchaus Glauben schenken, wenn er später im Prozess behauptet, er habe C keineswegs töten wollen, denn dieser sei doch sein Freund gewesen; er habe ihn lediglich deshalb erschossen, weil er nicht selbst erschossen werden wollte. Dass B ein Entschuldigungsgrund zugutekommt (§ 35 StGB), ist eine andere Frage und hat mit dem hier aufgeworfenen Problem nichts zu tun.

[78] *Hruschka*, Kleinknecht-FS, S. 191 (192); ferner *ders.*, Strukturen, S. 26f.

[79] *Schmidhäuser*, Oehler-FS, S. 135 (147); *Kindhäuser*, Gefährdung, S. 99ff.; *Lesch*, JA 1997, S. 802 (806).

dolus eventualis und Wissentlichkeit aufweisen, augenfälliger und größer, als die Ähnlichkeiten, die sich für Absicht und sicheres Wissen ergeben. Sowohl der Eventualvorsatz als auch die Wissentlichkeit zeichnen sich nämlich dadurch aus, dass die Tatbestandsverwirklichung – anders als in den Fällen der Absicht – nicht direkt und unmittelbar angestrebt wird. Die Erfüllung des Tatbestands ergibt sich beide Male vielmehr als (bloße) Nebenfolge eines anderen, des an sich gewollten (oder eben erstrebten) Ereignisses[80]. Differenzen bestehen lediglich in einem unterschiedlich ausgeprägten Grad des Wissens. Umgekehrt ist bei der Absicht – wiederum im Gegensatz zum Eventualvorsatz und zur Wissentlichkeit – der Wille des Täters gerade auf die Realisierung des Tatbestands gerichtet, wohingegen die Intensität des Wissens verschieden sein kann, entweder wie beim Eventualvorsatz oder wie bei der Wissentlichkeit. So gesehen wäre es plausibler, die Trennlinie zwischen dolus eventualis und Wissentlichkeit einerseits sowie der Absicht andererseits zu ziehen[81]. In jedem Fall aber zeigt sich, dass die normative Gleichstellung von Wissentlichkeit und Absicht durch Zuschreibung eines identischen Unrechtsgehalts nicht ohne weiteres einleuchtend ist. Damit ist jedoch die eigentliche Frage, ob auch bei der Wissentlichkeit eine Unrechtssteigerung angenommen werden kann, noch nicht beantwortet. Das Gesetz geht, wie etwa § 226 I und II StGB erkennen lassen, offenbar von einer Erhöhung des Unrechts bei der Wissentlichkeit aus im Vergleich zum Eventualvorsatz. Die Differenz zwischen beiden Vorsatzvarianten liegt allerdings lediglich in einem unterschiedlichen Wissensgrad; sie kann also denkbar subtil sein[82]. Deshalb ist die Annahme einer Unrechtssteigerung bei der Wissentlichkeit nicht so klar wie bei der Absicht, wo immerhin ein zielgerichtetes Wollen, den Tatbestand zu erfüllen, hinzukommt. Man wird jedoch davon ausgehen dürfen, dass ein Täter, der sicher ist, einen Tatbestand zu verwirklichen, sich hierdurch aber von seinem Verhalten nicht abbringen lässt, das Recht in einem stärkeren Maße für unbeachtlich hält und negiert (eben im sicheren Wissen um die Rechtsverletzung), als ein Täter, der lediglich die Möglichkeit der Tatbestandserfül-

---

[80] Zur Differenzierung *Jakobs*, Strafrecht AT, 8/7f., 15f., 18, 21; *Kühl*, Strafrecht AT, § 5 Rdnr. 35; *Lesch*, JA 1997, S. 805ff.; *ders.*, Verbechensbegriff, S. 61 Fn. 134; *Kindhäuser*, Strafrecht AT, § 14 Rdnr. 5; ferner *Otto*, Strafrecht AT, § 7 Rdnr. 32, 35, sowie bereits *Welzel*, Strafrecht, S. 67f. – Es mag Fälle geben, in denen die Unterscheidung zwischen Haupt- und Nebenfolge schwerfällt, zumal sie von der (unter Umständen zufälligen) Deskription des Geschehens abhängt, die der Täter vornimmt oder gibt (siehe *Merkel*, Früheuthanasie, S. 177ff.).

[81] Im Sinne dieser Erläuterungen moniert *Lesch* die herkömmliche Rede vom dolus directus (zweiten Grades) bei der Wissentlichkeit, da die Verwirklichung des Tatbestands bei der Wissentlichkeit gerade nicht direkt angestrebt werde, weshalb diese Terminologie irreführend sei. Stattdessen schlägt er vor, nur die Absicht als dolus directus zu bezeichnen, Wissentlichkeit und dolus eventualis hingegen als dolus indirectus ersten und zweiten Grades (Verbrechensbegriff, S. 61 Fn. 134). Der Kritik jedenfalls ist zuzustimmen (vgl. auch *Kühl*, Strafrecht AT, § 5 Rdnr. 32).

[82] Siehe auch LK/*Schroeder* (11. Aufl.), § 16 Rdnr. 83.

lung sieht und damit (nur) erkennt, gegebenenfalls eine Rechtsverletzung herbeizuführen. Eine Unrechtssteigerung bei Wissentlichkeit anzunehmen ist daher mit der Funktion des Strafrechts vereinbar. Allerdings entspricht die Unrechtserhöhung nicht der bei der Absicht, wo der Täter sich zielgerichtet über das Recht hinwegsetzt. Ebenso wie bei der Absicht können auch bei einer wissentlichen Tatbegehung Gegenindikatoren – namentlich Tatumstände, die das Unrecht mindern – vorhanden sein, die die Erhöhung des Unrechts ihrerseits nivellieren.

b) Motive und weitere Absichten

Es ist umstritten, ob Motive und weitere Absichten des Täters generell dem Unrecht oder der Schuld zuzurechnen sind. Dabei ist mit „Absichten" in diesem Zusammenhang nicht die soeben behandelte, unmittelbar auf die Rechtsverletzung bezogene Absicht als Vorsatzform (beim Tötungsdelikt die Tötungsabsicht) gemeint, sondern vielmehr darüber hinausreichende Absichten oder Zwecke, die der Täter mit seiner Tat verfolgt und die über eine beabsichtigte Rechtsverletzung als solche hinausgehen[83]. Herrschend oder doch jedenfalls im Vordringen dürfte mittlerweile die Auffassung sein, nach der Tatmotive und -zwecke als Unrechtsmerkmale zu betrachten sind[84]. Indes braucht diese Meinungsverschiedenheit hier nicht vertieft zu werden. Denn die Berücksichtigung solcher weitergehenden Absichten oder Tatmotive sieht sich, ungeachtet der Frage, wo sie dogmatisch einzuordnen sind, schon grundsätzlich erheblichen Einwänden ausgesetzt. Insoweit ist auf die Ausführungen im zweiten Kapitel zu verweisen. Dort wurde festgestellt, dass die Einbeziehung von Beweggründen in die rechtliche Beurteilung wegen des erheblichen Zugriffs auf die Innenwelt des Täters sowie deren Bewertung anhand eines sozialethischen Maßstabs eine Vermengung der Bereiche von Legalität und Moralität bedeutet und für ein an Freiheitsgesetzen ausgerichtetes Strafrechtsverständnis nicht akzeptabel

---

[83] Siehe bereits im zweiten Kapitel unter B I 1.

[84] Zwangsläufig werden die Tatmotive als Unrechtsmerkmale eingeordnet von allen Autoren, die sämtliche Mordmerkmale – und somit auch die sogenannten Motivmerkmale – dem Unrecht zuordnen. Siehe SK/*Horn*, § 211 Rdnr. 3; LK/*Jähnke*, Vor § 211 Rdnr. 46 ff.; LK/*Walter* (12. Aufl.), Vor § 13 Rdnr. 176 f.; MK/*Schneider*, § 211 Rdnr. 211; *Maurach/Schroeder/Maiwald*, Strafrecht BT/1, § 2 Rdnr. 23, 30 ff.; *Maurach/Zipf*, Strafrecht AT/1, § 23 Rdnr. 55 f.; *Otto*, Strafrecht BT, § 4 Rdnr. 1; *Rengier*, Strafrecht BT II, § 4 Rdnr. 7; *Kindhäuser*, Strafrecht BT I, § 1 Rdnr. 3, § 2 Rdnr. 3; *Gössel/Dölling*, Strafrecht BT/1, § 1 Rdnr. 21; *Krey/Heinrich*, Strafrecht BT/1, § 1 Rdnr. 23; *Eisele*, Strafrecht BT I, § 4 Rdnr. 63, 64; *Welzel*, JZ 1952, S. 72 (74); modifizierend *ders.*, Strafrecht S. 79; *Armin Kaufmann*, Bindings Normentheorie, S. 158, 208 f.; *Jakobs*, Strafrecht AT, 8/94 ff., sowie BGHSt 1, 368 (370 f.). – Für eine Einordnung der Motive in der Schuld plädieren hingegen: *Wessels/Beulke*, Strafrecht AT, § 10 Rdnr. 422; *Jescheck/Weigend*, Lehrbuch, § 39 II 1, § 42 I 2, II 3a; LK/*Jescheck* (11. Aufl.), Vor § 13 Rdnr. 81; *Roxin*, Strafrecht AT I, § 10 Rdnr. 73 ff.; LK/*Roxin* (11. Aufl.), § 28 Rdnr. 74 f.; LK/*Schünemann* (12. Aufl.), § 28 Rdnr. 73; NK/*Puppe*, Vor § 13 Rdnr. 18, § 15 Rdnr. 107; Sch/Sch-*Lenckner/Eisele*, Vorbem. §§ 13 ff. Rdnr. 122; *Oehler*, Das objektive Zweckmoment, S. 148 ff.

ist[85]. Soweit daher bestimmten Beweggründen eine Unrecht (und/oder Schuld) steigernde Wirkung zuerkannt wird – wie dies vorzugsweise für egoistische Motive im Gegensatz zu altruistischen Motiven oder für eine die Tat kennzeichnende besondere solipsistische Rücksichtslosigkeit vertreten wird[86] –, ist das abzulehnen[87]. Denn hierin drückt sich eine Ethisierung des Strafrechts aus, die einem modernen Rechtssystem nicht mehr entspricht[88]. Beiläufig: Bereits sprachlich ließe sich gegen die Berücksichtigung moralischer Aspekte beim Unrecht geltend machen: Es geht um Recht beziehungsweise um Unrecht; keinesfalls geht es um bloße Moralwidrigkeiten, weshalb derartige Aspekte auch keinen Einfluss auf das Unrecht haben können.

Auf den ersten Blick könnte man nun erwägen, die beiden Absichtsmerkmale des § 211 II StGB, die sogenannte Ermöglichungs- und Verdeckungsabsicht, seien unverfänglicher. So ist es immerhin notwendig, eine andere Straftat verdecken oder ermöglichen zu wollen, womit schon prima facie ein Bezug zu einem strafrechtlich relevanten Sachverhalt hergestellt wird. Bei näherer Betrachtung zeigt sich indes, dass die Dinge trotz dieses Zusammenhangs so einfach nicht liegen. Denn ungeachtet der bestehenden normativen Brüche, die die Absichtsmerkmale mit sich bringen und die bereits erörtert wurden – etwa weshalb die Verdeckung einer Straftat schwerer wiegen sollte als die Verdeckung einer bloßen Banalität, einer Moralwidrigkeit oder die Tötung ohne jeden erkennbaren Anlass[89] –, ist zu bedenken: Unmittelbarer Bezugsgegenstand der Absicht ist weder die andere Straftat noch die Tötung. So ist Absicht bezogen auf eine dieser beiden Rechtsverletzungen nicht nötig. Genauer: Die Mordmerkmale der Ermöglichungs- und Verdeckungsabsicht setzen zunächst eine Tötung voraus, für die ein dolus eventualis hinreicht[90], und außerdem eine andere Straftat, sei es

[85] Zum Ganzen im zweiten Kapitel unter B I 2 b und c.

[86] *Heine*, Tötung, S. 213 ff.; *Köhler*, Strafrecht AT, S. 599; *Paeffgen*, GA 1982, S. 255 (269); siehe ferner *Jescheck/Weigend*, Lehrbuch, § 83 II 2; Sch/Sch-*Stree*, § 46 Rdnr. 12 ff.; LK/*Gribbohm* (11. Aufl.), § 46 Rdnr. 75 ff.; *Lackner/Kühl*, § 46 Rdnr. 33; *Fischer*, § 46 Rdnr. 27; *Maurach/Gössel/Zipf*, Strafrecht AT/2, § 63 Rdnr. 154; MK/*Franke*, § 46 Rdnr. 25; BGH NJW 1981, S. 2204; BGH NStZ-RR 2003, S. 362; – ebenso für das schweizerische Recht und den dortigen Mordtatbestand: *Schwarzenegger*, SchwZStR 118 (2000), S. 384 (367), sowie bereits *Binder* SchwZStR 1952, S. 307 (313).

[87] Ebenso *Jakobs*, NJW 1969, S. 489 f.; *ders.*, Strafrecht AT, 8/99; *Frisch*, ZStW 99 (1987), S. 751 (766 ff.); *ders.*, BGH-FG, Band IV, S. 269 (288 ff.); *Hörnle*, Strafzumessung, S. 60 f.; *dies.*, JZ 1999, S. 1080 (1089); *dies.*, in: Tatproportionalität, S. 99 (118 ff.); SK/*Horn*, § 211 Rdnr. 8; *Woesner*, NJW 1978, S. 1025 (1026); *ders.*, NJW 1980, S. 1137 (1137, 1138, 1140); *Rüping*, JZ 1979, S. 617 (620); *Schünemann*, Bockelmann-FS, S. 117 (131 f.); *Haas*, Strafbegriff, S. 253 mit Fn. 78.

[88] Vgl. *Jakobs*, Strafrecht, 8/99; *Frisch*, ZStW 99 (1987), S. 751 (766 ff.); *Hörnle*, in: Tatproportionalität, S. 99 (118 f.); *Schild*, Lenckner-FS, S. 287 (302); *Müssig*, Mord, S. 105 ff.

[89] Vgl. im zweiten Kapitel zu B I 2 a.

[90] Unstrittig, vgl. *Küper*, Strafrecht BT, S. 352; *Kindhäuser*, Strafrecht BT I, § 2 Rdnr. 40 f.; *Rengier*, Strafrecht BT II, § 4 Rdnr. 51, 57; *Gössel/Dölling*, Strafrecht BT/1, § 4 Rdnr. 78; *Wessels/Hettinger*, Strafrecht BT/1, § 2 Rdnr. 127; *Krey/Heinrich*, Strafrecht BT/1, § 1 Rdnr. 77a

eine vorsätzliche oder fahrlässige (siehe auch § 11 I Nr. 5 StGB), die durch die Tötung verdeckt oder ermöglicht werden soll (wobei im letzteren Fall typischerweise nur eine Vorsatztat in Betracht kommt[91]). Es fehlt daher an einem unmittelbaren objektiven Bezugsgegenstand, mithin an einer Rechtsverletzung, auf die die Absicht direkt gerichtet wäre. Ihre Funktion ist lediglich die eines subjektiven Bindeglieds zwischen der vorsätzlichen Tötung und der anderen Straftat, wodurch die Tötung zu einem Mordtatbestand avanciert. Der hierdurch – nach allgemeiner Meinung – vorgegebene Qualifikationstatbestand des Mordes gründet deshalb im Kern ausschließlich in der Vorstellungswelt des Täters. Denn es ist die rein gedanklich-finale Verbindung beider Taten, die der Täter vornimmt und die den Ausschlag geben soll, um einen Totschlag zum Mord heraufzustufen. Damit wird die Steigerung des Unrechts maßgeblich von inneren Zwecksetzungen des Täters getragen, die jedenfalls keinen direkten Bezug zu einer Rechtsverletzung aufweisen. Hinzu kommt, dass die andere Straftat nach ganz herrschender Auffassung real nicht vorliegen muss. Es reiche aus, wenn der Täter glaube, es handele sich bei dem soeben geschehenen oder dem in Aussicht genommenen Ereignis um eine Straftat, so wie es umgekehrt nicht genüge, dass tatsächlich eine Straftat vorliege, wenn das dem Täter nicht bewusst sei[92]. Gegen eine Erhöhung des Unrechts, gestützt auf solche Erwägungen, ist geltend zu machen: Die beiden Rechtsverletzungen als solche, die vorsätzliche Tötung und die andere Straftat (Letztere selbstverständlich nur, sofern sie tatsächlich gegeben ist), liegen vor und erfüllen bereits, beide je für sich genommen, ein bestimmtes Maß an Unrecht. Eine darüber hinausgehende Steigerung des Tötungsunrechts anzunehmen, weil der Täter in seiner Gedan-

---

ff.; *Maurach/Schroeder/Maiwald*, Strafrecht BT/1, § 2 Rdnr. 36; *Arzt/Weber*, Strafrecht BT, § 2 Rdnr. 66; *Otto*, Strafrecht BT, § 4 Rdnr. 56; LK/*Jähnke*, § 211 Rdnr. 11, 22; SK/*Horn*, § 211 Rdnr. 54; *Fischer*, § 211 Rdnr. 79; NK/*Neumann*, § 211 Rdnr. 96, 100f.; Sch/Sch-*Eser*, § 211 Rdnr. 35; MK/*Schneider*, § 211 Rdnr. 193, 200f.; – aus der Rechtsprechung etwa BGHSt 15, 291 (294ff.); 38, 356 (361); 39, 159 (160ff.); 41, 358 (360ff.); – kritisch allerdings *Heine*, Brauneck-Ehrengabe, S. 315 (326ff.).

[91] *Gössel/Dölling*, Strafrecht BT/1, § 4 Rdnr. 69; *Fischer*, § 211 Rdnr. 67, 68. Lediglich nach SK/*Horn*, § 211 Rdnr. 56, soll hier Absicht bezogen auf die Straftat nötig sein.

[92] *Maurach/Schroeder/Maiwald*, Strafrecht BT/1, § 2 Rdnr. 34; *Arzt/Weber-Hilgendorf*, Strafrecht BT, § 2 Rdnr. 65; *Kindhäuser*, Strafrecht BT I, § 2 Rdnr. 37; *Rengier*, Strafrecht BT II, § 4 Rdnr. 48; *Gössel/Dölling*, Strafrecht BT/1, § 4 Rdnr. 74f.; *Otto*, Strafrecht, BT, § 4 Rdnr. 45, 49; LK/*Jähnke*, § 211 Rdnr. 10, 18; SK/*Horn*, § 211 Rdnr. 64; Sch/Sch-*Eser*, § 211 Rdnr. 33; MK/*Schneider*, § 211 Rdnr. 175. – Zwingend ist diese Auffassung nicht. Sie wird insbesondere nicht, wie oftmals behauptet, vom Gesetzeswortlaut vorgegeben. Denn der gibt nur vor, dass der Täter die Verdeckung oder die Ermöglichung (einer anderen Straftat) erstreben muss, nicht aber, dass die Frage, ob eine andere Straftat vorliegt oder nicht, sich nach Tätersicht beurteilen müsste. Freilich ist eine solche Auslegung mit dem Wortlaut ohne weiteres vereinbar. – Differenzierend neuerdings NK/*Neumann*, § 211 Rdnr. 92f., der die subjektive Sicht des Täters zwar bei der Verdeckungs-, nicht jedoch bei der Ermöglichungsabsicht ausreichen lässt. Andere Ansichten finden sich ebenfalls schon früher bei *Eb. Schmidt*, DRZ 1949, S. 241 (246), sowie in OGHSt 1, 190 (197).

kenwelt eine Verknüpfung zwischen beiden Taten herstellt, überzeugt nicht. Was sollte es auch am Tötungsunrecht ändern, dass ein anderes Unrecht (eventuell) hinzutritt? Weshalb sollte sich gerade hieraus eine Steigerung spezifischen Tötungsunrechts ergeben? Der Einwand dürfte umso mehr einleuchten, wenn man mit der allgemeinen Ansicht davon ausgeht, eine Straftat, die ermöglicht oder verdeckt werden soll, müsse nur in der Vorstellung des Täters, nicht aber real existieren. Hier entscheidet dann alleine die Meinung, die der Täter sich von einem bestimmten Sachverhalt gebildet hat, darüber, ob eine Steigerung des Unrechts anzunehmen ist oder nicht. Die vermutete erhöhte Gefährlichkeit eines Täters, der eine derartige Einstellung aufweist, wie das Hauptargument lautet[93], reicht jedenfalls nicht hin, eine Unrechtssteigerung überzeugend zu begründen[94]. Plausibler ist hingegen, darauf wurde schon hingewiesen[95], eine Interpretation der beiden Absichtsmerkmale (und im Weiteren ebenso der sonstigen Motivmerkmale), der zufolge diese Mordmerkmale lediglich verdeutlichen sollten, dass in den genannten Fällen eine Entlastung des Täters nicht angezeigt ist[96]. Damit benennen die Absichts- (wie Motiv-)Merkmale nur Beispiele, in denen ein rechtlich akzeptabler Grund, der eine Milderung des Tötungsunrechts begründen könnte, offensichtlich nicht anzuerkennen ist. Mit dieser Auslegung lassen sich immerhin die erwähnten normativen Brüche, die den Absichtsmerkmalen ansonsten immanent sind, auflösen und beseitigen. Diese ergeben sich zum Beispiel bei einer vorsätzlichen Tötung, mit der der Täter bezweckt, eine moralische oder ganz banale Verfehlung zu kaschieren, oder bei einer Tötung, für die es überhaupt keinen hinreichenden, erkennbaren Anlass gibt – verglichen mit Straftatverdeckungs- oder -ermöglichungsabsichten. Von der ganz herrschenden Auffassung werden diese Fälle in aller Regel ohnehin dem Mordmerkmal der „niedrigen Beweggründen“ zugewiesen[97]. Im Ergebnis zu Recht; denn es ist nicht zu sehen, weswegen Mord nur in den Fällen gegeben sein soll, in denen der insoweit enge und klare Wortlaut die Annahme eines der Absichtsmerkmale gestattet, nicht hingegen in den soeben angeführten Beispielen. Frei-

---

[93] Vgl. *Küper*, Strafrecht BT, S. 350; *Maurach/Schroeder/Maiwald*, Strafrecht BT/1, § 2 Rdnr. 34; *Wessels/Hettinger*, Strafrecht BT/1, § 2 Rdnr. 123; *Arzt/Weber*, Strafrecht BT, § 2 Rdnr. 62; *Otto*, Strafrecht BT, § 4 Rdnr. 48; MK/*Schneider*, § 211 Rdnr. 165, 169, 197; SK/*Horn*, § 211 Rdnr. 63.

[94] Siehe zum (beziehungsweise gegen den) Gefährlichkeitsaspekt im zweiten Kapitel zu A II.

[95] Im zweiten Kapitel unter B I 1.

[96] *Jakobs*, Roxin-FS, S. 793 (808 in Fn. 47).

[97] Vgl. *Maurach/Schroeder/Maiwald*, Strafrecht BT/1, § 2 Rdnr. 35; *Kindhäuser*, Strafrecht BT I, § 2 Rdnr. 43; LK/*Jähnke*, § 211 Rdnr. 9, 14; MK/*Schneider*, § 211 Rdnr. 173, 175, 177 f.; ablehnend jedoch NK/*Neumann*, § 211 Rdnr. 93. – Etwaige restriktive Auslegungsbemühungen erweisen sich nicht zuletzt deshalb im Ergebnis als überflüssig. Der lebhaft geführte Streit, ob „verdeckungsnahe Motive“ oder „außerstrafrechtliche Konsequenzen“ noch bei den Absichtsmerkmalen eingeordnet werden können (siehe hierzu nur *Küper*, Strafrecht BT, S. 349; *Fischer*, § 211 Rdnr. 69 – beide m. w. N.), ist danach ohne Bedeutung.

lich wird hierdurch das Verhältnis von Mord und Totschlag – verglichen mit der gängigen, allseits geteilten Konzeption – umgekehrt: Scheidet Mord nämlich nur aus, falls es einen rechtlich relevanten Anlass gibt, ist Mord zwangsläufig der Grundtatbestand. Denn Abstufungen sind dann nur nach unten, mithin in Form von Privilegierungen denkbar. Jedenfalls bei den Absichtsmerkmalen ist, so viel steht nach allem fest, eine Unrechtssteigerung – zumal mit der geläufigen Floskel der Verknüpfung eines Unrechts mit einem weiteren Unrecht[98] – nicht begründbar. Im bloßen Hinzukommen eines anderen Unrechts zum Tötungsunrecht oder gar in einer ausschließlich vom Täter geleisteten, rein geistigen Verbindung eines Unrechts mit einem anderen – eine Verbindung, die sich also nur im Kopf des Täters abspielt – lässt sich eine Erhöhung des Tötungsunrechts als solches nicht erkennen. Letzteres anzunehmen implizierte eine (starke) Vergeistigung und Entmaterialisierung des Unrechtsbegriffs.

Der hier vertretene Ansatz, nach dem Motive sowie weitergehende, nicht unmittelbar auf die Rechtsverletzung gerichtete Absichten und Zwecke, die der Täter mit der Tat verfolgt, eine Steigerung des Unrechts nicht begründen können, wird grundsätzlich von *Hörnle* geteilt[99]. Allerdings hebt sie eine Ausnahme hervor, die sogenannten Hassdelikte oder „hate crimes“[100]. Darunter sind Taten zu verstehen, bei denen „das Opfer ausschließlich wegen der Zugehörigkeit zu einer sozialen, vom Täter verachteten Gruppe als Zielobjekt ausgewählt wurde“[101]. In diesen Fällen ließe sich eine Unrechtserhöhung annehmen[102]. Da für *Hörnle* entsprechend ihrem Grundansatz reine Täterinterna allein eine Steigerung des Unrechts nicht zu bewirken vermögen, verlangt sie, die verachtende Einstellung des Täters müsse, über den Bereich des bloß Inneren hinaus, in der Außenwelt sichtbar geworden sein. Die Einstellung müsse das Tatgeschehen „objektiv erkennbar geprägt“ haben[103]. Diese Voraussetzung sieht *Hörnle* bei den „hate crimes“ regelmäßig als erfüllt an, weil diese Taten typischerweise mit „ausdrücklich oder konkludent zum Ausdruck gebrachten Haßäußerungen verbunden“ seien[104]. Das gesteigerte Unrecht liege in der erheblich gesteigerten

[98] *Rengier* (Strafrecht BT II, § 4 Rdnr. 52) führt hierzu aus, die Höchststrafe solle den Täter davor warnen, begangenes Unrecht durch die Verknüpfung mit weiterem Unrecht zu vergrößern (in der Sache ebenso BGHSt 41, 8 [9]; *Gössel/Dölling*, § 4 Rdnr. 55; *Maurach/Schroeder/Maiwald*, Strafrecht BT/1, § 2 Rdnr. 34; LK/*Jähnke*, § 211 Rdnr. 15). Die Formulierung ist zumindest ungenau: Das Tötungsunrecht wird durch weiteres Unrecht, das der Täter begeht, selbst nicht vergrößert; das weitere (andere) Unrecht kommt vielmehr hinzu, wodurch sich am Tötungsunrecht als solchem nichts ändert.

[99] *Hörnle*, Strafzumessung, S. 60 f., 269 ff.; *dies.*, JZ 1999, S. 1080 (1089); *dies.*, in: Tatproportionalität. S. 99 (118 ff.).

[100] In der Kriminologie wird die Hasskriminalität als neue kriminologische Deliktskategorie vorgestellt; instruktiv *H. J. Schneider*, JZ 2003, S. 497 ff.

[101] *Hörnle*, Strafzumessung, S. 272; *dies.*, in: Tatproportionalität, S. 99 (120).

[102] *Hörnle*, Strafzumessung, S. 271 ff.; *dies.*, in: Tatproportionalität, S. 99 (120 f.).

[103] *Hörnle*, JZ 1999, S. 1080 (1089); *dies.*, Strafzumessung, S. 272.

[104] *Hörnle*, Strafzumessung, S. 272.

Bedrohlichkeit und der besonderen Demütigung des Opfers, die mit der Tatbegehung einhergehe[105]. Als ein weiterer Aspekt soll die „expressive Bedeutung" der Tat hinzukommen: Durch das Auftreten des Täters werde das Opfer „zu einem verachtenswerten Wesen" herabgewürdigt, „dem generell aufgrund seiner Gruppenzugehörigkeit bestimmte Rechte abgesprochen" würden[106]. Beispielsweise sei die Verletzung, die ein „durch seine Kostümierung erkennbares" Mitglied des Ku-Klux-Klan jemandem zufüge, demütigender und bedrohlicher für das Opfer als eine entsprechende Verletzung ohne diesen Zusammenhang[107]. Im Weiteren erwägt *Hörnle* schließlich, die beiden Mordmerkmale „zur Befriedigung des Geschlechtstriebes" und „Mordlust" ließen sich auf diese Weise als unrechtserhöhend ausweisen[108].

Hörnles Darlegungen sind im Kontext ihres Konzeptes zu sehen, nach dem die Bewertung der Straftat (genauer: des Tatunrechts) und die Strafbemessung sich entscheidend an der Opferperspektive auszurichten haben. Letztere freilich nicht in einem individuellen, sondern in einem durchaus normativen Sinn verstanden[109]. Ob Taten, wie *Hörnle* sie beschreibt, stets mit schwerwiegenderen Demütigungen des Opfers verbunden sind als vergleichbare Taten ohne einen entsprechenden Hintergrund, ist jedoch fraglich. Für die These könnte zunächst die empirische Erkenntnis sprechen, dass Opfer von „hate crimes" (wegen dieser Taten) offenbar psychisch gravierendere Traumatisierung aufweisen als Opfer herkömmlicher Taten[110]. Dennoch begegnen die Überlegungen Bedenken, und bezogen auf das Tötungsdelikt ist festzustellen: Die vorsätzliche Tötung eines anderen bedeutet dessen totale Vernichtung, die für sich genommen nicht mehr steigerungsfähig ist. Geht man ferner vom „Normalfall" einer vorsätzlichen Tötung aus – womit gemeint ist: eine vorsätzliche Tötung ohne irgendwelche weiteren besonderen Tatumstände –, dann enthält diese bereits alles, was *Hörnle* erst im Sonderfall der „hate crimes" als verwirklicht ansieht. Namentlich eine schwere Demütigung und Herabwürdigung des Opfers, die in der totalen Aberkennung ihres Personenstatus ebenso zum Ausdruck kommt wie in der Instrumentalisierung des Opfers für die Zwecke (welche das auch immer sein mögen) des Täters. Das sei an zwei BGH-Fällen näher veranschaulicht: In der ersten Entscheidung (BGHSt 34, 59ff.) kam der Täter auf die Idee (man muss dies so sagen), ein Tötungsdelikt zu begehen, nachdem er die Bahnhofstoilette besucht und festgestellt hatte, dass diese wegen ihrer abgelegenen Lage ein guter Ort sei, um einen Menschen zu töten. Als sodann eine junge Frau

105 *Hörnle*, in: Tatproportinalität, S. 99 (120); *dies.*, Strafzumessung, S. 272f.; ferner *dies.*, JZ 1999, S. 1080 (1089).

106 *Hörnle*, Strafzumessung, S. 272; *dies.*, in: Tatproportinalität, S. 99 (120).

107 *Hörnle*, Strafzumessung, S. 272.

108 *Hörnle*, in: Tatproportionalität, S. 99 (120); *dies.*, JZ 1999, S. 1080 (1089).

109 Eingehend *Hörnle*, in: Die Stellung des Opfers, S. 175ff., bes. 181ff.; *dies.*, Strafzumessung, S. 217ff., bes. 226ff.; *dies.*, in: Tatproportionalität, S. 99 (106ff.).

110 Vgl. *H.J. Schneider*, JZ 2003, S. 497 (498).

zur Toilette ging, sagte der Täter sich: „jetzt oder nie" – was so viel bedeutete wie, „entweder bringe er diese Frau jetzt um oder er lasse es überhaupt bleiben"[111]. In der zweiten Entscheidung (BGHSt 47, 128ff.) wurde das Opfer von einem der Täter getötet, nachdem es auf Polnisch geflucht hatte, worüber der Täter in Wut geriet. Denn hierdurch habe sich das Opfer für den Täter als jemand zu erkennen gegeben, „der in der sozialen Achtung noch tiefer stand als er selbst"[112]. Ein anderer Täter beteiligte sich an dieser Tat, „in dem Bewußtsein [...], keinen Grund für die Tötung zu haben oder zu brauchen"[113]. In beiden Fällen hatten die Täter keinen Grund für ihre Tat. Sie töteten ihre Opfer einfach so, aus einer Laune heraus; im ersten Fall, um es auszuprobieren, im zweiten Fall (allenfalls), weil das Opfer Polnisch sprach (wobei der BGH Ausländerhass als Tatmotiv explizit ausgeschlossen hat[114]). Beurteilt man die Fälle aus einer normativierten Opfersicht, ergibt sich: Für das Opfer macht es keinen Unterschied, ob es (wie in BGHSt 34, 59ff.) völlig unvermittelt in einer Bahnhofstoilette am Hals gepackt und gewürgt wird[115] oder ob es (wie in BGHSt 47, 128ff.) von einem Täter getötet wird, weil es Polnisch spricht (oder von dem anderen Täter einfach so), oder ob es – um das Beispiel *Hörnles* aufzugreifen – von einem verkleideten Mitglied des Ku-Klux-Klan getötet wird. Weshalb sollte etwa in BGHSt 34, 59ff. die Bedrohung für das Opfer und dessen Demütigung größer sein, wenn die Tat nicht von irgendeinem eher unscheinbaren Täter, sondern von einem Mitglied des Ku-Klux-Klan ausgeführt wird? Für das Opfer ist die Situation vielmehr immer gleich, sofern es wie in all diesen Fällen unvermittelt getötet wird, ohne dass es einen (rechtlich) relevanten Anlass für die Tat gegeben hätte[116]. Es ist für das Opfer schlechterdings gleichgültig, ob es getötet wird, weil der Täter für Menschen seiner Art (gleich welche das ist) Verachtung empfindet, oder ob es getötet wird, weil der Täter prinzipiell gar nichts empfindet und sich bei einer solchen Tat auch nichts denkt. Die Bedrohung und die Demütigung des Opfers sind in beiden Varianten gleich groß. Sie liegen in der völligen Instrumentalisierung und der totalen Negation des Personenstatus des Opfers, welche durch das Hinzukommen eines bestimmten Motivs (wie Hass und Verachtung) nicht noch einmal gesteigert werden kann. Normativ sind die genannten Fälle demnach – auch oder gerade aus der Opferperspektive – identisch.

---

[111] Zitate aus BGHSt 34, 59f. – Der BGH nahm im Ergebnis einen versuchten Mord an und bejahte das Merkmal „Mordlust", was hier aber nicht weiter interessiert.

[112] BGHSt 47, 128 (130). – Der BGH hat auch hier Mord angenommen.

[113] BGHSt 47, 128 (132). – Auf beide Entscheidungen wird später, unter C I, nochmal zurückzukommen sein.

[114] Vgl. BGHSt 47, 128 (130).

[115] BGHSt 34, 59 (60).

[116] Diesen Aspekt spricht der BGH in beiden Fällen an, indem er bemerkt, der Täter habe „einen beliebigen Menschen" getötet (BGHSt 34, 50 [62]) bzw. ein „unbeteiligte[s] Opfer" (BGHSt 47, 128 [132]).

Damit einhergehend überzeugt es wenig, die Mordmerkmale „zur Befriedigung des Geschlechtstriebes" und „Mordlust", wie von *Hörnle* angeregt, als Exempel einer besonders gesteigerten Verachtung des Täters gegenüber dem Opfer zu deuten. Einleuchtender ist es (wie schon gesagt), in den Merkmalen Beispiele dafür zu sehen, dass eine Entlastung des Täters nicht angebracht ist[117]. Denn Lust ist an sich ein natürliches Empfinden, ebenso wie die Befriedigung des Sexualtriebs ein normales Bedürfnis ist[118]. Jemanden zu töten, aus einem derart banalen und ubiquitären Motiv (Bedürfnis) heraus, erkennt das Recht (§ 211 II StGB) als mildernden Umstand nicht an. Dagegen vermag das Vorliegen derartiger Motive aber nicht zu einer Erhöhung des Tötungsunrechts zu führen.

Zurück zu den „hate crimes": Was dort bleibt, ist das, was man mit *Hörnle* als „expressive Bedeutung" der Tat bezeichnen kann. Begeht jemand in der Kostümierung des Ku-Klux-Klan eine Tötung, mag diese dadurch eine Dimension erhalten, die sie anders kaum haben dürfte. Was hier hinzukommt ist aber nicht eine Vergrößerung oder Erweiterung der aktuellen Rechtsverletzung, sondern es ist ein Moment des Expressiven oder auch des Symbolischen. So steigt nicht etwa die Bedrohung für das konkret betroffene Opfer, wohl aber dürfte der Tat ein über die konkrete Rechtsverletzung hinausreichendes Bedrohungspotential innewohnen, das bei anderen vergleichbaren Taten nicht vorhanden ist. Hierbei geht es allerdings, wie es der Begriff schon andeutet, lediglich um etwas Potentielles, etwas Zukünftiges, und das verweist wiederum auf Präventionserwägungen. Geht man jetzt (wie *Hörnle*) davon aus, zur Beurteilung einer Tat und zur Bemessung der Strafe sei eine retrospektive Haltung einzunehmen[119], dann lassen sich derartige Aspekte nicht bruchlos integrieren; sie sprengen den Ansatz. Zu Recht bemerkt *Hörnle* deshalb, eine „generelle" Unrechtserhöhung bei sogenannten Hassdelikten sei „nur mit Erwägungen der positiven Generalprävention wirklich schlüssig" zu leisten[120].

Aus hiesiger Sicht besteht die Aufgabe des Strafrechts darin, die äußeren Freiheitssphären der einzelnen Personen zu schützen, und die Verhängung einer Strafe dient dazu, Verletzungen dieser Freiheitssphären oder eben des Rechts wiederaufzuheben[121]. Da der Eingriff in den rechtlich geschützten Freiheitsbereich bei „hate crimes", wie dargelegt, nicht stärker ist als bei anderen Taten (jedenfalls beim Tötungsdelikt), lässt sich eine prinzipielle Unrechtssteigerung nicht annehmen; und das heißt: eine Unrechtssteigerung, die sich bereits auf Straftatebene auswirken würde und die folglich eine tatbestandliche Differen-

[117] Insoweit ist nochmals auf *Jakobs*, Roxin-FS, S. 793 (808 Fn. 47), zu verweisen.

[118] Vgl. in diesem Sinne bereits *Jakobs*, NJW 1969, S. 489 (490). Ebenso sind im Übrigen auch Hass oder Liebe normale Gefühle.

[119] *Hörnle*, Strafzumessung, S. 107, 137, 143 ff.; *dies.*, JZ 1999, S. 1080 (1082).

[120] *Hörnle*, Strafzumessung, S. 272.

[121] Bereits oben zu Fn. 67.

zierung zwischen Mord und Totschlag tragen könnte. Freilich lässt sich auf der Ebene der Strafzumessung bei sogenannten Hassdelikten unter bestimmten Umständen eine Erhöhung der Strafe (sub specie Unrechtserhöhung) erwägen. Diese wäre jedoch (entgegen *Hörnle*) nicht davon abhängig zu machen, wie sich die Tat in der Außenwelt darstellt; pointiert, ob der Täter, um beim Beispiel zu bleiben, kostümiert ist oder nicht, wodurch ein expressives Element hinzukommt oder fehlt. Die Strafzumessung hat sich vielmehr an der Bedeutung der Tat zu orientieren. In erster Linie entscheidet hierüber das Ausmaß des Tatunrechts, das sich nach generell gültigen Kriterien bemessen und abstufen lässt. Hinzu kommt jedoch ein relatives Moment: So ist es für die konkrete Bewertung der Schwere einer Tat außerdem von Belang, welche Bedeutung die Tat oder bestimmte Taten (Tattypen) in der derzeitigen Gesellschaft einnehmen; es besteht demnach ein Zusammenhang zwischen der Bedeutung einer Tat und dem jeweiligen Zustand einer Gesellschaft[122]. Trifft nämlich eine Rechtsverletzung (oder eine bestimmte Art davon) das Rechtssystem an einer empfindlichen, da durch vielfache Verstöße bereits nachhaltig beeinträchtigten Stelle, darf die Strafe härter ausfallen, als wenn durch die Rechtsverletzung eine grundsätzlich stabile Norm angegriffen wird. Denn in diesem Fall hat die Rechtsverletzung eher den Charakter eines vereinzelten Phänomens; eine mildere Strafe ist deshalb möglich. Jedoch gehören diese Erwägungen in den Bereich der Strafzumessung. Eine generelle Unrechtsdifferenz, die bereits auf Tatbestandsebene verortet werden könnte, geben sie nicht vor.

2. *Objektive Aspekte*

a) *Art und Weise der Tatbegehung*

Die Art und Weise der Tatbegehung hat Auswirkungen auf das Handlungsunrecht, und dieses kann, darüber besteht im Grundsatz Einigkeit, durch bestimmte Tatmodalitäten gesteigert werden[123]. Bezogen auf das vorsätzliche Tötungsdelikt lassen sich als Beispiele für ein erhöhtes Handlungsunrecht die beiden tatbezogenen Mordmerkmale „grausam“ und „mit gemeingefährlichen Mitteln“ anführen[124]. Beide Merkmale, die nach ganz herrschender Ansicht das

---

[122] *Hegel*, Grundlinien, § 218; ausführlich zu diesem Zusammenhang *Köhler*, Zusammenhang, S. 49 ff.; *ders.*, Begriff der Strafe, S. 57, 59; ferner *Pawlik*, Person, S. 91 f., 94; *Frisch*, BGH-FG, Band IV, S. 269 (280 f., 285, 305 f.).

[123] *Schmidhäuser*, Engisch-FS, S. 433 (447 ff.); *ders.*, Strafrecht AT, 8/81 f.; *Kern*, ZStW 64 (1952), S. 255 (176); *Noll*, ZStW 77 (1965), S. 1 (13); *ders.*, Übergesetzliche Rechtfertigungsgründe, S. 45 f.; *Jescheck/Weigend*, Lehrbuch, § 24 III 3; LK/*Jescheck* (11. Aufl.), Vor § 13 Rdnr. 44; *Ebert/Kühl*, Jura 1981, S. 225 (231, 233); *Roxin*, Strafrecht AT I, § 10 Rdnr. 101; *Hörnle*, Strafzumessung, S. 274 ff.; *Jakobs*, Strafrecht AT, 6/97.

[124] Zum Mordmerkmal „Heimtücke“ siehe bereits die Erörterungen im zweiten Kapitel zu B II sowie im Weiteren noch die unter b.

Unrecht der Tat steigern sollen[125], stehen nicht nur im deutschen Gesetz, sondern sie finden sich als Qualifikationskriterien des Tötungsdelikts auch in vielen anderen Rechtsordnungen[126]. Des Weiteren wurden diese Merkmale, wenngleich mit Modifikationen, in den Alternativ-Entwurf von 1970 aufgenommen und ebenso in den Alternativ-Entwurf Leben aus dem Jahr 2008. Nach § 100 II AE 1970 war eine lebenslange Freiheitsstrafe vorgesehen, falls der Täter „durch die Tat das Leben weiterer Menschen unmittelbar gefährdet" (Nr. 2) oder „dem Opfer bei der Tat erhebliche körperliche oder seelische Qualen zufügt" (Nr. 3)[127]. Zuvor, im Entwurf 1962, hatte man auf die beiden Merkmale zwar verzichtet. Dies geschah jedoch nicht, weil man die unrechtserhöhende Wirkung der Kriterien an sich in Zweifel gezogen hätte. Vielmehr ging man davon aus, beide Merkmale würden weitgehend durch das (relative) Kriterium der „Überlegung" mit abgedeckt[128]. So gesehen scheint es also einen Konsens über die unrechtserhöhende Qualität beider Merkmale zu geben; mehr noch dürften diese in geradezu paradigmatischer Weise eine Unrechtssteigerung anzeigen[129]. Diese Feststellung gilt zunächst unabhängig davon, wie die beiden Mordmerkmale im Einzelnen auszulegen sind (was ja umstritten ist). Auf die dazu vertretenen Ansichten wird im Folgenden so weit eingegangen, wie dies für die hiesigen Zwecke erforderlich ist; zumal die Besonderheit beider Merkmale, jenseits aller Meinungsdivergenzen, in deren struktureller Beschaffenheit liegt. Vom Grundsatz her wird die Unrechtserhöhung nämlich in beiden Fällen durch die Kombination zweier Rechtsverletzungen erreicht[130].

So dient das Merkmal „grausam" dazu, Vorgehensweisen zu erfassen, durch die dem Opfer Schmerzen und Qualen zufügt werden, die über das hinausgehen, was mit einer Tötungshandlung an Schmerzen (grundsätzlich und) notwendig verbunden ist[131]. Gäbe es dieses Mordmerkmal nicht, wäre in Fällen einer grausamen Tötung neben dem Tötungsdelikt regelmäßig eine Körperverlet-

---

[125] Vgl. die Nachweise zu Beginn dieses Kapitels in Fn. 1 und 2; speziell zu den beiden Merkmalen auch *Eser*, Gutachten, D 171, 173.

[126] Siehe rechtsvergleichend vor allem *Eser/Koch*, ZStW 92 (1980), S. 491 (526 ff.); *Heine*, Brauneck-Ehrengabe, S. 315 (337 f.), sowie bereits *v. Liszt*, in: Vergleichende Darstellung, S. 1 (87 f., 91 f.).

[127] Alternativ-Entwurf 1970, S. 7. Nach dem Alternativ-Entwurf Leben (GA 2008, S. 193 [200]) soll in der Regel ein mit lebenslanger Freiheitsstrafe zu pönalisierender Mord vorliegen, wenn der Täter „1. durch eine oder mehrere Handlungen mehrere Menschen tötet oder zu töten versucht oder durch die Tat das Leben weiterer Menschen unmittelbar gefährdet, [...] 4. das Opfer nach Zufügung erheblicher körperlicher oder seelischer Qualen tötet, [...]."

[128] Entwurf 1962, S. 273.

[129] Siehe *Heine*, Brauneck-Ehrengabe, S. 315 (337 f.); ferner *Otto*, ZStW 83 (1971), S. 39 (79); *Lackner* (Seminar), JZ 1977, S. 502 (503, 504); *Eser*, Gutachten, D 171, 173 f.

[130] Prinzipiell dazu *Schmidhäuser*, Strafrecht AT, 8/84, 87.

[131] NK/*Neumann*, § 211 Rdnr. 75; LK/*Jähnke*, § 211 Rdnr. 54; MK/*Schneider*, § 211 Rdnr. 112; *Kindhäuser*, Strafrecht BT I, § 2 Rdnr. 32; *Küper*, Strafrecht BT, S. 186 f.; *Rengier*, Strafrecht BT II, § 4 Rdnr. 44; *Frister*, StV 1989, S. 342 (344); BGHSt 3, 264; StV 1997, S. 565 (566); *Fischer*, § 211 Rdnr. 56.

zung gegeben. Diese Körperverletzung ist, da und soweit es das Mordmerkmal gibt und sie von diesem umfasst wird, nicht gesondert zu thematisieren; sie geht vielmehr in § 211 II StGB, im Merkmal „grausam", auf[132]. Der Grund für diese Qualifikation liegt demnach darin, dass zu der Tötungshandlung tateinheitlich eine Körperverletzung hinzukommt[133]. Allein durch die Verbindung einer vorsätzlichen Tötung mit einer Körperverletzung wird die vorsätzliche Tötung zum Mord[134]. Es soll nicht bestritten werden, dass sich eine Unrechtssteigerung erreichen lässt, indem zwei verschiedene Rechtsverletzungen zu einem Delikt zusammengefasst werden[135]. Dieses Verfahren findet sich nicht nur beim Mordmerkmal „grausam", sondern auch bei anderen Delikten (zum Beispiel bei § 249 I StGB). Bezogen auf das vorsätzliche Tötungsdelikt lässt sich die Sinnhaftigkeit einer solchen Regelung allerdings in Frage stellen. Das gilt umso mehr, sofern zur Annahme des Merkmals „grausam" nicht zusätzlich auf eine unbarmherzige und gefühlskalte Gesinnung des Täters rekurriert wird. Eine solche Interpretation entspricht zwar ganz herrschender Ansicht[136]. Sie ist nach hie-

[132] Zum Konkurrenzverhältnis von Körperverletzung und Tötung siehe besonders *Jakobs*, Konkurrenz, S. 112ff., sowie *dens.*, Strafrecht AT, 31/32.

[133] Vgl. *Kargl*, JZ 2003, S. 1141 (1145). – Das gilt auch, sofern dem Opfer seelische und nicht körperliche Qualen zugefügt werden. In diesem Fall bejaht die ganz herrschende Meinung das Merkmal „grausam"; vgl. BGHSt 32, 382f.; *Maurach/Schroeder/Maiwald*, Strafrecht BT/1, § 2 Rdnr. 47; SK/*Horn*, § 211 Rdnr. 41; NK/*Neumann*, § 211 Rdnr. 75; *Arzt/Weber-Hilgendorf*, Strafrecht BT, § 2 Rdnr. 51; *Rengier*, Strafrecht BT II, § 4 Rdnr. 44; *Gössel/Dölling*, Strafrecht BT/1, § 4 Rdnr. 120, 121; *Mitsch*, JuS 1996, S. 213 (215); LK/*Jähnke*, § 211 Rdnr. 53; *Lackner/Kühl*, § 211 Rdnr. 10; *Fischer*, § 211 Rdnr. 56; Sch/Sch-*Eser*, § 211 Rdnr. 27; ablehnend jedoch *Witt*, Mordmerkmal „grausam", S. 159ff.; MK/*Schneider*, § 211 Rdnr. 114f. – Eine Körperverletzung wird jedenfalls bei schweren seelischen Beeinträchtigungen, die einen somatisch objektivierbaren pathologischen Zustand herbeiführen, ebenfalls angenommen (*Wessels/Hettinger*, Strafrecht BT/1, § 5 Rdnr. 258; *Lackner/Kühl*, § 223 Rdnr. 5; *Fischer*, § 223 Rdnr. 6c; *Rengier*, Strafrecht BT II, § 13 Rdnr. 10; LK/*Lilie*, § 223 Rdnr. 8, 15; Sch/Sch-*Eser*, § 223 Rdnr. 6; MK/*Joecks*, § 223 Rdnr. 16ff., 27 a. E.). Im anderen Fall, in dem seelische Beeinträchtigungen dieses Maß also nicht erreichen, wäre zu überlegen, ob das Merkmal „grausam" eine Unrechtssteigerung normativ schlüssig begründen kann.

[134] Kritisch *Arzt*, ZStW 83 (1971), S. 1 (14f.); *Schroeder*, JuS 1984, S. 271 (277).

[135] Hierin liegt der Unterschied zu den sogenannten Absichtsmerkmalen (vgl. oben zu a), den Mordmerkmalen der dritten Gruppe. Dort handelt es sich um zwei verschiedene Taten, das vorsätzliche Tötungsdelikt und die Tat, die verdeckt oder ermöglicht werden soll. Diese beiden Taten werden durch § 211 II StGB nicht zu einem Straftatbestand zusammengefasst. Deshalb wird in diesen Fällen auch nicht das spezifische Tötungsunrecht gesteigert, sondern es kommt zum Tötungsunrecht allenfalls ein anderes Unrecht hinzu.

[136] *Otto*, Strafrecht BT, § 4 Rdnr. 36; *ders.*, Jura 1994, S. 141 (149); des Weiteren SK/*Horn*, § 211 Rdnr. 43; *Lackner/Kühl*, § 211 Rdnr. 10; *Fischer*, § 211 Rdnr. 58; *Kindhäuser*, Strafrecht BT I, § 2 Rdnr. 31; *Maurach/Schroeder/Maiwald*, Strafrecht BT/1, § 2 Rdnr. 47; *Wessels/Hettinger*, Strafrecht BT/1, § 2 Rdnr. 102; *Küpper*, Strafrecht BT/1 § 1 Rdnr. 50; – nach LK/*Jähnke*, § 211 Rdnr. 55, und Sch/Sch-*Eser*, § 211 Rdnr. 27, soll die unbarmherzige und gefühllose Gesinnung regelmäßig vorliegen, wenn der Täter dem Opfer die Qualen und Schmerzen vorsätzlich zufügt (– und was sollte dann noch das Spezifische des Gesinnungsmomentes ausmachen?); siehe außerdem *Schmidhäuser*, Gesinnungsmerkmale, S. 238ff.; *dens.*, Strafrecht AT, 8/94 und 10/126; *dens.*, Strafrecht BT 2/21, 26 – wenngleich er das Gesinnungsmoment auch

sigem Verständnis aber ausgeschlossen, da sie sich mit einem freiheitlich begründeten Strafrechtsbegriff nicht mehr vereinbaren lässt[137]. Lehnt man die Einbeziehung des Gesinnungskriteriums ab, gibt es über die bloße Körperverletzung hinaus kein weiteres spezifisches Unrechts- oder Schuldmoment, mit dem der Mord zu fundieren wäre. Da das Merkmal „grausam" lediglich eine zusätzlich zur Tötungshandlung tateinheitlich begangene Körperverletzung anzeigt, fehlt ihm eine plausible eigenständige Funktion[138]; zumindest ist es entbehrlich. Der Tatbestand des Mordes wird durch die Verbindung von Körperverletzungs- und Tötungshandlung eher unnötig aufgebauscht. Abgesehen davon, ist es (de lege lata und) mit Blick auf die Rechtsfolge nicht einzusehen, wieso die Verbindung einer Tötungshandlung mit weiteren körperverletzenden Handlungen zwingend zu einer lebenslangen Freiheitsstrafe führen sollte[139]. Hinter diesem Einwand verbirgt sich zugleich eine normative Unstimmigkeit: Nähme man – statt eines Mordes und des Merkmals „grausam" – eine einfache vorsätzliche Tötung, also einen Totschlag, und eine Körperverletzung in Tateinheit an, so könnte die Strafe allenfalls in Ausnahmefällen (§ 212 II StGB und § 52 II StGB) eine lebenslange Freiheitsstrafe sein, nicht aber in der Regel. De facto wird der Täter deshalb dadurch, dass es das Mordmerkmal „grausam" gibt, schlechter gestellt, als gäbe es dieses Merkmal nicht.

Darüber hinaus lässt sich die Fragwürdigkeit dieses Merkmals nicht zuletzt anhand der subtilen Differenzierungen veranschaulichen, die zu seiner Auslegung vorgenommen werden. Beispielhaft: Grausamkeit beziehungsweise ein Mord ist nur dann gegeben, wenn die grausame Begehungsweise synchron mit der Tötungshandlung zusammenfällt, nicht jedoch, wenn der Täter sein Opfer erst im Anschluss an die Tötungshandlung quält, und ebenfalls nicht, wenn er es zunächst bloß (mit Körperverletzungsvorsatz) quält und es dann, auf eine nicht mehr grausame Weise, tötet[140]. Von einem strikt dogmatischen Standpunkt aus gesehen, ist diese Interpretation nicht zu beanstanden. Eine zeitliche Koinzidenz von grausamer Begehungsweise und Tötungshandlung wird durch den

als Schuldmerkmal versteht (zu diesem Konzept später unter A II 1); – aus der Rechtsprechung: BGHSt 3, 180 (181); BGH NJW 1971, S. 1189 (1190); BGH NJW 1988, S. 2682; BGH StV 1997, S. 565 (566).

[137] Vgl. bereits im zweiten Kapitel zu A I sowie in diesem Kapitel sogleich unter A II 1. – Im Ergebnis ebenso NK/*Neumann*, § 211 Rdnr. 79; MK/*Schneider*, § 211 Rdnr. 111, 120 f.; *Kargl*, StraFo 2001, S. 365 (371); *Rüping*, JZ 1979, S. 617 (620); *Witt*, Mordmerkmal „grausam", S. 116, 121, 132 ff., 136 ff.; *Frister*, StV 1989, S. 342 (345); ferner bereits *Grünewald*, Jura 2005, S. 519 (522).

[138] Vgl. auch *Kargl*, JZ 2003, S. 1141 (1145), mit dem Fazit, eine „tatstrafrechtliche Auslegung, die allein auf die Verletzung der körperlichen Integrität abstellt, [sei] außerstande […], das Merkmal der ‚Grausamkeit' als selbstständigen Mordtatbestand zu bestimmen".

[139] *Schroeder*, JuS 1984, S. 271 (277); *Kargl*, StraFo 2001, S. 365 (371).

[140] *Küper*, Strafrecht BT, S. 187; NK/*Neumann*, § 211 Rdnr. 81 ff.; MK/*Schneider*, § 211 Rdnr. 116 ff.; *Mitsch*, JuS 1996, S. 213 (214 f.); weitergehend zum Teil *Lackner/Kühl*, § 211 Rdnr. 10; LK/*Jähnke*, § 211 Rdnr. 54; *Otto*, Jura 1994, S. 141 (150); BGHSt 37, 40 (41).

Wortlaut, der die grausame Tötung eines Menschen verlangt, mindestens nahelegt, falls nicht sogar vorgegeben. Normativ leuchten die dargelegten Unterscheidungen aber nicht ohne weiteres ein. So zeichnen sich immerhin alle drei Varianten gleichermaßen dadurch aus, dass materiell eine vorsätzliche Körperverletzung und eine vorsätzliche Tötung gegeben sind. Ob die Grausamkeit der Tötungshandlung unmittelbar vorausgeht, ihr direkt nachfolgt oder mit ihr zusammenfällt, ist hierfür gleich. Das Ausmaß der Verletzung des Rechts und damit ebenso der Schädigung des Opfers ist in allen drei Fällen normativ identisch, quantitativ wie qualitativ[141]. Was divergiert, ist lediglich der zeitliche Ablauf, in dem sich Körperverletzung und Tötung ereignen[142]. Hiervon eine Variante – das gleichzeitige Zusammentreffen von Körperverletzungs- und Tötungshandlung – herauszugreifen und daraus einen Mord zu konzipieren mit zwingend angeordneter lebenslanger Freiheitsstrafe, in den anderen beiden Fällen dagegen von einem Totschlag und einer Körperverletzung in Tatmehrheit auszugehen, womit wiederum die Möglichkeit einer Strafzumessung im Einzelfall eröffnet wird, überzeugt nicht.

Im Weiteren hängt diese Erwägung zusammen mit normativen Friktionen, die sich im Rahmen der Konkurrenzen (§§ 52 und 53 StGB) ergeben und die über das Tötungsdelikt hinausreichen; sie seien deshalb nur am Rande erwähnt: Prinzipiell, obgleich nicht stets und unbedingt, wird ein tateinheitliches Geschehen milder bewertet als ein tatmehrheitliches[143]. So ist die Strafe bei Tateinheit dem schwersten Delikt zu entnehmen (§ 52 II S. 1 StGB), und das weitere Delikt ist lediglich innerhalb des Strafrahmens ebendieses schwersten „Strafgesetzes" (wie es in § 52 StGB heißt) zu berücksichtigen und kann zu einer Erhö-

---

[141] Die teilweise vertretene Ansicht, das Merkmal „grausam" sei abzulehnen, sofern der Täter zu einer grausamen Begehungsweise erst und nur deshalb übergehe, weil das Opfer sich gegen seinen Angriff zur Wehr setze, wodurch der Täter gewissermaßen vom Opfer zur Grausamkeit „gezwungen" werde (*Schmidhäuser*, Gesinnungsmerkmale, S. 239; *ders.*, Strafrecht BT, 2/26; SK/*Horn*, § 211 Rdnr. 43; siehe ferner *Klesczewski*, in: Affekt, S. 57 [67 f.]; BGH StV 1997, S. 565 [566]), ist befremdlich und überzeugt nicht. Soweit eine vorsätzliche und schuldhafte Körperverletzung und eine vorsätzliche und schuldhafte Tötung vorliegen, weicht dieser Fall weder in seinem Unrechts- noch in seinem Schuldgehalt von den oben erwähnten Varianten ab. Ferner: Indem das Opfer sich verteidigt oder dieses zumindest versucht, macht es nichts anderes, als von seinem Recht auf Notwehr (§ 32 StGB) Gebrauch. Weshalb sich das zugunsten des Täters (und damit mittelbar zu Lasten des Opfers) auswirken soll, ist nicht begreiflich. Schließlich ist es der Täter, der das Opfer in diese Situation gebracht hat, und es ist nicht das Opfer, das für die Situation des Täters (auch nicht bei „überraschender Gegenwehr") verantwortlich ist. Im Ergebnis wie hier vor allem *Maurach/Schroeder/Maiwald*, Strafrecht BT/1, § 2 Rdnr. 47; *Witt*, Mordmerkmal „grausam", S. 79, 90 f., 94; NK/*Neumann*, § 211 Rdnr. 80; MK/*Schneider*, § 211 Rdnr. 113.

[142] Die Regelung des oben angesprochenen Raubes (§§ 249 ff. StGB) erweist sich insoweit übrigens als wesentlich sachgerechter, als § 252 StGB bei umgekehrter Reihenfolge von Nötigung und Diebstahl, normativ zutreffend, eine Gleichstellung gewährleistet.

[143] Siehe nur LK/*Rissing-van Saan* (11. Aufl.), Vor § 52 ff. Rdnr. 54; *Erb*, ZStW 117 (2005), S. 37 (42); *Freund*, Strafrecht AT, § 11 Rdnr. 15; *Kindhäuser*, Strafrecht AT, § 47 Rdnr. 7.

hung der Strafe führen. Demgegenüber ist bei Tatmehrheit eine Gesamtstrafe zu bilden (§ 53 I StGB), mit der Folge, dass die höchste verwirkte Strafe zu erhöhen ist (§ 54 I S. 2 StGB). Im letzteren Fall kann also eine Strafe verhängt werden, die über den Strafrahmen, den das schwerste Delikt vorgibt, hinaus reicht, im erstgenannten Fall ist das ausgeschlossen. Obwohl also, wie oben festgestellt, der Unrechts- und der Schuldgehalt prima facie gleich sind, wenn einerseits eine grausame Begehungsweise und andererseits eine Tötungshandlung vorliegen, unabhängig davon, in welcher Reihenfolge das Geschehen zufälligerweise ablaufen mag, richtet sich die Strafzumessung – je nachdem, ob Tateinheit oder Tatmehrheit anzunehmen ist – nach unterschiedlichen Grundsätzen. Sachgerecht dürfte das nicht ohne weiteres sein[144]. § 211 StGB sieht jetzt zudem eine härtere Strafe (eben zwingend lebenslänglich) vor, falls Körperverletzung und Tötung tateinheitlich zusammenfallen, entgegen dem in den §§ 52ff. StGB an sich zum Ausdruck kommenden Grundgedanken. Die Unstimmigkeiten resultieren somit neben der Strafandrohung des § 211 I StGB aus der Differenzierung zwischen Ideal- und Realkonkurrenz, wie §§ 52ff. StGB sie anordnen. Insofern stellt sich die Frage, ob es nicht vorzugswürdiger wäre, statt eine Einteilung in Ideal- und Realkonkurrenz vorzunehmen, darauf abzustellen, welche Tatbestände oder Straftaten („Strafgesetze") der Täter jeweils erfüllt hat[145]. Das lässt sich hier jedoch nicht vertiefen.

Vergleichbares ergibt sich, jedenfalls dem Grundsatz nach, für das Mordmerkmal „mit gemeingefährlichen Mitteln". Hiernach muss neben der vorsätzlichen Tötung durch das (Tötungs-)Mittel eine weitere Gefährdung für andere Personen entstanden sein. Unter welchen Voraussetzungen das anzunehmen ist, ist umstritten. Insbesondere drei Varianten sind denkbar. Erstens ließe sich erwägen, ob es hinreicht, dass das eingesetzte Mittel generell und abstrakt als ein gemeingefährliches anzusehen ist. Damit würde im Ergebnis auf die in §§ 306ff. StGB behandelten Mittel verwiesen (wie zum Beispiel Brand, Sprengstoffexplosion, Überschwemmung, Vergiftung). Zweitens ließe sich überlegen, ob es nicht genügt, aber auch erforderlich ist, dass das Mittel seiner konkreten Verwendung nach in der Lage ist, eine (Leibes- oder Lebens-)Gefahr für mehrere Menschen zu begründen. Das wäre anzunehmen, wenn der jeweilige Täter nicht mehr imstande ist, das Mittel zu beherrschen, mithin dessen schädigende Wirkung auf die von ihm anvisierte Person (oder anvisierten Personen) zu begrenzen. Drittens könnte sowohl darauf abgestellt werden, ob das Mittel sich generell-abs-

---

[144] Zur Kritik besonders *Erb*, ZStW 117 (2005), S. 37 (42, 66ff., 74ff.); *Freund*, GA 2005, S. 321 (323f.); *Jakobs*, Strafrecht AT, 31/10, 32/5. – Dass die Erhöhung der Einzelstrafe, wie betont wird, niedriger ausfallen kann, wenn es einen dem tateinheitlichen Geschehen angenäherten engeren zeitlichen und situativen Zusammenhang gibt (vgl. nur *Kindhäuser*, Strafrecht AT, § 47 Rdnr. 33; LK/*Rissing-van Saan* [12. Aufl.], § 54 Rdnr. 14), mag das Problem abschwächen; beseitigt wird es dadurch nicht.

[145] *Freund*, GA 2005, S. 321 (324); *ders.*, Strafrecht AT, § 11 Rdnr. 58f.; ferner *Erb*, ZStW 117 (2005), S. 37 (66ff., 74ff.).

trakt als ein gemeingefährliches qualifizieren lässt (im Sinne der eben genannten §§ 306 ff. StGB), als auch zusätzlich darauf, ob es im konkreten Fall dazu geeignet ist, eine entsprechende Gefahr für mehrere Menschen herbeizuführen. Diese drei Möglichkeiten, das Mordmerkmal zu deuten, korrespondieren mit den verschiedenen Formen von Gefährdungsdelikten. So wird die Gefahr, die durch das „gemeingefährliche Mittel" ausgelöst wird, einmal als eine rein abstrakte, das andere Mal als eine konkrete und zuletzt als eine abstrakt-konkrete beschrieben. Im Wesentlichen geht das einher mit dem, was man unter einem abstrakten, einem konkreten und einem potentiellen Gefährdungsdelikt (oder auch „Eignungsdelikt") begreift[146]. Damit wird die Präzisierung des Mordmerkmals „mit gemeingefährlichen Mitteln" unter Bezugnahme auf die Dogmatik des Gefährdungsdelikts geleistet. Die oben zuerst erwähnte Variante, die auf die Annahme eines rein abstrakten Gefahrentatbestands hinausläuft, ohne dass eine Anreicherung durch weitere, einschränkende Komponenten stattfände, wie sie für abstrakte Gefährdungsdelikte zum Teil geltend gemacht werden[147], wird – obgleich dies grundsätzlich denkbar wäre – nicht vertreten. Demgegenüber entspricht die zweitgenannte Variante der ganz überwiegenden Ansicht[148], während die drittgenannte nur von einigen Autoren befürwortet wird[149].

Dass sich eine Unrechtssteigerung bei einer vorsätzlichen Tötung annehmen lässt, sofern diese wegen des eingesetzten Mittels mit einer weiteren konkreten oder potentiellen Gefährdung für andere Personen verbunden ist, soll nicht bestritten werden. Soweit zur Konkretisierung der „gemeingefährlichen Mittel" allerdings auf die §§ 306 ff. StGB rekurriert wird – und das ist eine Auslegung, die normativ ohne weiteres schlüssig ist –, wäre zu fragen, ob es sinnvoll ist, diese Unrechtssteigerung in einem Qualifikationstatbestand der vorsätzlichen Tötung eigens zu regeln. Denn vergleichbar den vorangegangenen Erläuterungen zum Merkmal „grausam" ergibt sich: Hat der Täter eines der in den §§ 306 ff. StGB aufgeführten Mittel eingesetzt, sind diese Vorschriften einschlä-

---

[146] Sch/Sch-*Heine*, Vorbem. §§ 306 ff. Rdnr. 2 ff.; *Roxin*, Strafrecht AT I, § 10 Rdnr. 123 f., § 11 Rdnr. 121 ff., 128 ff.; *Wohlers*, Deliktstypen des Präventionsstrafrechts, S. 281 ff., 305 ff.

[147] Siehe überblicksartig Sch/Sch-*Heine*, Vorbem. §§ 306 ff. Rdnr. 3 ff.; *Roxin*, Strafrecht AT I, § 11 Rdnr. 128 ff.; ablehnend zu solchen ergänzend-einschränkenden Kriterien beim abstrakten Gefährdungsdelikt besonders *Zieschang*, Gefährdungsdelikte, S. 348 ff., 380.

[148] Sch/Sch-*Eser*, § 211 Rdnr. 29; LK/*Jähnke*, § 211 Rdnr. 57; NK/*Neumann*, § 211 Rdnr. 87; *Lackner/Kühl*, § 211 Rdnr. 11; *Fischer*, § 211 Rdnr. 59; MK/*Schneider*, § 211 Rdnr. 197; *Rengier*, Strafrecht BT II, § 4 Rdnr. 46; *ders.*, StV 1986, S. 405 (407 f.); *ders.*, JZ 1993, S. 364 f.; *Gössel/Dölling*, Strafrecht BT/1, § 4 Rdnr. 126 f.; *Arzt/Weber-Hilgendorf*, Strafrecht BT, § 2 Rdnr. 52; *Krey/Heinrich*, Strafrecht BT/1, § 1 Rdnr. 61; *Küper*, Strafrecht BT, S. 235 f.; *Kindhäuser*, Strafrecht BT I, § 2 Rdnr. 33 f.; *Wessels/Hettinger*, Strafrecht BT/1, § 2 Rdnr. 103; *Otto*, Strafrecht BT, § 4 Rdnr. 41 ff.; *ders.*, Jura 1994, S. 141 (150); *Maurach/Schroeder/Maiwald*, Strafrecht BT/1, § 2 Rdnr. 48; – ebenso die Rechtsprechung: BGH NJW 1947/48, S. 274; BGH NJW 1985, S. 1477 (1478); BGHSt 34, 13 (14); BGHSt 38, 353 (354 ff.).

[149] *Kohlrausch/Lange*, Strafgesetzbuch, §§ 211, 212 Anm. VIII 7; SK/*Horn*, § 211 Rdnr. 49; *v. Danwitz*, Jura 1997, S. 569 (571 ff., 573 f.); *Kargl*, StraFo 2001, S. 365 (371 f.); *ders.*, JZ 2003, S. 1141 (1145).

gig. Sollten deren weiteren Voraussetzungen erfüllt sein, besteht Tateinheit zwischen diesen Regelungen und dem vorsätzlichen Tötungsdelikt. § 211 II StGB enthält daher auch insoweit eine überflüssige Doppelung – ungeachtet der normativen Unstimmigkeiten, die de lege lata wegen der in § 211 I StGB angeordneten Rechtsfolge möglich sind (entsprechend dem bereits Dargelegten).

Gegen die normative Schlüssigkeit des Merkmals zur Begründung eines Mordes wird zudem folgender Wertungswiderspruch angeführt (der im Übrigen besteht, gleich welcher der oben vorgestellten Interpretationsvarianten man den Vorzug einräumt): Die vorsätzliche Tötung einer Person, bei der wegen des gewählten Mittels zugleich mehrere andere Personen in Gefahr geraten (sei die Gefahr nun konkret oder potentiell), führt zum Mord. Handelt der Täter hingegen mindestens mit dolus eventualis bezogen auf die Tötung all dieser Personen, ist lediglich ein einfacher, freilich mehrfacher Totschlag gegeben[150]. Wegen dieses Resultats fordert *Arzt* dazu auf, einmal darüber nachzudenken, ob ein Mordmerkmal sinnvoll sei, das zwar den erfasse, der eine Bombe in ein Lokal werfe, um einen Anwesenden umzubringen, nicht aber den, der alle Anwesenden zu töten hoffe[151]. Unbestreitbar ist zunächst, dass ein Täter, der mehrmals den Tötungstatbestand vorsätzlich erfüllt, im Ergebnis ein größeres Unrecht begeht, nämlich ein mehrfaches Tötungsunrecht, als ein Täter, der den Tötungstatbestand nur einmal verwirklicht, durch das Tötungsmittel für andere Personen aber zudem eine lebensgefährliche Situation schafft. So lassen sich insgesamt verschiedene Schweregrade eines Unrechts ausmachen, und das bloße Herbeiführen einer Gefahrenlage (eines Gefahrerfolges) wiegt weniger schwer, als wenn ein entsprechender Verletzungserfolg eintritt. (Ebenso wie der Versuch ein geringeres Unrecht ist als die Vollendung[152].) Um den Widerspruch aufzulösen, wird vorgeschlagen, die vorsätzliche Mehrfachtötung müsse zum Mordmerkmal werden oder dem Mord doch wenigstens gleichgestellt werden[153]. De lege lata sei daher zumindest § 212 II StGB anzuwenden[154]. Die genannten normativen Friktionen mögen sich damit beheben lassen. Die Problematik dieser Lösung liegt aber in Folgendem: Ist ein Mord (erst) bei einer Mehrfachtötung anzunehmen, wird es schwierig, die vorsätzliche Tötung nur einer Person

---

[150] *Geilen*, Bockelmann-FS, S. 613 (621 f.); SK/*Horn*, § 211 Rdnr. 49, 50; *Kargl*, StraFo 2001, S. 365 (372).

[151] *Arzt/Weber*, Strafrecht BT, § 2 Rdnr. 52.

[152] Zur Abstufung des Unrechts *Kern*, ZStW 64 (1952), S. 255 ff. (bes. 276, 278 f.); *Noll*, Übergesetzliche Rechtfertigungsgründe, S. 45 ff.; *ders.*, ZStW 77 (1965), S. 1 (13); *Lenckner*, Notstand, S. 32 ff.; *Schmidhäuser*, Strafrecht AT, 8/82; *Krümpelmann*, Bagatelldelikte, S. 27 ff.; *Hillenkamp*, Vorsatztat, S. 237 f.; SK/*Günther*, Vor § 32 Rdnr. 18.

[153] *Geilen*, Bockelmann-FS, S. 613 (621 f. mit Fn. 20); *Otto*, ZStW 83 (1971), S. 39 (79); *Lackner*, JZ 1977, S. 502 (503, 504); *Eser*, Gutachten, D 171, 200; *Kargl*, JZ 2003, S. 1141 (1145, 1148); *Grasberger*, MschrKrim 82 (1999), S. 147 (156 f.); *v. Liszt*, in: Vergleichende Darstellung, S. 1 (91 f.); ferner § 100 II Nr. 1 des Alternativ-Entwurfs 1970 und § 211 II Nr. 1 des Alternativ-Entwurfs Leben (GA 2008, S. 193 [200]).

[154] *Geilen*, Bockelmann-FS, S. 613 (621 f. mit Fn. 20).

normativ konsistent ebenfalls noch als Mord auszuweisen. Damit würde der Anwendungsbereich des Mordes erheblich eingeschränkt – einmal abgesehen davon, dass hierdurch ebenfalls ein neuer und recht ungewöhnlicher Begriff des Mordes entstünde. Deutlich tritt dies etwa bei *Kargl* hervor, der erwägt, de lege ferenda einen Qualifikationstatbestand der vorsätzlichen Tötung neben den Fällen einer Mehrfachtötung unter anderem bei Völkermord vorzusehen[155]. Ein Täter, der viele Menschen vorsätzlich tötet, begeht zwar unzweifelhaft mehr Unrecht als ein Täter, der nur eine Person vorsätzlich tötet. Allerdings resultiert der größere Unrechtsgehalt nicht aus dem einzelnen Tötungsunrecht, das seinerseits irgendwie gesteigert wäre, sondern es folgt daraus, dass das Tötungsunrecht als solches mehrfach verwirklicht wird. Das ist an sich eine Frage der Konkurrenzen und wäre dort sachgerechter auch einzuordnen. Für solche Fälle einen Qualifikationstatbestand der vorsätzlichen Tötung zu entwerfen erscheint dagegen wenig sinnvoll und lässt sich kaum als eine angemessene Lösung begreifen.

Darüber hinaus hängen normative Unstimmigkeiten nicht zuletzt mit der Auslegung dieses Mordmerkmals zusammen: So wird, um festzustellen, ob eine Gefahr für mehrere Personen entstanden ist oder nicht, durchweg darauf abgestellt, ob eine Gefahr für „Unbeteiligte" gegeben war[156]. Der Begriff des „Unbeteiligten" wird dabei verwendet im Sinne von „unvorsätzlich". „Unbeteiligt" soll eine Person oder sollen mehrere Personen also sein, sofern deren Tötung nicht vom Vorsatz des Täters umfasst war. Umgekehrt müsste daraus folgen: Personen sind „beteiligt", falls der Täter mindestens einen Eventualvorsatz für deren Tötung hatte. Ob ein „gemeingefährliches Mittel" und damit ein Mord gegeben ist, hängt danach wesentlich von der Vorstellung des Täters ab. Hat der Täter die Tötung mehrerer oder einer Vielzahl von Personen beim Einsatz einer Bombe in seinen Vorsatz aufgenommen, sind sie, legt man diesen Gedankengang zugrunde, „Beteiligte". Ein „gemeingefährliches Mittel" scheidet dann aus, weil keine Gefahr für „Unbeteiligte" bestand. Hat er die Personen demgegenüber nicht in seinen Vorsatz aufgenommen, handelt es sich um „Unbeteiligte", für die der Täter eine Gefahr geschaffen hat. Das Mordmerkmal ist also erfüllt. Die Unzulänglichkeit dieser Interpretation liegt auf der Hand. Sie ergibt sich daraus, dass der Begriff des „Unbeteiligten" als ein empirisches Faktum

---

[155] *Kargl*, JZ 2003, S. 1141 (1148). Kargl führt außerdem den Raubmord an, oder, wie er es allgemeiner formuliert, Fälle, in denen weitere Straftatbestände erfüllt sind (a.a.O.). Ob man hierfür einen Qualifikationstatbestand der vorsätzlichen Tötung braucht bzw. ob ein solcher sinnvoll ist, ist entsprechend den obigen Ausführungen zweifelhaft. Ebenfalls zweifelhaft ist es, ob sich Mehrfachtötungen oder gar Völkermord normativ etwa mit einem „gewöhnlichen" Raubmord auf eine Stufe stellen lassen.

[156] MK/*Schneider*, § 211 Rdnr. 102; NK/*Neumann*, § 211 Rdnr. 86 ff.; LK/*Jähnke*, § 211 Rdnr. 57; *Otto*, Jura 1994, S. 141 (150); *Rengier*, Strafrecht BT II, § 4 Rdnr. 46; *Arzt/Weber-Hilgendorf*, Strafrecht BT, § 2 Rdnr. 52.

genommen wird, das sich allein aus der Gedankenwelt des Täters erschließen soll[157]. Notwendig wäre es hingegen, den Begriff in einem normativen Sinn zu gebrauchen. Als „beteiligt", besser formuliert: als mitverantwortlich für ein Tatgeschehen ist danach derjenige anzusehen, der in einer rechtlich relevanten Weise einen objektiv beachtlichen Beitrag zur Tatgenese geleistet hat; und als „unbeteiligt", besser wiederum: als nicht verantwortlich gilt jeder, der einen solchen Beitrag nicht geleistet hat. Was der Täter sich denkt, ist dafür belanglos, da seiner Vorstellung nicht entnommen werden kann, ob jemand „unbeteiligt" oder für das Tatgeschehen zumindest partiell verantwortlich ist. Die Mitverantwortlichkeit des Opfers am Tatgeschehen benennt, wie an späterer Stelle noch eingehender darzulegen sein wird[158], einen normativ beachtlichen Aspekt, mit dem Abstufungen im Unrechtsgehalt der vorsätzlichen Tötung begründet werden können. Maßgeblich ist hierfür, dass dem Opfer eine nach rechtlichen Kriterien bemessene Mitverantwortung am Tatgeschehen zugewiesen werden kann. Aus dieser Mitverantwortung für die Tat – so viel sei hier bereits vorweggenommen – resultiert eine Unrechtsminderung für den Täter.

Soweit der Täter ein „gemeingefährliches Mittel" (wie beispielsweise eine Bombe) einsetzt und damit eine Person oder mehrere Personen bedingt vorsätzlich tötet, die keinen rechtlich relevanten Anlass für die Tat geliefert hat oder haben, trifft der Täter ausnahmslos „Unbeteiligte". Im ersten Fall liegt eine vorsätzliche Tötung vor, im zweiten sind es mehrere vorsätzliche Tötungen, herbeigeführt beide Male durch ein „gemeingefährliches Mittel" (§ 308 StGB). Allein im Einsatz eines solchen Mittels für die Tötung(en) ließe sich eine Unrechtssteigerung sehen. Da es die Vorschriften der §§ 306 ff. StGB gibt, ist ein gesondertes Mordmerkmal entbehrlich. Zumal es denkbar ist, dass neben dem unrechtserhöhenden Moment (Einsatz einer Bombe) gleichzeitig ein unrechtsmindernder Sachverhalt gegeben ist. So insbesondere, wenn der Täter eine Person mit der Bombe tötet (und töten will), die ihm für die Tat einen rechtlich beachtenswerten Grund geliefert hat. Obgleich das Mordmerkmal „mit ge-

---

[157] Kritisch äußert sich insoweit vor allem noch *Rengier*, der darauf hinweist, man dürfe „das Mordmerkmal nicht so ganz allgemein mit der Reichweite des Tötungsvorsatzes verknüpfe[n]" (Strafrecht BT II, § 4 Rdnr. 47a; ferner *ders.*, StV 1986, S. 405 [409]). *Rengiers* Vorschlag, „zu den Opfern einer Allgemeingefahr jeden zu zählen, der als (letztlich austauschbarer) Repräsentant der Allgemeinheit und nicht als ausgesuchte, bestimmte Individualperson betroffen wird" (a.a.O. sowie *ders.*, StV 1986, S. 405 [407 f., 408 f.]), ist von der Grundidee her zwar weiterführend. Allerdings wird das normative Prinzip nicht hinreichend deutlich. Insbesondere kann der Ausschluss eines „gemeingefährlichen Mittels" nicht davon abhängig gemacht werden, ob der Täter eine „ausgesuchte, bestimmte Individualperson" trifft oder nicht. Denn das verweist letztlich wieder nur auf die Vorstellungswelt des Täters, nicht aber auf ein spezifisch normatives Prinzip. So kann auch die „ausgesuchte Individualperson" unter normativen Gesichtspunkten eine austauschbare Person und damit ein Repräsentant der Allgemeinheit, kurz: ein Zufallsopfer sein.

[158] Siehe hierzu im Einzelnen noch die Ausführungen zur Unrechtsminderung unter B II in diesem Kapitel.

meingefährlichen Mitteln" nämlich einen unrechtssteigernden Sachverhalt anzuzeigen vermag, werden dadurch nicht schon unrechtsmindernde Aspekte ausgeschlossen. Diese können vielmehr ebenfalls vorliegen, und das Merkmal erweist sich damit jedenfalls als zu unflexibel, da es diesem Umstand nicht hinreichend Rechnung tragen kann. Um als absolutes Qualifikations- oder Mordmerkmal zu fungieren, bei dessen Vorliegen zwingend die Höchststrafe zu verhängen ist, ist es also nicht geeignet. Dieser Einwand lässt sich gleichermaßen auf das Mordmerkmal „grausam" übertragen: Anerkennt man die unrechtssteigernde Qualität dieses Kriteriums (wegen der darin enthaltenen Körperverletzung), so schließt das auf der anderen Seite nicht aus, dass zusätzlich unrechtsmindernde Umstände gegeben sein können[159]. Für die rechtliche Bewertung einer Tötung macht es einen erheblichen Unterschied, ob neben unrechtserhöhenden Momenten noch unrechtsmindernde hinzukommen. Hierin liegt normativ eine beachtliche Differenz.

b) Besondere (Schutz-)Pflichtverletzung

Die Verletzung einer besonderen Pflicht, deren Erfüllung nur einer bestimmten Person oder bestimmten Personen obliegt und die nicht jeder beliebigen Person zukommt, ist vielfach erforderlich, damit ein strafrechtlich relevantes Verhalten überhaupt gegeben ist. Anführen lassen sich insoweit beispielsweise das Garantenunterlassungsdelikt (§ 13 I StGB) oder die Untreue (§ 266 I StGB) sowie die sogenannten eigentlichen oder echten Amtsdelikte (§§ 331 ff. StGB). In manch anderen Fällen ist der Verstoß gegen eine qualifizierte Pflicht explizit als ein Qualifikationstatbestand ausgestaltet, wie etwa bei der veruntreuenden Unterschlagung (§ 246 II StGB) oder bei der Körperverletzung im Amt (§ 340 StGB). Wer einen anderen Menschen durch eine Handlung vorsätzlich tötet, verstößt damit nicht erst gegen eine besondere Pflicht. Er verstößt vielmehr gegen das, was jeder Person (grundsätzlich[160]) verboten ist. Man kann diesen Verstoß zuletzt auf den allgemeinen und von jeder Person einzuhaltenden Grundsatz des „neminem laedere" zurückführen. Mit seiner schädigenden Handlung greift der Täter in den allgemein geschützten Freiheits- oder Rechtsbereich einer anderen Person ein – ein Verhalten, das generell, mithin jeder Person, unter-

[159] Die Eignung der beiden Mordmerkmale „mit gemeingefährlichen Mitteln" und „grausam" als absolute Mordkriterien wird teils auch andernorts bestritten. Gedacht wird dabei aber vor allem an schuldmindernde Gesichtspunkte, die zu dem unrechtserhöhenden Sachverhalt, den die Merkmale kennzeichneten, hinzutreten könnten (vgl. Entwurf 1962, S. 273; *Rengier*, StV 1986, S. 405 [408] – zum „gemeingefährlichen Mittel"; und zum Merkmal „grausam" besonders *v. Liszt*, in: Vergleichende Darstellung, S. 1 [68]; *Gallas*, Niederschriften, 7. Band, S. 34, sowie ebd., 13. Band, S. 164; *Grasberger*, MschrKrim 82 [1999], S. 147 [156]; siehe im weiteren auch *Krey/Heinrich*, Strafrecht BT/1, § 1 Rdnr. 60; Sch/Sch-*Eser*, § 211 Rdnr. 28).

[160] Dass es Ausnahmen hiervon gibt, wie besonders die Notwehr (§ 32 StGB), darf in diesem Zusammenhang vernachlässigt werden.

sagt ist[161]. Steht der Täter gegenüber dem Opfer (zusätzlich) in einem besonderen Pflichtverhältnis, wird eine Steigerung des Unrechts über dieses allgemeine Tötungsunrecht hinaus denkbar und diskutabel[162].

Um eine solche Unrechtssteigerung annehmen zu können, reicht nicht jede besondere Pflicht aus, die der Täter gegenüber dem Opfer hat. Pointiert: Trifft den Täter eine gesteigerte Pflicht, auf das Vermögen des Opfers zu achten, so mag diese Pflicht im Bereich der Vermögensdelikte von Bedeutung sein. Was hingegen das Gut „Leben" betrifft, um welches es bei den Tötungsdelikte geht, fehlt es ersichtlich an einem hinreichenden Zusammenhang. Nötig ist demnach eine qualifizierte Pflicht des Täters, die sich gerade auf das Gut „Leben" bezieht. Nur einer solchen Pflicht wird man prinzipiell eine unrechtserhöhende Wirkung beim Tötungsdelikt zusprechen können. Um im Einzelnen festzustellen, ob das der Fall ist, ob dem Täter folglich eine derart qualifizierte Verantwortungsposition gegenüber dem Opfer zuzuschreiben ist, lässt sich auf die Dogmatik des Garantenunterlassungsdelikts zurückgreifen. Zieht man hier die herkömmliche Terminologie heran, wonach die Pflichten nach ihrer Funktion oder ihrem Inhalt eingeteilt werden, dann handelt es sich, da es um eine gesteigerte Schutzposition für das Gut „Leben" geht, um Beschützer- oder Obhutspflichten[163]. Dagegen genügt eine unspezifische oder allgemeine Schutzposition, die der Täter dem Opfer gegenüber innehaben könnte (soweit es das denn gibt[164]), nicht. Erforderlich ist also eine gesteigerte Verantwortung des Täters, die speziell auf den Erhalt beziehungsweise Schutz des Gutes „Leben" zielt; oder die, anders formuliert, den Täter verpflichtet, Gefahren abzuwenden, die dem Gut drohen. Dass qualifizierte Schutzpflichten gegenüber anderen Personen – auch solche, die das höchste Gut, das Leben, betreffen – in einer Gesellschaft, in der Unabhängigkeit und Eigenständigkeit als zentrale Werte gelten, mithin in einem freiheitlich-individualistischen System, nicht gerade häufig sind und sein können, versteht sich fast von selbst. In Ausnahmefällen sind solche besonderen Schutzpflichten aber anzuerkennen.

Als wichtigstes Beispiel ist das Eltern-Kind-Verhältnis zu nennen. Es gilt geradezu als Prototyp für eine derart gesteigerte Schutzpflicht. So haben Eltern

---

[161] Vgl. *Grünewald*, Garantenpflichten, S. 48 ff.

[162] Siehe auch *Schmidhäuser*, Strafrecht AT, 8/81 f.; *dens.*, Engisch-FS, S. 433 (447, 450); des Weiteren *Jescheck/Weigend*, Lehrbuch, § 24 III 3, 4a; LK/*Jescheck* (11. Aufl.), Vor § 13 Rdnr. 44; *Ebert/Kühl*, Jura 1981, S. 225 (233); *Roxin*, Strafrecht AT I, § 10 Rdnr. 101.

[163] Vgl. *Kühl*, Strafrecht AT, § 18 Rdnr. 47 ff.; *Wessels/Beulke*, Strafrecht AT, § 16 Rdnr. 716, 718 ff.; LK/*Jescheck* (11. Aufl.), § 13 Rdnr. 19 ff.; *Jescheck/Weigend*, Lehrbuch, § 59 IV 2; Sch/Sch-*Stree*, § 13 Rdnr. 9 f. – Siehe zur geringen Aussagekraft und Relevanz der sogenannten Funktionenlehre aber auch *Stratenwerth/Kuhlen*, Strafrecht AT, § 13 Rdnr. 15; *Jakobs*, Strafrecht AT, 29/27; *Freund*, Erfolgsdelikt, S. 43; *dens.*, Strafrecht AT, § 6 Rdnr. 22 f.; *Vogel*, Norm und Pflicht, S. 341; *Grünewald*, Garantenpflichten, S. 21 f.; NK/*Wohlers*, § 13 Rdnr. 32.

[164] Kritisch zu einer sogenannten „Rundumverteidigung", die in aller Regel nicht gegeben ist, besonders *Hruschka*, JuS 1979, S. 385, und *Freund*, Strafrecht AT, § 6 Rdnr. 84.

zumal gegenüber ihren kleinen Kindern denkbar umfassende Pflichten der Personensorge, die sich unter anderem auf das Gut „Leben" beziehen und zu denen als elementare Pflichten die der Ernährung, der Pflege und des Schutzes des Kindes gehören[165]. Denn da (kleine) Kinder konstitutionell unfähig sind, ein selbstbestimmtes Leben zu führen, sind sie existentiell auf die Hilfe und den Schutz anderer Personen angewiesen. Diese Aufgabe haben in unserem Gesellschaftssystem die Eltern zu erledigen. Aus dieser Pflichten- oder Schutzposition folgt normativ zwingend ein unrechtserhöhendes Moment, sofern die Mutter oder der Vater ihr Kind aktiv handelnd töten. (Also nicht bloß durch ein Unterlassen der Versorgung, wiewohl in diesem Fall dieselbe Pflicht und deren Verletzung eine Gleichstellung des Unterlassens mit dem Handlungstatbestand bewirkt[166].) Eine zurückhaltendere Einschätzung dieser Fallgruppe findet sich hingegen bei *Müssig*. Seiner Auffassung nach soll hier lediglich „eine umfassende Zuständigkeit der Eltern für die Tat" gegeben sein[167], und sein Einwand beschränkt sich darauf, dass eine „pauschale Privilegierung von Tötungsdelikten gegen Klein(st)kinder [...] für Eltern mit Blick auf deren institutionelle Garantenstellung normativ nicht vermittelt werden" könne[168]. Geht man jedoch wie *Müssig* von einem institutionellen Garantenverhältnis der Eltern für das Leben ihrer Kinder aus[169], liegt damit zugleich eine gesteigerte Tatverantwortung der Eltern vor. Recht offensichtlich zeigt sich das, wenn man diese Fälle vergleicht mit solchen Fällen, in denen zwar eine vollständige Tatzuständigkeit des Täters gegenüber dem Opfer anzunehmen ist, eine Sonderbeziehung zwischen Täter und Opfer wie beim Eltern-Kind-Verhältnis aber nicht existiert. Wie etwa in dem Grundfall, in dem der Täter sein Opfer tötet und die Verantwortlichkeit für das Tatgeschehen ausschließlich bei ihm liegt. Beide Fallvarianten weisen normativ einen erheblichen Unterschied auf. Nimmt man nämlich (wie auch *Müssig* es tut) schon in dem beschriebenen Grundfall volles und somit nicht gemindertes Tötungsunrecht an, dann folgt daraus zwangsläufig, dass dieses Tötungsunrecht – ist zusätzlich noch eine Schutzposition wie beim Eltern-Kind-Verhältnis vorhanden – erhöht sein muss.

Diese Unrechtssteigerung besteht ebenfalls und uneingeschränkt für eine Mutter, die ihr Kind unmittelbar nach der Geburt tötet, gleich, ob es sich dabei um ein eheliches oder um ein nichteheliches Kind handelt. § 217 a.F. StGB

---

[165] *Grünewald*, Garantenpflichten, S. 139f.; *Köhler*, Strafrecht AT, S. 216; *Jakobs*, Strafrecht AT, 29/59; *dens.*, Zurechnung, S. 32, 34; NK/*Wohlers*, § 13 Rdnr. 32, 59; *Kühl*, Strafrecht AT, § 18 Rdnr. 48ff.; *Pawlik*, Das unerlaubte Verhalten, S. 132, 135ff.; *Freund*, Erfolgsdelikt, S. 273f.; *dens.*, Strafrecht AT, § 6 Rdnr. 89; im Weiteren *Baumann/Weber/Mitsch*, Strafrecht AT, § 15 Rdnr. 54; *Roxin*, Strafrecht AT II, § 32 Rdnr. 33.

[166] Zu solchen Unterlassungsfällen beim Tötungsdelikt *Grünewald*, Jura 2005, S. 519 (521ff.).

[167] *Müssig*, Mord, S. 409.

[168] *Müssig*, Mord, S. 410.

[169] *Müssig*, Mord, S. 409.

enthielt bis zu seiner Streichung durch das 6. Strafrechtsreformgesetz von 1998[170] zwar eine Privilegierung der unehelich gebärenden Mutter, falls diese ihr Kind in oder gleich nach der Geburt tötete. Nunmehr, nach dem Wegfall des § 217 a.F. StGB, wird teils vertreten, die Tötung sowohl des ehelichen wie des unehelichen Kindes durch seine Mutter in dieser zeitlichen Phase stelle regelmäßig einen minder schweren Fall nach § 213, 2. Alternative StGB dar[171]. Begründet wird die Privilegierung der Mutter (sei es bei § 217 a.F. StGB oder bei § 213, 2. Variante StGB) durchweg mit Schulderwägungen: Die Mutter befinde sich wegen der besonderen, mit einer Geburt verbundenen Belastung in einer psychischen Ausnahmesituation. Inwieweit eine mildere Bewertung (Strafe) sich auf solche Erwägungen stützen lässt, sei dahingestellt; denn darum geht es hier nicht. Für die Unrechtsebene bleibt vielmehr festzuhalten: Aufgrund der Schutz- und Verantwortungsposition, die der Mutter gegenüber ihrem Kind zukommt, ergibt sich für sie ein gesteigertes Tötungsunrecht. Da die Pflichten, die eine Mutter treffen, unabhängig davon bestehen, ob es sich um ein eheliches oder ein nichteheliches Kind handelt (und desgleichen, ob es sich um ein gewolltes oder ungewolltes Kind handelt), lässt sich eine unterschiedliche Bewertung normativ nicht fundieren (siehe auch §§ 1626, 1705 BGB)[172]. Es ginge also nicht an, bei unehelichen oder ungewollten Kindern abgeschwächte Pflichten anzunehmen. Zumal das Kind dafür nichts kann. Weder für seine Unehelichkeit noch für sein Ungewolltsein trägt es irgendeine (auch nur partielle) Verantwortung.

Eine Erhöhung des Unrechts bei der vorsätzlichen Tötung von Kindern durch ihre Eltern abzulehnen führte demgegenüber, gerade mit Blick auf die Dogmatik des Unterlassungsdelikts, zu normativen Unstimmigkeiten. Allenfalls ließe sich überlegen, ob neben diesem unrechtserhöhenden Moment nicht auch unrechtsmindernde Umstände in Betracht kommen können. Allerdings darf man bereits an dieser Stelle, ohne den noch folgenden Erörterungen zur Unrechtsminderung vorgreifen zu wollen, festhalten: Eine Minderung des Unrechts ist vornehmlich dann anzuerkennen, wenn das Opfer einen rechtlich beachtlichen Beitrag zur Tat geliefert hat. Ist das Opfer aber wie in diesen Fällen ein kleines Kind, scheidet ein rechtlich relevantes Verhalten kategorisch aus. Was bleibt,

---

[170] BGBl. I, S. 164.

[171] So besonders Sch/Sch-*Eser*, § 213 Rdnr. 15 ff.; siehe ferner *Arzt/Weber-Hilgendorf*, Strafrecht BT, § 2 Rdnr. 83; zurückhaltender LK/*Jähnke*, § 213 Rdnr. 15; *Lackner/Kühl*, § 213 Rdnr. 9; MK/*Schneider*, § 213 Rdnr. 46; deutlich restriktiver *Fischer*, § 213 Rdnr. 16; NK/*Neumann*, § 213 Rdnr. 23; ferner LG Erfurt, NStZ 2002, S. 260 (261 f.); BGH NStZ 2004, S. 80 f.

[172] Etwas anderes ließe sich unter Umständen noch für den Vater eines nichtehelichen Kindes annehmen, soweit er keinen tatsächlichen Umgang mit dem Kind hat und ihm ein entsprechendes Recht dazu fehlt (vgl. *Roxin*, Strafrecht AT II, § 32 Rdnr. 41; *Jakobs*, Strafrecht AT, 29/62; *dens.*, Zurechnung, S. 32; *Freund*, Erfolgsdelikt, S. 275). Siehe aber nunmehr §§ 1684 f. BGB zum Umgangsrecht; hierzu *Schwab*, Familienrecht, § 67 Rdnr. 761 ff.

um gegebenenfalls zu einer milderen Bewertung für Väter oder Mütter zu gelangen, die ihre (kleinen oder jüngeren) Kinder töten, ist nur noch die Ebene der Schuld.

Wechselseitige qualifizierte Schutzpflichten haben darüber hinaus Ehepartner füreinander, jedenfalls bezogen auf das Gut „Leben". Darüber besteht durchweg Konsens[173]. Da es im Verhältnis der Ehegatten zueinander an einer vergleichbar elementaren Abhängigkeitsbeziehung fehlt, wie sie das Eltern-Kind-Verhältnis prägt, lässt sich die besondere Schutzposition mit einer solchen Erwägung auch nicht fundieren. Der materielle Grund für die Anerkennung gegenseitiger Schutzpflichten von Ehegatten ist vielmehr in einem qualifizierten Vertrauensverhältnis zu sehen, wie es für eine Ehe charakteristisch ist[174]. Und weil dieser materielle Aspekt, das besondere Vertrauensverhältnis, entscheidend ist für die Begründung einer entsprechenden Schutzpflicht, sind gesteigerte Schutzpflichten über das Eheverhältnis hinaus auch in anderen Lebensgemeinschaften denkbar. Voraussetzung dafür ist jedoch, dass die Gemeinschaft, einer Ehe vergleichbar, auf Dauer und auf gegenseitige Hilfe der Partner ausgerichtet ist. Denn nur so lässt sich von einem wechselseitigen berechtigten Vertrauen der Partner ausgehen. Angenommen werden kann das vor allem in eheähnlichen heterosexuellen wie homosexuellen Lebenspartnerschaften[175]. Aus diesem qualifizierten Vertrauensverhältnis resultiert sodann ein unrechtserhöhendes Moment für den Ehe- oder Lebenspartner, der den anderen durch eine Handlung tötet. Ebenso wie sich aus diesem gesteigerten Pflichtverhältnis eine über die allgemeine Hilfspflicht des § 323c StGB hinausgehende Garantenpflicht für den Partner ergibt, dem jeweils anderen aus einer Notlage (aktiv handelnd) zu helfen.

Schutzpflichten aus einem qualifizierten Vertrauensverhältnis bestehen nicht unbegrenzt oder für immer, sondern sie sind abhängig von ihrem materiellen Grund, der Vertrauensbeziehung. Deshalb lässt sich der Fortfall der Schutzposition nicht schon formell mit der Auflösung der Ehe, also der Scheidung, gleichsetzen. Zu einem anderen Resultat mag man gelangen, sofern man eine strikt formelle oder institutionelle Sichtweise einnimmt und auf die Ehe als Ins-

---

[173] BGHSt 2, 150 (153 f.); 48, 301 (302); *Kühl*, Strafrecht AT, § 18 Rdnr. 56 f.; *Roxin*, Strafrecht AT II, § 32 Rdnr. 45; *Jakobs*, Strafrecht AT, 29/64; *Stratenwerth/Kuhlen*, Strafrecht AT, § 13 Rdnr. 41; *Otto*, Strafrecht AT, § 9 Rdnr. 48 f.; *Jescheck/Weigend*, Lehrbuch, § 59 IV 3a; *Wessels/Beulke*, Strafrecht AT, § 16 Rdnr. 718; *Bauman/Weber/Mitsch*, Strafrecht AT, § 15 Rdnr. 55; *Krey*, Strafrecht AT/2, § 36 Rdnr. 335; Sch/Sch-*Stree*, § 13 Rdnr. 18; *Lackner/Kühl*, § 13 Rdnr. 8; *Fischer*, § 13 Rdnr. 13; LK/*Weigend* (12. Aufl.), § 13 Rdnr. 28; LK/*Jescheck* (11. Aufl.), § 13 Rdnr. 22; MK/*Freund*, § 13 Rdnr. 163.

[174] *Grünewald*, Garantenpflichten, S. 138 f., 140; *Kühl*, Strafrecht AT, § 18 Rdnr. 56.

[175] *Roxin*, Strafrecht AT, § 32 Rdnr. 51; *Kühl*, Strafrecht AT, § 18 Rdnr. 57, 63; *Köhler*, Strafrecht AT, S. 217; *Baumann/Weber/Mitsch*, Strafrecht AT, § 15 Rdnr. 55, 71 ff.; *Stratenwerth/Kuhlen*, Strafrecht AT, § 13 Rdnr. 39; *Kindhäuser*, Strafrecht AT, § 36 Rdnr. 76, 79; *Wessels/Beulke*, Strafrecht AT, § 16 Rdnr. 719; LK/*Jescheck* (11. Aufl.), § 13 Rdnr. 25; LK/*Weigend* (12. Aufl.), § 13 Rdnr. 28; anders *Jakobs*, Strafrecht AT, 29/66; *ders.*, Zurechnung, S. 31, 34 f.

titution abstellt[176]. So führt *Jakobs* aus: „Diese Pflichten sind nicht daran gebunden, daß eine eheliche Lebensgemeinschaft praktiziert wird; denn die Gemeinschaft soll praktiziert werden, und das genügt rechtlich."[177] Wird hingegen (wie hier) das qualifizierte Vertrauensverhältnis als der maßgebende, die Pflicht begründende Faktor angesehen, scheidet diese Lösung aus[178]. Andererseits fehlt es an einem besonderen Vertrauenstatbestand nicht bereits dann, wenn es in einer Partnerschaft schwierige Konflikte zu bewältigen gibt oder die Beziehung seit geraumer Zeit nicht mehr intakt ist[179]. Auch kann es nicht darauf ankommen, ob ein Partner dem anderen tatsächlich noch vertraut oder nicht. Denn dabei handelt es sich um ein Faktum, das nicht schon per se normativ von Belang ist. Ausschlaggebend muss vielmehr sein, ob die Ehe- oder Lebenspartner sich berechtigterweise noch Vertrauen konnten (durften). Von einem berechtigten gegenseitigen Vertrauenstatbestand lässt sich jedenfalls nicht mehr ausgehen, wenn die Ehe oder Lebenspartnerschaft nicht nur temporär beeinträchtigt ist, sondern als gescheitert anzusehen ist. Der Auszug aus einer gemeinsamen Wohnung oder eine getrennte Lebensführung[180] sind dafür in aller Regel ein hinreichendes Indiz[181]. Das Scheitern der Beziehung ist in diesen Fällen offenkundig; insbesondere ist es für den anderen Ehe- oder Lebenspartner deutlich erkennbar. Deshalb besteht kein Anlass, hier weiterhin ein qualifiziertes Vertrauensverhältnis zu bejahen (oder zu fingieren). Das bedeutet zugleich: Eine Unrechtssteigerung lässt sich ab diesem Zeitpunkt nicht mehr annehmen. In der Praxis dürften Fälle, in denen es eine qualifizierte Vertrauensbeziehung nicht mehr gibt, eher die Regel darstellen bei Tötungsdelikten zwischen (ehemaligen) Beziehungspartnern; so wie es umgekehrt vergleichweise selten vorkommen dürfte, dass sich Ehe- oder Lebenspartner in einer an sich noch funktionierenden, wiewohl passager gestörten Beziehung vorsätzlich töten.

Entsprechend diesen Erörterungen lässt sich eine Unrechtssteigerung bei Tötungen zwischen Ehe- und Lebenspartnern gegebenenfalls bejahen. Anders als bei Tötungen von Kindern durch ihre Eltern sind in diesen Fällen jedoch zudem Unrechtsminderungen durch ein Opferverhalten denkbar. Beispielhaft zu nen-

---

[176] Siehe *Jakobs*, Strafrecht AT, 29/63ff.; des Weiteren *dens.*, Zurechnung, S. 32; im Ergebnis ebenso *Krey*, Strafrecht AT/2, § 36 Rdnr. 335.

[177] *Jakobs*, Strafrecht AT, 29/64.

[178] Vgl. auch *Köhler*, Strafrecht AT, S. 217, sowie Sch/Sch-*Stree*, § 13 Rdnr. 19.

[179] *Kindhäuser*, Strafrecht AT, § 36 Rdnr. 76; *Kühl*, Strafrecht AT, § 18 Rdnr. 58.

[180] Eine getrennte Lebensführung ist auch möglich, wenn die Ehegatten innerhalb derselben Wohnung leben (siehe § 1567 I S. 2 BGB).

[181] *Kühl*, Strafrecht AT, § 18 Rdnr. 58; *Kindhäuser*, Strafrecht AT, § 36 Rdnr. 76; LK/*Weigend* (12. Aufl.), § 13 Rdnr. 29; *Fischer*, § 13 Rdnr. 13; Sch/Sch-*Stree*, § 13 Rdnr. 19; vgl. neuerdings auch BGHSt 48, 301 (304ff.); – weitergehend *Roxin*, Strafrecht AT II, § 32 Rdnr. 50, wonach Schutzpflichten bestehen, solange es eine tatsächliche Lebensgemeinschaft gibt; – nach noch anderer Ansicht sind sich selbst getrennt lebende Ehegatten noch als Garanten wechselseitig verpflichtet, siehe LK/*Jescheck* (11. Aufl.), § 13 Rdnr. 23; *Geilen*, FamRZ 1961, S. 147 (148).

nen sind vorangegangene rechtlich relevante Verletzungen, namentlich Beleidigungen, Nötigungen oder Körperverletzungen, die dem Täter durch das Opfer zugefügt wurden (was später noch eingehender darzulegen sein wird[182]). Hier steht dem unrechtserhöhenden Kriterium der besonderen Vertrauensbeziehung ein unrechtsmindernder Sachverhalt entgegen, durch den die Annahme einer Unrechtssteigerung im Ergebnis wieder aufgehoben wird.

Den beiden bislang erörterten Fallgruppen, der Tötung von Kindern durch ihre Eltern und der Tötung von Beziehungspartnern, kommt auch empirisch eine erhebliche Bedeutung zu. Denn wie bereits im ersten Kapitel erläutert, handelt es sich bei vorsätzlichen Tötungsdelikten ganz überwiegend um Beziehungstaten, um Taten also, die sich im sozialen Nahraum ereignen. Darüber hinaus ergeben sich besondere Schutzpflichtverhältnisse für Personen, die eine qualifizierte Vertrauensposition übernommen haben. Möglich sind solche besonderen Vertrauensverhältnisse in vielfältiger Form und in fast allen Lebensbereichen. Selbstverständlich wird auch hier zuallererst vorausgesetzt, dass sich die besondere Pflicht auf den Schutz des Gutes „Leben" beziehen muss. Wann eine gesteigerte Schutzpflicht bezogen auf dieses Gut angenommen werden kann, ist im Einzelnen wiederum in Anlehnung an die Dogmatik des Garantenunterlassungsdelikts zu bestimmen. Nicht hinreichend ist es insoweit (entsprechend der Begründung von Garantenpflichten), formell auf das Bestehen eines zivilrechtlichen Vertrags abzuheben. Denn hierdurch wird ein besonderes Vertrauen nicht notwendig begründet, das über ein bloß allgemeines Vertrauen (wie etwa in die Vertragserfüllung) hinausginge. Nötig ist vielmehr eine materielle Begründung des qualifizierten Pflicht- oder Vertrauensverhältnisses. Es muss also, mit anderen Worten, die strafrechtliche Relevanz der Pflicht, die nicht schon mit der zivilrechtlichen gleichgesetzt werden darf, dargetan werden[183]. Grob gesprochen lässt sich sagen: Gesteigerte Schutzpflichten liegen vor, wenn im berechtigten Vertrauen auf die Hilfe und Kompetenz einer anderen Person eigene oder anderweitige Schutzmaßnahmen unterblieben sind und unterbleiben durften beziehungsweise wenn sich einer Gefahr erst ausgesetzt wurde[184]. Um einen solchen qualifizierten Vertrauenstatbestand auszulösen, muss die Person, auf deren Hilfe nunmehr vertraut wird und werden darf, einen hinreichenden Anlass gegeben haben[185]. Die aus der Unterlassungsdogmatik bekannten Beispiele, etwa Schwimmlehrer, Bergführer, Babysitter und so fort,

---

[182] In diesem Kapitel zu B II 1.

[183] Näher *Grünewald*, Garantenpflichten, bes. S. 119ff., 133ff., 139.

[184] *Grünewald*, Garantenpflichten, S. 138ff.; *Seelmann*, GA 1989, S. 241 (253); NK/*Wohlers*, § 13 Rdnr. 34; vgl. des Weiteren *Jescheck/Weigend*, Lehrbuch, § 59 IV 3c; LK/*Jescheck* (11. Aufl.), § 13 Rdnr. 27; *Lackner/Kühl*, § 13 Rdnr. 9; *Roxin*, Strafrecht AT II, § 32 Rdnr. 53ff., bes. 55; *Kindhäuser*, Strafrecht AT, § 36 Rdnr. 79f.; *Kühl*, Strafrecht AT, § 18 Rdnr. 68ff.; *Schmidhäuser*, Strafrecht AT, 16/41, 45f.; *Köhler*, Strafrecht AT, S. 217f.; *Jakobs*, Strafrecht AT, 29/46ff., 67ff.; Sch/Sch-*Stree*, § 13 Rdnr. 26ff.; LK/*Weigend*, § 13 Rdnr. 34.

[185] Zu diesem Erfordernis eines entsprechenden Vorverhaltens *Grünewald*, Garanten-

lassen sich hier mutatis mutandis übertragen. Freilich dürften gerade die genannten Exempel praktisch von nur sehr geringer Relevanz sein. So reicht es ja nicht schon aus, dass eine besondere Schutzpflicht überhaupt besteht; sondern es ist ein unmittelbarer Zusammenhang zwischen dem besonderen Vertrauenstatbestand und der jeweiligen Tat nötig. Um ein Beispiel zu geben: Tötet ein Schwimmlehrer seinen Schwimmschüler, einen Nichtschwimmer, liegt ein solcher Zusammenhang nur vor, wenn der Lehrer die Tötungshandlung im Wasser vornimmt und damit gerade das Defizit seines Schülers ausnutzt, für dessen Ausgleich und Behebung er die Verantwortung übernommen hat. Tötet der Schwimmlehrer seinen Schwimmschüler dagegen beim anschließenden gemeinsamen Essen, weil er ihm eine vergiftete Speise hinstellt, ist ein direkter Zusammenhang zwischen der übernommenen Schutzpflicht und der Tat nicht erkennbar. Eine Unrechtserhöhung scheidet dann aus.

Praktisch von größerer Bedeutung dürften Fälle sein, in denen kranke, alte oder pflegebedürftige Personen in ein Krankenhaus, Altenheim oder in eine sonstige Pflegeeinrichtung aufgenommen worden sind und dort von dem Personal dieser Einrichtung durch aktives Tun getötet werden. Für das Pflegepersonal besteht in all diesen Fällen – aufgrund eines berechtigen Vertrauens (zu begründen wie soeben ausgeführt) – eine gesteigerte Schutzpflicht gegenüber den ihnen anvertrauten kranken oder pflegebedürftigen Personen. Diese Schutzpflicht umfasst in den angeführten Beispielen auch und insbesondere das Gut „Leben“[186]. Werden die pflegebedürftigen Personen daher durch eine Handlung von Personen, die für ihre Pflege verantwortlich sind, getötet, folgt aus der qualifizierten Pflicht- oder Schutzposition, die diese Personen gegenüber dem Opfer einzunehmen haben, ein das Unrecht erhöhendes Moment. Derart gesteigerte Schutzpflichten liegen ebenfalls im Arzt-Patienten-Verhältnis vor. Denn Ärzte haben gegenüber Patienten, deren Behandlung sie übernommen haben und die daher berechtigterweise auf sie vertrauen, eine entsprechend qualifizierte Schutzpflicht[187]. Des Weiteren ergibt sich eine qualifizierte Schutzposition für Familienmitglieder (oder auch andere Privatpersonen), die die Pflege von

---

pflichten, S. 133ff., 138; *Seelmann*, GA 1989, S. 241 (255); siehe auch NK/*Wohlers*, § 13 Rdnr. 34.

[186] Vgl. *Jakobs*, Strafrecht AT, 29/70; *Wessels/Beulke*, Strafrecht AT, § 16 Rdnr. 720; *Roxin*, Strafrecht AT II, § 32 Rdnr. 54; *Jescheck/Weigend*, Lehrbuch, § 59 IV 3b; LK/*Jescheck* (11. Aufl.), § 13 Rdnr. 15.

[187] NK/*Wohlers*, § 13 Rdnr. 39; *Roxin*, Strafrecht AT II, § 32 Rdnr. 70ff.; Sch/Sch-*Stree*, § 13 Rdnr. 28a; *Jakobs*, Strafrecht AT, 29/70. – Die Begründung einer besonderen Schutzpflicht für den Arzt im Bereitschaftsdient erweist sich als schwieriger und ist, im Gegensatz zu der gesteigerten Schutzpflicht in einem gewöhnlichen Arzt-Patienten-Verhältnis, umstritten. Im Ergebnis ist sie jedoch anzunehmen gegenüber allen Personen, die sich, um ärztliche Hilfe ersuchend, an den Bereitschaftsdienstarzt wenden; NK/*Wohlers*, § 13 Rdnr. 39; Sch/Sch-*Stree*, § 13 Rdnr. 28a; *Kühl*, Strafrecht AT, § 18 Rdnr. 74; *Fischer*, § 13 Rdnr. 22; einschränkend aber SK/*Rudolphi*, § 13 Rdnr. 61; *Roxin*, Strafrecht AT II, § 32 Rdnr. 75.

älteren oder kranken und pflegebedürftigen Verwandten übernommen haben. Die Begründung einer gesteigerten Schutzpflicht lässt sich hier nicht schon mit einem Verweis auf das Verwandtschaftsverhältnis erledigen. So haben erwachsene Kinder gegenüber ihren Eltern grundsätzlich keine gesteigerten Schutzpflichten, die sich mit ihrer bloßen Familienzugehörigkeit begründen ließen[188]. Wohl aber ergeben sich für die Kinder besondere Schutzpflichten, falls sie die Pflege und Versorgung ihrer nunmehr pflegebedürftigen Eltern übernommen haben[189]. Hergeleitet werden diese Pflichten wiederum materiell aus dem Gesichtspunkt eines berechtigten Vertrauens. Sollte ein Kind aus einer solchen erhöhten Schutz- und Verantwortungsposition heraus seine Eltern oder einen Elternteil aktiv handelnd töten, liegt eine Unrechtssteigerung vor[190]. Daran ändert nichts, dass dies möglicherweise geschieht, weil die Versorgung der kranken Eltern als eine zu große, kaum noch tragbare Belastung angesehen wird. Insofern mag sich auf der Ebene der Schuld eine Einschränkung der Zumutbarkeit normgemäßen Verhaltens annehmen lassen. Hieraus lässt sich aber nicht eine Minderung des Unrechts herleiten. Insbesondere greifen die Eltern selbstverständlich nicht schon wegen ihres gesundheitlichen Zustands in eine rechtlich geschützte Position ihrer Kinder ein, mithin nicht schon dadurch, dass sie – infolge körperlicher oder geistig-seelischer Gebrechen – sind, wie sie sind. Aus dem gleichen Grund scheidet eine Unrechtsminderung in aller Regel aus, soweit pflegebedürftige Personen in den oben aufgeführten Versorgungseinrichtungen (Krankenhaus, Altenheim) vom Pflegepersonal durch ein aktives Tun getötet werden.

Qualifizierte Schutzpositionen ergeben sich außerdem im Verhältnis Staat-Bürger, sofern sich Personen (wenn auch nur partiell) in der Gewalt des Staates und demzufolge in einem besonderen Abhängigkeitsverhältnis befinden[191]. Vornehmlich stellen die nach älterer Terminologie[192] sogenannten besonderen Gewaltverhältnisse Sonderrechtsverhältnisse dieser Art zwischen Staat und Bürger dar. Hieraus resultieren besondere Schutzpflichten beispielsweise von Lehrern gegenüber ihren Schülern, von Strafvollzugsbeamten gegenüber Inhaf-

---

[188] *Grünewald*, Garantenpflichten, S. 140; NK/*Wohlers*, § 13 Rdnr. 61; *Schünemann*, Unterlassungsdelikte, S. 358; SK/*Rudolphi*, § 13 Rdnr. 49; *Jescheck/Weigend*, Lehrbuch, § 59 IV 3b; *Jakobs*, Strafrecht AT 29/62; *Roxin*, Strafrecht AT II, § 32 Rdnr. 42; anders jedoch *Otto/Brammsen*, Jura 1985, S. 530 (538); *Wessels/Beulke*, Strafrecht AT, § 16 Rdnr. 718; modifizierend ferner *Kühl*, Strafrecht AT, § 18 Rdnr. 55.

[189] *Grünewald*, Garantenpflichten, S. 140; *Seelmann*, GA 1989, S. 241 (256); NK/*Wohlers*, § 13 Rdnr. 61; *Roxin*, Strafrecht AT II, § 21 Rdnr. 43, 54; *Kühl*, Strafrecht AT, § 18 Rdnr. 55.

[190] Diese Fallgruppe ist erst in den letzten Jahren zunehmend in das Blickfeld der empirischen Wissenschaft und der Öffentlichkeit geraten; vgl. *Kreuzer/Hürlimann*, in: Alte Menschen, S. 13 (46f.); ausführlich *Wetzels et al.*, Kriminalität im Leben alter Menschen, S. 111 ff., 143 ff., 185 ff.; *Greve et al.*, Kriminalität im Alter, S. 29 f.

[191] Das ist unstrittig; vgl. *Roxin*, Strafrecht AT II, § 32 Rdnr. 85; *Sangenstedt*, Garantenpflicht und Garantenstellung, S. 557 ff., 563 ff.; *Pawlik*, ZStW 111 (1999), S. 335 (345).

[192] *Maurer*, Verwaltungsrecht, § 8 Rdnr. 26 ff.

tierten, von Ausbildern in der Bundeswehr gegenüber Wehrdienstleistenden und ebenfalls von Polizisten gegenüber in Gewahrsam genommener Personen. Sollte demnach ein „Gewaltunterworfener" von einem Amtsträger, der für seinen Schutz zuständig ist, vorsätzlich handelnd getötet werden, ist eine Unrechtssteigerung anzunehmen. Vorausgesetzt, die Tötung steht in einem unmittelbaren Zusammenhang zu den dienstlichen Verpflichtungen und der zu gewährleistende Schutz erstreckt sich auch auf das Gut „Leben", was in den soeben aufgeführten Sonderrechtsverhältnissen zu bejahen ist. Praxisrelevant dürften diese Fälle jedoch kaum sein.

Mit Blick auf die Regelungen anderer Länder lässt sich zudem in Erwägung ziehen, einen erschwerten Fall vorsätzlicher Tötung[193] anzunehmen, wenn „bestimmte Kontrollpersonen", wie „Polizei- oder Gefängnisbeamte", getötet werden[194]. Begründet wird das vor allem mit einer besonderen Gefährdung dieses Personenkreises: Die erhöhten Risiken, denen diese Personen ausgesetzt seien, seien durch einen stärkeren Schutz zu kompensieren[195]. Hierbei handelt es sich zunächst nur um eine pragmatische Erwägung. Auch sind präventive Gefährdungsüberlegungen aus hiesiger Sicht nicht schon geeignet, eine höhere Strafe gegenüber dem Täter zu fundieren[196]. Weiterhin bleibt zu bedenken: Der erhöhte Schutz, der für diese Personengruppen notwendig ist, wird in aller Regel und sicherlich effizienter auf andere Weise gewährleistet (zum Beispiel durch das Tragen einer Waffe und die Möglichkeit, diese einzusetzen). Um einen schweren oder einen qualifizierten Fall vorsätzlicher Tötung annehmen zu können, müsste normativ und dogmatisch schlüssig dargetan werden, weshalb der erhöhte Schutz, dessen bestimmte Amtsträger oder Repräsentanten des Staates möglicherweise bedürfen, sich gerade in einem qualifizierten oder jedenfalls schwerwiegenderen Tötungstatbestand niederschlagen sollte. Es wäre also nötig, eine Steigerung des Unrechtsgehalts solcher Taten aufzuzeigen (denn etwas anderes, namentlich eine Steigerung der Schuld, kommt hier nicht in Betracht). Im Vergleich zu Fällen, in denen das Opfer ein x-beliebiger Dritter ist, müsste sich mithin, ist dieser Personenkreis betroffen, eine Erhöhung des Unrechts begründen lassen – und das erscheint doch recht fraglich. So erweist sich die Annahme einer Unrechtssteigerung vor allem deshalb als problematisch, weil dem einzelnen Bürger gegenüber dem Staat, oder, präziser formuliert, seinen jeweiligen Amtsträgern (Repräsentanten) keine herausgehobene oder qua-

---

[193] Ob diese Erschwerung als Qualifikationstatbestand oder als ein benanntes Regelbeispiel (und damit als Strafzumessungsregel) auszugestalten wäre, kann dahingestellt bleiben. Denn es handelt sich hierbei lediglich formal um eine andere Gesetzestechnik (vgl. *Kindhäuser*, Strafrecht AT, § 8 Rdnr. 9; *Jakobs*, Strafrecht AT, 31/13 a. E.). Für die entscheidende Frage, die es hier zu beantworten gilt, nämlich ob ein solcher Erschwerungsgrund materiell berechtigt wäre oder nicht, ergibt sich hieraus kein Unterschied.

[194] *Heine*, Brauneck-Ehrengabe, S. 315 (339 f.); *Eser/Koch*, ZStW 92 (1980), S. 491 (517 f.).

[195] *Heine*, Brauneck-Ehrengabe, S. 315 (339 f.).

[196] Siehe bereits im zweiten Kapitel A II.

lifizierte Pflichtposition zukommt. Jeden Bürger trifft zwar (zweifelsfrei) die Pflicht, staatliche Funktionsträger nicht zu verletzen. Hierbei handelt es sich jedoch lediglich um eine allgemeine „Nichtinterventionspflicht"[197]. Diese Pflicht ist vergleichbar mit dem generellen Schädigungsverbots („neminem laedere"), wie es zwischen den einzelnen Personen gilt. Wenngleich es darüber hinaus Pflichten gibt, die dem einzelnen Bürger eine bestimmte Tätigkeit oder Mitwirkung auferlegen, damit der Staat seine Aufgaben hinreichend zu erfüllen vermag (zu nennen sind beispielsweise die allgemeine Wehrpflicht, § 1 WehrpflichtG, oder die Pflicht, als Zeuge auszusagen, §§ 48, 51 StPO), so trifft den Bürger doch keine gesteigerte Schutzpflicht, die sich auf das Gut „Leben" von Amtsträgern bezöge. Auch existiert kein besonderes Abhängigkeitsverhältnis zwischen Staat und Bürger, mit dem sich eine gesteigerte Schutzpflicht gegebenenfalls begründen ließe. Und seitens des Staates lässt sich ebenso wenig ein besonderer Vertrauenstatbestand anerkennen, wonach der einzelne Bürger zum Schutz von Amtsträgern besonders verpflichtet ist[198]. Eine Erhöhung des Unrechts lässt sich in diesen Fällen deshalb nicht annehmen. Das gilt jedenfalls grundsätzlich. Es mag Umstände geben, in denen die Verhängung einer höheren Strafe gleichwohl angezeigt sein kann. Denn wie schon an vorangegangener Stelle erläutert[199], kommt zu den generell geltenden Kriterien, nach denen sich Ausmaß und Höhe des Unrechts einer Tat bemessen und mit denen sich eine Steigerung des Unrechts hier nicht fundieren lässt, noch ein relatives Moment hinzu. Dieses Moment lässt sich knapp als der gegenwärtige Zustand der Gesellschaft bezeichnen[200]. Sind nämlich bestimmte Taten in einem Maße verbreitet, dass dies zu einer massiven und nachhaltigen Beeinträchtigung der Stabilität führt, lassen sich für solche Taten härtere Strafen verhängen. Das ließe sich etwa annehmen, wenn Tötungen von Amtsträgern (Staatsanwälten, Richtern, Polizeibeamten) in einem Land mehrfach vorkommen sollten und hierdurch die Stabilität der Norm oder des gesamten Normensystems erheblich ins Wanken gerät; wenn also Tötungen staatlicher Funktionsträger systematisch dazu eingesetzt werden, die staatliche Strafverfolgung zu unterbinden und staatliche Organe handlungsunfähig und willfährig zu machen. Denn hierdurch wird der rechtliche

---

[197] Zu diesem Terminus *Seelmann*, GA 1989, S. 241 (252 f.); *ders.*, in: Gerechtigkeit, S. 109 (122 f.).

[198] Um das Ganze zu veranschaulichen, folgendes Beispiel: Bricht während einer Gerichtsverhandlung ein Brand aus, und verfügt ein Zeuge, weil er bei der Feuerwehr tätig ist, über besondere Fähigkeiten im Umgang mit solchen Situationen, ist er nicht etwa verpflichtet, vorrangig das Leben des Richters oder des Staatsanwalts statt irgendeines beliebigen Zuschauers zu retten. Die allgemeine Hilfspflicht nach § 323c StGB, die ihn trifft, gilt vielmehr für alle Anwesenden gleichermaßen.

[199] Oben zu 1 b am Ende.

[200] *Hegel*, Grundlinien, § 218; eingehend dazu *Köhler*, Zusammenhang, S. 49 ff.; *ders.*, Begriff der Strafe, S. 57, 59; ferner *Pawlik*, Person, S. 91 f., 94; *Frisch*, BGH-FG, Band IV, S. 269 (280 f., 285, 305 f.).

Zustand der Gesellschaft nicht nur partiell abgelehnt oder tangiert, sondern er wird gleichsam in toto negiert. Unter dieser Voraussetzung ergibt sich dann sehr wohl eine Erhöhung des Unrechts der Tat. Diese ist allerdings nicht konstant, sondern abhängig vom jeweiligen Zustand der Gesellschaft. Wiewohl dieser relative Aspekt bei der Bemessung der Strafe zu berücksichtigen ist, ist es nach allem abzulehnen, für Tötungen von Amtsträgern einen Qualifikationstatbestand oder einen benannten schweren Fall vorzusehen, der dann generell oder doch in aller Regel zur Anwendung käme. Sachlich wäre dies nicht gerechtfertigt, da nach dem derzeitigen Zustand unserer Gesellschaft für eine solche Regelung kein Anlass zu erkennen ist. In anderen Ländern, in Gesellschafts- und Rechtsordnungen, die durch eine dauerhafte, massive und nachhaltige Instabilität gekennzeichnet sind, mag dies anders zu beurteilen sein.

Wie die vorangegangenen Erörterungen gezeigt haben, lässt sich eine Unrechtserhöhung der vorsätzlichen Tötung begründen, sofern zwischen Täter und Opfer ein besonderes Vertrauensverhältnis besteht. Zwingend vorausgesetzt ist jedoch, dass sich die qualifizierte Schutzpflicht des Täters, die aus diesem Verhältnis folgt, gerade auf das Gut „Leben" des Opfers bezieht. Soweit hier das Kriterium des Vertrauens herangezogen wird, mag man möglicherweise auf den ersten und flüchtigen Blick eine gewisse Nähe zur Interpretation des Merkmals „Heimtücke" ausmachen können, wie sie vorzugsweise im Schrifttum befürwortet wird[201]. Denn einige Autoren rekurrieren dort ebenfalls auf den Vertrauensaspekt[202]. Inhaltlich stimmen diese Vorschläge mit dem hier vertretenen Ansatz nicht überein, und sie konnten in der Sache auch nicht überzeugen. Die Kritik richtet sich hauptsächlich gegen die mangelnde Bestimmtheit des Vertrauensaspekts[203], die maßgeblich aus dessen fehlender normativer wie dogmatischer Verankerung folgt. Dieser Einwand dürfte sich nicht erheben lassen, wenn zur Begründung eines qualifizierten Vertrauenstatbestands, wie es hier vorgeschlagen wird, auf allgemeine Zurechnungsprinzipien zurückgegrif-

---

201 Siehe dazu bereits im zweiten Kapitel zu B II.

202 *Schmidhäuser*, Gesinnungsmerkmale, S. 233 ff.; *ders.*, Würtenberger-FS, S. 91 (106); *ders.*, JR 1978, S. 265 (269 f.); *ders.*, Strafrecht BT, 2/25; *Schaffstein*, Mayer-FS, S. 419 (428 f.); *Otto*, ZStW 83 (1971), S. 39 (63 f.); *ders.*, Strafrecht BT, § 4 Rdnr. 25; *Hassemer*, JuS 1971, S. 626 (630); *Lange*, Schröder-GS, S. 217 (233); *Jescheck*, in: Freiheitsstrafe, S. 127 (130), und *Staiger*, ebd., S. 181 (185); *M.-K. Meyer*, JR 1979, S. 485 ff.; *dies.*, JR 1986, S. 133 (135); *Eser*, JR 1981, S. 177 (182 f.); Sch/Sch-*Eser*, § 211 Rdnr. 26; *Jakobs*, JZ 1984, S. 996 (997 f.); *Langer*, JR 1993, S. 133 (140); SK/*Horn*, § 211 Rdnr. 32; *Krey/Heinrich*, Strafrecht BT/1, § 1 Rdnr. 58; *Bosch/Schindler*, Jura 2000, S. 77 (81); und zuvor schon *Kohlrausch/Lange*, Strafgesetzbuch, §§ 211, 212 Anm. VII.5; *Eb. Schmidt*, DRZ 1949, S. 241 (245); OGHSt 1, 143 f., und 321 (326).

203 Vgl. BGHSt 30, 105 (115 f.); *Geilen*, Schröder-GS, S. 235 (255); *Arzt*, JR 1979, S. 7 (11); *Rengier*, MDR 1980, S. 1 (4); *dens.*, Strafrecht BT II, § 4 Rdnr. 33; *Schlechtriem*, Mordmerkmal der Heimtücke, S. 76; *Wessels/Hettinger*, Strafrecht BT/1, § 2 Rdnr. 108; *Mitsch*, JuS 1996, S. 213 (214); *Gössel/Dölling*, Strafrecht BT, § 4 Rdnr. 111; NK/*Neumann*, § 211 Rdnr. 49; *Kindhäuser*, Strafrecht BT I, § 2 Rdnr. 30.

fen wird und wenn die qualifizierte Schutzpflicht, die den Täter bezogen auf das Gut „Leben" des Opfers trifft, in Anlehnung an die Dogmatik des Garantenunterlassungsdelikts bestimmt wird[204]. Eine Unrechtssteigerung in diesen Fällen nicht anzuerkennen, führte zu strafrechtsdogmatischen Inkonsistenzen. Deshalb ist auch einem weiteren Einwand gegen das Vertrauenskriterium zu widersprechen, es gebe „keine Kongruenz zwischen Vertrauensbruch und gesteigertem Unwert einer Tat"[205]. (Der Einwand bezieht sich auf das Vertrauenskriterium, wie es bislang in der Literatur vertreten wird.) Vom hiesigen Standpunkt aus bleibt vielmehr festzuhalten: Normativ macht es durchaus einen Unterschied, ob der Täter irgendeine beliebige, ihm unbekannte Person tötet oder ob er jemanden tötet, für dessen Lebensschutz er eine besondere Verantwortung übernommen hat. *Hartmut Schneiders* Frage „Ist es sinnvoll, die mittäterschaftliche Tötung eines Schlafenden durch dessen Ehefrau und deren Geliebten für beide Täter unterschiedlich zu beurteilen?"[206] ist daher mit „Ja" zu beantworten[207]. Ebenso lässt sich *Kargls* Monitum zurückweisen, es sei nicht zu erkennen, wieso „sich der Überfall auf einen Unbekannten [...] normativ vom Überfall auf eine Person unterscheiden soll, zu der der Täter eine persönliche Beziehung hatte"[208] – vorausgesetzt, aufgrund der „persönlichen Beziehung" ist zugleich eine entsprechend qualifizierte Schutzpflicht begründet.

Gegen den Vertrauensaspekt wird schließlich geltend gemacht, es sei unerträglich, die Tötung eines Ahnungslosen nicht als einen Mord anzusehen und diesen Tatbestand damit auf Fälle zu beschränken, in denen ein besonderes Vertrauensverhältnis zwischen Täter und Opfer bestand[209]. (Diese Konsequenz ergibt sich de lege lata, wenn das Merkmal „Heimtücke" ausgeschlossen sein soll,

---

[204] Der Gedanke, auf die Garantenpflichtdogmatik zurückzugreifen, findet sich – obgleich nur knapp angesprochen – bei *Arzt/Weber*, Strafrecht BT, § 2 Rdnr. 47 a. E. *Arzt* führt dort zur Ausnutzung der Arglosigkeit des Opfers aus: „Nur im Rahmen von Garantenverhältnissen kann eine solche Erwartung enttäuscht werden. Außerhalb von Garantenbeziehungen liegt eine bloße Hilflosigkeit vor, deren Ausnutzung allein keine heimtückische Tötung darstellt." Des Weiteren lässt sich auf *Langer*, JR 1993, S. 133 (140), verweisen, der, wenngleich ebenfalls nur beiläufig, im Zusammenhang mit der „Heimtücke" bemerkt: „Einen auch rechtlich relevanten Anlaß, die Selbstvorsorge für den Erhalt des eigenen Lebens unter das Normalmaß zu senken, hat eben nicht schon der, der seinerseits einem anderen Vertrauen entgegenbringt, sondern erst der, dessen Selbstauslieferung von dem anderen obhutsbegründend angenommen worden ist."

[205] So LK/*Jähnke*, § 211 Rdnr. 48; BGHSt 30, 105 (116).

[206] MK/*Schneider*, § 211 Rdnr. 159; zuvor schon ebenso *Rengier*, MDR 1980, S. 1 (5).

[207] Siehe zutreffend zu diesem Beispiel bereits *Schmidhäuser*, Gesinnungsmerkmale, S. 266.

[208] *Kargl*, StraFo 2001, S. 365 (369).

[209] BGHSt 28, 210 (212); 30, 105 (116); *Arzt*, JR 1979, S. 7 (11); *Arzt/Weber-Hilgendorf*, Strafrecht BT § 2 Rdnr. 50; *Rengier*, MDR 1980, S. 1 (5); *ders.*, Strafrecht BT II, § 4 Rdnr. 33; NK/*Neumann*, § 211 Rdnr. 49; MK/*Schneider*, § 211 Rdnr. 155, 159; *Mitsch*, JuS 1996, S. 213 (214); *Küper*, Strafrecht BT, S. 200; *Kargl*, StraFo 2001, S. 365 (369); *Gössel/Dölling*, Strafrecht BT, § 4 Rdnr. 111; *Kindhäuser*, Strafrecht BT I, § 2 Rdnr. 30; *Rotsch*, JuS 2005, S. 12 (14).

sofern es an einem besonderen Vertrauensverhältnis fehlt.) Dem ist aus hier vertretener Sicht zweierlei zu entgegen. Erstens: Dass die Verletzung einer qualifizierten Schutzpflicht bei einer Tötung durch aktives Tun zu einer Steigerung des Unrechtsgehalts der Tat führt, bedeutet nicht schon zwangsläufig, dass es sinnvoll wäre, den Mord (oder einen Mordtatbestand) auf eine solche Fallgruppe zu reduzieren[210]. Es handelt sich hierbei um zwei verschiedene Fragen, die auseinanderzuhalten sind: zum einen geht es um die Frage, welche Kriterien eine Unrechtssteigerung zu bewirken vermögen, und zum anderen um die Frage, was dogmatisch überzeugend unter einen Tatbestand „Mord" gefasst werden kann. Zweitens: Wenngleich der Verstoß gegen eine qualifizierte Schutzpflicht des Täters ein das Unrecht erhöhendes Kriterium darstelllt, so können doch andererseits gleichzeitig Tatumstände gegeben sein (etwa eine vorangegangene Rechtsverletzungen des Täters durch das Opfer), denen eine unrechtsmindernde Funktion zukommt. Denn ein qualifiziertes Vertrauensverhältnis wirkt nicht absolut; es kann nicht per se unrechtsmindernde Aspekte ausschließen. Wäre der oben erwähnte Einwand einer fehlenden Kongruenz von besonderem Vertrauenstatbestand und Unrechtssteigerung so zu verstehen, dass die unrechtserhöhende Wirkung der besonderen Schutzpflicht letztlich (wegen möglicher mindernder Aspekte) nicht in jedem Fall durchgreift, träfe er zu. Für sich genommen ist die Verletzung einer qualifizierten Schutzpflicht jedoch ein das Unrecht erhöhendes Moment beim Handlungsdelikt.

3. Ergebnis

Steigerungen des Unrechts sind beim vorsätzlichen Tötungsdelikt in Form einer Steigerung des Handlungsunrechts möglich. Subjektiv lassen sie sich auf die verschiedenen Vorsatzformen stützen. Wird eine Tötung mit Absicht oder Wissentlichkeit vorgenommen, so impliziert das gegenüber einer mit dolus eventualis ausgeführten Tötung – da diese als Grundform vorsätzlichen Verhaltens anzusehen ist – eine Erhöhung des Handlungsunrechts. Dagegen kommt Motiven oder Beweggründen des Täters sowie weiteren, über die (vorsätzliche oder absichtliche) Tötung hinausgehenden Zwecken und Absichten, die der Täter mit seiner Tat verfolgen mag, eine unrechtserhöhende Wirkung nicht zu. Denn die innere Einstellung des Täters ist, soweit diese keinen direkten Bezug zur Rechtsverletzung aufweist, der Ethik (oder der Moralität) zuzurechnen. Objektiv kann sich eine Erhöhung des Tötungsunrechts zunächst durch die Art und Weise der Tatausführungen ergeben. Insoweit lassen sich als unrechtssteigernde Kriterien vor allem eine grausam oder eine mit gemeingefährlichen Mitteln vorgenommene Tötung anführen. Die unrechtssteigernde Qualität folgt für beide

[210] In diesem Sinne schon *Jakobs* (JZ 1984, S. 996 [998]): „Offen ist auch, ob die Qualifizierung [bei Vorliegen eines besonderen Vertrauenstatbestands] nicht doch verzichtbar ist." Vergleichbar auch die Erwägungen bei *Köhler*, JuS 1984, S. 762 (764).

Merkmale dem Kern nach aus einer Kombination zweier Rechtsverletzungen. Des Weiteren ist ein unrechtserhöhendes Moment gegeben, sofern der Täter eine Person aktiv handelnd tötet, gegenüber der ihm zugleich eine besondere Schutzpflicht zukommt, die sich gerade auf den Schutz des Guts „Leben“ bezieht. Sollte der Mord oder ein Mordtatbestand sich durch seinen Unrechtsgehalt vom Totschlag abheben und demzufolge als ein Qualifikationstatbestand zur einfachen vorsätzlichen Tötung ausgestaltet sein (oder werden), so könnten diese Kriterien die Qualifizierung an sich dogmatisch fundieren. Gegen eine entsprechende tatbestandliche Ausgestaltung einer Qualifikation der vorsätzlichen Tötung spricht aber ganz entschieden, dass den genannten Aspekten für sich genommen zwar eine unrechtssteigernde Qualität zukommt, dass aber in fast all diesen Fällen zugleich unrechtsmindernde Umstände vorliegen können[211]. Die unrechtserhöhende Qualität der Kriterien ist also keine absolute; liegen sie vor, ist damit das letzte Wort über die Höhe des Tötungsunrechts noch keineswegs gesprochen. Im Ergebnis dürften nur zwei Fälle denkbar sein, in denen sich das anders verhält. Zum einen die Tötung eines (kleinen) Kindes durch seinen Vater oder seine Mutter; weil eine Unrechtsminderung, die das Kind herbeigeführt haben könnte, hier prinzipiell nicht in Betracht kommt; denn ein kleines Kind ist nicht in der Lage, einen rechtlich beachtlichen Tatbeitrag zu leisten. Zum anderen dürfte eine Minderung des Unrechts (obschon nicht derart kategorisch wie im Falle der Tötung eines Kindes) in aller Regel ausscheiden, wenn gebrechliche alte oder pflegebedürftige Menschen getötet werden von Personen, die für ihren (Lebens-)Schutz eine besondere Verantwortung übernommen haben. Insofern ließe sich in diesen beiden Fällen eine Unrechtserhöhung noch am ehesten allgemeingültig formulieren (und § 225 I Nr. 1 und 2 StGB trägt dieser Bewertung bei den Körperverletzungsdelikten Rechnung), in allen anderen Fällen nicht.

II. Schuldsteigerungen

Begreift man den Mordtatbestand, wie es allgemeiner Ansicht entspricht, als eine Qualifikation zum Totschlag[212], und lehnt eine Steigerung des Unrechts ab[213], bleibt zwangsläufig nur die Ebene der Schuld übrig, auf der eine Qualifi-

---

211 Dazu noch unter B II in diesem Kapitel.

212 Hierzu bereits die Nachweise in Fn. 3 zu A I in diesem Kapitel.

213 Eine Steigerung des Erfolgsunrechts scheidet offenkundig aus (*Schmidhäuser*, Engisch-FS, S. 433 [447]; Alternativ-Entwurf 1970, S. 17, 19; *Eser*, Gutachten, D 98; Sch/Sch-*Eser*, Vorbem. zu §§ 211 ff., Rdnr. 2; *Lackner*, Referat zum 53. Deutschen Juristentag, M 32; *ders.*, NStZ 1981, S. 348; *Köhler*, JuS 1984, S. 762 [763]), während eine Steigerung des Handlungsunrechts möglich bleibt (vgl. die vorangegangenen Ausführungen zu A I). – Dennoch: Eine Unrechtssteigerung beim Tötungsdelikt lehnen grundsätzlich ab: *Lange*, JR 1949, S. 167 (171); *ders.*, Schröder-GS, S. 217 (221); *Engisch*, 1955, S. 161 (166); *Köhler*, JuS 1984, S. 762 (763); *Schmid-*

kation des vorsätzlichen Tötungsdelikts dogmatisch verankert werden könnte[214]. Hierbei treten vor allem zwei Konzepte hervor: Zum einen wird eine gesteigerte Schuld des Täters, die den Mord vom Totschlag abheben soll, begründet mit der besonders wertwidrigen Gesinnung des Täters (dazu 1)[215]; zum anderen wird die Qualifikation auf das Kriterium der Überlegung gestützt (dazu 2). Ob diese Lösungsvorschläge zu überzeugen vermögen oder ob sich eine Schuldsteigerung darüber hinaus aus anderen Erwägungen begründen ließe (dazu 3), ist im Folgenden darzulegen.

1. Schuld als fehlerhafte oder wertwidrige Gesinnung (Schmidhäuser)

Schmidhäuser entwickelt seine Auffassung, Mord zeichne sich gegenüber dem Totschlag durch eine erhöhte Schuld des Täters aus, auf der Grundlage des in der Nachkriegszeit verbreiteten Verständnisses der Schuld als einer fehlerhaften oder wertwidrigen Gesinnung des Täters[216]. Gesinnung definiert er als ein „sittlich-geistiges Verhalten der Person“[217]. Da es im Strafrecht typischerweise um eine „böse Gesinnung“ gehe, habe man es mit dem Negativum der sittlichen Gesinnung zu tun – „jener Gesinnung, die der moralischen Handlung erst ihren eigentlichen sittlichen Wert gibt“[218]. Diese „böse“ Gesinnung, das Gegenstück zur sittlichen Gesinnung, wird als das „sittlich-wertwidrige geistige Verhalten des Täters“ bezeichnet[219]. *Schmidhäuser* betont immer wieder, eine wertwidrige Gesinnung sei für das Strafrecht nicht schon per se von Belang; sie werde es erst, wenn der Täter eine unrechte Tat begangen habe. Ohne diesen Bezug auf ein unerlaubtes, äußerlich wertwidriges Verhalten sei die Gesinnung für das Strafrecht nicht relevant. Liegt eine unrechte Tat vor und ist die Gesinnung des Täters herauszufinden, so läuft auch das nach *Schmidhäuser* nicht darauf hinaus,

---

häuser, Gesinnungsmerkmale, S. 206 f., 209; abweichend *ders.*, Engisch-FS, S. 433 (447, 448 f.); *ders.*, Strafrecht AT, 8/94, 10/124 ff.; *ders.*, Strafrecht BT, 2/14 f., 18 ff.

[214] Von einer Schuldsteigerung gehen aus: *Lange*, JR 1949, S. 167 (169 ff., bes. 171); *ders.*, Schröder-GS, S. 217 (221); *ders.*, JR 1950, S. 615 (619); *Kohlrausch/Lange*, §§ 211, 212, Anm. VII (S. 287); *Engisch*, GA 1955, S. 161 (166); *Köhler*, GA 1980, S. 121 (123, 130, 134 et passim); *ders.*, JuS 1984, S. 762 (763); *Schmidhäuser*, Gesinnungsmerkmale, S. 223 ff., 243; modifizierend *ders.*, Strafrecht AT, 8/92 ff., 10/124 ff.; *ders.*, Strafrecht BT, 2/14 f.

[215] Die Gesinnungskonzeption lässt sich im Weiteren einordnen als eine Richtung, die Mord und Totschlag nach Verwerflichkeitserwägungen unterscheidet (grundsätzlich dazu im zweiten Kapitel zu A I); sie ist also als eine Variante der Verwerflichkeitsbetrachtung anzusehen.

[216] *Gallas*, ZStW 67 (1955), S. 1 (45 f.); *Lange*, JR 1949, S. 167 (169 f.); *ders.*, Schröder-GS, S. 217 (221); *Engisch*, GA 1955, S. 161 (166); *Eb. Schmidt*, DRZ 1949, S. 241 (245); *Hardwig*, ZStW 68 (1956), S. 14 (27 ff., bes. 29); ferner *Jescheck/Weigend*, Lehrbuch, § 38 I 1, II 5.

[217] *Schmidhäuser*, Gesinnungsmerkmale, S. 86 f.

[218] *Schmidhäuser*, Gesinnungsmerkmale, S. 173, 186. Das verweist auf *Kant*, auf den *Schmidhäuser* sich auch explizit beruft (a.a.O., S. 169 ff.), und dessen grundlegende Differenzierung zwischen Legalität und Moralität (dazu *Kant*, MdS-RL, Einleitung in die MdS, S. 318 f., 323 ff., 326).

[219] *Schmidhäuser*, Gesinnungsmerkmale, S. 174, 182, 186, 217 und durchgehend.

ein bestimmtes „geistiges Sosein" des Täters, mithin seine allgemeine, dauerhafte oder beständige (psychische) Verfassung zu erforschen[220]. Die Feststellung einer Gesinnung soll vielmehr strikt einzeltatbezogen erfolgen und darf über die konkrete Straftat nicht hinausreichen. Ohne Bedeutung sei es daher, zu welchen anderen (schweren) Taten der Täter noch in der Lage gewesen wäre[221]. Das macht deutlich: Um eine Gesinnungsethik im weitesten Sinne geht es bei *Schmidhäuser* nicht. Zwar wird man den Terminus „Gesinnung" aus heutiger Sicht bedenklich finden, weist er doch eine negative Konnotation auf und lässt an Begriffe wie „Gesinnungsstrafrecht" erinnern[222]. Soweit dadurch aber möglicherweise suggeriert wird, es gehe hier um Lebensführungs- oder Charakterschuld[223], träfe ein solcher Vorwurf die Konzeption *Schmidhäusers* nicht.

Schuld ist für *Schmidhäuser* das „rechtsgutsverletzende[ ] geistige[ ] Verhalten des Täters"[224]. Nimmt man die Gesinnung hinzu, bedeutet Schuld die unrechtliche Gesinnung des Täters, die Gesinnung also, die sich auf eine unrechte Tat bezieht[225]. In den Worten *Schmidhäusers*: „der Sachverhalt des auf die unrechte Tat bezogenen sittlich-verwerflichen geistigen Verhaltens, d.i. die unrechtliche Gesinnung oder die Schuld."[226] Hieran wird deutlich, dass die Schuld zwar mit der unrechten Tat korrespondiert; andererseits geht sie aber in der unrechten Tat nicht auf. Schuld oder Gesinnung und unrechte Tat sind daher auch im Regelfall (wenn kein Schuldausschluss und keine -minderung gegeben sind) nicht deckungsgleich. Schuld ist *Schmidhäuser* zufolge vielmehr eine ganz eigenständige Kategorie, sie „hat im geistigen Verhalten des Täters einen eigenen Unwertsachverhalt"[227]. Dieser Unwertsachverhalt müsse „zusätzlich zum Unrecht für die Strafe vorausgesetzt werden [...], wenn die Strafe sittlich vertretbar sein soll"[228]. Durch diese vom Unrecht derart (scharf) abgesetzte Qualität, die die Schuld erhält, wird die Bindung an das Unrecht gelockert, und es wird möglich, graduelle Abstufungen der Schuld vorzunehmen, die auch über das Unrecht einer Tat hinausreichen können. Die „unrechtliche Gesinnung" als solche ist nach *Schmidhäuser* zwar nicht abstufbar, da sie sich auf die unrechte Tat bezieht. Darüber hinaus gebe es aber verschiedene Grade der Verwerflichkeit

[220] *Schmidhäuser*, Gesinnungsmerkmale, S. 80ff., 136, 178, 187, 192 et passim; *ders.*, Gallas-FS, S. 81 (92); *ders.*, in: Tötungsdelikte, S. 103 (105, 107); *ders.*, Jescheck-FS, S. 485 (493); *ders.*, Strafrecht AT, 10/2f.

[221] *Schmidhäuser*, Gesinnungsmerkmale, S. 197.

[222] Differenzierend jedoch *Schmidhäuser*, Gallas-FS, S. 81 (93ff.).

[223] Entschieden dagegen *Schmidhäuser*, Gesinnungsmerkmale, S. 97ff., 116ff.; *ders.*, Jescheck-FS, S. 485 (490).

[224] *Schmidhäuser*, Strafrecht AT, 10/2.

[225] *Schmidhäuser*, Gesinnungsmerkmale, S. 177, 186, 192; *ders.*, Strafrecht AT, 10/2.

[226] *Schmidhäuser*, Gesinnungsmerkmale, S. 178 (Zitat), 211; später nennt *Schmidhäuser* diesen Schuldbegriff auch einen axiologischen, siehe in Jescheck-FS, S. 485.

[227] *Schmidhäuser*, Strafrecht AT, 10/3 (Zitat); *ders.*, Gesinnungsmerkmale, S. 182, 209.

[228] *Schmidhäuser*, Jescheck-FS, S. 485 (493).

einer Gesinnung[229], womit Abstufungen sowohl nach oben wie nach unten denkbar sind. Die Mordmerkmale als Gesinnungsmerkmale implizieren für *Schmidhäuser* eine Steigerung der Schuld[230]. Der unrechtlichen Gesinnung – die sich auf die unrechte Tat einer vorsätzlichen Tötung bezieht und den Grundsachverhalt der Schuld zunächst ausmacht – fügen sie eine Gesinnung hinzu[231]. Weil Mord mit der Höchststrafe bedroht ist, erfordere dies letztlich, wie *Schmidhäuser* es anschaulich ausdrückt, einen „Verwerflichkeitssuperlativ“[232].

Schon aus empirischen Gründen ist der Schuldbegriff *Schmidhäusers* Bedenken ausgesetzt. Das geistig-wertwidrige Verhalten des Täters, die Gesinnung oder Schuld, soll sich „in den seelischen Gegebenheiten als seinem ‚Ort‘ vorfinden“ lassen[233] und mit psychologischen Mitteln zu erforschen sein[234]. Demgegenüber wird von Seiten der Psychologie bezweifelt, ob das zu leisten ist. So meint *Müller-Luckmann*, es wäre eine gutachterliche Hybris zu behaupten, eine solche Aufgabe sei lösbar[235]. Das grundsätzliche Problem, die Gesinnung

---

229 *Schmidhäuser*, Gesinnungsmerkmale, S. 196f., 209, 211; *ders.*, Würtenberger-FS, S. 91 (105); *ders.*, Jescheck-FS, S. 485 (496).

230 So *Schmidhäuser*, Gesinnungsmerkmale, S. 223ff., 243. – *Schmidhäuser* ging in seiner Habilitationsschrift noch davon aus, es sei lediglich die Schuld, nicht hingegen das Unrecht steigerungsfähig (ebd., S. 206f., 209). Diesen Standpunkt hat er später modifiziert; er erkannte an, dass die Art und Weise einer Tatbegehung Auswirkungen auf das Unrecht hat (Engisch-FS, S. 433 [447f.]). Bei den Mordmerkmalen führt das zu folgender Unterscheidung (*Schmidhäuser*, Strafrecht BT, 2/14f., 18ff.): Die Absichtsmerkmale der dritten Gruppe und die Merkmale „Mordlust“ und „zur Befriedigung des Geschlechtstriebs“ sind sogenannte einfache besondere Schuldmerkmale, während „Habgier“ und die „niedrigen Beweggründe“ reine Schuldgesinnungsmerkmale sind. Dagegen sind die Merkmale „heimtückisch“ und „grausam“ Gesinnungs- und damit Schuldmerkmale mit einer Unrechtskomponente. Das Merkmal „mit gemeingefährlichen Mitteln“ hat demgegenüber nur eine Unrechtsseite. Die obige generelle Aussage gibt *Schmidhäusers* Ansicht demzufolge nicht ganz treffend wieder und müsste weiter differenziert werden. Da es hier jedoch um die Bewertung des Gesamtkonzeptes geht, kann auf diese weiteren Differenzierungen verzichtet werden. Denn die Bewertung des Grundansatzes hängt von diesen Details nicht ab.

231 *Schmidhäuser*, Gesinnungsmerkmale, S. 211, 217f.

232 *Schmidhäuser*, Strafrecht BT, 2/16.

233 *Schmidhäuser*, Gesinnungsmerkmale, S. 174; *ders.*, Strafrecht AT, 6/16ff., 10/10.

234 So *Schmidhäuser*, Gesinnungsmerkmale, S. 177.

235 *Müller-Luckmann*, in: Tötungsdelikte, S. 119 (122f.). Vgl. auch *Stratenwerth*, v. Weber-FS, S. 171 (190); *Horstkotte*, Gesinnung, S. 43f.; *Rengier*, ZStW 92 (1980), S. 459 (474); *Heine*, Tötung, S. 194; *Schwarzenegger*, SchwZStR 118 (2000), S. 349 (363f.). – Die Einschätzung *Schmidhäusers* fällt dagegen positiver aus, obschon er die prinzipielle Problematik durchaus nicht verkennt (vgl. etwa in: Tötungsdelikte, S. 103 [109]). *Schmidhäuser* konstatiert zunächst eine „letztliche Unerfahrbarkeit sittlicher Gesinnung“ (Gesinnungsmerkmale, S. 176), weil es nicht um eine Handlung gehe, die man sehe, sondern um innere Prinzipien, die man nicht sehe (ebd., S. 68f.; unter Hinweis auf *Kant*, Grundlegung, S. 26). Das soll allerdings nur für die rechtliche Gesinnung gelten, nicht hingegen für die sittlich-wertwidrige, die weitgehend erfahrbar sei (Gesinnungsmerkmale, S. 68, 77f., 218ff.; Gallas-FS, S. 81 [91f.]). Dazu führt *Schmidhäuser* aus (Gesinnungsmerkmale, S. 78): „wenn wir von einem Menschen wissen, daß er die fraglichen, wert-verwirklichendes Handeln fordernden Situationen gekannt hat oder doch hätte erkennen können, und wenn wir weiter wissen, daß er diesen Wertanrufen nicht gefolgt ist, so steht – mit einem Vorbehalt freilich – fest, daß der Erfüllung heischende sittliche

eines Menschen festzustellen, dürfte überdies durch den strengen Einzeltatbezug der Gesinnungsprüfung, wie er nach *Schmidhäuser* vorzunehmen ist, noch verschärft werden. So dürfte es sich bei Einzeltat-Gesinnungen mitunter um mehr oder weniger flüchtige, schwer greifbare Phänomene handeln, die wesentlich schwieriger zu fassen sind als eine dauerhafte Gesinnung oder beständige Charakterzüge[236].

Vor allem jedoch bleibt, trotz oder ungeachtet des strikten Einzelfallbezugs, die Erforschung der Innenwelt des Täters und die daran anschließende Bewertung dieser Interna aus rechts- wie freiheitstheoretischen Gründen problematisch (wie an vorangegangener Stelle im Rahmen der „niedrigen Beweggründe" bereits erläutert wurde[237]). Nicht zuletzt stimmen hier Formulierungen bedenklich, wonach es „auf das Ganze [des] seelischen Erlebens" ankommen soll[238]. Mit einem konsequent freiheitlichen Strafrechtsverständnis ist das nicht mehr vereinbar. Die innere Welt einer jeden Person, auch wenn sie ein Unrecht begangen hat, ist vor Zugriffen dieser Art zu schützen[239].

Darüber hinaus bleibt unklar, was genau erforscht werden sollte beziehungsweise was unter einer (unrechtlichen) Gesinnung zu verstehen ist. *Schmidhäuser* räumt zunächst ein, das Gesetz gebe nicht vor, die unrechte Tat müsse aus „böser" Gesinnung begangen worden sein[240]. Immerhin ließe sich insofern noch reklamieren, der Begriff Gesinnung werde in § 46 II S. 2 StGB ausdrücklich erwähnt. *Rengier* kommt deswegen sogar zu dem Schluss, die Bedenken gegen

---

Wert in seiner Willensbildung keine Rolle gespielt hat, und d.h. daß die entsprechende wertwidrige Gesinnung gegeben ist." Geht man von dieser Passage aus, käme es, genau besehen, auf eine echte Erfahrbarkeit der Tätergesinnung nicht an. Dem Täter wird vielmehr eine unrechtliche Gesinnung zugeschrieben, falls es keine Anhaltspunkte gibt (wie etwa fehlender Vorsatz oder Fahrlässigkeit), die eine solche Zuschreibung ausschließen könnten (vgl. ferner *Schmidhäuser*, Gesinnungsmerkmale, S. 177 ff., 190; andererseits *dens.*, a.a.O., S. 218 f., und in: Tötungsdelikte, S. 103 [113]). Damit würde der Gesinnungsbegriff letztlich anhand rechtlich-dogmatischer Kategorien aufgelöst beziehungsweise in diese „rückübersetzt". Hierauf dürfte im Ergebnis auch der Vorschlag *Stratenwerths* hinauslaufen (v. Weber-FS, S. 171 [177, 187]). Denkt man das konsequent zu Ende, hat die Gesinnung keine eigenständige Funktion mehr – eine Konsequenz, die aber auch *Stratenwerth* nicht zieht (siehe a.a.O., S. 187 ff.; *dens.*, Tatschuld, S. 29 f.).

[236] Vgl. auch *Heine*, Tötung, S. 194 f.; *Kelker*, Legitimität von Gesinnungsmerkmalen, S. 404 ff., 408 ff.

[237] Zweites Kapitel unter B I 2 c.

[238] *Schmidhäuser*, Strafrecht AT, 10/126. – Ebenso problematisch die Vorstellung von *Müller-Luckmann*, die meint, um die Gesinnung zu erforschen, sei es notwendig, „den ganzen Hintergrund einer Lebensgeschichte deutlich zu machen, deren Bedingungen und Angebote ein defizitäres Wertsystem hervorgebracht haben" (in: Tötungsdelikte, S. 119 [123]). Vergleichbar spricht *Herren* von einer „Durchleuchtung der Täterpersönlichkeit" (Gesinnung, S. 25).

[239] Vgl. auch *Jakobs*, in: Der psychiatrische Sachverständige, S. 271 (272, 275 f.); *dens.*, in: Handlungsanalyse, S. 21 (22 f.); *Heine*, Tötung, S. 194; ferner *Reemtsma*, Recht des Opfers, S. 16.

[240] *Schmidhäuser*, Gesinnungsmerkmale, S. 174, 177, 178; *ders.*, in: Tötungsdelikte, S. 103.

das Gesinnungserfordernis seien weniger dogmatischer denn praktischer Art[241]. Soweit jedoch grundsätzlich Einwände gegen ein Verständnis der Schuld als einer fehlerhaften oder wertwidrigen Gesinnung zu erheben sind, gelten diese gleichermaßen auf der Ebene der Strafzumessung[242] – aus Gründen normativer Konsistenz. So lassen sich bei der Strafzumessung nicht etwa Aspekte mit einbeziehen, die beim Schuldbegriff aus wohlerwogenen und prinzipiellen Überlegungen abzulehnen sind[243]. Der Hinweis auf §46 II S.2 StGB kann daher für sich genommen noch nicht verfangen – ganz abgesehen davon, dass er bei der begrifflichen Klärung (was meint Gesinnung eigentlich?) nicht weiterhilft. Die hierzu angebotene Definition, wonach Schuld oder eine unrechtliche Gesinnung erfordere, die Tat müsse „auf dem Nichternstnehmen des im Willensverhalten verletzten Rechtsguts" beruhen[244], wirkt eher blass[245]. Was den Mord betrifft und dessen Schuldsteigerung gegenüber dem Totschlag ausmachen soll, stehen im Wesentlichen die sogenannten „Verwerflichkeitssuperlative" zur Verfügung. Dabei zeigt sich die Problematik dieses Unterfangens schon bei recht unvoreingenommener Betrachtung. Die vorsätzliche Tötung an sich, so stellt *Schmidhäuser* fest, sei bereits „sehr verwerflich"; der „wesentlich verwerflichere" Mord soll von dieser aber noch hinreichend präzise abgehoben werden können[246]. Man wird wohl mit einigem Recht bezweifeln dürfen, ob eine solche „Verfeinerung der Maßstäbe" praktisch umsetzbar ist und einigermaßen vorhersehbare Entscheidungen ermöglichen könnte[247]. Schwerer fällt ein anderer Einwand ins Gewicht: Die Begründung einer Schuldsteigerung wird dem Prinzip nach auf (genuin) sittliche oder sozialethische Erwägungen gestützt und so-

---

241 *Rengier*, ZStW 92 (1980), S.459 (473).

242 Zutreffend kritisch zur Relevanz der Tätergesinnung, wie §46 II S.2 StGB sie offenbar vorgibt, *Hörnle*, Strafzumessung, S.49ff.; *dies.*, JZ 1999, S.1080 (1087) – dort auch zu möglichen Interpretationen des §46 II S.2 StGB (S.1088); ferner *Frisch*, ZStW 99 (1987), S.751 (767f.), und vorher bereits *Stratenwerth*, Tatschuld, S.17f., 28f.

243 Zum Zusammenhang von Strafzumessungserwägungen und den Kategorien der Verbrechenslehre: *Frisch*, ZStW 99 (1987), S.349 (385ff.); *ders.*, GA1989, S.338 (355f.); *ders.*, BGH-FG, Band IV, S.269 (279, 287ff.); *ders.*, Müller-Dietz-FS, S.237 (247f., 259); *Hörnle*, Strafzumessung, S.17f., 143ff.. 195ff.; *dies.*, JZ 1999, S.1080 (1087f.); *dies.*, in: Tatproportionalität, S.99 (105ff.); weiterhin *Schünemann*, in: Grundfragen, S.153 (158f., 162f., 187ff.); *ders.*, in: Tendenzen der Kriminalpolitik, S.209 (225ff.); MK/*Freund*, Vor §§13ff. Rdnr.72, 218; *Pawlik*, Person, S.91 mit Fn.60; *H.-J. Albrecht*, Strafzumessung, S.52ff.

244 *Schmidhäuser*, Jescheck-FS, S.485 (493).

245 Etwaige dogmatische Unstimmigkeiten seien hier dahingestellt, beispielsweise wie diese Begriffsbestimmung mit der unbewussten Fahrlässigkeit zusammengebracht werden könnte; vgl. hierzu *Roxin*, Strafrecht AT I, §19 Rdnr.26: „[...] wie kann man ‚im geistigen Verhalten' unbewußt etwas nicht ernstgenommen haben?"; weiterhin *dens.*, Henkel-FS, S.171 (177ff.); *dens.*, ZStW 82 (1970), S.675 (686).

246 *Schmidhäuser*, in: Tötungsdelikte, S.103 (110).

247 *Stratenwerth*, v. Weber-FS, S.171 (190f.); außerdem *Eser*, Gutachten, D 160; *Lackner*, Referat zum 53. Deutschen Juristentag, M 36; *Heine*, Tötung, S.194f.; *Hörnle*, Strafzumessung, S.61; *Rengier*, ZStW 92 (1980), S.459 (473); *Schünemann*, Bockelmann-FS, S.117 (132).

mit nicht mit streng-rechtlichen Kriterien geleistet. Sozialethische Erwägungen sind aber nicht ohne weiteres objektivierbar oder rationalisierbar und in einer pluralistischen Gesellschaft kaum mehr verallgemeinerungsfähig[248]; auch fehlt es an einer hinreichenden rechtlichen Fundierung[249]. Im Ergebnis hängt die Abgrenzung von Mord und Totschlag hiernach ausschließlich von sozialethischen Überlegungen ab[250]. Eine solche Lösung überzeugt nicht; vielmehr ist es vorzuziehen, die Differenzierung an spezifisch rechtlichen Kriterien auszurichten.

Gleichwohl bleibt festzuhalten: Der Entwurf *Schmidhäusers* beeindruckt durch seine Geschlossenheit und Stringenz. Zweifellos bewegt er sich auf der Höhe der damaligen Strafrechtsdogmatik und hat darüber hinaus in den fol-

---

[248] *Rengier*, ZStW 92 (1980), S. 459 (473); *Stratenwerth*, v. Weber-FS, S. 171 (190); *Horstkotte*, Gesinnung, S. 43 f.; *Eser*, Gutachten, D 162; *Lackner*, Referat zum 53. Deutschen Juristentag, M 36; *Müssig*, Mord, S. 106 f.; ferenr *Haas*, Strafbegriff, S. 251.

[249] Beispielhaft: Für die Bejahung des Mordmerkmals „grausam" soll es darauf ankommen, ob der Täter sich „über den Minimalanspruch des geforderten Mitgefühls mit den Leiden anderer Menschen hinweggesetzt" hat, seine „Mitleidlosigkeit extrem groß" war (*Schmidhäuser*, Strafrecht AT, 10/126), ob er also eine „gefühllose, unbarmherzige Gesinnung" aufweist (*Schmidhäuser*, Gesinnungsmerkmale, S. 238 ff.; *ders.*, Strafrecht BT, 2/26). Dass Mitleid, Barmherzigkeit oder Empathie positiv besetzte und erstrebenswerte Eigenschaften sind, denen eine (möglicherweise hohe) moralische Qualität zuzusprechen ist, mag durchaus sein. Die entscheidende Frage ist aber, ob es sich hierbei auch um Werte handelt, deren Fehlen strafrechtlich sanktioniert werden darf. Das ist abzulehnen. Denn rechtlich fundieren lassen sich diese Werte nicht. Für ein Strafrechtssystem sind sie außerdem zu anspruchsvoll. Wenn *Schmidhäuser* ergänzend bemerkt, es gehe ja nicht darum, den „hohen Anforderungen" der sittlichen Werte positiv zu genügen (also Mitleid oder Empathie zu empfinden), denn das könne die Rechtsordnung nicht verlangen, sondern es gehe lediglich darum, Minimalanforderungen nicht zu verletzen (in: Tötungsdelikte, S. 103 [112]), dürfte diese Differenzierung zunächst noch einleuchten. Die grundsätzliche Problematik wird dadurch aber nicht behoben. Viel eher liegt doch folgender Schluss nahe: Können bestimmte Werte vom Recht nicht eingefordert werden, handelt es sich dabei offensichtlich um Werte, die für das (Straf-)Rechtssystem insgesamt unbeachtlich sind. Es passt auch kaum zusammen, einerseits eine bestimmte innere Einstellung (etwa Barmherzigkeit) zwar nicht verlangen zu dürfen, andererseits deren gänzliches Fehlen aber gegebenenfalls zu Lasten des Täters berücksichtigen zu dürfen. Sofern Letzteres zu einer Schuldsteigerung des Täters (wegen seiner Unbarmherzigkeit) und damit zu einer signifikanten Erhöhung der Strafe führt (besonders deutlich im Falle des § 211 I StGB; siehe dazu noch die folgende Fußnote), wird der positive Wert vom Recht zumindest mittelbar doch vorausgesetzt. Wenn es im Strafrecht nur darum gehen kann, Minimalanforderungen nicht zu verletzen (Ultima-ratio-Funktion des Strafrechts), wie auch *Schmidhäuser* betont, kann das nur bedeuten, das strikte Recht nicht zu verletzen – und das ist ein Recht ohne sittlich-moralischen Zusatz.

[250] Die damit verbundene Problematik zeigt *Arzt* eindrucksvoll an einem „Rechenexempel" auf (in: Freiheitsstrafe, S. 141 [148]): Setze man bei einem Mord die effektive Freiheitsstrafe gleich 20 Jahre, bei einem schweren Totschlag gleich 10 Jahre, bleibe doch unerklärlich, wieso eine bestimmte verwerfliche Gesinnung (wie etwa Boshaftigkeit) genauso viele Jahre Freiheitsentzug „bringe" wie die vorsätzliche Tötung eines Menschen. Die Brisanz des Einwands entfällt nicht dadurch, dass man nun beim Mord von einer Freiheitsstrafe von 15 Jahren ausgeht. Denn immer noch wäre zu erklären, weshalb eine verwerfliche Gesinnung den Täter sozusagen fünf Jahren Freiheitsstrafe „kostet" und damit die Hälfte dessen, was er für eine vorsätzliche Tötung an Strafe erhält.

genden Jahren einen erheblichen Einfluss auf die Auslegung des § 211 StGB entfaltet[251]. In der Schlussbemerkung seiner Habilitationsschrift benennt *Schmidhäuser* konzis, was eine Berücksichtigung der Tätergesinnung für das Strafrecht bedeutet: „die fortschreitende Ethisierung des Strafrechts“[252]. Als Monitum wird das, der Anschauung jener Zeit entsprechend, nicht vorgetragen. *Schmidhäuser* sieht darin eher umgekehrt „eine von der Sache selbst her geforderte Entwicklung“[253]. Aus heutiger Sicht, der Sicht einer „modernen Verbrechenslehre“[254], wird man einem solchen Anliegen jedoch dezidiert kritisch entgegentreten dürfen (und müssen)[255].

2. *Schuldsteigerung bei einer überlegten Tat (Köhler)*

Die Ansicht, bei dem Kriterium der Überlegung handele es sich um ein schuldsteigerndes Moment, das auch für die Begründung eines Mordes von Bedeutung sei, wird vornehmlich von *Köhler* vertreten und dogmatisch anspruchsvoll begründet. *Köhler* geht davon aus, die Annahme eines Mordes erfordere eine „Höchstverwerflichkeit“ der Tat, weil ansonsten die Höchststrafe, die der Tatbestand vorgebe, normativ konsistent nicht zu begründen sei[256]. Da bei der vorsätzlichen Tötung eines anderen Menschen eine Unrechtssteigerung ausscheide[257], bleibe für eine Abstufung von Mord und Totschlag nur noch die Ebene der Schuld[258]. Höchstverwerflichkeit einer Tötung bedeutet dann konsequenterweise „höchste Schuld“ des Täters[259], und um diese darzutun, wird das Moment der Überlegung eingeführt[260]. Die grundlegende und durchaus imponierende Neuerung dieses Ansatzes liegt darin, dass *Köhler* die Überlegung in einer „verbrechensbegrifflich allgemeine[n] Bedeutung“ entfaltet[261]. Denn anders als bislang gibt das Kriterium nicht bloß einen Abgrenzungsmodus für

[251] Siehe *Herren*, Gesinnung, S. 85 ff.; *Rieß*, NJW 1968, S. 628 (629); Sch/Sch-*Lenckner/Eisele*, Vorbem. §§ 13 ff. Rdnr. 119, 122; *Otto*, ZStW 83 (1971), S. 39 (44 ff.); *Jescheck/Weigend*, Lehrbuch, § 38 I 1, II 5; LK/*Jescheck* (11. Aufl.), Vor § 13 Rdnr. 77, 81; *Wessels/Beulke*, Strafrecht AT, § 10 Rdnr. 401, 422; *Alwart*, GA 1983, S. 433 (440 f., 451); *v. Gerkan*, Niedrige Beweggründe, S. 91 ff.

[252] *Schmidhäuser*, Gesinnungsmerkmale, S. 268.

[253] *Schmidhäuser*, Gesinnungsmerkmale, S. 268.

[254] *Hörnle*, JZ 1999, S. 1080 (1085).

[255] Siehe *Jakobs*, Strafrecht, 8/99; *Kühl*, Bedeutung der Rechtsphilosophie, S. 33 ff.; *dens.*, Lampe-FS, S. 439 (453 ff.); *dens.*, in: Recht und Moral, S. 139 (144 ff.); ferner *Frisch*, Müller-Dietz-FS, S. 237 (243 ff.); *dens.*, ZStW 99 (1987), S. 751 (767 f.); *dens.*, BGH-FG, Band IV, S. 269 (288 ff.); *Hörnle*, JZ 1999, S. 1080 (1085); *dies.*, Strafzumessung, S. 50 ff.

[256] *Köhler*, GA 1980, S. 121: „Die allgemeine Aufgabe lautet, die der höchsten Strafe entsprechende Höchstverwerflichkeit des Tötungsverbrechens zu bestimmen.“

[257] *Köhler*, JuS 1984, S. 762 (763).

[258] *Köhler*, GA 1980, S. 121 (123).

[259] *Köhler*, JuS 1984, S. 762 (765).

[260] *Köhler*, GA 1980, S. 121 (123).

[261] *Köhler*, GA 1980, S. 121 (130).

Mord und Totschlag wieder oder ist gar nur bei einzelnen Mordmerkmalen von Belang. *Köhler* sieht die Überlegung vielmehr grundsätzlich als einen schuldsteigernden Faktor an, womit diese im allgemeinen Teil der Strafrechtsdogmatik verortet wird. „Der vorgestellte Begriff", so führt *Köhler* aus, „gehört freilich nicht dem besonderen Teil zu, sondern ist aus der allgemeinen Begrifflichkeit des Verbrechens abgeleitet"[262]. „Die dargelegte Grundunterscheidung nach dem Kriterium überlegten Handelns gilt allgemein für alle besonderen Delikte, die überlegt oder aber unüberlegt-jäh begangen werden können, mithin wohl für alle Delikte."[263] Überzeugend an dieser Position ist zunächst die Einführung der Überlegung als einer allgemeinen Kategorie. Denn es ist – obschon es eine Tradition geben mag, Mord und Totschlag anhand dieses Kriteriums voneinander abzugrenzen, und obwohl das Merkmal insoweit recht verbreitet ist – kein Grund ersichtlich, weshalb die Überlegung nur oder gerade bei den Tötungsdelikten von Belang sein sollte, bei anderen Delikten (etwa Körperverletzung, Beleidigung und so weiter) aber nicht. Vorausgesetzt wird bei all dem jedoch, dass sich das Kriterium überlegten Handelns dogmatisch und normativ schlüssig untermauern lässt (was im Folgenden noch zu erörtern sein wird).

Trotz der grundsätzlichen Relevanz, die *Köhler* der Überlegung zuerkennt, läuft sein Ansatz nicht auf das Dilemma hinaus, in das § 211 RStGB von 1871 führte. Die Überlegung fungiert *Köhler* zufolge nämlich nicht als alleiniges und absolutes Merkmal. Schuldmindernde Aspekte – wie etwa altruistische Beweggründe oder ein begreiflicher Selbstbehauptungswille – sollen vielmehr ebenfalls beachtlich sein und können, selbst wenn die Tat mit Überlegung ausgeführt wurde, zum Ausschluss eines Mordes führen[264]. Damit rückt die Lösung sehr in die Nähe des Entwurfs 1962. Als Mord wurde danach zwar eine Tötung mit Überlegung angesehen (§ 135 II E 1962). Es war aber ein Totschlag anzunehmen, sofern die Voraussetzungen des § 134 III E 1962 vorlagen, also Mitleid, Verzweiflung oder andere Beweggründe, die die Schuld des Täters wesentlich mindern. Dagegen lässt sich ein anderes Bedenken, das schon zum alten § 211 RStGB geltend gemacht wurde, kaum ausräumen: Bei überlegtem Handeln eine Schuldsteigerung oder „höchste Schuld" anzunehmen führt auch dazu, den Täter, der sich die Tat nicht leicht macht und das Für und Wider immer wieder abwägt, (gegebenenfalls) zu benachteiligen gegenüber einem Täter, der, sich kaum einen Gedanken machend, ohne weiteres zur Tat schreitet[265]. Zumal der Grund für eine fehlende Überlegung, wie *Binding* schon bemerkte, ein ganz banaler, näm-

---

[262] *Köhler*, GA 1980, S. 121 (133).

[263] *Köhler*, GA 1080, S. 121 (136).

[264] *Köhler*, JuS 1984, S. 762 (765 ff., 770); *ders.*, GA 1980, S. 121 (137 ff.). Zum Rückgriff auf die Motive bereits die Ausführung im zweiten Kapitel zu B I 2.

[265] Siehe *v. Holtzendorff*, Verbrechen des Mordes, S. 263 f., 266; *v. Bar*, Gesetz und Schuld II, S. 432 ff.; *v. Liszt*, in: Vergleichende Darstellung, S. 1 (64 ff.).

lich „Denkträgheit", sein kann[266]. Hinzu kommt, dass die Art und Weise, wie jemand reagiert oder sich verhält, zum großen Teil von seiner Persönlichkeit abhängt. Insoweit leuchtet es nicht ein, den besonnenen und reflexiven Menschen mit einem mehr defensiven Verhaltensrepertoire prinzipiell schlechter zu stellen als den rasch aufbrausenden, sich seinen Emotionen leicht hingebenden Menschen mit eher offensiv-aggressivem Verhaltensmuster[267]. Eine Schuldsteigerung bei überlegtem Handeln anzuerkennen impliziert zuletzt genau dieses[268].

In strafrechtsdogmatisch präziserem Zugriff sucht *Köhler* die Relevanz der Überlegung zunächst dadurch zu fundieren, dass er diese dem Affekt gegenübergestellt[269]: „Dieses distanzierte In-Beziehung-setzen des Tatmotivs zum Normgebot bedeutet einen Status aktueller Entscheidungsfreiheit, wohingegen der jähe Handlungsentschluß in unmittelbarer Affektdurchsetzung dieser aktuellen Freiheit gerade ermangelt [...]."[270]. Mord setze die „Vollform der Schuld" oder „höchste Schuld" voraus, die nur vorliege, wenn die Tat mit Überlegung begangen worden sei[271]. Des Näheren wird Überlegung definiert als „die dem Tatentschluß zumindest im Ausführungsstadium vorangehende Reflexion des Tatantriebs auf das Normgebot" oder, schlichter, als „aktuelle Norm-Reflexion"[272]. Damit ist die Überlegung, dogmatisch exakt, bei § 17 StGB einzuordnen. So ist der Begriff nach *Köhler* „identisch mit dem allgemein-verbrechenssystematischen Begriff aktuellen Unrechtsbewußtseins"[273]. Denn in beiden Fällen – dem des Irrtums nach § 17 StGB und dem des affekthaften Verhaltens – fehle es an einer „aktuellen Normreflexion, mithin aktuell freie[n] Entscheidung zum Unrecht bei einem ansonsten konstitutionell vernünftigen Subjekt"[274]. Umgekehrt ergibt sich daraus: „Aktuelles Unrechtsbewußtsein, Handeln nach überlegtem Entschluß repräsentiert also die Vollform der Schuld."[275]

Verglichen mit einer Verwerflichkeits- oder Gesinnungskonzeption, mithin einer Ausrichtung der Schuld am Maßstab der Sozialethik, liegt der Vorzug

---

[266] *Binding*, Lehrbuch BT 1, S. 27.

[267] Schon *v. Holtzendorff* führte aus, ob eine Tat mit oder ohne Überlegung begangen worden sei, ergebe sich „aus dem durchaus zufälligen und materialistischen, der Verschuldung entzogenen Moment des Naturells, des Temperaments und der vorangegangenen Erziehung" (Verbrechen des Mordes, S. 266).

[268] Und lässt sich als eine „Privilegierung des Rechtsgleichgültigen" beanstanden, siehe *Müssig*, Mord, S. 68 f.; weiterhin *Stuckenberg*, Vorstudien, S. 280 ff.; *v. Bar*, Gesetz und Schuld II, S. 433 ff.

[269] *Köhler*, JZ 1981, S. 548 f.; *ders.*, JuS 1984, S. 762 (765); *ders.*, GA 1980, S. 121 (130 ff.).

[270] *Köhler*, GA 1980, S. 121 (130).

[271] *Köhler*, GA 1980, S. 121 (130); *ders.*, JuS 1984, S. 762 (765).

[272] *Köhler*, GA 1980, S. 121 (130).

[273] *Köhler*, GA 1980, S. 121 (133).

[274] *Köhler*, GA 1980, S. 121 (133).

[275] *Köhler*, GA 1980, S. 121 (134).

von *Köhlers* Modell auf der Hand: Mit der Überlegung wird ein rationales und verallgemeinerbares Kriterium benannt, ein Kriterium also, das sich nicht schon aus grundsätzlichen Erwägungen für eine Rechtsbegründung als problematisch erweist. Es erscheint indes fraglich, ob sich die strafrechtliche Relevanz der Überlegung mit Rekurs auf die Affekttat und auf § 17 StGB hinreichend absichern lässt. Wenn *Köhler* ausführt, der „impetus" setze die Normreflexion außer Kraft beziehungsweise lasse sie gar nicht erst eingreifen[276], so ist dies ein Standpunkt, der sich ansatzweise zwar schon in der Antike findet[277]. Empirisch ist er jedoch nicht unzweifelhaft, zumal ein Affekt in aller Regel mehr die Steuerungskomponente als die Unrechtseinsicht betreffen dürfte[278]. Entscheidender bleibt aber einzuwenden: § 17 S. 1 StGB verlangt „nur" die Einsicht des Täters, Unrecht zu tun, und er liefert keine Anhaltspunkte dafür, wann (oder unter welchen Voraussetzungen) darüber hinaus eine gesteigerte Schuld anzunehmen wäre. (Volle) Schuld ist vielmehr gegeben, wenn Unrechtseinsicht vorhanden ist[279] – mehr lässt sich aus § 17 StGB nicht herauslesen. Es überzeugt daher nicht, ihn als Grundlage heranzuziehen, um das Merkmal der Überlegung dogmatisch zu verankern. Etwas anderes lässt sich auch § 46 II S. 2 StGB nicht entnehmen[280]. Das Gericht hat nach dieser Vorschrift bei der Zumessung der Strafe zwar unter anderem den bei der Tat aufgewendeten Willen des Täters zu beachten, und man könnte daran denken, hier mit einzubeziehen, ob der Täter die Tat „wohlüberlegt" begangen hat[281]. Die Kriterien, an denen die Strafzumessung zu orientieren ist, sind jedoch nicht prinzipiell verschieden von denen der Straftatbegründung; denn die Strafzumessungslehre ist nichts anderes als eine Fortsetzung der Verbrechenslehre und richtet sich deshalb nach deren Grundsätzen und Kategorien[282]. Da das Merkmal der Überlegung innerhalb der Straftatbe-

---

[276] *Köhler*, GA 1980, S. 121 (130); vgl. auch *dens.*, JuS 1984, S. 762 (765), wo von einer „einsichtsverstellende[n] Bedeutung des Affekts" die Rede ist.

[277] *Aristoteles*, Ethik, Buch V, S. 142, und Buch VII, S. 201.

[278] Siehe *Kröber*, in: Affektdelikte, S. 77 (80f.): „Es ist nicht einzusehen, warum ein Affekttäter im Tatzeitpunkt kein aktuelles Unrechtsbewußtsein haben sollte, sofern mit Unrechtsbewußtsein das Bewußtsein der gesellschaftlichen Norm gemeint ist." Ferner *Janzarik*, Der Nervenarzt 62 (1991), S. 423 (425, 426); *ders.*, in: Affektdelikte, S. 57 (70); *Witter*, Lefrenz-FS, S. 441 (448); *Saß*, Fortschr.Neurol.Psychiat. 53 (1985), S. 55 (60); aus dem Strafrecht *Frisch*, ZStW 101 (1989), S. 538 (562f.); außerdem *Frister*, Struktur, S. 171. – Ausführlicher zum Ganzen noch in diesem Kapitel zu B III 1.

[279] Und sofern andere Ausschluss- oder Minderungsgründe nicht vorliegen, auf die es in diesem Zusammenhang aber nicht ankommt.

[280] Vgl. aber *Köhler*, GA 1980, S. 121 (136).

[281] *Streng*, Sanktionen, Rdnr. 442; BGHSt 42, 43 (46); wohl auch Sch/Sch-*Stree*, § 46 Rdnr. 16, wonach die „Intensität des Unrechtsbewußtsein" bedeutsam sein soll.

[282] *Frisch*, ZStW 99 (1987), S. 349 (385ff.); *ders.*, GA 1989, S. 338 (355f.); *ders.*, BGH-FG, Band IV, S. 269 (279, 287ff.); *ders.*, Müller-Dietz-FS, S. 237 (247f., 259); *Hörnle*, Strafzumessung, S. 17f., 143ff., 195ff.; *dies.*, JZ 1999, S. 1080 (1087f.); *dies.*, in: Tatproportionalität, S. 99 (105ff.); MK/*Freund*, Vor §§ 13ff. Rdnr. 72, 218; *ders.*, GA 1999, S. 509 (526); *Pawlik*, Person, S. 91 mit Fn. 60; ferner *Schünemann*, in: Grundfragen, S. 153 (158f., 162f., 187ff., bes. 189ff.);

gründung (oder konkreter: im Gesetzestext) keinen Rückhalt findet, überzeugt es wenig, es in § 46 II S. 2 StGB hineinzuinterpretieren. Wesentlich näher liegt es, bei der Formulierung des § 46 II S. 2 StGB an die verschiedenen Vorsatzformen, wie etwa Eventualvorsatz und Absicht, zu denken, deren Unterscheidung im Gesetzestext immerhin eine Stütze findet[283]. Schließlich ist eine gesteigerte oder erhöhte Unrechtskenntnis auch tatsächlich schwer vorstellbar. Entweder liegt die Einsicht, Unrecht zu tun, vor oder sie liegt nicht vor; liegt sie vor, ist das die Vollform der Schuld[284].

Für das über die Überlegung noch hinausgehende Kriterium einer Tatplanung gilt Ähnliches. *Köhler* stellt hierzu zunächst fest, Vorausplanung oder Vorbedacht seien „die distanzierteste Form überlegten Handelns", meint aber, es gehe zu weit, die „Höchstschuld" auf diese Form des überlegten Handelns zu reduzieren[285]. Im Weiteren konzedieren selbst Autoren, die zur Annahme eines Mordes letztlich weder auf das Merkmal der Überlegung noch auf das der Planung rekurrieren wollen, es treffe zu, dass die von langer Hand geplante Straftat „idealtypisch das Höchstmaß strafrechtlicher Schuld" verwirkliche[286]. Unterstellt man, dies träfe zu, ist es an sich wenig erklärlich, weswegen für die Annahme eines Mordes eine Tatplanung nicht gefordert wird; zumal wenn aus Gründen normativer Konsistenz wegen der Höchststrafe eine Höchstschuld für notwendig erachtet wird. Steht das Kriterium einer Tatplanung für Höchstschuld und setzt Mord eine Höchstschuld voraus, ist jedenfalls nicht ohne weiteres zu sehen, weshalb auf das Merkmal verzichtet werden sollte. Gegen das Erfordernis einer Tatplanung sprechen jedoch vor allem zwei Erwägungen: Erstens lässt sich das Kriterium und seine schuldsteigernde Qualität ebenso wenig mit dem Gesetz untermauern, wie das bei der Überlegung der Fall ist. Zweitens ist einzuwenden, dass eine Abstufung vorsätzlicher Tötungstatbestände,

---

ders., in: Tendenzen der Kriminalpolitik, S. 209 (225 ff.); *H.-J. Albrecht*, Strafzumessung, S. 52 ff.; abweichend *Bruns*, Strafzumessung, S. 145, sowie besonders *ders.*, Strafzumessungsrecht, S. 15 ff.; siehe zudem *Achenbach*, Schuldlehre, S. 4 ff., bes. 10 ff.; *dens.*, in: Grundfragen, S. 135 (136).

[283] *Hörnle*, Strafzumessung, S. 260 ff., bes. 263; *dies.*, JZ 1999, S. 1080 (1088); *Frisch*, ZStW 99 (1987), S. 751 (768 f.); *ders.*, BGH-FG, Band IV, S. 269 (290); *ders.*, Müller-Dietz-FS, S. 237 (254); ferner *Arzt/Weber-Hilgendorf*, Strafrecht BT, § 2 Rdnr. 19; *Fahl*, Bedeutung des Regeltatbildes, S. 150 ff.; changierend insoweit die Ansicht der Rechtsprechung, vgl. BGH bei *Holtz*, MDR 1992, S. 631 (633).

[284] *Frisch*, ZStW 99 (1987), S. 751 (796); *Hörnle*, JZ 1999, S. 1080 (1084, 1087).

[285] *Köhler*, GA 1980, S. 121 (125 f.).

[286] So MK/*Schneider*, § 211 Rdnr. 188 (im Rahmen der Verdeckungstötung); *Heine*, Tötung, S. 186; – dementsprechend wird für die Strafzumessung vertreten, eine sorgfältige Tatvorbereitung oder eine lange geplante Tat seien strafschärfend zu berücksichtigen (Sch/Sch-*Stree*, § 46 Rdnr. 16; MK/*Franke*, § 46 Rdnr. 31; *Fischer*, § 46 Rdnr. 30; LK/*Theune* [12. Aufl.], § 46 Rdnr. 99; *Jescheck/Weigend*, Lehrbuch, § 83 II 4 a. E.; *Walter*, GA 1985, S. 197 [208]; *Detter*, NStZ 1990, S. 173 [177]; BGH bei *Dallinger* MDR 1974, S. 544; BGHSt 42, 43 [44]).

die maßgeblich mit Kriterien wie der Überlegung oder der Tatplanung geleistet werden sollte, die so bedeutsame (und mit Blick auf das Strafmaß auch folgenschwere) Unterscheidung von Mord und Totschlag auf die Schuldebene verlagert[287]. Sie gerät damit zu täter- statt tatorientiert, zu sehr an subjektiven, täterinternen als an objektiven Kriterien ausgerichtet. Vorzuziehen ist vielmehr ein Abgrenzungsmodus, der primär an objektive Gegebenheiten und Voraussetzungen anknüpft – eine Abgrenzung also, die sich vor allem am äußeren Tatunrecht orientiert.

3. Kritik an einer Steigerungsfähigkeit der Schuld

Abschließend ist nun zu klären, ob eine Schuldsteigerung überhaupt begründbar ist oder ob es gegen ein solches Unterfangen nicht prinzipielle und durchgreifende Bedenken gibt. Wie dargelegt, verorten die vorgestellten Konzeptionen die Differenzierung zwischen Mord und Totschlag (maßgeblich) in der Schuld. Mord soll sich durch eine gesteigerte beziehungsweise höchste Schuld[288] auszeichnen, die entweder mit einer besonders verwerflichen (Tat-)Gesinnung oder mit dem Kriterium der Überlegung begründet wird. Beide Abgrenzungsmodi bewirken eine Fokussierung auf das Innere des Täters. Während es bei *Schmidhäuser* auf das Ausmaß der verwerflichen Gesinnung ankommt, ent-

---

[287] Vgl. generell zur Problematik dieser Kriterien auch *Stuckenberg*, Vorstudien, S. 280. *Hörnle*, Strafzumessung, S. 276, bewertet die Tatplanung grundsätzlich zwar nicht als einen strafschärfenden Faktor. Beachtlich soll eine Planung aber sein, sofern „das konkrete Vorgehen des Täters aus der Perspektive eines Opfers die Bedrohlichkeit des Geschehens steigert"; wobei das Kriterium nach *Hörnle* jedoch nicht eine Steigerung der Schuld, sondern eine des (Handlungs-)Unrechts bewirkt (vgl. auch ebd., S. 274). Als Beispiel führt sie einen Täter an, der einen Einbruchdiebstahl intensiv vorbereitet, indem er etwa längere Zeit das Anwesen des Opfers beobachtet und durch sonstige Vorbereitungen am Tatort den Taterfolg sicherstellt (a.a.O., S. 276). Anders als bei einer langfristigen Planung, „die nur aus elaborierten Gedanken und Strategieentwürfen des Täters bestand, ohne bei der Tatvorbereitung die Sphäre des Opfers zu berühren", und die als reines Täterinterna für das Tatunrecht irrelevant sei, entstehe hier bereits vor der Tatbegehung eine für die Rechtsgüter des Opfers bedrohliche Situation (a.a.O., S. 276). Es mag sein, dass ein solches Verhalten in irgendeiner Weise die Sphäre des Opfers tangiert und zu einer irgendwie bedrohlichen Situation führt – das allerdings zunächst in einem recht unspezifischen Sinn. Eine Steigerung des Unrechts anzuerkennen bleibt problematisch, solange das Verhalten des Täters sich als ein rechtlich relevantes, die geschützte Freiheitssphäre überschreitendes nicht ausweisen lässt, wie etwa das Beobachten (oder Ausspionieren) anderer Menschen, um ihre Lebensgewohnheiten zu eruieren. De facto stellen solche Handlungen für den Betroffenen (das „Opfer") zwar in aller Regel wohl arge Belästigungen dar; ein rechtlich relevanter Sachverhalt ist damit aber noch nicht zwangsläufig gegeben.

[288] Die weitere Problematik, die sich hierbei zumal wegen der Regelung des § 57a StGB ergibt, soll hier außer Acht bleiben. Siehe dazu *Heine*, Brauneck-Ehrengabe, S. 315 (319 ff.); *dens.*, GA 2000, S. 305 (308 ff.), sowie bereits *dens.*, Tötung, S. 130 ff., und *Neumann*, in: Irrwege, S. 389 (bes. 400 ff.); ferner *Weber*, Abschaffung der lebenslangen Freiheitsstrafe, S. 153 ff., 246 ff.

scheidet bei *Köhler*, der Schuld als „wirkliche Willensschuld" begreift[289], die Stärke ebendieses Willens, man könnte (mit *Köhler*) auch sagen, die „Tiefe der Grundsatzverkehrung"[290]. Gegen eine derart ins Subjektive verlagerte Abgrenzung wurden schon im 19. Jahrhundert anlässlich der damals geläufigen Überlegungskonzeptionen Bedenken geäußerst, die, wiewohl zunächst nur empirischer und praktischer Natur, keineswegs von der Hand zu weisen sind[291]. Zwangsläufig nämlich sind die Unwägbarkeiten und Unsicherheiten, die mit einem solchen Unterscheidungsmodell verbunden sind, größer als bei einer Lösung, die (in erster Linie) am äußeren Tatablauf orientiert wird[292]. *K.J.A. Mittermaier* etwa sprach davon, man schwebe oftmals in einem „Dunkel, in welchem das Gericht eine gewisse Möglichkeit zur Wirklichkeit erhebt"[293]. Diesen Schwierigkeiten versuchte man in jener Zeit vornehmlich dadurch zu begegnen, dass man das Vorhandensein oder Fehlen einer Überlegung an objektiven Momenten festmachte[294] – offensichtlich ein Ausweg. Empirisch verlässlich, das wird man festhalten dürfen, lassen sich weder die (Einzeltat-)Gesinnung noch die Überlegung feststellen.

Eine Schuldsteigerung des Täters mit einer besonders verwerflichen Gesinnung oder mit dem Überlegungsaspekt zu begründen, überzeugt aber, wie dargetan, auch aus anderen, namentlich dogmatischen und rechtstheoretischen Gründen nicht. So lassen sich gegen Ersteres schon grundsätzliche Einwände erheben. Per definitionem richtet das Gesinnungskonzept die Schuldsteigerung an sittlich-ethischen Maßstäben aus. Deren Berücksichtigung steht aber in Widerspruch zu dem Selbstverständnis einer pluralistischen Gesellschaft, die sich dadurch auszeichnet, dass ein Anspruch auf Allgemeinverbindlichkeit solcher Werte nicht mehr erhoben wird (und werden kann). Es überzeugt deshalb nicht, ein gänzliches Fehlen dieser Werte zu Lasten des Täters zu berücksichtigen. Schuld im Strafrecht lässt sich nicht (mehr) als eine fehlerhafte oder wertwidrige Gesinnung begreifen; sie enthält kein sozialethisches Unwerturteil, das als etwas Eigenständiges zu einer unrechten Tat noch hinzukäme. Andernfalls setzte man sich nicht zuletzt hinweg über ein doch weitgehend anerkanntes Kernstück der kantischen Rechts- und Moralphilosophie, der Scheidung von

---

289 *Köhler*, Strafrecht AT, S. 351 (betont dies vor allem in Abgrenzung zu Ansätzen, die Schuld normativ zuschreiben).

290 *Köhler*, Strafrecht AT, S. 364.

291 Vgl. *K.J.A. Mittermaier*, GA 2 (1854), S. 285 (296f.); *Schwarze*, Der Gerichtssaal 11 (1859), S. 321 (322); *Wachenfeld*, Tötungsdelikte, S. 29f.; *dens.*, Mord und Totschlag, S. 291.

292 So dürften insbesondere die Möglichkeiten, Umdeutungen vorzunehmen, beträchtlich vergrößert werden (dazu bereits im ersten Kapitel zu A).

293 *K.J.A. Mittermaier*, GA 2 (1854), S. 285 (297).

294 Siehe beispielhaft die Ausführungen von *Berner*, Lehrbuch, S. 513, 514f.; *v. Holtzendorff*, in: Handbuch, S. 425 (430); *Hälschner*, Strafrecht II/1, S. 48f.

Legalität und Moralität[295]. Im Gesinnungskonzept konfundieren beide Kategorien miteinander[296], was zu einer freilich durchaus intendierten „Ethisierung des Strafrechts" führt. Demgegenüber enthält das zur Begründung einer Schuldsteigerung herangezogene Kriterium der Überlegung jedenfalls kein spezifisch sittlich-moralisches Substrat. Mit ihm wird ein rationales und verallgemeinerungsfähiges Differenzierungskriterium angegeben, womit es sich für eine Rechtsbegründung nicht von vornherein als untauglich erweist. Überzeugend fundieren lässt sich eine hierauf gestützte Schuldsteigerung aber nicht. Insofern wäre es noch plausibler, den Mord auf eine absichtliche (statt auf eine überlegte) Tötung zu reduzieren. Eine solche Lösung ist jedoch mit dem Wortlaut des Gesetzes nicht vereinbar (– abgesehen davon, dass dadurch keine Steigerung der Schuld, sondern eine des Unrechts erreicht würde[297]). Mit den vorgeschlagenen Modellen lässt sich eine Schuldsteigerung daher nicht begründen. Damit stellt sich die Frage, ob eine spezifische Schuldsteigerung – mithin nicht eine solche, die lediglich Folge einer Unrechtssteigerung ist – überhaupt denkbar ist.

Die Schuld, um die es in einem an Freiheitsgesetzen ausgerichteten Strafrecht ausschließlich geht und gehen darf, ist immer nur eine rechtliche Schuld[298]. Dagegen ist eine bloß sittliche oder moralische Schuld (was immer darunter im Einzelnen auch zu verstehen sein mag) für ein modernes Strafrechtssystem ohne Bedeutung. Schuld, verstanden in diesem Sinn als strikte Rechtsschuld, kann deshalb das Unrecht einer Tat nicht durch einen neuen oder andersartigen Unwertsachverhalt ergänzen[299]. Das bedeutet zugleich: Ein sozialethisches Unwerturteil respektive eine Abwertung der Täterpersönlichkeit ist mit dem Schuldspruch nicht verbunden[300]. Ein solcher „Bezug zur Innerlichkeit und Moralität" müsste vielmehr „jeden rechtlich Denkenden stören"[301]. Der darin enthaltenen Scheidung des Rechts von der Sozialethik entspricht im Weiteren die Differenzierung zwischen einem Tat- und einem Täterstrafrecht[302]. Schuld in einem Tatstrafrecht meint Tat-, nicht aber – eine darüber hinausgehende – Täterschuld[303]. Schon daraus folgt, dass sich die Schuld im Wesentlichen mit der

---

[295] *Kant*, MdS-RL, Einleitung in die MdS, S. 318 f., 324 f.; zum Ganzen bereits im zweiten Kapitel unter B I 2 c.

[296] *Haas*, Strafbegriff, S. 251 ff.; *Müssig*, Mord, 102 ff.

[297] Vgl. bereits zu A I 1 a in diesem Kapitel.

[298] AK/*Schild*, vor § 13 Rdnr. 34; *ders.*, Lenckner-FS, S. 287 (305); NK/*ders.*, § 20 Rdnr. 3; siehe außerdem *Hörnle*, Strafzumessung, S. 154; *dies.*, JZ 1999, S. 1080 (1085, 1087); *Lesch*, Verbrechensbegriff, S. 205 ff.; *dens.*, JA 2002, S. 602 (609).

[299] *Hörnle*, Strafzumessung, S. 153 f.; *dies.*, JZ 1999, S. 1080 (1085, 1087); *Schild*, Lenckner-FS, S. 287 (302 ff.); AK/*Schild*, vor § 13 Rdnr. 48; *Sinn*, Straffreistellung, S 314.

[300] *Lesch*, Verbrechensbegriff, S. 206; *ders.*, JA 2002, S. 602 (609); NK/*Schild* (1995), § 20 Rdnr. 29; *ders.*, Lenckner-FS, S. 287 (302 ff.); *Haas*, Strafbegriff, S. 254 f.

[301] So *Schild*, Lenckner-FS, S. 287 (302).

[302] AK/*Schild*, vor § 13 Rdnr. 31; weiterhin *ders.*, Lenckner-FS, S. 287 (306 f.).

[303] *Lesch*, Verbrechensbegriff, S. 207; *ders.*, JA 2002, S. 602 (609); *Haas*, Strafbegriff, S. 252 f.

unrechten Tat deckt. Jedenfalls kann sie nicht größer sein als das Unrecht; und insbesondere fügt sie diesem kein weiteres, positives Substrat hinzu, das über das Unrecht einer Tat hinausreichen würde. Welches sollte dies auch sein[304]? Begreift man Recht als Teil der Sittlichkeit[305], ist rechtliche Schuld zwar auch sittliche Schuld; eine spezifisch sittliche Schuld im Bereich des Rechts gibt es aber nicht. Und das heißt: es gibt keine sittliche Schuld, die über die rechtliche hinausragen würde und die bei der rechtlichen Bewertung einer Tat eine Rolle spielen könnte oder dürfte.

Im Gesetzestext findet sich eine positive Definition der Schuld nicht. Dies als Beleg für die These anzuführen, Schuld füge der unrechten Tat nichts Positives und über diese Hinausgehendes zu, wäre allein noch nicht hinreichend. Denn diverse andere Voraussetzungen einer Straftat (wie beispielsweise der Vorsatz, die Fahrlässigkeit) werden im Strafgesetz ebenfalls nicht eigens (positiv) definiert. Andererseits legt das Gesetz aber explizit fest, wann die Schuld ausgeschlossen ist (siehe §§ 19, 20 und 17 StGB), und dieses negative (Schuldausschließungs-)Verfahren lässt sich wohl schon als Argument für die angeführte

---

[304] AK/*Schild*, vor § 13 Rdnr. 34; *ders.*, Lenckner-FS, S. 287 (304 f.); NK/*ders.*, § 20 Rdnr. 3; *Kindhäuser*, ZStW 107 (1995), S. 701 (727); *Hörnle*, Strafzumessung, S. 154; *dies.*, JZ 1999, S. 1080 (1085); LK/*Walter* (12. Aufl.), Vor § 13 Rdnr. 176, 179; *ders.*, Kern des Strafrechts, S. 84, 116. – Demgegenüber kommt *Kelker* in ihrer unlängst erschienenen Habilitationsschrift auf der Grundlage eines freiheitsgesetzlich begründeten Rechtskonzepts, welches sie dezidiert vertritt, zu der Auffassung, Schuldsteigerungen, gestützt auf Motive, Haltungen und Gesinnungen des Täters, seien anzuerkennen (Legitimität von Gesinnungsmerkmalen, S. 479 f., 614). *Kelker* ist sich dabei der Problematik dieser These, namentlich einer Vermischung von Recht und Moral, durchaus und durchgängig bewusst (vgl. nur a.a.O., S. 440 ff.). Ihr Ergebnis überrascht deshalb auch. Denn *Kelker* macht die hier vertretene Gegenposition stark, indem sie attestiert, es gebe gute Gründe „für ein limitiertes, gesinnungsuninteressiertes Strafrecht, wenn man ein freiheitlich begründetes Strafrecht in Folge der kantischen Rechtsphilosophie vertritt", und die dafür sprechenden Argumente sorgsam aufführt (ebd., 440 f.). Zuletzt entscheidet *Kelker* sich jedoch, maßgeblich unter Berufung auf eine Textpassage *Kants* in der Metaphysik der Sitten (Einleitung in die MdS, S. 334 f.), zu der gegenteiligen Auffassung (a.a.O., S. 450 ff., bes. 456). Ob diese Bezugnahme auf *Kant* überzeugend ist, sei hier dahingestellt. Jedenfalls arbeitet *Kelker* freiheitstheoretisch abgesicherte „Limitierungen" heraus, die jeweils einzuhalten sind (eingehend a.a.O., S. 480 ff.). Konkret folgt daraus etwa: Beim Mordmerkmal „niedrige Beweggründe", dessen Hauptproblem *Kelker* zutreffend in seiner „Bezogenheit auf Moralität statt Rechtlichkeit" sieht (ebd., S. 609), weist sie zunächst „jegliche sittliche Bewertung der Beweggründe des Täters als nicht legitim" zurück (a.a.O., S. 612). Höchste „Verwerflichkeit" (!) und Schuld sollen hier aber dann gegeben sein, „wenn der Täter das wechselseitige Anerkennungsverhältnis grundlegend verletzt, indem er entweder dem anderen ganz grundsätzlich jeglichen Achtungsanspruch abspricht oder weil er den anderen nicht als Zweck an sich achtet, sondern ihn in seiner körperlichen Existenz zur Verwirklichung eigener ausschließlich egoistischer Eigeninteressen herabwürdigt" (a.a.O., S. 611). Hier drängt sich freilich die Frage auf, ob dies nicht immer der Fall ist bei einer vorsätzlichen Tötung, bei der besondere, den Täter entlastende Tatumstände nicht vorliegen. Mit anderen Worten: Besteht schon das Unrecht einer Tat in der Verletzung des wechselseitigen Anerkennungsverhältnisses, so ist nicht klar, was der spezifische Gehalt einer gesteigerten Schuld hier noch sein könnte.

[305] Vgl. *Kant*, MdS-RL, Vorrede, S. 309, und Einleitung in die MdS, S. 323 ff.

These verwenden. So lässt sich sagen: Ebenso wie die Tatbestandsmäßigkeit eines Verhaltens (nach gängiger Formulierung[306]) die Rechtswidrigkeit indiziert[307], weil Rechtfertigungsgründe eine bloß negative Kategorie sind (nämlich Unrechtsausschließungsgründe), indiziert das Unrecht einer Tat die Schuld[308]. Anders gesagt: „Gefragt wird nur nach dem Nichtvorhandensein eines ‚Schuldausschließungsgrundes' [...]: liegt ein solcher nicht vor, dann wird aus dem Urteil der Rechtswidrigkeit der Tat das Urteil der auch schuldhaften Tat und damit der Straftat selbst."[309] Das weist auf das Regel-Ausnahme-Verhältnis hin[310], in dem Unrechtstatbestand und Schuld gedanklich-logisch stehen und das sich (mit den Worten *Hruschkas*) präziser so beschreiben lässt: „Die Zurechnung [...] ist das Primäre. Aber wir kennen natürlich auch die Nichtzurechnung. Sie ist jedoch das Sekundäre, die Ausnahme, mögen wir auch de facto viele Fälle der Nichtzurechnung annehmen."[311]

Die negative Begriffsbestimmung der Schuld, wie das Gesetz sie vornimmt, lässt sich aber ins Positive wenden, indem man formuliert: Schuld setzt eine unrechte Tat voraus sowie insbesondere die Zurechnungsfähigkeit des Täters, mithin seine Einsichts- und Steuerungsfähigkei, § 20 StGB (daneben auch noch das Unrechtsbewusstsein, § 17 StGB)[312]. Nach ganz herrschender Meinung gilt die Zurechnungsfähigkeit als eine positive Voraussetzung der Schuld. Es lässt sich aber bestreiten, ob es sich bei der Zurechnungsfähigkeit (und ebenso beim Unrechtsbewusstsein), wie es überwiegend angenommen wird[313], um ein spezi-

---

[306] Kritisch dazu jedoch *Freund*, Strafrecht AT, § 3 Rdnr. 2 und § 4 Rdnr. 10, der meint, die Wendung suggeriere eine Beweislastumkehr (in diesem Sinne bereits *Schmidhäuser*, Lackner-FS, S. 77 [81 ff.]). Indes wird die Formulierung so nicht verstanden (siehe nur *Lackner/Kühl*, Vor § 13 Rdnr. 17).

[307] *Welzel*, Strafrecht, S. 80; *Maurach/Zipf*, Strafrecht AT/1 § 24 Rdnr. 7; *Jescheck/Weigend*, Lehrbuch, § 31 I 3; *Kühl*, Strafrecht AT, § 6 Rdnr. 2 f.; *Wessels/Beulke*, Strafrecht AT, § 5 Rdnr. 121; *Lackner/Kühl*, Vor § 13 Rdnr. 17; *Fischer*, Vor § 13 Rdnr. 46.

[308] NK/*Schild* (1995), § 20 Rdnr. 30, und NK/*Schild*, § 20 Rdnr. 3, 4, 30, 34.

[309] NK/*Schild* (1995), § 20 Rdnr. 30; ferner *Achenbach*, Schuldlehre, S. 220; *Kindhäuser*, Eser-FS, S. 345 (349); *Puppe*, Otto-FS, S. 389 (392), sowie bereits *Schaffstein*, ZStW 57 (1938), S. 295 (315).

[310] Vgl. *Baumann/Weber/Mitsch*, Strafrecht AT, § 23 Rdnr. 3, 6; NK/*Schild* (2005), § 20 Rdnr. 30, 34; weiterhin *Jescheck/Weigend*, Lehrbuch, § 31 I 3, bezogen allerdings auf das Verhältnis von tatbestandsmäßigem und rechtswidrigem Verhalten.

[311] *Hruschka*, Strukturen, S. 15. Siehe ferner LK/*Jähnke* (11. Aufl.), § 20 Rdnr. 13; *Roxin*, Strafrecht AT I, § 20 Rdnr. 1; *Kühl*, Strafrecht AT, § 10 Rdnr. 4; *Köhler*, Strafrecht, S. 376; *Baumann/Weber/Mitsch*, Strafrecht AT, § 19 Rdnr. 3, § 23 Rdnr. 3 ff.; MK/*Streng*, § 20 Rdnr. 29; *Lackner/Kühl*, § 20 Rdnr. 19.

[312] *Jakobs*, Strafrecht, 17/47 f.; zum Unrechtsbewusstsein, vgl. *Lesch*, JA 1996, S. 346 (350); ferner *Freund*, Strafrecht AT, § 4 Rdnr. 61, sowie insgesamt noch die Ausführungen im obigen Text.

[313] *Jescheck/Weigend*, Lehrbuch, § 39 IV 2, § 40 I 1; LK/*Jescheck* (11. Aufl.), Vor § 13 Rdnr. 80; LK/*Jähnke* (11. Aufl.), § 20 Rdnr. 1 f.; *Maurach/Zipf*, Strafrecht AT/1, § 35 Rdnr. 35, § 36 Rdnr. 1; *Stratenwerth/Kuhlen*, Strafrecht AT, § 10 Rdnr. 9; *Baumann/Weber/Mitsch*, Strafrecht AT, § 18 Rdnr. 24, § 19 Rdnr. 1 f.; *Köhler*, Strafrecht, S. 375 f.; *Roxin*, Strafrecht AT I,

fisches Element der Schuld handelt. So könnte die Zurechnungsfähigkeit ein Bestandteil des „strafrechtlichen Handlungsbegriffs" sein[314]. Handlungsfähigkeit und Schuldfähigkeit, so betonen die Vertreter der herrschenden Auffassung, seien „scharf" voneinander zu trennen[315]. Hierbei wird die Handlungsfähigkeit in aller Regel als etwas Äußeres begriffen, die Schuld- oder Zurechnungsfähigkeit dagegen als ein Inneres[316]. Analytisch machbar ist eine solche Differenzierung. Es fragt sich allerdings, ob sie Sinn macht und, wenn ja, welchen. So wird auf Tatbestandsebene zunächst ein abstrakter, mithin ein von strafrechtlichen Implikationen befreiter und unberührter Handlungsbegriff entwickelt, der sich insofern nicht durchhalten lässt, als dem Verhalten bei Zurechnungsunfähigkeit eine strafrechtliche Relevanz nicht zugesprochen werden kann[317]. *Jakobs* fordert deshalb einen Handlungsbegriff, „der das gesamte Programm des Strafrechts speichert" und der „bis zur Schuld durchgezogen werden" muss und versteht strafrechtliche Handlung als „Sich-schuldig-Machen"[318]. Es dürfte in der Tat vieles dafür sprechen, beim Unrecht nicht von einem gewissermaßen asketisch-neutralen Handlungsbegriff auszugehen, sondern einen spezifisch strafrechtlichen zugrunde zu legen. Das bedeutet: „Ein Schuldunfähiger kann nicht wirklich handeln, kann keine Tat(bestands)handlung setzen, kann kein personales Unrecht begehen."[319] Es erscheint deshalb vorzugswürdig, die Frage der Zurechnungs(un)fähigkeit systematisch bereits beim Handlungsbegriff[320] beziehungsweise im Unrecht zu verorten. Zumal es sich hierbei

---

§ 19 Rdnr. 1; *Kühl*, Strafrecht AT, § 11 Rdnr. 1 f.; *Wessels/Beulke*, Strafrecht AT, § 10 Rdnr. 409.

[314] *Jakobs*, Handlungsbegriff, bes. S. 11 ff., 41 ff.; ebenso *Freund*, Strafrecht AT, § 4 Rdnr. 13; MK/*Freund*, Vor §§ 13 ff. Rdnr. 121 ff., 225; *Lesch*, Verbrechensbegriff, S. 217 ff., 222 ff., bes. 224; vorsichtig beipflichtend *Herzberg*, Jakobs-FS, S. 147 (160 ff.).

[315] Vgl. *Baumann/Weber/Mitsch*, Strafrecht AT, § 19 Rdnr. 2.

[316] Paradigmatisch *Köhler*, Strafrecht, S. 137 f., 375: „Die Fähigkeit [d. h. Zurechnungsfähigkeit] bezieht sich nicht auf die äußere Handlungsfreiheit, sondern auf die Willensbildung [...]". – Ähnlich, wenngleich auf der Grundlage anderer Schuldkonzeptionen, *Jescheck/Weigend*, Lehrbuch, § 40 I 1 (Schuld als die rechtlich missbilligenswerte Gesinnung); *Baumann/Weber/Mitsch*, Strafrecht AT, § 19 Rdnr. 2 (Schuldunfähigkeit als „Willensunfreiheit", diese wiederum verstanden in einem „praktischen" Sinn [vgl. a.a.O., § 18 Rdnr. 39]).

[317] Das gilt nur für das Verhalten des Zurechnungsunfähigen selbst. Dagegen werden eine Teilnahme an dessen Verhalten (§§ 26, 27 StGB) und damit ein strafrechtlich relevantes Verhalten Dritter dadurch nicht ausgeschlossen (hierzu *Freund*, Strafrecht AT, § 10 Rdnr. 14 ff.).

[318] *Jakobs*, Handlungsbegriff, S. 44.

[319] NK/*Schild* (1995), § 20 Rdnr. 32 (Zitat); *Jakobs*, Handlungsbegriff, S. 43 f.; *ders.*, ZStW 107 (1995), S. 843 (865); *Freund*, Strafrecht AT, § 4 Rdnr. 13, 25; *Lesch*, Verbrechensbegriff, S. 224; *Sinn*, Straffreistellung, S. 285, 287, 291, 314 f.; ferner *Frister*, Struktur, S. 121 ff.; *Mir Puig*, ZStW 108 (1996), S. 759 (761, 775); *Pawlik*, Otto-FS, S. 133 (141 ff.).

[320] Die Zurechnungsfähigkeit dort einzuordnen ist nicht neu. Eine solche Position lässt sich bis in die Rechtsphilosophie *Hegels* zurückverfolgen (*Hegel*, Grundlinien, bes. §§ 113, 117, 120) und wurde von den Hegelianern *Abegg* (Lehrbuch, §§ 78 ff.), *Berner* (Lehrbuch, S. 116 f.) und *Köstlin* (System 1, §§ 49, 56) vertreten sowie noch zu Beginn des 20. Jahrhunderts von einigen, freilich wenigen Autoren (ausführlicher *Frister*, Struktur, S. 121 f.; *Lesch*, Verbrechensbegriff, S. 221 f.; *Jakobs*, Strafrecht, 6/3).

auch nicht um ein buchstäblich subjektives oder innerseelisches Faktum, einen reinen empirisch-psychischen Befund handelt[321], sondern vielmehr um einen Akt normativer Zuschreibung von Verantwortung (aufgrund objektiver Kriterien)[322]. Im Weiteren lässt sich dann sagen: Die Schuld tritt nicht als etwas Zusätzliches neben das Unrecht, sie steht auch nicht außerhalb des Unrechts; vielmehr ist Schuld die unrechte Tat selbst[323]. Denn die Schuld des Täters liegt (nur) darin, ein Unrecht begangen zu haben (und sich dafür nicht entlasten zu können). Eine andere und mehr praktische Frage ist allerdings, welche Reihenfolge sich für eine Fallprüfung empfiehlt. Aus didaktischen Gründen mag es durchweg angezeigt sein, die Zurechnungsfähigkeit erst in der „Schuld" zu thematisieren[324]. Entscheidend dafür sind jedoch prüfungstechnische Erwägungen, die an der begrifflich-logischen Zuordnung der Zurechnungsfähigkeit zum Handlungsbegriff nichts zu ändern vermögen[325]. Des ungeachtet muss man wohl einräumen, dass das Gesetz davon ausgeht, es gebe eine Unrechtsstufe, die der Schuld oder Zurechnungsfähigkeit und dem Unrechtsbewusstsein vorgelagert sind[326]. So bestimmt §20 StGB: „Ohne Schuld handelt, wer bei Begehung der Tat [...] unfähig ist, das Unrecht der Tat einzusehen oder nach dieser Einsicht zu handeln." Damit setzt die Frage der Zurechnungsfähigkeit ein Unrecht offenbar

---

[321] Obschon ein solcher als Grundlage sehr wohl herangezogen werden kann und vielfach herangezogen wird. Insoweit lässt sich von einer psychisch-normativen Methode zur Feststellung der Zurechnungs(un)fähigkeit sprechen (vgl. *Rasch*, Psychiatrie, S. 67ff., 72ff.; *dens.*, StV 1984, S. 264 [265]; *Schreiber/Rosenau*, in: Begutachtung, S. 77 [84]; *Jescheck/Weigend*, Lehrbuch, §40 III 1, Fn. 19; Sch/Sch-*Lenckner/Perron*, §20 Rdnr. 1; *Fischer*, §20 Rdnr. 5; *Blau*, Jura 1982, S. 393 [394]; zum Verhältnis von Psychiatrie bzw. Psychologie und Jurisprudenz siehe ferner *Jakobs*, in: Grenzfragen, S. 127ff.).

[322] MK/*Streng*, §20 Rdnr. 26, 28; *ders.*, NStZ 1995, S. 161 (162ff.); *ders.*, ZStW 101 (1989), S. 273 (297ff.); *Lenckner*, in: Handbuch der forensischen Psychiatrie I, S. 1 (98); *Jakobs*, Strafrecht, 17/48ff., bes. 18/3; *ders.*, Schuld, S. 17ff.; *ders.*, Schuldprinzip, S. 26f.; *ders.*, in: Grenzfragen, S. 127ff., 135 et passim; *ders.*, ZStW 107 (1995), S. 843 (866); *ders.*, in: Der psychiatrische Sachverständige, S, 271 (280); *Achenbach*, Schuldlehre, S. 220ff.; *ders.*, in: Grundfragen, S. 135 (138f., 148ff.); *Kindhäuser*, Gefährdnung, S. 34f.; *Lesch*, Verbrechensbegriff, S. 203ff., 213ff., 252ff. et passim; *Pawlik*, Otto-FS, S. 133 (134f.); *Sinn*, Straffreistellung, S. 316f.; *Blau*, Jura 1982, S. 393f. – Aus Sicht der forensischen Psychiatrie betonen das vor allem *Rasch*, Psychiatrie, S. 68, 72; *Witter*, Grundriß, S. 181ff.; *ders.*, Leferenz-FS, S. 441 (442ff., 446, 450); *ders.*, in: Der psychiatrische Sachverständige, S. 37; *Bresser*, NJW 1978, S. 1188; *ders.*, in: Der psychiatrische Sachverständige, S. 80 (88ff.).

[323] AK/*Schild*, vor §13 Rdnr. 48, 66; NK/*Schild* (1995), §20 Rdnr. 29; *ders.*, Lenckner-FS, S. 287 (303); *Jakobs*, Handlungsbegriff, S. 45; *Pawlik*, Person, S. 87; MK/*Freund*, Vor §§13ff. Rdnr. 14; *Sinn*, Straffreistellung, S. 314.

[324] Vgl. NK/*Schild* (1995), §20 Rdnr. 31f.; *Lesch*, Verbrechensbegriff, S. 224f.; abweichend *Freund*, Strafrecht AT, §3 Rdnr. 28ff.

[325] Zum Unterschied dieser beiden Ebenen vor allem NK/*Puppe*, Vor §13 Rdnr. 1f., sowie *Schmidhäuser*, Engisch-FS, S. 433 (454f.); ferner *Pawlik*, Otto-FS, S. 133 (137, 148).

[326] Sofern man die folgenden Formulierungen nicht bloß so versteht, dass sie Hinweise auf „Prüfungsschritte" enthalten, die bei einer Fallösung sinnvollerweise einzuhalten sind (siehe nochmals NK/*Puppe*, Vor §13 Rdnr. 2). Modifizierend jedoch *Pawlik*, Otto-FS, S. 133 (148ff.).

voraus[327]. Gleiches gilt für § 17 S. 1 StGB: Wenn dem Täter die Einsicht fehlen soll, Unrecht zu tun, müsste vorher feststehen, was Unrecht ist[328]. Soweit hierin eine „Ungereimtheit" enthalten sein sollte[329], lässt sich diese jedenfalls auflösen, indem man (wie *Jakobs* es vorschlägt) das Unrecht als einen „Hilfsbegriff" konzipiert[330]. Danach wird das Unrecht zunächst festgestellt, ohne einen Blick auf die Zurechnungsfähigkeit zu werfen beziehungsweise indem Zurechnungsfähigkeit als der Normalfall unterstellt wird[331]. Diese Feststellung ist eine vorläufige, denn sie steht unter dem Vorbehalt, dass eine Zurechnungsfähigkeit (die der herkömmlichen Prüfungsreihenfolge entsprechend erst in der dritten Stufe des Verbrechensaufbaus, in der Schuld, behandelt wird) tatsächlich gegeben ist.

Die Zurechnungsfähigkeit des Täters setzt sich – ungeachtet der soeben erörterten Frage, wo sie verbrechenssystematisch korrekt zu lozieren ist – inhaltlich unstrittig zusammen aus einer Fähigkeit, das Unrecht der Tat einzusehen und sich dementsprechend zu verhalten. Ein Täter ist zurechnungsfähig, mithin einsichts- und steuerungsfähig, oder er ist es nicht. Ein Mehr an Zurechnungsfähigkeit ist nicht denkbar (ebenso wenig wie ein Mehr an Unrechtsbewusstsein)[332]. Steigerbar ist hingegen das Unrecht einer Tat[333], und soweit sich ein gesteigertes Unrecht annehmen lässt, vergrößert sich dadurch zwangsläufig die Schuld. Diese Erhöhung der Schuld resultiert jedoch nicht aus einem schuldspezifischen Moment, sondern sie ist nichts anderes als ein Reflex der Steigerung des Unrechts: Die Schuld steigt, weil das Unrecht steigt, nicht aber aus genuin die Schuld betreffenden Faktoren. Selbst wenn man die Frage der Zurechnungsfähigkeit bei der „Schuld" einordnen würde, wäre eine Steigerung der Schuld

---

[327] Siehe auch *Lesch*, Verbrechensbegriff, S. 217.

[328] *Jakobs*, Handlungsbegriff, S. 42 f.

[329] Ob es sich tatsächlich um eine Ungereimtheit handelt, lässt sich bestreiten. Vordergründig betrachtet mag es zwar eigenartig klingen, für den strafrechtlichen Handlungsbegriff einerseits Zurechnungsfähigkeit für erforderlich zu halten, womit das Unrecht diese voraussetzt, während andererseits die Zurechnungsfähigkeit wiederum ein Unrecht voraussetzt. Oder für das Unrecht auch ein Unrechtsbewusstsein zu verlangen, während Unrechtswusstsein ein Unrecht doch voraussetzt. Hierin zeigt sich aber nichts anderes als die „zirkuläre Struktur" des Verbrechensbegriffs, die sich schlüssig begründen lässt und die für sich genommen auch nicht zu beanstanden ist (eingehender *Lesch*, Verbrechensbegriff, S. 220 f., 278; ferner NK/*Schild* [1995], § 20 Rdnr. 31).

[330] *Jakobs*, Handlungsbegriff, S. 43 f.; *ders.*, ZStW 107 (1999), S. 843 (864 f.).

[331] Strenger *Lesch*, der einen „Hilfsbegriff" des Unrechts ablehnt und stattdessen den Terminus „potentielles ‚Unrecht'" einführt (Verbrechensbegriff, S. 220 f.).

[332] *Jakobs*, Strafrecht, 17/49; *ders.*, in: Der psychiatrische Sachverständige, S. 271 (280 f.); *Armin Kaufmann*, Eb. Schmidt-FS, S. 319 (330 f.); *Müssig*, Mord, S. 167; *Göppinger*, Leferenz-FS, S. 411 (413); *Witter*, Leferenz-FS, S. 441 (447); ebenso (insoweit) *Lenckner*, in: Handbuch der forensischen Psychiatrie I, S. 3 (121). – Siehe zum Unrechtsbewusstsein A II 2 in diesem Kapitel.

[333] Dazu – bezogen auf das Tötungsdelikt – die vorangegangenen Ausführungen zu A I.

insoweit nicht möglich, als es eine Steigerung der Zurechnungsfähigkeit nicht gibt.

Nach verbreiteter Meinung soll den Motiven oder Beweggründen des Täters eine schulderhöhende Wirkung zukommen können[334]. Wird Schuld – entsprechend der Konzeption *Schmidhäusers* – als eine „rechtlich tadelnswerte Gesinnung" verstanden[335], ergibt sich die Steigerungsfähigkeit bereits aus dem zugrundeliegenden Schuldbegriff[336]. Die „niedrigen Beweggründe" beim Mord stehen dann für eine „auf tiefster Stufe stehende Gesinnung des Täters"[337] und führen so zu einer Erhöhung der Schuld. Nicht wesentlich anders stellt sich das dar nach Auffassungen, die zwar von einer anderen Schuldkonzeption ausgehen, in der Sache aber ebenso verfahren. Gemeint sind damit alle Positionen, die die Niedrigkeit der Beweggründe nicht mit spezifisch rechtlichen Erwägungen fundieren, sondern diese aus rein sozialethischen Überlegungen herleiten. Insoweit darf auf die Ausführungen im zweiten Kapitel zu den „niedrigen Beweggründen" und der dort vorgetragenen Kritik verwiesen werden (zu B I). Durch die weitgehende Einbeziehung mentaler Einstellungen des Täters und deren Bewertung werden, wie bereits vorgetragen, die Bereiche von Legalität und Moralität miteinander vermengt. Die Möglichkeit eine Erhöhung der Schuld, gestützt auf derartige Erwägungen, zu erreichen, scheidet für ein an Freiheitsgesetzen ausgerichtetes Strafrechtssystem aus.

Gegen die hier vertretene Postition lässt sich womöglich einwenden: Man komme nicht umhin anzuerkennen, dass das geltende Recht explizit Gesin-

---

[334] *Wessels/Beulke*, Strafrecht AT, § 10 Rdnr. 422; *Jescheck/Weigend*, Lehrbuch, § 39 II 1, § 42 I 2; LK/*Jescheck* (11. Aufl.), Vor § 13 Rdnr. 81; *Roxin*, Strafrecht AT I, § 10 Rdnr. 82; LK/*Roxin* (11. Aufl.), § 28 Rdnr. 74 f.; LK/*Schünemann* (12. Aufl.), § 28 Rdnr. 73; NK/*Puppe*, Vor § 13 Rdnr. 18, § 15 Rdnr. 107; Sch/Sch-*Lenckner/Eisele*, Vorbem. §§ 13 ff. Rdnr. 122; *Oehler*, Das objektive Zweckmoment, S. 148 ff.; *Kelker*, Legitimität von Gesinnungsmerkmalen, S. 479 ff.; siehe auch *Paeffgen*, GA 1982, S. 255 (270 f.). – Darüber hinaus wird im Rahmen der Strafzumessung (§ 46 II StGB) eine strafschärfende Funktion „verwerflicher" Beweggründe – was wiederum anhand der Sozialethik zu bestimmen sei – vielfach anerkannt. Eine präzise Zuordnung zu Unrecht oder Schuld findet dabei regelmäßig nicht statt. Siehe Sch/Sch-*Stree*, § 46 Rdnr. 12 ff.; LK/*Gribbohm* (11. Aufl.), § 46 Rdnr. 75 ff.; LK/*Theune* (12. Aufl.), § 46 Rdnr. 83; *Lackner/Kühl*, § 46 Rdnr. 33; *Fischer*, § 46 Rdnr. 27; *Maurach/Gössel/Zipf*, Strafrecht AT/2, § 63 Rdnr. 154; MK/*Franke*, § 46 Rdnr. 25; weiterhin BGH NJW 1981, S. 2204; BGH NStZ-RR 2003, S. 362.

[335] *Wessels/Beulke*, Strafrecht AT, § 10 Rdnr. 401; ebenso *Jescheck/Weigend*, Lehrbuch, § 38 II 5.

[336] Zwischen Motiven oder Beweggründen einerseits und Gesinnungsmerkmalen andererseits lässt sich zwar unterscheiden. So werden – betrachtet man den Mordtatbestand – die Merkmale „grausam" und „heimtückisch" als Gesinnungsmerkmale angesehen, von denen wiederum die Beweggründe als Motivmerkmale abgegrenzt werden (*Stratenwerth/Kuhlen*, Strafrecht AT, § 8 Rdnr. 142 ff., 147 ff.; *Jakobs*, Strafrecht AT, 8/94 ff., 97 ff.). In beiden Fällen geht es jedoch gleichermaßen und recht weitreichend um innere Einstellungen des Täters. Die Problematik ist insofern also identisch, weshalb auf eine präzise Differenzierung in diesem Zusammenhang verzichtet wird.

[337] *Wessels/Beulke*, Strafrecht AT, § 10 Rdnr. 422.

nungsmerkmale enthalte und bei § 211 II StGB nun einmal das Merkmal „niedrige Beweggründe" vorsehe[338]. Mit *Jescheck/Weigend* mag man hierin das „Bestreben des Gesetzgebers" erkennen, „die juristischen Maßstäbe stärker nach der Täterpersönlichkeit auszurichten (‚Individualisierung des Strafrechts') und die Deliktstypen nach ethischen Wertbegriffen zu differenzieren (‚Ethisierung des Strafrechts')"[339]. Bei § 211 II StGB zumindest weisen Gesetzesgeschichte wie Wortlaut eindeutig in diese Richtung. Verglichen mit § 46 II S. 2 StGB, dem strafzumessungsrechtlichen Pendant zu § 211 II StGB, wo immerhin nur von „Beweggründen" des Täters die Rede ist und eine andere, unverfänglichere Interpretation deshalb noch leichter zu bewerkstelligen sein dürfte[340], gibt § 211 II StGB vor, die Beweggründe müssten „niedrig" sein. Hierdurch wird eine negative Quantifizierung, anders als bei § 46 II S. 2 StGB, ausdrücklich vorausgesetzt[341]. An diese Grenze wird jede Arbeit stoßen, die bestrebt ist, § 211 II StGB von einer Auslegung zu befreien, die sich an genuin sozialethischen Maßstäben orientiert[342]. Trotzdem sollte von diesem Vorhaben nicht Abstand genommen werden. Die Alternative nämlich, echte Gesinnungsmerkmale oder Tatbestandsmerkmale, denen ein Gesinnungsmoment immanent ist, anzuerkennen als das, was sie eigentlich sind, beziehungsweise das, was mit ihnen ursprünglich bezweckt war, ist kein wirklich gangbarer Weg. Wie sich aber insbesondere ein Merkmal wie die „niedrigen Beweggründe" in eine mit spezifisch rechtlichen Erwägungen fundierte schuldsteigernde Kategorie übersetzen ließe, ist nicht zu sehen. Denn mit welchen strikt rechtlichen Kriterien sollte eine eigenständige, vom Unrecht losgelöste Schuldsteigerung begründet werden können? Dass dieser Vorschlag darauf hinausläuft, Merkmale, die auf die Gesinnung des Täters zielen, der Sache nach zu eliminieren, ist offen zuzugeben. Man mag dies

---

338 Vgl. *Kühl*, Schreiber-FS, S. 959 (967), und eingehend *dens.*, in: Recht und Moral, S. 139 (148 ff., 158 ff. et passim); außerdem *Duttge*, NJW 2005, 260; *Engisch*, Gerechtigkeit, S. 105.

339 *Jescheck/Weigend*, Lehrbuch, § 42 I 2.

340 Andererseits wird dort aber auch „die Gesinnung" angeführt. Zu einer Interpretation des § 46 II S. 2 StGB, die nicht auf die Gesinnung oder, allgemeiner, die inneren Einstellungen und Befindlichkeiten des Täters rekurriert, sondern hauptsächlich am (verschuldeten) Tatunrecht orientiert wird, siehe vor allem *Hörnle*, Strafzumessung, S. 267 ff., 353 ff.; *dies.*, JZ 1999, S. 1080 (1088 f.); *dies.*, in: Tatproportionalität, S. 99 (118 ff., 123 ff.), sowie vorher schon *Frisch*, ZStW 99 (1987), S. 349 (381 ff.), 751 (767 ff.); *dens.*, Müller-Dietz-FS, S. 237 (243 ff., 247 ff., bes. 249); *dens.*, BGH-FG, Band IV, S. 269 (288 ff.); *dens.*, 140-Jahre GA, S. 1 (33 f.).

341 Wenn der BGH (in BGHSt 47, 128 ff.) ausführt, ein „niedriger Beweggrund" könne auch dann gegeben sein, wenn der Täter in dem Bewusstsein handele, „keinen Grund für eine Tötung zu haben oder zu brauchen" (S. 132; siehe ferner BGH NStZ-RR 2004, S. 332 [333]), mag dies normativ einleuchten. Fraglich ist bei dieser Interpretation freilich dieses: Worin liegt bei einer grundlosen Tötung die Quantifizierung ins Negative, die das Merkmal „niedrige Beweggründe" beziehungsweise ein Qualifikationstatbestand Mord voraussetzt? Vgl. hierzu noch im Weiteren unter C I.

342 Siehe auch *Müssig*, der am Ende seiner Untersuchung konstatiert (Mord, S. 430): „ [...]; es zeigen sich hier die Grenzen einer normativierenden Rekonstruktion, bei Regelungen, die schon unter geltungstheoretischer Perspektive Ausdruck eines anderen Geistes sind."

als eine Auslegung contra legem ansehen, und gewiss, im Sinne des historischen Gesetzgebers ist sie nicht. Jedoch muss man sich darüber im Klaren sein, dass eine Berücksichtigung von Gesinnungsmomenten im Strafrecht einerseits und eine konsequente Scheidung von Legalität und Moralität andererseits zusammen nicht zu haben sind. Man wird sich daher für einen Weg entscheiden müssen, und die Entscheidung fällt hier zugunsten eines konsequent zu Ende gedachten freiheitlichen Rechtsbegriffs aus.

Als Ergebnis bleibt festzuhalten: Die Schuld des Täters impliziert keinen weiteren Unwertsachverhalt, der zum Unrecht der Tat hinzuträte. Insbesondere sind spezifisch rechtliche Kriterien nicht zu erkennen, mit denen sich ein solches positives Substrat der Schuld fundieren ließe. Soweit in der Literatur Schuldsteigerungen für möglich gehalten werden, wird regelmäßig von einem Schuldbegriff ausgegangen (namentlich Schuld als fehlerhafte oder wertwidrige Gesinnung), der für ein modernes, freiheitlich-liberales Strafrechtskonzept nicht mehr akzeptabel erscheint. Die Schuld des Täters, aus hiesiger Sicht verstanden als eine strikt rechtliche Schuld, kann vielmehr einzig darin liegen, eine unrechte Tat begangen zu haben. Mehr als diese Schuld, und das bedeutet zugleich: mehr als die volle Verantwortung (Schuld) für das Unrecht gibt es nicht[343]. Eine gesteigerte rechtliche Schuld, eine Schuld, die das Unrecht überragt, ist dagegen nicht denkbar. Allenfalls bemessen nach sozialethischen Wertmaßstäben könnte (wie gezeigt) eine Schuldsteigerung begründbar sein. Für die Ausgangsfrage, welche Möglichkeiten es gibt, das vorsätzliche Tötungsdelikt (oder Mord und Totschlag) voneinander abzustufen, ergibt sich hieraus ein weiteres Zwischenresultat: Als Schuldsteigerung lässt sich der oder ein Mordtatbestand gegenüber der vorsätzlichen Tötung als einem Grundtatbestand (Totschlag) nicht fundieren.

III. Ergebnis

Die Möglichkeiten, Mord als einen Qualifikationstatbestand der vorsätzlichen Tötung auszugestalten, sind außerordentlich gering. Auf der Ebene der Schuld lässt sich ein Qualifikationstatbestand nicht begründen, denn die Schuld des Täters ist nicht steigerungsfähig und kann nicht über das (vollverantwortlich) begangene Unrecht hinausreichen. Dagegen scheiden Unrechtssteigerungen nicht schon aus vergleichbar prinzipiellen Erwägungen aus. Sie beschränken sich beim vorsätzlichen Tötungsdelikt aber auf Erhöhungen des Handlungsunrechts, da das Erfolgsunrecht nicht steigerungsfähig ist. Hinzu kommt, dass es

[343] Vgl. *Frisch* BGH-FG, Band IV, S. 269 (289); *dens.*, ZStW 99 (1987), S. 349 (382), S. 751 (767); *Hörnle*, Strafzumessung, S. 154, 269; *dies.*, JZ 1999, S. 1080 (1085, 1087); zudem AK/*Schild*, Vor § 13 Rdnr. 34; *dens.*, Lenckner-FS, S. 287 (304f.); LK/*Walter* (12. Aufl.), Vor § 13 Rdnr. 176; *Haas*, Strafbegriff, S. 253 Fn. 78.

zwar rechtlich fundierbare Kriterien gibt, mit denen sich eine Erhöhung des Handlungsunrechts beim Tötungsdelikt grundsätzlich erreichen lässt. Diesen Kriterien kommt aber, von wenigen und vernachlässigbaren Ausnahmen abgesehen, keine absolute Wirkung zu. Mit anderen Worten: Diese Aspekte vermögen für sich genommen eine Erhöhung des Unrechts zwar anzuzeigen, es können aber ohne weiteres Aspekte hinzutreten (also Tatumstände gegeben sein), die wiederum eine Verringerung des Unrechts bewirken (dazu sogleich zu B II). Daher lassen sie sich als absolute Qualifikationsmerkmale nicht auszeichnen. Bereits hieraus ergibt sich als ein erstes Resultat: Einen Qualifikationstatbestand vorsätzlicher Tötung zu konzipieren kann in überzeugender Weise nicht gelingen. Schon allein wegen möglicher Minderungen des Unrechts wäre ein solcher Tatbestand nicht allgemein formulierbar. Dieser Einwand gilt umso mehr, wenn der Qualifikationstatbestand (oder Mord), wie es der gegenwärtigen Regelung entspricht, eine absolute Strafandrohung vorsieht. Normativ konsistent ist das nicht zu machen. Und hierbei sind die Möglichkeiten einer Minderung der Schuld noch nicht berücksichtigt (dazu B III). Denn jedenfalls dann, wenn eine (erhebliche) Minderung des Unrechts anzunehmen ist, erweist sich eine Höchststrafe als eine ungerechte und inadäquate Lösung; sie zu verhängen verstößt gegen rechtlich-normative Prinzipien.

B. Minderungen von Unrecht und Schuld

Da die Möglichkeiten, einen Mordtatbestand als Qualifikation zur einfachen vorsätzlichen Tötung zu benennen, als gescheitert zu betrachten sind, sind nun die Abstufungsmöglichkeiten in die andere noch verbleibende Richtung, mithin nach unten, zu diskutieren. Ebenso wie die vorangegangenen Erörterungen darauf hinausgelaufen sind, festzustellen, wie ein Qualifikationstatbestand beim vorsätzlichen Tötungsdelikt beschaffen sein könnte, laufen diese jetzt darauf hinaus, festzustellen, welche Möglichkeiten sich bieten, einen Privilegierungstatbestand auszugestalten.

Das Tötungsdelikt weist eine, wie man sagen könnte, klassische Deliktsstruktur auf. Gemeint ist damit, dass es gekennzeichnet ist durch eine (traditionelle) Täter-Opfer-Konstellation. Es gibt also einen Täter, und dieser Täter verletzt (tötet) das Opfer. Geht man ferner von einem freiheitstheoretischen Strafrechtsansatz aus, sind Unrechtsreduzierungen begründet, sofern sie an ein Verhalten des späteren (Tötungs-)Opfers anknüpfen können. Die Minderungen des Unrechts, die sich ergeben können, sind demzufolge sämtlich opfervermittelt. Abstufungen oder Verringerungen des Unrechts resultieren somit aus einer präziseren Bestimmung der Verantwortungsbereiche von Rechtspersonen. Diese näher festzulegen ist Aufgabe der folgenden Ausführungen. Hierbei lässt sich zurückgreifen auf die allgemeinen, für das Unrecht geltenden Zurechnungsprinzipien, die (oder soweit diese) ihrerseits auf freiheitstheoretischen Prämissen basieren. Positivgesetzlich lassen sich insofern vornehmlich die Regelungen der Rechtfertigungsgründe fruchtbar machen, soweit diese sich als gesetzliche Ausprägungen allgemeiner, freiheitsgesetzlicher Zurechnungserwägungen ausweisen lassen. Grob zusammengefasst sind zur Fundierung von Unrechtsreduzierungen vor allem zwei Fallgruppen auszumachen: Es handelt sich zum einen um Fälle einer teilweisen (Mit-)Verantwortung des Opfers an der Tatgenese, die aus einem Eingriff des Opfers in den rechtlich geschützten Bereich des Täters hervorgeht (dazu II 1); und zum anderen um solche Fälle, in denen das Opfer in seine Tötung oder jedenfalls eine entsprechende Gefährdung eingewilligt hat (dazu II 2). Bei den Schuldminderungen schließlich steht die Erörterung der Privilegierung einer Affekttötung im Vordergrund (unter III 1).

Vorab jedoch, bevor die Möglichkeiten einer Minderung von Unrecht und Schuld im Einzelnen behandelt werden, ist knapp und mehr kursorisch darzulegen, wie Reduzierungen von Unrecht und Schuld sich grundsätzlich jedenfalls nicht begründen lassen (zu I).

I. Ausgangspunkt und kritische Bestandsaufnahme

Weil das Tötungsdelikt, empirisch gesehen und wie im ersten Kapitel dargelegt, ganz überwiegend ein Beziehungsdelikt ist (zumindest im weitesten Sinne dieses Wortes), sind, was den Part des Opfers und seine – zunächst noch untechnisch verstanden – irgendwie geartete „Mitverantwortung" betrifft, mannigfache Variationen denkbar und kommen in der Praxis auch vor. Denn Täter und Opfer kennen sich vielfach über einen mehr oder weniger langen Zeitraum und stehen nicht selten bis zur Tat in einem mehr oder weniger intensiven Kontakt zueinander. Diese Täter-Opfer-Interaktion liefert die Tatsachenbasis für die rechtliche Bewertung des Falles und damit ebenso für die Annahme oder Ablehnung unrechts- (oder auch schuld-)mindernder Aspekte. Jedoch ist hier Vorsicht angezeigt. So liefert das Interaktionsverhältnis zwischen Täter und Opfer zwar die tatsächliche Grundlage für die spätere rechtliche Beurteilung der Tat; aber nicht alles, was tatsächlich zwischen Täter und Opfer vorgefallen ist, ist rechtlich von Belang. Diese Aussage mag, für sich genommen, völlig trivial sein; es gibt allerdings gute Gründe, das hier besonders hervorzuheben. Oftmals nämlich drängt sich ein anderer Eindruck auf. So konstatieren *Legnaro/Aengenheister* in ihrer empirischen Studie, die sich mit der Aburteilung von Tötungsdelikten befasst, solche Strafverfahren erschienen nicht selten wie eine „Sonderform des Familien- oder Scheidungsrechts"[344]. Im Strafverfahren kann es aber nicht darum gehen, eine buchstäblich umfassende Würdigung der Täter-Opfer-Beziehung vorzunehmen. Eine strafrechtliche Beurteilung des Falles,

[344] *Legnaro/Aengenheister*, Schuld und Strafe, S. 164.

die das erstrebte, ginge grundlegend zu weit, nämlich in Bereiche hinein, die das Recht nichts angehen (dürfen). Gerade Verfahren, in denen Tötungsdelikte abgehandelt werden, dürften – wegen der zum Teil intensiveren Vorgeschichte, die Täter und Opfer miteinander haben – dieser Gefahr in besonderem Maße ausgesetzt sein. Nicht zuletzt wegen der psychiatrischen und psychologischen Gutachten, die in solchen Strafverfahren üblich sind, mögen entsprechende Tendenzen begünstigt werden. Wie *Schorsch* bemerkt, stellen vorzugsweise Sachverhalte, die Beziehungstötungen zugrunde liegen, für Betrachter wie Beurteiler ein erhöhtes Identifikationspotential zur Verfügung[345]. Denn jeder „kennt im Prinzip Situationen von Ohnmacht und Hilflosigkeit" oder ausweglos erscheinenden Verstrickungen in Intimbeziehungen[346]. Je weiter die projektive Identifikation reicht, desto mehr steigt die Verständnisbereitschaft. *Schorsch* führt dazu aus: „Es liegt nahe, hier über den Mechanismus der projektiven Identifikation eigene Erfahrungen auf dem Umweg des Delegierens wiederzubeleben und zu erledigen. Welche bedeutsame Rolle Einfühlung und projektive Identifikation in einem konkreten Strafverfahren spielen und wie bestimmend sie sich z.B. auf das Strafmaß auswirken können, weiß jeder Sachverständige. Je stärker diese Mechanismen im Spiel sind, desto größer wird die Bereitschaft der richtenden Personen, sich auf verstehende psychodynamische Denkprozesse, die der Sachverständige anbietet, einzulassen. Je weniger Einfühlung und projektive Identifikation stattfinden, desto eher wird [...] die Kriminalität lediglich unter dem Aspekt der Verwerflichkeit betrachtet."[347] In eine ähnliche Richtung weisen die Bemerkungen *Raschs* zu den möglichen Konsequenzen einer „Persönlichkeitsanalyse in foro"[348]: „Je genauer sich nämlich der Gutachter bemüht, Vorgeschichte und Hintergründe einer Tat in allen möglichen Verästelungen zu erfassen und vor dem Gericht auszubreiten, desto mehr drängt sich der ‚deterministische' Aspekt auf." Die rechtliche Bewertung der Tat hängt dann womöglich „nicht vom Schuldgrad, sondern vom psychiatrischen Untersuchungsgrad" ab. Um nicht missverstanden zu werden: Eine Kritik an den Gutachten (oder Gutachtern) impliziert das nicht. Diese wäre, so vorgetragen, auch widersinnig; denn es ist gerade die Aufgabe der psychiatrischen oder psychologischen Sachverständigen, das Verhalten des Täters „zu erklären oder verständlich zu machen"[349]. Allerdings bleibt zu betonen: In der Jurisprudenz gelten andere Maßstäbe. Es geht hier nicht darum, ob oder inwieweit das Verhalten eines Täters

---

345 *Schorsch*, in: Perversion, S. 139 (140).

346 *Schorsch*, in: Perversion, S. 139 (140).

347 *Schorsch*, in: Perversion, S. 139 (140).

348 *Rasch*, in: Lehrbuch der gerichtlichen Medizin, S. 55 (66).

349 *Rasch*, Psychiatrie, S. 186; ferner *Witter*, in: Der psychiatrische Sachverständige, S. 37 (52); *Saß*, Lampe-FS, S. 183; grundlegend zum sogenannten „genetischen Verstehen" bereits *Jaspers*, Psychopathologie, S. 23f., 250ff. – Im Weiteren passt hierzu die Beobachtung, dass Gutachten zumal dann nicht eingeholt werden, wenn die Tatmotivation schon prima vista einfühlbar und verstehbar ist (*Haddenbrock*, Mschrkrim 69 [1986], S. 96 [97]).

einfühlbar und verständlich ist, sondern ausschließlich darum, das Verhalten unter spezifisch normativen und rechtlich fundierbaren Kriterien zu bewerten[350].

Nicht zuletzt vor diesem Hintergrund erweisen sich Ansätze als problematisch, die eine mildere Bewertung der Tat – sei es in Form einer Unrechts- oder (wie insofern wohl zumeist) Schuldmilderung – maßgeblich auf solche psychologischen Deutungsmuster statt auf normativ-rechtliche Argumentationsstrukturen stützen. Das gilt etwa, sofern zur Begründung auf Kriterien wie eine psychologische Erklärbarkeit der Tat rekurriert wird[351] oder darauf, dass es sich noch um eine allgemein menschlich nachvollziehbare Reaktion handele (was immer das genau bedeuten mag). Letzteres begegnet insbesondere bei sogenannten Tötungen im Affekt[352]. In einem sehr allgemeinen Sinn mag man zwar sagen können, es sei beispielsweise verständlich und menschlich allgemein nachvollziehbar, wenn jemand, der gegenwärtig und rechtswidrig von einem anderen angegriffen werde, sich also in einer Notwehrlage befinde, eine entsprechende, den anderen verletzende Notwehrhandlung vornehme, um sich zur Wehr zu setzen (§ 32 StGB). Oder es sei begreiflich, wenn jemand in einer gegenwärtigen Lebensgefahr, die anders nicht abwendbar sei, eine rechtswidrige Tat begehe, um sich so zu retten (also die Situation des § 35 I S. 1 StGB); oder es sei wegen des vorangegangenen Verhaltens des Opfers verständlich, dass der Täter in einen Affekt geraten sei, in dem er das Opfer schließlich getötet habe (mithin die sogenannte Provokationsvariante des § 213 StGB). Jedoch sind es weder die psychologische Erklärbarkeit einer solchen Handlung oder Tat noch die allgemein menschliche Nachvollziehbarkeit der Reaktionen, die diese gesetzlichen Regelungen und zuletzt das gesamte Strafrecht (hinreichend) begründen können; ebenso übrigens wie umgekehrt die Anwendung dieser täterentlastenden Vorschriften nicht von derartigen Erwägungen abhängt. Sicher, das Strafrecht nimmt Bezug auf den empirischen „Menschen" und muss ihm auch in gewisser Weise gerecht werden. Es ist aber nicht das empirische Wesen

[350] Zur Verschiedenartigkeit des (straf-)rechtlichen und psychowissenschaftlichen Bezugssystems siehe aus psychiatrischer Sicht vor allem *Rasch*, Psychiatrie, S. 186f.; *Bresser*, NJW 1978, S. 1188; weiterhin *Witter*, in: Der psychiatrische Sachverständige, S. 37f.; *dens.*, Leferenz-FS, S. 441 (442); *Saß*, Forensia 6 (1985), S. 33 (36); *Nedopil*, Psychiatrie, S. 11 f.; – und aus Sicht des Strafrechts besonders *Jakobs*, Strafrecht AT, 18/3ff., 24ff.; *dens.*, in: Grenzfragen, S. 128ff.; *dens.*, in: Handlungsanalyse, S. 21 ff.; vgl. auch *Streng*, NStZ 1995, S. 12 (13), S. 161 (162ff.); *Bernsmann*, NStZ 1989, S. 160 (163ff.).

[351] Was meint: Es lässt sich, betrachtet man die (defizitären) Entwicklungs- und Sozialisationsbedingungen des Täters, nachvollziehen, weswegen es zur Tat gekommen ist. Für eine denkbar weitgehende Berücksichtigung derartiger (psychoanalytischer) Aspekte plädiert *Moser*, KJ 1970, S. 399ff.; kritisch hingegen *Göppinger*, Leferenz-FS, S. 411 (418ff.); *Jakobs*, in: Grenzfragen, S. 127 (133ff.); *Bresser*, Leferenz-FS, S. 429 (437ff.).

[352] Soweit dort darauf abgestellt wird, ob sich der Affekt noch als „menschlich verständliche Reaktion" ansehen lässt; vgl. *Eser*, Gutachten, D 137; NK/*Neumann*, § 213 Rdnr. 16; *Blau*, Tröndle-FS, S. 109 (112); *Wessels/Hettinger*, BT/1, § 2 Rdnr. 173.

„Mensch", das kraft seines So-Seins die Maßstäbe vorgibt (oder auch nur vorgeben könnte), an denen das Rechtssystem sich auszurichten hätte (wiewohl das Recht freilich andererseits nicht völlig an empirischen Gegebenheiten vorbeigehen kann). Nötig für die rechtliche Bewertung einer Tat sind spezifisch normative Kriterien. Verständliche Reaktionen entlastet den Täter also nicht schon wegen ihrer Verständlichkeit, so wie ihn vice versa unverständliche Reaktionen nicht schon wegen ihrer Unverständlichkeit belasten[353].

Die psychologische Betrachtungsweise steht regelmäßig nicht für sich allein; sie geht im Weiteren einher mit einer sozialethisch-moralischen Bewertung der Tat, die zugleich, wenn man so will, das „normative" Element beisteuert. Exemplarisch für eine solche Vorgehensweise lässt sich die Auslegung des § 76 des österreichischen Strafgesetzbuchs anführen[354]. Dort wird der Totschlag als eine Tötung bestimmt, zu der sich der Täter „in einer allgemein begreiflichen heftigen Gemütsbewegung [...] hinreißen läßt". Wie *Moos* darlegt, setzt das eine „objektive sittliche Verständlichkeit der Tätermotivation" voraus; wobei es darauf ankomme, ob hinter der Gemütsbewegung (dem Affekt) „irgendein positiver Wert" stehe, „dem die Rechtsgemeinschaft sittliches Verständnis" entgegenbringe[355]. Gleiches gilt für Vorschläge, die in Deutschland de lege ferenda den Totschlag oder den privilegierten Totschlag – je nach bevorzugter Systematik – entsprechend § 76 öStGB gestalten wollen[356]. De lege lata lässt sich § 213, 1. Alternative StGB, die sogenannte Provokationsvariante, und deren Handhabung in der Rechtsprechung und in der überwiegenden Literatur nennen[357]. Auf den ersten Blick mag das erstaunen, da die Regelung doch recht präzise gefasst ist und nicht auf eine sozialethische Komponente hindeutet. Gleichwohl findet eine solche Bewertung hier oftmals statt und wird mehrheitlich auch gutgeheißen. Angelegt ist sie zunächst schon darin, dass die Begriffe „Misshandlung und schwere Beleidigung" in § 213 StGB nach ganz vorwiegender Ansicht nicht in einem „technisch strafrechtlichen Sinne" zu begreifen sein sollen; und das bedeutet, sie sollen nicht entsprechend den §§ 223 ff. StGB und §§ 185 ff. StGB

[353] Zu diesen beiden Seiten ein und desselben Prinzips siehe *Jakobs*, in: Handlungsanalyse, S. 21 (22 f.).

[354] Hierzu bereits die Erläuterungen in der Einleitung.

[355] Wiener Kommentar/*Moos*, § 76 Rdnr. 31; vgl. ferner *dens.*, ZStW 89 (1977), S. 796 (827 ff.).

[356] So findet sich in § 134 II des Entwurfs 1962 eine Formulierung, die fast wortgleich ist mit der in § 76 öStGB; als privilegierter Totschlag gilt dort eine Tötung „in einer begreiflichen heftigen Gemütserregung" (Entwurf 1962, S. 35). Des Weiteren schlägt *Eser* in seinem Gesetzentwurf als Totschlag, § 212 I, vor (Gutachten, D 201): „Wer aufgrund einer heftigen Gemütsbewegung, die den Umständen nach menschlich begreiflich ist, [...]."

[357] Zur steigenden Relevanz der Vorschrift *Eser*, NStZ 1981, S. 429 (431); Sch/Sch-*Eser*, § 213 Rdnr. 1; *Maurach/Schroeder/Maiwald*, Strafrecht BT/1, § 2 Rdnr. 55; *Herde*, ZRP 1990, S. 458; kritisch insoweit *Geilen*, JR 1980, S. 309 (315 f.); *Maatz*, Salger-FS, S. 91 (96); *H. Schneider*, NStZ 2001, S. 455 ff.

zu interpretieren sein[358]. Für die „schwere Beleidigung" folgt daraus: Es reicht aus, wenn dem Täter oder einem seiner Angehörigen durch das Opfer eine „(schwere) Kränkung" – so der allgemein eingeführte Terminus – zugefügt wurde; und diese Kränkung muss nicht unbedingt eine Beleidigung im Sinne des § 185 StGB sein[359], vielmehr genügen „schwere Kränkungen jeglicher Art"[360]. Weiterhin sollen selbst leichte Kränkungen als „schwere Beleidigung" einzustufen sein, die für sich genommen zwar noch keine schwere Beleidigung sind, sofern sie bloß häufiger vorkommen. Insbesondere soll das für eine Kränkung gelten, die – in der metaphorischen Wendung des BGH gesprochen – „der Tropfen war, der das Faß zum Überlaufen brachte"[361]. Ob eine Kränkung gegeben ist oder nicht, soll sich zwar nicht nach dem subjektiven Empfinden des Betroffenen bemessen[362]; es soll hier immerhin ein objektiver Maßstab gelten[363]. Die grundlegende Problematik wird dadurch aber nicht beseitigt. Wird nämlich die Provokationsvariante gehandhabt wie dargelegt, lässt sie sich vielfach mit spezifisch rechtlichen Kriterien nicht untermauern. Ihre Auslegung wird vielmehr

[358] *Maurach/Schroeder/Maiwald*, Strafrecht BT/1, § 2 Rdnr. 56; *Fischer*, § 213 Rdnr. 4 f.; NK/*Neumann*, § 213 Rdnr. 8 f.; *Lackner/Kühl*, § 213 Rdnr. 2; Sch/Sch-*Eser*, § 213 Rdnr. 5; – aus der Rechtsprechung: BGH MDR/H 1978, S. 110; BGH StV 1983, S. 198 (199).

[359] *Maurach/Schroeder/Maiwald*, Strafrecht BT/1, § 2 Rdnr. 56; NK/*Neumann*, § 213 Rdnr. 9; *Fischer*, § 213 Rdnr. 5; *Lackner/Kühl*, § 213 Rdnr. 2; Sch/Sch-*Eser*, § 213 Rdnr. 5; SSW-StGB/*Momsen*, § 213 Rdnr. 11.

[360] *Fischer*, § 213 Rdnr. 5.

[361] BGH MDR/H 1979, S. 456; des Weiteren BGH StV 1983, S. 198; BGH NStE 1992, Nr. 24 zu § 213; ebenso NK/*Neumann*, § 213 Rdnr. 9; SK/*Horn*, § 213 Rdnr. 4; LK/*Jähnke*, § 213 Rdnr. 6; *Fischer*, § 213 Rdnr. 5; *Maurach/Schroeder/Maiwald*, Strafrecht BT/1, § 2 Rdnr. 56; *Wessels/Hettinger*, Strafrecht BT/1, § 2 Rdnr. 173; *Eser*, NStZ 1981, S. 429 (431); *ders.*, NStZ 1984, S. 49 (52); *ders.*, Middendorff-FS, S. 65 (70); kritisch dagegen *Maatz*, Salger-FS, S. 91 (99).

[362] Anders jedoch *Glatzel*, Mord, S. 48 f. *Glatzel* verwirft eine objektivierte Herangehensweise als eine „psychologiefremde Konstruktion" und stellt ihr eine subjektivistische Deutung entgegen. Dass die Bestimmung einer „schweren Beleidigung" im Sinne des § 213, 1. Alt. StGB nach objektiven Kriterien „psychologiefremd" ist, wird nicht bestritten. Es kann aber nicht darum gehen, Rechtsvorschriften „psychologienah" (oder Ähnliches) auszulegen (siehe zum unterschiedlichen wissenschaftlichen Referenzsystem von Strafrecht und den sogenannten Psychowissenschaften bereits die vorangegangenen Ausführungen und die Nachweise in Fn. 350). (Insofern ließe sich sagen, der Vorschlag sei „jurafremd".) Recht als eine allgemeinverbindliche Ordnung lässt sich nicht nach individuellen Vorstellungen und Befindlichkeiten bestimmen; nötig sind objektiv-normativierende Vorgaben. – Sehr weitgehend aus juristischer Sicht aber ferner *Maurach/Schroeder/Maiwald*, Strafrecht BT/1, § 2 Rdnr. 56: Es komme bei der Provokationsvariante wesentlich auf die „impressive Wirkung dieser Akte" an.

[363] MK/*Schneider*, § 213 Rdnr. 14; *ders.*, in: Tötungsdelikte – mediale Wahrnehmung, S. 203 (210 f.); Sch/Sch-*Eser*, § 213 Rdnr. 5; SK/*Horn*, § 213 Rdnr. 4; LK/*Jähnke*, § 213 Rdnr. 6; *Lackner/Kühl*, § 213 Rdnr. 2; *Fischer*, § 213 Rdnr. 5; aus der Rechtsprechung: BGH MDR 1977, S. 638; BGH StV 1981, S. 234 und 342; BGH NStZ 1982, S. 27; BGH NStE 1990, Nr. 16 zu § 213.

ausgerichtet an einem (lediglich) sozialethischen Bewertungssystem[364]. Diese Erweiterung des Rechts in den Bereich der Sozialethik hinein wird zum einen durch eine extensive Deutung der Merkmale „Misshandlung und schweren Beleidigung" in § 213 StGB erreicht. Zum anderen kommt hinzu, dass das Vorliegen einer Provokation darüber hinaus unter Berücksichtigung sämtlicher Tatumstände zu bestimmen sein soll. Dementsprechend schreibt etwa *Horn*, „alle Umstände – auch weiter zurückliegende – [seien] einzubeziehen, die über die Entstehung und Auslösung des Tatentschlusses Aufschluß geben könnten"[365]. Desgleichen fordert *Kühl*, das „gesamte Verhältnis zwischen beiden [Täter und Opfer] mit seiner Vorgeschichte" zu berücksichtigen[366]. Im Ergebnis läuft das auf eine umfassende „Gesamtbetrachtung" hinaus[367]. Beurteilt sich somit schon die Frage, ob eine Provokation („schwere Beleidigung") vorliegt, nach einer umfassenden „Gesamtbetrachtung", so wird teils noch zusätzlich verlangt, die Annahme der Provokationsvariante insgesamt (also des § 213, 1. Alternative StGB) von einer weiteren „Gesamtwürdigung aller Tatumstände" abhängig zu machen[368]. Es ist offensichtlich, dass eine solche Auslegung des § 213, 1. Variante StGB die Einbeziehung und Abwägung so vielfältiger wie diffuser, im Einzelnen nicht genau hinterfragter oder dogmatisch aufbereiteter Kriterien ermöglicht (– und eventuell ja auch ermöglichen soll)[369]. Überzeugend ist das nicht. Zunächst schon leuchtet es schwer ein, weswegen man die Begriffe „Misshandlung und schwere Beleidigung" über den doch recht eindeutigen Wortlaut der Vorschrift hinweg nicht im Sinne der §§ 223 ff. StGB und §§ 185 ff. StGB verstehen sollte und weshalb stattdessen der (unklare) Begriff einer „Kränkung" eingeführt wird[370]. Zumal sich eine Anlehnung an die §§ 223 ff. StGB und §§ 185 ff. StGB bei der Auslegung des § 213, 1. Variante StGB[371] dogmatisch geradezu anbietet. Noch offensichtlicher tritt die Berücksichtigung sozialethischer

---

[364] Vgl. auch *Eser*, Middendorff-FS, S. 65 (69): Die Provokationsalternative des § 213 StGB biete „gewisse Einbruchstellen für unterschiedliche sozialethische Sichtweisen".

[365] SK/*Horn*, § 213 Rdnr. 4.

[366] *Lackner/Kühl*, § 213 Rdnr. 2.

[367] Sch/Sch-*Eser*, § 213 Rdnr. 5; *ders.*, Middendorff-FS, S. 65 (69 ff.); *Fischer*, § 213 Rdnr. 3, 5; SK/*Horn*, § 213 Rdnr. 4; *Lackner/Kühl*, § 213 Rdnr. 2; ferner *Geilen*, Dreher-FS, S. 357 (382 f.); *ders.*, JR 1980, S. 309 (316); *Maatz*, Salger-FS, S. 91 (98 f.); NK/*Neumann*, § 213 Rdnr. 9; *Wessels/Hettinger*, Strafrecht BT/1, § 2 Rdnr. 173; – aus der Rechtsprechung: BGH MDR 1979, S. 456; BGH StV 1983, S. 198 (199); BGH MDR 1991, S. 483.

[368] So Sch/Sch-*Eser*, § 213 Rdnr. 12a; SK/*Horn*, § 213 Rdnr. 10; *Maatz*, Salger-FS, S. 91 (98 f.); kritisch dazu *Fischer*, § 213 Rdnr. 2; LK/*Jähnke*, § 213 Rdnr. 2.

[369] Siehe insgesamt kritisch zu der floskelhaften Verwendung einer „Gesamtschau von Tatumständen und Täterpersönlichkeit" *Hörnle* (Strafzumessung, S. 38 f.), da die einzelnen Faktoren, die hier in die Bewertung eingingen, nicht hinreichend systematisiert würden.

[370] *Jähnke* stellt zu Recht fest, die „Weite dieser Begriffsbestimmungen" löse sich „in auffallender Weise vom Wortlaut" der Vorschrift (LK/*Jähnke*, § 213 Rdnr. 4).

[371] In diesem Sinne einzig *Gössel/Dölling*, Strafrecht BT/1, § 3 Rdnr. 5, 10, und MK/*Schneider*, § 213 Rdnr. 12, 16; *ders.*, in: Tötungsdelikte – mediale Wahrnehmung, S. 203 (208 f.); *ders.*, NStZ 2001, S. 455 (456).

Aspekte sodann bei der (den) umfassenden Gesamtwürdigung(en) hervor. Die Provokationsvariante des § 213 StGB, auf diese Art geschmeidig in der Anwendung gemacht, wird damit ausgedehnt auf über den Bereich des Rechtlichen hinausgehende sozialethisch-moralische Verfehlungen und Unzulänglichkeiten, die sich das Opfer im Vorfeld der Tötung gegenüber dem Täter erlaubt haben mag[372].

Durch diese Einbeziehung von Moral und Sozialethik wird der Bereich des strikten Rechts verlassen und die Ethik zum Gegenstand rechtlicher Beurteilung. Sieht man in der Provokation, die § 213, 1. Alternative StGB voraussetzt – präziser: in der „Misshandlung und schweren Beleidigung", wie es das Gesetz sagt –, eine Minderung des Unrechts, wie es von einigen vertreten wird[373] und vorzugswürdiger Ansicht entspricht[374], ist es zudem nicht plausibel zu machen, weshalb hier gegebenenfalls rein moralische Verfehlungen des Opfers dazu führen, das Ausmaß des Unrechts zu beeinflussen beziehungsweise dieses zu reduzieren. Verhaltensweisen, die lediglich im Feld der Sozialethik anzusiedeln sind – mögen sie im Einzelnen noch so unschön, ärgerlich und anstößig sein –, können Auswirkungen auf eine strikt rechtliche Betrachtung nicht entfalten. Dabei mag die Bezugnahme auf sozialethisch-moralische Kriterien bei der Anwendung des § 213 StGB noch stimmig sein für all jene, die auch ansonsten auf derartige Aspekte rekurrieren. Das erfordert allerdings einen anderen als den hier befürworteten Strafrechtsbegriff. Aus hiesiger Sicht bleibt dagegen festzuhalten: Ebenso wenig wie es überzeugt, bei der sogenannten Motivgeneralklausel, also den „niedrigen Beweggründen", zunächst psychologisierend auf Motive des Täters zu rekurrieren und diese einer sozialethischen Beurteilung zu unterziehen, so wenig überzeugt es auf der anderen Seite, eine mildere Bewertung der Tat auf solche Faktoren zu stützen. Das lässt sich schon gegen die

---

[372] Der Einwand gilt ungeachtet dessen, dass hauptsächlich die Vertreter des Schrifttums (gelegentlich aber ebenso der BGH, siehe z. B. BGHSt 34, 37 [38 f.]; BGH MDR 1991, S. 483) eine Restriktion des § 213, 1. Variante StGB anmahnen (insbesondere *Geilen*, Dreher-FS, S. 357 ff.; *ders.*, JR 1980, S. 309 [315 f.]; *H. Schneider*, NStZ 2001, S. 455; *ders.*, in Tötungsdelikte, S. 203 [205]; ferner LK/*Jähnke*, § 213 Rdnr. 4). Bezeichnenderweise spricht etwa *Maatz* von einer „normativ-ethischen Reduktion", die den Anwendungsbereichs des § 213, 1. Variante StGB einschränken soll (Salger-FS, bereits in der Überschrift S. 91).

[373] *Hillenkamp*, Vorsatztat, S. 272; *Heine*, Tötung, S. 269; *Otto*, Strafrecht BT, § 5 Rdnr. 3; *Zwiehoff*, Tötung, S. 19 ff.; *Klesczewski*, in: Affekt, S. 57 (81); *Mitsch*, JuS 1996, S. 26 (29); *Hörnle*, Strafzumessung, S. 287; *Jakobs*, Strafrecht AT, 17/55; – zurückhaltend Sch/Sch-*Eser*, § 213 Rdnr. 1 („wenn nicht gar wegen [...] Reduzierung des Unrechts"), und SK/*Horn*, § 213 Rdnr. 3 („vielleicht"); – zur Provokation als Unrechtsminderung bereits *Kern* ZStW 64 (1952), S. 255 (285 ff.).

[374] Ablehnend jedoch: *Frister*, Struktur, S. 220 ff.; NK/*Neumann*, § 213 Rdnr. 6; *Neumann*, Zurechnung, S. 250 ff., 258 f.; *H. Schneider*, NStZ 2001, 455; *ders.*, in: Tötungsdelikte – mediale Wahrnehmung, S. 203 (206 f.); MK/*ders.*, § 213 Rdnr. 6; *Lange*, Bockelmann-FS, S. 261 (275 f.).

sogenannte Typenkorrektur[375] und ebenso gegen Vorschläge geltend machen, einen Mord (trotz Vorliegens eines Mordmerkmals) auszuschließen, falls beim Täter „achtenswerte Beweggründe" vorhanden sind[376]. Denn Erwägungen, die ihrer Art nach, mithin aus prinzipiellen und rechtstheoretischen Gründen, ungeeignet sind, einen Qualifikationstatbestand der vorsätzlichen Tötung zu untermauern, lassen sich konsequenterweise auch nicht umgekehrt dazu heranziehen, Minderungen von Unrecht oder Schuld zu fundieren. Der Begriff des Rechts, von dem ausgegangen wird, kann immer nur ein und derselbe sein und nicht variieren, je nachdem, ob es zu Lasten oder zugunsten des Täters geht. Insofern wäre auch der unter Umständen denkbare Gegeneinwand nicht überzeugend, die Minderungen enthielten doch anders als die „niedrigen Beweggründe" Begünstigungen und nicht Belastungen des Täters, weshalb die Berücksichtigung sozialethischer Kriterien insofern weniger (oder möglicherweise gar nicht) bedenklich sei.

Namentlich in Fällen, in denen Unrechtsminderungen in Rede stehen (wie etwa bei der Provokationsvariante des § 213 StGB), kommt ein anderer Aspekt hinzu: Die Minderung des Unrechts wird begründet mit einem Fehlverhalten des Opfers. In diesen Fällen geht daher die Entlastung des Täters jedenfalls mittelbar mit einer Belastung des Opfers einher. Ist nämlich der Grund für die Minderung des Unrechts ein Verhalten des Opfers, wird diesem zugleich in einer rechtlich erheblichen Weise Verantwortung zugeschrieben. Denn die mildere Strafe des Täters oder gegebenenfalls die Annahme eines Privilegierungstatbestands[377] gründet in dem Beitrag, den das Opfer zur Tatgenese geleistet hat. Für das Opfer folgt hieraus eine Reduzierung seines strafrechtlichen Schutzes

---

[375] *Jescheck*, JZ 1957, S. 386 (387); *ders.*, in: Freiheitsstrafe, S. 127 (132); *Bertram*, in: Freiheitsstrafe, S. 157 (175); *Geilen*, JR 1980, S. 309 (314); Sch/Sch-*Eser*, § 211 Rdnr. 10; *ders.*, JR 1981, S. 177 (183); ferner SK/*Horn*, § 211 Rdnr. 6; *Saliger*, ZStW 109 (1997), S. 302 (332 ff., bes. 334).

[376] *Schwalm*, MDR 1957, S. 260 f.; *Busch*, Rittler-FS, S. 287 (295 f.); *Eser*, Gutachten, D 44 ff.; *Köhler*, JuS 1984, S. 762 (765 ff.); *Otto*, Jura 1994, S. 141 (147).

[377] Ob § 213, 1. Variante StGB ein Privilegierungstatbestand ist oder aber lediglich wie die zweite Variante des § 213 StGB, der unbenannt minder schwere Fall, eine Strafzumessungsregelung, ist umstritten. Für Ersteres *Maurach/Schroeder/Maiwald*, Strafrecht BT/1, § 2 Rdnr. 55; *Otto*, Strafrecht BT, § 2 Rdnr. 15; *Zwiehoff*, Tötung, S. 19 ff., 24; *Deckers*, Rieß-FS, S. 651 (665 ff.); für Letzteres Neumann, Eser-FS, S. 431 (438 f.); LK/*Jähnke*, § 211 Rdnr. 1; Sch/Sch-*Eser*, § 213 Rdnr. 2; *Lackner/Kühl*, § 213 Rdnr. 1; *Fischer*, § 213 Rdnr. 1; MK/*Schneider*, § 213 Rdnr. 1; *Gössel/Dölling*, Strafrecht BT/1, § 1 Rdnr. 9 f., § 3 Rdnr. 1; *Krey/Heinrich*, Strafrecht BT/1, § 1 Rdnr. 50. In diesem Zusammenhang kann das vernachlässigt werden, da auch im Rahmen der Strafzumessung nicht Kriterien von Belang sein können, die bei der Straftatbegründung aus wohlerwogenen und prinzipiellen Gründen – namentlich dem zugrundegelegten Strafrechtsbegriff – keine Bedeutung erlangen können (*Frisch*, ZStW 99 [1987], S. 349 [385 ff.]; *ders.*, GA1989, S. 338 [355 f.]; *ders.*, BGH-FG, Band IV, S. 269 [279, 287 ff.]; *ders.*, Müller-Dietz-FS, S. 237 [247 f., 259]; *Hörnle*, Strafzumessung, S. 17 f., 143 ff., 195 ff.; *dies.*, JZ 1999, S. 1080 [1087 f.]; *dies.*, in: Tatproportionalität, S. 99 [105 ff.]; *Freund*, GA 1999, S. 509 [526]; MK/*Freund*, Vor §§ 13 ff. Rdnr. 72, 218; *Pawlik*, Person, S. 91 mit Fn. 60).

(bedingt durch die geringere Strafe des Täters). Dadurch wird der rechtlich geschützte Freiheitsbereich des Opfers, wenn auch nur indirekt, berührt. Denn die Einschränkung seines Schutzes resultiert aus seinem Fehlverhalten. Zumindest mittelbar ist damit eine Begrenzung der Handlungsfreiheit des Opfers verbunden, da und soweit sein Verhalten rechtlich negativ bewertet wird und eine Reduzierung des Schutzes auslöst. Das Strafrecht dient nun dazu, die äußeren Freiheitsräume der einzelnen Personen wechselseitig zu schützen und zu garantieren[378]; es ist also ein reziprokes System. Daher muss die Belastung des Opfers, oder anders gesagt, die partielle Rücknahme des (Strafrechts-)Schutzes wegen eines Opferverhaltens vereinbar sein mit dem zugrundegelegten Strafrechtsverständnis. Insofern reicht es nicht hin, das Strafrecht einseitig aus der Täterperspektive in den Blick zu nehmen und per se all solche Aspekte für unproblematisch zu halten, die zu Gunsten des Täters sind und eine Einschränkung des Strafrechts bewirken[379]. So hat der Gewinn an (Täter-)Freiheit, der mit einer reductio in bonam partem für den Täter verbunden ist, jedenfalls dann, wenn er auf ein Fehlverhalten des Opfers gestützt wird, gleichsam als Reflex Auswirkungen auf die rechtlich geschützte Freiheitssphäre des Opfers. Die Reduzierung des Strafrechtsschutzes bedarf aber auch aus Sicht des Opfers einer tragfähigen Begründung. Entscheidet man sich wie hier für ein Strafrechtskonzept, in dem genuin sozialethische oder moralische Gesichtspunkte prinzipiell nicht zu berücksichtigen sind, dann lassen sie sich, soweit es um das Verhalten des Opfers geht, ebenfalls nicht in die rechtliche Bewertung miteinbeziehen. Bloße Verstöße des Opfers gegen Moral und Sozialethik im Vorfeld eines Tötungsdelikts vermögen somit eine Minderung des Unrechts nicht zu fundieren. Dem Opfer darf vielmehr nur ein solches Verhalten vorgehalten werden und zum Nachteil gereichen, das dem Bereich des strikten Rechts zuzurechnen ist. Wann dies der Fall ist und wonach sich das im Einzelnen bemisst, ist sogleich ausführlicher (unter II) darzulegen.

Problematisch – und mit den vorangegangenen Erwägungen teils zusammenhängend – sind im Weiteren Bemühungen, eine Privilegierung des Täters im Falle einer Konflikttat, kombiniert zumeist mit einer Affekttat, vorzusehen. Ein solches Privilegierungsmodell hat *Eser* in seinem 1980 für den Deutschen Juristentag erstellten Gutachten in die Debatte eingeführt[380]. Als Ausgangspunkt seines Ansatzes verweist *Eser* auf empirisch-kriminologische Daten[381], namentlich auf die Erkenntnis, dass Tötungsdelikte oftmals Beziehungstö-

---

[378] *Kant*, MdS-RL, Einleitung in die Rechtslehre, S. 337 f., und Einleitung in die MdS, S. 324 ff.; weiterhin besonders *Köhler*, Strafrecht AT, S. 12 ff., bes. 14 f.

[379] Siehe auch *Hillenkamp*, Vorsatztat, S. 154 f., 157 f., 159 ff., und zuletzt besonders *Hörnle*, JZ 2006, S. 950 (957).

[380] *Eser*, Gutachten, bes. D 108 ff., 128 ff. Eine Neuauflage dieses Konzept liefert der Alternativ-Entwurf Leben, GA 2008, S. 193 (199, 204 f., 207, 248 ff.), dessen Verfasser sich explizit auf *Eser* berufen.

[381] *Eser*, Gutachten, D 108 ff., 123.

tungen seien und dass sich dies „in der Regel“ nur mit einem Konflikt erklären lasse[382]. Hieraus folgt schließlich das Plädoyer, der Täter-Opfer-Beziehung „besondere Aufmerksamkeit“ zu schenken[383]. So seien derartige Taten sehr häufig „das Ergebnis einer vielschichtigen schicksalhaften Verstrickung“ und die Tat erweise sich „oft als Produkt eines Affekts oder eines Konfliktlösungsversuchs“[384]. Dabei sei die Schuld des Täters – wegen des konflikthaften Geschehens und des sich hieraus ergebenden (auch protrahierten) Affekts – in aller Regel vermindert[385]. Obschon *Eser* betont, nicht jede Affekt- und Konflikttötung verdiene bereits per se eine Milderung[386], läuft sein Konzept doch ersichtlich auf eine Privilegierung von Beziehungstötungen, wenn auch nicht gleich in jedem Fall, so doch en gros hinaus. *Esers* Gesetzentwurf, der das Gutachten abschließt, sieht sodann als Totschlag in § 212 Absatz 1 folgende Regelung vor: „Wer aufgrund einer heftigen Gemütsbewegung, die den Umständen nach menschlich begreiflich ist, tötet, [...].“ Und Absatz 2 bestimmt in seiner Nummer 2, dass ein solcher Fall in der Regel gegeben sei, wenn „der Täter sich oder eine ihm nahestehende Person aus einer ihm ausweglos erscheinenden, nicht überwiegend selbst veranlaßten Konfliktlage mit dem Getöteten zu befreien versucht [...]“[387]. Der Vorschlag stellt ein Novum dar; denn er ist, wie *Eser* hervorhebt, „soweit ersichtlich – ohne Vorbild“[388]. In der Literatur ist er teilweise aufgegriffen worden[389].

Nachdrücklich plädiert *Eser* in seinem Gutachten dafür, den zu engen Provokationsansatz, den § 213, 1. Alternative StGB vorgebe, durch ein umfassendes Konfliktmodell zu ersetzen[390]. Betrachtet man die Handhabung des § 213, 1. Variante StGB, wie sie ganz überwiegender Auffassung entspricht und soeben beschrieben wurde, darf man wohl konstatieren, dass *Esers* Anliegen dort, jedenfalls soweit dies mit dem Wortlaut noch vereinbar erscheint[391], realisiert ist.

---

[382] *Eser*, Gutachten, D 110.

[383] *Eser*, Gutachten, D 108.

[384] *Eser*, Gutachten, D 109.

[385] *Eser*, Gutachten, D 108, 123.

[386] *Eser*, Gutachten, D 113.

[387] *Eser*, Gutachten, D 201.

[388] *Eser*, Gutachten, D 145.

[389] *Beckmann*, GA 1981, S. 335 (347); *ders.*, in: 3. Alternativer Juristinnen- und Juristentag, S. 61 (71); *Frommel*, in: Leben ohne Lebenslänglich, S. 69 (79 f.); *Rengier*, MDR 1986, S. 405 (408 f.), jedoch modifiziert. – *Müssig* meint (Mord, S. 342): „Grundsätzlich kann davon ausgegangen werden, daß ein ‚Konfliktansatz‘ als Privilegierungstatbestand weitgehende Zustimmung genießt.“ Dass diese Einschätzung zutrifft, belegt nicht zuletzt der Alternativ-Entwurf Leben, GA 2008, S. 193 (199, 204 f., 207, 248 ff.).

[390] *Eser*, Gutachten, D 129: „Daher kann kein Zweifel sein, daß der ursprüngliche ‚Provokationsansatz‘ im Sinne eines umfassenden ‚Konfliktansatzes‘ zu erweitern ist.“

[391] Als Hürde erweist sich insbesondere, dass § 213, 1. Alternative StGB verlangt, der Täter müsse „auf der Stelle zur Tat hingerissen worden“ sein. Hält man sich an den Wortlaut, ist es ausgeschlossen, ein länger währendes Konfliktgeschehen mit einem sogenannten protrahierten Affekt einzubeziehen (siehe *Köhler*, in: Affekt, S. 9 [bes. 18 ff.]; *dens.*, Strafrecht AT,

Das Konflikt- und Affektmodell dürfte sich faktisch weithin durchgesetzt haben. Vom hiesigen Standpunkt aus gesehen bleibt festzuhalten: Die Bedenken, die gegen die gängige Auslegung des §213, 1. Alternative StGB vorgetragen wurden, gelten mutatis mutandis auch für den Konfliktansatz. Darüber hinaus sei nur knapp auf die folgenden Aspekte hingewiesen:

Was die empirische Grundlage betrifft, rekurriert der Ansatz erkennbar auf die Darlegungen *Raschs*[392]. So hat insbesondere *Rasch* auf die sich ähnelnden Verläufe und die Beziehungsdynamik aufmerksam gemacht, die aus einer konfliktträchtigen Beziehung zu einer Tötung des Beziehungspartners führen können[393]. Im juristischen Schrifttum ist hieraus sogar der Schluss gezogen worden, der Täter sei in solchen Fällen wegen fehlender Steuerungsfähigkeit schuldunfähig[394]. Aus Sicht der Psycho-Wissenschaften, mithin der Psychiatrie und der Psychologie, ist diese These mehr als zweifelhaft und lässt sich nicht fundieren[395]; und selbst *Rasch* hat eine solche Konsequenz nicht gezogen[396]. Ihm ging es freilich ohnehin nicht darum, juristisch gültige Aussagen zur Zurechnungs(un)fähigkeit beziehungsweise einer Einschränkung der Zumutbarkeit normgemäßen Verhaltens zu machen, sondern nur darum, auf die, empirisch gesehen, auffallende strukturelle Gleichartigkeit der jeweiligen Tatabläufe hinzuweisen. *Rasch* spricht insoweit von einem „hypothetische[n] Konstrukt", dessen Ziel es sei, „ein bestimmtes Verhalten verständlich zu machen"[397]. Nicht aber werde damit schon „die Beurteilung der Schuldfähigkeit [...] gewissermaßen mitgeliefert"[398]. In der Tat ist es nicht ersichtlich, weshalb ein Geschehensverlauf, nur weil er eine bestimmte Typizität aufweist und weil er so oder jedenfalls in ähnlicher Weise häufiger vorkommt, einen Ausschluss der Zurechnungsfähigkeit oder eine Beeinträchtigung der Zumutbarkeit normgemäßen Verhaltens indizieren sollte. Zumal man festhalten darf: Beziehungskonflikte, selbst massive, gewalttätige und über einen längeren Zeitraum andauernde, mag es viele geben. Dass hieraus ein Tötungsdelikt hervorgeht, ist – wiewohl das Tötungsdelikt in den meisten Fällen ein Beziehungsdelikt ist – eher eine sehr seltene Ausnahme[399].

S. 417ff.; kritisch vor allem *Glatzel*, Psychiatrie, S. 56ff.; *ders.*, StV 1983, S. 339ff.). Möglich bliebe lediglich die Annahme eines unbenannt minder schweren Falls.

[392] Hierzu bereits im ersten Kapitel zu B III in Fn. 129.

[393] *Rasch*, Tötung, bes. S. 54ff., 66ff. et passim; siehe ferner *Burgheim*, Psychologische Bedingungen, S. 78ff.

[394] *Krümpelmann*, Affekt, S. 120ff., 155ff., 181; *ders.*, Welzel-FS, S. 327 (330ff.); *ders.*, ZStW 88 (1976), S. 6 (24ff.); *ders.*, Recht&Psychiatrie 8 (1990), S. 150 (152f.); weitgehend zustimmend *Stratenwerth/Kuhlen*, Strafrecht AT I, § 10 Rdnr. 4, 31.

[395] Siehe *Saß*, in: Affektdelikte, S. 1 (3, 5); *dens.*, Nervenarzt 54 (1983), S. 557 (559f., 563); *Simons*, Tötungsdelikte, S. 18ff.; *Kröber*, in: Affektdelikte, S. 77 (82).

[396] *Rasch*, Psychiatrie, S. 197ff.

[397] *Rasch*, Psychiatrie, S. 197.

[398] *Rasch*, Psychiatrie, S. 198.

[399] Pointiert *Kröber*, in: Affektdelikte, S. 77 (82): „Gegen die Taten, die sich ereigneten, stehen bei entsprechender Vorgeschichte die Taten, die sich nicht ereigneten."

Womöglich ließe sich sogar eher noch ein gegenteiliger Schluss ziehen: Sind zumal enge und länger anhaltende zwischenmenschliche Beziehungen ohne mitunter auch erheblichere Konflikte kaum vorstellbar, handelt es sich bei Beziehungskonflikten um ein ubiquitäres Phänomen. Und zumindest die gewaltfreie Bewältigung derart geläufiger und kaum vermeidbarer Konflikte – es sei denn, man wiche jedem zwischenmenschlichen Kontakt aus – ist von jedem zu erwarten. Das spräche dann gegen eine mehr oder weniger pauschale Entlastung des Täters in solchen Fällen. Hierin zeigt sich freilich die Ambivalenz des Arguments: Denn das, was der Grund für eine (teilweise) Exkulpation des Täters sein soll, lässt sich ebenso für seine Inkulpation verwenden[400].

Vom Boden einer freiheitlichen Rechtsordnung aus erweist sich zudem die beim Konflikt- und Affektmodell implizit vorausgesetzte eingehendere Erforschung des Beziehungsgeflechts von Täter und Opfer als keinesfalls unproblematisch[401]. Für ein liberales Rechtssystem, das sich nur auf die äußere Freiheitssphäre der Personen beziehen darf[402], reicht der Auszug aus der Welt von Täter und Opfer, der hier genommen wird, sowohl zu weit wie zu tief. Schließlich bemisst sich die umfassende Würdigung des Konflikts von Täter und Opfer, die dieser Ansatz verlangt, im Kern wiederum nach sozialethischen Kriterien. Dass die strafrechtliche Beurteilung auf diese Weise leicht zu einer „Sonderform des Familien- und Scheidungsrechts"[403] gerät (wie eingangs schon erwähnt), liegt auf der Hand. Entschieden wird allerdings nicht nach neuem, sondern nach altem Scheidungsrecht, will sagen: nach dem im Zivilrecht abgeschafften Verschuldensprinzip[404]. Um die Bedenken nochmals zusammenzufassen: Erstens reicht es für eine rechtliche Bewertung nicht hin, die Entscheidung von einer psychologischen Verstehbarkeit der Tat – zuletzt womöglich im Sinne eines „tout comprendre c'est tout pardonner" – abhängig zu machen. Zweitens lässt sich die Bewertung nicht auf vordergründige, normativ-dogmatisch nicht fundierte Plausibilitäten oder (alltags-)moralische Evidenzen stützen[405]. Einmal

---

400 In diesem Sinne *Jakobs*, in: Handlungsanalyse, S. 21 (22f.); zustimmend *Rasch*, Psychiatrie, S. 199.

401 Vgl. auch *Jakobs*, in: Handlungsanalyse, S. 21 (22).

402 *Kant*, MdS-RL, Einleitung in die MdS, S. 323ff., und Einleitung in die Rechtslehre, S. 336f.; siehe auch *Hegel*, Grundlinien, §§ 91, 94 sowie §§ 104 und 106 mit Zusatz.

403 *Legnaro/Aengenheister*, Schuld und Strafe, S. 164.

404 Vgl. *Legnaro/Aengenheister*, Schuld und Strafe, S. 127. – Kriminologische Studien belegen, dass Gerichte sich bei ihrer Entscheidung sehr an den traditionellen, geschlechtsspezifischen Rollenmustern und -erwartungen orientieren. Danach wirkt es sich, grob gesprochen, günstig aus, wenn Täter (Männer wie Frauen) sich innerhalb des klassischen Rollenschemas bewegen, und ungünstig, wenn sie dies nicht tun (dazu eingehend *Körner*, Machtgefälle, S. 22ff. et passim, und *Legnaro/Aengenheister*, Schuld und Strafe, bes. S. 89ff.).

405 Die empirische Untersuchung von *Legnaro/Aengenheister* macht die Gefahr einer Verklärung von Beziehungskonflikten deutlich. So beobachten die Autoren, die gerichtliche Rekonstruktion der Taten und des dazu führenden Konflikts scheine mitunter „geschult [...] an literarischen Modellen" (Schuld und Strafe, S. 108); und *Simons* moniert, Konflikt und Tat

abgesehen davon, dass es für eine rechtliche Betrachtung, drittens, ohnehin nicht um eine Bewertung des „Ganzen", also des gesamten konflikthaften Geschehens, gehen kann und darf. Der Topos „Konflikt" ist ein schillernder und konturenloser Begriff, offen für alle denkbaren Inhalte. Das gilt umso mehr, als ihm eine dogmatische Verankerung fehlt[406] und nicht zu sehen ist, wie eine solche zu leisten wäre. Insofern frappiert die mit diesem Ansatz intendierte weitgehende Privilegierung von Beziehungstaten nicht zuletzt deshalb, weil sie schon prima facie im Kontrast steht zu den gesteigerten Schutzpflichten, die vorzugsweise in nahen Beziehungen, wie vor allem Ehe- und Lebenspartnerschaft, möglich sind[407]. Aber dies nur nebenbei.

Steht damit fest, wie Minderungen von Unrecht und Schuld sich prinzipiell jedenfalls nicht begründen lassen, so ist jetzt zu erörtern, unter welchen Voraussetzungen sie angenommen werden können.

II. Unrechtsminderungen

Dass das Unrecht einer Tat abstufbar ist, ist allgemein anerkannt[408]. Geht man von einem freiheitstheoretischen Ansatz aus, wonach es Aufgabe des Strafrechts ist, die Freiheitssphären der einzelnen Personen in strikter Wechselseitigkeit voneinander abzugrenzen und zu garantieren, lassen sich Minderungen des Tötungsunrechts anerkennen, sofern das Opfer zur Tat einen rechtlich beachtlichen Beitrag geleistet hat. Dieser Beitrag muss so beschaffen sein, dass dem Opfer nach dem zugrundegelegten Rechtsprinzip eine partielle Verantwortung für die Tat zugewiesen werden kann. Verhaltensweisen, die lediglich im Rahmen eines sozialethisch-moralischen Bewertungssystems von Bedeutung sind, sind hierfür – das wurde soeben ausgeführt – nicht hinreichend. Um eine strafrechtlich relevante Mitverantwortung des Opfers am Tatgeschehen begründen zu können, ist vielmehr ein Rekurs auf spezifisch rechtliche und dogmatisch fundierbare Zurechnungskriterien erforderlich. Zwei Fallvarianten treten insoweit hervor: erstens eine teilweise (Mit-)Verantwortung des Opfers an der Tat,

---

würden nicht selten auf „das Niveau des klassischen Dramas gehoben" (Tötungsdelikte, S. 75).

[406] Siehe auch *H.-L. Günther*, JR 1985, S. 268 (269 in Fn. 14).

[407] Dazu bereits oben in diesem Kapitel zu A I 2 b.

[408] *Kern*, ZStW 64 (1952), S. 255 ff.; *Noll*, Uebergesetzliche Rechtfertigungsgründe, S. 45 ff.; *ders.*, ZStW 68 (1956), S. 181 ff.; *ders.*, ZStW 77 (1965), S. 1 (13 ff.); *Lenckner*, Nostand, S. 32 ff.; Sch/Sch-*Lenckner/Eisele*, Vorbem. §§ 13 ff. Rdnr. 51 und Sch/Sch-*Lenckner*, Vorbem. §§ 32 ff. Rdnr. 22; *Lampe*, Unrecht, S. 262 f.; *Küper*, JZ 1968, S. 651 (657); *Schmidhäuser*, Strafrecht AT, 8/93 f. (unter Aufgabe der noch in Gesinnungsmerkmale, S. 206 ff., 213, vertretenen Ansicht); *Hillenkamp*, Vorsatztat, S. 237 f.; *ders.*, Miyazawa-FS, S. 141 (150); *H.-L. Günther*, Strafrechtswidrigkeit, S. 114 ff.; *ders.*, Göppinger-FS, S. 458 (460 ff.); *ders.*, JR 1985, S. 268 (270); SK/*Günther*, Vor § 32 Rdnr. 18 f.; NK/*Paeffgen*, Vor §§ 32 bis 35 Rdnr. 50, 138; *Hörnle*, Strafzumessung, S. 285.

die aus einer von ihm vorgenommenen Verletzung der Rechte des Täters resultiert (dazu 1); zweitens eine Einwilligung des Opfers in seine Tötung (zu 2).

1. *Partielle (Mit-)Verantwortung des Opfers durch Eingriff in die Rechtssphäre des Täters*

Eine teilweise Verantwortung des Opfers für die Tat ist möglich, sofern das Opfer, bevor es zur Tötung kommt, seinerseits den rechtlich geschützten Freiheitsbereich des Täters beschnitten hat. Mithin wenn das Opfer den Täter durch sein Vorverhalten in einer rechtlich und nicht bloß moralisch oder sozialethisch bedeutsamen Weise verletzt hat. Andererseits dürfte es unmittelbar einleuchten, dass nicht bereits jede Rechtsverletzung, die das Opfer dem Täter vor der Tat irgendwann einmal zugefügt hat, für sich genommen genügen kann, eine Minderung des Tötungsunrechts zu erreichen. Es bedarf daher, das wird schon hieraus ersichtlich, einer eingehenderen Erörterung, unter welchen Voraussetzungen sich Minderungen des Tötungsunrechts fundieren lassen.

Positivgesetztlich lässt sich in diesem Zusammenhang auf die Rechtfertigungsgründe, §§ 32 und 34 StGB, verweisen. Das gilt zumindest, soweit diese sich als gesetzliche Ausprägungen allgemeiner und mit Freiheitsgesetzen übereinstimmender Zurechnungserwägungen interpretieren lassen. Insofern implizieren diese nämlich eine freiheitsgesetzlich abgesicherte Zuschreibung von Verantwortung, und es ergeben sich strukturelle Parallelen zu der hier behandelten Frage. Für § 34 StGB gilt das nur in Form des Defensivnotstands, wie noch zu zeigen sein wird[409]. Greift ein Rechtfertigungsgrund durch, begeht der Täter kein Unrecht; der Rechtfertigungsgrund schließt das Unrecht aus. Unrechtsverringerungen sind deshalb – zieht man die §§ 32, 34 StGB als gesetzlich ausformulierte Argumentationsstütze heran – denkbar vor allem, wenn die Voraussetzungen dieser Rechtfertigungsgründe nicht vollständig, sondern nur zum Teil erfüllt sind[410].

Dem Prinzip nach anerkannt und wohl unbestreitbar ist das zunächst für den Fall einer Überschreitung der Notwehr dem Maße nach[411]. In diesem Fall liegt durch den gegenwärtigen rechtswidrigen Angriff, mithin durch die Notwehrlage, ein aktueller Eingriff in die rechtlich geschützte Freiheitssphäre einer anderen Person vor, weshalb sich diese Fallkonstellation als unproblematisch erweist.

---

[409] Siehe unten zu d und e.

[410] Vgl. *Noll*, ZStW 68 (1956), S. 181 (184); *dens.*, ZStW 77 (1965), S. 1 (13 f.); *Lenckner*, Notstand, S. 35; Sch/Sch-*Lenckner*, Vorbem. §§ 32 ff. Rdnr. 22; *Hillenkamp*, Vorsatztat, S. 239; *H.-L. Günther*, Strafrechtswidrigkeit, S. 114 f.; *dens.*, JR 1985, S. 268 (270); *dens.*, Göppinger-FS, S. 453 (461); NK/*Paeffgen*, Vor §§ 32 bis 35 Rdnr. 138; zuvor *Kern*, ZStW 64 (1952), S. 255 (bes. 262 ff.).

[411] *Kern*, ZStW 64 (1952), S. 255 (267); *Noll*, ZStW 68 (1956), S. 181 (184 f., 186 f.); *Lenckner*, Notstand, S. 42; *Hillenkamp*, Vorsatztat, S. 270 f.; *H.-L. Günther*, JR 1985, S. 268 (272); *Hörnle*, Strafzumessung, S. 288.

Obgleich der Rechtfertigungsgrund im Ergebnis nicht durchgeht, resultiert hieraus eine Unrechtsminderung, falls der Angegriffene seinen Angreifer in dieser (Notwehr-)Situation tötet. Denn aus der Verletzung des Rechts des Angegriffenen durch den Angreifer folgt eine partielle Tatverantwortung für den Angreifer, das spätere Tötungsopfer, während der Täter auf eine aktuelle Rechtsverletzung reagiert. Diese liefert erst den Anlass für seine Tat. Die so begründete Unrechtsminderung liegt vor, ungeachtet dessen, ob zusätzlich noch ein asthenischer Affekt im Sinne des § 33 StGB gegeben ist und die Schuld ausschließt[412]. Als Beispiel lässt sich die Entscheidung BGHSt 48, 207 ff. anführen, in der der BGH eine Normativierung der Heimtücke vorgenommen hat (was in diesem Zusammenhang jedoch nicht weiter interessiert)[413]. Das spätere Tötungsopfer suchte, so der Sachverhalt, in Begleitung eines anderen Mannes den Täter in seiner Wohnung auf, verlangte von ihm die Zahlung von 5000 DM und drohte unter anderem[414] damit, die Wohnungseinrichtung zu zerstören oder Gegenstände im Wert von 5000 DM mitzunehmen, falls er nicht leiste; auch begann es, gegen die CD-Sammlung des Täters zu treten. Dieser holte daraufhin eine Plastiktüte, in der sich 5000 DM und 500 US-Dollar befanden, und übergab sie dem anderen Mann. Anschließend tötete er den Erpresser. Die Notwehrlage bestand hier fort, obwohl der Täter das Geld schon überreicht hatte. Denn solange das Geld nicht in Sicherheit gebracht war, war die Tat, obzwar formell vollendet, materiell noch nicht beendet[415]. Damit war die hierdurch bedingte Unrechtsminderung zeitgleich mit der Tötung gegeben. Abgesehen von diesem eher unproblematischen Grundfall einer Unrechtsminderung[416] erweisen sich die einzelnen Aspekte und Voraussetzungen, die eine Minderung des Tötungsunrechts fundieren können, zum Teil durchaus als zweifelhafter und sind nun näher zu veranschaulichen.

a) Zurechenbarer Eingriff in eine absolut geschützte Rechtsposition

Vorausgesetzt ist zunächst, dass der Eingriff des späteren Tötungsopfers in die rechtlich geschützte Freiheitssphäre des Täters dem Opfer zurechenbar ist, und

---

[412] Vgl. LK/*Zieschang* (12. Aufl.), § 33 Rdnr. 35, 46; LK/*Spendel* (11. Aufl.), § 33 Rdnr. 39, 50 f.; *Hillenkamp*, Vorsatztat, S. 271.

[413] Hierzu bereits im zweiten Kapitel zu B II.

[414] Soweit das Tötungsopfer darüber hinaus damit drohte, dem Täter wegen seines Handels mit Raubpressungen von CDs Schwierigkeiten bei der Polizei oder dem Finanzamt zu machen, ließe sich eine Erpressung – je nach bevorzugter Auffassung – auch ablehnen, da das in Aussicht gestellte Verhalten erlaubt ist (vgl. *Jakobs*, Peters-FS, 1974, S. 69 [75 ff., bes. 81 ff.]; anders jedoch die ganz herrschende Meinung Sch/Sch-*Eser*, § 240 Rdnr. 20; NK/*Toepel*, § 240 Rdnr. 113 ff., 148; *Rengier*, Strafrecht BT II, § 23 Rdnr. 62).

[415] BGHSt 48, 207 (209); *Roxin*, JZ 2003, S. 966; *Kühl*, Strafrecht AT, § 7 Rdnr. 46; *Quentin*, NStZ 2005, S. 128 (129); *Geppert*, JK 1/04, StGB § 211/41.

[416] Eine Unrechtsminderung bejahen in diesem Fall: *Hillenkamp*, JZ 2004, S. 48 (50 f.); *ders.*, Rudolphi-FS, S. 463 (472); *Otto*, NStZ 2004, S. 142 f.; *Rengier*, NStZ 2004, S. 233 (236); *Zaczyk*, JuS 2004, S. 750 (752); *H. Schneider*, NStZ 2003, S. 428 (430).

zwar (auch) in dem Sinne, dass das Opfer den Eingriff als zurechnungsfähige Person vorgenommen hat. Mit Blick auf die Notwehr lässt sich eine gewisse Entsprechung ausmachen zur Behandlung der Frage, ob ein Angriff nach § 32 II StGB durch nicht schuldhaftes Verhalten möglich ist. Diese Frage ist umstritten[417], wobei sich die Meinungsverschiedenheit zuletzt aber nicht auswirkt. So wenden jene Autoren, die Zurechnungsfähigkeit des Angreifers nicht für nötig halten, das Notwehrrecht im Ergebnis nicht strikt an, mithin so, wie es vorgesehen ist und bei konsequenter Anwendung zu erwarten wäre. Vielmehr wird eine Begrenzung des Notwehrrechts dem Maße nach vorgenommen, was zuletzt auf die abweichende Ansicht hinausläuft, die in diesen Fällen einen Angriff und damit die Notwehr dem Grunde nach ablehnt und nach den Regeln des Defensivnotstands löst[418]. Am plausibelsten lässt sich für die überwiegende Auffassung, die einen Angriff und eine Notwehrlage bejaht, noch auf den Wortlaut der Vorschrift verweisen[419]. Ob das Wortlaut-Argument jedoch hinreichend überzeugend ist, lässt sich bezweifeln. Zumal die Lösung der Minderansicht normativ schlüssiger und konsistent begründbar ist[420], und man sich auch nicht auf das vage und schon deshalb kaum vorzugswürdige Terrain der „sozialethischen" Einschränkungen der Notwehr einlassen muss. Soweit geltend gemacht wird, es

[417] Zurechnungsfähigkeit des Angreifers setzen voraus: *Schmidhäuser*, Strafrecht AT, 9/95; *ders.*, Honig-FS, S. 185 (196); *Hruschka*, Strafrecht AT, S. 141 ff.; *ders.*, Dreher-FS, S. 189 (206); *Jakobs*, in: Rechtfertigung und Entschuldigung, S. 143 (145, 147 ff.); *ders.*, Strafrecht AT, 12/18; *Otto*, Strafrecht AT, § 8 Rdnr. 20; *Renzikowski*, Notstand, S. 283 ff., 301; *Pawlik*, Notstand, S. 307 f.; *Freund*, Strafrecht AT, § 3 Rdnr. 98 f.; siehe ferner *dens.*, ZStW 114 (2002), S. 259 (273 ff.). – Nicht für erforderlich gehalten wird Zurechnungsfähigkeit von: *Köhler*, Strafrecht AT, S. 267 f.; *Klesczewski*, E. A. Wolff-FS, S. 225 (244); *Roxin*, Strafrecht AT I, § 15 Rdnr. 10; *Kühl*, Jura 1990, S. 244 (251 f.); *ders.*, Triffterer-FS, S. 149 (151); *Gropp*, Strafrecht AT, § 6 Rdnr. 76; *Maurach/Zipf*, Strafrecht AT/1, § 26 Rdnr. 21; *Jescheck/Weigend*, Lehrbuch, § 32 II 1c; *Baumann/Weber/Mitsch*, Strafrecht AT, § 17 Rdnr. 16; *Frister*, Strafrecht AT, 16/12 (anders noch *ders.*, GA 1988, S. 291 [305]); *Wessels/Beulke*, Strafrecht AT, § 8 Rdnr. 327; LK/*Spendel* (11. Aufl.), § 32 Rdnr. 26; *Lackner/Kühl*, § 32 Rdnr. 2; NK/*Herzog*, § 32 Rdnr. 5; SK/*Günther*, § 32 Rdnr. 28 f.; MK/*Erb*, § 32 Rdnr. 55; Sch/Sch-*Lenckner/Perron*, § 32 Rdnr. 24; *Fischer*, § 32 Rdnr. 5.

[418] Vgl. *Baumann/Weber/Mitsch*, Strafrecht AT, § 17 Rdnr. 39 f.; SK/*Günther*, § 32 Rdnr. 119; *Köhler*, Strafrecht AT, S. 273; *Klesczewski*, E. A. Wolff-FS, S. 225 (244 ff.); *Roxin*, Strafrecht AT I, § 15 Rdnr. 57 ff.; *Wessels/Beulke*, Strafrecht AT, § 8 Rdnr. 344; *Jescheck/Weigend*, Lehrbuch, § 32 III 3a; *Maurach/Zipf*, Strafrecht AT/1, § 26 Rdnr. 38; NK/*Herzog*, § 32 Rdnr. 102 ff.; *Lackner/Kühl*, § 32 Rdnr. 14; Sch/Sch-*Lenckner/Perron*, § 32 Rdnr. 24. – Die Kontroverse um das Erfordernis eines schuldhaften Angriffs „verliert damit jeden Rest an praktischer Bedeutung" (*Stratenwerth/Kuhlen*, Strafrecht AT I, § 9 Rdnr. 83) und „reduziert sich [...] auf eine terminologische Einordnung des Problems" (*Pawlik*, Notstand, S. 307 f. in Fn. 113; *Jakobs*, in: Rechtfertigung und Entschuldigung, S. 143 (149]; relativierend auch *Köhler*, Strafrecht AT, S. 268). – Entschieden kritisch gegen die herrschende Meinung wegen ihrer Inkonsequenz aber *Hruschka*, Strafrecht, S. 140 ff.; *ders.*, Dreher-FS, S. 189 (206).

[419] Besonders *Roxin*, Strafrecht AT, § 15 Rdnr. 10; *Krey*, Strafrecht AT/1, § 12 Rdnr. 434 ff.; MK/*Erb*, § 32 Rdnr. 55.

[420] So räumt auch MK/*Erb*, § 32 Rdnr. 55, ein, dass diese Lösung „zum Abbau von Spannungen und Inkonsequenzen im System der Rechtfertigungsgründe" führe.

gehe „um die Abgrenzung von Freiheitssphären [...], um Recht und Unrecht, nicht um Schuld“[421], weswegen es auf die Zurechnungsfähigkeit des Angreifers nicht ankommen könne, verfängt dieser Einwand nicht. Zutreffend ist nur, dass es bei der Notwehr nicht um Schuldhaftigkeit als Voraussetzung der Strafbarkeit geht. Jedoch ist die Abgrenzung von Freiheitssphären auf der Ebene des Unrechts nicht als eine faktische zu begreifen, sondern als eine normative[422]. Das heißt: Bei einem bloß faktischen Eingriff in die Rechtssphäre des (späteren) Täters durch ein zurechnungsunfähiges Opfer liegt bereits keine Rechtsverletzung und somit kein Unrecht vor[423]. Ist nämlich das Tötungsopfer konstitutionell nicht fähig beziehungsweise nicht als kompetent anzusehen, das Recht in Frage zu stellen, dann ist es auch nicht in der Lage, das rechtliche Anerkennungsverhältnis zu negieren. Es kann also dem Täter die geschuldete Anerkennung in einer rechtlich relevanten Weise nicht versagen (sondern allenfalls tatsächlich)[424]. Das Vorliegen einer Rechtsverletzung von der Zurechnungsfähigkeit abhängig zu machen und somit eine Minderung des Tötungsunrechts auszuschließen, sofern das spätere Tötungsopfer den Eingriff in die Rechtssphäre des Täters als zurechnungsunfähige Person vorgenommen hat, führt auch nicht zu unbilligen Resultaten; namentlich weil der Täter diesen Zustand des Opfers schwer oder unter Umständen gar nicht einschätzen kann. Insofern greifen die Irrtumsregelungen ein (§ 16 StGB), über die sich adäquate Ergebnisse erreichen lassen.

Um eine Reduzierung des Tötungsunrechts annehmen zu können, ist im Weiteren zu verlangen, dass ein Eingriff in eine absolut und nicht bloß relativ garantierte Rechtsposition des Täters[425] durch das spätere Tötungsopfer vorliegt oder jedenfalls stattgefunden hat. Als derartige Rechtspositionen kommen die fundamentalen Freiheitsrechte der Person in Betracht, deren Schutz nicht zwangsläufig strafrechtlich abgesichert sein muss. Beispielhaft zu nennen sind vor allem die elementaren Freiheitsrechte oder -güter Leben, Leib (körperliche Integrität), Ehre, Eigentum, Besitz sowie ferner das Hausrecht, das allgemeine Persönlichkeitsrecht und die allgemeine Handlungs- und Bewegungsfreiheit[426].

---

[421] SK/*Günther*, § 32 Rdnr. 29; *Klesczweski*, E. A. Wolff-FS, S. 225 (244); *Roxin*, Strafrecht AT I, § 15 Rdnr. 10.

[422] Vgl. *Pawlik*, Notstand, S. 307.

[423] Vgl. bereits zu A II 3 in diesem Kapitel. – Zutreffend hebt *Pawlik* hervor (Person, S. 89): „Wer kein subjektiv zurechenbares Unrecht begeht, der begeht mithin überhaupt kein Unrecht.“

[424] *Jakobs*, Strafrecht AT, 18/1, 8; *ders.*, in: Rechtfertigung und Entschuldigung, S. 143; *Frisch*, in: Von totalitärem zu rechtsstaatlichem Strafrecht, S. 201 (241 f.); *Lesch*, Verbrechensbegriff, S. 214 ff., 217 ff.; *ders.*, JA 2002, S. 602 (609 f.); *Pawlik*, Notstand, S. 307; *ders.*, Person, S. 79; *Müssig*, Mord, S. 311.

[425] Zur tieferen Begründung siehe *Müssig*, Mord, S. 315, 389 ff.

[426] Im Einzelnen ist diese Frage in Anlehnung an die notwehrfähigen Güter des § 32 II StGB zu beantworten; dazu *Roxin*, Strafrecht AT I, § 15 Rdnr. 30 ff.; *Kühl*, Strafrecht AT, § 7 Rdnr. 34 ff.; *Jakobs*, Strafrecht AT, 12/3 ff.; *Köhler*, Strafrecht AT, S. 266; LK/*Rönnau/Hohn*

Beeinträchtigungen, die unterhalb der Schwelle einer Rechtsverletzung bleiben, scheiden aus. Demnach dürfte sich in dem Sachverhalt, der der Entscheidung BGHSt 33, 363ff. zugrunde lag[427], eine Unrechtsminderung durch das vorangegangene Opferverhalten nicht annehmen lassen: Das Opfer hatte den Täter, während sie gemeinsam Schallplatten hörten, „auf Wange und Hals geküßt" und ihn „gedrückt". In „brüllendem Ton" forderte der Täter das Opfer daraufhin zum Verlassen der Wohnung auf, was dieses ohne weiteres tat. Der Täter folgte dem Opfer jedoch kurze Zeit später, um es wegen seines Verhaltens zur Rede zu stellen. Hierzu hatte er ein Messer mitgenommen, um sich gegenüber dem körperlich überlegenen Opfer gegebenenfalls wehren zu können. Schon aus einiger Entfernung beschimpfte der Täter das Opfer mit Ausdrücken wie „schwule Sau". Das Opfer drehte sich einmal um und „begann zu lachen", erwiderte im Übrigen aber nichts, sondern setzte seinen Weg fort. Da „seine verbalen Attacken nichts bewirkten", nahm der Täter einen großen Stein und erschlug damit das Opfer. Ein rechtlich fehlerhaftes Verhalten lässt sich dem Opfer hier wohl nicht vorwerfen. Erstens: Eine Beleidigung (§ 185 StGB) des Täters durch das Opfer kommt unter keinem denkbaren Gesichtspunkt in Betracht. So genügt nicht schon jede sexualbezogene Handlung als solche, um eine Beleidigung annehmen zu können[428] (wobei sich bereits bezweifeln lässt, ob schlichte Küsse auf Wangen und Hals und eine Umarmung überhaupt als sexualbezogene Handlungen eingestuft werden können, was doch eher abzulehnen sein wird[429]). Eine Besonderheit liegt ferner nicht in der homosexuellen Komponente dieses Falls. Es mag zwar sein, dass der Täter sich hierdurch in seinem moralischen Wertempfinden (seiner „Ehre") getroffen fühlte[430]; für die Annahme einer Beleidigung reicht das als bloßes subjektives Moment (Empfinden) aber nicht hin. Selbst wenn man davon ausgeht, das Opfer unterstelle durch sein Verhalten zumindest implizit, der Täter sei homosexuell, lässt sich darin objektiv eine Beleidigung nicht (mehr) sehen. Das gilt nicht zuletzt deshalb, weil Homosexualität

---

(12. Aufl.), § 32 Rdnr. 78ff.; LK/*Spendel* (11. Aufl.), § 32 Rdnr. 163ff.; NK/*Herzog*, § 32 Rdnr. 14ff., 22ff.; MK/*Erb*, § 32 Rdnr. 76ff.; Sch/Sch-*Lenckner/Perron*, § 32 Rdnr. 4ff.; SK/*Günther*, § 32 Rdnr. 34ff.

427 In der Entscheidung ging es nicht um den oben besprochenen Aspekt, sondern um das Mordmerkmal „Heimtücke".

428 *Rengier*, Strafrecht BT II, § 29 Rdnr. 28; *Fischer*, § 185 Rdnr. 11f.; Sch/Sch-*Lenckner*, § 185 Rdnr. 4; *Küper*, Strafrecht BT, S. 79f.; *Gössel/Dölling*, Strafrecht BT/1, § 30 Rdnr. 14; *Maurach/Schroeder/Maiwald*, Strafrecht BT/1, § 25 Rdnr. 9.

429 Vgl. hierzu *Sick*, Sexuelles Selbstbestimmungsrecht, S. 259; LK/*Laufhütte/Roggenbuck*, § 184g Rdnr. 5f. – Nach § 184g Nr. 1 StGB (zuvor § 184f Nr. 1 StGB), der allerdings keine Definition der sexuellen Handlung enthält, sind sexuelle Handlungen nur solche, die im Hinblick auf das geschützte Rechtsgut von einiger Erheblichkeit sind; jedenfalls das scheidet bei einem Kuss auf Wange und Hals und einer Umarmung – zumindest wenn erwachsene Personen betroffen sind – aus (siehe *Lackner/Kühl*, § 184f Rdnr. 6; *Fischer*, § 184g Rdnr. 7; Sch/Sch-*Lenckner/Perron/Eisele*, § 184f Rdnr. 15b, sowie BGHSt 1, 293 [298]).

430 Vgl. *Frommel*, StV 1987, S. 292 (294).

inzwischen rechtlich eine ebenso anerkannte Form der Sexualität ist wie Heterosexualität und weil homosexuelle Lebenspartnerschaften eine rechtlich anerkannte Lebensform sind. Indem das Opfer nach einer entsprechenden Aufforderung des Täters seine Annäherungsbemühungen sofort und umstandslos einstellte sowie den räumlichen Herrschaftsbereich (die Wohnung) des Täters verließ, negierte es schließlich dessen innere Autonomie gerade nicht; sondern es erkannte den Täter als gleich zu achtende Rechtsperson an[431]. Zweitens: Eine Verletzung der rechtlich absolut geschützten Freiheitssphäre des Täters hängt indes nicht davon ab, ob das Opfer durch sein Verhalten in ein strafrechtlich garantiertes Freiheitsrecht des Täters eingegriffen hat. Diese Voraussetzung wäre vielmehr auch erfüllt, wenn dem Opfer ein Eingriff in das allgemeine Persönlichkeitsrecht des Täters (hier in dessen Intimsphäre) vorgehalten werden könnte. Bei einer sexuellen Annäherung ist das durchaus denkbar, aber kaum in jedem Fall zu bejahen. Obgleich der Sachverhalt insoweit recht dürftig ist, wäre zu bedenken: Täter und Opfer lernten sich in einer Bar kennen, und der Täter lud das Opfer ein, mit in seine Wohnung zu kommen. Selbstverständlich: Das impliziert nicht schon ein Einverständnis mit der Vornahme sexueller Handlungen. Andererseits scheint eine gewisse Zweideutigkeit der Situation, einschließlich falscher Erwartungen und Hoffnungen seitens des Opfers, keinesfalls ausgeschlossen und dem Opfer nicht ohne weiteres (einseitig) vorwerfbar. Da die körperlichen Berührungen, die das Opfer vornahm, noch in einem mehr unverfänglicheren, jedenfalls nicht im eindeutig sexuellen Bereich lagen und das Opfer außerdem sofort aufhörte, als der Täter dies verlangte, ist eine rechtliche Verletzung der Intimsphäre (oder eben des allgemeinen Persönlichkeitsrechts) des Täters eher abzulehnen[432]. Hier etwas anderes zu vertreten, führte letzthin dazu, gewissermaßen (fast) jede körperliche Berührung eines anderen von dessen vorher explizit erteilter Erlaubnis abhängig zu machen; das wäre sehr weitgehend und auch recht unrealistisch. Zuletzt und drittens: Auf die anschließende Provokation des Täters, die Beleidigung nach § 185 StGB durch die Beschimpfung „schwule Sau", ging das Opfer nicht ein. Mehr konnte das Opfer, dem lediglich eine kurzzeitige Belästigung des Täters angelastet werden kann, nicht tun.

b) Erfordernis einer Rechtsverletzung von einiger Erheblichkeit

Streng genommen ist eine Unrechtsminderung bei jedem noch so geringfügigen Eingriff in die absolut garantierte Rechtssphäre einer anderen Person gegeben. Unrechtsminderungen ergeben sich daher bei flüchtigen Beleidigungen ebenso wie bei leichten Körperverletzungen oder Nötigungen (es sei denn, man schließt

---

[431] Zu diesem Aspekt NK/*Zaczyk*, Vor §§ 185 ff. Rdnr. 18, 23.

[432] Hingegen bewertet *Müssig* das Verhalten des Opfers als rechtlich unerlaubt (Mord, S. 319).

Bagatellen von vornherein als Rechtsverletzung aus). Dem Grundsatz nach lässt sich das nicht bestreiten. Zweifelhaft ist hingegen, ob jeder, also auch der geringe, rasch vorübergehende oder leicht zu behebende Eingriff in eine absolut garantierte Rechtsposition geeignet ist, gerade das Tötungsunrecht in einer nennenswerten Weise zu mindern. Oder ist nicht vielmehr zu fordern, die Verletzung des Rechts müsse eine bestimmte Qualität oder Quantität, mithin ein bestimmtes Ausmaß, aufweisen? Beispielhaft: Flaniert A träumend durch die Straßen und übersieht dabei das Kind des B, welches er beinahe umgerannt hätte, und beschimpft B den A deswegen als „Idiot", und dies vielleicht sogar mehrmals, liegt eine Beleidigung vor (§ 185 StGB). Tötet A daraufhin B, ist in der vorangegangenen Beleidigung ein unrechtsmindernder Faktor zu sehen. Verglichen nämlich mit einem Sachverhalt, in dem A den B ohne jeden Anlass (will sagen: vorausgegangene Rechtsverletzung) getötet hätte, ist das Unrecht dieser Tat verringert. Dass diese Differenz in die rechtliche Bewertung einzubeziehen ist, dürfte prinzipiell einleuchten. Auf der anderen Seite ist der Unterschied zwischen beiden Varianten indes nicht solchermaßen gravierend, und er wird umso geringer, je weniger B den A beleidigt. Bezeichnet er ihn etwa nur einmal als „Idiot", lässt sich wegen des extrem bagatellhaften Charakters dieses Vorfalls schon bezweifeln, ob hierin überhaupt noch ein bedeutsamer Unterschied liegen könnte. In jedem Fall aber erweist sich diese Differenz als zu geringfügig, um eine tatbestandliche Abstufung des vorsätzlichen Tötungsdelikts – also etwa die Abgrenzung von Mord und Totschlag – tragen zu können. (Das schließt eine Berücksichtigung im Rahmen der Strafzumessung nicht aus; es erforderte dort dann allerdings einen entsprechend flexiblen Strafrahmen.) Man kann dies – parallel zum Ausschluss der Notwehr bei geringfügigen Angriffen – mit dem eklatanten, unerträglichen Missverhältnis zwischen Anlass und Tat begründen[433]. Wobei die bagatellhafte Beleidigung und die Tötung nicht mehr bloß in einem Missverhältnis zueinander stehen, sondern in überhaupt keinem Verhältnis mehr. Weiterhin ließe sich wohl auf den Gedanken der Mindestsolidarität rekurrieren[434] oder auf die Unerheblichkeit des Angriffs verweisen[435]. In Anlehnung an allgemeine objektive Zurechnungserwägungen lässt sich formulieren: B hat durch seine Beleidigung zwar das Risiko eines Gegenangriffs evo-

[433] *Köhler*, Strafrecht AT, S. 270; *Kühl*, Strafrecht AT, § 7 Rdnr. 172 ff.; *ders.*, Jura 1990, S. 244 (249 ff.); *Wessels/Beulke*, Strafrecht AT, § 8 Rdnr. 343; *Frister*, Strafrecht AT, 16/26 f.; *Jescheck/Weigend*, Lehrbuch, § 32 III 3b; *Kindhäuser*, Strafrecht AT, § 16 Rdnr. 41 und 42; *Maurach/Zipf*, Strafrecht AT/1, § 26 Rdnr. 39 f.; *Stratenwerth/Kuhlen*, Strafrecht AT I, § 9 Rdnr. 86 ff.; *Fischer*, § 32 Rdnr. 39; NK/*Herzog*, § 32 Rdnr. 106 ff.; Sch/Sch-*Lenckner/Perron*, § 32 Rdnr. 49 f.; LK/*Rönnau/Hohn* (12. Aufl.), § 32 Rdnr. 230 ff.; LK/*Spendel* (11. Aufl.), § 32 Rdnr. 314 ff.; MK/*Erb*, § 32 Rdnr. 190, 193; *Freund*, Strafrecht AT, § 3 Rdnr. 120 ff.; SK/*Günther*, § 32 Rdnr. 110 f.; *Joecks*, Studienkommentar, § 32 Rdnr. 30; vertiefend *Pawlik*, ZStW 114 (2002), S. 259 (bes. 282 ff., 291 f.).

[434] In diesem Sinne *Jakobs*, Strafrecht AT, 12/46; SK/*Günther*, § 32 Rdnr. 107, 111.

[435] *Roxin*, Strafrecht AT I, § 15 Rdnr. 73 ff.

ziert, und dieses Risiko schließt die Möglichkeit einer Eskalation des Konflikts (beispielsweise eines tätlichen Gegenangriffs des A, einer Sachbeschädigung) ein. Eine völlig außer Verhältnis stehende Gegenreaktion jedoch, ein „Exzess" des A, lässt sich B in normativ relevanter Weise nicht zurechnen. So ist die Verantwortung, die dem Opfer (B) wegen seines vorangegangenen Verhaltens zugeschrieben werden kann, dermaßen gering, dass sie im Vergleich zu dem Unrecht einer vorsätzlichen Tötung nicht weiter ins Gewicht fällt. In jedem Fall reicht sie nicht hin, eine Abstufung des vorsätzlichen Tötungsdelikts auf Tatbestandsebene zu tragen. Vorausgegangene geringfügige oder leichte Rechtsverletzungen des Täters durch das Opfer sind deshalb zur Fundierung einer tatbestandlich bedeutsamen Unrechtsminderung des vorsätzlichen Tötungsdelikts nicht genügend. Im Weiteren wird man sogar festhalten dürfen: Wegen des hohen Rangs des betroffenen Guts „Leben" braucht es, um eine tatbestandlich beachtliche Unrechtsreduzierung beim Tötungsdelikt anzunehmen, eine Rechtsverletzung von einer gewissen Erheblichkeit[436]. Demgegenüber schließt *Müssig* „Bagatellangriffe" zur tatbestandlichen Differenzierung des vorsätzlichen Tötungsdelikts zwar aus[437], lässt es im Übrigen aber für die Annahme eines Totschlags, genauer: für eine (tatbestandlich) beachtliche Unrechtsminderung der vorsätzlichen Tötung ausreichen, wenn eine „Zuständigkeit des Opfers" überhaupt begründet werden kann. Denn in einem solchen Fall sei eine ausschließliche Verantwortlichkeit des Täters für das Tatgeschehen nicht mehr gegeben[438]. Ein solcher Unterscheidungsmodus mag grundsätzlich denk- und durchführbar sein. Er läuft allerdings Gefahr, den hohen Stellenwert des Guts „Leben" empfindlich zu nivellieren. Deshalb ist es vorzuziehen, für eine tatbestandliche Abstufung des vorsätzlichen Tötungsdelikts eine vorangegangene Rechtsverletzung von einiger Erheblichkeit zu verlangen[439]. § 213, 1. Variante StGB bringt das an sich treffend zum Ausdruck, indem dort eine „schwere Beleidigung" für nötig gehalten wird. Für den Grundtatbestand der vorsätzlichen Tötung (oder für einen Mord, je nach Terminologie) setzte das allerdings in jedem Fall einen Strafrahmen voraus, da ansonsten die notwendige Feinabstu-

---

[436] Vgl. in diesem Zusammenhang die Überlegungen zum Ausschluss lebensgefährlicher Verteidigungshandlungen bei geringfügigen und weniger schwerwiegenden Angriffen von *Bernsmann*, ZStW 100 (1992), S. 290 ff., bes. 306 ff.; ferner *Koriath*, Müller-Dietz-FS, S. 361 ff., bes. 383 f.

[437] *Müssig*, Mord, S. 318.

[438] *Müssig*, Mord, S. 317.

[439] Sofern man daher oben in BGHSt 33, 363 ff. einen vorangegangenen Eingriff in die rechtlich geschützte Sphäre des späteren Täters (Intimsphäre, allgemeines Persönlichkeitsrecht) annähme, wäre dieser jedenfalls als nicht hinreichend erheblich anzusehen, eine entsprechende Unrechtsreduzierung zu fundieren. – Im Grundsatz ebenso, allerdings zu weitgehend Alternativ-Entwurf Leben, GA 2008, S. 193 (252), wo eine erhebliche Straftat verlangt wird, die in Anlehnung an die Wertung des § 35 I StGB nur anzunehmen sein soll, wenn eine Verletzung der Güter Leben, körperliche Unversehrtheit oder (Fortbewegungs-)Freiheit vorausgegangen ist; eine Beleidigung etwa bleibt kategorisch ausgenommen.

fung bei der Strafzumessung und damit die Verhängung einer adäquaten und gerechten Strafe nicht zu leisten ist.

Um den dargelegten Grundsatz zu veranschaulichen, seien einige Beispielsfälle aus der Judikatur angeführt: In BGH StV 1988, S. 428f. tötete der Täter sein Opfer, nachdem dieses ihn als „Kinderficker" bezeichnet hatte. Hierin mag man, vordergründig besehen, zweifellos eine Beleidigung, sogar eine schwere, sehen. Der BGH hat dies (und im Ergebnis § 213, 1. Variante StGB) angenommen und ist damit in der Literatur auf Zustimmung gestoßen[440]. Dennoch ergeben sich gegen diese Bewertung Bedenken, schaut man sich den Sachverhalt, der der Entscheidung zugrunde lag, genauer an. So war der Täter wegen einer entsprechenden Tat verurteilt worden (mithin Wahrheitsbeweis nach § 190 S. 1 StGB). Nun schließt das eine Beleidigung noch nicht aus, denn in Betracht kommt trotz Wahrheit der Aussage eine sogenannte Formalbeleidigung (§§ 190, 192, 185 StGB). Berücksichtigt man jedoch des Weiteren das Milieu, in dem sich Täter wie Opfer aufhielten, und stellt außerdem in Rechnung, dass zwischen beiden oftmals, vor allem wenn sie wie bei der Tat betrunken waren, ein „rüder Umgangston" herrschte, dann ist die Annahme einer „schweren Beleidigung", also einer Beleidigung von einiger Erheblichkeit, keineswegs so klar, wie es zunächst vielleicht den Anschein haben mag. Hinzu kommt, dass das Opfer den Täter erstmals so angesprochen hatte und beide bis zur Tat „gut miteinander befreundet" und täglich zusammen waren. Auch ist der Tat „kein Streit zwischen den beiden vorausgegangen", sondern der Täter hat das Opfer vielmehr sofort und unvermittelt mit einem Fleischmesser getötet, nachdem dieses ihn aufgefordert hatte: „Kinderficker, mach mal eine Flasche Bier auf." Anders liegt es hingegen in BGH StV 1990, S. 204f.: Dort hatte das Tötungsopfer den Täter, der später wegen Vergewaltigung verurteilt wurde, mehrfach als „Vergewaltigerschwein" bezeichnet, „dem es recht geschehe, wenn er eine hohe Strafe bekäme" und der „es anders als mit Gewalt gar nicht könne" und Ähnliches mehr. Eine erhebliche Beleidigung ist hier, insbesondere wegen der Nachdrücklichkeit, mit der die Vorhaltungen geäußert wurden, anzuerkennen. Schwer nachvollziehbar ist dagegen BGH StV 1986, S. 200f. – jedenfalls soweit der Sachverhalt dort geschildert ist: Auf die Frage ihres Lebensgefährten (des späteren Täters), was sie denn in ihrer Abwesenheit „im einzelnen getrieben habe", gestand die Frau wahrheitsgemäß ein, mit einem anderen Mann sexuell verkehrt zu haben. Hierin soll eine Provokation („schwere Beleidigung") nach § 213, 1. Variante StGB liegen, obwohl der Täter bereits Bescheid wusste, die Antwort also kannte, und zudem für den Fall, dass die Frau die Wahrheit nicht zugegeben hätte, diese „aus ihr herausprügeln" wollte. Das überzeugt nicht. Denn weder

440 LK/*Jähnke*, § 213 Rdnr. 6; Sch/Sch-*Eser*, § 213 Rdnr. 5; ebenso wohl *Lackner/Kühl*, § 213 Rdnr. 2; MK/*Schneider*, § 213 Rdnr. 18; *ders.*, NStZ 2001, S. 455 (457); *ders.*, Tötungsdelikte, S. 203 (211).

lässt sich eine Beleidigung des Täters allein darin sehen, dass das Opfer (seine Gefährtin) ihm untreu war, noch ist eine Formalbeleidigung dadurch gegeben, dass sie ihm die Wahrheit mitteilte. Eine vorangegangene Verletzung der Rechte des Täters durch das spätere Tötungsopfer käme hier allenfalls in Frage, wenn sich die Treuepflicht, zumal in nichtehelichen Lebensgemeinschaften, als eine rechtliche (und damit nicht bloß moralische) Pflicht ausweisen ließe. Darauf ist später noch zurückzukommen (unter c).

Keine Abweichungen von dem genannten Grundsatz ergeben sich ferner für eheliche Lebensgemeinschaften. Weder bedarf es hier einer massiveren Rechtsverletzung, um eine mit Blick auf das Tötungsdelikt bedeutsame und damit für eine tatbestandliche Abgrenzung hinreichende Unrechtsminderung annehmen zu können; noch genügt hierfür andererseits eine geringere, mithin eine bloß bagatellhafte Rechtsverletzung. Beispielhaft: Wirft ein Ehegatte dem anderen im Laufe einer längeren Auseinandersetzung (vom Nachmittag bis zum Abend), in der es um die Trennung geht, die der eine Gatte begehrt, der andere aber nicht hinnehmen möchte, irgendwann einmal vor, er sei „in sexueller Hinsicht ein Versager“[441], lässt sich hierin allein eine hinreichend erhebliche Rechtsverletzung, die das anschließende Tötungsunrecht in beachtlicher Weise reduzieren könnte, nicht erkennen[442]. Im Rahmen des § 213, 1. Alternative StGB erkennt die Rechtsprechung eine „schwere Beleidigung“ dagegen in vergleichbaren Fällen mitunter recht großzügig an[443]. Indes betrifft das nicht nur Sachverhalte, in denen es um die Tötung eines Ehepartners geht, sondern es gilt vielmehr grundsätzlich. So resultiert die extensive Anwendung der Provokationsvariante des § 213 StGB maßgeblich und sogar mit einer gewissen Zwangsläufigkeit aus einer Interpretation, die die „schwere Beleidigung“ als „Kränkung“ begreift. Hierdurch wird die Einbeziehung bagatellhafter Rechtsverletzungen ebenso wie bloß moralischer Verfehlungen erst ermöglicht. Überzeugend ist das nicht; und zwar unabhängig von dem empirisch vermutlich nicht zu unterschätzenden Problem eines „blaming the victim“, das in diesen Fällen besonders virulent sein dürfte: Weil nämlich das Opfer (falls kein Versuch vorliegt) tot ist, verfügt das Gericht nur über die Sichtweise des Täters und seine Darstellung vom Tatgeschehen, sollte es nicht zufälligerweise Zeugen geben, was aber gerade in diesen Fällen äußerst selten ist[444]. Auf diesen Aspekt sei hier aber nur beiläufig hingewiesen; denn für die Klärung der normativen Fragen ist er nicht von Belang. Zu

[441] Vgl. den Sachverhalt in BGH StV 1983, S. 60 (61).

[442] Vgl. ferner BGH NStZ 1982, S. 27, oder BGH MDR 1991, S. 483.

[443] Siehe etwa BGH JR 1978, S. 341 (mit ablehnender Anmerkung von *Geilen*, ebd., S. 341 ff.); BGH StV 1982, S. 27; BGH StV 1983, S. 60 f., und BGH StV 1983, S. 198 f.; restriktiver jedoch BGH MDR 1991, S. 483; BGH NStZ 1998, S. 84; teilweise kritisch zu dieser Rechtsprechung *Eser*, Middendorff-FS, S. 65 (70).

[444] Vgl. *Geilen*, JR 1978, S. 341 (342); *Fischer*, § 213 Rdnr. 1, 6; *Maatz*, Salger-FS, S. 91 (100); *H. Schneider*, NStZ 2001, S. 455 (458 f.); *dens.*, in: Tötungsdelikte – mediale Wahrnehmung, S. 203 (218); relativierend hingegen *Herde*, ZRP 1990, S. 458 f., und *Zwiehoff*, Tötung, S. 35.

bedenken und festzuhalten bleibt dagegen vor allem: Tötungen von Ehepartnern ereignen sich in der Praxis relativ häufig in Trennungssituationen[445]. Der Ehepartner nun, der aus der Ehe hinausstrebt, wird für seinen Entschluss, die Ehe zu beenden, immer einen Grund haben. Nicht selten wird dieser Grund sogar, hat der Ehegatte seine Entscheidung nicht gerade leichtfertig gefällt, ein verhältnismäßig gravierender sein. Und dass dieser Grund für den anderen, den verlassenen Ehepartner in aller Regel wenig schmeichelhaft sein dürfte, liegt auf der Hand; ansonsten wäre es ja kaum zu diesem Entschluss gekommen. Auch ist der Anlass für die Trennung oftmals ein neuer Partner, der im Gegensatz zum Ehegatten vielleicht diese oder jene Vorzüge haben mag[446]. Eröffnet der eine Ehepartner dem anderen seinen Trennungswunsch oder führt die Trennung durch, wird es realistischer- und naheliegenderweise – zumal wenn der andere Partner die Entscheidung nicht zu akzeptieren bereit ist und hartnäckig an der Beziehung (Ehe) festhält – bisweilen zu verletzenden und „beleidigenden" Äußerungen kommen (wie auch in dem oben geschilderten Fall). Diese Bemerkungen mögen jedoch teilweise auch eingesetzt werden, um dem anderen Partner die Chancenlosigkeit seiner Vorstellung (also des Fortsetzens der Ehe) mit einer gewissen Drastik vor Augen zu führen[447]. Kommt es nun im Verlauf derartiger Auseinandersetzungen zwischen Ehepartnern lediglich zu vereinzelten verbalen Entgleisungen (mithin zu Beleidigungen im Sinne des § 185 StGB), lässt sich darin eine Rechtsverletzung, die über den Bagatellbereich hinausginge, nicht sehen. Eine tatbestandlich relevante Unrechtsminderung des Tötungsdelikts ist damit also nicht zu begründen. Das ändert sich erst, wenn die beleidigenden Bemerkungen in einer nachhaltigen Weise vorgetragen werden, salopp gesprochen: wenn der eine Ehepartner den anderen verbal regelrecht „heruntergeputzt". Sollten die Beleidigungen allerdings von beiden Ehepartnern vorgetragen werden, gleicht sich damit das Beleidigungsunrecht wechselseitig aus (siehe auch § 199 StGB)[448], so dass, grob gesagt, für die Reduzierung eines anschließenden Tötungsunrechts kein Unrecht mehr vorhanden ist; dieses ist dann gewissermaßen verbraucht. Die generöse Anerkennung der Provokationsvariante des § 213, 1. Fall StGB dürfte der nachvollziehbaren emotionalen Verfassung des verlassenen Ehepartners geschuldet sein; Unrechtsminderungen aber lassen sich nicht mit der emotionalen Betroffenheit von Personen fundieren. (Offen ist damit freilich noch, ob die Trennung als solche oder auch der Treuebruch eine Reduzierung des Unrechts bewirken können. Dazu sogleich zu c.)

---

[445] Vgl. im ersten Kapitel zu B.

[446] Siehe hierzu etwa BGH NStZ 2004, S. 500f.

[447] Vgl. auch *Fischer*, § 213 Rdnr. 6.

[448] *Küper*, JZ 1968, 651 (657); Sch/Sch-*Lenckner*, § 199 Rdnr. 1, 6; NK/*Zaczyk*, § 199 Rdnr. 3.

Die zuweilen recht großzügige Anerkennung einer „schweren Beleidigung" nach § 213, 1. Alternative StGB insbesondere in Fällen der Tötung von Ehegatten ist noch aus einem anderen Gesichtspunkt bemerkenswert. Denn sie steht in einem gewissen Spannungsverhältnis zu einer „sozialethischen"[449] Einschränkung des Notwehrrechts unter Ehegatten, wie sie sich, jedenfalls nach überwiegender Auffassung, ergeben soll[450]. Diese Begrenzung der Notwehrbefugnis für den angegriffenen Ehepartner bezweckt, Rechtsverletzungen – jedenfalls wenn sie ein bestimmtes Ausmaß nicht überschreiten – innerhalb der Ehe aus „sozialethischen" Gründen mit Nachsicht zu begegnen. Am plausibelsten noch dürfte sich das mit dem zwischen den Ehepartnern bestehenden Sonderrechts- oder Garantieverhältnis[451] oder – was materiell auf dasselbe hinausläuft – mit dem Solidaritätsgedanken[452] begründen lassen. So schulden sich Ehegatten mehr als nur die Mindestsolidarität (im Sinne des § 323c StGB), zu der alle Personen sich gegenseitig verpflichtet sind. Von dem Betroffenen, mithin dem verletzten Ehegatten, wird danach verlangt, Rücksicht auf den ihn angreifenden Ehepartner zu nehmen. Das volle Notwehrrecht, das ihm gegen jede andere Person zustünde, wird ihm dadurch partiell versagt. Konkret bedeutet das: Leichte Rechtsverletzungen, wozu auch Körperverletzungen gehören sollen, sind hinzunehmen, beziehungsweise es ist ihnen auszuweichen; ebenso darf der Angriff nicht ohne weiteres mit einem Gegenangriff erwidert werden[453]. Über-

[449] Bereits die Wahl dieses Begriffs ist problematisch, da Notwehreinschränkungen sich mit einer Sozialethik ebenso wenig begründen lassen wie das Recht insgesamt. Zutreffend kritisch *Köhler*, Strafrecht AT, S. 263, mit dem Hinweis, „ein diffus ethisierendes Gemeinschaftsdenken" trage „die geforderten striktrechtlichen Kriterien nicht". Kritisch ferner MK/*Erb*, § 32 Rdnr. 177; NK/*Paeffgen*, Vor §§ 32 bis 35 Rdnr. 150; NK/*Herzog*, § 32 Rdnr. 91; LK/*Spendel* (11. Aufl.), § 32 Rdnr. 308.

[450] *Kühl*, Strafrecht AT, § 7 Rdnr. 204; *ders.*, Jahrbuch für Recht und Ethik 11 (2003), S. 219 (241 f.); *ders.*, Jura 1990, S. 244 (253); *Köhler*, Strafrecht AT, S. 275 f.; *Roxin*, Strafrecht AT I, § 15 Rdnr. 83 ff.; *Jakobs*, Strafrecht AT, 12/58; *ders.*, in: Rechtfertigung und Entschuldigung, S. 143 (156); *Wessels/Beulke*, Strafrecht AT, § 8 Rdnr. 345; *Stratenwerth/Kuhlen*, Strafrecht AT I, § 9 Rdnr. 90; *Kindhäuser*, Strafrecht AT, § 16 Rdnr. 47; *Jescheck/Weigend*, Lehrbuch, § 32 III 2a; *Lackner/Kühl*, § 32 Rdnr. 14; MK/*Erb*, § 32 Rdnr. 194 ff.; SK/*Günther*, § 32 Rdnr. 130.

[451] *Geilen*, JR 1979, S. 314 (316); *Köhler*, Strafrecht, S. 275; *Jakobs*, Strafrecht AT, 12/58; *Roxin*, Strafrecht AT I, § 15 Rdnr. 83, 88; *Kühl*, Jahrbuch für Recht und Ethik 11 (2003), S. 219 (241 f.); *Kindhäuser*, Strafrecht AT, § 16 Rdnr. 47; *Wessels/Beulke*, Strafrecht AT, § 8 Rdnr. 345; MK/*Erb*, § 32 Rdnr. 194; SK/*Günther*, § 32 Rdnr. 130.

[452] *Jakobs*, Strafrecht AT, 12/58; *ders.*, in: Rechtfertigung und Entschuldigung, S. 143 (156); *Köhler*, Strafrecht AT, S. 275; *Kindhäuser*, Strafrecht AT, § 16 Rdnr. 47; ferner *Roxin*, Strafrecht AT, § 15 Rdnr. 85.

[453] Im Einzelnen divergieren die Auffassungen der jeweiligen Autoren. So ist unter den Befürwortern einer Begrenzung der Notwehr vor allem strittig, ob der betroffene Ehegatte eine Duldungspflicht zur Hinnahme leichter Verletzung hat oder ob ihn lediglich eine Gefahrtragungspflicht trifft. – Für eine Duldungspflicht: *Jakobs*, Strafrecht AT, 12/58; *Kühl*, Strafrecht AT, § 7 Rdnr. 204; *Roxin*, Strafrecht AT I, § 15 Rdnr. 84; *Wessels/Beulke*, Strafrecht AT, § 8 Rdnr. 345; *Kindhäuser*, Strafrecht AT, § 16 Rdnr. 47; MK/*Erb*, § 32 Rdnr. 195. – Für eine bloße Gefahrtragungspflicht dagegen: *Köhler*, Strafrecht AT, S. 275; Sch/Sch-*Lenckner/Perron*, § 32 Rdnr. 53; *Geilen*, JR 1976, S. 314 (318); NK/*Herzog*, § 32 Rdnr. 111.

trägt man diese Wertung auf die hier zu behandelnde Thematik, so spräche das dafür, bei der Frage, ob eine hinreichende „Provokation" nach § 213, 1. Variante StGB angenommen werden kann, entsprechenden Eingriffen in die rechtlich geschützte Freiheitssphäre des Ehepartners – in Anlehnung an die Einschränkung des Notwehrrechts – keine Relevanz einzuräumen. Vom Ehepartner wäre auch hier ein höheres Maß an Nachsicht und Rücksicht zu erwarten. Eine tatbestandlich bedeutsame Unrechtsminderung ergäbe sich demzufolge erst bei stärkeren oder intensiveren Rechtsverletzungen. Allerdings leuchtet eine solche Ansicht ebenso wenig ein wie die Sonderbehandlung von Ehegatten im Rahmen der Notwehr[454]. So legt doch gerade das Sonderrechtsverhältnis, in dem die Ehegatten zueinander stehen und das zu gesteigerten wechselseitigen Schutzpflichten führt[455], eher eine gegenteilige Bewertung nahe[456]. *Spendel* weist zu Recht darauf hin: „Wenn man schon das Eheverhältnis berücksichtigen will, dann sollte es weniger eine Einschränkung des Notwehrrechts auf seiten des angegriffenen Ehegatten bedingen als eine Steigerung des Unrechts auf seiten des angreifenden Partners begründen [...]."[457] Jedenfalls impliziert es mehr eine Verkehrung dieses Verhältnisses, von dem angegriffenen Ehepartner die Hinnahme von Verletzungen seiner rechtlich garantierten Freiheitssphäre zu verlangen, während der andere Ehepartner sowohl gegen das allgemeine Verletzungsverbot des „neminem laedere" verstößt, das gegenüber jeder Person gilt, als auch gegen die erhöhte Schutzpflicht, die ihm speziell gegenüber dem Ehepartner obliegt. Zutreffend konstatiert *Freund*: „Der Angreifer negiert durch sein Verhalten selbst die besondere Beziehung und kann deshalb ohne Selbstwiderspruch daraus für sich auch keine besondere Aufopferungsverpflichtung des anderen Teils herleiten."[458] Zweifellos bestehen innerhalb der Ehe besondere Schutzpflichten und ebenso gilt das Gebot der Rücksichtnahme. Beides funktioniert aber nur strikt wechselseitig und kann daher anders, nämlich einseitig, vom Recht auch nicht eingefordert werden. Dagegen lässt sich nicht geltend machen, der Fortbestand der Ehe oder das Interesse daran gebiete dem angegriffenen Ehepartner ein rücksichtsvolles Verhalten[459]. Dieses Argument wäre

---

454 Eine Einschränkung der Notwehr im Ehegattenverhältnis lehnen ab: LK/*Spendel* (11. Aufl.), § 32 Rdnr. 310; *ders.*, JZ 1984, S. 507 (509); *Engels*, GA 1982, S. 109 ff.; *Frister*, GA 1988, S. 291 (309); *ders.*, Strafrecht AT, 16/33; *Wohlers*, JZ 1999, S. 434 ff., bes. 442; *Zieschang*, Jura 2003, S. 527 ff.; *Otto*, Strafrecht AT, § 8 Rdnr. 90 ff.; *Freund*, Strafrecht AT, § 3 Rdnr. 123 ff.; *Engländer*, Nothilfe, S. 362; *Fischer*, § 32 Rdnr. 37; tendenziell wohl auch *Baumann/Weber/Mitsch*, Strafrecht AT, § 17 Rdnr. 42; *Renzikowski*, Notstand, S. 304, 310 ff.

455 Vgl. hierzu A I 2 b in diesem Kapitel.

456 *Spendel*, JZ 1984, S. 507 (509); *Freund*, Strafrecht AT, § 3 Rdnr. 123; siehe ferner auch *Kühl*, Strafrecht AT, § 7 Rdnr. 202; Sch/Sch-*Lenckner/Perron*, § 32 Rdnr. 53.

457 *Spendel*, JZ 1984, S. 507 (509); zustimmend *Walther*, JZ 2003, S. 52 (56).

458 *Freund*, Strafrecht AT, § 3 Rdnr. 124; ebenso *Engels*, GA 1982, S. 109 (113); *Otto*, Strafrecht AT, § 8 Rdnr. 91; *ders.*, JK 5/03, StGB § 32/27; *Zieschang*, Jura 2003, S. 527 (530 f.); *Engländer*, Nothilfe, S. 362.

459 So aber Sch/Sch-*Lenckner/Perron*, § 32 Rdnr. 53; *Kühl*, Strafrecht AT, § 7 Rdnr. 202;

allererst dem Angreifer entgegenzuhalten: Soweit er an der Fortsetzung der Ehe und der Aufrechterhaltung eines besonderen Vertrauens- und Schutzverhältnisses interessiert ist, muss er seinerseits dafür Sorge tragen, dass dies für den anderen Ehepartner unter akzeptablen Bedingungen möglich ist. Und das bedeutet zumal, er muss bestrebt sein, (neben anderen „Verletzungen" des Partners) gerade Rechtsverletzungen zu vermeiden. Schließlich: Die Einstandspflicht für den Ehepartner begründet die Pflicht, diesem in Situationen der Not und der Hilfsbedürftigkeit beizustehen; nicht begründet sie eine Pflicht, auf eigenen rechtlichen Schutz zu verzichten, wenn der angreifende Ehepartner seine „Hilfsbedürftigkeit"[460] unter eigenverantwortlicher Verletzung seiner rechtlichen Pflichten gegenüber dem Ehepartner selbst herbeigeführt hat[461] und überdies jederzeit in der Lage wäre, diese Situation zu beenden[462]. Richtigerweise ist daher der Auffassung beizupflichten, die eine Begrenzung des Notwehrrechts von Ehegatten ablehnt. Und desgleichen gilt für die Annahme einer Unrechtsreduzierung bei Tötungsdelikten innerhalb eines Eheverhältnisses kein besonderer Maßstab. Für die Abstufung des Unrechts beim Tötungsdelikts ist demnach festzuhalten: Sämtliche vorangegangenen Rechtsverletzungen des Ehepartners, die über eine bloße Bagatelle hinausreichen und die zudem von einer gewissen Erheblichkeit sind, bewirken eine tatbestandlich relevante Minderung des Tötungsunrechts. Das ist bei Körperverletzungen anders als bei Beleidigungen in aller Regel anzunehmen. Denn, wie *Wohlers* zutreffend ausführt, kann es „in einer modernen Gesellschaft [...] niemandem mehr zugemutet werden [...], körperliche Attacken über sich ergehen zu lassen", und zwar auch nicht im häuslichen Bereich[463]. Bei tätlichen Angriffen des Ehegatten sowie, genereller formuliert, einer anderen Person handelt es sich demzufolge durchweg um hinreichend erhebliche Eingriffe in die rechtlich geschützte Freiheitssphäre der Person.

---

ders., Jahrbuch für Recht und Ethik 11 (2003), S. 219 (242); *Stratenwerth/Kuhlen*, Strafrecht AT I, § 9 Rdnr. 90; MK/*Erb*, § 32 Rdnr. 194.

[460] Hier von einer „Hilfsbedürftigkeit" des Ehegatten (des Angreifers) zu sprechen (*Kühl*, Strafrecht AT, § 7 Rdnr. 203), ist schon sprachlich gewöhnungsbedürftig; vgl. *Zieschang*, Jura 2003, S. 527 (530): „Im Zeitpunkt des Angriffs des Ehepartners davon zu sprechen, dass der Angreifer Hilfe bedarf, wäre indes absurd."

[461] *Engels*, GA 1982, S. 109 (113); *Zieschang*, Jura 2003, S. 527 (530); vgl. auch *Kühl*, Strafrecht AT, § 7 Rdnr. 202.

[462] *Frister*, GA 1988, S. 291 (308); *Engländer*, Nothilfe, S. 360.

[463] *Wohlers*, JZ 1999, S. 434 (441); ebenso *Gropp*, Strafrecht AT, § 6 Rdnr. 87; ferner NK/*Herzog*, § 32 Rdnr. 111.

c) Insbesondere: Trennung und Treuebruch in der Ehe (oder einer eheähnlichen Lebenspartnerschaft) als Rechtsverletzung?

Wie im vorangegangenen Abschnitt angesprochen, lässt sich überlegen, ob Trennung oder Treuebruch nicht schon für sich genommen, jedenfalls innerhalb einer Ehe, ferner womöglich innerhalb einer eheähnlichen Partnerschaft, als Rechtsverletzungen anzusehen sind. Diese Frage ist vor allem praktisch von großer Relevanz, da sich gerade die empirisch häufig vorkommenden Beziehungstötungen sehr oft in einem derartigen Kontext ereignen. Wäre diese Frage zu bejahen, läge somit ein Eingriff in die rechtlich geschützte Sphäre des einen Ehegatten durch die Trennung oder einen Treuebruch des anderen Partners vor, könnte darin, kommt es zur Tötung des Partners, zugleich eine Minderung des Tötungsunrechts des betrogenen oder verlassenen Ehegatten begründet liegen. De facto wird eine mildere Bewertung in beiden Fallvarianten nicht selten vorgenommen, und zwar entweder indem die Provokationsalternative des § 213 StGB oder ein minder schwerer Fall nach § 213, 2. Variante StGB angenommen wird[464]. Vornehmlich der Ehebruch gilt wohl bis heute als Musterbeispiel für eine „Kränkung" nach § 213, 1. Variante StGB[465]. Dabei fällt auf, dass es in den entschiedenen Fällen so gut wie ausnahmslos um den Ehebruch einer Frau geht, zuweilen in Verbindung mit einer Trennung oder einem Trennungswunsch, nicht hingegen um den Ehebruch eines Mannes – eine Fallgestaltung, die in der Praxis offenbar nicht vorkommt[466]. Ob dies auch, wie bereits *Wolfgang Mittermaier* in einer Urteilsanmerkung aus dem Jahr 1930 monierte, auf eine „veraltete, rein männliche Einstellung zur Ehe [...], wonach zwar der Mann sich alles erlauben darf, aber die Frau trotzdem Gehorsam zu leisten hat", zurückzuführen ist[467], und somit auf eine „sehr einseitig-maskuline Interpretationstendenz" der Rechtsprechung in derartigen Sachverhaltskonstellationen, wie *Geilen* rügt[468], sei dahingestellt. In der von *Mittermaier* kritisierten Entscheidung hielt

---

[464] Vgl. RG JW 1930, S. 919 f.; RG JW 1932, S. 2719 f.; BGH MDR 1979, S. 106 f.; BGH StV 1983, S. 60 f.; BGH NStE 1992, Nr. 24 zu § 213; BGH NStE 1987, Nr. 3 zu § 213; BGH NStE 1989, Nr. 13 zu § 213.

[465] Vgl. *Maurach/Schroeder/Maiwald*, Strafrecht BT/1, § 2 Rdnr. 56 mit Fn. 237; *Otto*, Strafrecht BT, § 5 Rdnr. 6; kritisierend jedoch *Geilen*, Dreher-FS, S. 357 (360), und *Arzt/Weber-Hilgendorf*, Strafrecht BT, § 2 Rdnr. 79. Die mildere Bewertung von Tötungen wegen eines Ehebruchs bezieht sich nicht bloß auf die Tötung des untreuen Ehepartners, sondern sie kann sich ebenso auf die Tötung des neuen Partners erstrecken; vgl. RG JW 1932, S. 2719 f.; BGH NStE 1987, Nr. 3 zu § 213; BGH NStE 1990, Nr. 16 zu § 213 (wo der BGH § 213 StGB im Ergebnis aber ablehnt). – In der Begründung des Entwurfs 1962 wird der Ehebruch-Fall ausdrücklich als ein minder schwerer Fall des Totschlags (im Sinne des § 134 III) hervorgehoben; allerdings als ein Fall verminderter Schuld und nicht eines verminderten Unrechts, mit dem zweifelhaften und nicht überzeugenden empirisch-psychologisierenden Hinweis, die „Tragik dieser und ähnlicher Fälle" sei „zu häufig" (siehe Entwurf 1962, S. 271).

[466] Siehe rechtsvergleichend hierzu *Middendorff*, in: Tötungsdelikte, S. 133 ff.

[467] *W. Mittermaier*, JW 1930, S. 919.

[468] *Geilen*, Dreher-FS, S. 364 ff., und ferner *Arzt/Weber-Hilgendorf*, Strafrecht BT, § 2

das Reichsgericht jedenfalls einer Ehefrau die „schnöde Art und Weise" vor, in der sie „sich gegenüber den Vorhaltungen ihres Ehemannes erklärte", und bewertete das darin enthaltene „versteckte Geständnis eines Ehebruchs" als „schwere Beleidigung" nach §213 StGB. Und dies, obgleich die Ehe durch das Verhalten des Ehemanns, namentlich durch seine Trunksucht, die unzureichende Gewährung des Unterhalts und eine schlechte Behandlung der Familie, zuvor bereits zerrüttet war[469].

In vergleichbarer Weise führen Trennungssituationen, konkret vor allem die Äußerung eines Trennungswunsches oder das Verlassen der gemeinsamen Wohnung, oftmals zur Bejahung der Provokationsvariante oder eines minder schweren Falles im Sinne des §213 StGB[470]. Hiergegen wird seitens des Schrifttums kritisch angemerkt, allein das Hinausstreben aus einer Ehe könne ebenso wenig wie das Eingeständnis eines Ehebruchs für sich genommen eine mildere Beurteilung der Tat rechtfertigen[471]. *Eser* bescheinigt der Rechtsprechung zwar mittlerweile eine „gewisse Tendenzwende"[472]. Andererseits lässt sich nicht übersehen, dass ein minder schwerer Fall oder eine „Provokation" nach §213 StGB in Trennungssituationen verhältnismäßig oft und leicht angenommen werden. Vergleichbar den Ehebruch-Sachverhalten ist es auch in den Trennungsfällen typischerweise die Ehefrau, die sich aus der Ehe lösen möchte, und es ist der Ehemann, der diese Entscheidung nicht zu akzeptieren bereit ist und die Ehefrau schließlich tötet. Vorzugsweise dann, wenn die Hoffnungslosigkeit seiner Vorstellung, die Beziehung aufrechtzuerhalten, offensichtlich zutage tritt. Schaut man sich die Entscheidungen genauer an, gewinnt man manchmal schon den Eindruck, dass eine Trennung für die Frau, durch die der Mann nicht gleichzeitig gekränkt wird, schwer möglich ist. Eine Erklärung hierfür mag sozialpsychologisch gesehen darin liegen, dass Frauen, die sich entschließen, die Beziehung zu verlassen, nach wie vor „das kulturell vorgeschriebene Image über die männliche und weibliche Geschlechtsrolle" verletzen mögen, wie *Burgheim* feststellt[473]. Exemplarisch lässt sich BGH MDR 1978, S. 110f. anführen:

Rdnr. 79; *Eser*, Gutachten, D 131 („überholte[ ] Standesvorstellungen"); *ders.*, Middendorff-FS, S. 65 (70); Sch/Sch-*Eser*, §213 Rdnr. 5; LK/*Jähnke*, §213 Rdnr. 8; *H. Schneider*, NStZ 2001, S. 455 (456); *ders.*, in: Tötungsdelikte – mediale Wahrnehmung, S. 203 (208ff.), sowie MK/*ders.*, §213 Rdnr. 15f., 23; *Fischer*, §213 Rdnr. 6; *Burgsmüller*, StV 1981, S. 340 (341).

469 RG JW 1930, S. 919.

470 Siehe BGH MDR 1978, S. 110f.; BGH MDR 1979, S. 106f.; BGH StV 1983, S. 60f. und S. 198f.; BGH NStE 1992, Nr. 24 zu §213; restriktiver dagegen etwa BGH NStE 1990, Nr. 16 zu §213.

471 *Eser*, NStZ 1984, S. 49 (52); *ders.*, Middendorff-FS, S. 65 (70); *Fischer*, §213 Rdnr. 6; *H. Schneider*, NStZ 2001, S. 455 (456), und MK/*ders.*, §213 Rdnr. 23.

472 *Eser*, NStZ 1984, S. 49 (52).

473 *Burgheim*, MschrKrim 1994, S. 232 (235); siehe außerdem *Arzt/Weber-Hilgendorf*, Strafrecht BT, §2 Rdnr. 79. Bemerkenswert ist insoweit freilich, dass Frauen die Scheidung häufiger begehren als Männer, da sie den Scheidungsantrag öfter stellen (vgl. MK-BGB/*Ey* [5. Aufl.], Vor §1564 Rdnr. 44).

Eine „schwere Beleidigung" im Sinne des § 213, 1. Alternative StGB sah der BGH darin, dass sich die Ehefrau (das spätere Tötungsopfer) „rücksichts- und bedenkenlos" aus der ehelichen Gemeinschaft gelöst hatte und den Ehemann (den Täter) zurückwies, der sich seinerseits „ernsthaft um ihre Rückgewinnung" bemühte und dem sie überdies „unverblümt ihr Verhältnis zum Zeugen Z" vor Augen führte. Die auffällig pejorative Wortwahl („rücksichts- und bedenkenlos", „unverblümt") vermag die Quintessenz der Entscheidung kaum zu verbergen: In der Trennung als solcher liegt die „schwere Beleidigung". Ähnliches gilt für BGH NStE 1992, Nr. 24 zu § 213 StGB: Eine „schwere Beleidigung" nach § 213 StGB soll hier vorliegen, weil das Opfer (die Lebensgefährtin) „im Laufe des immer erregter geführten Streitgespräches ihre neue ‚feste' Beziehung" gegenüber dem Täter (ihrem Lebensgefährten) zugab, und dieser vergeblich versuchte – „auch im Hinblick auf die gemeinsamen Kinder" –, sie dazu zu bewegen, bei ihm zu bleiben. Wie der BGH schreibt, „gipfelte" die Auseinandersetzung „schließlich in ihrer Äußerung, sie habe gerade mit ihrem neuen Freund geschlafen". Zusammenfassend lässt sich die Rechtsprechung in etwa auf folgenden Nenner bringen[474]: Hat der Ehepartner, der verlassen wird, dem anderen Gatten einen triftigen Grund für die Trennung gegeben, schließt das eine mildere Bewertung der Tötung, also den § 213 StGB, eher aus. Derart gravierende Anlässe sind insbesondere vorausgegangene massive Verfehlungen oder Verhaltensdefizite, teils auch Rechtsverletzungen, die sich der Ehepartner geleistet hat und die ihrerseits den Trennungswunsch allgemein nachvollziehbar machen. Als solche gelten gemeinhin etwa mehrfache schwere Gewalttätigkeiten oder ein ständiger und übermäßiger Alkoholkonsum. Löst sich ein Ehegatte dagegen aus der Beziehung, ohne dass es dafür einen plausiblen Grund in der Person des verlassenen Ehepartners gäbe, verletzt diese Trennung leicht das Ehrgefühl des Ehegatten, macht seine „Verzweiflung" verständlich und begünstigt damit eine mildere Beurteilung der Tat (sei es durch die Annahme der Provokationsvariante oder eines sonst minder schweren Falls des § 213 StGB). Dabei greift die Strafmilderung oder Privilegierung des § 213 StGB umso eher und umso mehr ein, je weniger Verhaltensfehler seitens des verlassenen Ehegatten zu verzeichnen sind. Es liegt in der Konsequenz einer solchen Vorgehens- und Argumentationsweise, dass das Beziehungsverhalten des Ehemannes und der Ehefrau gleichermaßen einer umfassenden, durchweg auch moralischen Bewertung unterzogen werden (wer hat sich welche Verfehlungen wie oft, wie massiv geleistet?)[475]. Hierin zeigt sich erneut die Berechtigung des eingangs geschilderten Monitums (B I), wonach Strafverfahren, in denen Tötungsdelikte abgeurteilt

---

[474] Vgl. hierzu *Legnaro/Aengenheister*, Schuld und Strafe, bes. S. 102 ff., 109 ff.; *Körner*, Machtgefälle, S. 55 ff., 86 ff., sowie *Oberlies*, Tötungsdelikte, S. 141 ff.

[475] Wie das im Einzelnen aussehen kann, ist gut zu sehen an der bereits angeführten Entscheidung BGH NStE 1992, Nr. 24 zu § 213, wo der Beziehungsverlauf eingehend geschildert und der Bewertung offenbar insgesamt zugrunde gelegt wird.

werden, oftmals den Eindruck erweckten, eine „Sonderform des Familien- oder Scheidungsrechts" zu sein[476]; wobei die bei § 213 StGB eingeforderte Gesamtbetrachtung oder -würdigung der Tat[477] genau dieses offenbar bezweckt. Für ein strikt an Freiheitsgesetzen ausgerichtetes Strafrechtssystem ist das außerordentlich bedenklich, zuletzt nicht mehr tragbar.

Entscheidend muss es vielmehr darauf ankommen, ob die Trennung oder der Ehebruch bereits für sich genommen eine Rechtsverletzung des anderen Ehepartners implizieren. Denn nur unter dieser Voraussetzung wäre eine strafrechtliche Berücksichtigung solcher Vorfälle respektive deren negative Bewertung überhaupt legitim. Demgegenüber reicht es für eine strikt rechtliche Bewertung nicht schon hin, wenn das Verhalten eines Ehepartners in moralischer oder sozialethischer Hinsicht zu beanstanden und als verwerflich einzuordnen ist. Demzufolge setzt eine Minderung des Tötungsunrechts wegen eines Treuebruchs oder einer Trennung allererst voraus, dass die eheliche Treuepflicht sowie das Fortsetzen der Ehe sich als Rechtspflichten gegenüber dem Ehepartner ausweisen lassen.

Aus einem rein empirischen Blickwinkel – der für eine normativ-rechtliche Betrachtung aber nicht hinreichend ist und diese nicht ersetzen (sondern allenfalls ergänzen) kann – ließe sich zunächst vorbringen: Eine Einstufung von Trennung und Ehebruch als Rechtsverletzung des Ehegatten werde den tatsächlichen gesellschaftlichen Verhältnissen kaum noch gerecht. Denn zumindest was Trennungen anbetrifft, lässt sich an den konstant hohen Scheidungsraten ablesen, dass diese keineswegs mehr so selten sind, dass es noch berechtigt wäre, sie als Ausnahmen von der Regel anzusehen[478]. Für den Ehebruch lässt sich das naturgemäß nicht so einfach feststellen, da eine entsprechend zuverlässige Statistik nicht existiert und vermutlich auch schwer zu haben ist. Jedoch dürfte die Vermutung, Trennungen und Ehebrüche kämen in unserer Gesellschaft jedenfalls nicht signifikant seltener vor als dauerhaft funktionierende und monogame Beziehungen grosso modo kaum fehlgehen. Eher schon handelt es sich bei Scheidungen und „Seitensprüngen" um ein ubiquitäres Phänomen. Und dass jemand, der sich entsprechende Verfehlungen zuschulden kommen ließ, gesellschaftlich (noch) ernsthaft geächtet würde, lässt sich ebenfalls nicht (mehr) be-

---

[476] *Legnaro/Aengenheister*, Schuld und Strafe, S. 164.

[477] Vgl. Sch/Sch-*Eser*, § 213 Rdnr. 5; *dens.*, Middendorff-FS, S. 65 (69 ff.); *Fischer*, § 213 Rdnr. 3, 5; SK/*Horn*, § 213 Rdnr. 4; *Lackner/Kühl*, § 213 Rdnr. 2; ferner *Geilen*, Dreher-FS, S. 357 (382 f.); *dens.*, JR 1980, S. 309 (316); *Maatz*, Salger-FS, S. 91 (98 f.); NK/*Neumann*, § 213 Rdnr. 9; *Wessels/Hettinger*, Strafrecht BT/1, § 2 Rdnr. 173, sowie BGH MDR 1979, S. 456; BGH StV 1983, S. 198 (199); BGH MDR 1991, S. 483.

[478] Zweifelnd auch Bamberger/Roth/*Neumann*, § 1564 Rdnr. 5, da die Quote der Ehescheidungen gegenüber den Heiratszahlen bereits 51,9% erreicht habe; eingehende Darlegungen zur Scheidungsstatistik bei MK-BGB/*Ey* (5. Aufl.), Vor § 1564 Rdnr. 29 ff., 41 ff.; siehe ferner Staudinger/*Rauscher*, Vorbem. zu §§ 1564 ff. Rdnr. 38 („klare Steigerungstendenz"); RGRK/*Graßhof*, Vor § 1564 Rdnr. 22.

haupten. Wenngleich Trennungen und außereheliche Verhältnisse nicht zum sozial allgemein akzeptierten Verhalten gehören, so werden sie dennoch sozial weithin toleriert. Das alles betrifft indes, wie gesagt, nur die tatsächliche Ebene. Für eine normativ-rechtliche Bewertung gibt das noch nichts her. Hierfür liefern vielmehr die Regeln des einschlägigen Rechtsgebietes, mithin des Ehe- und Scheidungsrechts, entscheidende Anhaltspunkte. Darauf ist nun einzugehen.

Der Idee nach gilt: Die Ehe ist eine auf Lebenszeit geschlossene Verbindung zweier Personen; sie ist ein lebenslanges Gemeinschafts-(oder Dauerrechts-) verhältnis[479]. In § 1353 I S. 1 BGB heißt es dazu: „Die Ehe wird auf Lebenszeit geschlossen." Weiterhin bestimmt § 1353 I S. 2 BGB: „Die Ehegatten sind einander zur ehelichen Lebensgemeinschaft verpflichtet; sie tragen füreinander Verantwortung." Als eine Pflicht, die sich aus dieser ehelichen Lebensgemeinschaft ergibt, gilt unumstritten die Pflicht zur ehelichen Treue[480]. Sowohl das Lebenszeitprinzip (§ 1353 I S. 1 BGB) wie auch die wechselseitige Verpflichtung der Ehegatten zur geschlechtlichen Treue werden durchweg als für die Institution Ehe charakteristisch und unabdingbar angesehen[481]. Das gilt zumindest idealiter und dem Prinzip nach. Eine andere Frage ist es jedoch, ob und inwieweit diese Grundsätze tatsächlich durchgehalten werden (können).

So steht das Scheidungsrecht, welches die Auflösung der Ehe ermöglicht, bereits eo ipso in einer „gewissen Diskrepanz" zu dem in § 1353 I S. 1 BGB normierten Lebenszeitprinzip[482]. Obzwar man im Zivilrecht bemüht ist, diese Ungereimtheit argumentativ zu beheben, indem erklärt wird: das Lebenszeitprinzip schließe das Scheidungsrecht nicht aus; denn aus der Dauerhaftigkeit der Ehe folge nicht schon deren Unauflösbarkeit[483]; oder indem dargetan wird: die Unauflösbarkeit der Ehe sei kein „absolutes Dogma", sondern „nur ein Grundsatz", weswegen die Möglichkeit, sich scheiden zu lassen, hierzu nicht in Widerspruch stehe[484] – so ist doch andererseits nicht zu übersehen, dass das Prinzip durch die verhältnismäßig leicht zu erreichende Scheidung bei einem Scheitern

---

[479] MK-BGB/*Wacke* (4. Aufl.), § 1353 Rdnr. 1; MK-BGB/*Roth* (5. Aufl.), § 1353 Rdnr. 3; MK-BGB/*Ey* (5. Aufl.), § 1564 Rdnr. 20, 23; RGRK/*Roth-Stielow*, § 1353 Rdnr. 6; im Weiteren *Gernhuber/Coester-Waltjen*, Lehrbuch des Familienrechts, § 3 Rdnr. 6; Staudinger/*Voppel*, § 1353 Rdnr. 5; Staudinger/*Rauscher*, Vorbem. zu §§ 1564 ff. Rdnr. 3; Bamberger/Roth/*Hahn*, § 1353 Rdnr. 1; Erman/*Gamillscheg*, § 1353 Rdnr. 2.

[480] Soergel/*Lange*, § 1353 Rdnr. 12; Staudinger/*Voppel*, § 1353 Rdnr. 29; MK-BGB/*Wacke* (4. Aufl.), § 1353 Rdnr. 3, 30; MK-BGB/*Roth* (5. Aufl.), § 1353 Rdnr. 40; Bamberger/Roth/*Hahn*, § 1353 Rdnr. 9; RGRK/*Roth-Stielow*, § 1353 Rdnr. 15; Erman/*Gamillscheg*, § 1353 Rdnr. 1; *Gernhuber/Coester-Waltjen*, Lehrbuch des Familienrechts, § 18 Rdnr. 47.

[481] MK-BGB/*Wacke* (4. Aufl.), § 1353 Rdnr. 3; Staudinger/*Voppel*, § 1353 Rdnr. 25; Bamberger/Roth/*Hahn*, § 1353 Rdnr. 2, 9; RGRK/*Graßhof*, § 1565 Rdnr. 9; *Schwab*, Familienrecht, § 21 Rdnr. 108; Palandt/*Brudermüller*, § 1353 Rdnr. 1; *Gernhuber/Coester-Waltjen*, Lehrbuch des Familienrechts, § 18 Rdnr. 47.

[482] Staudinger/*Voppel*, § 1353 Rdnr. 12.

[483] Staudinger/*Voppel*, § 1353 Rdnr. 16.

[484] MK-BGB/*Wacke* (4. Aufl.), § 1353 Rdnr. 10; MK-BGB/*Roth* (5. Aufl.), § 1353 Rdnr. 15.

der Ehe (§ 1565 I BGB) erheblich relativiert wird[485]. Zumal eine Ehe schon dann als gescheitert anzusehen ist, wenn auch nur ein Ehegatte die Auflösung erstrebt oder die Ehe als zerrüttet betrachtet[486]. Ebenso wie andere „privatrechtliche[n] Gesellschaftsverhältnisse" steht die Ehe damit zur Disposition ihrer Mitglieder[487]. Aufschlussreich heißt es hierzu im Lehrbuch von *Gernhuber/Coester-Waltjen*: Die „psychischen Dispositionen" nur eines Ehepartners reichen aus[488]; es kommt also ausschließlich auf seine innere Einstellung, seine Empfindungen an. Die innere Entfremdung oder Abwendung vom Partner genügt demnach[489]. Hinzu kommt, dass das Prinzip „Ehe auf Lebenszeit" als Prinzip, mithin als Regelfall, in der Praxis wegen der hohen Scheidungsraten kaum noch auszumachen sein dürfte[490]. Eine Kritik geht hiermit nicht einher. Denn die bürgerliche Ehe ist eine freie Ehe, mit der die Möglichkeit einer Auflösung zwingend verbunden ist[491]. Da im Scheidungsrecht seit dem 1. Juli 1977 überdies das sogenannte Zerrüttungsprinzip gilt, welches den bis dahin gelten-

[485] RGRK/*Roth-Stielow*, § 1353 Rdnr. 8.

[486] Vgl. *Gernhuber/Coester-Waltjen*, Lehrbuch des Familienrechts, § 27 Rdnr. 2f., 6; *Schwab*, Familienrecht, § 37 Rdnr. 329; Soergel/*Heintzmann*, § 1565 Rdnr. 4; Staudinger/*Rauscher*, § 1565 Rdnr. 41; MK-BGB/*Ey* (5. Aufl.), § 1565 Rdnr. 37, 71; Erman/*Maier*, § 1565 Rdnr. 8; Bamberger/Roth/*Neumann*, § 1565 Rdnr. 7f.; RGRK/*Graßhof*, § 1565 Rdnr. 14. – Das Gesetz spricht von „gescheitert", nicht von „zerrüttet" (vgl. §§ 1565f. BGB); zum unterschiedlichen Bedeutungsgehalt dieser Begriffe MK-BGB/*Ey* (5. Aufl.), § 1565 Rdnr. 9f.; Staudinger/*Rauscher*, § 1565 Rdnr. 25f.; RGRK/*Graßhof*, § 1565 Rdnr. 6.

[487] *Schwab*, Familienrecht, § 35 Rdnr. 318.

[488] *Gernhuber/Coester-Waltjen*, Lehrbuch des Familienrechts, § 27 Rdnr. 2, 6. – „Der personale Begriff der Zerrüttung mit seiner Orientierung an den psychischen Dispositionen der Ehegatten muss bereit sein, die Ehe noch über das vom Gesetz gewollte Maß hinaus zu individualisieren." (*Gernhuber/Coester-Waltjen*, a.a.O., Rdnr. 6)

[489] Bamberger/Roth/*Neumann*, § 1565 Rdnr. 7; im Einzelnen Staudinger/*Rauscher*, § 1565 Rdnr. 41, 51, 55, 86. – Prinzipiell restriktiver *Graßhof*, die meint, das Zerbechen einer Ehe sei ein „psychologischer Vorgang [...], den ein Betroffener gar nicht selbst beurteilen kann" (RGRK/*Graßhof*, § 1565 Rdnr. 28) und der „nur aus der Sicht eines objektiven Beurteilers zu entscheiden ist": „Eine Ehe muß nicht gescheitert sein, wenn die Parteien dies meinen" (RGRK/*Graßhof*, § 1564 Rdnr. 24). Zutreffend hieran ist lediglich, dass allein der Wille eines oder auch beider Ehegatten, geschieden zu werden, nach der gesetzlichen Konzeption nicht hinreicht. Vielmehr bedarf es „theoretisch" (so treffend Staudinger/*Rauscher*, § 1565 Rdnr. 51) einer objektiven Beurteilung durch das Gericht, ob die Ehe gescheitert ist oder nicht. Zu Recht hebt Staudinger/*Rauscher* (a.a.O.) jedoch die „begrenzte Realisierbarkeit dieses Prüfungskonzepts" hervor und weist darauf hin, dass die Eheleute in aller Regel den Zustand ihrer Ehe besser beurteilen könnten als ein außenstehender Richter. Vgl. auch MK-BGB/*Ey* (5. Aufl.), § 1565 Rdnr. 51.

[490] Vgl. auch Bamberger/Roth/*Neumann*, § 1564 Rdnr. 5; MK-BGB/*Ey* (5. Aufl.), Vor § 1564 Rdnr. 24.

[491] MK-BGB/*Ey* (5. Aufl.), Vor § 1564 Rdnr. 1, mit dem Hinweis, die „Scheidbarkeit der bürgerlich-rechtlichen Ehe" sei ein „selbstverständlicher, notwendiger, von Art. 6 Abs. 1 GG gesicherter Teil des bürgerlichen Eherechts"; ausführlichere Begründung bei Staudinger/*Rauscher*, Vorbem. zu §§ 1564ff. Rdnr. 7ff.; siehe zudem *Jarass/Pieroth*, Art. 6 Rdnr. 19; v. Münch/Kunig/*Coester-Waltjen*, Art. 6 Rdnr. 5, 10.

den Verschuldensgrundsatz abgelöst hat[492], ist die Frage, wer das Scheitern einer Ehe zu verantworten hat, im Privatrecht (so gut wie) bedeutungslos geworden[493]. Eine moralisch-sozialethische Bewertung des Verhaltens beider Ehepartner findet dort also nicht mehr statt[494]; im Gegensatz zum Strafrecht, wo solchen Erwägungen nach wie vor eine nicht unerhebliche Relevanz zukommt. Rechtlich lässt sich eine Pflicht, die Ehe fortzusetzen, (in aller Regel) nicht begründen[495]. Eine solche Pflicht stünde nicht zuletzt in Widerspruch zu den elementaren Grundsätzen einer bürgerlichen und damit freien Ehe[496], wie sie in den Regelungen des Bürgerlichen Gesetzbuches ihren Ausdruck gefunden ha-

---

[492] Durch das erste Gesetz zur Reform des Ehe- und Familienrechts vom 14.6. 1976 (BGBl. I, S. 1421 ff.).

[493] Ein Verschulden des Ehepartners kann für das unmittelbare Scheidungsrecht nach § 1565 II BGB von Bedeutung werden. Hiernach ist eine vorzeitige Scheidung der Ehe – mithin, wenn die Ehepartner noch nicht ein Jahr getrennt leben – möglich, sofern die Fortsetzung der Ehe für einen Ehepartner „aus Gründen, die in der Person des anderen Ehegatten liegen, eine unzumutbare Härte darstellen würde". Allerdings setzt § 1565 II BGB ein Verschulden nicht voraus; es reicht, wenn die Gründe „aus der Sphäre" des Ehepartners stammen, ohne dass ihm hierfür eine Verantwortung im engen Sinn zugeschrieben werden könnte (vgl. MK-BGB/*Ey* [5. Aufl.], § 1565 Rdnr. 98; Staudinger/*Rauscher*, § 1565 Rdnr. 125; Bamberger/Roth/*Neumann*, § 1565 Rdnr. 24). Darüber hinaus hat ein (qualifiziertes) Verschulden teilweise Auswirkungen auf vermögensrechtliche Fragen im Scheidungsfolgenrecht (z. B. § 1579 Nr. 2, 4 bis 7 BGB; im Einzelnen Staudinger/*Rauscher*, Vorbem. zu §§ 1565 ff. Rdnr. 27; Bamberger/Roth/*Neumann*, § 1565 Rdnr. 1; RGRK/*Graßhof*, Vor § 1564 Rdnr. 14).

[494] Im zivilrechtlichen Schrifttum wird vielmehr der Schutz der Intimsphäre der Ehegatten während eines Scheidungsverfahrens ausdrücklich hervorgehoben; vgl. Staudinger/*Rauscher*, § 1565 Rdnr. 52, 53; Bamberger/Roth/*Neumann*, § 1565 Rdnr. 12; ferner MK-BGB/*Ey* (5. Aufl.), § 1565 Rdnr. 53.

[495] Eine Pflicht zur Herstellung des ehelichen Lebens ist rechtlich nicht durchsetzbar (§ 120 III FamFG; dazu *Gernhuber/Coester-Waltjen*, Lehrbuch des Familienrechts, § 22 Rdnr. 29 f. mit Fn. 65). – Zudem sei auf § 1568 BGB hingewiesen, der zwei Härteklauseln enthält, die de facto eine eheverlängernde und damit -erhaltende Wirkung haben. Indes liegt hierin keine Ausnahme begründet. Nach § 1568 BGB ist eine Scheidung, obwohl die Ehe gescheitert ist, zwar zu versagen, wenn und solange die Aufrechterhaltung der Ehe im Interesse von minderjährigen Kindern aus besonderen Gründen ausnahmsweise notwendig ist (sog. Kinderschutzklausel, § 1568, 1. Alternative BGB) oder wenn und solange sie für den anderen Ehepartner aufgrund außergewöhnlicher Umstände eine so schwere Härte darstellen würde, dass die Aufrechterhaltung der Ehe auch unter Berücksichtigung der Belange des scheidungswilligen Ehegatten ausnahmsweise geboten erscheint (sog. Härte- oder Ehegattenschutzklausel, § 1568, 2. Variante BGB). Diese Härteklauseln als „Eheschutzklauseln" zu begreifen, wäre jedoch problematisch. Denn sie dienen nicht dazu, die Institution Ehe, sei es aus weltanschaulichen, religiösen oder sonstigen Überlegungen, gegen eine Scheidung zu schützen (vgl. MK-BGB/*Wolf* [4. Aufl.], § 1568 Rdnr. 38; MK-BGB/*Ey* [5. Aufl.], § 1568 Rdnr. 35; Staudinger/*Rauscher*, § 1568 Rdnr. 6 ff.; Erman/*Maier*, § 1568 Rdnr. 1; *Gernhuber/Coester-Waltjen*, Lehrbuch des Familienrechts, § 27 Rdnr. 55 f.). Die prinzipielle wie regelmäßige Auflösbarkeit der Ehe wird durch die Regelung nicht in Frage gestellt; denn wie sich an der Formulierung des Gesetzestextes erkennen lässt, kommen solche Härten nur in ganz extremen Ausnahmesituationen in Betracht. In der Praxis ist die Vorschrift nahezu bedeutungslos (vgl. Staudinger/*Rauscher*, § 1568 Rdnr. 32 ff.; MK-BGB/*Ey* [5. Aufl.], § 1568 Rdnr. 12).

[496] Staudinger/*Rauscher*, Vorbem. zu §§ 1564 ff. Rdnr. 8 ff.; MK-BGB/*Ey* (5. Aufl.), Vor § 1564 Rdnr. 1, 23, und § 1564 Rdnr. 20, 23; *Gernhuber/Coester-Waltjen*, Lehrbuch des Familienrechts, Fami-

ben. Dass es unter Umständen eine moralische Pflicht geben mag, in einer Ehe zu bleiben, steht dem nicht entgegen. Diskutieren ließe sich eine solche Pflicht beispielsweise in dem Sachverhalt, der BGH NStZ-RR 2004, S. 14ff. zugrunde lag: Dort erkrankte der Ehemann an Krebs, wurde mehrfach operiert, erhielt Strahlenbehandlung und schied schließlich aus seinem Beschäftigungsverhältnis aus. Vier Jahre nachdem die Erkrankung aufgetreten war und nach 26 Jahren Ehe, verließ ihn die Ehefrau. Allerdings wäre hier ebenfalls zu überlegen, ob es der Ehefrau – trotz der schwierigen Situation, in der sich der Ehemann (von dem sie später getötet wurde) befand – zumutbar war, weiterhin mit ihm zusammenzuleben. Denn mehrmals warf er Gegenstände nach ihr und demolierte die Wohnung, weshalb man diese Frage kaum wird bejahen können. Eine rechtliche Pflicht, in der Ehe zu bleiben, gab es für die Ehefrau nicht, und zwar auch nicht aus Gründen einer ehelichen Solidarität. Insbesondere lässt sich eine derartige Pflicht nicht auf die Härteklausel des § 1568 BGB stützen[497]. Ob sich darüber hinaus eine entsprechende Pflicht der Frau, die Ehe fortzusetzen, nach rein moralischen Maßstäben begründen ließe (und nach welchen dies der Fall sein

---

lienrechts, § 3. – Eine knappe Darstellung der verschiedenen Eheauffassungen gibt *Radbruch*, Rechtsphilosophie, § 20.

[497] Zu § 1568 BGB bereits soeben in Fn. 495. – Wendet man den Rechtsgedanken des § 1568 BGB an, so ergibt sich im Einzelnen: Der körperlich wie seelisch problematische Zustand, in dem sich der Ehemann befand (Krebs und nachfolgend Depression), könnten grundsätzlich zwar zu außergewöhnlichen Umständen nach § 1568, 2. Fall BGB führen. Jedoch haben selbst gravierende Krankheitsbilder keine absolute Wirkung in dem Sinne, dass bei ihrem Vorliegen § 1568 BGB automatisch gegeben wäre (Erman/*Maier*, § 1568 Rdnr. 15; eingehend Staudinger/*Rauscher*, § 1568 Rdnr. 103 ff.). Ein schweres Krebsleiden könnte einer Scheidung vorzugsweise in einer akuten („dramatischen") Krankheits- oder in der Endphase entgegenstehen (MK-BGB/*Ey* [5. Aufl.], § 1568 Rdnr. 45; Staudinger/*Rauscher*, § 1568 Rdnr. 105; ferner BGH NJW 1985, S. 2531 [2532]). Die Depression des Mannes liefert hingegen grundsätzlich eher keinen hinreichenden Grund für die Annahme der Härteklausel. Der Betroffene habe sich, so wird im Zivilrecht geltend gemacht, in erster Linie selbst zu helfen (etwa durch die Aufnahme einer Therapie; vgl. Staudinger/*Rauscher*, § 1568 Rdnr. 111, 113; MK-BGB/*Ey* [5. Aufl.], § 1568 Rdnr. 46; zudem OLG Hamm NJW-RR 1990, S. 965 f.; OLG Stuttgart NJW-RR 1992, S. 1093). Das mag hart klingen. Zutreffend aber wird auf die Ambivalenz gerade von psychischen Erkrankungen (des Weiteren etwa Suiziddrohungen oder -versuchen, Alkoholismus) hingewiesen (vgl. MK-BGB/*Ey* [5. Aufl.], § 1568 Rdnr. 46 f.): Sie sind nämlich häufig der Grund, warum Ehen scheitern und das Eheleben für den anderen Ehepartner unerträglich wird (so wohl auch im vorliegenden Fall). Da sie die solidarische Grundlage, die für eheliche Verhältnisse kennzeichnend und unerlässlich ist, zerstören (können), strapazierte es das Solidaritätsprinzip arg, mit ihnen andererseits (eben aus Gründen der Solidarität) eine Scheidung zu versagen. Das möglicherweise durch die Depression bedingte aggressive Verhalten des Mannes schlägt demnach als Gegeninteresse der Frau für eine Trennung durch. Nicht weiter von Belang ist die lange Dauer der Ehe (was im Zivilrecht aber teils umstritten ist; siehe MK-BGB/*Ey* [5. Aufl.], § 1568 Rdnr. 41; Staudinger/*Rauscher*, § 1568 Rdnr. 120 f.). – In BGH NStZ-RR 2004, S. 14 (15) spielten derartige Erwägungen keine Rolle. Denn laut Sachverhalt war das Ehepaar bereits acht Monaten geschieden, als der Mann seine Exehefrau und deren neuen Lebensgefährten erschoss.

könnte[498]), ist ebenfalls sehr zweifelhaft, darf hier aber dahingestellt bleiben. Denn die Bewertung einer Tat (oder die Einordnung als Mord oder Totschlag) lässt sich nicht von derartigen Erwägungen abhängig machen.

Nach Auffassung *Müssigs* begründet das Eingehen einer Ehe dagegen grundsätzlich einen besonderen Vertrauenstatbestand, fortan in der Ehe zu bleiben[499]. Die Ehepartner könnten eine „personenbezogene Rollenkonstanz" voneinander erwarten, und der Ausbruch aus der Ehe wird folglich als ein „Rollenbruch" gewertet[500]. Der Ehegatte, der die Trennung begehre, verhalte sich „(selbst-)widersprüchlich"[501]. Sofern daher die Trennung der Grund für die Tötung sei, gelte: „Das Opfer hatte sich unter Umständen auf eine Verbindung beider, seines und des Täters, Organisationskreise eingelassen, die diese, die Verbindung, als eine selbstgesetzte Verantwortungsverteilung erscheinen lassen, so daß ein Rückzug auf ein bloßes Verhältnis der Negativität, die Trennung der Organisationskreise, nunmehr einen Bruch des Rechtsverhältnisses bedeutet."[502] Im Weiteren bildet *Müssig* sodann „zwei Grundmuster der Tatsituationen", die sich bei einer typisierenden Betrachtung ergäben[503]: Erstens: Tötet ein Ehepartner den anderen wegen dieses Rollenbruchs, mithin der Trennung, führe dies für ihn (den Täter) zu einer entlastenden Zurechnungsstruktur, falls er selbst keinen Anlass für die Trennung gegeben habe (etwa durch eine vorausgegangene Verletzung absolut garantierter Rechte des Opfers)[504]. Als Beispiel für eine solche normative Entlastung des Täters führt *Müssig* vor allem die Trennung wegen eines anderen Partners an[505]. Denn: „Es ist [...] das Opfer, das dem Täter den Konflikt aufgezwungen hat, so daß unter diesem Aspekt eine Verantwortungszuschreibung auch zum Opfer berechtigt ist."[506] Und weil (und soweit) der Täter seinerseits nichts zu diesem Trennungskonflikt beigetragen habe, habe er auf die Rollenkonstanz des Opfers vertrauen dürfen. Eine Grenze der Verantwortungszuschreibung zum Opfer zieht *Müssig* in zeitlicher Hinsicht jedoch beim Scheidungsverfahren. Durch dieses vom Recht vorgesehene „konfliktregelnde[ ] Verfahren" werde „die Berufung auf den Konflikt [die Trennung] als aktuellen Tatanlaß normativ abgeschnitten"[507]. Demgegenüber ergibt sich als

[498] Nach bestimmten religiösen Vorstellungen wäre eine solche Pflicht indes unzweifelhaft anzunehmen. So ist einer Mitteilung in der Frankfurter Allgemeinen Zeitung vom 19. 9. 2002 (S. 9) zufolge selbst schwerste Gewalt in einer Ehe für die katholische Kirche kein Annullierungsgrund.

[499] *Müssig*, Mord, S. 325 ff.

[500] *Müssig*, Mord, S. 325 f.

[501] *Müssig*, Mord, S. 326.

[502] *Müssig*, Mord, S. 326.

[503] *Müssig*, Mord, S. 331 ff. (Zitat S. 334).

[504] *Müssig*, Mord, S. 331, 335.

[505] *Müssig*, Mord, S. 335 f.

[506] *Müssig*, Mord, S. 336.

[507] *Müssig*, Mord, S. 336.

zweites Grundmuster eine Trennung, der beispielsweise „regelmäßige tätliche Mißhandlungen" des Opfers vorausgegangen seien, eine Situation, aus der das Opfer sich habe befreien wollen. In diesem Fall sei ein etwaiges Vertrauen des Täters auf Rollenkonstanz des Opfers, mithin auf dessen Verbleiben in der Ehe, nicht mehr berechtigt[508]. Für die Abstufung des Tötungsdelikts zieht *Müssig* hieraus die Konsequenz, dass in der erstgenannten Variante Mord ausscheide, weil aus der partiellen Verantwortung des Opfers eine Minderung des Tatunrechts resultiere; in der zweiten Alternative hingegen könne Mord angenommen werden, da eine entlastende Zurechnungsstruktur für den Täter nicht vorhanden sei[509].

Müssigs Konzeption ist in sich schlüssig, und sie dürfte gleichsam als Schablone vielen BGH-Entscheidungen zu dieser Thematik zugrunde liegen. Da die Begründungen in der Praxis üblicherweise dogmatisch nicht annähernd so vertiefend aufbereitet werden (können), könnte der Ansatz sogar die theoretische Fundierung besorgen. Die Überzeugungskraft der Position hängt jedoch maßgeblich von der Stimmigkeit der Prämissen ab, von denen sie ausgeht, und insofern lassen sich Bedenken geltend machen. Ist es nämlich (wie oben erläutert) zutreffend, dass Trennungen auch in einer Ehe rechtlich (grundsätzlich) jederzeit möglich und zulässig sind, dass sie ferner einseitig und ohne Angabe eines Grundes vorgenommen werden können[510], dass also die „psychischen Dispositionen" eines Ehegatten hierfür genügen, dann lässt sich damit die Ausgangsthese *Müssigs* – mit dem Eingehen einer Ehe werde ein besonderer Vertrauenstatbestand begründet, künftig in der Ehe zu bleiben – kaum vereinbaren. Wo innere Empfindungen und Einstellungen eines Ehepartners, die sich nach außen nicht ohne weiteres manifestiert haben müssen[511], über den Fortgang oder die Auflösung einer Ehe entscheiden, kann ein rollenkonstantes Verhalten auf Fortsetzung der Ehe vom Recht nicht mehr garantiert werden[512]. § 1353 I S. 1 BGB, der das Lebenszeitprinzip für die Ehe formuliert, ändert daran nichts[513].

---

[508] *Müssig*, Mord, S. 335.

[509] *Müssig*, Mord, S. 334 ff.

[510] Hierzu sei nochmals verwiesen auf Staudinger/*Rauscher*, § 1565 Rdnr. 30, 33, 41, 51 f., 55 f., und MK-BGB/*Ey* (5. Aufl.), § 1565 Rdnr. 38 ff., wo es heißt, es reiche aus, wenn der Verlust der ehelichen Gesinnung „auf Laune oder Willkür" beruhe, und ferner sei es „gleichgültig", „ob die Gründe erheblich oder ernstlich" seien oder nicht (ebd., Rdnr. 39).

[511] Dezidiert in diesem Sinne vor allem Staudinger/*Rauscher*, § 1565 Rdnr. 41, 55; anders aber Erman/*Maier*, § 1565 Rdnr. 8; RGRK/*Graßhof*, § 1565 Rdnr. 15; Soergel/*Heintzmann*, § 1565 Rdnr. 19 f. – die zudem auf äußerlich erkennbare, objektive Umstände abstellen.

[512] Bezogen auf die Liebesehe, weitgehend wohl das Ideal in unserer heutigen Gesellschaft, lässt sich das Dilemma – poetisch und mit *Radbruch* gesprochen – auch so beschreiben (Rechtsphilosophie, § 20, S. 249): „Die Erotik, die launenhafteste und eigenwilligste Erscheinung, und das Recht, die rationalste und konsequenteste Ordnung des Menschenlebens, wollen sich nicht wie Stoff und Form ineinanderfügen." – Aufschlussreich in diesem Kontext vor allem *Luhmann*, Liebe als Passion, S. 183 ff.; ferner *v. Matt*, Liebesverrat, S. 67 ff., 271 ff.

[513] Die explizite Erwähnung des Lebenszeitprinzips in § 1353 I S. 1 BGB wurde erst durch das erste Gesetz zur Reform des Ehe- und Familienrechts von 1976 (Gesetz vom 14. 6. 1976,

Denn mit rechtlichen Mitteln lässt sich dieser Grundsatz nicht um- und durchsetzen (§ 120 III FamFG). Vielmehr ist die Aufrechterhaltung einer Ehe gegen den Wunsch eines Ehegatten, wie sich an § 1568 BGB zeigt, lediglich in engbegrenzten Ausnahmefällen gestattet; in aller Regel scheidet sie aus.

Wenig plausibel ist es darüber hinaus, erst das Scheidungsverfahren als gewichtige Zäsur einzuführen, ab der der Trennung als Anlass für die Tötung keine entlastende Wirkung mehr zuerkannt wird[514]. Mit dem Scheidungsverfahren steht zwar, worauf *Müssig* zutreffend hinweist, ein rechtliches Verfahren zur Konfliktregelung zur Verfügung. Allerdings ist eine Scheidung ohne eine vorausgegangene Phase der Zerrüttung, die schließlich zum Scheitern der Ehe führt, nicht denkbar; gleich, wie dieser Prozess im Einzelfall auch verlaufen mag. Die Auflösung der Ehe, die Scheidung, markiert lediglich den Endpunkt dieser Entwicklung. Ist aber die Auflösung der Ehe möglich und erlaubt – zumal ohne dass die Gründe hierfür einer Bewertung unterzogen würden –, leuchtet es nicht ein, den Weg, der dorthin führt, (mittelbar) mit einer strafrechtlichen Belastung für den Ehepartner zu versehen, der die Auflösung der

BGBl. I, S. 1421 ff.) in den Gesetzestext aufgenommen. MK-BGB/*Wacke* (4. Aufl.), § 1353 Rdnr. 10, erwägt, ob man dies als „Indikator einer Verfallserscheinung" auffassen könne: „Sobald etwas bisher Selbstverständliches ausdrücklich normiert wird, läßt sich darauf schließen, daß es im Sozialleben nicht mehr als völlig selbstverständlich betrachtet wird; weil als regelungsbedürftig Erkanntes sich nicht mehr ganz von selbst regelt." Siehe auch MK-BGB/*Ey* (5. Aufl.), Vor § 1564 Rdnr. 24.

[514] Nach *Müssig* ist selbst bei einer gescheiterten Ehe noch ein gemeinsam gestalteter Tatkontext anzuerkennen. Hierzu führt er aus (Mord, S. 336): „Auch gescheiterte Gemeinsamkeit, die zu einer Trennung führt, stellt jedenfalls einen noch gemeinsam gestalteten Tatkontext dar; wenn auch nicht unter dem (‚positiven') Zeichen gelebter Solidarität, sondern unter dem (‚negativen') des Konflikts. Normativ entscheidend ist, daß der solchermaßen gestaltete Tatkontext nicht in die alleinige Verfügbarkeit eines der Beteiligten fällt, im Regelfall also für beide Beteiligte in gewissem Ausmaß je unverfügbar ist; dann aber kann eine alleinige Tatverantwortung nur einer Seite nicht mehr begründet werden. Hinzu kommt, daß die Verarbeitung des mit der Trennung einhergehenden Konflikts nicht einseitig in die Verantwortung nur eines der Beteiligten gestellt werden darf." Dass dem nicht gefolgt werden kann, wird oben im Text noch näher dargelegt. Von diesen Erwägungen abgesehen, ergeben sich noch zwei weitere Bedenken: Zur Begründung einer entlastenden Zurechnungsstruktur für den Täter rekurriert *Müssig* – in Parallele zur Dogmatik des Garantenunterlassens – auf das besondere Vertrauensverhältnis zwischen den Ehegatten (Mord, S. 324 ff., bes. 330 f.). Ob indes bei einer gescheiterten Ehe ein solches qualifiziertes Vertrauensverhältnis noch angenommen werden kann, ist äußerst zweifelhaft und im Ergebnis abzulehnen (vgl. bereits zu A I 2 b in diesem Kapitel). Zweitens und damit zusammenhängend: Vertrauen setzt notwendig einen positiven Tatbestand voraus, kann also nicht als ein Negativum („Konflikt") aufgefasst werden. – Wesentlich müheloser könnte man zu dem von *Müssig* favorisierten Resultat gelangen, wenn man, wie es vor allem von *Jakobs* vertreten wird, ein institutionelles Eheverständnis zugrunde legt (*Jakobs*, Strafrecht AT, 29/58, 63 f.). Denn danach reicht es zur Begründung wechselseitiger Pflichten der Ehepartner aus, dass eine eheliche Lebensgemeinschaft praktiziert werden soll, nicht hingegen ist erforderlich, dass sie tatsächlich praktiziert wird (siehe *Jakobs*, Strafrecht AT, 29/64). Einen solchen Ansatz lehnt *Müssig* jedoch ab (Mord, S. 327 ff., bes. 330).

Ehe erstrebt – indem ihm nämlich eine teilweise Tatverantwortung zugeschrieben wird, falls der andere Ehegatte ihn wegen dieser Trennung oder auch bloß der ernsthaften Äußerung eines Trennungswunsches tötet. Hierdurch wird wiederum nur die Trennung als solche negativ bewertet, eine Wertung, die im Gesetz, im Ehe- und Scheidungsrecht, gerade keinen Rückhalt findet. Auf der anderen Seite ist *Müssigs* Hinweis, das scheidungsrechtliche Zerrüttungsprinzip und die Verantwortungszuschreibungen im Strafrecht deckten sich nicht[515], durchaus zutreffend. So hat die Abschaffung des Verschuldensgrundsatzes und seine Ersetzung durch das Zerrüttungsprinzip im Scheidungsrecht eine Wendung vom Normativen zum Faktischen bewirkt. Denn während die Verschuldensmaxime noch ein genuin normatives Prinzip war – weil Verhalten bewertet wurde –, ist das Zerrüttungsprinzip ganz am Faktum, der Zerrüttung, ausgerichtet[516]. Da ferner der gesetzlich einzig mögliche Scheidungsgrund, das Scheitern der Ehe (§ 1565 I S. 1 BGB), einseitig bestimmbar ist, ist er ebenso wie die Entwicklung dorthin der rechtlichen Bewertung weitgehend entzogen. Insoweit ist das Scheidungsrecht entnormativiert. Dagegen geht es im Strafrecht um „Schuld", mithin um eine personale Verantwortung für die Tat; und diese bemisst sich nicht nach faktischen, sondern nach normativen Zurechnungserwägungen. Wenn *Müssig* daher feststellt, im Strafrecht könne das Vorverhalten einer Person durchaus von Belang sein, wohingegen im zivilrechtlichen Scheidungsverfahren die Genese des Scheiterns einer Ehe in aller Regel nicht von Bedeutung sei[517], lässt sich dem prinzipiell zustimmen. Die entscheidende Frage ist allerdings, welche Umstände aus der Vorgeschichte einer Tat das Strafrecht berücksichtigen darf. Hierbei darf es sich nach hiesiger Ansicht nur um solche handeln, die sich mit spezifisch rechtlichen Kriterien fundieren lassen. Das bedeutet: Allein im Hinausstreben aus einer Ehe oder in einer Trennung lässt sich entgegen der Ansicht *Müssigs* eine entlastende Zurechnungsstruktur für den Täter, den verlassenen Ehegatten, nicht ausmachen.

Etwas anderes gilt auch nicht schon dann, wenn der eine Ehegatte (das spätere Tötungsopfer) den anderen Ehegatten (den Täter) „unvorbereitet und drastisch" mit seinem Trennungswunsch konfrontiert hat, wodurch dieser in seiner Erwartung „abrupt enttäuscht" worden ist[518]. Die negative Bewertung des Opferverhaltens, die hier bereits in der pejorativen Wortwahl anklingt, überzeugt nicht. Zum einen: Eine Trennungsabsicht wird, erstmals geäußert, den anderen Ehegatten vermutlich häufig abrupt und unvorbereitet treffen; und die damit

---

[515] *Müssig*, Mord, S. 335.

[516] Wobei jedoch ein Minimum an Normativem erhalten bleibt: Denn die Gerichte stellen fest (also beurteilen), ob die Ehe gescheitert ist (siehe aber auch die Bemerkungen oben Fn. 489).

[517] *Müssig*, Mord, S. 335.

[518] *Müssig*, Mord, S. 334 f.

verbundenen Auswirkungen, insbesondere die psychischen Belastungen, werden umso drastischer für ihn sein, je höher der Stellenwert ist, den er der Ehe beziehungsweise dem Ehepartner für sein eigenes Leben eingeräumt hat. In Fällen, in denen es wegen einer Trennung zur Tötung des Ehepartners kommt, dürfte dieser Stellenwert stets ein extrem hoher sein, denn ansonsten wäre es zur Tötung nicht gekommen. Zu einer plausiblen Differenzierung können diese Attribute also bereits aus tatsächlichen Gründen nichts beitragen. Zum anderen ist einzuwenden: Das Gesetz kennt keine „falsche" oder „richtige" Art, sich zu trennen oder dem Ehepartner den Trennungswunsch zu offenbaren. Eine normative Abstufung, die sich hierauf stützte (und die *Müssig* möglicherweise vorschwebt), ist – abgesehen von den schon erwähnten Einwänden – für ein Rechtssystem zu anspruchsvoll (anders als unter Umständen für ein Moralsystem). Denn sie setzt rhetorische Fähigkeiten und Geschicklichkeiten sowie emotionale Kompetenzen in der Gestaltung zwischenmenschlicher Beziehungen in einem Maße voraus, wie sie schlechterdings nicht allgemein erwarten werden können. Demgegenüber bleibt festzuhalten: Das Gesetz mutet jedem Ehepartner zu, mit einer Trennung – gleich, ob er zu dieser einen nachvollziehbaren Beitrag geleistet hat oder nicht – fertigzuwerden[519]. Dabei wird durchaus nicht übersehen, dass Trennungen für den betroffenen, verlassenen Ehepartner sehr wohl eine enorme Erschütterung seines Lebens und die Zerstörung einer privaten Lebenswelt bedeuten können und oftmals sicher auch bedeuten werden. Es handelt sich hierbei aber zunächst um eine ausschließlich individuelle Perspektive, also um ein individuelles Betroffensein. Nicht schon liegt hierin zugleich ein Grund, die Tatverantwortung, die nach objektiven und rechtlichen Zurechnungskriterien zu bestimmen ist, partiell dem anderen Ehepartner zuzuweisen. Eine Grenze ist erst da zu ziehen, wo das Tötungsopfer (also der Ehepartner, der die Trennung begehrt) dem anderen über die bloße Trennung hinaus Rechtsverletzungen zugefügt hat. Zu denken ist vorzugsweise an Beleidigungen, Körperverletzungen oder Nötigungen im Kontext einer Trennung. Insoweit lässt sich dann eine Mitverantwortung des Opfers am Tatgeschehen begründen, aus der wiederum eine Minderung des Tötungsunrechts resultiert. Richtig besehen, geht es hierbei nicht um eine Besonderheit, die sich aus dem Eheverhältnis ergibt; sondern es geht lediglich um allgemeine Zurechnungserwägungen. Zu verweisen ist daher auf die vorangegangenen Ausführungen im Abschnitt b. Die Institution Ehe als solche dagegen vermag in der modernen Gesellschaft ebenso wie nach dem geltenden Rechtssystem Dauerhaftigkeit oder auch ein besonderes Vertrauen in ihren dauerhaften Bestand nicht mehr zu verbürgen; obgleich diese Institution von ihrer Grundidee her nach wie vor darauf angelegt sein mag.

---

[519] Vgl. auch Staudinger/*Rauscher*, § 1568 Rdnr. 88, 91; MK-BGB/*Wolf* (4. Aufl.), § 1568 Rdnr. 53, 65; MK-BGB/*Ey* (5. Aufl.), § 1568 Rdnr. 62.

Weiterhin bleibt zu klären, ob es innerhalb der Ehe eine rechtlich abgesicherte Pflicht zur ehelichen Treue gibt, ob also ein entsprechender Vertrauenstatbestand zwischen den Ehegatten existiert und – dies entscheidend – rechtlichen Schutz genießt. Zieht man wiederum das Zivilrecht heran und leitet aus ihm, dem Eherecht, die maßgeblichen normativen Wertungen ab, ergibt sich: Die eheliche Treuepflicht wird dort als eine fundamentale eheliche Pflicht angesehen (und gilt selbstverständlich für beide Ehegatten gleichermaßen)[520]. Ausdrücklich wird sie im Gesetz zwar nicht erwähnt; sie wird jedoch aus der Generalklausel des § 1353 I S. 2 BGB[521], der die Ehegatten zur ehelichen Lebensgemeinschaft verpflichtet, hergeleitet. Nach der im Zivilrecht ganz herrschenden Auffassung soll diese Pflicht unabdingbar sein[522], wohingegen manche Autoren abweichende Vereinbarungen der Ehegatten für möglich halten[523]. Wie streng die eheliche Treuepflicht generell gesehen wird, zeigt sich nicht zuletzt daran, dass es für eine Pflichtverletzung schon genügen soll, wenn ein Ehepartner auch nur den Anschein einer ehewidrigen Beziehung erweckt[524]. So groß allerdings das Einvernehmen ist, mit dem die Bedeutsamkeit der ehelichen Treuepflicht dargetan wird, so gering sind auf der anderen Seite die rechtlichen Auswirkungen, die eine Verletzung der Treuepflicht nach sich zieht. Es sind nämlich

---

520 Soergel/*Lange*, § 1353 Rdnr. 12; Bamberger/Roth/*Hahn*, § 1353 Rdnr. 9; RGRK/*Roth-Stielow*, § 1353 Rdnr. 15; Staudinger/*Voppel*, § 1353 Rdnr. 25, 29; MK-BGB/*Wacke* (4. Aufl.), § 1353 Rdnr. 30; MK-BGB/*Roth* (5. Aufl.), § 1353 Rdnr. 40.

521 Die Bedeutung des § 1353 I S. 2 BGB für das Eherecht lässt sich vergleichen mit der des § 242 BGB für das Schuldrecht (siehe Staudinger/*Voppel*, § 1353 Rdnr. 18; MK-BGB/*Wacke* [4. Aufl.], § 1353 Rdnr. 12; Bamberger/Roth/*Hahn*, § 1353 Rdnr. 2).

522 Soergel/*Lange*, § 1353 Rdnr. 12 („unabdingbare[r] Wesensgehalt der Ehe"); MK-BGB/*Wacke* (4. Aufl.), § 1353 Rdnr. 30 („unverzichtbares Element unseres Prinzips der Einehe"); Staudinger/*Voppel*, § 1353 Rdnr. 25 („absolut zwingend[ ]"), 29 („Wesensmerkmal der bürgerlichen Ehe"); Bamberger/Roth/*Hahn*, § 1353 Rdnr. 9; *Gernhuber/Coester-Waltjen*, Lehrbuch des Familienrechts, § 17 Rdnr. 7 („absoluter Kern" der Ehe), § 18 Rdnr. 47.

523 Siehe *Streck*, Generalklausel, S. 86 f.; Staudinger/*Rauscher*, § 1565 Rdnr. 29, 46, 75; Bamberger/Roth/*Neumann*, § 1565 Rdnr. 27; Soergel/*Heitzmann*, § 1565 Rdnr. 31; *Pawlowski*, Coing-FS, S. 637 (654); MK-BGB/*Roth* (5. Aufl.), § 1353 Rdnr. 40; unklar MK-BGB/*Wolf* (4. Aufl.), § 1565 Rdnr. 25, 104, 107: Einerseits wird von der „Rechtspflicht zur ehelichen Treue" und der „Unwirksamkeit eines Verzichts darauf" gesprochen; andererseits soll es zu beachten (und damit rechtlich von Bedeutung) sein, ob „in einer Ehe einverständlich der Geschlechtsverkehr mit Dritten toleriert" wird (a.a.O., Rdnr. 107).

524 Bamberger/Roth/*Hahn*, § 1353 Rdnr. 9; MK-BGB/*Roth* (5. Aufl.), § 1353 Rdnr. 40; *Gernhuber/Coester-Waltjen*, Lehrbuch des Familienrechts, § 17 Rdnr. 7 („jedes geschlechtsbetonte Verhältnis ist ein Eingriff, ebenso jedes Verhalten, das den ‚bösen Schein' eines geschlechtsbetonten Verhältnisses hervorruft"); zurückhaltender Staudinger/*Voppel*, § 1353 Rdnr. 32. – Siehe in diesem Zusammenhang – und aus der Sicht des Strafrechts – auch RG HRR 1940, Nr. 642, wo das Reichsgericht feststellt, es reiche aus, „daß der Angekl. an ehewidrige Beziehungen seiner Ehefrau zu dem M. geglaubt hat"; denn das, so das Reichsgericht weiter, „würde eine schwere Beleidigung nach § 213 StGB bedeuten".

regelmäßig keine[525]. Denn weder ist die Pflicht zur ehelichen Treue zwangsweise durchsetzbar[526], noch wird (allein) bei ihrer Verletzung Schadensersatz nach § 823 I BGB oder § 826 BGB gewährt[527]. Desgleichen erlangt der Verstoß gegen die Treuepflicht im Falle einer Scheidung (grundsätzlich) keine Bedeutung[528]. Der vormals geltende § 42 des Ehegesetzes führte den Ehebruch zwar noch als Scheidungsgrund auf; die Vorschrift ist jedoch 1977 im Zuge der Ablösung des Verschuldens- durch das Zerrüttungsprinzip gestrichen worden[529]. Dieses Resultat – einerseits die Treuepflicht zur zentralen, sogar unabdingbaren Ehepflicht zu erheben, andererseits den Verstoß gegen diese elementare Pflicht ohne eine (nennenswerte) rechtliche Reaktion zu lassen[530] – dürfte nicht nur den ju-

---

[525] Ein Verstoß gegen die eheliche Treuepflicht kann – falls weitere Umstände hinzutreten – eine „unzumutbare Härte" nach § 1565 II BGB darstellen und die Scheidung vor Ablauf eines Trennungsjahres ermöglichen (siehe MK-BGB/*Ey* [5. Aufl.], § 1565 Rdnr. 110ff.; Bamberger/Roth/*Neumann*, § 1565 Rdnr. 27; Erman/*Maier*, § 1565 Rdnr. 13; RGRK/*Graßhof*, § 1565 Rdnr. 87; hingegen bereits dem Ehebruch als solchem eine größere Bedeutung zumessend Staudinger/*Rauscher*, § 1565 Rdnr. 170ff.).

[526] Eine Klage auf Unterlassung des Ehebruchs – Anspruchsgrundlage wäre wohl § 1004 BGB in entsprechender Anwendung – ist nicht vollstreckbar (siehe im Einzelnen MK-BGB/*Wacke* (4. Aufl.), § 1353 Rdnr. 42; Erman/*Gamillscheg*, § 1353 Rdnr. 22; *Gernhuber/Coester-Waltjen*, Lehrbuch des Familienrechts, § 17 Rdnr. 13ff.; Bamberger/Roth/*Hahn*, § 1353 Rdnr. 36f.). – Von einer solchen, auf die bloße Unterlassung des Ehebruchs beschränkten Klage wäre eine Klage zu unterscheiden, die dem Schutz des räumlich-gegenständlichen Ehebereichs dient (also etwa wenn der oder die Geliebte sich in der Ehewohnung oder im Haus aufhalten); eine solche Klage ist vollstreckbar (Bamberger/Roth/*Hahn*, § 1353 Rdnr. 37; MK-BGB/*Roth* [5. Aufl.], § 1353 Rdnr. 53; Erman/*Gamillscheg*, § 1353 Rdnr. 25ff.; *Gernhuber/Coester-Waltjen*, Lehrbuch des Familienrechts, § 17 Rdnr. 13ff.).

[527] Ein Anspruch nach § 823 I BGB wäre – ein Schaden vorausgesetzt – denkbar gegen den Ehestörer, der das „absolute" Recht auf Ungestörtheit der geschlechtlichen Beziehung in der Ehe verletzt (also Verletzung eines „sonstigen Rechts" nach § 823 I BGB), oder ein Anspruch nach § 826 BGB gegen den untreuen Ehegatten, der gegen seine Rechtspflicht auf Einhaltung der ehelichen Treue verstößt. Grundsätzlich ablehnend insbesondere die Rechtsprechung: BGHZ 23, 215 (216ff.); ebd., 279ff; BGHZ 26, 217ff.; BGHZ 48, 82 (85); BGHZ 57, 229 (231ff.). Teils kritisch dazu die Literatur, die Schadensersatzansprüche (zwar nicht generell, aber dann) befürwortet, wenn diese aus der Abwicklung der Ehe entstehen (sogenanntes Abwicklungsinteresse) – siehe *Gernhuber/Coester-Waltjen*, Lehrbuch des Familienrechts, § 17 Rdnr. 22ff.; MK-BGB/*Roth* (5. Aufl.), § 1353 Rdnr. 50f.; ferner Bamberger/Roth/*Hahn*, § 1353 Rdnr. 41f.

[528] Vgl. soeben Fn. 525.

[529] Gesetz vom 14. 6. 1976 (BGBl. I, S. 1421ff.).

[530] Beiläufig: Soergel/*Lange* rechnet die eheliche Treuepflicht zum „unabdingbaren Wesensgehalt der Ehe", gesteht dem betrogenen Ehegatten aber kein Notwehrrecht zu – mit der Bemerkung: „persönlich-sittliche Werte widerstreben dem gewaltsamen Schutz" (§ 1353 Rdnr. 12). Diese Ansicht ist inkonsequent: Verletzt der Ehebruch ein absolutes Recht („Ausschließlichkeit der Geschlechtsgemeinschaft"), leuchtet es nicht ein, Notwehr gegen diese Rechtsverletzung zu versagen (sofern auch die übrigen Voraussetzungen erfüllt sind, wie Gegenwärtigkeit des Angriffs und so fort). – Notwehr konsequenterweise bejahend hingegen RGRK/*Roth-Stielow*, Vor § 1353 Rdnr. 19 – allerdings für einen Fall, in dem zugleich das Rechtsgut des räumlich-gegenständlichen Bereichs der Ehe verletzt ist. – Soweit im Strafrecht dargelegt wird, die Ehe sei ein notwehrfähiges Gut, könne aber nicht gegen den Willen eines Partners geschützt werden (so *Jakobs*, Strafrecht AT, 12/3), schlösse dies eine Notwehr bei

ristischen Laien erstaunen. Denn ungeachtet der im Einzelnen plausiblen Gründe, die es für die jeweiligen Ergebnisse gibt – etwa die Nichterzwingbarkeit der ehelichen Treue als Folge der Nichterzwingbarkeit derart persönlicher Pflichten[531] oder die Versagung eines Anspruchs auf Schadensersatz, die in Einklang steht mit der Abschaffung des Verschuldensgrundsatzes[532] –, verwundert es doch, dass etwas mit so viel Vehemenz und Entschiedenheit eingefordert wird, was sich einer rechtlichen Durchsetzung (oder auch nur irgendwelchen rechtlichen Konsequenzen) offenbar entzieht. Mehr noch stehen die rechtlichen Nicht-Wirkungen in einem geradezu auffallenden Missverhältnis zur Emphase, mit der die Pflicht geltend gemacht wird. Hierdurch gewinnt die Deklarierung der ehelichen Treuepflicht zur unabdingbaren Rechtspflicht eher den Charakter einer Beschwörungsformel; zuletzt scheint sie kaum mehr zu sein als ein bloßes Lippenbekenntnis, das einer idealisierten Vorstellung von Ehe anhängt.

Problematisch erscheint bei einem derartigen Befund vor allem, ob sich treffend überhaupt noch von einer Rechtspflicht sprechen lässt. Zweifel daran ergeben sich aus rechts- oder normtheoretischen Erwägungen. So braucht es, um rechtliche Normen und somit auch rechtliche Pflichten wirksam zu etablieren, bei einem Verstoß gegen sie irgendeine spezifisch rechtliche Reaktion[533]. Bleibt eine solche aus, dann lässt sich der rechtliche Bestand der Pflicht nicht (mehr) garantieren. Um den rechtlichen Bestand einer Norm oder Pflicht zu sichern, ist jedenfalls die bloße Behauptung, es handele sich um eine (zwingende) Rechtspflicht, nicht hinreichend, sofern im Falle einer Verletzung der Pflicht keine spezifisch rechtliche Reaktion (er-)folgt[534]. Wie eine solche Reaktion im Einzelfall auszusehen hat, ist dabei durchaus offen und a priori nicht festgelegt. Bleibt eine rechtliche Missbilligung jedoch generell aus, kann es sich bei der sogenannten Rechtspflicht nur noch um einen moralischen Appell handeln[535]. Ob man trotzdem weiter von einer Rechtspflicht spricht oder nicht, ist gleichgültig; in

---

(vorsätzlicher) Verletzung der ehelichen Treuepflicht zwar aus. Indes hilft auch diese Ansicht nicht weiter: Denn ist die eheliche Treuepflicht, wie im Zivilrecht dargetan wird, eine unabdingbare Ehepflicht, ist kein Ehepartner befugt, über dieses Recht zu verfügen.

[531] *Schwab*, Familienrecht, § 24 Rdnr. 137.

[532] *Schwab*, Familienrecht, § 24 Rdnr. 145, 151.

[533] Vgl. *Kelsen*, Rechtslehre, S. 34 ff., 51 ff., 120 ff.

[534] Hierzu sei auf die Erläuterungen *Merkels* zur Geltung von Verbotsnormen – im Zusammenhang mit § 218a I StGB – verwiesen (NK/*Merkel*, § 218a Rdnr. 61): „[…] eine Verbotsnorm gilt nur dann, wenn ihr rechtlicher Bestand auch und gerade für den Fall ihres Bruchs vom Recht garantiert wird. Denn darin allein liegt ihr Sinn: diesen Bruch entweder zu verhindern oder sich, falls das mißlingt, als Norm kontrafaktisch gegen ihn zu behaupten, ihn auch ex post als Normbruch zu kennzeichnen. Das kann sie nur, wenn sie nach dem normverletzenden Handeln, d. h. nachdem ihr Verhaltensappell ohne Wirkung geblieben ist, ihre Geltung gleichwohl sichert – mittels einer Reaktion (Sanktion), die selbstverständlich nicht Strafe zu sein braucht, aber jedenfalls mehr sein muß als bloß verbale protestatio facto contraria.“

[535] NK/*Merkel*, § 218a Rdnr. 61 f.; ausführlicher *ders.*, Embryo, S. 77 ff.

der Sache ändert sich dadurch nichts[536]. Man sollte sich im Übrigen keinen Illusionen hingeben. Das Liebes- und Eheleben ist in der modernen Gesellschaft geprägt von Ausdifferenzierung und Autonomisierung[537]. Eine unabdingbare Pflicht zur ehelichen Treue lässt sich in einer solchen Gesellschaft in allgemeingültiger und rechtlich verbindlicher Weise nicht mehr etablieren und vermitteln.

Der Verstoß gegen eine eheliche Treuepflicht, nach allem einzustufen als Moralwidrigkeit, darf deshalb bei der rechtlichen Beurteilung des Falles keine Bedeutung erlangen. Insbesondere scheidet daher eine Unrechtsminderung aus, sofern ein Ehegatte den anderen tötet, weil er sich eine solche (moralische) Verfehlung zuschulden kommen ließ. Zu einem anderen Ergebnis kommt man auch dann nicht, wenn man den Gedanken der Ehe als Institution in den Vordergrund rückt[538]. So besagt der Begriff „Institution" für sich genommen wenig. Vor allem lassen sich aus ihm nicht schon konkrete Aussagen über Inhalt und Ausgestaltung der jeweiligen Institution ableiten. Ebenso wenig lassen sich aus ihm konkrete Pflichten oder sonstige verbindliche Verhaltensregeln schlichtweg deduzieren[539]. Nimmt man ferner den Terminus „Vertrauen" hinzu – also Ehe als institutionalisierte Vertrauensbeziehung oder (auch ohne die „Institution") Ehe als besonderes Vertrauensverhältnis –, gilt das nicht minder. Zwar dürfte das Eheverhältnis normaler- wie idealerweise wie kaum ein anderes zwischenmenschliches Verhältnis grundlegend von gegenseitigem Vertrauen geprägt sein[540]. Viele, vermutlich sogar die meisten Ehepaare werden sich (anfangs) gegenseitige Treue versprechen und, jedenfalls tatsächlich, auf die Einhaltung dieses Versprechens auch vertrauen. Für die rechtliche Bewertung ist aber nicht so sehr oder nur maßgebend, ob und inwieweit jemand tatsächlich auf etwas vertraut hat oder nicht. Vielmehr kommt es darauf an, ob sein Vertrauen berechtigt war, und das heißt: ob es vom Recht geschützt und anerkannt wird. Die Antwort auf diese Frage führt – auch oder gerade wenn man einen institutionellen Ansatz zugrunde legt – wieder zurück zum Zivilrecht und dessen normativen Vorgaben; sie entspricht daher dem soeben Dargelegten. Denn entscheidend ist hierfür, wie die Institution Ehe von der Rechtsordnung ausgestaltet ist. Da im Zivilrecht die Pflicht zur ehelichen Treue als eine rechtlich verbindliche nicht mehr garantiert wird, genießt ein entsprechendes Vertrauen keinen rechtlichen Schutz mehr.

---

[536] Dagegen reichte es, um die Geltung rechtlicher Normen oder Pflichten in Frage zu stellen, nicht schon hin, wenn entweder häufig gegen die Norm verstoßen wird oder wenn Verstöße gegen die Norm nur selten sanktioniert werden; zum Ganzen *Kelsen*, Rechtslehre, S. 9ff.; *Alexy*, Begriff und Geltung, S. 147f.,151ff.

[537] *Luhmann*, Liebe als Passion, S. 197ff. Siehe auch die Ausführungen bei MK-BGB/*Roth* (5. Aufl.), § 1353 Rdnr. 1ff., 5ff.

[538] *Jakobs*, Strafrecht AT, 29/58, 63.

[539] MK-BGB/*Wacke* (4. Aufl.), § 1353 Rdnr. 1f.; vgl. auch *Jakobs*, Strafrecht AT, 29/58.

[540] Hierzu bereits in diesem Kapitel zu A I 2 b.

Schwerlich vertreten ließe es sich schließlich zu sagen, das Vertrauen auf eheliche Treue werde zwar nicht im Privatrecht, aber im Strafrecht rechtswirksam geschützt. Vor allem zwei Argumente sind hiergegen vorzubringen: Zum einen ergeben sich Vorbehalte insofern, als hiermit eine Pflicht im Strafrecht relevant würde, die im Zivilrecht, zumal im dafür maßgeblichen und einschlägigen Rechtsgebiet, dem Eherecht, keinen hinreichenden Schutz genießt[541]. Das gilt umso mehr, als der Rechtsbegriff im Strafrecht enger ist als im Zivilrecht und die Anforderungen (prinzipiell) höher sind[542]. Selbst wenn man eine andere Meinung verträte und auf dem Rechtscharakter der ehelichen Treuepflicht beharrte, müsste man doch immerhin einräumen, dass die eheliche Treuepflicht im Zivilrecht jedenfalls auf denkbar schwachen Füßen steht. Zweitens: Dass die nötige Missbilligung des Verhaltens durch das Strafrecht gewährleistet werde, überzeugt – abgesehen von dem soeben genannten – auch aus einem weiteren Grund nicht: Bis 1969 gab es im Strafrecht mit § 172 StGB a. F. eine Vorschrift, die den Ehebruch pönalisierte, falls es deswegen zu einer Scheidung kam[543]. Die Streichung dieser Norm, die vordem nicht nur seit längerem arg umstritten, sondern zudem ohne praktische Bedeutung war[544], wird man wohl auch als Zeichen sehen dürfen, ehebrecherisches Verhalten künftig der strafrechtlichen Bewertung zu entziehen. Ist dies so, dann implizierte es einen Widerspruch, die Verletzung der ehelichen Treuepflicht trotz Fortfalls des § 172 StGB a. F. weiter negativ zu bewerten; etwa indem man sie dazu heranzöge, im Rahmen der Tötungsdelikte eine Minderung des Unrechts zu fundieren.

Zusammenfassend bleibt festzuhalten: Werden Tötungsdelikte im Kontext einer Trennung oder eines Treuebruchs innerhalb der Ehe begangen, lässt sich eine Minderung des Unrechts darauf (allein) nicht stützen. Da sich Trennung und Treuebruch schon im Eheverhältnis nicht als Verletzungen einer rechtlichen Pflicht ausweisen lassen, scheidet eine Unrechtsminderung aus diesen Gründen bei nichtehelichen Lebensgemeinschaften ebenfalls aus. Die Vereinbarung von Ehepaaren oder von Lebenspartnern, sich gegenseitig treu zu sein oder – wohl vornehmlich bei Ehepaaren bedeutsam – bis ans Lebensende zusammenzubleiben, begründet eine wechselseitige moralische Verpflichtung der (Ehe-)Partner. Rechtlich hinreichend abgesichert sind beide Pflichten nicht

---

541 Vgl. in diesem Zusammenhang *Roxin*, Strafrecht AT I, § 14 Rdnr. 30 ff.

542 Ausführlicher *Grünewald*, Garantenpflichten, S. 65 ff.

543 § 172 StGB a. F. lautete in seinem Absatz 1: „Der Ehebruch wird, wenn wegen desselben die Ehe geschieden ist, an dem schuldigen Ehegatten sowie dessen Mitschuldigen mit Gefängnis bis zu sechs Monaten bestraft." Gestrichen wurde die Vorschrift durch Gesetz vom 25. 6. 1969 (BGBl. I, S. 645).

544 Vgl. *Sch/Sch* [14. Aufl.], § 172 Rdnr. 1; *W. Mittermaier*, in: Vergleichende Darstellung, S. 1 [99 ff.]). – Im Entwurf 1962 wurde dagegen vorgeschlagen, die Strafbarkeit des Ehebruchs beizubehalten, weil von ihr eine „sittenprägende und sittenerhaltende Wirkung" ausgehe und ein Wegfallen der Vorschrift in einer Zeit, in der hier ohnehin eine „Lockerung der Auffassungen" zu verzeichnen sei, als ein falsches Signal verstanden werden könnte (S. 348).

(mehr). Der maßgebliche Grund hierfür liegt in einem strikt personalen, weitestgehend an der individuellen Freiheit der einzelnen Ehegatten ausgerichteten Ehebegriff[545]. Schlagwortartig lässt sich das so benennen: „Freiheit und Institution fallen zusammen."[546] Wie ein institutioneller Ehebegriff mit einem solchen Verständnis noch vereinbart werden könnte, ist – denkt man diesen Ansatz konsequent zu Ende – zuletzt kaum zu sehen[547]. Man mag daher den Kern des Problems – falls man überhaupt gewillt ist, hierin ein Problem zu erkennen – in der weitestgehenden „Freigabe von Intimbeziehungen [hier: der Ehe] zu eigener, persönlicher Gestaltung" sehen[548]. Die Ehe wird „zur quasi-autonomen Verfügung" freigestellt, „was nicht ohne Folgen bleiben kann". Denn: „Eine derart autonomisierte Ehe bietet keinen ausreichenden Schutz gegen die Hauptgefahr intimer Beziehungen: ihre Instabilität."[549] – Es ist hier nicht der Ort, das zu vertiefen.

d) Der temporäre Aspekt bei der Annahme einer Unrechtsminderung

Eine weitere Frage, die sich im Zusammenhang mit der Annahme von Unrechtsminderungen stellt und die bislang außer Acht gelassen wurde, ist die Frage nach der zeitlichen Dimension: Innerhalb welches Zeitraums lässt sich eine Minderung des Unrechts annehmen? Es ist offensichtlich, dass eine Verringerung des Unrechts nicht auf jede Rechtsverletzung sozusagen ad infinitum gestützt werden kann, die das Tötungsopfer dem Täter in der Vergangenheit einmal zugefügt hat. Einen zeitlichen Rahmen gibt auch § 213, 1. Variante StGB für den privilegierten Totschlag (oder einen minder schweren Fall des Totschlags) vor. Notwendig ist es hiernach, dass der Täter durch die vorangegangene Rechtsverletzung („Misshandlung oder schwere Beleidigung") „auf der Stelle zur Tat hingerissen" wurde. Nach ganz überwiegender Ansicht kommt es dafür nicht so sehr auf einen engen räumlich-zeitlichen Zusammenhang zwischen vorausgegangener Rechtsverletzung und Tötung an, weshalb ein zeitlicher Abstand von mehreren Stunden der Anwendung der Vorschrift nicht schon entgegensteht[550]. Maßgebend soll vielmehr sein, ob die Provokation ein

---

[545] Vgl. auch Staudinger/*Rauscher*, Vorbem. zu §§ 1564 ff. Rdnr. 4 ff.

[546] *Luhmann*, Liebe als Passion, S. 189.

[547] Siehe dazu *Gernhuber/Coester-Waltjen*, Lehrbuch des Familienrechts, § 27 Rdnr. 2 ff.; zurückhaltend auch *Jakobs*, Zurechnung, S. 34.

[548] *Luhmann*, Liebe als Passion, S. 199.

[549] *Luhmann*, Liebe als Passion, S. 199.

[550] Sch/Sch-*Eser*, § 213 Rdnr. 9; *Eser*, Middendorff-FS, S. 65 (74); SK/*Horn*, § 213 Rdnr. 9; LK/*Jähnke*, § 213 Rdnr. 12; NK/*Neumann*, § 213 Rdnr. 13; *Lackner/Kühl*, § 213 Rdnr. 6; *Fischer*, § 213 Rdnr. 9a; *Otto*, Strafrecht BT, § 5 Rdnr. 8; *Gössel/Dölling*, Strafrecht BT 1, § 3 Rdnr. 17; *Deckers*, Rieß-FS, S. 651 (657); aus der Rechtsprechung: BGH MDR 1975, S. 542; BGH StV 1981, S. 234; BGH NStZ 1984, S. 216; ferner BGH MDR 1988, S. 1002; BGH NStE § 213 Nr. 20.

entscheidendes[551] oder doch jedenfalls ein nicht ganz untergeordnetes[552] Motiv für die anschließende Tötung war. Das bedeutet, es braucht einen „motivationspsychologischen Zusammenhang“[553]. Zugleich ist ein Bezug zum Affekt (und somit einer Schuldkomponente) herzustellen. Denn es ist der Zorn des Täters, ausgelöst durch die vorausgegangene Rechtsverletzung, der zur Tötung motivieren muss (siehe § 213, 1. Fall StGB, „[...] zum Zorn gereizt und hierdurch [...]“). Der Zornaffekt muss eine „tathinführende[ ] Willensbildung“ veranlassen[554]. Obzwar das Gesetz von „Zorn“ spricht, ist anerkannt, dass „alle blickverengenden und hemmungsreduzierenden ‚sthenischen‘ Affekte in Frage kommen“[555], mithin jede „zornnahe heftige Gemütsbewegung“ unterhalb der Schwelle des § 21 StGB, wie etwa Wut oder Empörung[556]. Darüber hinaus wird sogar „jede heftige Gemütsbewegung“ für ausreichend erachtet[557]. So gesehen, käme es, ganz subjektivistisch, ausschließlich auf den Motivationszusammenhang an und damit auf das Innere des Täters (welches Motiv hat ihn zur Tat gebracht?) – neben der vorausgegangenen Rechtsverletzung, die objektiv vorliegen muss. Dem Wortlaut der Vorschrift entspricht eine solche Deutung, streng durchgehalten wird sie nicht. Käme es nämlich nur auf den „motivationspsychologischen Zusammenhang“ an, dann lägen die Voraussetzungen auch bei einer „persönlichkeitsbedingte[n] Überreaktionen“[558] des Täters, einer „subjektiv übersteigerte[n] Reizbarkeit“[559], vor. Indes werden derartige Überreaktionen unstrittig von der privilegierenden Wirkung (jedenfalls der 1. Alternative des § 213 StGB) ausgenommen[560], und die „motivationspsychologische“ Betrachtung wird pragmatisch durch eine normative ergänzt[561]. Hierin zeigt sich die eingangs geschilderte Kombination einer psychologischen Betrachtung

---

[551] In diesem Sinne *Eser*, Middendorff-FS, S. 65 (74); Sch/Sch-*Eser*, § 213 Rdnr. 10; SK/*Horn*, § 213 Rdnr. 8a; LK/*Jähnke*, § 213 Rdnr. 11; *Geilen*, JR 1978, S. 341 (342); *H. Schneider*, in: Tötungsdelikte – mediale Wahrnehmung, S. 203 (214f.); *ders.*, NStZ 2001, S. 455 (457f.), sowie MK/*ders.*, § 213 Rdnr. 29ff.

[552] So NK/*Neumann*, § 213 Rdnr. 12; *Otto*, Strafrecht BT, § 5 Rdnr. 9; *Wessels/Hettinger*, Strafrecht BT/1, § 2 Rdnr. 173; *Fischer*, § 213 Rdnr. 9; *Lackner/Kühl*, § 213 Rdnr. 6; BGH JZ 1977, S. 610; BGH StV 1983, S. 60 (61) und S. 198 (199).

[553] So die allgemeine Ansicht; vgl. *Fischer*, § 213 Rdnr. 9; *Lackner/Kühl*, § 213 Rdnr. 6; SK/*Horn*, § 213 Rdnr. 9; NK/*Neumann*, § 213 Rdnr. 13; Sch/Sch-*Eser*, § 213 Rdnr. 9; *Eser*, Middendorff-FS, S. 65 (74); LK/*Jähnke*, § 213 Rdnr. 11f.; *Gössel/Dölling*, Strafrecht BT, § 3 Rdnr. 17; *Deckers*, Rieß-FS, S. 651 (657); BGH NStZ 1995, S. 83; BGH NStZ-RR 2000, S. 80.

[554] *H. Schneider*, in: Tötungsdelikte – mediale Wahrnehmung, S. 203 (214).

[555] *Eser*, Middendorff-FS, S. 65 (73).

[556] *H. Schneider*, in: Tötungsdelikte – mediale Wahrnehmung, S. 203 (213); *ders.*, NStZ 2001, S. 455 (457); NK/*Neumann*, § 213 Rdnr. 12.

[557] Vgl. *Eser*, Middendorff-FS, S. 65 (73).

[558] Sch/Sch-*Eser*, § 213 Rdnr. 8.

[559] *Geilen*, Dreher-FS, S. 357 (376); *Gössel/Dölling*, Strafrecht BT 1, § 3 Rdnr. 20.

[560] Sch/Sch-*Eser*, § 213 Rdnr. 8; *Eser*, Middendorff-FS, S. 65 (73f.); *Gössel/Dölling*, Strafrecht BT 1, § 3 Rdnr. 20; *Geilen*, Dreher-FS, S. 357 (376); *ders.*, JR 1978, S. 341 (342ff.).

[561] Anders jedoch LK/*Jähnke*, § 213 Rdnr. 11: „Eine normative Bewertung [...] findet nach dem Gesetz nicht statt.“ Konsequenterweise kommt es dann für die „tatauslösende[ ] Ur-

(Eruierung der Tatmotive) mit einer sozialethischen Bewertung dieser Motive[562]. Paradigmatisch lässt sich auf die Erläuterungen von *Eser* verweisen: Ein „dem § 21 StGB vorgelagerter (psychiatrischer) Affekt [ist] jedenfalls notwendige Bedingung für die Strafmilderung; der hinreichende Grund dürfte aber vor allem in der objektiv einfühlbaren Entstehungsursache zu suchen sein"[563]. Soweit in der Literatur diese herrschende Sichtweise gerügt wird, betrifft dies gewissermaßen bloß die Peripherie oder, anders gesagt, einen quantitativen Aspekt: nämlich die zu generöse Handhabung dieser Norm[564]. Dagegen wäre grundsätzlicher anzusetzen: Die Motivbetrachtung oder -erforschung, die hier vorzunehmen ist, lässt sich zum einen schon aus empirischen Gründen nicht mit hinreichender Verlässlichkeit leisten[565]. Da regelmäßig ein sogenanntes Motivbündel vorliegen wird, führt das außerdem „zu kaum mehr praktikablen Abgrenzungsfragen"[566]. Einmal abgesehen von den normativen Friktionen, die sich de lege lata leicht mit § 211 II StGB ergeben, weil innerhalb des Motivbündels Motive gegeben sein können (wie etwa Hass und Rache), die nach herkömmlicher Betrachtung bei § 211 II StGB als „niedrige Beweggründe" einzustufen sind[567]. Zum anderen mündet das hinzukommende normative Moment in einer Bewertung der Tat, die am Maßstab einer Sozialethik ausgerichtet wird, was ebenfalls problematisch ist. Insoweit bietet § 213 StGB jedenfalls keine hinreichende Grundlage, an die sich zur Beantwortung der Frage nach der temporären Dimension anknüpfen ließe. Denn die Frage, innerhalb welches zeitlichen Rahmens einer vorausgegangenen Rechtsverletzung eine unrechtsmindernde Wirkung zuerkannt werden kann, lässt sich mit einem „motivationspsychologischen" Ansatz überzeugend nicht bewältigen. Insbesondere die Bezugnahme auf den Affekt, empirisch ein unsicheres Terrain[568], und auf Schulderwägungen erscheint vorschnell. Vorrangig sollte die Lösung auf der Unrechtsebene gesucht werden, mit einem Rekurs auf allgemeine Zurechnungserwägungen, die sich ihrerseits mit objektiven rechts- und freiheitstheoretischen Erwägungen fundieren lassen. Wie das aussehen könnte, ist nun zu erörtern.

---

sächlichkeit" nicht darauf an, „ob die Provokation einen besonders empfindlichen Täter erreicht hat, oder ob auch ein besonnener Mensch sich hätte hinreißen lassen".

[562] In diesem Kapitel zu B I.

[563] *Eser*, Middendorff-FS, S. 65 (74); ebenso *Geilen*, Dreher-FS, S. 357 (382); *Gössel/Dölling*, Strafrecht BT 1, § 3 Rdnr. 20.

[564] MK/*Schneider*, § 213 Rdnr. 31, 33 f.; *ders.*, in: Tötungsdelikte – mediale Wahrnehmung, S. 203 (215 f.); *ders.*, NStZ 2001, S. 455 (458); *Eser*, Middendorff-FS, S. 65 (74); *Zwiehoff*, Tötung, S. 32 ff., und vor allem schon *Geilen*, Dreher-FS, S. 357 ff.; *ders.*, JR 1978, S. 341 ff.

[565] Vgl. im zweiten Kapitel zu B I 2 b.

[566] *Eser*, Middendorff-FS, S. 65 (74); *Geilen*, JR 1978, S. 341 f.

[567] Hierzu bereits im zweiten Kapitel zu B I 2 a. – Eindringlich *Geilen*, Dreher-FS, S. 357 (bes. 374 ff., 383 ff.); *ders.*, JR 1978, S. 341 (342 ff.); ferner *Bernsmann*, JZ 1983, S. 45 (49 f.); *Zwiehoff*, Tötung, S. 33 f.

[568] Dazu noch später unter B III 1 c in diesem Kapitel.

Die Frage nach dem temporären Aspekt stellt sich gleichsam in zwei Richtungen: vor und nach einer Rechtsverletzung. Es lässt sich zunächst überlegen, ob im Vorfeld einer Rechtsverletzung eine Reduzierung des Tötungsunrechts denkbar ist. Da es um eine Minderung des Unrechts geht, zudem um das des Tötungsdelikts, kann hierfür nicht schon jede irgendwie diffus bedrohliche Situation oder eine bevorstehende, irgendwann einmal eintretende, möglicherweise auch sicher zu erwartende Rechtsverletzung genügen. Eine Verringerung des Tötungsunrechts setzt vielmehr, und daran ist festzuhalten, eine Rechtsverletzung voraus, die das Tötungsopfer dem Täter zugefügt hat oder gerade zufügt. Es ist also notwendig, dass das Opfer die rechtlich absolut geschützte Sphäre des Täters vor der Tötung in einer rechtlich bedeutsamen Weise tangiert und verletzt (hat). Eine Minderung des Unrechts ist deshalb abzulehnen, wenn das Opfer sich, bevor es getötet wird, erst im Vorfeld einer Rechtsverletzung befand. Auf der anderen Seite bedeutet das aber nicht, die Verletzung der rechtlich geschützten Sphäre des Täters müsse aktuell und unmittelbar stattfinden, in dem Sinne, dass sie gerade in ihrer Kernphase wäre; dass also die klassische Notwehrsituation gegeben ist, in der der Angriff gerade „abläuft“. So ist eine Verletzung des rechtlich geschützten Freiheitsbereichs insbesondere in der der akuten Verletzungsphase unmittelbar vorgelagerten Versuchsphase möglich. Das gilt zumal bei einer versuchten Straftat, da und soweit das Tötungsopfer (der Angreifer) die rechtlich geschützte Sphäre des späteren Täters (des Angegriffenen) durch das unmittelbare Ansetzen zur Tat bereits überschritten hat[569]. Denn hierin liegt ein (Versuchs-)Unrecht[570], welches sich mindernd auf das Tötungsunrecht auswirkt. Beispielhaft: Holt das spätere Tötungsopfer zum Schlag mit einem Gegenstand aus, um den Täter zu verletzen, oder setzt es die Pistole an, um ihn zu erschießen oder um lediglich auf ihn zu schießen, und tötet der Täter das Opfer in dieser Situation, ergibt sich für ihn wegen des „Angriffs“ des Opfers eine Verringerung seines Tötungsunrechts. Dagegen genügen Handlungen des Tötungsopfers nicht, die weiter als der Versuch im Vorfeld einer Rechtsverletzung anzusiedeln sind. Dazu zählen auch Handlungen, die dem Versuchsbeginn unmittelbar vorgelagert sind und in der späten Vorbereitungsphase vorgenommen werden (wie etwa der Griff zur Brusttasche, aus der die Pistole erst noch herausgenommen werden muss[571]). Demgegenüber wird im

---

[569] Vgl. *Kühl*, Strafrecht AT, § 15 Rdnr. 72: „‚Ansetzen‘ als tätige Beziehung zum fremden Rechtskreis“; auch *Stratenwerth/Kuhlen*, Strafrecht AT I, § 11 Rdnr. 40.

[570] Zur Begründung besonders *Köhler*, Strafrecht AT, S. 451 ff., 459 ff.; *Zaczyk*, Unrecht der versuchten Tat, S. 229 ff.; ferner *Jakobs*, Strafrecht AT, 25/21 ff., 55 ff.

[571] Zu diesem Beispiel im Rahmen des § 32 StGB BGH NJW 1973, S. 255; LK/*Spendel* (11. Aufl.), § 32 Rdnr. 119; Sch/Sch-*Lenckner/Perron*, § 32 Rdnr. 14; MK/*Erb*, § 32 Rdnr. 101.

Rahmen der Notwehr von der vorwiegenden Auffassung die Gegenwärtigkeit eines Angriffs über die bloße Versuchsphase hinaus bejaht, sofern der Angreifende sich im „späten Vorbereitungsstadium“ befindet[572]. Bereits eine „versuchsnahe[ ] Vorbereitung“[573] berechtigt danach als gegenwärtiger Angriff zur Notwehr. Ob diese extensive Auslegung bei der Notwehr überzeugt, braucht hier nicht abschließend geklärt zu werden[574]; zumal die vorgebrachten Argumente eher notwehrspezifisch sind. So wird die Ausdehnung der Notwehr in die versuchsnahe Vorbereitungsphase hinein vorzugsweise darauf gestützt, dass die Verteidigungschancen hier erheblich günstiger sein könnten[575]. Da es im hiesigen Kontext nicht um Begründung und Umfang eines Rechts geht, Angriffe in die eigene, rechtlich geschützte Sphäre abwehren zu dürfen[576], sondern um die Begründung einer tatbestandlichen Unrechtsdifferenz wegen eines Eingriffs in den rechtlich geschützten Bereich einer Person, verfängt das genannte Argument schon aus diesem Grund nicht. Denn eine Unrechtsreduzierung lässt sich nicht annehmen, wenn das Tötungsopfer den rechtlich geschützten Freiheitsbereich des Täters vor der Tötung noch nicht getroffen hat, sollte eine

---

[572] MK/*Erb*, § 32 Rdnr. 100; Sch/Sch-*Lenckner/Perron*, § 32 Rdnr. 14; *Roxin*, Strafrecht AT I, § 15 Rdnr. 24 f.; *ders.*, Tjong-FS, S. 137 (142 f.); NK/*Herzog*, § 32 Rdnr. 27 f.; *Kühl*, Strafrecht AT, § 7 Rdnr. 41; LK/*Rönnau/Hohn* (12. Aufl.), § 32 Rdnr. 146; wohl auch LK/*Spendel* (11. Aufl.), § 32 Rdnr. 118; *Kindhäuser*, Strafrecht AT, § 16 Rdnr. 18 („konkrete Gefährdung“ des Rechtsguts maßgebend); *Otto*, Strafrecht AT, § 8 Rdnr. 32; *Krey*, Strafrecht AT/1, § 12 Rdnr. 443 f.; *Maurach/Zipf*, Strafrecht AT/1, § 26 Rdnr. 24; *Jescheck/Weigend*, Lehrbuch, § 32 II 1d; nicht ganz klar *Baumann/Weber/Mitsch*, Strafrecht AT, § 17 Rdnr. 11 (wonach es zu einer „konkreten Gefährdung“ nicht gekommen sein muss, die „Verletzung des Angriffsobjekts“ aber „unmittelbar bevorsteh[en]“ muss).

[573] *Roxin*, Tjong-FS, S. 137 (142 f.); *ders.*, Strafrecht AT I, § 15 Rdnr. 25.

[574] Die Gegenargumente sind beachtlich, und eine restriktivere, am Versuchsbeginn (dem unmittelbaren Ansetzen) orientierte Auslegung erscheint plausibler, weil sie dogmatisch stringenter zu begründen ist; vgl. *Jakobs*, Strafrecht AT, 12/23; SK/*Günther*, § 32 Rdnr. 70 f.; *Freund*, Strafrecht AT, § 3 Rdnr. 101.

[575] *Kühl*, Strafrecht AT, § 7 Rdnr. 41; *Kindhäuser*, Strafrecht AT, § 16 Rdnr. 18; *Roxin*, Strafrecht AT, § 15 Rdnr. 22; (weitergehend wohl) *Schmidhäuser*, Strafrecht AT, 9/94; MK/*Erb*, § 32 Rdnr. 99 f.; (tendenziell enger) Sch/Sch-*Lenckner/Perron*, § 32 Rdnr. 14. Zu beurteilen ist dies nach MK/*Erb*, § 32 Rdnr. 100, anhand „effektivitätsorientierte[r] Kriterien“. Bei LK/*Spendel* (11. Aufl.), § 32 Rdnr. 119 (ähnlich auch SK/*Günther*, § 32 Rdnr. 29), heißt es, es solle „durch die Notwehr eine Rechtsverletzung verhindert werden“, weshalb „eine nahe Gefährdung, d. h. eine drohende Verletzung [genügt], um darin einen gegenwärtigen Angriff auf das bedrohte Gut zu sehen“. Bei der Notwehr geht es aber nicht so sehr um die Verhinderung, sondern um die Abwehr von Rechtsverletzungen. Denn Notwehr ist kein Instrument zur Prävention von Rechtsverletzungen.

[576] Schon allein sprachlich ist es problematisch, einen erst bevorstehenden Angriff als einen gegenwärtigen zu bezeichnen (vgl. *Freund*, Strafrecht AT, § 3 Rdnr. 101). Einen praktisch-pragmatisch zwingenden Grund für eine solche extensive Interpretation gibt es ebenfalls nicht, da die Regelung des (Defensiv-)Notstands zur Verfügung steht.

Rechtsverletzung auch unmittelbar bevorstehen[577]. So kann, was erst unmittelbar bevorsteht und alsbald zu erwarten ist, (noch) nicht aktuell vorhanden sein[578].

Zweitens und gewissermaßen in die andere Richtung ist zu fragen, wie lange eine vorangegangene Rechtsverletzung eine unrechtsmindernde Wirkung entfalten kann. Eine den Täter begünstigende, da privilegierende Berücksichtigung von vorausgegangenen Rechtsverletzungen, die ihm durch das spätere Tötungsopfer zugefügt worden sind, lässt schon bei vordergründiger Betrachtung ein gewisses Spannungsverhältnis erkennen zu einem rechtlich verfassten Gesellschaftssystem. So weist eine vorsätzliche Tötung, die als Reaktion auf eine abgeschlossene Rechtsverletzung erfolgt, prima facie leicht eine Nähe auf zu Racheakten, mithin Akten einer Privat- oder Selbstjustiz. Solchen Akten eine entlastende Wirkung bei der rechtlichen Bewertung einer Tat zuzuerkennen verbietet sich aus folgenden Gründen: Racheakte erweisen sich insofern als problematisch und unzureichend, als sie eine rein destruktive Wirkung entfalten. Endgültig nämlich lässt sich der Konflikt auf diese Weise nicht erledigen. Die Rachetat führt vielmehr zu nichts anderem als zu neuen Rachetaten, wodurch ein Prozess ad infinitum in Gang gesetzt wird. Hierzu ist bereits bei *Hegel* zu lesen: „Die Rache [ist ...] eine neue Verletzung: sie verfällt [...] in den Progreß ins Unendliche und erbt sich von Geschlechtern zu Geschlechtern ins Unbegrenzte fort."[579] Der Racheakt ist also nicht dazu geeignet, den rechtlichen Zustand wiederherzustellen, sondern er setzt im Gegenteil den unrechtlichen Zustand fort. Zu der Rechtsverletzung, die das Tötungsopfer dem Täter zugefügt hat, kommt daher mit der Tötung bloß eine weitere Rechtsverletzung hinzu. Auch bleibt die Ausübung der Rache zufällig, denn sie ist abhängig vom einzelnen, subjektiven Willen[580]. In einer bürgerlichen und damit rechtlich verfassten Gesellschaft kann und darf es nicht Aufgabe des einzelnen Bürgers sein, Eingriffe anderer Bürger in seine rechtlich geschützte Freiheitssphäre eigenhändig auszugleichen[581]. Darüber hinaus erwiese sich selbst eine bloß partielle „Anerkennung" solcher Akte – durch eine positive, den Täter entlastende Funktion – als höchst problematisch. Denn Akte der Privatjustiz betreffen den rechtlichen Zustand einer Gesellschaft nicht nur marginal; sie stehen ihm begrifflich-immanent und somit strikt entgegen. Nicht zuletzt unterlaufen und desavouieren

---

[577] Für eine Unrechtsminderung im Falle der Präventivnotwehr jedoch *Hillenkamp*, Vorsatztat, S. 274; *H.-L. Günther*, JR 1985, S. 268 (271); *ders.*, Göppinger-FS, S. 453 (462).

[578] In diesem Sinne zur Frage der Gegenwärtigkeit des Angriffs bei § 32 II StGB *Freund*, Strafrecht AT, § 3 Rdnr. 101; ebenso SK/*Günther*, § 32 Rdnr. 70.

[579] *Hegel*, Grundlinien, § 102

[580] *Hegel*, Grundlinien, § 103.

[581] *Hegel*, Grundlinien, § 221: „Das Mitglied der bürgerlichen Gesellschaft hat das Recht, im Gericht zu stehen, sowie die Pflicht, sich vor Gericht zu stellen und sein streitiges Recht nur vor dem Gericht zu nehmen." – Vgl. zur Unterscheidung von Rache und Strafe *Hegel*, Grundlinien, §§ 102 und 220.

sie das staatliche Strafmonopol und verletzen die allen Bürgern obliegende Friedenspflicht. Mögen solche Akte auch zulässig, sogar notwendig sein, wenn Menschen in einem, wie man in der Tradition der neuzeitlichen Philosophie formulieren kann, Naturzustand leben[582]; in einem Zustand also, in dem es keine rechtsetzenden und -durchsetzenden Organe, keine Gesetzgebung und Rechtsprechung, gibt. Dann nämlich sind keine Instanzen vorhanden, die für die Regulierung von Konflikten zuständig sind, und die Menschen sind auf sich selbst angewiesen. Sie sind daher befugt, eigenmächtig gegen Verletzungen vorzugehen[583]. Dieses „Recht", in eigener Sache zu richten, verlieren sie aber, sobald sie in einen rechtlich organisierten und staatlichen Zustand eintreten[584], und das zwingend. Denn anders ist der Staat nicht in der Lage, seine zentralen Aufgaben, Freiheit zu gewähren und Frieden zu sichern, zu erfüllen. Der Verzicht auf Privatjustiz und Racheakte ist hierfür eine elementare und unabdingbare Voraussetzung. Es ist deshalb ausgeschlossen, solchen Akten bei der rechtlichen Beurteilung einer Tat eine privilegierende Wirkung zuzusprechen, in welcher Form auch immer das geschehen mag.

In dieser Nähe zu Privatjustiz und Racheakten liegt eine grundsätzliche Problematik begründet, die sich ergibt (oder jedenfalls leicht ergeben kann), wenn vorausgegangene Verletzungen der Rechte des Täters durch das Opfer begünstigend in die Tatbewertung miteinbezogen werden und dem Täter deswegen eine Reduzierung des Unrechts gewährt wird. Andererseits lässt sich jedoch eine gewisse Nähe dieser Fälle zur Notwehr nicht leugnen, und dies gilt umso mehr, je unmittelbarer der Täter die Tötung im Anschluss an die Verletzung seiner Rechtsposition vornimmt. Selbst wenn eine Notwehrsituation nicht mehr besteht, weil der Eingriff des Tötungsopfers in die rechtlich geschützte

---

[582] Dieser Zustand ist selbstverständlich nicht als ein (historisch-)realer, sondern als ein fiktiver zu verstehen.

[583] Relativ weitgehend erkennt etwa *Locke* im Naturzustand ein Recht an, (elementare) Verletzungen zu „bestrafen", welches jedem, also nicht nur dem Betroffenen, gegen den Übeltäter zustehen soll (siehe im Einzelnen Abhandlungen II, 2. Kap. §§ 5 ff.).

[584] Wozu die Menschen eine Pflicht haben. So führt *Kant* aus (MdS-RL, I. Teil, S. 425): „Bei dem Vorsatze, in diesem Zustande äußerlich gesetzloser Freiheit zu sein und zu bleiben, tun sie einander auch gar nicht unrecht, wenn sie sich untereinander befehden; denn was dem einen gilt, das gilt auch wechselseitig dem anderen [...]: aber überhaupt tun sie im höchsten Grade daran unrecht, in einem Zustande sein und bleiben zu wollen, der kein rechtlicher ist, d. i. in dem niemand des Seinen wider Gewalttätigkeit sicher ist." Ferner ebd., II. Teil, S. 430: „[...] mithin das erste, was ihm zu beschließen obliegt, wenn er nicht allen Rechtsbegriffen entsagen will, der Grundsatz sei: man müsse aus dem Naturzustand, in welchem jeder seinem eigenen Kopf folgt, herausgehen und sich mit anderen [...] dahin vereinigen, sich einem öffentlich gesetzlichen äußeren Zwange zu unterwerfen, also in einen Zustand treten, darin jedem das, was für das Seine anerkannt werden soll, gesetzlich bestimmt, und durch hinreichende Macht (die nicht die seinige, sondern eine äußere ist) zu Teil wird, d. i. er soll vor allen Dingen in einen bürgerlichen Zustand treten." – Siehe aus der neueren Literatur *Höffe*, Vernunft, S. 9 ff., 28 ff., 41, 43 ff.; *dens.*, Rechtshistorisches Journal 12 (1993), S. 70 (84). Zu *Kants* bürgerlichem Zustand *Hruschka*, Küper-FS, S. 183 ff.

Freiheitssphäre des Täters bereits abgeschlossen und beendet ist, lässt sich eine Entlastung des Täters – wegen dieses vorangegangenen Eingriffs in seine Sphäre – normativ nicht a limine von der Hand weisen. Im Gegenteil: Es war immerhin das Tötungsopfer, das seine Friedenspflicht gegenüber dem Täter zuerst gebrochen hat. Indem es in den rechtlich absolut garantierten Freiheitsbereich des Täters eingegriffen hat, hat es ihm die Anerkennung als Rechtsperson versagt[585] und bringt ihn (den Täter) allererst in eine Situation, aus der schließlich die Tötung hervorgeht. Geschah dies grundlos – und von dieser Fallkonstellation ist hier zunächst auszugehen –, hat also der Täter dem Opfer für dessen Friedensbruch nicht einen rechtlich bedeutsamen Anlass gegeben (indem er die rechtlich geschützte Sphäre des Opfers seinerseits zuvor verletzt hat), resultiert hieraus eine Mitverantwortung des Opfers für seine Tötung. Es dürfte sich nicht bestreiten lassen, dass dieses Tatgeschehen normativ in beachtlicher Weise abweicht von einem solchen, in dem der Täter sein Opfer tötet, ohne dass dieses ihn vorher in seinem rechtlich garantierten Freiheitsbereich beschnitten hätte. Gleichwohl bleibt daran zu erinnern: Der Täter ist nicht dafür zuständig, eine ihm zugefügte Rechtsverletzung auszugleichen, und er ist gleichfalls nicht dazu berufen und ebenso wenig in der Lage, das Recht durchzusetzen und den rechtlichen Zustand eigenhändig wiederherzustellen. Dennoch griffe es auf der anderen Seite zu kurz, eine Unrechtsminderung bei einer „zeitlich ‚nachhinkenden' Tat" pauschal abzulehnen, mit dem Argument, es handele sich um eine „repressive Vergeltungsmaßnahme"[586]. Darüber hinaus ist zu bezweifeln, ob die bei manchen Autoren anzutreffende Zurückhaltung bei der Anerkennung einer Unrechtsminderung in diesen Fällen berechtigt ist. Die Unrechtsminderung sei, so wird in Anlehnung an § 33 StGB hervorgehoben, „weniger deutlich" als bei einem intensiven oder einem vorzeitig-extensiven (Notwehr-)Exzess[587]. Teils gewinnt man den Eindruck, die Verringerung des Unrechts müsse wegen der Wertung, die die §§ 199 und 213, 1. Variante StGB vorgeben, mehr notgedrungen hingenommen werden, als dass sie halbwegs plausibel begründbar wäre. Man könne „die Entgleisung der austeilenden Gerechtigkeit nicht überge-

---

[585] Zum wechselseitigen Anerkennungsverhältnis als Grundlage und Inhalt eines freiheitlichen Rechtsbegriffs siehe besonders *Seelmann*, Anerkennungsverlust, S. 13 ff., und *Köhler*, Begriff der Strafe, S. 47 ff.; *dens.*, Zusammenhang, S. 38 ff.; ferner auch *Pawlik*, Das unerlaubte Verhalten, S. 38 ff.; *Jakobs*, in: Rechtfertigung und Entschuldigung, S. 143; *Murmann*, Selbstverantwortung, S. 163 ff., 196 ff. – Stützen lässt sich eine solche Position unter anderem auf *Hegel*, der das Rechtsgebot in § 36 seiner „Rechtsphilosophie" – und damit bereits im abstrakten Recht – definiert als (Grundlinien, § 36): „sei eine Person und respektiere die anderen als Personen." Vgl. hierzu *Siep*, Anerkennung, bes. S. 53 ff., 285 ff.; *dens.*, in: Hegels Philosophie, S. 255 ff.; *Klesczewski*, Rolle der Strafe, S. 26 ff.; *Grünewald*, Garantenpflichten, S. 58 ff.

[586] So *H.-L. Günther*, JR 1985, S. 268 (271). Desgleichen erweist sich die negative Bewertung des § 213, 1. Alternative StGB „als Konzession an archaisches Rachedenken und an übersteigertes Ehrgefühl" (*Arzt/Weber-Hilgendorf*, Strafrecht BT, § 2 Rdnr. 79) als zu undifferenziert.

[587] *Hillenkamp*, Vorsatztat, S. 275; tendenziell ebenso *Hörnle*, Strafzumessung, S. 289.

hen" (eben wegen der §§ 199, 213 StGB), heißt es bei *Hillenkamp*, solle ihr jedoch „nur zögernd auch in foro mit der gebotenen Distanzierung" nachkommen[588]. Demgegenüber wird man jedoch festhalten dürfen: Bei einer zeitlichen Überschreitung der Notwehr nach Abschluss des Angriffs lag eine Notwehrlage immerhin real vor, während eine solche – und damit ein aktueller, gegenwärtiger (und nicht bloß drohender) Angriff auf eine Rechtsposition – bei einer vorzeitig vorgenommenen Notwehrhandlung gerade nicht gegeben war[589]. Auf die hiesige Problemstellung übertragen bedeutet das: Wird das Opfer getötet, nachdem es in den rechtlich absolut garantierten Freiheitsbereich des Täters eingegriffen hat, existiert immerhin real eine Rechtsverletzung, die sich auf das anschließende Tötungsunrecht mindernd auswirken kann. Hingegen ist nicht zu sehen, wie eine noch nicht eingetretene und niemals real gewordene Rechtsverletzung eine Minderung des Unrechts fundieren könnte[590]. Eine Unrechtsminderung bei einer Tötung, die im Anschluss an eine Rechtsverletzung erfolgt, ist deshalb überzeugender begründbar[591] als eine Unrechtsminderung, die sich auf ein Geschehen im Vorfeld eines „Angriffs" oder einer Rechtsverletzung stützt. Mehr noch scheidet Letzteres nach hier vertretener Ansicht (wie oben dargelegt) aus, entgegen einer verbreiteten Meinung[592]. Insoweit ist übrigens, dies nur am Rande, die Anwendung des § 33 StGB auf Fälle einer nachzeitigen Notwehrüberschreitung einleuchtender als auf Fälle einer vorzeitigen Überschreitung, zumindest wenn zur Begründung des § 33 StGB auch der Unrechtsaspekt herangezogen wird[593]. Und dass die Unrechtsreduzierung bei einer Tötung, die erst im Anschluss an eine Rechtsverletzung vorgenommen wird,

[588] *Hillenkamp*, Vorsatztat, S. 277. Eine positivere Einschätzung findet sich bei *Frister*, der jedoch, im Ansatz abweichend, nicht auf die Reduzierung des Unrechts, sondern auf ein „verständliches Genugtuungsinteresse" rekurriert und die mildere Bewertung ausschließlich mit Schulderwägungen fundiert; vgl. *dens.*, in: Beziehungsgewalt, S. 243 (249 ff.); Struktur, S. 223 ff.

[589] So auch im Rahmen des § 33 StGB die Argumentation bei LK/*Spendel* (11. Aufl.), § 33 Rdnr. 7 f., 10; *Kühl*, Strafrecht AT, § 12 Rdnr. 141 ff.; NK/*Herzog*, § 33 Rdnr. 11, 12; *Baumann/Weber/Mitsch*, Strafrecht AT, § 23 Rdnr. 42 f.

[590] Das gilt abgesehen von Fällen, bei denen sich eine Unrechtsminderung womöglich in Anlehnung an den Gefahrbegriff des § 34 StGB untermauern lässt, worauf später im obigen Text noch zurückzukommen sein wird.

[591] Eine Unrechtsreduzierung in diesem Fall wird bejaht von: *Lenckner*, Notstand, S. 43 Fn. 126; *Hillenkamp*, Vorsatztat, S. 276; *Hörnle*, Strafzumessung, S. 289, sowie bereits *Kern*, ZStW 64 (1952), S. 255 (286); – ablehnend *H.-L. Günther*, JR 1985, S. 268 (271); ferner *Noll*, ZStW 68 (1956), S. 181 (188).

[592] *Hillenkamp*, Vorsatztat, S. 274 f.; *H.-L. Günther*, JR 1985, S. 268 (271); *ders.*, Göppinger-FS, S. 453 (462).

[593] In diesem Sinne LK/*Spendel* (11. Aufl.), § 33 Rdnr. 7 f., 10; *Kühl*, Strafrecht AT, § 12 Rdnr. 141 ff.; NK/*Herzog*, § 33 Rdnr. 11, 12; *Baumann/Weber/Mitsch*, Strafrecht AT, § 23 Rdnr. 42 f.; SK/*Rudolphi*, § 33 Rdnr. 1; ferner *Wessels/Beulke*, Strafrecht AT, § 10 Rdnr. 447 (wo allerdings maßgeblich auf die psychische Situation des in Notwehr Handelnden und damit den Schuldaspekt abgestellt wird); – andere Ansicht jedoch Sch/Sch-*Lenckner/Perron*, § 33 Rdnr. 7; MK/*Erb*, § 33 Rdnr. 14; siehe ferner *Roxin*, Strafrecht AT I, § 22 Rdnr. 88 f.

prinzipiell geringer sei als bei einer Tötung, die während einer stattfindenden Rechtsverletzung erfolgt, also bei einer intensiven Überschreitung der Notwehr, lässt sich in dieser Generalität gleichfalls nicht behaupten[594]. Die präzise Festlegung der Höhe des Unrechtsgehalts richtet sich vielmehr maßgeblich nach der Relation, in der die Tötung und die (vorangegangene) Rechtsverletzung zueinander stehen; wenngleich der zeitliche Aspekt hierbei nicht völlig belanglos ist. Beispielhaft: Eine schwere, unmittelbar vorausgegangene, wenn auch soeben abgeschlossene Rechtsverletzung (etwa eine massive körperliche Misshandlung) mindert das Tötungsunrecht mehr als eine noch anhaltende Rechtsverletzung, die die Grenze der Erheblichkeit gerade überschreitet[595]. Jedoch ist die exakte Justierung des Unrechtsgehalts der Tötung eine Frage der Strafzumessung. Für die Frage nach einer tatbestandlichen Abstufung des vorsätzlichen Tötungsdelikts, die hier im Vordergrund steht, ist das im Einzelnen nicht mehr relevant. Entscheidend ist insofern nur, ob eine hinreichend erhebliche Verringerung des Unrechts auf diese Weise prinzipiell begründbar ist, nicht aber die Bestimmung des genauen Ausmaßes dieser Unrechtsminderung.

Im Weiteren bleibt präziser einzugrenzen, wann einer vorausgegangenen Rechtsverletzung noch eine das Tötungsunrecht verringernde Wirkung zuerkannt werden kann und wann dies abzulehnen ist. Abgesehen von Fällen, bei denen die Einordnung evident ist, weil sie auf einer zeitlichen Skala die extremen Eckpunkte bilden, mag die exakte Grenzziehung mitunter weniger offensichtlich und schwierig sein. Die beiden extremen Pole sind auf der einen Seite eine Tötung, die sofort im Anschluss an eine Notwehrlage erfolgt beziehungsweise die im Übergang einer noch bestehenden Notwehrlage zu einer gerade nicht mehr bestehenden vorgenommen wird; und auf der anderen Seite eine vorangegangene Rechtsverletzung, derentwegen die öffentliche Strafverfolgung bereits aufgenommen wurde oder die sogar schon gerichtlich abgeurteilt ist. Während in der ersten Alternative eine Unrechtsminderung problemlos (jedenfalls nach hier vertretener Ansicht) anzunehmen ist, scheidet eine solche in der zweiten ebenso offenkundig aus. Dazwischen aber sind zahlreiche Varianten denkbar. Klar ist zumindest, dass die Abrenzung, die hier zu treffen ist, sich an objektiven und verallgemeinerbaren (Zurechnungs-)Kriterien auszurichten hat.

Um die Problematik anhand eines Falles näher zu illustrieren, sei der Sachverhalt einer bekannten BGH-Entscheidung eingeführt. Es handelt sich um BGHSt 30, 105 ff., mithin um die Entscheidung, in der der BGH sich veranlasst sah, seine sogenannte Rechtsfolgenlösung zu entwickeln. Zum Sachverhalt: Das spätere Tötungsopfer hatte die Ehefrau des Täters, seines Neffen, mit vorgehal-

---

594 So aber *Hillenkamp*, Vorsatztat, S. 275; *Hörnle*, Strafzumessung, S. 289.
595 Vgl. NK/*Herzog*, § 33 Rdnr. 11; *Roxin*, Strafrecht AT I, § 22 Rdnr. 89.

tener Pistole in deren Wohnung zum außerehelichen Geschlechtsverkehr gezwungen. Die Frau versuchte daraufhin, die Scheidung der bisher harmonischen Ehe zu erreichen. Mehr als ein halbes Jahr später offenbarte sie ihrem Mann (dem Täter), was geschehen war. Der Täter „war fassungslos, weinte vor Verzweiflung und sagte seiner Frau, er werde Rache nehmen“. Die Frau unternahm in der Folgezeit noch drei Suizidversuche, den letzten wenige Tage vor der Tat. Am Tattag, mehr als ein Jahr nach der Vergewaltigung, trafen sich Täter und Opfer zufällig auf der Straße. Worüber beide sich unterhielten, ist nicht erwiesen. Möglicherweise hat das Opfer sich gegenüber dem Täter mit der Vergewaltigung gebrüstet oder dem Täter damit gedroht, ihn in nächster Zeit („zwei Wochen, zwei Tage, zwei Stunden“) zu töten. Der Täter ging anschließend nach Hause, „vergegenwärtigte sich, daß [das Opfer] eine Belastung für ihn und seine Ehe darstellte und daß [es] seine Ehre und die Ehre seiner Frau gröblichst verletzt hatte“. Daraufhin nahm er eine Pistole, sagte seiner Frau, „ich werde ihn umbringen, wenn ich ihn treffe“, ging in ein Lokal, wo er das Opfer vermutete, traf es und erschoss es. Ob diese Tat als ein Akt von Privatjustiz und Rache einzuordnen ist, womit eine Unrechtsreduzierung ausgeschlossen wäre, richtet sich (wie gesagt) nicht danach, was der Täter sich im Moment der Tat gedacht hat. Ob es ihm also vorrangig darum ging, die Vergewaltigung zu rächen; oder ob er mehr beabsichtigte, die anhaltende psychisch offensichtlich starke Beeinträchtigung seiner Frau (drei Suizidversuche) zu beheben oder jedenfalls zu lindern einschließlich der damit einhergehenden Belastung, der seine Ehe seit der Vergewaltigung ausgesetzt war. Entwickelt man die Lösung in Anlehnung an allgemeine und objektive Zurechnungskriterien, lässt diese sich grob so skizzieren: Die eigentliche Tat und Primärverletzung, die Vergewaltigung, liegt nach über einem Jahr zu lange zurück, um noch eine Unrechtsminderung bei der Tötung bewirken zu können. Nimmt man allein auf dieses Geschehen Bezug, stellt sich die Tötung als ein Akt der Privatjustiz dar. Der Täter hätte durch Anzeige eine öffentliche Strafverfolgung und die Ahndung des Vorfalls in die Wege leiten können (was ihm auch zumutbar gewesen wäre). Soweit jedoch als Folge der Vergewaltigung eine profunde psychische Störung oder Traumatisierung der Ehefrau eingetreten ist, stellt sich die Frage, ob und inwieweit dem Opfer hierfür eine Verantwortung zuzuschreiben ist. Hier bietet sich ein Rückgriff auf die Grundsätze zur Zurechnung von Zweit- oder Folgeschäden sowie von massiven psychischen Beeinträchtigungen an. Zwar könnte man den Standpunkt vertreten, es sei „in bestimmtem Rahmen eigene Angelegenheit jedes Menschen“, wie „man mit seelischen Belastungen fertig wird“[596]. Den Betroffenen allerdings durchweg darauf zu verweisen, er habe mit den psychischen Wirkungen selbst fertig zu werden, erscheint kaum sachgerecht[597] und impli-

[596] *Jakobs*, Strafrecht AT, 7/65 (zu Zweitschäden in Form sogenannter „Schockschäden“).
[597] Vgl. in diesem Zusammenhang auch NK/*Puppe*, Vor § 13 Rdnr. 257.

ziert eine Bagatellisierung schwerer psychischer Beeinträchtigungen. Das gilt zumal und umso mehr, wenn derartige Störungen gravierend und dem primären Verletzungsgeschehen mehr oder weniger inhärent sind, wie das bei einer Traumatisierung infolge einer Vergewaltigung (mit vorgehaltener Pistole in der Wohnung der Frau) angenommen werden kann. Auch wird man dem Täter und seiner Frau kaum vorhalten können, sie hätten sich mit dieser Belastung arrangieren respektive geeignete Maßnahmen zur Kompensation ergreifen müssen[598] (was infolge der Suizidversuche womöglich sogar geschah). Die Verletzung einer entsprechenden Obliegenheit zur Minderung des Schadens[599] scheidet somit aus. Sollte das Tötungsopfer den Täter am Tattag zudem erneut mit der Vergewaltigung konfrontiert und gleichsam „aufgezogen" haben (was nach den Angaben im Sachverhalt aber nicht feststeht), ließe sich überlegen, ob hierin eine Aktualisierung des ursprünglichen Verletzungsgeschehens, der Vergewaltigung, liegt[600], auf die sich eine Reduzierung des Tötungsunrechts möglicherweise ebenfalls stützen ließe. Zuletzt ließe sich außerdem erwägen, ob eine Verringerung des Unrechts aus der Morddrohung resultieren könnte (so sie denn vom Opfer ausgesprochen wurde), was nach den Regeln und der Behandlung von Dauergefahren (mithin entsprechend § 34 StGB) zu bemessen ist.

Nach diesem einführenden Beispielsfall sind einzelne Gesichtspunkte, die bei der Skizzierung der Lösung bereits angesprochen wurden, etwas geordneter darzulegen und gleichzeitig präziser zu fassen: § 213, 1. Variante StGB knüpft die Privilegierung oder mildere Bewertung einer vorsätzlichen Tötung daran, dass der Täter im Anschluss an die Rechtsverletzung „auf der Stelle" zur Tötung hingerissen wurde. Die Vorschrift liefert damit einen brauchbaren Anhaltspunkt zur Klärung der Frage, in welchem zeitlichen Rahmen eine vorangegangene Rechtsverletzung zu einer Minderung des Tötungsunrechts führen kann; sofern man die Affektthematik und den „motivationspsychologischen Zusammenhang" einmal beiseite lässt (wiewohl unbestreitbar ein Grundgedanke der Vorschrift). Überzeugend an der Regelung ist vor allem, dass die mildere Bewertung der Tat sub specie die Unrechtsverringerung einen dichten zeitlichen Zusammenhang zwischen der Tötung und der vorangegangenen Rechtsverletzung voraussetzt. Die Formulierung „auf der Stelle zur Tat hingerissen" darf aber nicht so verstanden werden, dass ein starrer zeitlicher Rahmen vorgegeben wird (pointiert: fünf Minuten, fünfzehn Minuten), der bei allen denkbaren Rechtsverletzungen gleichermaßen anzuwenden wäre. Das erwiese sie sich als zu unflexibel und zu eng. Vorschläge aus dem Schrifttum, § 213, 1. Variante StGB restriktiv zu deuten und auf „Spontantaten im engen Sinn" zu be-

[598] Ebenso *Müssig*, Mord, S. 322.

[599] Grundsätzlich dazu *Jakobs*, Strafrecht AT, 7/81.

[600] Zu diesem Aspekt Sch/Sch-*Eser*, § 213 Rdnr. 9; ferner *Fischer*, § 213 Rdnr. 9.

grenzen[601], mögen leicht auf eine solche Handhabung hinauslaufen[602]. Indes wäre eine solche starre Lösung kaum sachgerecht, da sie dem unterschiedlichen Gewicht von Rechtsverletzungen sowie deren Auswirkungen nicht hinreichend Rechnung trüge. Dabei geht es, wenn hier von Gewicht und Auswirkungen einer Rechtsverletzung die Rede ist, nicht um individuelle Empfindlichkeiten des jeweils betroffenen (späteren) Täters, die sich aus seiner besonderen Persönlichkeitsstruktur herleiten. Denn solche Erwägungen könnten allenfalls im Rahmen der Schuld beachtlich sein. Vielmehr sind das Gewicht oder die Bedeutung einer Rechtsverletzung nach einem allgemeinen, objektiven Maßstab zu bemessen. Konkret heißt das: Sie sind insbesondere zu bestimmen nach der generellen Bedeutung des betroffenen Rechts, mithin nach dem Rang oder der „Freiheitsrelevanz"[603], die dem Gut in der gegenwärtigen Gesellschaft zukommt, sowie nach der Intensität und Nachhaltigkeit, mit der das (spätere) Opfer in den rechtlich absolut garantierten Freiheitsbereich des Täters eingegriffen hat. Hieraus resultiert ein gewisses relatives Moment bei der Bestimmung der temporären Komponente, und tendenziell lässt sich sagen: Je massiver der Eingriff in die Rechtssphäre des späteren Täters ist und je wesentlicher und bedeutsamer das betroffene Gut ist, einen umso längeren Zeitraum wird man ihm prinzipiell zugestehen müssen, sich von der Rechtsverletzung zu erholen. Sind vor allem elementare Rechtsgüter (Leben, Leib) in massiver Weise betroffen, dürfte die Erschütterung, die mit einem grundlosen Eingriff einer anderen Person in die rechtlich absolut garantierte Freiheitssphäre einhergeht, generell deutlich ausgeprägter und stärker sein, als dies bei einem Eingriff der Fall ist, der die Grenze zur Erheblichkeit gerade noch überschreitet. Hier durchweg ein und denselben Zeitrahmen zugrunde zu legen, erscheint daher wenig einleuchtend. So ist von dem Betroffenen bei einem weniger intensiven Eingriff in seine Rechtssphäre wesentlich rascher als bei einem gravierenden zu erwarten, dass er sich von diesem erholt, sich mit ihm abfindet und arrangiert, in dem Sinne, dass er auf eine kognitive Bewältigung des Geschehens umstellt. Um dies an einem Beispiel

---

601 MK/*Schneider*, § 213 Rdnr. 32, 34; ferner *Zwiehoff*, Tötung, S. 32 ff.

602 Der in der Literatur geltend gemachte Einwand, es sei verfehlt, die privilegierende Wirkung auf den Fall zu beschränken, dass sich der Täter „auf der Stelle" zur Tötung hinreißen lässt, da derjenige, der „die Kränkung in sich hineinfrisst und später explosionsartig reagiert, [...] dieselbe Milderung [verdient]" (so *Arzt/Weber-Hilgendorf*, Strafrecht BT, § 2 Rdnr. 80; ebenso *Gössel/Dölling*, Strafrecht BT 1, § 3 Rdnr. 17), ist psychologisch gesehen zutreffend. In der Tat gibt es verschiedene Persönlichkeits- oder Temperamentstypen mit je unterschiedlichem Verhaltensrepertoire. Das kann einmal ein eher spontan aggressives, sthenisch-offensives sein, das andere Mal ein mehr verhaltenes, defensiv-asthenisches (siehe nur *Jaspers*, Psychopathologie, S. 273). Zutreffend ist ebenso, dass die klassische Affekttat den ersten Temperamentstypus privilegiert, womit vice versa zwangsläufig eine strukturelle Benachteiligung des zweitgenannten einhergeht. Das betrifft aber die Schuldebene und die Fragwürdigkeit der Privilegierung der klassischen Affekttat. Dazu noch zu B III 1 in diesem Kapitel.

603 So die Formulierung bei *Pawlik*, Notstand, S. 162; vgl. auch *Klesczewski*, Rolle der Strafe, S. 169 f.

zu veranschaulichen: Verpasst ein Unbekannter einem Passanten eine gehörige Ohrfeige, weil dieser ihn im Gedränge flüchtig berührt hat und er sich dadurch belästigt fühlte, so darf vorausgesetzt werden, dass dem betroffenen Passanten die Umstellung auf eine kognitive Verarbeitung dieses Vorfalls ungleich schneller gelingt als jemandem, der einer erheblichen körperlichen Misshandlung oder einer schwerwiegenden Vergewaltigung ausgesetzt war. Während im ersten Fall eine Unrechtsminderung lediglich bei einem sehr engen zeitlichen Zusammenhang zwischen der Ohrfeige und einer anschließenden Tötung angenommen werden kann, ist dem Betroffenen im zweiten Fall eine längere Frist zu gewähren, in der die Rechtsverletzung noch eine Verringerung des Tötungsunrechts bewirken kann. Wegen des nachhaltigen und massiven Einbruchs in die rechtlich geschützte Sphäre wird man eine kognitive Bewältigung wohl erst einige Stunden später, gegebenenfalls erst am Folgetag erwarten dürfen. Darüber hinaus sind in solchen Fällen, wie oben bereits erwähnt, schwere seelische Beeinträchtigungen und Traumatisierungen denkbar, auf die sich als weiterer (oder zweiter) Schaden, der über die Primärverletzung hinausreicht, eine Reduzierung des Tötungsunrechts gegebenenfalls für einen noch längeren Zeitraum stützen lässt (entsprechend den allgemeinen Zurechnungserwägungen).

Eine Ausdehnung der temporären Komponente für die Begründung einer Unrechtsminderung lässt sich positivgesetzlich ferner womöglich mit § 34 StGB, dem rechtfertigenden Notstand, fundieren. Denn diese Norm betrifft ebenso wie die Notwehr die Unrechtsebene und schließt, so die Voraussetzungen erfüllt sind, das Unrecht aus. Der rechtfertigende Notstand lässt sich daher vergleichbar der Notwehr grundsätzlich ebenfalls in Betracht ziehen, um eine Unrechtsminderung dogmatisch abzusichern, falls seine Voraussetzungen bloß teilweise erfüllt sind. Im Vordergrund der folgenden Überlegung steht, dem Thema dieses Abschnitts entsprechend, das zeitliche Moment und damit eine mögliche temporäre Erweiterung bei der Annahme einer Unrechtsreduzierung über die aktuell stattfindende Rechtsverletzung hinaus. § 34 StGB bietet sich als Argumentationshilfe hierfür besonders an, da die „gegenwärtige Gefahr" nach § 34 StGB weiter reicht als der „gegenwärtige Angriff" nach § 32 II StGB, der lediglich die akut zugespitzte, unmittelbare Angriffssituation erfasst. Zu klären ist deshalb vor allem, ob sich eine Reduzierung des Tötungsunrechts erreichen lässt, wenn eine Dauergefahr gegeben ist sowie in den praxisrelevanten Fällen von Tötungen sogenannter Haus- oder Familientyrannen.

Bevor auf diese Fragen eingegangen wird, ist noch ein anderer Aspekt hervorzuheben: Ein undifferenzierter Rückgriff auf die Regelung des rechtfertigenden Notstands zur Fundierung einer Unrechtsminderung ist weder unproblematisch noch der Sache nach angebracht. Denn der rechtfertigende Notstand erfasst, genau besehen, zwei Grundkonstellationen, die sich – von einer freiheitstheoretischen Perspektive ausgehend – durch ein unterschiedliches Zurechnungsmuster auszeichnen. Zum einen handelt es sich um den Aggressivnotstand, der den Grund- oder Normalfall des rechtfertigenden Notstands bildet[604]; zum anderen um den Defensivnotstand (sofern man diesen von § 34 StGB als erfasst ansieht[605]), der eher einen Sonderfall darstellt, weil seine Zurechnungsstruktur, zumal wenn die Gefahr aus einem pflichtwidrigen Verhalten des Notstandsopfers resultiert, eine weitaus größere Nähe zur Notwehr als zum Aggressivnotstand aufweist[606]. Denn im Fall des Defensivnotstands ist es das Notstandsopfer selbst, aus dessen Verantwortungssphäre die Gefahr stammt[607]. Damit greift der Notstandstäter in die Güter der Person ein, die die Notstandslage geschaffen hat[608]. Dagegen ist das Notstandsopfer beim Aggressivnotstand ein unbeteiligter Dritter. Der Notstandstäter nimmt also die Güter einer beliebigen, zufällig betroffenen Person in Anspruch, um eine Gefahr von sich abzuwenden, zu der diese Person keinen Beitrag geleistet hat und mit der sie deshalb an und für sich auch nichts zu tun hat[609]. Der Aggressivnotstand regelt demzufolge ebenso wie die unterlassene Hilfeleistung in § 323c StGB eine reine Solida-

---

[604] *Roxin*, Strafrecht AT I, § 16 Rdnr. 63; *Kindhäuser*, Strafrecht AT, § 17 Rdnr. 5; *Freund*, Strafrecht AT, § 3 Rdnr. 66; MK/*Erb*, § 34 Rdnr. 9, 16.

[605] Von einer starken Meinung wird vertreten, der defensive Notstand werde nicht von § 34 StGB erfasst, sondern müsse „im Wege einer analogen Anwendung der zivilrechtlichen Bestimmungen über den Defensivnotstand (§ 228 BGB)" gelöst werden (so NK/*Neumann*, § 34 Rdnr. 86 ff.; ferner *Hruschka*, Strafrecht, S. 78 f., 176 ff.; *ders.*, Dreher-FS, S. 189 [203 in Fn. 23]; *ders.*, JuS 1979, S. 385 [391 f.]; *Frister*, GA 1988, S. 291 [293, 294 f.]; *ders.*, Strafrecht AT, 17/21; *Renzikowski*, Notstand, S. 46 ff., 243 ff.; *Pawlik*, GA 2003, S. 12, 16 ff.; ausführlicher *ders.*, Notstand, S. 140 ff., 308 ff., 327). – Dagegen wendet die herrschende Ansicht § 34 StGB auch auf den Defensivnotstand an, modifiziert jedoch die gesetzlichen Voraussetzungen dieser Vorschrift (*Roxin*, Jescheck-FS, S. 457 [466 ff.]; *ders.*, Strafrecht AT I, § 16 Rdnr. 66 ff.; Sch/Sch-*Lenckner/Perron*, § 34 Rdnr. 30; MK/*Erb*, § 34 Rdnr. 17 f., 148 ff.; SK/*Günther*, § 34 Rdnr. 13 f.; LK/*Zieschang* [12. Aufl.], § 34 Rdnr. 1; LK/*Hirsch* [11. Aufl.], § 34 Rdnr. 72; *Freund*, Strafrecht AT, § 3 Rdnr. 70; *Kühl*, Strafrecht AT, § 8 Rdnr. 134 mit Fn. 218). – Diese Debatte darf in diesem Zusammenhang dahingestellt bleiben, denn sie ist „ohne praktische Bedeutung" (*Kindhäuser*, Strafrecht AT, § 17 Rdnr. 48); fest dürfte stehen, dass der defensive Notstand in einem normativ konsistenten Rechtssystem nach einheitlichen Prinzipien zu beurteilen ist. Ob nun § 34 StGB oder § 228 BGB als gesetzliche Anknüpfungspunkte gewählt werden, könnte man daher auch als eine „Formfrage" abtun (in diesem Sinne *Kindhäuser*, a.a.O.).

[606] *Köhler*, Strafrecht AT, S. 237, 260 ff.; *ders.*, Schroeder-FS, S. 257 f.; NK/*Neumann*, § 34 Rdnr. 86; *Pawlik*, Notstand, S. 310; *ders.*, GA 2003, S. 12 f., 16; SK/*Günther*, § 32 Rdnr. 12 und § 34 Rdnr. 14, 30, 39 f.; *Renzikowski*, Notstand, S. 243, 247; *Kühl*, Strafrecht AT, § 8 Rdnr. 135; *Hruschka*, Dreher-FS, S. 189 (203 f.), *ders.*, JuS 1979, S. 385 (390), und bereits *Stratenwerth*, ZStW 68 (1956), S. 41 (60 f.).

[607] *Stratenwerth*, ZStW 68 (1956), S. 41 (59); *Freund*, Strafrecht AT, § 3 Rdnr. 68; Sch/Sch-*Lenckner/Perron*, § 34 Rdnr. 30; SK/*Günther*, § 34 Rdnr. 20; *Hruschka*, Strafrecht, S. 111; *Renzikowski*, Notstand, S. 43, 244; *Köhler*, Strafrecht AT, S. 279; *Roxin*, Strafrecht AT I, § 16 Rdnr. 66; *Frister*, GA 1988, S. 291 (292).

[608] Vgl. *Kühl*, Strafrecht AT, § 8 Rdnr. 134; ferner *Wessels/Beulke*, Strafrecht AT, § 8 Rdnr. 313.

[609] Vgl. *Köhler*, Strafrecht AT, S. 281.

ritätsbeziehung und -pflicht[610]. Konkret ergibt sich beim Aggressivnotstand eine Duldungspflicht zur Hinnahme eines Eingriffs in die Güter und bei der unterlassene Hilfeleistung eine allgemeine Hilfs- (und Handlungs-)Pflicht zugunsten einer in Not geratenen Person. Dagegen betrifft der Defensivnotstand keine Solidaritätssituation[611]: Der Notstandstäter nimmt nicht einen gänzlich Unbeteiligten, sondern gleichsam den Auslöser der Gefahr in Anspruch[612]. Wegen dieser normativen Grundverschiedenheit in der Zurechnungsstruktur stellt sich, übertragen auf den hiesigen Zusammenhang, für den „Normalfall" des rechtfertigenden Notstands, den Aggressivnotstand, eine ganz andere Frage als für den Defensivnotstand: nämlich ob die Verletzung einer dem Tötungsopfer gegenüber dem Täter obliegenden Solidaritätspflicht eine Minderung des Tötungsunrechts für den Täter zur Folge haben kann. Während es beim Defensivnotstand eben nicht um Solidarität und die Versagung einer solidarischen Leistung des späteren Tötungsopfers geht. Beide Varianten sind daher voneinander zu scheiden und gesondert zu behandeln. Dabei ist die Frage, ob sich eine Unrechtsminderung auf die Verletzung einer Solidaritätspflicht des Opfers stützen lässt, vorerst noch auszuklammern und später zu erörtern (unter e). Im Folgenden und zunächst geht es ausschließlich um Fälle einer Defensivnotstandslage.

Der rechtfertigende Notstand erfasst, das ist allgemein anerkannt, auch Dauergefahren. Das sind Gefahren, die permanent für ein Rechtsgut bestehen und jederzeit in einen Schaden umschlagen können, ohne dass sich sagen ließe, wann dies geschieht[613]. Ebenso werden Gefahren erfasst, bei denen der Schadensein-

---

[610] Zur strukturellen Parallelität beider Normen: *Hruschka*, Strafrecht, S. 91 ff.; *Seelmann*, in: Recht und Moral, S. 295 f.; NK/*Neumann*, § 34 Rdnr. 9; *Köhler*, Strafrecht AT, S. 209, 285; *Pawlik*, Notstand, S. 154 ff., 161; *Renzikowski*, Notstand, S. 191; *Kühl*, Lenckner-FS, S. 143 (157 f.); *ders.*, Hirsch-FS, S. 259 (266 f.); *ders.*, Schreiber-FS, S. 959 (968); ferner MK/*Erb*, § 34 Rdnr. 6 („enger Zusammenhang"). – Zur Interpretation des Aggressivnotstands als Solidaritätspflicht weiterhin: *Kühl*, Lenckner-FS, S. 143 (156 ff.); *ders.*, Hirsch-FS, S. 259 (263 ff., bes. 266 f., 275 f.); *ders.*, Strafrecht AT, § 8 Rdnr. 9 f.; *ders.*, 34 Rdnr. 1; *Merkel*, in: Vom unmöglichen Zustand, S. 171 (184 ff.); *ders.*, in: Medizinstrafrecht, S. 137 (156); *ders.*, Schroeder-FS, S. 297 (308, 310); LK/*Hirsch* (11. Aufl.), § 34 Rdnr. 55; *Jakobs*, Strafrecht AT, 13/1, 8; SK/*Günther*, § 34 Rdnr. 1, 11; *Renzikowski*, Notstand, S. 188 ff.; *Hörnle*, Strafzumessung, S. 295 f.; *Kindhäuser*, Strafrecht AT, § 17 Rdnr. 10; *Krey*, Strafrecht AT/1, § 13 Rdnr. 543.

[611] *Jakobs*, Strafrecht AT, 13/46 mit Fn. 90; NK/*Neumann*, § 34 Rdnr. 86, 88; *Kühl*, Strafrecht AT, § 8 Rdnr. 134 f.; *Renzikowski*, Notstand, S. 247; *Köhler*, Strafrecht AT, S. 281; ferner MK/*Erb*, § 34 Rdnr. 154 f., 151 (wenngleich einschränkend: nur bei einem pflichtwidrigen Verhalten des Notstandsopfers); anders *H.-L. Günther*, JR 1985, S. 271 (273).

[612] Zutreffend spricht *Köhler* bei Notwehr wie bei defensivem Notstand von Rechtfertigungsgründen „aus Unrechtsverantwortung" (Strafrecht AT, S. 260 ff.).

[613] LK/*Zieschang* (12. Aufl.), § 34 Rdnr. 36 f.; LK/*Hirsch* (11. Aufl.), § 34 Rdnr. 36 f.; MK/*Erb*, § 34 Rdnr. 79; Sch/Sch-*Lenckner*/*Perron*, § 34 Rdnr. 17; NK/*Neumann*, § 34 Rdnr. 56; *Fischer*, § 34 Rdnr. 4a; *Lackner*/*Kühl*, § 34 Rdnr. 2; *Kühl*, Strafrecht AT, § 8 Rdnr. 65; *Köhler*, Strafrecht AT, S. 289; *Roxin*, Strafrecht AT I, § 16 Rdnr. 18; *Stratenwerth*/*Kuhlen*, Strafrecht AT I, § 9 Rdnr. 102; *Freund*, Strafrecht AT, § 3 Rdnr. 52; *Kindhäuser*, Strafrecht AT, § 17

tritt erst zu einem späteren Zeitpunkt zu erwarten ist, die aber nur durch sofortiges Handeln abgewendet werden können[614]. Soweit diese (Dauer-)Gefahren in ihrer akuten Phase einen Angriff im Sinne des § 32 II StGB abgäben, handelt es sich zugleich um ein Geschehen, das im Vorfeld der Notwehr anzusiedeln ist und das verbreitet als „notwehrähnlicher“ Fall oder Fall einer „Präventiv-Notwehr“ bezeichnet wird. Obgleich es, und insoweit ist die Formulierung missverständlich, um Notwehr nicht geht[615]. Die Abwehr einer solchen (gegenwärtigen) Gefahr ist qua rechtfertigenden Notstands zulässig. Einer der bekanntesten Fälle in diesem Zusammenhang ist der sogenannte Spannerfall (BGH NJW 1979, S. 2053 f.): Über ein Jahr lang tauchte ein Unbekannter mehrfach im Haus einer Familie auf. Da sämtliche Versuche, seiner habhaft zu werden, misslangen und das Einschalten der Polizei ebenfalls erfolglos blieb, verschaffte sich der Ehemann eine Pistole und schoss mit dieser auf den flüchtenden Unbekannten bei einem seiner nächsten Besuche. Diese Körperverletzung war gerechtfertigt. Hingegen wäre die Tötung des Unbekannten nicht gerechtfertigt gewesen, da die Güterabwägung nicht zugunsten der betroffenen Familie ausfallen kann[616]. Denn selbst nach der für diese Fälle des defensiven Notstands (pflichtwidriges Vorverhalten des Notstandsopfers) geltenden Güterabwägung, die gleichsam unter umgekehrten Vorzeichen zu erfolgen hat[617], stünde die Tötung „außer Verhältnis“ zur Gefahr (entsprechend § 228 BGB), womit eine Rechtfertigung ausschiede. Allerdings wäre eine Verringerung des Tötungsunrechts anzuerkennen, hätte der Ehemann den Unbekannten getötet. So stellt das Verhalten des unbekannten Besuchers einen Eingriff in die rechtlich absolut geschützte Sphäre der Familie dar. Im Moment des Schusses war diese Rechtsverletzung, weil der Unbekannte bereits auf der Flucht war, zwar schon beendet, weshalb ein gegenwärtiger Angriff (§ 32 II StGB) nicht mehr angenommen werden kann. Eine Minderung des Tötungsunrechts ließe sich aber auf die weiterhin bestehende Gefahr der Wiederkehr des Unbekannten stützen[618]; zum anderen lässt

---

Rdnr. 19 f.; *Baumann/Weber/Mitsch*, Strafrecht AT, § 17 Rdnr. 58; *Jescheck/Weigend*, Lehrbuch, § 33 IV 3a; *Krey*, Strafrecht AT/1, § 13 Rdnr. 547 f.

[614] Teils werden beide Varianten als Dauergefahr bezeichnet und nicht exakt voneinander geschieden; differenzierend jedoch NK/*Neumann*, § 34 Rdnr. 57; MK/*Erb*, § 34 Rdnr. 80; *Kühl*, Strafrecht AT, § 8 Rdnr. 66.

[615] *Kühl*, Strafrecht AT, § 7 Rdnr. 42 und § 8 Rdnr. 67; *Köhler*, Strafrecht AT, S. 267; MK/*Erb*, § 32 Rdnr. 97; Sch/Sch-*Lenckner/Perron*, § 32 Rdnr. 16 f.; NK/*Herzog*, § 32 Rdnr. 31; *Jescheck/Weigend*, Lehrbuch, § 32 II 1d; *Otto*, Strafrecht AT, § 8 Rdnr. 40; *Stratenwerth/Kuhlen*, Strafrecht AT I, § 9 Rdnr. 66; *Roxin*, Strafrecht AT I, § 15 Rdnr. 27 und § 16 Rdnr. 73.

[616] Vgl. auch MK/*Erb*, § 34 Rdnr. 160.

[617] Siehe *Hruschka*, Strafrecht, S. 79 f.; *dens.*, JuS 1979, S. 385 (391); MK/*Erb*, § 34 Rdnr. 155, 160; *Pawlik*, Notstand, S. 315 f.; *Renzikowski*, Notstand, S. 239 f., 244 f.; NK/*Neumann*, § 34 Rdnr. 88; *Kühl*, Strafrecht AT, § 8 Rdnr. 134; SK/*Günther*, § 34 Rdnr. 12 ff., 40; LK/*Hirsch* (11. Aufl.), § 34 Rdnr. 74; *Jakobs*, in: Rechtfertigung und Entschuldigung, S. 143 (165).

[618] Zur Unrechtsverringerung in „notwehrähnlicher“ Lage besonders *H.-L. Günther*, JR 1985, S. 268 (271); *Hillenkamp*, Vorsatztat, S. 274 f.; *Lenckner*, Notstand, S. 37.

sich in diesem Fall wegen der unmittelbaren zeitlichen Nähe ebenso auf die gerade abgeschlossene Rechtsverletzung verweisen (dazu bereits die obigen Ausführungen)[619].

Als weiteres Beispiel ist auf die bekannten und viel diskutierten Fälle der Tötung sogenannter Haus- oder Familientyrannen hinzuweisen. In seiner jüngsten Entscheidung zu dieser Thematik, in BGHSt 48, 255ff., hat der BGH den kurze Zeit zuvor, in der sogenannten Erpresser-Entscheidung (BGHSt 48, 207ff.), proklamierten „Wertungsgleichklang mit der Notwehr"[620] nicht auf Fälle eines Defensivnotstands übertragen[621]. Im Schrifttum wurde die „Haustyrannen"-Entscheidung nicht zuletzt deshalb kritisiert[622]. So kommt eine Unrechtsverringerung in Defensivnotstandslagen schon prima facie ebenso in Betracht wie in einer Notwehrsituation; und zwar vor allem bei einem pflichtwidrigen Eingriff des (Notstands-)Opfers in die Freiheitssphäre des (Notstands-)Täters, was in den „Haustyrannen"-Fällen durchweg der Fall ist. In der erwähnten Entscheidung (BGHSt 48, 255ff.) erschoss die Ehefrau ihren Ehemann im Schlaf, ein Tathergang, der bei Tötungen von „Haustyrannen" als klassisch bezeichnet werden kann[623]. Eine gegenwärtige Gefahr und damit eine Notstandslage sind zu bejahen; obwohl eine Dauergefahr im eigentlichen Sinn hier nicht gegeben war, weil der Ehemann schlief und die grundsätzlich bestehende und von ihm ausgehende Gefährdung (ständige schwerwiegende Misshandlungen der Ehefrau und mittlerweile auch der beiden Töchter[624]) gerade in diesem Moment nicht in einen Schaden umschlagen konnte[625]. Der Schadenseintritt war aber zu einem späteren Zeitpunkt zu erwarten und konnte (vermutlich) nur so effektiv abge-

---

[619] MK/*Erb*, § 34 Rdnr. 80, erwägt im „Spannerfall", die psychische Belastung der Familie als permanente Schädigung zu betrachten. Dies vorausgesetzt, könnte die Minderung des Unrechts auch hierauf gestützt werden (zumal sich der Familie nicht vorhalten lässt, sie habe sich mit dieser Belastung arrangieren müssen).

[620] BGHSt 48, 207 (211).

[621] In der sogenannten Erpresser-Entscheidung hat der BGH das Mordmerkmal „heimtückisch" einer normativierenden Auslegung unterzogen und bei bestehender Notwehrlage ausgeschlossen. Dagegen wurde das Merkmal „Heimtücke" in BGHSt 48, 255ff. bei bestehender Notstandslage (gegenwärtiger Gefahr) nicht abgelehnt. – Hierzu bereits im zweiten Kapitel zu B II.

[622] *Rengier*, NStZ 2004, S. 233 (236f.); *Otto*, NStZ 2004, S. 142f.; *Hillenkamp*, Rudolphi-FS, S. 463 (468f., 472); *ders.*, JZ 2004, S. 48 (50); ferner *H. Schneider*, NStZ 2003, S. 428 (430f.).

[623] Siehe als weitere Sachverhalte RGSt 60, 318ff.; BGH NJW 1966, S. 1823ff.; BGH NStZ 1984, S. 20f.

[624] Vgl. die eingehende Darstellung des Sachverhalts in JZ 2004, S. 44f. – Das LG Hechingen hatte zunächst eine Freiheitsstrafe von 9 Jahren verhängt. *Rengier* bemerkt zu Recht, wenn man versuche, das Martyrium der Ehefrau nachzuvollziehen, sei man nicht nur erschüttert, sondern man erschrecke auch über dieses Strafmaß (NStZ 2004, S. 233 [235]).

[625] Der BGH prüft und bejaht dies im Rahmen des § 35 I StGB (BGHSt 48, 255 [258]). Da § 34 StGB jedoch insoweit mit § 35 I StGB übereinstimmt (vgl. auch *Roxin*, Strafrecht AT I, § 16 Rdnr. 18; LK/*Zieschang* [12. Aufl.], § 34 Rdnr. 37; LK/*Hirsch* [11. Aufl.], § 34 Rdnr. 37), liegt hierin kein Unterschied.

wendet werden. In der Literatur wird in diesen Fällen – mithin in Fällen eines defensiven Notstands bei pflichtwidrig-schuldhaftem Verhalten des (Notstands-)Opfers sowie speziell in den „Haustyrannen"-Fällen – eine Rechtfertigung vorsätzlicher Tötungen teils grundsätzlich für möglich gehalten[626] und in den „Haustyrannen"-Fällen teils zumindest erwogen[627]. Für die Möglichkeit einer Rechtfertigung von Tötungen im defensiven Notstand spricht vor allem die normative Vergleichbarkeit dieser Fälle mit denen der Notwehr[628]. Das gilt zumal, wenn man von einem freiheitsgesetzlich begründeten Strafrechtskonzept ausgeht[629]. Ebenso nämlich wie der Angreifer in der Notwehrlage trägt das Notstandsopfer im Defensivnotstand eine entscheidende Verantwortung für die Situation. Denn es ist das (Notstands-)Opfer, das zuerst die rechtlich absolut geschützte Freiheitssphäre des Täters verletzt hat, und das Verhalten des Täters ist zunächst – sei es im Ergebnis erlaubt oder nicht erlaubt – eine Reaktion auf diesen Eingriff in seine Rechtssphäre. Man kann das Verhalten des Opfers in Anlehnung an *Jakobs* auf die Formel „Freiheitsgebrauch und Folgenverantwortung" bringen[630] (wobei der Freiheitsgebrauch hier rechtswidrig ist). Dieses Prinzip gilt in beiden Fallvarianten, mithin bei der Notwehr und der hier thematisierten Form des Defensivnotstands, gleichermaßen. Argumente, die gegen die Möglichkeit einer Rechtfertigung von Tötungen im Defensivnotstand vorgetragen werden, namentlich das Rechtsgut „Leben" entziehe sich einer Abwägung[631] oder es gebe keine Solidaritätspflicht, sein Leben aufzuopfern[632], überzeugen

[626] *Jakobs*, Strafrecht AT, 13/46; *ders.*, in: Rechtfertigung und Entschuldigung, S. 143 (166); LK/*Hirsch* (11. Aufl.), § 34 Rdnr. 74; MK/*Erb*, § 34 Rdnr. 156, 162; *Baumann/Weber/Mitsch*, Strafrecht AT, § 17 Rdnr. 77; *Pawlik*, Notstand, S. 316; *ders.*, Jura 2002, S. 26 (29); *Krey*, Strafrecht AT/1, § 13 Rdnr. 580; *Gropp*, Strafrecht AT, § 6 Rdnr. 137; *Lackner/Kühl*, § 34 Rdnr. 9; NK/*Neumann*, § 34 Rdnr. 87; *Renzikowski*, Notstand, S. 266 f.; *Küper*, Pflichtenkollision, S. 73 ff.; *Otte*, Defensivnotstand, S. 163 ff., bes. 165; SK/*Günther*, § 34 Rdnr. 43 (anders noch *ders.*, Strafrechtswidrigkeit, S. 346; *ders.*, JR 1985, S. 268 [273]); ferner (aber ambivalent) *Roxin*, Strafrecht AT I, § 16 Rdnr. 37, 69, 74, 76.

[627] *Byrd*, in: Familie, S. 117 (125 ff., 132); *Otto*, NStZ 2004, S. 142 (143 f.); *Renzikowski*, Notstand, S. 268 f.; MK/*Erb*, § 34 Rdnr. 162; NK/*Neumann*, § 34 Rdnr. 90; MK/*Müssig*, § 35 Rdnr. 21.

[628] Zutreffend hebt *Otto* hervor (NStZ 2004, S. 143 [144]), dass sich unter „Verantwortungsgesichtspunkten" die Situation des Angreifers nach § 32 II StGB „nicht grundlegend" von der des Notstandsopfers unterscheidet.

[629] Siehe auch *Köhler*, Strafrecht AT, S. 260 ff.

[630] *Jakobs*, Zurechnung, S. 31 („Verhaltensfreiheit und Folgenverantwortung"); siehe ferner *dens.*, Strafrecht AT, 29/39.

[631] *Rengier*, NStZ 1984, S. 21 (22); *H.-L. Günther*, JR 1985, S. 268 (273); *ders.*, Strafrechtswidrigkeit, S. 346 (anders nun *ders.*, in SK, § 34 Rdnr. 43); ferner Sch/Sch-*Lenckner/Perron*, § 34 Rdnr. 30; LK/*Zieschang* (12. Aufl.), § 34 Rdnr. 74. Desgleichen legt der BGH in BGHSt 48, 255 (257) dar: Die Voraussetzungen eines rechtfertigenden Notstands seien „ersichtlich" nicht erfüllt, da das Interesse der Ehefrau und ihrer Töchter auf körperliche Unversehrtheit das beeinträchtigte Interesse „Leben" des Ehemanns nicht überwiegen könne; und dies noch nicht einmal in einer zugespitzten Situation, in der eine akute Lebensgefahr für ein Familienmitglied bestünde. Diese Ansicht überzeugt nicht (siehe oben im Text).

[632] *H.-L. Günther*, JR 1985, S. 268 (273); anders aber jetzt *ders.*, in SK, § 34 Rdnr. 43.

nicht. Um Solidaritätspflichten, das wurde bereits dargelegt, geht es insbesondere in dieser Variante des defensiven Notstands nicht. Und die Güterabwägung, die § 34 StGB vorgibt, ist zu modifizieren und bei einem rechtswidrig-schuldhaften Eingriff des (Notstands-)Opfers in die geschützte Freiheitssphäre des (Notstands-)Täters an einem umgekehrten Maßstab (entsprechend § 228 BGB) zu orientieren[633]. Die Tötung des (Notstands-)Opfers ist danach nicht von vornherein ausgeschlossen. Speziell in den „Haustyrannen"-Fällen wird man ferner nicht auf ein bestehendes Obhutsverhältnis der Ehepartner verweisen können[634]. Ebenso wenig nämlich wie eine darauf gestützte „sozialethische" Einschränkung des Notwehrrechts anzuerkennen ist, vermag dieser Einwand hier zu überzeugen[635]: Die Aufkündigung des ehelichen Obhutsverhältnisses durch das (Notstands-)Opfer (den Ehemann) ist in diesen Fällen evident. Beschränkt man die Zulässigkeit einer Tötung in Defensivnotstandsfällen hingegen, wie es zuweilen vorgeschlagen wird, auf „eindeutige[ ] Angriffslagen"[636], bedeutet das zuletzt kaum etwas anderes als eine Begrenzung auf die Notwehrsituation[637]. Ein normativ einleuchtender Anhaltspunkt, so zu verfahren, ist indes nicht ohne weiteres erkennbar. Durchaus gewichtig erscheint jedoch ein anderer Einwand: der „Vorrang institutioneller Konfliktlösungsmechanismen"[638]. So ist eine Tötung als Notstandshandlung nur legitim, wenn die Gefahr nicht anders abwendbar ist. Der Betroffene muss hier anders als bei der Notwehr ausweichen oder sich, soweit möglich, fremder Hilfe bedienen[639]. Zutreffend wird darauf hingewiesen, dass private Gewalt das Friedensgebot auch dort beeinträchtige, wo sie zur Abwendung einer Gefahr eingesetzt werde[640]. In den „Haustyrannen"-Fällen dürfte allerdings eine nicht zu unterschätzende Problematik in einem Auseinanderklaffen von Wirklichkeit und gewünschtem gesellschaftlichen Zustand liegen. Vielfach nämlich wird es gerade in diesen Fällen nicht gelingen, durch alternative Handlungsmöglichkeiten (Einschalten von Hilfseinrichtungen, Behörden) eine wirksame Beseitigung der Gefahr zu erreichen[641]. Pauschal auf sol-

---

[633] *Hruschka*, Strafrecht, S. 79 f.; *ders.*, JuS 1979, S. 385 (391); LK/*Hirsch* (11. Aufl.), § 34 Rdnr. 74; MK/*Erb*, § 34 Rdnr. 155, 160; SK/*Günther*, § 34 Rdnr. 12 ff., 40; *Renzikowski*, Notstand, S. 239 f., 244 f.; *Pawlik*, Notstand, S. 315 f.; NK/*Neumann*, § 34 Rdnr. 88; *Kühl*, Strafrecht AT, § 8 Rdnr. 134; *Jakobs*, in: Rechtfertigung und Entschuldigung, S. 143 (165).

[634] So aber *Renzikowski*, Notstand, S. 269; im Ergebnis auch LK/*Hirsch* (11. Aufl.), § 34 Rdnr. 67; SK/*Günther*, § 34 Rdnr. 47.

[635] Vgl. in diesem Kapitel B II 1 b am Ende.

[636] *Hillenkamp*, Miyazawa-FS, S. 141 (156, 157); in der Sache ebenso *Roxin*, Jescheck-FS, S. 457 (482 f.).

[637] *Hillenkamp* räumt das freilich selbst ein: Für eine Rechtfertigung nach § 34 StGB, so sein Fazit, bleibe „nur wenig Raum" (Miyazawa-FS, S. 141 [156]).

[638] *Pawlik*, Notstand, S. 314; *Jakobs*, in: Rechtfertigung und Entschuldigung, S. 143 (162 f.).

[639] *Roxin*, Strafrecht AT I, § 16 Rdnr. 69, 74; MK/*Erb*, § 34 Rdnr. 159; *Pawlik*, Notstand, S. 314 ff.; *Kühl*, Strafrecht AT, § 8 Rdnr. 135.

[640] *Pawlik*, Notstand, S. 314; MK/*Erb*, § 34 Rdnr. 159.

[641] So etwa in RGSt 60, 318 (322); BGH NJW 1966, S. 1823 (1824 f.). – Man sehe sich unter

che Alternativen zu verweisen und zu behaupten, diese seien „regelmäßig" vorhanden[642], ohne dass die Möglichkeit einer effektiven Gefahrabwendung im Einzelnen realistisch eingeschätzt würde, überzeugt jedenfalls nicht[643]. Nimmt man zum Beispiel wiederum den Sachverhalt, der BGHSt 48, 255 ff. zugrunde lag[644], darf man mit einigem Recht bezweifeln, dass es für die Ehefrau tatsächlich eine Alternative gegeben hätte[645]. Man mag dies als ein „beschämendes" Zeugnis für die Gesellschaft bewerten; kaum aber wird man, bloß um dies nicht offen eingestehen zu müssen, von etwas ausgehen dürfen, was tatsächlich nicht ist[646]. Selbst wenn und soweit aber eine Rechtfertigung als nicht akzeptabel angesehen wird, ist wegen der bestehenden Defensivnotstandslage in jedem Fall eine Unrechtsreduzierung anzuerkennen. In BGHSt 48, 255 ff. ist diese keineswegs eine geringe; mit *Hillenkamp* gesprochen: Das Tötungsunrecht tendiert „gegen Null"[647].

e) Unrechtsminderung bei Verletzung von Solidaritätspflichten?

Voraussetzung für die Annahme einer Reduzierung des Tötungsunrechts ist nach hiesigem Verständnis die Verletzung des rechtlich absolut geschützten Freiheitsbereichs des Täters durch das Tötungsopfer. Bei den bislang dargelegten Fallvarianten ging es stets um Rechtsverletzungen, die Folge eines Eingriffs des Opfers in den Rechtskreis des Täters waren. Anders gesagt: Das Opfer hat mit seinem Verhalten gegen das allgemeine Schädigungsverbot („neminem laedere") verstoßen. Dieses Verbot korrespondiert mit einem ausschließlich negativen Freiheits- und Rechtsbegriff, dessen Inhalt es ist, Schädigungen anderer Personen zu vermeiden[648]. Das gegenwärtige Strafgesetz enthält, obschon in eng begrenzten Ausnahmefällen, neben Pflichten, die aus diesem rein negativen Freiheits- und Rechtsbegriff folgen, ebenfalls Pflichten, bei denen es sich im Kern um eine ethische Solidaritätspflicht handelt. Das gilt namentlich sowohl für die allgemeine Hilfspflicht in § 323c StGB wie für die Duldungspflicht des

---

diesem Gesichtspunkt außerdem den im ersten Kapitel in Fn. 82 geschilderten Fall an (oder lese direkt bei *Rössner/Bannenberger*, Brauneck-Ehrengabe, S. 353 [374 f.]). – Siehe ferner *Byrd*, in: Familie, S. 117 (122 f., 132 f.); *Rengier*, NStZ 1984, S. 21 (22); *dens.*, NStZ 2004, S. 233 (237 f.); *Hillenkamp*, Miyazawa-FS, S. 141 (155); *dens.*, JZ 2004, S. 48 (51).

642 In diesem Sinne BGHSt 48, 255 (257 f.); ebenso SK/*Günther*, § 34 Rdnr. 34; *Renzikowski*, Notstand, S. 269; zu eng auch NK/*Neumann*, § 34 Rdnr. 90.

643 *Hillenkamp*, JZ 2004, S. 48 (51); *ders.*, Miyazawa-FS, S. 141 (155); *Rengier*, NStZ 1984, S. 20 (22); *ders.*, NStZ 2004, S. 233 (237 f., 239); *Otto*, NStZ 2004, S. 142 (144); MK/*Erb*, § 34 Rdnr. 162.

644 Ausführliche Schilderung in JZ 2004, S. 44 f.

645 Ebenso *Otto*, NStZ 2004, S. 142 (144); *Rengier*, NStZ 2004, S. 233 (239); *Frister*, in: Beziehungsgewalt, S. 243 (249).

646 *Hillenkamp*, Miyazawa-FS, S. 141 (155); *ders.*, JZ 2004, S. 48 (51); *Rengier*, NStZ 2004, S. 233 (239).

647 *Hillenkamp*, JZ 2004, S. 48 (52); *ders.*, Miyazawa-FS, S. 141 (151).

648 Zu diesem Rechtsbegriff *Kant*, MdS-RL, Einleitung in die Rechtslehre, S. 336 f.

Notstandsopfers beim Aggressivnotstand in § 34 StGB[649]. Beide Pflichten lassen sich mit einem negativen Freiheits- und Rechtsbegriff, wie er einem streng formal-liberalen Strafrechtsverständnis entspricht, nicht mehr vereinbaren. Legt man etwa den Rechtsbegriff kantischer Prägung zugrunde[650], bedarf es, um diese Pflichten aufnehmen zu können, einer Erweiterung durch materiale Aspekte[651]. Zugleich wird damit über diesen Rechtsbegriff hinausgegangen. Auf der Grundlage eines freiheitlichen Strafrechtskonzepts ist es demzufolge weder notwendig noch (zwingend) geboten, Solidaritätspflichten in das Rechtssystem zu integrieren[652]. Ebenso gut lässt sich von einem freiheitstheoretischen Standpunkt aus vertreten, dass jeder, der zufällig in Not- oder Gefahrensituationen hineingerät, auf sich selbst angewiesen ist und Hilfe von anderen Personen nicht einfordern kann; und auf der Basis eines strikt negativen Freiheits- und Rechtsverständnisses lässt sich sogar nur dieses vertreten. Denn die Eigenverantwortlichkeit der Person resultiert ja gleichsam als Kehrseite aus ihrer Autonomie und (negativen) Freiheit, der Freiheit oder dem Recht, „in Ruhe gelassen zu werden"[653]. In dem bekannten Grundsatz „casum sentit dominus" kommt genau das zum Ausdruck: Den Schaden, der einen zufällig trifft, trägt jeder selbst. Dass eine freiheitlich organisierte Gesellschaft ohne strafrechtlich abgesicherte Solidaritätsplichten auskommt, lässt sich daher kaum in Abrede stellen. „Zum unverzichtbaren Grundbestand einer modernen Strafrechtsordnung gehört ein solches Recht nicht", heißt es bei *Pawlik*[654]. Gleichwohl mag es gute Gründe geben, solidarische Pflichten in engen Grenzen auch als strafbewehrte Rechtspflichten zu etablieren. So kann ein freiheitliches Strafrechtssystem zwar ohne weiteres ohne solche Pflichten auskommen. Das freiheitliche Konzept insgesamt wird aber nicht schon dadurch in Frage gestellt oder gar verlassen, dass Solidaritätspflichten in eng begrenzten Ausnahmefällen in die Strafrechtsord-

---

[649] *Kühl*, Hirsch-FS, S. 259 (266 ff.); *ders.*, Lenckner-FS, S. 143 (156 f.); *ders.*, Schreiber-FS, S. 959 (968); *ders.*, Strafrecht AT, § 8 Rdnr. 9 f.; *Merkel*, in: Vom unmöglichen Zustand, S. 171 (184); *Seelmann*, in: Recht und Moral, S. 295 f.; NK/*Neumann*, § 34 Rdnr. 9; *Lackner/Kühl*, § 34 Rdnr. 1 und § 323c Rdnr. 1; *Renzikowski*, Notstand, S. 188 ff., 196 ff.; – siehe ferner auch *Köhler*, Strafrecht AT, S. 209, 284 f., und *Pawlik*, Notstand, S. 154 ff.

[650] Siehe *Kant*, MdS-RL, Einleitung in die Rechtslehre, S. 336 f., und Anhang zur Einleitung in die Rechtslehre, S. 343 f.

[651] *Pawlik*, Notstand, S. 24 ff., bes. 26; *Seelmann*, GA 1989, S. 241 (253); *ders.*, in: Recht und Moral, S. 295 (298); *Morgenstern*, Unterlassene Hilfeleistung, S. 126 ff.; *Harzer*, Die tatbestandsmäßige Situation, S. 104, 164 ff.

[652] Vgl. aber *Köhler*, Strafrecht AT, S. 285, der von einem „freiheitsnotwendig-distributive[n] Gehalt des Rechts" spricht.

[653] *Pawlik*, Notstand, S. 17; ferner NK/*Neumann*, § 34 Rdnr. 7; *Köhler*, Strafrecht AT, S. 282; *Renzikowski*, Notstand, S. 179.

[654] *Pawlik*, Notstand, S. 123; ebenso *Jakobs*, in: Rechtfertigung und Entschuldigung, S. 143 (146); *Renzikowski*, Notstand, S. 179, 185 ff., 197 f.

nung aufgenommen werden[655]. Restriktiv zu handhabende Aufopferungspflichten wie die Hilfeleistungspflicht in § 323c StGB und die Duldungspflicht des Notstandsopfers in § 34 StGB sind vielmehr freiheitstheoretisch durchaus noch begründbar[656] (– wenngleich dies auch nicht mit einem rein negativen Freiheitskonzept möglich ist). Ihre „rechtliche Institutionalisierung"[657] ist also noch akzeptabel.

Da die Frage, ob und inwieweit solidarische Pflichten zur strafrechtlich relevanten Rechtspflicht ausgestaltet werden können, de lege lata durch die Regelung sowohl des Aggressivnotstands als auch der unterlassenen Hilfeleistung entschieden ist[658], könnte man die Auffassung vertreten, die Verletzung dieser strafrechtlich garantierten Mindestsolidarität durch das spätere Tötungsopfer begründe seitens des Täters eine Reduzierung des von ihm begangenen Tötungsunrechts[659]. Beispielhaft: Nimmt man den Fall, dass das Kind K des V in einem entlegenen Gebiet schwer verletzt wird und zu sterben droht und dass sich zufälligerweise A dort aufhält und ein Auto hat, was die einzig realistische Rettungsmöglichkeit für K bedeutet. Tötet V den A, weil dieser Hilfe verweigert, etwa wegen einer vielversprechenden Verabredung am Abend, wäre eine Minderung des Tötungsunrechts demnach gegeben. Dogmatisch konsistent begründbar dürfte diese Ansicht sein, zwingend ist sie nicht. Vorzugswürdiger erscheint es, eine Minderung des Tötungsunrechts bei Verletzung einer Solidaritätspflicht zu versagen[660], aus folgendem Grund: Die Verletzung der allgemeinen Hilfspflicht, die A hier vorzuwerfen ist, ist ihrem Wesen nach die Verletzung einer ethisch-solidarischen Pflicht. Diese Pflicht wird zwar mit § 323c StGB zur strafbewehrten Rechtspflicht erhoben, was (wie erwähnt) freiheitstheoretisch möglich ist. Indes ist und bleibt diese Pflicht eine wesentlich schwächere (Rechts-)Pflicht als Pflichten, die aus dem allgemeinen Verletzungsverbot („neminem laedere") resultieren[661]. § 323c StGB trägt diesem Umstand Rechnung durch die recht geringe Strafandrohung – verglichen mit den klassischen Verletzungsverbotsnormen oder Gebotsnormen, die sich, wie das Garantenunterlassen (§ 13 I StGB), zuletzt ebenso aus einem System von Handlungsverant-

---

655 Grundlegend *Hegel*, Grundlinien, § 127; – siehe zu den Möglichkeiten der Begründung solcher Pflichten im Einzelnen: *Pawlik*, Notstand, S. 80 ff., 103 ff., bes. 113 ff.; *Köhler*, Strafrecht AT, S. 207 ff., 284 f.; *Kühl*, Bedeutung der Rechtsphilosophie, S. 45 ff.; *ders.*, Hirsch-FS, S. 259 (267 ff.); *ders.*, Spendel-FS, S. 75 (92 ff.); *Merkel*, in: Vom unmöglichen Zustand, S. 171 (183 ff.).

656 Dazu insbesondere *Pawlik*, Notstand, S. 150 ff., 244 ff., sowie *Köhler*, Strafrecht AT, S. 209, 284 f.

657 NK/*Neumann*, § 34 Rdnr. 9.

658 Zur notwendigen Harmonisierung der Voraussetzungen beider Normen siehe *Hruschka*, Strafrecht, S. 94 ff.; *dens.*, JuS 1979, S. 390 f.; *Pawlik*, Notstand, S. 154 ff., 161.

659 In diesem Sinne *Müssig*, Mord, S. 384 f.

660 Im Ergebnis ebenso *Hörnle*, Strafzumessung, S. 296.

661 Siehe auch MK/*Erb*, § 32 Rdnr. 64: Pflicht „minderen Ranges".

wortung herleiten lassen[662]. Dass aber eine solche denkbar schwache Rechtspflicht oder Rechtsverletzung genügen sollte, beim Tötungsdelikt eine hinreichend erhebliche Verringerung des Unrechts zu fundieren, lässt sich zu Recht bezweifeln und ist im Ergebnis zu verneinen[663]. Man wird diese Rechtsverletzung als nicht gewichtig genug einzustufen müssen, um eine tatbestandliche Unrechtsminderung beim Tötungsdelikt zu tragen. Andererseits heißt das nicht, dass die Berücksichtigung derartiger Solidaritätspflichtverletzungen gänzlich, also auch auf Strafzumessungsebene, ausgeschlossen wäre.

f) Sonderfälle: Unterlassen; beiderseitige Verantwortlichkeit für die Tat

Die bisherigen Erörterungen behandeln die Voraussetzungen, unter denen ein hinreichend erheblicher Eingriff des Opfers in die rechtlich geschützte Freiheitssphäre des Täters zu befürworten ist, der eine Reduzierung des Tötungsunrechts zu bewirken vermag. Neben den erläuterten Grundkonstellationen sind vielfältige Variationen und Sonderfälle möglich, die hier abschließend nur noch komprimiert abgehandelt werden.

Eine Rechtsverletzung, auf die sich eine Minderung des Tötungsunrechts stützen lässt, ist nicht bloß durch Handlung, also einen aktiven Eingriff des späteren Tötungsopfers in die Rechtssphäre des Täters denkbar, sondern gleichfalls durch Unterlassen. Dass die Verletzung der allgemeinen Hilfspflicht (§ 323c StGB) hierfür nicht genügt, wurde soeben dargelegt, steht der Berücksichtigung eines Unterlassens generell aber nicht schon entgegen. Denn der entscheidende Grund für die Ablehnung einer hinreichend gewichtigen Rechtsverletzung in diesem Fall liegt nicht im Unterlassen als solchem. Ausschlaggebend ist vielmehr, dass es sich bei der allgemeinen Hilfspflicht um eine vergleichsweise schwache Pflicht, eine Solidaritätspflicht, handelt. Nicht ausgeschlossen sind Handlungspflichten, die nicht auf Solidarität gründen, mithin Handlungspflichten, die sich unmittelbar aus dem (negativen) Freiheitsprinzip selbst beziehungsweise einem System von Handlungsverantwortung herleiten[664]. Gemeint sind damit Garantenpflichten nach § 13 I StGB. Denn bei diesen Pflichten handelt es sich entweder um solche, die sich unmittelbar aus der Handlungsver-

[662] Siehe *Seelmann*, GA 1989, S. 241 (252 f.); *dens.*, in: Vielfalt des Rechts, S. 85 (95 ff.); *dens.*, in: Gerechtigkeit, S. 109 (122 ff.); *Grünewald*, Garantenpflichten, S. 57 f., 133 f.; *Jakobs*, Strafrecht AT, 28/13 a.E., 29/29 ff.; *dens.*, Zurechnung, S. 20; vgl. ferner NK/*Wohlers*, § 13 Rdnr. 34.

[663] Noch weiter gehend wohl *Jakobs*: Solidarität könne „vom modernen Recht" nicht garantiert werden, allenfalls könne Recht Solidarität ermöglichen – mit der Folge, dass das Sonderopfer beim aggressiven Notstand vom Betroffenen nur vorläufig gefordert werden könne und seine Entschädigung durch die öffentliche Hand zu gewährleisten sei (in: Rechtfertigung und Entschuldigung, S. 143 [168 f.]; ebenso *Pawlik*, Notstand, S. 123; ferner *Renzikowski*, Notstand, S. 196, 198 f.). – Dagegen meint *Renzikowski*, die ausschließliche Betonung der Eigenständigkeit des Individuums sei „längst Rechtsgeschichte" (Notstand, S. 188).

[664] Dazu *Pawlik*, Betrug, S. 132, 135 ff.; *ders.*, ZStW 111 (1999), 335 (349 f.); *Seelmann*, GA 1989, S. 241 (255 f.); NK/*Wohlers*, § 13 Rdnr. 34.

antwortung von Personen ergeben. Das gilt typischerweise für Pflichten aus Ingerenz. Oder es handelt sich um Pflichten, die ihrerseits unabdingbar sind, um ein freiheitliches Gesellschaftssystem überhaupt erst herzustellen und zu gewährleisten. In traditioneller Terminologie gesprochen, trifft das zum großen Teil auf sogenannte Obhutspflichten zu[665]. Die Verletzung einer solchen Handlungspflicht stellt – anders als die Verletzung einer lediglich solidarischen Handlungspflicht – eine hinreichende Rechtsverletzung dar, die das Tötungsunrecht in ebensolcher Weise mindern kann, wie das bei einem Verstoß gegen die allgemeine Unterlassungspflicht, Schädigungen anderer Personen zu vermeiden, der Fall ist[666]. Der normativen Gleichstellung beider Pflichttypen trägt § 13 I StGB Rechnung.

In einem konfliktträchtigen, eskalierenden Geschehensverlauf, der in der vorsätzlichen Tötung eines der Beteiligten mündet, ist es des Weiteren gut vorstellbar, dass im unmittelbaren Tatzusammenhang nicht nur das spätere Tötungsopfer dem Täter eine Rechtsverletzung zugefügt hat, sondern dass desgleichen der Täter vorher die rechtlich geschützte Freiheitssphäre des Opfers beschnitten hat. Die Rechtsverletzung, die das Opfer vornimmt, ist dann als eine Reaktion anzusehen auf eine ihm zuvor vom Täter zugefügte. Da es sich bei Tötungsdelikten

---

[665] Im Einzelnen *Grünewald*, Garantenpflichten, S. 133 ff., 139 ff.; siehe weiterhin NK/*Wohlers*, § 13 Rdnr. 34, 54 ff.

[666] Im Ausschluss einer Solidaritätspflichtverletzung zur Fundierung einer (tatbestandlichen) Unrechtsminderung einerseits und in der Bejahung einer solchen bei einer Garantenpflichtverletzung des Tötungsopfers andererseits mag man eine gewisse strukturelle Parallele zur Behandlung der Frage sehen, ob und welches Unterlassen sich als Angriff im Sinne des § 32 II StGB bewerten lässt. Zu Recht geht die ganz herrschende Ansicht inzwischen davon aus, dass ein Angriff im Falle eines Unterlassens gegeben sein kann (*Köhler*, Strafrecht AT, S. 266; *Kühl*, Strafrecht AT, § 7 Rdnr. 29; NK/*Herzog*, § 32 Rdnr. 11; *Fischer*, § 32 Rdnr. 5; abweichend aber Sch/Sch-*Lenckner/Perron*, § 32 Rdnr. 10). Strittig ist nur, ob hierfür ein Unterlassen im Sinne des § 323c StGB ausreicht (dafür *Baumann/Weber/Mitsch*, Strafrecht AT, § 17 Rdnr. 6; *Jakobs*, Strafrecht AT, 12/21; *Jescheck/Weigend*, Lehrbuch, § 32 II 1a; *Krey* Strafrecht AT/1, § 12 Rdnr. 432; LK/*Spendel* [11. Aufl.], § 32 Rdnr. 47; LK/*Rönnau/Hohn* (12. Aufl.), § 32 Rdnr. 103; *Kühl*, Jura 1993, S. 59; *Renzikowski*, Notstand, S. 294) oder ob ein garantenpflichtwidriges Unterlassen nötig ist (so *Roxin*, Strafrecht AT I, § 15 Rdnr. 13; MK/*Erb*, § 32 Rdnr. 64 f.; *Maurach/Zipf*, Strafrecht AT/1, § 26 Rdnr. 9; *Wessels/Beulke*, Strafrecht AT, § 8 Rdnr. 326; *Kindhäuser*, Strafrecht AT, § 16 Rdnr. 9; ferner *Hruschka*, Dreher-FS, S. 189 [201 mit Fn. 19]; wohl auch *Stratenwerth/Kuhlen*, Strafrecht AT I, § 9 Rdnr. 62). Zutreffenderweise wird man mit der zuletzt genannten Auffassung bei Verletzung einer Solidaritätspflicht den Maßstab der §§ 34 StGB und 904 BGB, mithin des Aggressivnotstands, zugrunde zu legen haben (MK/*Erb*, § 32 Rdnr. 64; *Roxin*, a.a.O.). Denn hier § 32 II StGB anzuwenden, bedeutete auch, den „Angreifer" im Falle einer bloßen Solidaritätspflichtverletzung gegebenfalls töten zu dürfen (siehe *Roxin*, a.a.O.) – ein wenig stimmiges Resultat, wenn man bedenkt, dass eine Solidaritätspflicht zur Aufopferung des Lebens einhellig abgelehnt wird (SK/*Günther*, § 34 Rdnr. 43; MK/*Erb*, § 34 Rdnr. 114; NK/*Neumann*, § 34 Rdnr. 73; Sch/Sch-Lenckn*er/Perron*, § 34 Rdnr. 30; *Köhler*, Strafrecht, S. 290; *Jakobs*, Strafrecht AT, 13/21; *ders.*, in: Rechfertigung und Entschudligung, S. 143 [166]; *Kühl*, Strafrecht AT, § 8 Rdnr. 122; *Roxin*, Strafrecht AT I, § 16 Rdnr. 29 ff.; *Stratenwerth/Kuhlen*, Strafrecht AT, § 9 Rdnr. 113; *Lackner/Kühl*, § 34 Rdnr. 8).

zumeist um Beziehungstaten im weitesten Sinne handelt[667], dürften sich solche und ähnliche Sachverhalte in der Praxis vermutlich recht häufig ereignen. Hieraus können Modifikationen in der Verantwortungszuschreibung für das Tötungsdelikt folgen und damit zugleich für den Unrechtsgehalt dieser Tat. Die Relevanz vorausgegangener Eingriffe des späteren Tötungstäters in die Opfersphäre bemisst sich dabei nach den bezogen auf das Opferverhalten erläuterten Grundsätzen. Für die Bestimmung des Ausmaßes des Tötungsunrechts lässt sich danach festhalten: Vorausgesetzt ist zunächst, dass der Täter mit seinem Vorverhalten den rechtlich geschützten Freiheitsbereich des Opfers getroffen hat. Nicht genügend sind wiederum bloße sozialethische oder moralische Verfehlungen, Taktlosigkeiten sowie Verstöße gegen sonstige Verhaltensregeln und Konventionen, selbst wenn diese weithin anerkannt sein mögen. Daran ändert sich auch dann nicht, wenn die Verfehlungen des Öfteren vorgekommen oder der Intention nach sogar als Provokation eingesetzt werden. Denn so lange der Bereich des spezifisch Rechtlichen nicht tangiert wird, haben derartige Verhaltensweisen keine Auswirkungen auf die rechtliche Beurteilung der Tat. Sie sind für die Bewertung irrelevant, und es wird erwartet, dass der Einzelne mit solchen Belästigungen und Belastungen fertig wird beziehungsweise adäquat darauf reagiert. Letzteres ist bei einem Eingriff in die Rechtssphäre des „Störers" als Reaktion auf solche Verhaltensweisen nicht mehr der Fall[668]. Die Formulierung in §213, 1. Variante StGB, wonach die Privilegierung der Tötung davon abhängt, dass der Täter „ohne eigene Schuld" die Tötung auf eine Verletzung seines Rechts durch das Opfer vornimmt, lässt sich in diesem Sinne begreifen[669]. In temporärer Hinsicht sind vorangegangene Eingriffe des späteren Tötungstäters in den Rechtsbereich des Opfers nur bedeutsam, sofern sie in einem hinreichend engen zeitlichen Kontext zum unmittelbaren Tatgeschehen stehen, nicht hingegen, wenn sie länger zurückliegen. Insoweit lässt sich auf die Erörterungen zu Abschnitt d verweisen.

Beispielhaft sei ein vereinfachtes Sachverhaltsgeschehen angeführt, um das Ganze zu illustrieren: Verletzung des Rechtsbereichs des Tötungsopfers durch den Tötungstäter (etwa Körperverletzung), daraufhin Verletzung des Tötungstäters durch das Tötungsopfer (ebenfalls Körperverletzung) und sodann Tötung des Opfers durch den Täter. Hieraus ergibt sich: Sollte die Reaktion des Opfers durch Notwehr gerechtfertigt sein, liegt die Verantwortung für das Tatgeschehen vollständig beim Täter. Eine Verringerung seines Tötungsunrechts

---

[667] Dazu im ersten Kapitel zu B.

[668] Vgl. in diesem Zusammenhang auch Ausführungen zum rechtswidrig provoziert Angriff bei der Notwehr; *Roxin*, Strafrecht AT I, § 15 Rdnr. 68f.; *Jakobs*, Strafrecht AT, 12/54f.; *Köhler*, Strafrecht AT, S. 274; *Freund*, Strafrecht AT, § 3 Rdnr. 117; NK/*Herzog*, § 32 Rdnr. 121; SK/*Günther*, § 32 Rnr 125; Sch/Sch-*Lenckner/Perron*, § 32 Rdnr. 59; MK/*Erb*, § 32 Rdnr. 208; *Maurach/Zipf*, Strafrecht AT/1, § 26 Rdnr. 46; *Jescheck/Weigend*, Lehrbuch, § 32 III 3a; *Renzikowski*, Notstand, S. 302.

[669] *Jakobs*, Strafrecht AT, 12/54 in Fn. 108.

scheidet dann aus; denn es gibt in diesem Fall keine Rechtsverletzung durch das Opfer, auf die sich eine Minderung des Tötungsunrechts stützen ließe. Ist die Reaktion des Opfers dagegen nicht mehr gerechtfertigt, ist das Tötungsunrecht des Täters dennoch weitaus weniger reduziert als in den zuvor behandelten Grundkonstellationen, in denen das Opfer den Täter verletzt, ohne dass ein Eingriff des Täters in seinen (des Opfers) rechtlich geschützten Bereich vorausgegangen wäre. Denn es ist der Täter, der das rechtliche Anerkennungsverhältnis gegenüber dem Opfer erstmals gebrochen hat. Im Einzelnen richtet sich die Höhe des Tötungsunrechts in diesen Sachverhaltskonstellationen danach, wie gravierend die Rechtsverletzung, die das Opfer vornimmt, im Verhältnis zu der vorangegangenen des Täters ausfällt. Falls der Rechtsverstoß des Opfers als Reaktion auf die Rechtsverletzung, die der Täter ihm zugefügt hat, nur ein sehr geringer ist, mag er vernachlässigenswert sein. Eine hinreichende Bedeutsamkeit des Opferverhaltens lässt sich dann gegebenenfalls ganz ablehnen, mit der Folge, dass eine Verringerung des Tötungsunrechts wegen Geringfügigkeit oder Unerheblichkeit seines rechtlichen Verstoßes ausscheidet. Umso gravierender jedoch das Opfer in die Rechtssphäre des Täters eingreift (indem es zum Beispiel dem Täter eine schwerwiegende Körperverletzung zufügt als Reaktion auf eine leichte oder auf eine mehr beiläufige Beleidigung oder Nötigung), desto mehr reduziert sich das Tötungsunrecht. Die exakte Bemessung der Verantwortungsanteile, die Täter und Opfer entsprechend ihren jeweiligen (Tat-)Beiträgen tragen, und damit zuletzt die präzise Bestimmung der Höhe des Tatunrechts sind in der Strafzumessung zu leisten. Für eine tatbestandliche Abstufung des vorsätzlichen Tötungsdelikts, die sich am Unrecht der Tat ausrichtet, kann es hingegen ganz allgemein lediglich darauf ankommen, ob sich eine Minderung des Tötungsunrechts überhaupt annehmen lässt; nicht mehr kommt es darauf an, in welchem Maße eine solche exakt gegeben ist. Erforderlich bleibt es für eine tatbestandliche Abstufung aber, dass ein hinreichend erheblicher Eingriff des Opfers in die Rechtssphäre des Täters vorliegt.

2. *Einwilligung des Opfers*

Die Einwilligung des Opfers in seine Tötung beseitigt das Tötungsunrecht nicht, das entspricht ganz vorwiegender Auffassung. Positivgesetzlich lässt sich das mit einem Verweis auf § 216 I StGB begründen, woraus die Strafbarkeit einer Fremdtötung folgt, selbst dann, wenn das Tötungsopfer den Täter zu seiner Tötung explizit (oder durch ausdrückliches und ernstliches Verlangen, wie es in § 216 I StGB heißt) aufgefordert hat. Gegen das Tötungsunrecht ist offenbar selbst mit einer Einwilligung in qualifizierter Form nichts auszurichten. Das Rechtsgut „Leben" ist also nicht disponibel, und eine Verfügung der einzelnen Person über dieses Gut, ihr Leben, ausgeschlossen[670]. Obgleich eine Einwilli-

[670] Sch/Sch-*Lenckner*, Vorbem. §§ 32 ff. Rdnr. 37; NK/*Neumann*, § 216 Rdnr. 1; LK/*Hirsch*

gung des Opfers in seine Tötung somit jedenfalls nichts daran ändert, dass Tötungsunrecht prinzipiell vorliegt, bewirkt die qualifizierte Einwilligung doch andererseits immerhin, wie sich an § 216 I StGB ebenfalls zeigt, eine Reduzierung des Tötungsunrechts[671]. Hieraus lässt sich im Weiteren ableiten, dass ein verringertes Tötungsunrecht auch anzunehmen ist, soweit die Voraussetzungen des § 216 I StGB nicht gänzlich, aber partiell erfüllt sind, eine Einwilligung also etwa bloß in einfacher Form vorliegt[672]. So gesehen, ließe sich bereits an dieser Stelle und damit recht flott als Ergebnis festhalten: Eine Einwilligung des Opfers schließt das Tötungsunrecht nicht aus, verringert es jedoch.

Bei genauerem Hinsehen offenbart sich freilich die Fragilität dieser These, und das gewissermaßen in jede Richtung. So lässt sich – einerseits – sowohl die mildere Bewertung einer vorsätzlichen Tötung, in die das Opfer eingewilligt hat, in Frage stellen als auch – andererseits –, dass eine Fremdtötung trotz Einwilligung des Opfers überhaupt pönalisiert wird. Insbesondere Letzteres deutet schon auf den ersten Blick auf normative Inkonsistenzen eines Strafrechtssystems hin, welches den Suizid sowie die Teilnahme – oder, weitergehend, sogar eine Beteiligung[673] – daran strafrechtlich nicht sanktio-

---

(11. Aufl.), Vor § 32 Rdnr. 114; *Hirsch*, Welzel-FS, S. 775 (bes. 780 ff., 790 ff.); *Lackner/Kühl*, Vor § 32 Rdnr. 14; *Kühl*, Strafrecht AT, § 9 Rdnr. 28; *Wessels/Beulke*, Strafrecht AT, § 9 Rdnr. 372; *Rengier*, Strafrecht BT II, § 6 Rdnr. 1; *Wessels/Hettinger*, Strafrecht BT/1, § 2 Rdnr. 160; MK/*Schlehofer*, Vor §§ 32 ff. Rdnr. 114; *Roxin*, Strafrecht AT I, § 13 Rdnr. 35; *Köhler*, Strafrecht AT, S. 248, 255; *Jakobs*, Strafrecht AT, 14/5; *Stratenwerth/Kuhlen*, Strafrecht AT I, § 9 Rdnr. 16; *Maurach/Schroeder/Maiwald*, Strafrecht BT/1, § 1 Rdnr. 6; *Gropp*, Strafrecht AT, § 6 Rdnr. 39.

[671] Das nehmen an: *Arzt/Weber*, Strafrecht BT, § 3 Rdnr. 4, 12; NK/*Neumann*, § 216 Rdnr. 2; *Fischer*, § 216 Rdnr. 2; LK/*Jähnke*, § 216 Rdnr. 2; MK/*Schneider*, § 216 Rdnr. 1; *Otto*, Strafrecht BT, § 6 Rdnr. 1; *Gössel/Dölling*, Strafrecht BT, § 5 Rdnr. 1 und § 1 Rdnr. 21; *Hillenkamp*, Vorsatztat, S. 243; ferner bereits *Köstlin*, System I, § 36 (S. 99, 103). – Demgegenüber gehen von einer Unrechts- und Schuldminderung (wegen der Mitleidsmotivation oder Konfliktlage des Täters) aus: Sch/Sch-*Eser*, § 216 Rdnr. 1; *Wessels/Hettinger*, Strafrecht BT/1, § 2 Rdnr. 158; *Rengier*, Strafrecht BT II, § 6 Rdnr. 1; *Lackner/Kühl*, § 216 Rdnr. 1. – Ausschließlich mit einer verminderten Schuld argumentiert *Schmidhäuser*, Strafrecht BT, 2/35 und 9; siehe ferner *Maurach/Schroeder/Maiwald*, Strafrecht BT/1, § 2 Rdnr. 62 f.

[672] In diesem Sinne *Stratenwerth*, ZStW 68 (1956), S. 41 (43); *Geppert*, ZStW 83 (1971), S. 947 (998, „zweifelsfrei"); *Hillenkamp*, Vorsatztat, S. 243; *Jakobs*, Strafrecht AT, 14/4, 11; *Baumann/Weber/Mitsch*, Strafrecht AT, § 17 Rdnr. 100; *Frisch*, in: Rechtfertigung und Entschuldigung, S. 321; *Hörnle*, Strafzumessung, S. 285 f.; Sch/Sch-*Stree*, § 46 Rdnr. 25; *Arzt*, ZStW 83 (1971), S. 1 (36); ferner bereits *Noll*, Übergesetzliche Rechtfertigungsgründe, S. 47, 76 ff.; *dens.*, ZStW 68 (1956), S. 181 (193 f.), sowie außerdem *Köstlin*, System I, § 36 (S. 99, 103); *Hälschner*, System II, S. 239 f.; *Binding*, Normen III, S. 325; *K. J. A. Mittermaier*, GA 9 (1861), S. 433 (440).

[673] Der Begriff der Beteiligung reicht weiter als der der Teilnahme; er umfasst eine mittäterschaftliche Begehungsweise (siehe hierzu die Legaldefinitionen in § 28 I und II StGB). Ob (und wann) bei einer sogenannten quasi-mittäterschaftlich vollzogenen Selbsttötung und desgleichen im Falle eines einseitig fehlgeschlagenen Doppelsuizids der Tatbestand einer Fremdtötung gegeben ist oder entfällt – da er wegen der Eigenverantwortlichkeit des sich auch

niert[674]. Denn auf der einen Seite die Selbsttötung sowie die Teilnahme daran gänzlich von Strafe auszunehmen, auf der anderen Seite eine täterschaftlich begangene Tötung auf Verlangen zu bestrafen, legt die Vermutung nahe, es müsse einen qualitativen Unterschied zwischen beiden Begehungsformen geben, wogegen es sich jedoch lediglich um eine quantitative Abstufung handelt[675]. Die Problematik lässt sich weiter zuspitzen: Der Suizid ist „ohne Blick auf die Gründe des Lebensmüden straffrei [...], so daß auch der arroganteste und dümmste Grund durchgeht" und ein „einigermaßen ubiquitärer Liebeskummer hinreicht", während „im Gegensatz dazu die Tötung auf Verlangen, jedenfalls nach dem Wortlaut des Gesetzes, stets tatbestandsmäßig ausfällt", sei der Grund hierfür auch noch so plausibel[676]. Wie lassen diese Prima-facie-Ungereimtheiten sich auflösen, und was folgt daraus für die hier zu behandelnde Thematik einer Unrechtsreduzierung beim Tötungsdelikt?

Zunächst ließe sich bestreiten, dass es sich beim Suizid nicht um ein Unrecht handelt. Die unterschiedliche Behandlung von Selbst- und Fremdtötung würde damit, zumindest auf der Ebene des Unrechts, hinfällig. Am überzeugendsten wurde diese Auffassung von *Schmidhäuser* vertreten[677]. „Im Unrechtstatbe-

---

selbst tötenden Opfers gleichsam gesperrt ist –, ist umstritten. Die Problematik entsteht, weil solche Sachverhalte sowohl eine Selbsttötungs- als auch eine Fremdtötungskomponente aufweisen und sich die Frage stellt, welcher dieser beiden Komponenten der Vorrang einzuräumen ist (siehe schon *Hälschner*, System III, S. 69 f.). – Weitgehend für die Annahme eines Fremdtötungsdelikts *Herzberg*, Täterschaft, S. 74 ff.; *ders.*, JA 1985, S. 131 (137 f.) (abweichend jedoch *ders.*, JuS 1988, S. 771 [775]; *ders.*, NStZ 2004, S. 1 [2 ff., bes. 6 f.]), und MK/*Schneider*, § 216 Rdnr. 47 ff.; siehe außerdem *Köhler*, ZStW 104 (1992), S. 3 (26), und *Jakobs*, Arthur Kaufmann-FS, S. 459 (467 f.), sowie *dens.*, Tötung auf Verlangen, S. 24 f. (unter Aufgabe der noch in Strafrecht AT, 21/58a, vertretenen Ansicht). – Wesentlich restriktiver und eine Fremdtötung grundsätzlich ablehnend hingegen die herrschende Ansicht; siehe vor allem NK/*Neumann*, Vor § 211 Rdnr. 45, 48, 50 ff., 56 und § 216 Rdnr. 5; *dens.*, JA 1987, S. 244 (247 ff.); *Zaczyk*, Selbstverantwortung des Verletzten, S. 40 ff.; *Otto*, Gutachten, D 68 f.; *dens.*, Tröndle-FS, S. 157 (160 ff., bes. 163, 164 f.); *dens.*, Strafrecht BT, § 6 Rdnr. 62; *Roxin*, Tatherrschaft, S. 568 ff., 571; *dens.*, 140 Jahre GA, S. 177 f.; *dens.*, NStZ 1987, S. 345 (347 f.); *Bottke*, Suizid, S. 235 ff., bes. 238; *Lackner/Kühl*, § 216 Rdnr. 3; *Kindhäuser*, Strafrecht BT I, § 4 Rdnr. 9 f.; *Engländer*, JZ 2003, S. 747 f.; *dens.*, Jura 2004, S. 234 (236); *Müssig*, Mord, S. 349 f., 356; *Rengier*, Strafrecht BT II, § 8 Rdnr. 8 ff.; *Wessels/Hettinger*, Strafrecht BT/1, § 2 Rdnr. 162, 164; Sch/Sch-*Eser*, § 216 Rdnr. 11; *Krey/Heinrich*, Strafrecht BT/1, § 1 Rdnr. 104 ff.; *Chatzikostas*, Disponibilität des Rechtsgutes Leben, S. 269 ff., bes. 271, 272 ff.; ferner *Schroeder*, ZStW 106 (1994), S. 565 (579); *Gössel/Dölling*, Strafrecht BT/1, § 2 Rdnr. 91.

[674] *Engisch*, H. Mayer-FS, S. 399 (411 f.); *Schmidhäuser*, Welzel-FS, S. 801 (805 f., 812); *ders.*, Strafrecht BT, 2/9; *R. Schmitt*, Maurach-FS, S. 113 (118); *ders.*, JZ 1979, S. 562 (465); *M.-K. Meyer*, Ausschluß der Autonomie, S. 148; Merkel, in: Debatte über Euthanasie, S. 71 ff., bes. 79 ff.; *Jakobs*, Tötung auf Verlangen, S. 1 f., 12; *ders.*, Arthur Kaufmann-FS, S. 459 (468), sowie *Köhler*, ZStW 104 (1992), S. 3 (26).

[675] *Jakobs*, Arthur Kaufmann-FS, S. 459 (466 f.); *Köhler*, ZStW 104 (1992), S. 3 (22 ff., bes. 24 ff.); *Schmidhäuser*, Welzel-FS, S. 801 (822). Bereits *v. Holtzendorff*, in: Handbuch, S. 403 (445), bezeichnet den Unterschied zwischen einer Beihilfe zur Selbsttötung und der Tötung eines Einwilligenden als einen lediglich „formalistische[n]".

[676] *Jakobs*, Tötung auf Verlangen, S. 14.

[677] Vgl. auch *Roxin* (Dreher-FS, S. 331 [336]), der *Schmidhäusers* Vorschlag als „kühne Lö-

stand", führt er aus, „geht es bei Fremd- wie bei Selbsttötung allemal um die Tötung eines Menschen; der Unwertsachverhalt und damit der Unrechtsgehalt ist beidemal der gleiche"[678]. Der Grund für die Nichtbestrafung des Suizids lässt sich demzufolge nicht im Fehlen einer tatbestandsmäßigen und rechtswidrigen Tötungshandlung erblicken[679]; er liegt vielmehr in der Schuld. „Wenn gleichwohl", fährt *Schmidhäuser* fort, „der Selbstmord, auch als Versuch, nicht strafbar ist, der Straf-Tatbestand der Tötungsdelikte die Selbsttötung also nicht umfaßt, so kommt sachgerecht nur die Annahme einer ‚Entschuldigung', also des Ausschlusses der Rechtsschuld in Betracht"[680]. Anzunehmen sei hier ein „besondere[r], auf die Selbsttötung bezogene[r] Entschuldigungsgrund[ ]"[681]. Genauer gesagt: der die Rechtsschuld ausschließende Entschuldigungsgrund „des Erlebnisses der völligen Sinnlosigkeit des eigenen Lebens durch den Täter"[682]. Ist die Selbsttötung aber, wie *Schmidhäuser* darlegt, ein Unrecht, folgt daraus vice versa zwangsläufig eine Pflicht des Einzelnen zum Weiterleben. Diese Pflicht, die „nicht so ungeheuerlich [sein soll], wie es zunächst erscheinen will"[683], gilt *Schmidhäuser* als eine Pflicht des Einzelnen gegenüber der Gemeinschaft. So könne ein „Gemeinwesen, das sich selbst ernst [nehme], [...] seine Existenz nicht in das Belieben aller einzelnen stellen [...], sondern [müsse] die Achtung vor dem Leben aller seiner Glieder auch gegenüber der Versuchung zum Selbstmord fordern [...]"[684]. Hiergegen vermöge auch die Autonomie nichts auszurichten[685]. Denn gerade mit der „sittliche[n] Autonomie der Person" lässt sich *Schmidhäuser* zufolge ein anderes Resultat nicht erreichen. Im Gegenteil: „[...] jede Erörterung über das Erlaubtsein von Selbsttötung [verfehlt] schon im Ansatz den gemeinten Gegenstand – schon für das Sitten-‚Gesetz', erst recht für

---

sung" bezeichnet und gleichzeitig bescheinigt, *Schmidhäuser* habe diese Position „so gut begründet, wie es möglich ist." – „Aber es ist nicht sehr gut möglich."

[678] *Schmidhäuser*, Welzel-FS, S. 801 (813).

[679] *Schmidhäuser*, Welzel-FS, S. 801 (815); *ders.*, Strafrecht BT, 2/9.

[680] *Schmidhäuser*, Welzel-FS, S. 801 (814); *ders.*, Strafrecht BT, 2/9.

[681] *Schmidhäuser*, Welzel-FS, S. 801 (814); *ders.*, Strafrecht BT, 2/9.

[682] *Schmidhäuser*, Welzel-FS, S. 801 (815); *ders.*, Strafrecht BT, 2/9.

[683] So *Schmidhäuser*, Welzel-FS, S. 801 (817). *Schmidhäuser* ist die grundsätzliche Brisanz seiner These durchaus bewusst („Mancher souveräne Geist erschrickt, wenn er von Selbsterhaltungs- und Weiterlebenspflicht reden hört [...]."); er meint aber, es müssten die Konsequenzen gezogen werden, „die klares Denken nicht umgehen kann" (Welzel-FS, S. 801 [818]).

[684] *Schmidhäuser*, Welzel-FS, S. 801 (817). – Die Plausibilität dieses Arguments wird zuweilen bestritten angesichts der gegebenen und jedem jederzeit offenstehenden Möglichkeit einer Auswanderung (siehe *Roxin*, Dreher-FS, S. 331 [338]; *Merkel*, Früheuthanasie, S. 416f.; *Chatzikostas*, Disponibilität des Rechtsgutes Leben, S. 219ff.; eingehend bereits *v. Wächter*, Neues Archiv des Criminalrechts 10 [1828], S. 634 [657ff.]), und vorderhand lässt sie sich so wohl auch bestreiten. Begreift man die Pflicht indes, wie *Schmidhäuser*, als eine wesentlich umfassendere, da auf die „Fortexistenz der Menschheit" insgesamt ausgerichtet (vgl. Welzel-FS, S. 801 [817]), verfängt der Einwand nicht.

[685] *Schmidhäuser*, Strafrecht AT, 8/129.

den Bereich der Rechtsordnung."[686] Folge dieser Auffassung, nach der die Selbsttötung als Unrecht einzustufen ist, ist die Strafbarkeit sämtlicher Teilnahmebeiträge an ebendieser rechtswidrigen Tat[687]. Der Vorzug von *Schmidhäusers* Position liegt zweifellos darin, dass sie die oben angesprochenen normativen Brüche vermeidet, nämlich einerseits die völlige Straflosigkeit einer Beteiligung an der Selbsttötung und andererseits eine Bestrafung der Tötung auf Verlangen. Unter axiologischen Gesichtspunkten lässt sich gegen die Lösung daher nichts erinnern. Überzeugend wäre der Vorschlag aber nur, wenn die Prämissen, von denen *Schmidhäuser* ausgeht, Zustimmung verdienten (dazu sogleich im übernächsten Abschnitt). Was die hier in Rede stehende Frage nach den Unrechtsreduzierungen beim Tötungsdelikt betrifft, lässt sich als Zwischenergebnis festhalten: Wird die Selbsttötung als ein Unrecht, mithin eine tatbestandsmäßige und rechtswidrige Tat, eingeordnet, kann die Einwilligung einer Person in ihre Fremdtötung (respektive das Verlangen einer Person nach Tötung im Sinne des § 216 I StGB) eine Verringerung des Unrechtsgehalts der Tötung nicht bewirken. Konsequenterweise sieht *Schmidhäuser* den Privilegierungsgrund des § 216 StGB daher auch nicht wie die ganz herrschende Ansicht in einem geringeren Unrecht, sondern in einer verminderten Schuld[688].

Zu diesem Ergebnis – keine Minderung des Tötungsunrechts trotz oder (zurückhaltender formuliert) bei Einwilligung des Tötungsopfers – gelangt man gleichfalls, wenn man die Selbsttötung, jedenfalls grundsätzlich, als einen Verstoß gegen eine intrapersonale Rechtspflicht bewertet. Eine Rechtspflicht mithin, die die Person im Verhältnis zu sich selbst hat. So folgt für *Köhler* „aus dem Prinzip der Selbstbestimmung [...] eine Pflicht zur Selbsterhaltung der vernünftigen Existenz". Diese Pflicht „aus dem Recht der Menschheit in der eigenen Person (Kant), [gilt] also als Rechtspflicht im Selbstverhältnis, nicht nur als ethische Pflicht". Zugleich ergibt sich hieraus, dass es rechtswidrig ist, „die äußere Freiheit zur Freiheitsaufhebung zu betätigen, also die Maxime, substantielle Daseinsbedingungen freier Personalität zu negieren"[689]. Unterschieden werden zum einen „autonom-pragmatisch verantwortete[ ] Selbstverletzungen [...]" sowie „Kollisionsfälle[ ] äußerster Not" von, andererseits, Fällen „bloßer Selbstnegation", wozu die Selbsttötung und -verstümmelung zu zählen sind ebenso wie die totale Selbstentäußerung (etwa in Form der Selbstversklavung)[690]. Letzteres qualifiziert *Köhler* als im „strengen Sinne [...] vernunftwidrig", weil es „selbstwidersprüchlich Daseinsbedingungen" entgegenläuft, „auf

[686] *Schmidhäuser*, Welzel-FS, S. 801 (819).

[687] *Schmidhäuser*, Strafrecht BT, 2/37; *ders.*, Welzel-FS, S. 801 (819 f.).

[688] *Schmidhäuser*, Strafrecht BT, 2/35 f.

[689] Alle Zitate bei *Köhler*, Strafrecht AT, S. 255. – Eingehend zur näheren Fundierung und Herleitung dieser Pflicht als einer rechtlichen aus *Kants* kategorischem Imperativ, präziser, dessen Selbstzweckformel, *Maatsch*, Selbstverfügung, S. 128 ff., bes. 189 ff., 204 ff.

[690] *Köhler*, Strafrecht AT, S. 255 f.; *ders.*, ZStW 104 (1992), S. 3 (19).

denen moralisch, pragmatisch freie Subjektivität substantiell beruht"[691]. Die getroffene Abgrenzung resultiert für *Köhler* aus der „Vernunftautonomie"[692], und die Selbsttötung ist, wie *Köhler* prägnant formuliert, „eine selbstwidersprüchliche Freiheitsbetätigung zur Freiheitsaufhebung"[693]. Als konkrete Folgerungen ergeben sich hieraus – insoweit durchaus in Übereinstimmung zu *Schmidhäusers* Auffassung –, dass die Beteiligung an der Selbstverletzung ein Unrecht darstellt[694] und „in jeder Form" untersagt ist[695]. Grundsätzlich, so schlussfolgert *Köhler*, unterscheide sich das Unrecht einer Beihilfe zu einer Selbsttötung nicht von dem einer täterschaftlichen Tötung auf Verlangen nach § 216 I StGB[696]. *Köhlers* Konzeption ist in sich ebenso schlüssig und normativ konsistent wie die von *Schmidhäuser*. Ob sie im Ergebnis überzeugt, hängt hier wie dort allein davon ab, ob man den gesetzten Prämissen zu folgen vermag. Zutreffend konstatiert *Köhler* zunächst, es sei nicht einzusehen, „warum ein bestimmtes Verhalten im Selbstbezug zwar erlaubt, als eingewilligte Fremdverletzung aber verboten sein sollte", und beansprucht für seinen Lösungsvorschlag zu Recht, „eine widerspruchsfreie Einheit in der Beurteilung der Selbstverletzung und der eingewilligten Fremdverletzung" geliefert zu haben[697]. Im Weiteren weichen beide Ansätze, der von *Schmidhäuser* und der von *Köhler*, allerdings keineswegs bloß geringfügig voneinander ab. Die Divergenzen liegen im Fundament, der theoretischen Grund- und Ausgangsposition der Konzeptionen. Während die Pflicht der einzelnen Person zum Weiterleben nach *Schmidhäuser* aus dem Gemeinschaftsbezug der Person hergeleitet wird und demzufolge gegenüber der Allgemeinheit besteht, scheidet das nach dem freiheitlichen Strafrechtsansatz, den *Köhler* wählt, von vornherein und prinzipiell aus. Vernunftwidrige Selbstverletzungen, hebt *Köhler* hervor, lassen sich nicht aus dem Recht anderer verbieten, da sie deren äußere rechtliche Freiheit nicht tangieren; sie können daher auch nicht Gegenstand einer strafrechtlichen Verbotsnorm sein[698]. Denn der Verletzung einer Rechtspflicht im Selbstverhältnis korrespondiert keine Zwangsbefugnis aus dem Recht anderer Personen, allenfalls lässt sich hier von einem „Selbstzwangsverhältnis" reden. Ein entsprechender Unrechtstatbestand und eine strafrechtliche Sanktion sind demnach nicht denkbar[699]. Anders als für

---

[691] *Köhler*, ZStW 104 (1992), S. 3 (19).

[692] *Köhler*, ZStW 104 (1992), S. 3 (20).

[693] *Köhler*, ZStW 104 (1992), S. 3 (19); siehe ferner *Maatsch*, Selbstverfügung, S. 195, 210 f., 215.

[694] *Köhler*, ZStW 104 (1992), S. 3 (24 f.).

[695] *Köhler*, Strafrecht AT, S. 256.

[696] *Köhler*, ZStW 104 (1992), S. 3 (25); inkonsequent insoweit *Maatsch*, Selbstverfügung, S. 225 (siehe dazu noch in Fn. 699).

[697] *Köhler*, Strafrecht AT, S. 256.

[698] *Köhler*, Strafrecht AT, S. 256; *ders.*, ZStW 104 (1992), S. 3 (20 f.).

[699] *Köhler*, ZStW 104 (1992), S. 3 (20 f. mit Fn. 41). – Siehe zudem *Maatsch*, Selbstverfügung, S. 217, 219 ff., der teils bloß terminologisch, teils auch in der Sache abweicht. Terminologisch insofern, als er ausführt, der über sich selbst Verfügende verwirkliche zwar einen

Schmidhäuser kann es also für *Köhler* einen Unrechtstatbestand, der den Suizid erfassen würde, nicht geben. Wenngleich dies nun ausgeschlossen ist, so impliziert die Selbsttötung für *Köhler* doch eine selbstbezogene Rechtspflichtverletzung. Der Einwilligung in die eigene Tötung lässt sich „wegen ihrer grundsätzlichen Freiheitswidrigkeit keine rechtfertigende Kraft" zuerkennen[700]. Geht man davon aus, dann kann der Einwilligung des Weiteren auch keine irgendwie unrechtsmindernde Wirkung zugesprochen werden. Wie *Maatsch* erläutert, lässt sich „die Einwilligung, die das Recht der Menschheit in der eigenen Person verletzt, [...] im außenrechtlichen Kontext, also als Rechtfertigungsgrund, nicht anders behandeln [...], als wenn sie ein anderer als der Rechtsgutsträger abgegeben hätte, ohne hierfür befugt zu sein – sie muß in bezug auf das äußere Verletzungshandeln des Täters unbeachtet bleiben"[701]. Eine Reduzierung des Unrechts der Tötung wegen Einwilligung des Opfers lässt sich demzufolge auf der Grundlage dieses Ansatzes nicht bewerkstelligen.

Indes ist es durchaus zweifelhaft, ob die vorgenommenen Klassifizierungen des Suizids als Unrecht oder jedenfalls als intrapersonaler Rechtspflichtverstoß überzeugen können. Außer Zweifel steht dabei zunächst, dass der historische Gesetzgeber eine solche Regelung gerade nicht gewollt hat[702]. Dies sei aber nicht der zentrale Einwand, und kann es auch nicht sein, weist doch die gesetzliche Regelung, so wie sie ist, normative Inkonsequenzen auf, die in beiden Konzeptionen immerhin stimmig aufgelöst werden. Entscheidender sind daher die folgenden Erwägungen: Geht man wie hier von einem freiheitlichen Grundkonzept aus, lässt sich eine Pflicht der einzelnen Person zum Weiterleben, die argumentativ maßgeblich aus einem Gemeinschaftsbezug hergeleitet wird, nicht

---

Unrechtstatbestand, bei diesem Unrecht handele es sich aber „nicht zugleich [um] Unrecht überhaupt" (*Maatsch*, ebd., S. 219). In der Sache abweichend ist es, wenn *Maatsch* resümiert, das Opfer erfülle durch seine Selbstverfügung keinen Unrechtstatbestand, aus dem sich die Rechtswidrigkeit eines Beteiligtenhandelns nach Akzessorietätsgrundsätzen ergeben könne; „denn in dem bloßen Anschluß an eine Willkür, die ihre eigenen Grenzen überschreitet, liegt noch nicht die dem äußeren Rechtszwang vorausgesetzte Negation des Anerkennungsverhältnisses durch Erhebung über die Freiheit eines anderen". Dies soll nun anders sein, sofern jemand einen anderen auf dessen Verlangen hin tötet, da er (der Täter) „die – selbstzweckhafte – Menschheit in einem anderen [verletzt], die dieser ihm rechtens nicht zur Verfügung stellen kann", womit ein „unmittelbares Verletzungsunrecht" gegeben sein soll (a.a.O., S. 225). Die Differenzierung leuchtet nicht ohne weiteres ein.

[700] *Köhler*, ZStW 104 (1992), S. 3 (25).

[701] *Maatsch*, Selbstverfügung, S. 220 f.

[702] *Roxin*, Dreher-FS, S. 331 (336); *Schroeder*, ZStW 106 (1994), S. 565 (566); ferner *Krey/Heinrich*, Strafrecht BT/1, § 1 Rdnr. 98; NK/*Neumann*, Vor § 211 Rdnr. 36 f.; Sch/Sch-*Eser*, Vorbem. zu §§ 211 ff. Rdnr. 33; LK/*Jähnke* (11. Aufl.), Vor § 21 Rdnr. 21; *Lackner/Kühl*, Vor § 211 Rdnr. 9; MK/*Schneider*, Vor §§ 211 ff. Rdnr. 30; *Fischer*, Vor § 211 Rdnr. 10a. – Optimistisch äußerte *Hälschner* noch, es sei nicht zu besorgen, dass über diese Frage je ein Zweifel entstehen könne (System III, S. 65 in Fn. 1).

begründen. Für ein freiheitlich-liberales Rechtsverständnis[703] ist es nämlich nicht angängig, der Person eine Pflicht zu leben bloß um der Gemeinschaft willen aufzuerlegen, was ja zugleich bedeutet, dass diese Pflicht unmittelbar aus einem Objektiven, der Person Übergeordneten resultiert. Das aber hätte zur Folge, die Person quasi zum Objekt der Bedürfnisse und Belange einer Gemeinschaft zu degradieren, eine Position, die freiheitlichen Rechtsprinzipien von Grund auf zuwiderläuft. Mit *Köhler* gesprochen darf man insoweit festhalten: „Gesellschaft und Staat sind um freier Subjektivität willen da, nicht umgekehrt."[704] Demgegenüber ist die Statuierung einer selbstbezogenen Rechtspflicht (*Köhler*) diesem Einwand durchaus nicht ausgesetzt. Fraglich ist bei diesem Vorschlag nur, ob sich bei Pflichten der Person gegen sich selbst trefflich von Rechtspflichten reden lässt. Denn Recht und Unrecht betreffen das äußere Freiheitsverhältnis verschiedener Personen zueinander, nicht aber ein (auch äußeres) Verhältnis der Person zu sich selbst[705]. Unrecht als Negation oder Verletzung des rechtlichen Zustands impliziert daher zwingend den Eingriff einer Person (des „Täters") in den rechtlich garantierten Freiheitsbereich einer wiederum anderen Person (des „Opfers"). Vorausgesetzt ist also jeweils der Einbruch in eine andere, fremde und somit jedenfalls nicht „tätereigene" Rechtssphäre[706]. Sich selbst in ihren Rechten oder in ihrer rechtlich geschützten Freiheitssphäre beschneiden kann die Person nicht; sie kann keine Rechtsverletzung gegenüber sich selbst begehen (– schon die Formulierungen sind sprachlich schief beziehungsweise ergeben keinen Sinn). Die Struktur des Rechts ist ihrem Wesen nach vielmehr eine interpersonale[707]. Daher hat die Person Rechte ausschließlich gegenüber oder im Verhältnis zu einer anderen Person[708]. Nur in diesem interpersonalen Bezug lassen Recht und Unrecht sich denken, und nur insoweit macht es Sinn, von Recht oder Unrecht zu reden. Wird Recht aber in dieser Weise definiert, mithin als ein System, das die äußeren Verhältnisse der Per-

---

[703] *Schmidhäuser* räumt ein, dass eine „extrem liberale Rechtsordnung" der Selbstbestimmung des Einzelnen wohl den Vorrang gebe (Welzel-FS, S. 801 [816]).

[704] *Köhler*, ZStW 104 (1992), S. 3 (16); ferner *Murmann*, Selbstverantwortung, S. 288, 522 f.; *Sternberg-Lieben*, Einwilligung, S. 114 f.; *Merkel*, Früheuthanasie, S. 413 f., sowie bereits *Gallas*, JZ 1960, S. 649 (654).

[705] Hiervon geht prinzipiell freilich auch *Köhler* aus, vgl. etwa ZStW 104 (1992), S. 3 (16): „Rechtliche Verbindlichkeit ist ihrem Gegenstand nach eine ‚äußere', das gegenständliche Willkürhandeln verschiedener Subjekte in der Einheit der Objektwelt [...] koordinierend [...]." Und ferner ebd. S. 17: „Das Recht muß sich also auf die allgemeingültigen Formen äußerer Freiheitskoordination beschränken, innerhalb derer die pragmatisch-autonomen Subjekte ihre Ziele verfolgen dürfen."

[706] *Zaczyk*, Selbstverantwortung des Verletzten, S. 26, 28; siehe außerdem *Sax*, JZ 1975, S. 137 (146 f.).

[707] *Zaczyk*, Selbstverantwortung des Verletzten, S. 26 (vgl. aber auch S. 27, wo *Zaczyk* ausführt, die Selbstverletzungen sei nicht bar jeder „Rechtsqualität"); *Murmann*, Selbstverantwortung, S. 195, 199.

[708] Siehe hierzu auch *Otto*, Gutachten, D 23, und eingehend *Merkel*, Früheuthanasie, S. 396 ff.

sonen zueinander regelt und deren Freiheitssphären in strikter Wechselseitigkeit voneinander abgrenzt und garantiert, dann lassen sich intrapersonale Rechtspflichten in ein solches System von vornherein nicht integrieren[709]. Darüber hinaus leuchtet auch der Verweis auf die (angeblich) prinzipielle Vernunft- oder Freiheitswidrigkeit der Selbsttötung nicht ein: Weshalb etwa sollten Personen eine rechtlich verbindliche Pflicht sich selbst gegenüber haben, die ihnen gebietet, sich vernunftgemäß zu verhalten, selbst dann, wenn andere Personen von ihrem möglicherweise vernunftwidrigen Freiheitsgebrauch gar nicht betroffen sind[710]? (Die vorgenommene Grenzziehung zwischen noch zulässigen autonom-pragmatischen Selbstverletzungen und Fällen einer nicht mehr zulässigen „bloßen Selbstnegation“ vermag kaum zu überzeugen[711].) Man wird eine solche Pflicht also nicht bejahen können. Die einzelne Person ist vielmehr lediglich im äußeren Verhältnis zu anderen Personen verpflichtet, sich rechtens (legal) zu verhalten, mehr nicht. Im Wesentlichen findet sich diese Position schon bei einigen Strafrechtswissenschaftlern des 19. Jahrhunderts, vorzugsweise bei den Hegelianern jener Zeit. So stellte bereits *Berner* fest: „Das Individuum ist dem Staate und Anderen verpflichtet, so lange es lebt; es ist ihnen aber nicht verpflichtet zu leben.“[712] Darüber hinaus lässt sich bei *Hälschner* fast alles lesen, was gegen die oben dargelegten Positionen im Kern vorzubringen ist: „Der rationelle Grund dafür [die Straflosigkeit des Suizids] liegt nicht in der Unmöglichkeit der Bestrafung des vollendeten Selbstmordes, oder in criminalpolitischen Bedenken, welche der Bestrafung des Selbstmordversuches entgegenstehen, sondern darin, daß der Mensch zu sich selbst in keinem Rechtsverhältnisse steht und darum auch an sich selbst kein Unrecht begehen kann.“[713] Diskutieren

---

[709] Vgl. *Höffe*, Neue Hefte für Philosophie 17 (1979), S. 1 (31); *Kühl*, Bedeutung der Rechtsphilosophie, S. 44 f.; *dens.*, Spendel-FS, S. 75 (91); *Zaczyk*, Selbstverantwortung des Verletzten, S. 25 ff.; ferner *Jakobs*, Tötung, S. 11 f. – *Maatsch*, der eine solche Pflicht mit der kantischen (Rechts-)Philosophie fundieren möchte, meint, es sei zu „vermuten“, dass *Kant* sich in seinem Alterswerk bei der Gegenüberstellung von Recht und Ethik zu sehr auf das Distinktionsmerkmal der Äußerlichkeit fixiert habe, weshalb es ihm nicht möglich gewesen sei, den intrapersonalen Rechtspflichten ihren angemessenen systematischen Ort zuzuweisen (Selbstverfügung, S. 216). Das ist, wie *Maatsch* einräumt, eine Mutmaßung.

[710] Siehe auch *Murmann*, Selbstverantwortung, S. 185, 187 ff.

[711] Kritisch ebenso *Merkel*, Früheuthanasie, S. 406.

[712] *Berner*, Lehrbuch, S. 98. (Die Haltung Berners ist jedoch nicht frei von Ambivalenzen, siehe a.a.O.). – Ebenso *Arthur Kaufmann*, in: Strafrecht, S. 137 (143); *Murmann*, Selbstverantwortung, S. 188 f., 522, und *Jakobs*, GA 2003, S. 65 (ferner *ders.*, Tötung, S. 10, *ders.*, Arthur Kaufmann-FS, S. 459 [463 f.]): „Dass eine Existenz als vernünftig zu führen ist, heißt noch nicht zwingend, sie müsse immer und ausnahmslos auch geführt werden.“ – Die, wenn man so will, extreme Gegenansicht hierzu findet sich bei *Feuerbach*, Lehrbuch, § 241: „Wer in den Staat eintritt, verpflichtet dem Staat seine Kräfte und handelt rechtswidrig, wenn er ihm diese durch Selbstmord eigenmächtig raubt.“

[713] *Hälschner*, System III, S. 65; *ders.*, System II, S. 241; ferner *Köstlin*, System I, § 36 (S. 99, 104); *Abegg*, Untersuchungen, S. 72 ff.; *ders.*, Lehrbuch, § 103; im Ergebnis ebenso *v. Wächter*, Neues Archiv des Criminalrechts 10 (1828), S. 634 (653 ff.), sowie *Binding*, Handbuch, S. 699.

ließe sich allenfalls noch darüber, ob es ein ethisches Verbot, eine Tugendpflicht, geben könnte, Selbsttötungen zu unterlassen[714]. Aber auch dies erweist sich keineswegs als unproblematisch. Werden Moral und moralisches Verhalten, wie es heutzutage in der philosophischen Debatte üblich ist, ausschließlich in einem sozialen Kontext gedacht und verstanden, setzt der Begriff gleichfalls eine (soziale) Beziehungen zu anderen Personen voraus[715]. Man darf außerdem bezweifeln, ob eine pluralistische Gesellschaft noch über einen entsprechenden Inhalt von Sittlichkeit verfügt[716]. Diese Überlegungen brauchen hier aber nicht weiter verfolgt zu werden. Selbst wenn sich nämlich eine ethisch-sittliche Pflicht, sich nicht zu töten, feststellen ließe, könnte diese als bloß ethisch und nicht strikt rechtlich zu begründende Pflicht ohnehin keine Relevanz für die Bestimmung des (Ausmaßes des) Unrechts entfalten. Abschließend und für die hiesigen Zwecke genügt es festzuhalten: Ein rechtliches Verbot der Selbsttötung – sei es in Form eines Unrechtstatbestands oder einer intrapersonalen Rechtspflicht – lässt sich nicht begründen. Eine Minderung des Unrechts der Tötung, in die das Opfer eingewilligt hat, ist deshalb aus diesen Gründen auch nicht ausgeschlossen.

Normative Konsistenz hinsichtlich der Straflosigkeit von Teilnahmebeiträgen an Selbsttötungen einerseits und einer Strafbarkeit der Tötung auf Verlangen andererseits ließe sich, gleichsam von der entgegengesetzten Seite argumentierend, ebenso herstellen, wenn man § 216 StGB aufhöbe. So wird denn auch die Streichung der Vorschrift von manchen Autoren befürwortet[717] (– ein Vorhaben, das man allerdings als wenig realistisch einstufen darf[718]). Als Argument dient dabei hauptsächlich die „Systemwidrigkeit" der Regelung[719]. Grundlegender wird man jedoch auf die Autonomie des Einzelnen verweisen müssen: In einer freiheitlichen Gesellschaftsordnung steht es jeder Person prinzipiell offen, autonom und frei über ihre Güter zu verfügen[720]. Andererseits steht, da § 216 StGB die Tötung auf Verlangen pönalisiert, zumindest de lege lata eindeutig

---

[714] Dafür *Kant*, MdS-TL, Ethische Elementarlehre, I. Teil, S. 554 f.; siehe ferner *Kühl*, Spendel-FS, S. 75 (90 f.); *dens.*, Bedeutung der Rechtsphilosophie, S, 44 f.

[715] Vgl. *Höffe*, Neue Hefte für Philosophie 17 (1979), S. 1 (30).

[716] Vgl. *Jakobs*, Arthur Kaufmann-FS, S. 459 (464 ff., 468 ff.); außerdem NK/*Neumann*, Vor § 211 Rdnr. 42; *v. Hirsch/Neumann*, GA 2007, S. 671 (683); *Sternberg-Lieben*, Einwilligung, S. 105 f.; *Murmann*, Selbstverantwortung, S. 73.

[717] *Arthur Kaufmann*, ZStW 83 (1971), S. 251 f.; modifizierend *ders.*, in: Strafrecht, S. 137 (145); *R. Schmitt*, Maurach-FS, S. 113 (117 f.); differenzierend *ders.*, JZ 1979, S. 462 (465 ff.); *ders.*, MDR 1986, S. 617 (620 f.); *Mosbacher*, Selbstschädigung, S. 147 ff., 231; ebenfalls kritisch äußern sich des Weiteren vor allem *Kühl*, Bedeutung der Rechtsphilosophie, S. 45; *ders.*, Spendel-FS, S. 75 (91); *v. Hirsch/Neumann*, GA 2007, S. 671 (674 ff), und *Jakobs*, Tötung auf Verlangen, S. 14 ff. (bes. 19, 23); *ders.*, Arthur Kaufmann-FS, S. 459 (468).

[718] Der unlängst veröffentlichte Alternativ-Entwurf Sterbebegleitung lässt den § 216 StGB unverändert; vgl. *Schöch/Verrel*, GA 2005, S. 553 (585).

[719] *R. Schmitt*, Maurach-FS, S. 113 (118).

[720] Vgl. nur *Kindhäuser*, Strafrecht BT I, § 3 Rdnr. 9; *Murmann*, Selbstverantwortung, S. 200 ff.; ferner *Scheinfeld*, GA 2007, S. 695 (700 f.).

fest, dass allein die Autonomie oder freie Entscheidung der Person, sterben zu wollen, das Tötungsunrecht nicht beseitigt. Dennoch wird man der Entscheidung der Person, sterben zu wollen, in einem freiheitlichen Rechtssystem hinreichend Tribut zollen müssen. Die Annahme einer Unrechtsreduzierung, und zwar auch bei Vorliegen einer einfachen Einwilligung des Opfers in seine Tötung (mithin unterhalb der Schwelle eines ausdrücklichen und ernstlichen Verlangens[721]), lässt sich von dieser Warte aus nicht in Zweifel ziehen. Denn einzig zweifelhaft bleibt hiernach, dass ein Unrecht überhaupt vorliegen soll[722]. Darüber hinaus muss die Verringerung des Unrechts umso stärker ausfallen, desto mehr Relevanz man der Autonomie des Einzelnen einräumt.

Hiermit könnte es an sich sein Bewenden haben. Denn für die Frage, die hier zu klären ist, reicht es aus, einerseits die Verletzung einer selbstbezogenen Rechtspflicht des Sterbewilligen oder die Erfüllung eines Unrechtstatbestands abgelehnt und andererseits die Bedeutsamkeit der Autonomie und damit gleichzeitig die prinzipielle Relevanz einer Einwilligung auch bei einer fremdhändig vorgenommenen Verfügung über das eigene Leben dargetan zu haben. Offen und nicht geklärt ist jedoch die Frage, wie § 216 StGB auf der Basis einer solchen Anschauung überhaupt noch schlüssig legitimiert werden könnte. Die Antwort auf diese Frage ist schwierig und, zumal auf der Grundlage eines freiheitlich-liberalen Rechtsverständnisses, nicht leicht zu haben (sofern dies überhaupt möglich sein sollte). Als wenig stichhaltig sind Ansätze einzustufen, die den ausschlaggebenden Grund des § 216 StGB in Beweisschwierigkeiten oder der Gefahr des Missbrauchs sehen[723]. Beide Aspekte erweisen sich als zu unspezifisch, da Missbrauchsgefahren und Schwierigkeiten der Beweisführung eher ein allgemeines Problem sind, das mit rechtlichen Regelungen oftmals einhergeht[724]. Überdies wird man kaum ernsthaft zu befürchten haben, die Akzeptanz einer Tötung auf Verlangen führe zu einer Zunahme fremdhändig vorgenommener

---

[721] Dass das ausdrückliche und ernstliche Verlangen in § 216 I StGB etwas prinzipiell anderes meint als die Einwilligung, wird in der Literatur zu Recht abgelehnt; für eine (weitgehende) Gleichsetzung von Verlangen und Einwilligung sprechen sich insbesondere aus: *Arzt/Weber*, Strafrecht BT, § 3 Rdnr. 12; *Arzt*, ZStW 83 (1971), S. 1 (36); *M.-K. Meyer*, Ausschluß der Autonomie, S. 223 f.; MK/*Schneider*, § 216 Rdnr. 12.

[722] Vgl. *M.-K. Meyer*, Ausschluß der Autonomie, S. 150: Der Gesetzgeber sei nicht verpflichtet, § 216 StGB aufrechtzuerhalten, er könne ebensogut der Autonomie des Einzelnen „in umfassenderer Weise" Rechnung tragen.

[723] *Arzt/Weber*, Strafrecht BT, § 3 Rdnr. 12; *Arzt*, ZStW 83 (1971), S. 1 (36 f.); dezidiert auch *Krey/Heinrich*, Strafrecht BT/1, § 1 Rdnr. 108 („Die Abschaffung dieser Norm wäre verantwortungslos."); siehe ferner *Roxin*, Dreher-FS, S. 331 (339), *dens.*, Strafrecht AT I, § 2 Rdnr. 18 und § 13 Rdnr. 35.

[724] Zur Widerlegung dieser Strafgründe des § 216 StGB siehe *Mosbacher*, Selbstschädigung, S. 147 ff.; *Schroeder*, ZStW 106 (1994), S. 565 (569 f.); *Jakobs*, Tötung auf Verlangen, S. 19 ff.; *Chatzikostas*, Disponibilität des Rechtsgutes Leben, S. 247 ff., 260 ff.; *Krack*, KJ 28 (1995), S. 60 (73 f.); *Rönnau*, Willensmängel, S. 164; *v. Hirsch/Neumann*, GA 2007, S. 671 (677 f.).

Tötungen, bei denen die Täter jeweils unwiderlegbar behaupteten, nur getötet zu haben, weil das Opfer dies von ihnen verlangt habe. Das Verbot dürfte also, realistisch gesehen, nicht notwendig sein, um solchen Vorkommnissen Einhalt zu gebieten[725]. Sollte die Funktion des § 216 StGB lediglich darin liegen, Beweisschwierigkeiten und Missbräuchen entgegenzuwirken, ist damit implizit ferner gesagt, dass die Fremdtötung auf Verlangen an sich keinem Einwand ausgesetzt ist, da deren Legitimität mit beiden Argumenten der Sache nach nicht in Frage gestellt wird[726]. Denn das Verbot gründet danach lediglich in den genannten, eher vordergründig-pragmatischen Erwägungen. Der Zweck des § 216 StGB bestünde mehr in der Abwehr einer potentiellen oder abstrakten Gefahr (eines Missbrauchs), wie er mit einer Fremdtötung verbunden sein kann, als in der Pönalisierung einer Tötung auf Verlangen als solcher. Damit aber erweisen sich beide Gesichtspunkte als zu schwach, eine Verbotsnorm wie § 216 StGB hinlänglich zu tragen. Die verbreitete Annahme, § 216 StGB diene dazu, die „Tabuisierung fremden Lebens" zur Geltung zu bringen[727] oder, formuliert man es moderner, die Tötungsverbotsnorm beziehungsweise die allgemeine Achtung vor fremdem Leben zu stabilisieren[728], erscheint da schon einleuchtender. Mit dem Argument ließe sich, hierauf wurde verschiedentlich hingewiesen, jedoch noch mehr fundieren: nämlich neben der Strafbarkeit einer Tötung auf Verlangen gleichermaßen die einer Suizidteilnahme[729]. Konsequenterweise könnte man Letztere sogar einfordern, mit dem Hinweis, hierdurch dem Fremdtötungstabu (oder der Stabilisierung der Tötungsverbotsnorm) auf eine noch umfassendere Weise Rechnung zu tragen[730]. Allerdings verfängt dieser Einwand gegen die Tabuthese nicht wirklich: Ihm lässt sich entgegenhalten, dass der Gesetzgeber einen gewissen Gestaltungsspielraum hat und es ihm insoweit freisteht, ab wann oder in welchen Fällen (in welchen Begehungsformen) er das Fremdtötungstabu als besonders schutzwürdig ansieht und einer strafrechtlichen Sanktion unterziehen möchte[731]; soweit es hierfür, also eine entsprechende Differenzierung, wiederum plausible Gründe gibt. Und diese lassen sich nicht von der Hand weisen. Die „Nichtabwälzbarkeit des Vollzugs der Tötung", wie § 216

[725] Modifizierend jedoch *Murmann*, Selbstverantwortung, S. 282 f., 523 ff.

[726] Siehe auch *Chatzikostas*, Disponibilität des Rechtsgutes Leben, S. 262.

[727] *Hirsch*, Welzel-FS, S. 775 (782); *Roxin*, Dreher-FS, S. 331 (339); *ders.*, Strafrecht AT I, § 13 Rdnr. 35; *Otto*, Tröndle-FS, S. 157 (158 f.); *ders.*, Strafrecht BT, § 6 Rdnr. 17; *ders.*, Gutachten, D 53 f.; *Krey/Heinrich*, Strafrecht BT/1, § 1 Rdnr. 108; Sch/Sch-*Eser*, § 216 Rdnr. 1; *Engisch*, H. Mayer-FS, S. 399 (412); ferner *Weigend*, ZStW 98 (1986), S. 44 (67 f.); LK/*Jähnke*, Vor § 211 Rdnr. 14, § 216 Rdnr. 1.

[728] NK/*Neumann*, § 216 Rdnr. 1 ff.; *Merkel*, Früheuthanasie, S. 413 ff., 417 ff.; ferner *Sternberg-Lieben*, Einwilligung, S. 117 f., 120.

[729] *Krack*, KJ 28 (1995), S. 60 (74); *Jakobs*, Tötung auf Verlangen, S. 20; MK/*Schneider*, § 216 Rdnr. 3 in Fn. 13; *Müssig*, Mord, S. 353.

[730] So *Jakobs*, Tötung auf Verlangen, S. 20.

[731] Vergleichbar *Murmann*, Selbstverantwortung, S. 521; *Sternberg-Lieben*, Einwilligung, S. 120.

StGB sie unbestreitbar intendiert, lässt sich damit begründen, dass die Folgen dieses Eingriffs irreversibel sind und dass es sich um den denkbar schwerwiegendsten Eingriff handelt[732]; denn es geht ja um die totale Vernichtung der Person. Das Verbot beschränkt sich nun darauf, diesen massiven, die Person absolut vernichtenden Eingriff durch jemand anderen ausführen zu lassen, wohingegen es der Person unbenommen bleibt, die Tötung selbst vorzunehmen. Um diese gesetzgeberische Unterscheidung (weiter) zu fundieren, wird in der Literatur bisweilen der Schutz der Person vor Voreiligkeiten und Leichtfertigkeiten bei dem für sie gravierendsten Eingriff, der Verfügung über ihr Leben, geltend gemacht[733]. So gesehen, erhält die Vorschrift ein paternalistisches Fundament. Abermals lässt sich darauf verweisen, dass mit einer solchen paternalistischen Argumentation Teilnahmebeiträge an Selbsttötungen nicht minder pönalisiert werden könnten, weil ein übereiltes Vorgehen des Suizidenten sich generell genauso wenig ausschließen lässt, wie das bei einer Fremdtötung auf Verlangen der Fall ist. Dieser Einwand greift durch, und er weist zugleich auf eine prinzipielle Problematik des paternalistischen Ansatzes hin: Da diesem selbst ein eingrenzendes Kriterium fehlt, könnte er in letzter Konsequenz das Freiheitsprinzip des Rechts insgesamt aufheben[734]. Überzeugender ist es deshalb, den Grund für die gesetzliche Regelung in einer präsumierten mangelnden Vollzugsreife[735] beziehungsweise in möglichen Entscheidungsdefiziten der Person[736] auszumachen. So dürfte das Risiko einer defizitären Entscheidung (ungleich) höher anzusetzen sein, sofern der Sterbewillige die Tötungshandlung nicht selbst vornimmt, sondern diese ohne äußere Not(wendigkeit) einer anderen Person überträgt[737]. Vorzugsweise gilt dies in Fällen, in denen ein triftiger Grund für das Delegieren der Tötungshandlung nicht erkennbar ist. Sollte der Sterbewillige dagegen faktisch außerstande sein, die Tötungshandlung selbst vorzunehmen (etwa wegen starker physischer Beeinträchtigungen und Einschränkungen), kann diesem Aspekt, der Übertragung der Tötungshandlung, eine solche indizielle Bedeutung nicht mehr zuerkannt werden (was freilich nicht bedeutet,

---

[732] *Hoerster*, NJW 1986, S. 1786 (1789); *ders.*, ZRP 1988, S. 1 (3); *Schroeder*, ZStW 106 (1994), S. 565 (574); *Maurach/Schroeder/Maiwald*, Strafrecht BT/1, § 1 Rdnr. 14 f., § 2 Rdnr. 60; *Murmann*, Selbstverantwortung, S. 268, 490, 493 ff.; ferner *Jakobs*, Tötung auf Verlangen, S. 14, 16, 19.

[733] *Roxin*, Dreher-FS, S. 331 (339); *ders.*, 140 Jahre GA, S. 177 (185); *ders.*, Strafrecht AT, § 13 Rdnr. 35; *Hoerster*, NJW 1986, S. 1786 (1789); *ders.*, ZRP 1988, S. 1 (3 f.); *Jakobs*, Arthur Kaufmann-FS, S. 459 (467 f., 470); *Merkel*, Früheuthanasie, S. 412; *v. Hirsch/Neumann*, GA 2007, S. 671 (674 f.).

[734] Für den sogenannten weichen Paternalismus mag dies nicht gelten; vgl. hierzu *Merkel*, Früheuthanasie, S. 409 ff.

[735] *Jakobs*, Tötung auf Verlangen, S. 22, 24 f.

[736] *Murmann*, Selbstverantwortung, S. 491 ff.

[737] Vgl. *Roxin*, Tatherrschaft, S. 668; *ders.*, 140 Jahre GA, S. 177 (184); *Murmann*, Selbstverantwortung, S. 491.

dass Entscheidungsdefizite nicht dennoch vorliegen könnten)[738]. Auch diese Interpretation des § 216 StGB impliziert ein – obgleich sehr schwaches – paternalistisches Moment[739]. In dem vorgegebenen engbegrenzten Rahmen erscheint dies aber vertretbar, da und soweit für den Einzelnen die Möglichkeit bestehen bleibt, seine Entscheidung anders (das heißt hier: eigenhändig) umzusetzen. Insofern darf man diese Einschränkung der Handlungsfreiheit als noch akzeptabel ansehen. § 216 StGB knüpft die möglicherweise fehlende Vollzugsreife oder die möglicherweise defizitäre Entscheidung des Sterbewilligen an ein äußeres „signifikantes Merkmal", nämlich die Vornahme der Tötungshandlung durch einen anderen. Gleichzeitig wird damit unterstellt, entsprechende Defizite seien vorhanden oder jedenfalls generell zu vermuten, falls der Sterbewillige die Tötung nicht eigenhändig durchgeführt hat[740]. Man kann hieran bemängeln, mit dieser Unterscheidung werde die an sich maßgebliche Zurechnungskategorie der Eigen- und Fremdverantwortlichkeit nicht (unbedingt) getroffen, sondern vielmehr durch das mehr oder weniger vordergründige Kriterium der Eigen- und Fremdhändigkeit ersetzt oder sogar in eins gesetzt[741]. Der Sache nach mag der Einwand zutreffen. Allerdings bleibt zu bedenken, dass die Beurteilung der Eigen- oder Fremdverantwortung für eine Tat – jedenfalls dann, wenn sie handhabbar und somit justitiabel sein soll – zwangsläufig an äußeren Kriterien orientiert werden muss und sich demzufolge (wesentlich) aus diesen erschließt[742]. Insbesondere im Fall des § 216 StGB leuchtet es (wie soeben dargelegt) ein, der Art der Ausführung der Tötung, der Eigen- oder Fremdhändigkeit, eine starke indizielle Relevanz für diese Frage zuzusprechen. Legt man diesen Gedankengang zugrunde, folgt daraus andererseits, dass das Unrecht des § 216 StGB ausscheidet, wenn der Schluss, möglicherweise seien beim „Opfer" Entscheidungsdefizite vorhanden gewesen, im konkreten Fall durch (Gegen-)Indizien ausgeschlossen ist. Weiterhin ergibt sich, dass das Unrecht jedenfalls entfallen kann, sofern die Indizien den Schluss auf eine defizitäre Entscheidung nicht mehr tragen. Lassen sich Entscheidungsdefizite im Einzelfall also zweifelsfrei ausschließen, spricht dies für eine teleologische Reduktion des Tatbestands. Kommt dann, zweitens, dem Gesichtspunkt der fremdhändigen Ausführung der Tötung wegen der tatsächlichen Unmöglichkeit einer Selbsttötung keine entsprechende indizielle Funktion mehr zu, ist eine Tatbestandsreduktion zumindest erwägenswert[743]. Dagegen bleibt es beim Unrecht des § 216 StGB, soweit eine

---

[738] *Murmann*, Selbstverantwortung, S. 499 ff. (mit entsprechenden Beispielen), 529.

[739] Anders *Murmann*, Selbstverantwortung, S. 495.

[740] Siehe *Jakobs*, Tötung auf Verlangen, S. 22; vergleichbar *Roxin*, 140 Jahre GA, S. 177 (184, 186); kritisch *v. Hirsch/Neumann*, GA 2007, S. 671 (680).

[741] In diesem Sinne *Müssig*, Mord, S. 351, 356; siehe hierzu auch *Murmann*, Selbstverantwortung, S. 331 ff.

[742] Vgl. auch *Murmann*, Selbstverantwortung, S. 491, 495.

[743] Alternativ hierzu ließe sich an eine Rechtfertigung nach § 34 StGB denken (vgl. *Merkel*, Früheuthanasie, S. 413, 427 f.); eingehender zum Ganzen *Murmann*, Selbstverantwortung,

mangelnde Vollzugsreife oder Entscheidungsdefizite möglich sind. Auch in diesen Fällen hat die Einwilligung oder das Tötungsverlangen des Opfers aber eine das Tötungsunrecht mindernde Qualität. Besteht das Verbot des § 216 StGB nämlich, um den Risiken einer defizitären Entscheidung entgegenzuwirken, geht es immerhin um Individualrechtsgüterschutz. Das Vorliegen einer Einwilligung kann diese Gefahr zwar ausweislich des § 216 StGB nicht beheben; damit ist aber andererseits noch nicht gesagt, dass die Einwilligung oder das Verlangen ohne Einfluss auf das Tötungsunrecht bleiben müssten. Vielmehr ist hier von einer Reduzierung des Tötungsunrechts auszugehen, verglichen mit Fällen, in denen eine Einwilligung (oder ein Verlangen) des Opfers nicht gegeben ist. Wird die Funktion des § 216 StGB (zudem) in einer Stabilisierung des Fremdtötungstabus gesehen, handelt es sich insoweit um ein Rechtsgut, über das der Einzelne nicht verfügen kann. Man wird allerdings auch in diesem Fall davon ausgehen dürfen, dass das Fremdtötungstabu durch eine Tötung, in die das Opfer eingewilligt hat, bei weitem weniger tangiert wird, als durch eine Tötung, die gegen oder ohne den Willen des Opfers geschah. Eine Verringerung des Tötungsunrechts lässt sich daher ebenso annehmen, wenn § 216 StGB (zusätzlich) mit dem Fremdtötungstabu fundiert wird. Obzwar § 216 StGB auf der Grundlage der genannten Deutungen normativ haltbar und mit einem freiheitlichen Konzept vereinbar ist, kurz: sich einigermaßen plausibel legitimieren lässt, bleiben Zweifel. Denn im Kern geht es bei dieser Vorschrift bloß um die Minimierung von Risiken und um ein wenig fassbares Abstraktum: das Fremdtötungstabu. Die Zweifel werden erkennbar, wenn bekundet wird, § 216 StGB enthalte eine „nicht nur quantitative[ ], sondern qualitative[ ] Unrechtsdifferenz im Verhältnis zu § 212“[744] – nach allem zu Recht.

Für die Anerkennung einer unrechtsmindernden Funktion der Einwilligung reicht allerdings das rein tatsächliche Vorliegen einer entsprechenden Erklärung, gleich unter welchen Umständen sie zustande kam und in welchem Zustand sie abgegeben wurde, nicht hin[745]. Vielmehr setzt eine rechtliche Beachtlichkeit der Einwilligung, die Ausdruck von Selbstbestimmung der Person ist, voraus, dass eine autonome oder selbstbestimmte Entscheidung der Person auch anzuerkennen ist. Die unrechtsreduzierende Wirkung und damit die rechtliche Relevanz der Einwilligung im hiesigen Kontext, wo es um eine an Freiheitsgesetzen ausgerichtete Aufteilung von Verantwortungsbereichen von Täter und Opfer geht, steht daher unter den folgenden beiden Vorbehalten: Einmal muss

---

S. 499, 530 f.; weiterhin *Jakobs*, Tötung auf Verlangen, S. 25 ff., sowie *ders.*, Arthur Kaufmann-FS, S. 459 (470 in Fn. 34).

[744] So NK/*Neumann*, § 216 Rdnr. 2; vgl. auch Sch/Sch-*Eser*, Vorbem. zu §§ 211 ff. Rdnr. 7; ferner *Murmann*, Selbstverantwortung, S. 501.

[745] Weitergehend und prinzipiell bei Defiziten der Einwilligung eine Minderung des Unrechts anerkennend *Hillenkamp*, Vorsatztat, S. 247; generell restriktiver und differenzierend bereits *Noll*, ZStW 68 (1956), S. 181 (188); *Geppert*, ZStW 83 (1971), S. 947 (999).

der Einwilligende (das Opfer) konstitutionell in der Lage sein, eine entsprechende Erklärung wirksam abzugeben. Zum anderen muss die Einwilligung frei von Willensmängeln sein, jedenfalls von solchen, die der Täter zu verantworten hat.

Der erstgenannte Aspekt betrifft die Frage, ob das Opfer als ausreichend kompetent anzusehen ist, eine rechtlich beachtliche Einwilligung in seine Tötung abzugeben – das meint hier wegen § 216 StGB freilich nur: eine Einwilligung, die zu einer Unrechtsverringerung führt. Ausgeschlossen ist das bei Zurechnungsunfähigkeit des Opfers (im Sinne des § 20 StGB) und bei Kindern (§ 19 StGB)[746]. Darüber hinaus lässt sich die Bedeutsamkeit der Einwilligung wegen einer entwicklungsbedingten Unreife bei jugendlichen Opfern verneinen, entsprechend dem Maßstab des § 3 JGG. Zumindest bedarf die Zuerkennung einer rechtlichen Relevanz der Einwilligung in diesen Fällen einer besonders sorgsamen Prüfung, zumal es um einen irreversiblen und den denkbar gravierendsten Eingriff geht. Zweifel an einer genügenden („sittlichen") Reife des Jugendlichen dürften bei einer derart weitreichenden, existentiellen Entscheidung eher schon generell angezeigt, mindestens aber wegen des Alters wesentlich gründlicher in den Blick zu nehmen sein[747]. Das gilt insbesondere, wenn ein vernünftiger Anlass für die Entscheidung (wie etwa eine schwerwiegende, unheilbare Krankheit) nicht zu erkennen ist[748].

Zweitens kann die Einwilligung des Opfers in seine Tötung jedenfalls dort keine unrechtsreduzierende Wirkung entfalten, wo diese auf Willensmängeln beruht, für die wiederum dem Täter die Verantwortung zuzuweisen ist. Diese normative Einschränkung der Relevanz einer Einwilligung ergibt sich aus einer Abgrenzung der Verantwortungssphären von Rechtspersonen zueinander; zuletzt resultiert sie aus dem Freiheitsprinzip. Präziser und zugleich generell lässt sich zur Funktion der Einwilligung festhalten: Diese bewirkt eine Veränderung des Rechtsverhältnisses zwischen dem Einwilligenden und dem Empfänger der Einwilligung[749]. Indem der Einwilligende dem anderen gestattet, in seine rechtlich an sich (also prinzipiell) geschützte Sphäre einzugreifen und eine an sich verbotene Handlung vorzunehmen, erweitert er dessen Handlungsspielraum und Freiheitsbereich[750]. Das gilt in dieser Weite und Grundsätzlichkeit freilich

---

[746] Vgl. insbesondere *Roxin*, Dreher-FS, S. 331 (346, 347, 349); *Jakobs*, Strafrecht AT, 21/98 mit Fn. 177; *Neumann*, JA 1987, S. 244 (249); eingehend *Murmann*, Selbstverantwortung, S. 203, 264 ff., 433 ff., sowie ferner NK/*Paeffgen*, § 228 Rdnr. 14.

[747] Siehe generell zum anzuwendenden Maßstab etwa *Gropp*, Strafrecht AT, § 6 Rdnr. 40 f.; Sch/Sch-*Lenckner*, Vorbem. §§ 32 ff. Rdnr. 40.

[748] Das impliziert, da auf die Vernünftigkeit des Anlasses abgestellt wird, eine paternalistische Komponente. Soweit es um minderjährige Personen geht, erscheint das in dem vorgeschlagenen Rahmen jedoch akzeptabel.

[749] *Köhler*, Strafrecht AT, S. 243; *Stratenwerth/Kuhlen*, Strafrecht AT I, § 9 Rdnr. 5; ausführlich *Murmann*, Selbstverantwortung, S. 198 ff.; siehe ferner *Müssig*, Mord, S. 345.

[750] *Murmann*, Selbstverantwortung, S. 479.

nur dort, wo die Einwilligung ein Unrecht auszuschließen vermag, wo also das Rechtsgut zur Disposition des Betroffenen steht, wie dies beispielsweise bei einer Sachbeschädigung (§ 303 StGB) oder bei einer Körperverletzung (§§ 223 ff. StGB, allerdings mit der Grenze des § 228 StGB) anzunehmen ist. Nicht hingegen gilt es bei einer Tötung, in die das Opfer eingewilligt hat, wie § 216 StGB zeigt. Während die Einwilligung in der ersten Variante das Rechtsverhältnis insgesamt umgestaltet, lässt sich mit ihr in der zweiten Variante (Einwilligung in die Tötung) lediglich, dies aber immerhin, eine Modifikation des Unrechts im Sinne einer Unrechtsreduzierung erreichen. Da sich die rechtliche Bedeutsamkeit der Einwilligung zuletzt aus der Autonomie, der Selbst- oder Eigenverantwortlichkeit von Personen herleitet, ist zwingende Voraussetzung für eine entsprechende Wirkung der Einwilligung, dass eine autonome und selbstbestimmte Entscheidung der Person (noch) anzuerkennen ist. Zumal dann, wenn dem Täter die Verantwortung für eine Einwilligung des Opfers zuzuweisen ist, scheidet das aus. Wann dies im Einzelnen der Fall ist, beurteilt sich nach normativen und rechtlich fundierbaren Kriterien. Danach lässt sich, in groben Zügen, festhalten: Eine Einschränkung der Beachtlichkeit der Einwilligung ist jedenfalls dann anzunehmen, wenn der Täter das Opfer zur Einwilligung in seine Tötung genötigt hat[751]. Denn die Einwilligung des Opfers ist in diesem Fall Folge einer Rechtsverletzung, die der Täter gegenüber dem Opfer begangen hat (§ 240 StGB). Hier eine unrechtsverringernde Wirkung der Einwilligung anzuerkennen, hätte die paradoxe und unhaltbare Konsequenz, den Täter (wenn auch nur mittelbar) für seinen Rechtsbruch zu privilegieren, und liefe somit darauf hinaus, das Verantwortungs- und Freiheitsprinzip zu unterwandern. Erreicht der Täter die Einwilligung des Opfers in seine Tötung nämlich durch einen Eingriff in dessen rechtlich geschützte Freiheitssphäre, ist es normativ unschlüssig, ihm diesen Rechtsverstoß, und sei es bloß indirekt, zum Vorteil gereichen zu lassen. Die Tatverantwortung liegt in diesem Fall ausschließlich beim Täter, weshalb eine partielle Entlastung (mithin eine Unrechtsminderung) wegen Einwilligung des Opfers nicht in Betracht kommt. Unbeachtlich – und die rechtliche Relevanz der Einwilligung nicht tangierend – sind dagegen etwaige vom Opfer möglicherweise als nötigend empfundene Verhaltensweisen des Täters, die jedoch die Schwelle zum rechtlich Unerlaubten nicht überschreiten[752]. Denn es geht hier nicht um eine faktisch-psychologische Beurteilung,

---

[751] *Murmann*, Selbstverantwortung, S. 205 f., 266. Für Unwirksamkeit der Einwilligung in Fällen einer Nötigung *Arzt*, Willensmängel, S. 31 ff.; Sch/Sch-*Lenckner*, Vorbem. §§ 32 ff. Rdnr. 48; LK/*Hirsch* (11. Aufl.), Vor § 32 Rdnr. 120; *Otto*, Strafrecht AT, § 8 Rdnr. 109; *Kühl*, Strafrecht AT, § 9 Rdnr. 36; *Roxin*, Strafrecht AT I, § 13 Rdnr. 81; *Jakobs*, Strafrecht AT, 7/121; *Wessels/Beulke*, Strafrecht AT, § 9 Rdnr. 376; *Jescheck/Weigend*, Lehrbuch, § 34 IV 5; *Rönnau*, Willensmängel, S. 436 ff.; *ders.*, Jura 2002, S. 665 (674); LK/*ders.* (12. Aufl.), Vor § 32 Rdnr. 207.

[752] Vgl. *Jakobs*, Strafrecht AT, 7/121; *Amelung/Eymann*, JuS 2001, S. 937 (944); *Rönnau*,

sondern um eine normative. Übt der Täter Druck auf das Opfer aus, bewegt sich dabei aber im Rahmen des rechtlich noch Erlaubten, und willigt das Opfer hieraufhin schließlich in seine Tötung ein, steht das der unrechtsverringernden Funktion der Einwilligung nicht entgegen. Normativ behält das Opfer die Verantwortung für sein Verhalten (seine Einwilligung) und kann diese in rechtlich relevanter Weise nicht zum Teil dem Täter zuschreiben. Eine partielle Verlagerung der Verantwortung auf den Täter für die Einwilligung scheidet also aus – wohlgemerkt, für die Einwilligung. Denn selbstverständlich bleibt der Täter für die Tötung insgesamt, ungeachtet eines reduzierten Unrechtsgehalts, verantwortlich. Weiterhin ist zu entscheiden, ob der vom Täter auf das Opfer ausgeübte Zwang als hinreichend zu bewerten ist, eine Einwilligung in die Tötung auszulösen. Im Einzelnen ist das zu bemessen anhand gängiger Rationalitätsstandards, wie sie in der Gesellschaft üblich sind[753]. So muss die Einwilligung in die Tötung, soll sie dem Verantwortungsbereich des Täters zuzuschlagen sein und dessen alleinige Tatverantwortung begründen, als Folge der Zwangsausübung noch einigermaßen plausibel sein[754]. Fehlt es daran und lässt sich die Einwilligung als Folge des Zwangs nicht mehr als noch irgendwie rationale Entscheidung erklären, mag der Zwang zwar rein faktisch (oder auch psychologisch) gesehen zur Einwilligung beigetragen haben. Normativ jedoch, und darauf kommt es an, ist ein Zurechnungszusammenhang zwischen der Einwirkung des Täters auf das Opfer und dessen Einwilligung nicht anzuerkennen[755]. In diesem Fall trägt der Täter keine Verantwortung für die Einwilligung des Opfers. Eine Unrechtsminderung wegen der Einwilligung des Opfers in seine Tötung ist deshalb begründet.

Soweit die Einwilligung des Opfers nicht auf einer Nötigung, sondern auf einer Täuschung des Täters beruht, gestaltet sich die Beurteilung und die genauere Konturierung der Verantwortungsbereiche vorderhand schwieriger, weil die Täuschung und der daraus resultierende Irrtum für sich genommen, anders als eine Nötigung, den rechtlich geschützten Freiheitsbereich des Opfers regelmäßig noch nicht beschneiden. (Es sei denn, dass gleichzeitig etwa ein Betrug vorliegt, eine Variante, die hier aber vernachlässigt werden kann.) Die Zuständigkeit des Täters für die täuschungs- und irrtumsbedingte Einwilligung des Opfers lässt sich demzufolge nicht schon mit Hinweis auf eine Rechtsverletzung erledigen, wie dies bei der Nötigung möglich war. Dennoch: Was den Zusammenhang zwischen der Täuschung und der Einwilligung betrifft, mithin

---

Jura 2002, S. 665 (674); LK/*ders.* (12. Aufl.), Vor § 32 Rdnr. 207; abweichend *Baumann/Weber/Mitsch*, Strafrecht AT, § 17 Rdnr. 108.

[753] Vgl. NK/*Toepel*, § 240 Rdnr. 20, 25, 105, 109; *Jakobs*, Strafrecht AT, 21/89, 7/121 und 123; siehe auch *Murmann*, Selbstverantwortung, S. 206.

[754] *Jakobs*, Strafrecht AT, 7/121, 123; NK/*Toepel*, § 240 Rdnr. 25.

[755] Präziser genommen, liegt in diesem Fall bereits keine Nötigung vor; siehe NK/*Toepel*, § 240 Rdnr. 25, 105.

die Relevanz der Täuschung des Täters für die Einwilligung des Opfers, gilt, ganz entsprechend dem soeben zur Nötigung Ausgeführten, folgende (Zurechnungs-)Regel: Die täuschungs- wie irrtumsbedingte Einwilligung ist dem Täter insoweit anzulasten, als die Einwilligung des Opfers in seine Tötung infolge der Täuschung noch irgendwie plausibel erscheint[756]. In diesem Fall lässt sich eine Minderung des Tötungsunrechts nicht auf die Einwilligung des Opfers stützen, der Täter kann daher, da ihm insoweit die Verantwortung zufällt, auf diese nicht zu seinen Gunsten verweisen. Sollte sich die Einwilligung des Opfers in seine Tötung demgegenüber nicht mehr plausibel auf die Täuschung zurückführen lassen, fehlt es am Zurechnungszusammenhang zwischen Täuschungsverhalten/Irrtum und Einwilligung. Selbst wenn es hier einen faktischen Zusammenhang geben sollte, ist dieser belanglos; denn die Beurteilung des Zurechnungszusammenhangs ist anhand normativer Kriterien vorzunehmen. In der letztgenannten Variante vermag die Einwilligung des Opfers den Täter demnach zu entlasten, also eine Minderung des Unrechts zu tragen. Nach allem muss die Täuschung des Täters, will man die hierauf beruhende Einwilligung des Opfers dem Verantwortungsbereich des Täters zuweisen, eine solche über (entscheidungs-)erhebliche Tatsachen sein – erheblich, bezogen auf den Entschluss, sich töten zu lassen. Im Einzelnen bestimmt sich das wiederum nach dem in der Gesellschaft üblichen Maßstab für ein (noch einigermaßen) rationales und plausibles Verhalten (Entscheiden). Darüber hinaus bleibt die Zuweisung von Verantwortung zum Täter daran gebunden, dass er den Irrtum herbeigeführt hat. Handelt es sich dagegen um einen selbsterzeugten Irrtum des Opfers oder um einen Irrtum, der durch andere Personen hervorgerufen wurde, hängt die Verantwortlichkeit des Täters davon ab, ob er, obzwar zur Entstehung des Irrtums nichts beigetragen, gleichwohl für dessen Aufklärung verantwortlich ist. Zu beurteilen ist dies, das Bestehen einer solchen gesteigerten Aufklärungspflicht des Täters gegenüber dem Opfer, in Anlehnung an die Garantenpflichtdogmatik[757]. Trifft den Täter hiernach (weil er in einem Sonderrechtsverhältnis zum Opfer steht) eine Pflicht, den Irrtum des Opfers zu beseitigen, liegt die Tatverantwor-

---

[756] *Jakobs*, Strafrecht AT, 7/121, 123. Parallel hierzu sei verwiesen auf die Beurteilung der (Un-)Wirksamkeit einer Einwilligung infolge einer Täuschung. Für eine weitgehende Anerkennung und Übertragung allgemeiner Zurechnungsgrundsätze auf die Einwilligungslehre (wenngleich teils in entsprechend abgewandelter Form) hat sich in jüngster Zeit vornehmlich *Amelung* ausgesprochen: *Amelung*, Irrtum und Täuschung, S. 36 ff., 44 f., 75 ff.; *ders.*, ZStW 109 (1997), S. 490 ff., bes. 511 ff.; *Amelung/Eymann*, JuS 2001, 937 (943 ff.); ferner ebenso wohl LK/*Rönnau* (12. Aufl.), Vor § 32 Rdnr. 206; *ders.*, Willensmängel, S. 430 ff., 433 f.; *ders.*, Jura 2002, S. 665 (674); außerdem schon LK/*Hirsch* (11. Aufl.), Vor § 32 Rdnr. 119. Im Grundsatz ist diesem Ansatz zuzustimmen – ungeachtet von Einzelfragen und -problemen, die sich hier im Weiteren ergeben und die noch wenig geklärt sind (ebenso NK/*Paeffgen*, § 228 Rdnr. 30). Eine Vertiefung dieser Fragen kann in dieser Arbeit nicht geleistet werden.

[757] *Roxin*, Strafrecht AT I, § 13 Rdnr. 80; *Rönnau*, Willensmängel, S. 410 ff.; *ders.*, Jura 2002, S. 665 (673); LK/*ders.* (12. Aufl.), Vor § 32 Rdnr. 203.

tung ausschließlich bei ihm, ohne dass er sich zu seiner Entlastung auf die irrtumsbedingte Einwilligung des Opfers in seine Tötung berufen könnte.

Implizit ergibt sich hieraus bereits, dass eine Reduzierung des Tötungsunrechts wegen einer Einwilligung des Opfers für den Täter ebenfalls in Betracht kommt, wenn die Erklärung des Opfers defizitär ist, weil sie auf Zwang oder Täuschung einer dritten Person (mithin nicht des Täters) basiert. Unproblematisch oder einzig vertretbar ist diese Lösung nicht. So könnte man jeden Willensmangel des Opfers, unabhängig davon, wer ihn herbeigeführt hat und wer dafür die Verantwortung trägt, als beachtlich auch im Verhältnis zu Dritten (dem Täter) ansehen; in dem Sinne, dass die Einwilligung unwirksam ist, gegenüber dritten Personen also keine Wirkung entfaltet[758]. Im Einzelnen sind die Probleme, die mit Einwilligungen in Dreieckskonstellationen verbundenen sind, recht komplex und lassen sich im Rahmen dieser Arbeit nicht ausführlich erörtern[759]. Angeführt seien lediglich die folgenden, im hiesigen Kontext maßgebenden Überlegungen: Bei der Einwilligung handelt es sich um ein Institut, das innerhalb eines Zwei-Personen-Verhältnisses auf eine Veränderung des konkreten Rechtsverhältnisses zwischen diesen beiden Personen zielt. Sie bewirkt, soweit Individualgüter betroffen sind, einen Ausschluss des Unrechts (dies bei disponiblen Gütern) oder aber, so in den hier relevanten Fällen einer Einwilligung in die Tötung, zumindest eine Modifikation im Unrechtsgehalt der Tat. Die Einwilligung zeichnet sich demnach durch eine interpersonale Struktur aus. Bei der hier zu klärenden Frage, ob und inwieweit eine Einwilligung des Opfers in seine Tötung gegenüber dem Täter bedeutsam ist, eine Reduzierung des Tötungsunrechts demnach begründen kann, geht es zuletzt um eine präzisere Festlegung von Verantwortung, die Täter und Opfer für die Tat (Tötung) trifft. Sofern nun ein Defizit beim Opfer vorhanden ist, herbeigeführt durch Täuschung oder Zwang einer dritten Person, ein Defizit mithin, für das der Täter keine Verantwortung trägt (eben weil die dritte Person zuständig ist), gibt es grundsätzlich zwei Möglichkeiten: Entweder schlägt das Defizit gegenüber dem Täter durch, mit der Konsequenz, dass eine Minderung des Unrechts, gestützt auf die defizitäre Entscheidung, ausscheidet. Oder man belässt das Defizit sozusagen – jedenfalls im Verhältnis zum Täter – in der Sphäre des Opfers, womit es einer Entlastung des Täters (Unrechtsreduzierung) nicht entgegensteht. Vorzugswürdig erscheint die zuletzt genannte Variante[760]. Prima facie

---

[758] *Roxin*, Strafrecht AT I, § 13 Rdnr. 84; *Gropp*, Strafrecht AT, § 6 Rdnr. 46; *Stratenwerth/Kuhlen*, Strafrecht AT I, § 9 Rdnr. 27; *Köhler*, Strafrecht AT, S. 254; *Amelung*, Irrtum und Täuschung, S. 87 f., sowie bereits *Schmidhäuser*, Strafrecht AT, 8/133 ff.

[759] Verwiesen sei deshalb vor allem auf *Rönnau*, Willensmängel, S. 253 ff.; *dens.*, Jura 2002, S. 665 (674); LK/*dens.* (12. Aufl.), Vor § 32 Rdnr. 209, und *Mitsch*, Rechtfertigung, S. 572 ff., 583 f.

[760] Vgl. die dem prinzipiell entsprechenden Ausführungen, allerdings zur Frage der (Un-)Wirksamkeit der Einwilligung, bei LK/*Rönnau* (12. Aufl.), Vor § 32 Rdnr. 209; *dems.*, JuS

sprechen dafür bereits der Vertrauensschutz des Einwilligungsempfängers und eine erhöhte Rechtssicherheit[761]. Grundsätzlicher ist darauf zu verweisen, dass dem Täter andernfalls (also bei genereller Beachtlichkeit des Defizits) zugemutet würde, sich unter Umständen recht weitreichend mit den auch internen Angelegenheiten des Opfers beschäftigen beziehungsweise diese eruieren zu müssen, da er die Gültigkeit der ihm gegenüber erteilten Einwilligung (gegebenenfalls) nur so hinlänglich beurteilen kann. Das implizierte nicht bloß eventuell eine Zumutung für den Täter, sondern ebenso eine für das Opfer. So müsste dieses sich womöglich erhebliche Einmischungen des Täters, mindestens aber weitgehende Einblicke in sein Leben gefallen lassen. Der Freiheitsbereich der Person (des Opfers) dürfte insgesamt effizienter gewahrt werden, wenn es dem Täter nicht in gewisser Weise obliegt, sich eingehend über die Innenwelt des Opfers informieren zu müssen (– und zwar auch dann nicht, wenn es um eine Einwilligung in das Gut „Leben" geht). Noch zweifelhafter erscheinen jedoch Fälle, in denen die Problematik zugespitzt ist: Der Täter erkennt, dass die Einwilligung des Opfers auf einer defizitären Grundlage basiert. In diesem Fall, so ließe sich argumentieren, verhalte der Täter sich rechtsmissbräuchlich, falls er sich auf die Einwilligung des Opfers berufe; diese könne ihm wegen seines Wissens hier nicht zugutekommen[762]. Da sich die Abgrenzung und Ausgestaltung personaler Verantwortungsbereiche (primär) nach objektiven Zurechnungskriterien bemisst, ist nicht recht zu sehen, weshalb allein dem subjektiven Umstand (Kenntnis oder Unkenntnis) eine solche Bedeutung zukommen könnte, dass er zu einer abweichende Verantwortungszuschreibung führte[763]. Die Verantwortung des Täters, auf diese Situation des Opfers Rücksicht zu nehmen, bewegt sich im Bereich einer solidarischen Leistung. Insoweit kann sich für den Täter allerdings eine Hilfspflicht aus § 323c StGB ergeben. Ob eine solidarische Hilfspflicht des Täters gegenüber dem Opfer die Beachtlichkeit der Einwilligung und damit eine Unrechtsreduzierung auszuschließen vermag, erscheint fraglich. Man kann argumentieren, die Verletzung von Solidaritätspflichten reiche nicht hin, dem Täter eine Minderung des Tötungsunrechts zu versagen. Denn ebenso wenig wie eine vorangegangene Verletzung der Solidaritätspflicht durch das Opfer eine (hinreichende) Minderung des Tötungsunrechts bewirken kann[764], so wenig kann die Verletzung der Solidaritätspflicht durch den Täter einer Minderung des Unrechts entgegenstehen. Die Verletzung von Solidaritätspflichten wäre also stets irrelevant und könnte (zumindest hinreichend er-

2002, S. 465 (674); LK/*Hirsch* (11. Aufl.), Vor § 32 Rdnr. 121 f.; ferner *Kühl*, Strafrecht AT, § 9 Rdnr. 36.

761 *Arzt*, Willensmängel, S. 48 ff., bes. 50; LK/*Hirsch* (11. Aufl.), Vor § 32 Rdnr. 122.

762 LK/*Hirsch* (11. Aufl.), Vor § 32 Rdnr. 122; *Roxin*, Strafrecht AT I, § 13 Rdnr. 79; *Kühne*, JZ 1979, S. 242 (244 f.); anders *Kußmann*, Einwilligung und Einverständnis, S. 243 ff.

763 Vgl. *Jakobs*, Strafrecht AT, 7/120; im Ergebnis ebenso LK/*Rönnau* (12. Aufl.), Vor § 32 Rdnr. 209.

764 Vgl. in diesem Kapitel unter B II 1 e.

hebliche) Unrechtsmodfikationen nicht auslösen. Zweifelhaft bleibt hier, dass die Minderung des Tötungsunrechts einherginge mit der Verletzung einer im Kern zwar solidarischen, rechtlich aber immerhin etablierten Pflicht. Eindeutiger fällt das Urteil wiederum aus, wenn der Täter gegenüber dem Opfer eine stärkere Schutz- oder Verantwortungsposition innehat und sich für ihn aufgrund dieser Sonderstellung qualifizierte Pflichten ergeben (entsprechend den Garantenpflichten). Eine Unrechtsminderung lässt sich in diesem Fall auf die defizitäre Entscheidung (Einwilligung) des Opfers nicht stützen.

Mit diesen Erwägungen geht es weiterhin konform, dass dem Täter eine (partielle) Verantwortung nicht zugewiesen werden kann, einzig weil die Entscheidung des Opfers, sich töten zu lassen, objektiv (und auch für den Täter erkennbar) als unvernünftig oder unplausibel anzusehen wäre. Das bedeutet im hiesigen Kontext freilich wiederum nur: eine Minderung des Tötungsunrechts wegen Einwilligung des Opfers ist in diesem Fall nicht ausgeschlossen. (Selbstverständlich bleibt die Verantwortlichkeit des Täters für die Tötung, abgesehen also von dieser Reduzierung des Unrechts, die ihm wegen der Einwilligung zu gewähren ist, bestehen.) So lässt sich der Täter nicht verantwortlich machen für unplausible und unvernünftige Entscheidungen des Opfers und ebenso wenig, worauf dies im Weiteren hinausliefe, für dessen etwaige irrationale Lebensgestaltung. Die Verantwortung für eine unplausible Entscheidung liegt vielmehr grundsätzlich allein beim Opfer, mehr noch ist dieses nicht verpflichtet, eine nach objektiven Maßstäben vernünftige Entscheidung zu treffen[765]. Eine Veränderung der Verantwortungszuschreibung lässt sich erst und nur bewerkstelligen, sofern eine gesteigerte Verantwortlichkeit des Täters für die Entscheidung des Opfers gegeben ist; konkret, wenn die Einwilligung Folge einer Einwirkung des Täters auf das Opfer ist (mithin Täuschung oder Zwang, wie oben erläutert) oder aber wenn der Täter aus anderen Gründen eine qualifizierte Schutzpflicht gegenüber dem Opfer hat, die den Schutz des Gutes „Leben“ impliziert (also nach herkömmlicher Terminologie insbesondere bei einer Beschützergarantenposition).

Nachdem die Grundsätze, auf die sich eine Verringerung des Unrechts wegen Einwilligung des Opfers in seine Tötung stützen lässt, dargelegt worden sind, ist nun deren Relevanz für die Abstufung des Tötungsunrechts anhand eines Beispielfalls knapp darzulegen. Hierzu bietet sich der so bekannte wie spektakuläre „Kannibalenfall“, den der BGH unlängst zu entscheiden hatte, nicht nur an, er drängt sich geradezu auf (BGHSt 50, 80ff.): Der Täter, der seit der Pubertät die Phantasie hatte, eine Person für immer bei sich zu haben und sich diese einzuverleiben, war bestrebt, dieses Ziel durch Schlachtung und anschließendes

---

[765] Zutreffend und ausführlicher hierzu *Murmann*, Selbstverantwortung, S. 187, 202. 263, 267ff.

Verspeisen einer Person zu erreichen. In seinem Wohnhaus richtete er dazu einen Schlachtraum ein und suchte über das Internet nach geeigneten Kandidaten. Hierbei stieß er auf B, das spätere Opfer. B seinerseits war eher an einer Penisamputation interessiert, wovon er sich das höchste Lustempfinden versprach; er litt an einer progredienten Form des sexuellen Masochismus. Die Vorstellung, den sexuellen Höhepunkt durch Amputation des Penis zu erreichen, besetzte Bs Bewusstsein dermaßen, „daß danach für ihn nichts mehr eine Rolle spielen sollte und sein Tod dem erwarteten ‚ultimativen Hochgefühl' folgen konnte". Zwischen dem Täter und B entwickelte sich ein reger E-Mail-Kontakt, in dem beide ihre sexuellen Präferenzen schilderten und gleichzeitig die Bereitschaft zeigten, auf die Vorstellung des anderen einzugehen. Vor allem war es dem Täter wichtig, sich eine sympathische Person einzuverleiben, und ebenso, dass diese sich freiwillig zur Verfügung stellte. Am Tattag holte der Täter B am Bahnhof ab und fuhr mit ihm in sein Haus. Im Schlachtraum kam es zu ersten sexuellen Handlungen. Da der Täter hieran (noch) kein Lustempfinden knüpfte, ging er zögerlich vor, und B beschloss zurückzufahren. Überredungsversuche waren zunächst vergeblich, weshalb der Täter B zum Bahnhof brachte. Dort entschloss B sich, doch mit dem Täter zurückzufahren, um wenigstens die Penisamputation durchzuführen. Auf Aufforderung des B schnitt der Täter ihm schließlich den Penis ab und verband die Wunde, damit B nicht verblutete. Obgleich sich das „ultimative Hochgefühl", das B erwartet hatte, nicht einstellte, blieb er bei seinem Entschluss, dass dies für ihn der „finale Akt" gewesen sei und der Täter ihn nunmehr beseitigen könne. Er untersagte, den Notarzt zu alarmieren, und bereitete sich auf sein Sterben vor. Dem Täter erklärte er, er könne ihn „abstechen", sobald er bewusstlos geworden sei. Als dieser Zustand eingetreten war, legte der Täter B auf die Schlachtbank und setzte ihm zwei tödliche Halsstiche. Wie den Ausführungen des BGH zu entnehmen ist, war die „natürliche Einsichts- und Willensfähigkeit" des Opfers „durch seine krankhafte seelische Störung in Form des extremen sexuellen Masochismus dergestalt eingeschränkt, daß er die Tragweite seines späteren Entschlusses, sich töten und schlachten zu lassen, nicht vollends rational überblickte". – Eine Einwilligung des Opfers in seine Tötung (Schlachtung) ist, zunächst nur rein faktisch gesehen, in diesem Fall zweifellos gegeben. Zwar lässt sich die Rückfahrt des B zum Bahnhof als (vorübergehende) Rücknahme dieser Einwilligung werten; im entscheidenden Zeitpunkt jedoch, der Begehung der Tat, liegt eine Einwilligung aber wieder vor. Darüber hinaus lässt sich feststellen, dass die Tat offenbar ganz entsprechend der Vereinbarung, die Täter und Opfer getroffen hatten, ablief. Diese Vereinbarung wurde während des Tatgeschehens immer wieder aktualisiert, indem beide sich wechselseitig über den weiteren Verlauf verständigten und sich gegenseitig vergewisserten, ob beziehungsweise inwieweit sie an der ursprünglichen Verabredung festhalten wollten. Da der Täter von diesen Vereinbarungen nicht abwich und sich nach den aktuellen Vorstellungen und Anweisungen des Opfers richtete, lässt sich eine überlegene Position des Täters – aufgrund der ihm die Verantwortung für das Verhalten (die Einwilligung) des Opfers teils zugeschrieben werden könnte – schon prima facie nicht erkennen (– sieht man einmal ab von Bs sexuellem Masochismus; dazu sogleich). Insbesondere hatte der Täter das Opfer nicht durch Täuschung oder Zwang/Nötigung zur Einwilligung gebracht. Zweifelhafter könnte da schon sein, ob die Einwilligung des B nicht unbeachtlich war, weil er in pathologischer Form an sexuellem Masochismus litt. Allerdings erreichte diese Störung nicht ein solches Ausmaß, dass man B als zurechnungsunfähig ansehen könnte[766]. Die sexuelle Störung des B bewegte sich vielmehr, nimmt man die §§20, 21 StGB als Maßstab (wiewohl diese nur auf Täter anzuwenden sind), noch im Rahmen des §21 StGB: Die Einsichts- und Willensfähigkeit des B war eingeschränkt, nicht aber war sie aufgehoben. Obwohl die Störung des Opfers also als pathologisch (im medizinischen Sinne) einzuordnen ist, reicht dies für sich genommen noch nicht hin, ihn rechtlich als inkompetent zu betrachten, eine Einwilligung in seine Tötung abzugeben. Einer Minderung des Tötungsunrechts (wegen der Einwilligung des B) können diese Umstände daher nicht entgegenstehen. Des Weiteren trägt der Täter, was diesen psychischen Zustand des Opfers anlangt, keine (gesteigerte) Verantwortung. Er ist nicht dazu verpflichtet, sich mit dem Seelenleben des Opfers (eingehender) auseinanderzusetzen; zumal er zum sexuellen Masochismus des Opfers selbst keinen Beitrag geleistet hat. Erst wenn die Störung im Bereich des §20 StGB läge und demnach Zurechnungsunfähigkeit zu konstatieren wäre, änderte sich die Lage: Die Einwilligungserklärung des Opfers wäre dann irrelevant (unwirksam) und könnte eine Reduzierung des Unrechts nicht mehr tragen[767]. Und wie schon erörtert, lässt sich der Täter nicht etwa dafür verantwortlich machen, dass B unvernünftige Entscheidungen trifft. Als unbeachtlich wird man es ferner anzusehen haben, dass die Vorstellungen des B und seine Entscheidung zur Penisamputation und zum Sich-Schlachtenlassen nach den in der Gesellschaft gängigen Standards als im höchsten Maße unvernünftig und unplausibel einzustufen sind. So gilt zunächst: Mag die individuelle Sinngebung, die die Person (hier: das Opfer) vornimmt, auch höchst befremdlich, verstörend, ja abstoßend und ekelerregend sein, prinzipiell steht es der Person frei, individuelle Glücksvorstellungen zu haben und zu verfolgen. Ob andere Personen oder die Mehrheit der Gesellschaft diese Ziele vernünftig finden oder sonst zu goutieren vermögen, interessiert an und für sich nicht; je-

[766] Und zwar auch nicht partiell – also bezogen auf sein Sexualverhalten. Der Sachverhalt gibt hierfür nichts her (siehe auch oben im Text). Abweichend *Momsen/Jung*, ZIS 2007, S. 162 (163). Eingehend zum „Kannibalenfall“ jüngst *Scheinfeld*, Der Kannibalen-Fall.

[767] Dies unterstellt, griffen, soweit der Täter das nicht erkennen würde, zu seinen Gunsten (zumal wenn eine tatbestandliche Abstufung des vorsätzlichen Tötungsdelikt hierauf basieren sollte) die Irrtumsregeln (§16 II StGB) ein.

denfalls grundsätzlich nicht, und das heißt, solange die Person in ihrer eigenen Freiheitssphäre bleibt und ihre abseitigen Vorstellungen nicht etwa anderen Personen aufdrängt und zur Realisierung in deren äußeren Freiheitsbereich eingreift (etwa durch Nötigung). Richtig besehen, kann es deshalb auch nicht darauf ankommen, ob (oder inwieweit) das Abschlachtenlassen Abscheu und Ekelgefühle in der Gesellschaft auslöst. Hier etwas anderes zu vertreten, bedeutete zuletzt, dem Täter eine Verringerung des Unrechts aus Gründen des „Gefühlsschutzes" anderer Bürger zu verweigern. Zugegeben, man könnte in etwa so argumentieren: Sich von einer anderen Person abschlachten zu lassen, tangiert den Bürgerstatus (oder jedenfalls die Vorstellung davon) empfindlich, weil eine solche Handlung dem Selbstverständnis von Personen in unserer Gesellschaft nachgerade fundamental widerspricht. Hiermit setzte man der individuellen Freiheit der Person (der Entscheidung des B) ein anderes überindividuelles Rechtsgut (nämlich Gefühle, Pietätsempfinden der Gesellschaft oder Ähnliches) entgegen. Es soll hier noch nicht einmal behauptet werden, dass eine solche Auffassung gänzlich unvertretbar wäre, wohl aber, dass sie einer sorgfältigen und ausführlichen Begründung bedürfte. Selbst wenn sich eine derartige Position indes fundieren ließe, bliebe es – und im hiesigen Kontext ist das entscheidend – doch bedenklich und im Ergebnis wohl kaum überzeugend, dem Täter eine Verringerung des Tötungsunrechts gewissermaßen komplett zu versagen, trotz eigenverantwortlicher Entscheidung (Einwilligung) des Opfers, zum Schutz der Gefühle oder bestimmter Vorstellungen der Gesellschaft. Denn damit würde der Entscheidung des Opfers zuletzt überhaupt keine Bedeutung mehr zuerkannt, sie würde durch das überindividuelle Interesse zunichte gemacht. In einer freiheitlichen Gesellschaft, die essentiell auf Autonomie und Selbstbestimmung der einzelnen Personen basiert und deren Besonderheit weitestgehend Rechnung zu tragen hat, bleibt eine so weitreichende (präziser ja: gänzliche) Versagung der Relevanz des Opferwillens zweifelhaft. Nicht vergleichen lässt sich der „Kannibalenfall" im Weiteren mit dem bekannten und in der Literatur oftmals angeführten Beispiel der (Selbst-)Versklavung[768]: Keine Person, so wird vorgetragen, könne wirksam ihre Versklavung verfügen und sich demnach in ein solches Verhältnis begeben. Das ist zweifellos zutreffend, lässt sich hier aber als Gegeneinwand nicht verwenden. Grundlegendes Kennzeichen einer Versklavung ist der Verzicht auf Freiheit und Autonomie, und dieser Verzicht gilt für die Zukunft. Da jedoch Autonomie und Freiheit das unabdingbare Fundament allen (freiheitlichen) Rechts sind, kann selbstredend niemand (also keine Rechtsperson) darauf verzichten. Eine Vereinbarung dieses Inhalts steht daher dem Recht von Grund auf entgegen und ist ausgeschlossen. Demgegenüber hat das Opfer im „Kannibalenfall" seine Autonomie und Selbstbestimmung

[768] Vgl. *Locke*, Abhandlungen, II. Teil, §§ 22 ff.; *Kant*, MdS-TL, Ethische Elementarpflichten, I. Teil, S. 555; ferner *Köhler*, Strafrecht AT, S. 256.

nicht aufgegeben; zunächst und offensichtlich schon nicht während des Tatgeschehens. Anhaltspunkte für eine Unterordnung unter den Willen des Täters gibt es insoweit nicht. Das Opfer verzichtet hier „lediglich" fortan auf seine Existenz (nicht hingegen auf seine Freiheit an sich); und die Entscheidung über den „finalen Akt" fällt autonom (nach den maßgebenden normativ-rechtlichen Vorgaben, mithin nicht im Zustand der Zurechnungsunfähigkeit). Anders als bei der (Selbst-)Versklavung geht es daher nicht um eine Zukunft (also Existenz) ohne Autonomie (was eben nicht möglich ist), sondern die Zukunft wird aus freiem Willen insgesamt aufgegeben. Im Ergebnis sind damit keine Gründe ersichtlich, im sogenannten „Kannibalenfall" eine unrechtsverringernde Wirkung der Einwilligung abzulehnen. Die Entscheidung des BGH, einen Mord zu bejahen, ist deshalb zu beanstanden – und zwar ungeachtet der Frage, ob oder welche Mordmerkmale nach der lex lata anzunehmen sind. Insoweit mögen zu den einzelnen Mordmerkmalen zwar feinsinnige Auslegungsvarianten angeboten werden (was hier nicht weiter zu untersuchen ist); allein der folgende, mehr die Substanz betreffende Einwand bleibt bestehen: Tötungsunrecht kann wegen der Einwilligung des Opfers nicht vollständig gegeben sein, sondern es liegt nur in einer reduzierten Form vor. Da die Annahme eines Mordes, zumal sie die Höchststrafe zur Folge hat, aus Gründen normativer Konsistenz (wenn schon nicht ein gesteigertes, so doch) mindestens ein ungemindertes Tötungsunrecht voraussetzt, lässt sich dieses Ergebnis nicht halten. Die Entscheidung steht nicht zuletzt in Widerspruch zu gängigen dogmatischen Zurechnungsprinzipien.

Eine Verringerung des Tötungsunrechts ist – abgesehen von der bisher behandelten Fallkonstellation, in der eine Einwilligung des Opfers in seine Tötung vorliegt – denkbar außerdem in Fällen, in denen das Opfer sich eigenverantwortlich einer gefährlichen Situation ausgesetzt hat und diese Gefahr sich schließlich im Erfolg, dem Tod, realisiert. Für gewöhnlich werden solche Fallgestaltungen unter der Bezeichnung „Risikoeinwilligung" rubriziert[769]: Das Opfer verhält sich selbst riskant, indem es sich in eine gefahrenträchtige Lage hineinbegibt, ohne aber – und dies in Abweichung zu der bislang erörterten Variante – in den Erfolg (Tod) eingewilligt zu haben. Die Einwilligung des Opfers ist vielmehr niedrigstufiger anzusetzen: Sie bezieht sich lediglich auf eine riskante Verhaltensweise oder Situation, die das Opfer typischerweise mit dem Täter zusammen ausführt oder gestaltet. Begründet ist eine Verringerung des Unrechts in diesen Fällen, weil sich der Gefährdungssachverhalt, aus dem der Tod des Opfers hervorgeht, auch dem Verantwortungsbereich des Opfers zuweisen lässt[770]. Zunächst erfordert das, wie oben im Zusammenhang mit der

---

[769] Siehe nur *Kühl*, Strafrecht AT, § 17 Rdnr. 83; *Arzt/Weber*, Strafrecht BT, § 6 Rdnr. 34 ff.; zur Probelmatik ausführlich und kritisch LK/*Rönnau* (12. Aufl.), Vor § 32 Rdnr. 165 ff.

[770] *Zaczyk*, Selbstverantwortung des Verletzten, S. 52; ferner *Otto*, Tröndle-FS, S. 157 (171); *Murmann*, Selbstverantwortung, S. 447; *Walther*, Eigenverantwortlichkeit, S. 144 ff., 172 ff.

Einwilligung in die Tötung bereits dargelegt, dass das Opfer als hinreichend kompetent anzusehen ist, eine entsprechende Erklärung abzugeben (oder Entscheidung zu treffen), mithin, dass es zurechnungsfähig ist; und des Weiteren, dass diese Entscheidung frei von Willensmängeln ist (also von Zwang/Nötigung und Täuschung), die einer unrechtsverringernden Wirkung entgegenstehen. Die Entscheidung des Opfers, sich in eine Gefahr zu begeben, muss sich mithin als autonom und eigenverantwortlich darstellen. Ist dies anzunehmen, gilt: Ebenso wie die Einwilligung des Opfers in seine Tötung als Folge der Autonomie und Selbstverantwortung von Personen das Unrecht jedenfalls herabzusetzen vermag, ist eine Unrechtsreduzierung möglich bei einer Einwilligung, die sich auf gefährliche Verhaltensweisen oder Situationen bezieht. Eine hierauf gestützte Abstufung des Unrechts resultiert in gleicher Weise aus einer Abgrenzung von Verantwortungssphären, sie entspricht daher freiheitlichen Rechtsgrundsätzen. Die bloße „Einwilligung in ein Risiko“, was ja gewissermaßen eine verkürzte Form der Einwilligung ist, wird, was normativ unmittelbar einleuchtet[771], das vorsätzliche Tötungsunrecht regelmäßig nicht in gleichem Maße zu reduzieren vermögen wie eine Einwilligung des Opfers in seine Tötung (seine sogenannte „finale Einwilligung“[772]). Im Einzelnen geht es hierbei jedoch lediglich um weitere graduelle (Fein-)Abstufungen des Unrechtsgehalts der Tat und somit um einen bloß quantitativen Aspekt; nicht betrifft es die prinzipielle Frage nach der unrechtsmindernden Qualität einer solchen Einwilligung an sich. Während der erste Aspekt dem Feld der Strafzumessung zuzuordnen ist, handelt es sich bei der zweiten Frage um etwas Prinzipielles, nämlich um die unrechtsverringernde Wirkung der Einwilligung (in eine Gefahr) dem Grunde nach. Dieser Frage ist Bedeutung zuzumessen bereits für eine tatbestandliche Abstufung des vorsätzlichen Tötungsdelikts, wie sie in dieser Arbeit allein interessiert.

In der Praxis dürften derartige Fallgestaltungen eher selten vorkommen. Denn vorausgesetzt ist ja ein vorsätzliches Tötungsdelikt, und das bedeutet zumal, es braucht eine vorsätzliche Fremdverletzung. Ausgeschlossen sind damit sämtliche Fallkonstellationen, die als reine Selbstgefährdung respektive -schädigung einzuordnen sind[773]. Zu dieser Vorsatztat des Täters (der vorsätzlichen

---

[771] Abweichend wohl *Murmann*, Selbstverantwortung, S. 413ff.

[772] So die Formulierung bei *Jakobs*, Strafrecht AT, 7/125ff., 14/12; siehe ferner *Zaczyk*, Selbstverantwortung des Verletzten, S. 53.

[773] Im Einzelnen ist die Abgrenzung zwischen Selbstgefährdung wie -schädigung einerseits und Fremdgefährdung wie -schädigung andererseits hoch umstritten und dogmatisch noch wenig geklärt; siehe dazu etwa *Roxin*, Strafrecht AT I, § 11 Rdnr. 91ff., bes. 105ff.; *Otto*, Tröndle-FS, S. 157ff.; *Zaczyk*, Selbstverantwortung des Verletzten, S. 32ff., 49ff.; *Cancio Meliá*, ZStW 111 (1999), S. 357 (361ff.); *Jakobs*, Strafrecht AT, 7/125ff., 21/56ff.; *Walther*, Eigenverantwortlichkeit, S. 7ff., 20ff., 33ff., 94ff.; LK/*Rönnau* (12. Aufl.), Vor § 32 Rdnr. 167ff.

Tötung) muss eine riskante Verhaltensweise des Opfers hinzutreten. Zumeist dürften sich entsprechende Sachverhalte im Bereich des Fahrlässigkeitsdelikts bewegen. Dennoch, ausgeschlossen ist eine Relevanz dieser Fälle im hiesigen Kontext nicht. Wandelt man zum Beispiel den bekannten Autosurferfall[774] so um, dass der Autofahrer A sich, als B auf dem Dach liegt, zu einer besonders waghalsigen Fahrweise entschließt, um B ein wenig zu malträtieren und hierbei dolus eventualis bezogen auf einen tödlichen Ausgang hat, und dass B schließlich vom Dach geschleudert wird und an den Verletzungen stirbt, dann folgt hieraus für A eine Minderung seines (vorsätzlichen) Tötungsunrechts wegen der eigenverantwortlichen Entscheidung des B, sich in diese Gefahrensituation („Autosurfen") überhaupt zu begeben[775]. (Zu diesem Ergebnis gelangt man indes nur, sofern man, was umstritten ist, von einem Fremdverletzungsgeschehen und nicht von einer straflosen Selbstgefährdung ausgeht, die zum Tod führt[776].) Vergleichbares lässt sich festhalten, wenn man den „Heroinfall"[777] umbildet: Verabreicht A dem B auf dessen Aufforderung hin eine besonders hohe Dosis Heroin, bei deren Einnahme B sterben könnte – was A zutreffend erkennt und hinnimmt, B hingegen (obwohl A ihn auf die große Menge explizit hinweist) nicht richtig einschätzt –, hat A eine vorsätzliche Tötung begangen, bei der jedoch der Unrechtsgehalt wegen der Aufforderung des B (Einwilligung) verringert ist. Demgegenüber wäre dieser Fall anders zu beurteilen, wenn der Tod des B nicht auf der Menge des Heroins beruhte, sondern Folge einer Beimischung anderer gefährlicher Stoffe wäre, von der B im Gegensatz zu A nichts wüsste. Denn in diesem Fall wäre das Risiko, das sich im Tod verwirklicht hätte, ein Risiko, das dem B unbekannt gewesen wäre und in das er demzufolge auch nicht hätte einwilligen können.

Darüber hinaus setzt eine Reduzierung des Unrechts aufgrund einer Einwilligung des Opfers in eine Gefahr(ensituation) voraus, dass es sich um eine normativ bedeutsame – und damit nicht bloß faktisch gegebene – Gefahr handelt. Es genügt insoweit nicht schon jedes irgendwie vorhandene Risiko im weitesten und tatsächlichen Sinn. Unbeachtlich sind insbesondere allgemeine Lebensrisiken (Allerweltsgefahren). Nötig ist vielmehr eine besondere, gesteigerte Gefahr, was aber nicht tatsächlich beurteilt werden kann. Denn es geht um die Abgrenzung von Verantwortungssphären von Personen beziehungsweise um die Zuweisung von Risiken in deren Verantwortungsbereich. Das aber ist eine Frage, die einer normativen und rechtlich abgesicherten Auflösung bedarf und die sich nicht mit einem Verweis auf faktische Gegebenheiten klären lässt. Um

---

[774] OLG Düsseldorf, NStZ-RR 1997, S. 325 ff.

[775] Ebenso *Müssig*, Mord, S. 371.

[776] Für eine Selbstgefährdung etwa *Puppe*, Strafrecht AT I, § 6 Rdnr. 12 ff.; wie hier: *Kühl*, Strafrecht AT, § 4 Rdnr. 95; *Rengier*, Strafrecht BT II, § 20 Rdnr. 6; *Müssig*, Mord, S. 365.

[777] BGHSt 32, 262 ff.

dies an zwei Beispielen zu veranschaulichen: Begibt sich ein Schwarzer in einen Stadtteil, in dem bekanntermaßen die Ausländerfeindlichkeit verbreitet ist und extreme Züge trägt, so dass er, realistisch besehen, mit schweren, gewalttätigen Attacken zu rechnen hat (und dies auch weiß), ist sein Verhalten tatsächlich als besonders riskant zu qualifizieren. Wird er nun von ausländerfeindlichen jungen Männern massiv misshandelt und stirbt hieran, geht es aber ganz offenkundig nicht an, ihm sein „riskantes" Verhalten anzulasten. Dieses lässt sich nicht als eine Einwilligung in die bekannte Gefahr bewerten, die eine Verringerung des Tötungsunrechts zur Folge hätte. Hier etwas anderes zu vertreten wäre normativ unhaltbar; es führte zu einer Verkehrung von Recht und Freiheit und bedeutete in letzter Konsequenz die Aufhebung des rechtlichen Zustands insgesamt und dessen Ersetzung durch die krude Macht der Stärkeren. Rechtlich gesehen, ist die tatsächliche Gefahr daher irrelevant: Es ist das gute Recht jeder Person, sich frei zu bewegen und öffentliche Orte unbehelligt und unbeschadet aufzusuchen. Etwaige Konzessionen (durch Anerkennung von Unrechtsmodifikationen) sind insoweit indiskutabel; denn sie implizieren eine Nivellierung rechtlich fundierter Verantwortungsbereiche und bewirken eine Konfusion von Erlaubtem und Unerlaubtem (was hier ausschließlich seitens der Täter festzustellen ist). Nicht anders zu beurteilen ist es, um ein weiteres Beispiel zu geben, wenn die vielfach schwer misshandelte Ehefrau nach einem kürzeren Aufenthalt im Frauenhaus freiwillig zu ihrem Ehemann zurückkehrt, ohne dass es hierfür einen „vernünftigen" Grund gäbe, will sagen: irgendeinen Anhaltspunkt für eine Verhaltensänderung des Mannes. Schlägt er sie dann tot, was womöglich sogar voraussehbar war, kann man zwar in einem banalen und ganz unspezifischen Sinn davon reden, sie habe sich durch ihre Rückkehr selbst in eine außerordentlich gefährliche Lage gebracht und trage „Schuld" an ihrem Schicksal. Normativ ist eine zurechenbare Selbstgefährdung der Frau aber nicht gegeben. Hier wiederum eine andere Lösung zu entwickeln, liefe – wie im ersten Beispiel – darauf hinaus, die rechtlich geprägten Verantwortungssphären von Person zu missachten, ja zu pervertieren: Der Ehefrau (auch Lebensgefährtin oder Freundin) ist es selbstverständlich ohne weiteres gestattet, nach Hause zu gehen und sich dort aufzuhalten, ohne Rechtsverletzungen (Misshandlungen) ausgesetzt zu sein. Und bei Getrenntleben des Paares wäre es gleichfalls legitim, den gewalttätigen Mann in seiner Wohnung zu besuchen (aus welchen „unvenünftigen" Gründen auch immer)[778]. Denn all dies ist ein rechtlich zulässiges

[778] Neben der Sache liegen daher die Erwägungen in BGH JZ 2003, S. 50ff. (zutreffende Kritik bei *Walther*, a.a.O., S. 52 [55]), wo der BGH der Angeklagten (im Rahmen der Notwehr) vorhält, sie sei bereits in der Vergangenheit, schon als die Trennung von M, ihrem Ehemann, erfolgreich vollzogen gewesen sei, immer wieder „von sich aus ohne Zwang oder Notwendigkeiten trotz ihrer negativen Erfahrungen zu diesem zurückgekehrt[ ]" und habe dadurch „selbst dazu beigetragen [...], daß M sie und die Tochter Kathrin körperlich mißhandeln konnte". Auch am Tattag, so der BGH weiter, habe „sie sich trotz der zuvor immer wieder erlebten Mißhandlungen sehenden Auges in eine Situation begeben, welche die Gefahr einer

Verhalten und lässt sich dem späteren Tötungsopfer nicht als eine normativ relevante Selbstgefährdung zurechnen – will man nicht Recht und Unrecht gänzlich verkehren und das freiheitliche Rechtssystem insgesamt preisgeben.

3. Zusammenfassung

Verringerungen des Tötungsunrechts lassen sich auf der Grundlage eines freiheitlichen Rechtsverständnisses prinzipiell annehmen, sofern sie opferinduziert sind, mithin mit einem zurechenbaren Opferverhalten fundiert werden können. Hat das Opfer nämlich an der Entstehung der Tat mitgewirkt, in dem Sinn, dass es einen rechtlich beachtlichen Beitrag dazu geleistet hat, dann trägt es eine teilweise Verantwortung an der Tötung. Diese partielle Tatverantwortung wirkt sich für den Täter unrechtsreduzierend aus. Voraussetzung hierfür ist jedoch, dass sich die Relevanz des Opferbeitrags für die Festlegung des Unrechtsgehalts der Tat anhand spezifisch rechtlicher Kriterien auch dartun lässt. Da es im Unrechtsbereich um die Abgrenzung personaler Freiheits- und (vice versa) Verantwortungssphären geht und damit zugleich um die nähere Ausgestaltung und Strukturierung von Rechtsverhältnissen, lassen sich Unrechtsmodifikationen zwingend nur mit rechtlich fundierbaren Erwägungen untermauern. Mit einem Opferverhalten, das bloß nach moralischen oder sozialethischen Maßstäben verfehlt ist, können Minderungen des Unrechts nicht legitimiert werden. Ebenso wie es umgekehrt nicht akzeptabel ist, eine Erhöhung des Tötungsunrechts auf sozialethisch oder moralisch anstößiges (verwerfliches) Verhalten des Täters zu stützen. Unrechtsminderungen sind – fasst man es grob zusammen – in zwei Konstellationen möglich: entweder wenn sie sich auf ein rechtlich fehlerhaftes Verhalten des Opfers zurückführen lassen oder wenn das Opfer eingewilligt hat. Im Ergebnis laufen diese Überlegungen darauf hinaus, die Möglichkeiten einer tatbestandlichen Abstufung des vorsätzlichen Tötungsdelikts auf Unrechtsebene auszuloten.

Eskalation in sich barg". Die Situation, von der der BGH hier spricht und die „die Gefahr einer Eskalation in sich barg", ist nichts weiter als ein Besuch bei M. Faktisch ist gegen die Einschätzung des BGH nichts einzuwenden. In der Tat war es für die Angeklagte und ihre Tochter – wegen des gewalttätigen Verhaltens des M – ausgesprochen gefährlich und zudem höchst unvernünftig, diesen zu besuchen; denn es war voraussehbar, dass es zu Misshandlungen käme. Bei normativer Betrachtung indes lässt sich das der Angeklagten nicht vorwerfen. Für Gewalttätigkeiten, die eine Person (hier: M) begeht, ist diese immer noch selbst zuständig, und nicht etwa die Person, die sich zufällig in ihrer Nähe aufhält und von den Gewalttätigkeiten betroffen ist – zumal wenn sie (die betroffene Person) selbst den Bereich des rechtlich Erlaubten zuvor nicht überschritten hat. Und so war es hier.

In beiden Fallgestaltungen – einerseits eines rechtlich fehlerhaften Opferverhaltens und andererseits der Einwilligung – ist, um eine Verantwortung des Opfers in rechtlich bedeutsamer Weise annehmen zu können, gleichermaßen Zurechnungsfähigkeit des Opfers vorauszusetzen. Andernfalls, bei Zurechnungsunfähigkeit, gilt das Opfer als nicht hinreichend kompetent, weshalb sich seinem Verhalten oder seiner (Einwilligungs-)Erklärung eine entsprechende rechtliche Wirkung nicht zuweisen lässt. Konkreter: Die erste Fallkonstellation zeichnet sich dadurch aus, dass das Opfer in den rechtlich absolut geschützten Freiheitsbereich des Täters eingreift (oder eingegriffen hat). Zugleich liegt hierin eine Verletzung der dem Recht zugrundeliegenden allgemeinen Anerkennungsbeziehung zwischen Personen. Die Versagung der rechtlich geschuldeten Anerkennung (des Täters) ist dem Opfer jedoch nur möglich, falls ihm diese Versagung „vorgeworfen" und das heißt: zugerechnet werden kann. Maßgebend ist also nicht ein etwaiger faktischer Bruch des personalen Anerkennungsverhältnisses, den auch zurechnungsunfähige Personen vornehmen könnten; entscheidend ist vielmehr, dass die Störung der Anerkennungsbeziehung dem Opfer normativ anzulasten ist, und das setzt Zurechnungsfähigkeit voraus. Vergleichbares lässt sich dann für die Fälle der Einwilligung festhalten: Da die Einwilligung ihrem Wesen nach, und soweit ein personales Rechtsgut betroffen ist, das Rechtsverhältnis zwischen Person (untechnisch verstanden: zwischen „Täter" und „Opfer") umgestaltet oder, in dem hier behandelten Fall einer vorsätzlichen Tötung, jedenfalls modifiziert, erfordert dies die Erklärung (Einwilligung) einer zurechnungsfähigen Person. So geht es immerhin um das Gut „Leben", das Gut, das (von allen personalen Gütern) unbestreitbar den höchsten Rang einnimmt. Dass eine zurechnungsunfähigen Person eine rechtlich beachtliche Entscheidung über dieses Gut, hier denkbar bloß im Sinne einer Unrechtsmodifikation (§ 216 StGB), abgeben könnte, scheidet aus.

Werden Unrechtsminderungen auf einen Eingriff des Opfers in die absolut garantierte Rechtssphäre des Täters gestützt, genügt hierfür im Weiteren nicht schon jede Beeinträchtigung des Rechtskreises des Täters durch das Opfer. Um eine Reduzierung des Tötungsunrechts von nennenswertem Ausmaß und damit zugleich von tatbestandlicher Relevanz fundieren zu können, braucht es eine Rechtsverletzung von einiger Erheblichkeit. So verschlagen minimale und geringfügige Eingriffe in die rechtlich geschützte Tätersphäre (etwa flüchtige Beleidigungen oder Nötigungen) angesichts des Guts „Leben" nichts. Derartige Rechtsverstöße haben ein zu geringes Gewicht, um eine beachtliche Verkürzung gerade des Tötungsunrechts auszulösen. Erst Rechtsverletzungen, denen eine gewisse Erheblichkeit zukommt, sind geeignet, eine Unrechtsverringerung zu tragen, die sich auf Tatbestandsebene auswirkt und die sich somit für eine tatbestandliche Abstufung des vorsätzlichen Tötungsdelikts fruchtbar machen lässt.

In zeitlicher Hinsicht lässt sich, was ohne weiteres einleuchten dürfte, eine Rechtsverletzung, die das Opfer dem Täter einmal zugefügt hat, nicht sozusagen unbegrenzt verwerten, um eine Minderung des Unrechts zu fundieren. Dies schon deshalb nicht, weil es in einem rechtlich verfassten Gesellschaftssystem zwingend und ausschließlich den dafür zuständigen Organen obliegt, Rechtsverletzungen zu ahnden und damit den rechtlichen Zustand wiederherzustellen. Ein eigenhändiges Vorgehen der Person gegen ihr zugefügte Rechtsverstöße ist daher, abgesehen von eng begrenzten Ausnahmefällen (wie etwa der Notwehr), kategorisch unzulässig. Derartige Akte, die präziser als Privatjustiz zu klassifizieren sind, sind für eine freiheitliche Gesellschaftsordnung höchst problematisch und im Ergebnis nicht mehr hinnehmbar. Denn sie missachten die vorgesehenen und institutionalisierten Verfahren zur Konfliktregulierung und stehen der zentralen Aufgabe des Staates, Frieden zu gewähren und zu sichern, elementar entgegen. Das schließt es aus, in diesen Fällen eine Begünstigung in Form einer Unrechtsminderung anzuerkennen. Auf der anderen Seite ist jedoch nicht zu leugnen, dass es normativ einen beachtlichen Unterschied begründen kann, ob das Opfer, bevor es zu seiner Tötung kommt, das Anerkennungsverhältnis gegenüber dem Täter seinerseits bereits gebrochen oder ob es sich bis dahin gegenüber dem Täter rechtlich einwandfrei verhalten hat. Insofern wird hier folgende Differenzierung vorgeschlagen: Abhängig von der Relevanz des jeweils betroffenen Guts, das das spätere Tötungsopfer verletzt hat, sowie von der Intensität und Nachhaltigkeit, mit der es auf das Gut eingewirkt und somit in die rechtlich geschützte Tätersphäre eingegriffen hat, ist dem Täter ein unterschiedlich langer Zeitraum zu gewähren, innerhalb dessen zu erwarten ist, dass er sich mit der Rechtsverletzung arrangiert und auf eine kognitive Bewältigung des Geschehens umschaltet. Exemplarisch: Von einer leichteren Körperverletzung muss man sich schneller erholen und auf eine kognitive Verarbeitung des Vorfalls umstellen als von einer schwerwiegenden Misshandlung oder Vergewaltigung. Für die weitere Konkretisierung lässt sich auf allgemeine Zurechnungsgrundsätze verweisen. Nicht angezeigt ist es jedenfalls, einen starren und für alle Fälle gleichermaßen geltenden zeitlichen Rahmen festzulegen, innerhalb dessen eine Reduzierung des anschließenden Tötungsunrechts möglich ist. Eine solche Lösung wäre wenig sachgerecht. Um allerdings eine (unangemessene) Privilegierung von Akten der Selbstjustiz zu vermeiden, ist eine tendenziell restriktive Handhabung durchweg angebracht. Schließlich: Im Vorfeld von Rechtsverletzungen sind Verringerungen des Unrechts begründbar, soweit das Opfer sich mindestens in der Phase eines Versuchs (zu bestimmen entsprechend dem unmittelbaren Ansetzen nach § 22 StGB) befindet. Noch weiter vorgelagert und damit über die Versuchsphase hinausgehend, sind Unrechtsminderungen normativ hingegen nicht zu untermauern. Eine Einschränkung ist hier lediglich insoweit anzuerkennen, als der Täter sich in einer defensiven (nicht jedoch aggressiven) Notstandslage befindet. In Anlehnung an die Auslegung des Gefahrbegriffs in § 34 StGB ergibt sich danach eine weitere temporäre Ausdehnung (vornehmlich bei sogenannten Dauergefahren), innerhalb der Unrechtsverringerungen begründet sind. Dagegen genügt die Verletzung einer bloßen Solidaritätspflicht, die dem Tötungsopfer gegenüber dem Täter zukommt, und damit zugleich eine Aggressivnotstandslage nicht, eine hinreichende, mithin tatbestandsrelevante Minderung des Tötungsunrechts zu untermauern. Verstöße gegen Handlungspflichten endlich können, sofern es sich dabei um Sonder- (und nicht lediglich allgemeine) Pflichten handelt, die sich speziell auf den Schutz des Guts „Leben“ beziehen müssen (entsprechend § 13 I StGB), zu einer Reduzierung des Unrechts führen.

In den beiden empirisch außerordentlich bedeutsamen Fallkontexten, nämlich Trennung und Treuebruch innerhalb einer Ehe oder auch Lebenspartnerschaft, ist eine Unrechtsverringerung nicht begründet. Dass Tötungen, die aus diesen Anlässen begangen werden, oftmals auf Verständnis stoßen und in der Praxis eine nachsichtige Beurteilung erfahren, steht dem nicht schon entgegen. So sind insbesondere Kriterien wie eine allgemeine Nachvollziehbarkeit oder der Rekurs auf alltagsmoralische Evidenzen, die eine mildere Bewertung nahelegen mögen, für sich genommen nicht geeignet, einen Maßstab zu liefern, an dem die rechtliche Bewertung der Tat (Tötung) sich orientieren ließe. Erforderlich wäre es vielmehr, die Relevanz dieser beiden Tatanlässe anhand spezifisch rechtlicher Kriterien darzulegen. Um eine Minderung des Unrechts in diesen Fällen annehmen zu können, müsste es sich bei Trennung und Treuebruch um Rechtsverletzungen handeln, die der eine Ehepartner dem anderen zufügt. Das Vertrauen von Ehepartnern in den Fortbestand der Ehe und auf Einhaltung der ehelichen Treuepflicht müsste sich dann als ein rechtlich geschütztes Vertrauen ausweisen lassen (– während ein rein tatsächliches Vertrauen von Ehepartnern insoweit nicht genügte). Wenngleich die Ehe nach wie vor zumindest der Idee nach eine auf Lebenszeit angelegte Institution ist (§ 1353 I S. 1 BGB), gründet sie doch andererseits als eine bürgerliche Ehe unabdingbar und wesensgemäß in Freiheit. Das betrifft sowohl das Eingehen als auch das Verbleiben in der Ehe: niemand kann gezwungen werden, eine Ehe einzugehen oder in ihr zu bleiben. Konsequenterweise stellt das Recht mit dem Scheidungsverfahren eine Möglichkeit zu ihrer Auflösung zur Verfügung. De facto bedeutet dies freilich – zumal eine Scheidung durchweg (von wenigen Ausnahmen abgesehen) zulässig ist und ihr auch im Übrigen keine bedeutsamen Hindernisse entgegenstehen –, dass das Vertrauen von Ehepartnern in den Fortbestand ihrer Ehe rechtlich nicht (mehr) garantiert wird. Das gilt umso mehr, als das Scheitern einer Ehe, die Voraussetzung für eine Scheidung (§ 1565 I BGB), einseitig bestimmbar ist. Desgleichen ist nicht zu sehen, worauf sich ein rechtlicher Schutz der ehelichen Treuepflicht stützen ließe. Trotz anderslautender Bekundungen lässt sich hier richtigerweise von einer rechtlich abgesicherten Pflicht nicht mehr reden. Weder das Vertrauen auf Fortsetzung der Ehe noch das auf Einhaltung der eheliche

Treuepflicht werden in der modernen Gesellschaft oder im modernen Recht allgemeingültig und damit rechtlich verbindlich noch garantiert. Eine Minderung des Tötungsunrechts ist daher, wird die Tötung des Ehepartners aus einem dieser Tatanlässe begangen, (allein deswegen) nicht anzuerkennen.

Eine Reduzierung des Tötungsunrechts ist dagegen bei einer Einwilligung des Opfers in seine Tötung möglich. § 216 StGB schließt es zwar aus, das Gut „Leben", wiewohl ein personales Gut, als für die Person prinzipiell verfügbar zu behandeln. Gleichwohl steht diese Vorschrift, die dem Schutz vor defizitären Entscheidungen des Tötungsopfers sowie dem Fremdtötungstabu dienen mag, jedenfalls einer Minderung des Tötungsunrechts bei Einwilligung nicht entgegen. So ist insbesondere keine selbstbezogene Rechtspflicht der Person, am Leben zu bleiben, anzuerkennen, die eine unrechtsreduzierende Wirkung der Einwilligung ausschließen könnte. Maßgeblich ist vielmehr auf die in einem freiheitlichen Rechtssystem zwingend vorausgesetzte Autonomie der Person zu verweisen. Diese äußert sich nicht zuletzt in der grundsätzlichen Befugnis der Person, über Güter, die ihr zugeordnet sind, frei zu verfügen (Grenzen markieren § 228 StGB und § 216 StGB). Im Weiteren folgt als Kehrseite aus dieser Autonomie die Eigenverantwortung der Person. Eine Einwilligung des Opfers in seine Tötung muss demzufolge unbeachtlich bleiben, sofern eine selbstbestimmt-autonome Entscheidung (Einwilligung) nicht mehr anzuerkennen ist und dem Täter hierfür die Verantwortung zugewiesen werden kann. Mit anderen Worten: Basiert die Einwilligung auf Willensmängeln des Opfers, herbeigeführt durch Zwang/Nötigung oder Täuschung, und trägt der Täter dafür die Verantwortung (weil er das Opfer genötigt oder getäuscht hat), dann scheidet eine unrechtsverringernde Wirkung der Einwilligung des Opfers aus. Zwang und Täuschung müssen allerdings als erheblich für die Einwilligung einzustufen sein, und das heißt: Die Einwilligung muss sich nach den in der Gesellschaft allgemein geltenden Rationalitätsstandards noch als irgendwie plausibel mit dem Verhalten des Täters (seinem Zwang, seiner Täuschung) erklären lassen. Andernfalls fehlt es an einem Zurechnungszusammenhang zwischen Täterverhalten und Einwilligung des Opfers. Darüber hinaus lässt sich der Täter nicht dafür zur Verantwortung ziehen, dass das Opfer eine irrationale oder grob unvernünftige Entscheidung getroffen hat. Unvernünftige Entscheidungen des Opfers, zu denen der Täter keinen Beitrag geleistet hat, fallen vielmehr ausschließlich in den Verantwortungsbereich des Opfers und stehen einer Verringerung des Tötungsunrechts nicht entgegen. Da die Einwilligung das Rechtsverhältnis zwischen zwei Personen (hier: Täter und Opfer) gestaltet und es ferner im hiesigen Kontext darum geht, die jeweiligen Verantwortungsanteile von Täter und Opfer an der Tat präziser zu erfassen, lässt sich eine Verringerung des Tötungsunrechts nicht schon ablehnen, wenn die Willensmängel des Opfers auf ein Verhalten (Zwang/Nötigung oder Täuschung) einer dritten Person zurückzuführen sind; und desgleichen nicht, wenn der Irrtum in den Verantwortungsbereich des Opfers fällt. Im Verhältnis zwischen Täter und Opfer ist das insofern unbeachtlich, als dem Täter keine Verantwortung zugewiesen werden kann für Defizite, für die entweder das Opfer selbst oder dritte Personen zuständig sind[779]. Das gilt auch bei Kenntnis der Willensmängel; denn allein dieser subjektive Umstand kann eine Veränderung in der Verantwortungszuschreibung nicht bewirken, da diese (zuallererst) nach objektiven Kriterien zu bemessen ist. Etwas anderes gilt jedoch, falls der Täter gegenüber dem Opfer eine gesteigerte Pflicht hat, den von anderen verursachten oder selbsterzeugten Irrtum aufzuklären, oder aber, wenn ihm eine qualifizierte Schutzpflicht bezogen auf das Gut „Leben" des Opfers zukommt. Zu beurteilen ist das entsprechend der Garantenpflichtdogmatik (§ 13 I StGB). Ferner kann einer Einwilligung des Opfers, die nicht auf den Erfolg (Tod) zielt, sondern lediglich auf das Eingehen einer besonderen Gefährdung (sogenannte „Risikoeinwilligung") eine unrechtsreduzierende Wirkung zuerkannt werden, sofern der Tod des Opfers aus dieser Gefahr hervorgeht. Denn ebenso wie die Einwilligung des Opfers in seine Tötung als Folge der Abgrenzung beziehungsweise einer näheren Konstituierung der Verantwortungssphären von Täter und Opfer eine Unrechtsreduzierung fundieren kann, ist das (dem Grunde nach) bei einer Einwilligung in ein entsprechendes Risiko anzunehmen – wenngleich die Unrechtsverringerung in diesem Fall regelmäßig geringer ausfallen wird.

Damit sind die Möglichkeiten, Unrechtsminderungen bei der vorsätzlichen Tötung anzunehmen – gestützt auf spezifisch rechtliche Kriterien und Prinzipien –, benannt. Im Weiteren lassen sich die Ausführungen dazu verwenden, eine tatbestandliche Differenzierung des vorsätzlichen Tötungsdelikts – oder, wenn man so will, von Mord und Totschlag – zu fundieren. Bevor dazu aber abschließend Stellung bezogen werden kann[780], sind zunächst noch die Möglichkeiten einer Schuldminderung darzulegen.

III. Schuldminderungen

In seinem 1980 zum 53. Deutschen Juristentag vorgelegten Gutachten stellt *Eser* fest: Eine Abstufung des vorsätzlichen Tötungsdelikts, die „vornehmlich auf den affektbedingten Schuldgrad" abhebe, entspreche „offenbar [...] dem Zuge der Zeit"[781]. Die Gründe, die zu dieser Einschätzung führen, sind vielfältig. Empirisch lässt sich auf die durchaus beeindruckende Häufigkeit verweisen, mit der gerade Tätern eines vorsätzlichen Tötungsdelikts ein schuldmindernder

[779] Es sei denn, ihn träfe eine gesteigerte Verantwortungspflicht im Sinne des § 13 I StGB. Siehe auch noch oben.

[780] Siehe C und D.

[781] *Eser*, Gutachten, D 113 f.

Affekt zugestanden wird[782]. *Eser* verleitet dies zu der Aussage, der „als Grundtatbestand und damit gleichsam ‚affektneutral' konzipierte Normalfall des §212 [sei] eher die Ausnahme denn die Regel [...]"[783]. Wenngleich diese Einschätzung etwas überzeichnet sein dürfte, ist der hohe Anteil dieser Fälle in der Tat frappierend, und dies mag es zumindest praktisch sinnvoll erscheinen lassen, für „Affekt"-Fälle einen gesonderten Privilegierungstatbestand vorzusehen[784]. Überdies könnte eine solche Regelung für sich in Anspruch nehmen, „volkstümlich" einleuchtend zu sein[785]. Denn es dürfte ohne weiteres mit dem Alltagsverständnis, den Vorstellungen der Bevölkerung, konform gehen, die plötzliche und „affekthafte" Tötung als Totschlag zu werten, während Mord dort als „absichtliche" Tötung gilt[786]. Einen entsprechenden Privilegierungstatbestand findet man gelegentlich in manchen Gesetzen anderer europäischer Länder (obgleich er nicht sehr verbreitet ist)[787]; das gilt vor allem für die Strafgesetzbücher der beiden deutschsprachigen Nachbarländer, für Österreich und die Schweiz[788]. Ein wesentlicher Unterschied liegt hier nur darin, dass die Schweiz sich für ein dreistufiges, Österreich hingegen für ein zweistufiges System des Tötungsdelikts entschieden hat. So bildet in der Schweiz die vorsätzliche Tötung, Art. 111 schwStGB, den Grundtatbestand, wozu Art. 112 schwStGB die Qualifikation „Mord" und Art. 113 schwStGB die Privilegierung „Totschlag" liefert. Letzteres, also der Totschlag, setzt eine „nach den Umständen entschuldbare[ ] heftige[ ] Gemütsbewegung" oder eine „grosse[ ] seelische[ ] Belastung" voraus. Vergleichbar ist in §76 öStGB der Totschlag als Privilegierung der einfachen vorsätzlichen Tötung, dem Mord in §75 öStGB, geregelt. Ein Totschlag ist gegeben, wenn sich der Täter „in einer allgemein begreiflichen heftigen Gemütsbewegung" zur Tat „hinreißen läßt". Durchweg verbreitet war dieses Verständnis des Totschlags als einer Tötung im Affekt noch in den Partikulargesetzen der deutschen Einzelstaaten bis in die Mitte des 19. Jahrhunderts[789], und später dann, als die einfache vorsätzliche Tötung zum Totschlag

---

[782] Vgl. *Eser*, Gutachten, D 108ff., sowie außerdem bereits die Ausführungen im ersten Kapitel zu A.

[783] *Eser*, Gutachten, D 113.

[784] Des ungeachtet dürfte die Vermutung, dass eine solche Privilegierung gewissermaßen unter der Hand längst vorgenommen wurde, nicht fehlgehen. So beschränkt sich die praktische Relevanz von Affekttaten fast ausschließlich auf das Tötungsdelikt. *Fischer* bemerkt hierzu, bereits der Begriff werde „vom Delikt her gedacht" (§20 Rdnr. 30a a.E.).

[785] So *Radbruch*, in: Reform des Strafrechts, S. 301 (303); ebenso und dezidiert vor allem schon *Temme*, Lehrbuch, S. 790f., 793.

[786] *Eser*, Gutachten, D 107f., 121; *Bertram*, in: Freiheitsstrafe, S. 157 (159 Fn. 2), und bereits *Wachenfeld*, Tötungsdelikte, S. 36ff.

[787] Siehe im Einzelnen *Eser/Koch*, ZStW 92 (1980), S. 491 (431ff.).

[788] Hierzu bereits die Erläuterungen in der Einleitung.

[789] Vgl. die Nachweise bei *Wachenfeld*, Mord und Totschlag, S. 64ff., 71f., 90f. mit Fn. 1 (Bayern), 93, 95 (Württemberg), 106f. mit Fn. 2 (Baden), 111 mit Fn. 5, 112f. (Bereich „Hessen"), 118f. mit Fn. 2 (Braunschweig), 122 mit Fn. 2 (Hamburg), 132 mit Fn. 2, 134 mit Fn. 3 (Sachsen), 137 mit Fn. 2 (Bereich „Thüringen-Sachsen"); ferner *Opitz*, Tötungsdelikte, S. 22.

wurde, blieb die Affekttötung (obzwar nun nicht mehr „der“ Totschlag) zumindest als Privilegierung erhalten[790]. Der milderen Bewertung einer Tötung im Affekt wird darüber hinaus rechtshistorisch eine beachtliche Tradition bescheinigt: sie soll bis ins römische Recht zurückreichen[791]. *Eser*, der einen solchen Privilegierungsansatz verficht, sieht darin das „Ergebnis einer Entwicklung“, die „eigentlich von Anfang an“ auf eine derartige Konzeption zulief, „aber erst durch manche zeitpolitisch und dogmengeschichtlich bedingten Irr- und Umwege zu diesem Ziel“ finde[792]; sozusagen eine „Rückkehr zu den Ursprüngen“[793]. Vergleichbar hielt *Temme* schon 1853 in seinem Lehrbuch fest, der Sache nach sei der Unterschied zwischen Mord als einer überlegt-vorsätzlichen Tat und Totschlag als einer Tötung im Affekt „unzweifelhaft vollkommen begründet, sowohl für das positive Gesetz, als für das allgemeine Rechtsbewußtsein“[794]. Über die Anerkennung eines Privilegierungtatbestands oder jedenfalls einer milderen Bewertung der Tötung im Affekt scheint ebenso in der gegenwärtigen Literatur weithin ein Konsens zu bestehen. Soweit nämlich Vorschläge unterbreitet werden (oder in den letzten fünfzig Jahren unterbreitet worden sind), wie das vorsätzliche Tötungsdelikt tatbestandlich de lege ferenda ausgestaltet werden sollte, fehlt die Erwähnung der (Konflikt- und/oder) Affekttötung als Milderungsvorschrift kaum jemals[795]. Die große Übereinstimmung in dieser Frage zeigt sich eindrücklich in den beiden Entwürfen, dem Entwurf 1962 und dem Alternativ-Entwurf 1970, die, wiewohl sie doch entsprechend der jeweiligen Zeit, aus der sie stammen, rechtstheoretisch auf verschiedenen Grundannahmen basieren[796], eine Privilegierung der Tötung im Affekt vorsehen[797]. Ob ein Privilegierungstatbestand der Affekttötung und damit ein Mo-

[790] Vgl. § 177 im preußischen Strafgesetzbuch von 1851 (hierzu *Beseler*, Kommentar, S. 349) und § 213 RStGB von 1871.

[791] *Schröder*, SJZ 1950, Sp. 560 (561); *Eser*, Gutachten, D 115 f.; ferner *Saß*, Der Nervenarzt 54 (1983), S. 557 (558 f.); *Venzlaff*, Blau-FS, S. 391.

[792] *Eser*, Gutachten, D 115.

[793] *Eser*, Gutachten, D 119.

[794] *Temme*, Lehrbuch, S. 790 f.

[795] Vgl. *Schröder*, in: Materialien, S. 283 (293); *Otto*, ZStW 83 (1971), S. 39 (79); *Zipf*, Würtenberger-FS, S. 151 (157); *Lackner* (Seminar), JZ 1977, S. 502 (503); *Fuhrmann*, Referat zum 53. Deutschen Juristentag, M 7 (24); *Geilen*, JZ 1980, S. 303 (316); *Beckmann*, GA 1981, S. 335 (348); *dens.*, in: Juristinnen- und Juristentag, S. 61 (71 f.), sowie zuletzt *Kargl*, JZ 2003, S. 1141 (1148).

[796] Hierzu bereits im zweiten Kapitel zu A I und II.

[797] In Absatz 2 des § 134 E 1962, der in seinem Absatz 1 den Grundtatbestand, die (einfache) vorsätzliche Tötung, hier Totschlag genannt, enthält, heißt es: „Hat sich der Täter in einer begreiflichen heftigen Gemütserregung zu der Tat hinreißen lassen [...].“ § 134 II E 1962 ist damit fast wortgleich mit dem oben erwähnten § 76 öStGB. – Eine recht ähnliche Regelung sieht der AE 1970 in § 100 III Nr. 1 vor (siehe zur Begründung ebd. S. 19): Hiernach soll sich eine Schuldminderung für den Täter ergeben können „wegen seiner Beweggründe oder einer heftigen Gemütserregung“. – § 212 I Nr. 2 des aktuellen Alternativ-Entwurf Leben verlangt neben „einer heftigen Gemütsbewegung, deren Beherrschung [...] nicht erwartet werden

dell, das die tatbestandliche Abstufung des vorsätzlichen Tötungsdelikts (auch) in die Schuld verlagert, eine vorzugswürdige Lösung wäre, ist im Folgenden näher anzuschauen. Allein die Häufigkeit dieser Fälle ist als bloßes Faktum jedenfalls kein geeignetes Argument, um ein solches Modell zu befürworten. Nötig wäre eine normativ wie dogmatisch schlüssige Fundierung.

1. Affekt als Schuldminderung und Privilegierung(statbestand) beim Tötungsdelikt

a) Historische Bezüge

In der aus der römischen Kaiserzeit stammenden und von *Kaiser Augustus* erlassenen Lex Iulia de adulteriis (18/17 v.Chr.) wurde dem Ehemann gestattet, einen in flagranti und in seinem Haus ertappten Ehebrecher, sofern er von niedrigerem Stand war, zu töten; vorausgesetzt, die Tat wurde im ersten Zorn (in continenti) ausgeführt. Demgegenüber durfte der Vater, traf er seine Tochter mit ihrem Liebhaber in seinem Haus oder im Hause seines Schwiegersohns an, jeden Ehebrecher töten, musste jedoch gleichfalls seine Tochter töten[798]. Das Ausbleiben einer Bestrafung war also in beiden Fällen vor allem davon abhängig, dass die Tat sofort (in continenti) und im Hause des Vaters beziehungsweise des Ehemanns geschah. Waren diese Bedingungen (oder die anderen genannten) nicht erfüllt, wurden Vater und Ehemann wegen eines gewöhnlichen homicidium bestraft, wobei eine Strafmilderung wegen des iustus dolor vorgesehen war[799]. Später, unter *Antoninus Pius*, wurde diese Regelung insofern verändert, als Ehemann und Vater die Tötung des Ehebrechers (und der Tochter) nun verboten war; sie wurden aber milder bestraft[800]. Aus dieser Behandlung des Ehebruchfalles wurde vielfach auf eine grundsätzliche Begünstigung der Affekttat im römischen Recht geschlossen[801]. Die These ist schon deshalb nicht unzweifelhaft, weil sie eine sehr spezielle Problematik betrifft[802]. So entsprach das dem paterfamilias (Vater oder Ehemann) in der Lex Iulia eingeräumte Recht, den Ehebrecher (und die Tochter) töten zu dürfen, althergebrachter Tradition; ursprünglich gehörte die Tötungsbefugnis zu seinem ius domesticum[803]. Diese generelle Tötungsbefugnis wurde durch die Lex Iulia eingeschränkt, da die straf-

---

konnte" zusätzlich eine „erhebliche Straftat des Getöteten, die gegen Leib, Leben oder Freiheit des Täters oder einer ihm nahe stehenden Person gerichtet war" (GA 2008, S. 193 [201]).

798 Eingehend *Abegg*, Untersuchungen, S. 154ff., bes. 157ff. sowie 165ff.; *Köstlin*, Mord und Todtschlag, S. 166ff.; *Gardner*, Rom, S. 131f.; *Rein*, Criminalrecht der Römer, S. 843f.; *Löffler*, Schuldformen, S. 89f.

799 *Köstlin*, Mord und Todtschlag, S. 166; *Gardner*, Rom, S. 132; *Löffler*, Schuldformen, S. 90.

800 Vgl. *Rein*, Criminalrecht der Römer, S. 419; ferner *Allfeld*, Entwicklung, S. 19f.

801 Siehe oben zu Fn. 791; eine Betonung des Affektzustands in diesen Fällen findet sich ebenfalls bei *Abegg*, Untersuchungen, 165, 174.

802 Differenzierend *Köstlin*, Mord und Todtschlag, S. 169ff.

803 *Abegg*, Untersuchungen, S. 154ff., bes. 165ff.; *Rein*, Criminalrecht der Römer, S. 836ff.;

lose Tötung des Ehebrechers (und der Tochter) nur noch unter den erwähnten Bedingungen zugestanden wurde. Dass eine straffreie Tötung für den Vater zudem von teils anderen Voraussetzungen abhängig war als für den Ehemann – der Vater musste auch seine Tochter töten, während der Ehemann seine Frau nicht töten durfte –, wird als eine zusätzliche Hürde verstanden, die aufgebaut wurde, um solche Tötungen faktisch zu reduzieren[804]. Eine weitere Begrenzung stellte es sodann dar, für derartige Taten nur noch eine mildere Strafe zu gewähren[805]. Der Zweck dieser Regelung ist demnach eine Einschränkung der Tötungsbefugnis in einer ganz besonderen Fallkonstellation. Neben diesem Ehebruchbeispiel gibt es schon im älteren römischen Recht (den Zwölftafeln) einen anderen ausdrücklich erwähnten Fall, in dem eine Tötungsbefugnis bestand. Es handelt sich um die Tötung eines betroffenen Diebs, der, geschah die Tat zur Nachtzeit und im Hause des Bestohlenen, ohne Einschränkung getötet werden durfte, am Tag hingegen nur, wenn er bewaffnet war und sich wehrte[806]. Wie im Ehebruchfall könnte man in diesem Fall als Argument für die Tötungsbefugnis allein auf die Aufgewühltheit des Verletzten hinweisen, zumal diese bei einem nächtlichen Diebstahl naturgemäß größer sein dürfte als bei einem am Tag. Indes trifft dies kaum den Kern der Sache: Die Tötung ist nicht (nur) deswegen straflos, weil sie in einem aufgebrachten, affektartigen und unüberlegten Zustand begangen wurde, sondern weil sich der Bestohlene (selbstverständlich) gegen den Dieb zur Wehr setzen durfte. Es geht daher um das, was wir heute Notwehr nennen[807]. Beim Ehebruch ist die Situation eine vergleichbare[808]. Vergegenwärtigt man sich die Stellung, die dem paterfamilias im römischen Recht zukam[809], dürfte deutlich werden, dass die die Treue brechende Ehefrau das Recht ihres Ehemanns und wohl auch ein Recht ihres Vaters verletzt; zumal eine Straflosigkeit oder Privilegierung nur gewährt wurde, wenn der Ehebruch im Hause des Vaters oder des Ehemanns stattfand. In beiden Fällen liegt daher (zumindest oder auch) ein Eingriff des Ehebrechers in den räumlichen Herrschaftsbereich des Vaters oder des Ehemanns (neben der Verletzung des Ehe-

---

Köstlin, Geschichte, S. 6; *ders.*, Mord und Todtschlag, S. 167 f.; *Gardner*, Rom, S. 131 f.; *Allfeld*, Entwicklung, S. 11 f.

[804] *Gardner*, Rom, S. 132; *Köstlin*, Mord und Todtschlag, S. 168; *Abegg*, Untersuchungen, S. 156, 165 f., 167, 171 f.; *Flach*, Gesetze, S. 129 f.

[805] *Rein*, Criminalrecht, S. 418 f., 850 ff.; *Allfeld*, Entwicklung, S. 18 f.; *Köstlin*, Mord und Todtschlag, S. 170 f.

[806] Ausführlich *Abegg*, Untersuchungen, S. 138 ff., bes. 141 ff.; weiterhin *Leist*, Graeco-italische Rechtsgeschichte, S. 341 ff., und zum attischen Recht *Herrlich*, Verbrechen gegen das Leben, S. 16 ff.

[807] *Abegg*, Untersuchungen, S. 144, 153; *Herrlich*, Verbrechen gegen das Leben, S. 18; *Leist*, Graeco-italische Rechtsgeschichte, S. 341 f.

[808] Zu den Bedenken, hier von Notwehr im eigentlichen und heutigen Sinn auszugehen, *Abegg*, Untersuchungen, S. 139.

[809] Ausführlich *Gardner*, Rom, S. 10 ff.; *Köstlin*, Mord und Todtschlag, S. 167 ff.; siehe ferner auch *Herrlich*, Verbrechen gegen das Leben, S. 18 f.

rechts[810]) vor. Deshalb dürfte es naheliegender und sachgerechter sein, den entscheidenden Grund für die mildere Bewertung dieses Falles nicht so sehr in einem Affektzustand des Täters zu sehen, sondern in einer unmittelbar vorangegangenen oder gerade stattfindenden Verletzung seiner Rechtsposition. Das gilt umso mehr, als Anhaltspunkte dafür, dass allein das Vorliegen eines Affekts für eine Strafmilderung hinreichend gewesen wäre, gleich wodurch oder weshalb dieser zustande kam, nicht ersichtlich sind. Die Entlastung des Täters hing demzufolge nicht (in erster Linie) von einem (wie auch immer festzustellenden) „Affekt" ab. Maßgeblich dürfte es vielmehr darauf angekommen sein, ob es einen hinreichenden Grund (einen iustus dolor, honestissimus calor) für die Tat gab, der eine mildere Bewertung rechtfertigte[811]. In diesem und nur in diesem Sinne lässt sich dann davon reden, die „Affekttat" sei privilegiert worden. Hierbei handelt es sich jedoch nicht, was die Redensweise suggeriert, um eine Privilegierung der „Affekttötung" als eines bestimmten seelischen Zustands, in dem sich der Täter zur Tatzeit befunden hätte. Die geläufige Annahme, im römischen Recht seien Tötungen im Affekt milder bewertet worden, stellt somit zumindest eine Verkürzung dar. Von entscheidender Bedeutung für die Begünstigung des Täters dürfte der Eingriff des Tötungsopfers in seinen (des Täters) Rechtskreis gewesen sein. Und der „Affekt", den dieser Eingriff hervorgerufen haben mag (oder auch nicht), wird präsumiert. Soweit in der Folgezeit, hauptsächlich gestützt auf die Lex Iulia des römischen Rechts, eine Privilegierung der „Affekt"-Tötung (und -Tat) dargetan und weiterentwickelt wurde, sprechen die Quellen auch hier zu einem großen Teil dafür, dass nicht der Affekt für sich genommen, als ein Zustand seelischer Erregung, hinreichender Grund für eine mildere Bewertung war, sondern dass es – entsprechend der Lex-Iulia-Regelung – (zumindest auch) auf den Tatanlass, einen iustus dolor, ankam[812].

Auf eine mildere Behandlung der Affekttat deuten hingegen manche literarisch-philosophischen Textquellen aus der Antike hin[813]. Man wird aber auch hier, jedenfalls zum Teil, in Frage stellen dürfen, ob es dabei ausschließlich oder primär auf den Affekt als einer inneren Verfassung ankam oder ob nicht zudem der Anlass, der zu diesem Zustand führte, von (maßgebender) Bedeutung war[814].

---

[810] Vgl. *Abegg*, Untersuchungen, S. 169, 172.

[811] Vgl. auch *Köstlin*, Mord und Todtschlag, S. 171, 199 ff.; *Temme*, Tödtung, S. 55, und in diese Richtung besonders schon *Allfeld*, Entwicklung, S. 18 ff.

[812] Siehe zu den italienischen Statuten im Mittelalter ausführlich *Kohler*, Studien, S. 708 ff., und ferner besonders *Dahm*, Strafrecht Italiens, S. 268 ff.

[813] Vgl. insbesondere *Platon*, Gesetze, IX, 7.4.2.1 und 2 (S. 217 ff.); *Aristoteles*, Ethik, Buch V, Ziff. 10 (S. 136 ff.), und hauptsächlich *Cicero*, De officiis, I 8 („Sed in omni iniustitia permultum interest, utrum perturbatione aliqua, quae plerumque brevis est et ad tempus, an consulto et cogitata fiat iniuria. Leviora enim sunt ea, quae repentino aliquo motu accidunt, quam ea, quae meditata et praeparata inferuntur."); *dens.*, De inventione, II 5 („Causa tribuitur in impulsionem et in ratiocinationem.").

[814] *Aristoteles* etwa führt in seiner Nikomachischen Ethik aus (Buch V, Ziff. 10 [S. 142 f.]): „Daher gilt mit Recht eine Affekthandlung vor Gericht nicht als eine Tat, die mit Vorbedacht

Ein Blick auf die stoische Ethik erweist sich indes nicht als sonderlich hilfreich, die These einer milderen Beurteilung von Affekttaten zu untermauern; obgleich doch die sogenannte Affektenlehre geradezu das Herzstück der stoischen Anthropologie bildet und sich daher im hiesigen Kontext in gewisser Weise aufdrängt. So sind Affekte, die den Gegenpol zur Überlegung oder zur Vernunft darstellen, bei den Stoikern durchweg negativ besetzt; näherhin werden sie sogar aufgefasst als eine seelische Krankheit[815]. Affekte stehen, fasst man es grob zusammen, für das Schlechte im Menschen, wohingegen die Vernunft das Gute symbolisiert[816]. Darüber hinaus richtet die stoische Ethik ihr Augenmerk auf ein ganz anderes Problem: Es geht darum, die Affekte in den Griff zu bekommen, sie zu überwinden. Ziel ist es, die Seele von Affekten zu befreien und sie auf diese Weise zu heilen[817]. Um das zu erreichen, werden unter anderem gedankliche Vorbereitungen auf unerwartete Situationen vorgeschlagen[818]. Die stoische Betrachtungsweise ist demzufolge kaum geeignet, eine mildere Bewertung der Affekttat zu stützen; im Gegenteil, ihr ist eher eine gewisse Strenge, mitunter Rigorosität eigen. Zuletzt läuft diese Position, und das war von den Stoikern wohl durchaus intendiert, auf eine Ausdehnung der Verantwortung hinaus[819]. Zumal nach stoischer Auffassung sowohl die Hinwendung zum Guten (zur Vernunft) als auch die zum Schlechten (zu den Affekten) auf einer bewussten Entscheidung beruht[820]. Steht es aber in der Entscheidung jedes Einzel-

---

geschehen ist: am Anfang der Tat steht hier ja nicht der vom Affekt Überwältigte, sondern der andere, der ihn in Zorn gebracht hat. Und ferner steht hier nicht zur Frage: geschehen oder nicht geschehen, sondern nur, ob es gerecht war; denn Zorn entsteht über ein Unrecht, (genauer über) das (was) dem Betroffenen als solches erscheint." (Siehe auch *dens.* ebd., Buch II, Ziff. 5 [S. 44]). Andere Akzentsetzung dagegen bei *Platon*, Gesetze IX, 7.4.2.1 (S. 217).

815 *Pohlenz*, Stoa und Stoiker, S. 157, 158f.; *ders.*, Die Stoa, S. 141ff., bes. 142, 150; *Forschner*, Die stoische Ethik, S. 119, 121f., 139; etwas abgeschwächt bei *Seneca*, Über den Zorn, I 1; besonders *ders.*, Über die Milde, II 2ff., wo von der „Fehlhaltung einer schwächlichen Seele" und einem „seelische[n] Leiden" die Rede ist, sowie bei *Cicero*, Gespräche, III 7ff. („Leidenschaften"), IV 23f.

816 *Seneca*, Über den Zorn, I 8, „[...] Leidenschaft und Vernunft sind Wandlungen der Seele zum Besseren und Schlechteren." Aufschlussreich ferner *ders.*, Über die Milde, II 2ff., zur Unterscheidung zwischen Mitleid und Mitgefühl als einer „Fehlhaltung der Seele" einerseits und der zu erstrebenden Milde andererseits; denn: „Milde gehört zur Vernunft." (ebd., II 3).

817 Zum Ganzen *Pohlenz*, Die Stoa, S. 150ff.; *ders.*, Stoa und Stoiker, S. 159ff.

818 *Epiktet*, in: Wege, S. 27 (29); *Seneca*, Über den Zorn, I 8, II 29; vgl. hierzu auch *Pohlenz*, Stoa und Stoiker, S. 161; *dens.*, Die Stoa, S. 151.

819 Siehe *Forschner*, Die stoische Ethik, S. 136f.

820 *Seneca*, Über den Zorn, I 3 und 8f., II 2 („Zorn wird von sittlichen Vorsätzen vertrieben; er ist nämlich eine dem Willen unterliegende Schwäche der Seele, nicht zu dem gehörig, was durch eine Art Bedingung menschlichen Schicksals geschieht und deshalb auch den Weisesten zustößt [...]"); *Cicero*, De officiis, I 101f., sowie *ders.*, Gespräche, III 79ff., IV 31 („[...] Verletzungen des Körpers [können] ohne eigene Schuld vorkommen, was bei der Seele unmöglich ist, da sich dort alle Krankheiten und Leidenschaften aus der Verachtung der Vernunft ergeben."). – Zum Ganzen *Forschner*, Die stoische Ethik, S. 116; *Geyer*, Philosophie, S. 110; *Pohlenz*, Stoa und Stoiker, S. 149, 153f., 156; *ders.*, Die Stoa, S. 144f.

nen, einem Affekt nachzugeben oder sich vernunftgemäß zu verhalten, so geschieht die Abwendung von der Vernunft und die Hinwendung zum Affekt frei[821] – in dem Sinne, dass die Fähigkeit, anders zu handeln, bestand. *Forschner* formuliert dies so: „der Mensch als Vernunftwesen verhält sich in absoluter Freiheit zu sich selbst als Naturwesen“[822]. Da die stoische Ethik auf das Innere des Menschen geht, darauf, dieses zu kontrollieren, zu steuern, zu beherrschen, kommt der äußeren Ursache, dem Ereignis, welches den Affekt ausgelöst hat, keine besondere Beachtung zu. Der maßgebliche Grund für die Entstehung des Affekts wird im Inneren der Person ausgemacht, er liegt in den jeweiligen Vorstellungen (Meinungen)[823]. Die Ursache des Affekts ist ein vorgestelltes Übel (oder Gutes)[824]. „Du siehst also“, heißt es bei *Cicero*, „daß das Unglück aus der Vorstellung stammt, nicht aus der Natur“[825]. Und *Epiktet* bemerkt: „Nicht die Dinge beunruhigen die Menschen, sondern ihre Meinungen über die Dinge. So ist zum Beispiel der Tod an sich nichts Furchtbares – sonst hätte er auch dem Sokrates furchtbar erscheinen müssen –, sondern nur die Meinung, er sei schrecklich, ist das Schreckhafte.“[826] Das wesentliche Moment des Affekts liegt somit in der fehlerhaften Beschaffenheit des einzelnen Menschen (fehlerhaft, weil der Affekt zugelassen wird)[827]. „Einer großen Seele aber“, führt *Seneca* aus, „ist es eigentümlich, gelassen zu sein und ruhig sowie Ungerechtigkeiten und Beleidigungen aus der Höhe zu betrachten. Weibisch ist es, in Zorn zu rasen [...].“[828] In der stoischen Anthropologie geht es demnach vorrangig um die Frage, ob und wie wir die Geschehnisse „zu unserem eigenen Ich in Beziehung setzen“[829]; es geht um die richtigen subjektiven Einstellungen zu und den richtigen Umgang mit bestimmten Lebenssituationen. Wegen dieser Ausrichtung und der strengen, negativen Beurteilung von Affekten ist die stoische Philosophie kaum dazu angetan, eine Begünstigung von Affekttaten zu untermauern.

---

[821] Weniger streng in der Beurteilung hingegen noch die aristotelische Position, siehe *Aristoteles*, Ethik, besonders Buch II, Ziff. 4 (S. 42) und Buch VI, Ziff. 2 (S. 155). Man wird aber insgesamt festhalten dürfen, dass *Aristoteles* seine Auffassung zu den Affekten nicht stringent entfaltet hat (siehe auch *Köhler*, in: Affekte, S. 9 [14]: „bemerkenswerte[ ] Zweideutigkeit“).

[822] *Forschner*, Die stoische Ethik, S. 141.

[823] Eingehend *Cicero*, Gespräche, bes. III 61, 66, 75, 79 ff. sowie IV 14 ff. und durchgehend, sowie *Epiktet*, in: Wege, S. 27 (29 f., 31, 33 ff. et passim); *Seneca*, Über den Zorn, II 3, 31; vgl. auch schon das *Aristoteles*-Zitat in Fn. 814 und *dens.*, Über die Seele, Buch III, Kap. 3 (S. 153 ff.); im Weiteren siehe ferner die Erläuterungen bei *Forschner*, Die stoische Ethik, S. 114 ff., und *Pohlenz*, Stoa und Stoiker, S. 149, 153; *dens.*, Die Stoa, S. 148.

[824] *Cicero*, Gespräche, III 61 ff., 75 ff., IV 12, 14, 23; *Epiktet*, in: Wege, S. 27 (bes. 33, 34 f.).

[825] *Cicero*, Gespräche, III 65.

[826] *Epiktet*, in: Wege, S. 27 (29).

[827] *Forschner*, Die stoische Ethik, S. 116, 119, 123.

[828] *Seneca*, Über die Milde, III 3.

[829] *Pohlenz*, Die Stoa, S. 149.

In der 1532 von *Karl V.* erlassenen Constitutio Criminalis Carolina galt als Totschlag nach Art. 137 die Tötung eines anderen „auss gecheyt vnd zorn“[830]. Man könnte dies so verstehen, dass es für den Totschlag ausschließlich auf einen plötzlich entstandenen Affekt ankam („Jäheit und Zorn“) und dass hierin zugleich der einzige Unterschied zum Mord begründet lag. Nun gibt es keinen Zweifel daran, dass Art. 137 CCC den Totschlag als Affekttat definierte, und ebenso wenig daran, dass mit diesem Unterscheidungsmodus vorzugsweise an das römisch-italienische Recht angeknüpft wurde[831]. Das bedeutet aber noch nicht, es sei für die Annahme eines Totschlags nur auf den Affekt als einer inneren Gemütsverfassung des Täters, angekommen. Nimmt man hinzu, dass die Carolina als Mord die „fürsetzliche[ ] mutwillige[ ]“ Tötung ansah, ist die Deutung des Totschlags als „reiner“ Affekttat nicht zweifelsfrei. Das gilt vor allem, wenn man der Ansicht ist, dem Begriff „mutwillig“ komme eine eigene Bedeutung zu und er diene nicht bloß einer Verstärkung des „fürsetzlich“[832]. Versteht man unter einer „mutwilligen“ Tötung nämlich eine solche, zu der das Tötungsopfer dem Täter keinen Anlass geliefert hat, mithin eine Tötung sine causa[833], dann lässt sich der Totschlag in Entsprechung dazu begreifen als eine Tat, zu der das Opfer dem Täter einen Grund gegeben hat. Und wegen dieses Grundes ist der Täter in einen Affektzustand geraten und hat das Opfer getötet[834]. Folgt man dieser Deutung, kommt es nicht nur auf die innere Verfassung des Täters an, sondern zudem auf das äußere Moment der Tatveranlassung. Totschlag ist dann, fasst man es zusammen, eine Tötung cum causa und deswegen im Affekt.

Eine Veränderung dieser Auffassung ist erst Ende des 18. Jahrhunderts eingetreten, unter *Grolman* und vor allem *Feuerbach*[835]. Für den Totschlag kam es nunmehr ausschließlich auf den Affekt als einen inneren Zustand an, in dem sich der Täter zur Tatzeit befand, unabhängig davon, was der Grund hierfür war. Damit wurde die Gemütsverfassung des Täters zum alleinigen Unterscheidungsmerkmal für Mord und Totschlag. In diesem Sinne bestimmte das baye-

[830] Zitiert nach *Zoepfl*, Peinliche Gerichtsordnung, S. 115. – Zu Art. 137 CCC und der damit vorgegebenen Abgrenzung von Mord und Totschlag siehe bereits im zweiten Kapitel zu A III 1 b.

[831] *Hälschner*, System II, S. 145; ferner *Brunnenmeister*, Quellen der Bambergensis, S. 249; *Eb. Schmidt*, Einführung, S. 116.

[832] Anders jedoch z. B. *v. Hippel*, Strafrecht I, S. 189.

[833] Vgl. *Hälschner*, System III, S. 52ff.; *Wachenfeld*, Mord und Totschlag, S. 13, 20; *dens.*, Überlegung, S. 8; *dens.*, Tötungsdelikte, S. 23; *Löffler*, Schuldformen, S. 164f. in Fn. 57; im Weiteren *Allfeld*, Entwicklung, S. 93; *His*, Strafrecht des deutschen Mittelalters I, S. 84f.; *Maurach/Schroeder/Maiwald*, Strafrecht BT/1, § 2 Rdnr. 2 – sowie im Einzelnen bereits die Erläuterungen im zweiten Kapitel zu A III 1 b.

[834] In diesem Sinne *Allfeld*, Entwicklung, S. 93; *Hälschner*, System III, S. 53; *Wachenfeld*, Mord und Totschlag, S. 13, 20; *ders.*, Tötungsdelikte, S. 23, 29.

[835] Zu den Ansichten im gemeinen Recht siehe *Kröner*, Tötungsdelikte, S. 3 mit Fn. 2, und S. 17; *Schaffstein*, Die allgemeinen Lehren, S. 104ff.; ferner *Hälschner*, Geschichte, S. 222f.

rische Strafgesetzbuch von 1813, welches aus einem Entwurf *Feuerbachs* hervorgegangen war, eines Totschlags mache sich schuldig, wer „ohne Überlegung und Vorbedacht in aufwallender Hitze des Zornes eine lebensgefährliche Handlung wider den anderen beschließt und ausführt", die zu dessen Tod führt (Art. 151 bayStGB). Im Gegensatz dazu lag ein Mord vor bei einer „mit Vorbedacht beschlossen[en] oder mit Überlegung ausgeführt[en]" Tötung (Art. 146 bayStGB)[836]. Die Differenzierung zwischen Mord und Totschlag wurde also ausschließlich an der Innenwelt des Täters, seiner geistig-seelischen oder emotionalen Verfassung, ausgerichtet. Dem entsprach es, wenn *Feuerbach* in seinem Lehrbuch ausführte: „Das Verbrechen der vorsätzlichen Tödtung theilt sich in den Todschlag, die im Affect des Zorns unüberlegt begangene Tödtung und in den Mord, die Tödtung aus Ueberlegung und Willkühr [...]."[837] Im Weiteren hielt *Feuerbach* für einen Mord „Ueberlegung und Wahl, mithin einen Act der Willkühr als psychologischen Grund der That" für notwendig[838], während der Totschlag gekennzeichnet war durch einen „Mangel an Ueberlegung", der vorlag, falls „1) der Entschluß zur Tödtung in der Hitze des Affects entstanden und 2) in demselben fortdauernden Affecte ausgeführt worden [war]"[839]. Die Zuspitzung, die die Abgrenzung von Mord und Totschlag hierdurch erfuhr, ging einher mit dem naturalistisch-psychologischen Strafrechtsansatz, den *Feuerbach* entwickelt hatte[840], und sie dürfte sich hinreichend wohl nur unter Berücksichtigung dieser Konzeption begreifen lassen. Des ungeachtet fand die Position eine recht große Beachtung und wurde in den Lehrbüchern jener Zeit[841] und ebenso in der Partikulargesetzgebung der deutschen Einzelstaaten[842] vielfach rezipiert. Dabei wurde bereits präzise unterschieden zwischen einem Affekt, der so stark war, dass er die Zurechnungsfähigkeit ausschloss, und einem Affekt, der unterhalb dieser Schwelle blieb und deshalb zur Abgrenzung von Mord und Totschlag einzig in Betracht kam[843]. Entschieden zurückgewiesen wurde es, weitere Gesichtspunkte mit einzubeziehen, darin eingeschlossen insbesondere den Entstehungsgrund des Affekts[844]. Dafür sollte andererseits jeder noch so geringe Affekt genügen. Exemplarisch lassen sich hierzu die Erläuterungen,

---

836 Zitiert nach *Wachenfeld*, Mord und Totschlag, S. 64 Fn. 2 und S. 65 Fn. 1.

837 *Feuerbach*, Lehrbuch, § 215.

838 *Feuerbach*, Lehrbuch, § 216.

839 *Feuerbach*, Lehrbuch, § 217. Weitgehend ebenso vorher schon *Grolman*, Grundzüge, § 262.

840 Vgl. hierzu *Feuerbach*, Lehrbuch, §§ 13, 19, 41, 54, 82, 84 ff., 105, 116 ff.

841 Beispielhaft: *Tittmann*, Handbuch, S. 26 f., 29 ff., 41 ff., 44; *Abegg*, Lehrbuch, S. 327 ff.; *Temme*, Lehrbuch, S. 790 ff., 794 ff., 798 ff.; *Heffter*, Lehrbuch, S. 188, 191, sowie schon *Grolman*, Grundzüge, § 262.

842 Siehe hierzu bereits die Nachweise in Fn. 789.

843 Bereits *Grolman*, Grundzüge, § 262; ferner *Abegg*, Lehrbuch, S. 328; *Heffter*, Lehrbuch, S. 191.

844 *Temme*, Lehrbuch, S. 799; *Heffter*, Lehrbuch, S. 191; *Abegg*, Lehrbuch, S. 329; *Tittmann*, Handbuch, S. 43.

die *Heffter* in seinem Lehrbuch gab, anführen: „Ueber den vorauszusetzenden Grad der Heftigkeit der Gemüthsbewegung erklärt sich das Gesetz nicht, so wenig als es auf die Veranlassung derselben Rücksicht nimmt; es muß also jeder selbst nur geringe Grad von Zorn oder einer ähnlichen Gemüthsbewegung, der einen plötzlichen Entschluß zur tödtlichen Handlung herbeigeführt hat, zur Annahme eines Todschlags genügen; nur darf es kein Grad sein, der alle Zurechnung aufhebt."[845] An diesem Abgrenzungsmodus lässt sich vor allem bemängeln, dass man sich damit, da die Differenzierung zwischen Mord und Totschlag ausnahmslos mit subjektiv-psychologisierenden Kriterien geleistet wird, auf recht dünnem Eis bewege, wohingegen die Abstufung zuvor, insbesondere in der Carolina, aber ebenso im gemeinen Recht, auf einer stabileren Grundlage gestanden habe, da sie zusätzlich von weiteren (objektiven) Aspekten, namentlich einer Veranlassung der Tat durch das Opfer, getragen worden sei[846]. Das Kriterium der Tatveranlassung war allerdings nicht völlig in Vergessenheit geraten. Teils wurde es explizit aufgeführt als ein Fall, in dem zusätzlich zu dem Affekt eine Strafmilderung hinzutreten sollte[847]. Für die Feststellung, ob ein Affekt vorlag oder nicht, war diese Erwägung jedoch belanglos; sie lieferte lediglich eine weitere Tatvariante. Dass dieses ausschließlich ins Subjektive verlagerte Differenzierungskonzept, ungeachtet seiner möglicherweise bewundernswerten intellektuellen Schärfe, in der Praxis erheblichen Beweisschwierigkeiten ausgesetzt war, entging auch den Autoren damals nicht. Den Ausführungen zum Abgrenzungsmodus schließt sich daher nicht selten eine, wenn man so will (und hier etwas pointiert formuliert), „Anleitung" darüber an, aus welchen Indizien sich erschließen lasse, ob der Täter überlegt oder plötzlich und somit im Affekt gehandelt habe[848]. Abgesehen von diesen empirisch bedingten Unwägbarkeiten, bleibt ein anderer, normativer Einwand: Ist es tatsächlich angezeigt, eine tatbestandliche und ferner nicht zuletzt wegen des Strafmaßes so gravierende Unterscheidung, wie die zwischen Mord und Totschlag, mit Abgrenzungskriterien bewältigen zu wollen, die vollständig im Inneren des Täters zu suchen sind[849]?

Von dieser strengen Zweiteilung des Tötungsdelikts, die mit dem Begriffspaar Überlegung/Affekt auf den Punkt gebracht ist, kam man in der folgenden Zeit verhältnismäßig rasch wieder ab. Nicht zuletzt weil sich aufdrängte, dass es Tötungen gab, die weder mit Überlegung noch im Affekt vorgenommen wur-

---

[845] *Heffter*, Lehrbuch, S. 191.

[846] In diese Richtung die Kritik von *Hälschner*, System III, S. 87.

[847] *Grolman*, Grundsätze, § 262 a. E. (für Tötungen, „welche aus einem, durch empörende Ungerechtigkeiten gereizten Zorne entsprungen sind"); *Heffter*, Lehrbuch, S. 194; *Tittmann*, Handbuch, S. 36.

[848] Vgl. *Feuerbach*, Lehrbuch, § 218; *Abegg*, Lehrbuch, S. 329 ff.; ferner *Tittmann*, Handbuch, S. 42.

[849] Von der Tendenz her ebenso schon *Hälschner*, System III, S. 87 f.

den[850]. Diese Erkenntnis führte schließlich zu dem dreistufigen System des Tötungsdelikts, wie es im Reichsstrafgesetzbuch von 1871 verwirklicht wurde (und davor insbesondere schon im preußischen Strafgesetzbuch von 1851). Als Totschlag fungierte nun nicht mehr die Affekttötung, Totschlag war vielmehr die einfache vorsätzliche Tötung, bei der besondere Merkmale nicht vorhanden waren[851]. Die Affekttötung in ihrer vorherigen reinen Form verschwand und ging in § 177 preußStGB beziehungsweise § 213 RStGB auf, mit denen der heutige § 213, 1. Variante StGB weitgehend identisch ist. Die Privilegierung oder jedenfalls Gewährung einer milderen Strafe hing demnach von einer dem Täter oder seinem Angehörigen vom späteren Tötungsopfer zugefügten „Misshandlung oder schweren Beleidigung" ab, also von einem Eingriff des Opfers in die Rechtssphäre des Täters[852]. Damit war der alte Zustand in gewisser Weise wiederhergestellt, und man mag hierin in der Tat eine Tradition ausmachen können, die sich bis ins römische Recht zurückverfolgen lässt.

In den zwanziger Jahren des letzten Jahrhunderts erlebte das Affektmodell eine kurzzeitige Renaissance, wenn auch nur in Gesetzentwürfen. So unternahm *Radbruch* in seinem „Entwurf eines Allgemeinen Deutschen Strafgesetzbuches" aus dem Jahr 1922 den Versuch, dem Totschlag seine „an die Carolina (art. 137) gemahnende[ ] und zweifellos volkstümlich einleuchtende[ ] Bestimmung" wiederzugeben[853]. Nach § 219 dieses Entwurfs war der Totschlag die Tötung eines anderen, zu der sich der Täter „durch Jähzorn oder entschuldbare heftige Gemütsbewegung [...] hinreißen läßt". Mord hingegen wurde zur einfachen vorsätzlichen Tötung (§ 218 des Entwurfs), auf das Merkmal der Überlegung wurde also verzichtet[854]. Zur Fassung, die der Totschlag im Entwurf erhielt, bemerkte *Radbruch*, es werde die „Intensität eines, sei es auch unmotivierten, Affekts" ebenso anerkannt wie die „Motiviertheit eines, sei es auch weniger intensiven, Affekts"[855]. Allerdings, fügte *Radbruch* hinzu, sei der „unmotivierte Jähzorn" nur unter den generell geltenden Bedingungen einer verminderten Zurechnungsfähigkeit, wie sie in § 17 II des Entwurfs festgelegt seien, von Bedeutung. Hierdurch blieb die „eigentliche" Totschlagsprivilegie-

---

850 *Berner*, Lehrbuch, S. 510f.; *Wachenfeld*, Tötungsdelikte, S. 27; *ders.*, Lehrbuch, S. 304; *Beseler*, Kommentar, S. 351; abweichend *Hälschner*, System III, S. 86 Fn. 1.

851 Wenngleich der Totschlag sowohl in § 176 preußStGB als auch in § 212 RStGB negativ gefasst war als eine vorsätzliche Tötung, jedoch ohne Überlegung ausgeführt. Vgl. zu diesen Vorschriften *Beseler*, Kommentar, S. 349, zum preußischen Strafgesetzbuch; *v. Holtzendorff*, in: Handbuch, S. 403 (435), zum Reichsstrafgesetzbuch.

852 Allerdings wurde schon in der damaligen Literatur, ebenso wie es heute noch von der herrschenden Meinung vertreten wird (dazu bereits in diesem Kapitel zu B I), hervorgehoben, die Begriffe „Misshandlung oder schweren Beleidigung" seien nicht im technischen Sinne zu verstehen, so dass auch bloße Kränkungen erfasst werden sollten; vgl. *Wachenfeld*, Lehrbuch, S. 306; *v. Holtzendorff*, in: Handbuch, S. 403 (437); *v. Liszt*, Lehrbuch, S. 312.

853 *Radbruch*, in: Reform des Strafrechts, S. 301 (303).

854 *Schubert/Regge*, Quellen zur Reform I/1, S. 171.

855 *Radbruch*, in: Reform des Strafrechts, S. 301 (303).

rung beschränkt auf eine „entschuldbare heftige Gemütsbewegung“[856]. Im Entwurf 1925 wurden beide Vorschriften, Mord und Totschlag (jetzt §§ 221, 222), beinahe wortgetreu übernommen[857], mit einer, wiewohl gewichtigen Ausnahme: Während im „Entwurf *Radbruch*“ die Todesstrafe für Mord abgeschafft und durch eine lebenslange Freiheitsstrafe („strenges Gefängnis“) ersetzt worden war, griff man im Entwurf 1925 wieder auf die Todesstrafe zurück. Zum Totschlag, und um diese Vorschrift geht es hier ja hauptsächlich, wird in der Begründung dargelegt, für das „Sich-hinreißen-Lassen“ sei erforderlich, dass der Jähzorn oder die entschuldbare heftige Gemütsbewegung den Täter derart überwältigt hätten, dass „der Affekt allein die Tat ausgelöst“ habe[858]. Ergänzt wird: „Der Zornesausbruch oder die entschuldbare heftige Gemütsbewegung braucht nicht durch das Opfer der Tat veranlaßt worden zu sein.“[859] Damit ist man fast wieder bei dem reinen Affektmodell angelangt, der Privilegierung des Affekts als eines ausschließlich inneren Gemütszustands, in dem sich der Täter befunden hat; sieht man einmal davon ab, dass mit der „Entschuldbarkeit“ der Gemütsbewegung ein normatives, aber doch äußerst vages und schwer konturierbares Kriterium benannt wird. Als Argument für diese Regelung wird das Beispiel eines Vaters angeführt, der an der Möglichkeit verzweifle, seine Kinder zu ernähren, und diese deshalb töte. Diese Tat müsse als Totschlag und dürfe nicht als Mord eingeordnet werden, lautete das Fazit[860]. Bereits der Entwurf aus dem Jahr 1927 erwähnte die Tötung im Affekt nicht mehr eigens. Man kehrte im Gegenzug vielmehr beim Mord zurück zum Merkmal der Überlegung. § 245 dieses Entwurfs sah daher als Mord die vorsätzliche Tötung „mit Überlegung“ vor, und als Totschlag galt nach § 246 die Tötung, die „nicht mit Überlegung ausgeführt“ wurde[861]. Nicht nur, dass damit der Totschlag als (explizit benannte) Affekttötung vom Tisch war[862], auch eine mit § 213, 1. Variante StGB vergleichbare Regelung enthielt der Entwurf nicht. Maßgeblich für diese Kehrtwendung war die Erwägung, der Totschlag erscheine nach den beiden vorangegangenen Entwürfen (1922 und 1925) als eine Privilegierung des Mordes und es müssten zudem alle Fälle als Mord angesehen werden, in denen der Täter sich durch eine nicht entschuldbare Gemütsbewegung zur Tötung habe hinreißen lassen, die Tötung aber ohne Überlegung ausgeführt habe. „Der Begriff des Mordes“, so der zentrale Einwand, werde dadurch erheblich ausgedehnt und

---

856 Vgl. *Radbruch*, in: Reform des Strafrechts, S. 301 (303).

857 *Schubert/Regge*, Quellen zur Reform I/1, S. 223.

858 *Schubert/Regge*, Quellen zur Reform I/1, S. 356.

859 *Schubert/Regge*, Quellen zur Reform I/1, S. 356.

860 *Schubert/Regge*, Quellen zur Reform I/1, S. 356.

861 *Schubert/Regge*, Quellen zur Reform I/1, S. 463.

862 Sie sollte tatbestandlich wohl im Totschlag mit enthalten sein. Eine Strafmilderung war daher nur über die allgemeinen Vorschriften (siehe §§ 73, 74 des Entwurfs) zu erreichen; vgl. auch bei *Schubert/Regge*, Quellen zur Reform I/1, S. 607.

hiermit gleichzeitig der Anwendungsbereich der Todesstrafe[863]. Wenngleich der letztgenannte Einwand lediglich auf den Entwurf 1925 zielte, da die Todesstrafe im Entwurf 1922 für Mord nicht mehr vorgesehen war, erschien eine Erweiterung des Mordes insgesamt offenbar doch als wenig sachgerecht. Wie diese Einschätzung zu beurteilen ist, ist an dieser Stelle nicht weiter zu erörtern[864]. Es reicht insoweit festzustellen, dass die Kritik jedenfalls nicht das Affektmodell an sich betraf, weshalb sich auch nicht sagen lässt, dieses sei argumentativ gewissermaßen ein für alle Mal destruiert und damit völlig indiskutabel geworden.

b) Neuere Konzepte zur Privilegierung der Affekttötung

Dementsprechend nimmt es nicht wunder, wenn die Affekttötung auch in jüngeren Publikationen als privilegierter Fall einer vorsätzlichen Tötung ins Gespräch gebracht wird. Vor allem zwei Konzeptionen, inhaltlich denkbar verschieden, lassen sich hier anführen. Es handelt sich zum einen um einen Vorschlag *Esers*, der die Privilegierung der Affekt- und Konflikttötung erstrebt. Zum anderen lässt sich das Affektmodell, treffender vielleicht noch: der Affektbegriff nennen, wie *Köhler* ihn proklamiert.

(1) Esers Vorschlag: Affekt- und Konflikttötung als Privilegierungstatbestand

Eser hat in seinem bereits erwähnten Gutachten zum 53. Deutschen Juristentag (1980) ein Privilegierungsmodell vorgeschlagen, nach dem Affekt und Konflikt, beide jedoch nur zusammen, den Täter entlasten sollen[865]. Hingegen sei es nicht angängig, Affekt oder Konflikt, je für sich genommen, schon als zureichend anzusehen, eine Milderung zu bewirken[866]. Denn der „temperamentsmäßig Jähzornige“ solle ebenso wenig einen „Freibrief für unkontrollierte Gefühlsausbrüche“ erhalten wie der „habituell Konfliktverdrängende [...] ein billiges Ventil für blutige Verzweiflungsakte“[867]. Für eine Rechtsordnung sei dies, so *Eser*, gestützt auf generalpräventive Überlegungen, untragbar[868]. Die Privilegierung setzt also Affekt und Konflikt voraus; anders gesagt: nur der „konfliktbedingte[ ] Affekt“ führt zu einer Begünstigung, so wie bei einer konflikthaften Entwicklung nicht auf den „affektiven Tatantrieb“ verzichtet werden soll[869]. Am „Provokationsansatz“, wie er nach herrschender Ansicht im Rahmen des § 213, 1. Variante StGB vertreten wird, kritisiert *Eser*, er sei insofern zu eng, als

---

[863] *Schubert/Regge*, Quellen zur Reform I/1, S. 607.

[864] Vgl. dazu noch die Erläuterungen in diesem Kapitel unter C.

[865] Zu diesem Ansatz schon, aber mehr kursorisch, unter B I in diesem Kapitel. Hingewiesen sei auch an dieser Stelle auf den jüngst veröffentlichten Alternativ-Entwurf Leben, GA 2008, S. 193 (199, 204. 248 f.), in dem *Esers* Konzept eine Renaissance erlebt.

[866] *Eser*, Gutachten, D 127, 130 ff.

[867] *Eser*, Gutachten, D 127.

[868] *Eser*, Gutachten, D 127, 128.

[869] *Eser*, Gutachten, D 131 f.

er erfordere, der Täter müsse „auf der Stelle zur Tat hingerissen worden" sein. Danach ließen sich lediglich „Explosivreaktionen" erfassen, wohingegen ein länger andauerndes konflikthaftes Geschehen, wie es sich bei Tötungsdelikten häufig ereigne, nicht berücksichtigt werden könne[870]. Um die Erweiterung der Privilegierung auf solche Geschehensverläufe sprachlich zum Ausdruck zu bringen, schlägt *Eser* vor, statt von „Affekt" besser von „Gemütsbewegung" zu sprechen. Hierdurch werde die Einbeziehung sogenannter protrahierter Affekte deutlich gemacht; im Übrigen ließen sich dann auch neben sthenischen Affekten unproblematisch asthenische als vom Wortlaut erfasst ansehen[871]. Dass der Affekt, der den Privilegierungstatbestand der vorsätzlichen Tötung ausmachen soll, nicht erst ein Affekt sein kann, der nach §§ 20, 21 StGB zu beachten wäre, ergibt sich schon daraus, dass dann für einen gesonderten Privilegierungstatbestand kein rechtes Bedürfnis bestünde; er würde „leerlaufen". Es könne mithin nur um Affekte gehen, die unterhalb der Schwelle der §§ 20, 21 StGB einzuordnen seien[872]; andererseits könne aber nicht schon jede affektive Erregung genügen, wie sie zwangsläufig mit einer Tatbegehung, zumal einer vorsätzlichen Tötung, einhergehe[873]. Nötig sei ein Affekt, der einen das „Normalmaß überschreitenden Grad" aufweise, was mit dem Begriff „Heftigkeit" zum Ausdruck gebracht werde[874]. Ob ein solcher (heftiger) Affekt vorliege, sei zuletzt eine normative Frage, zu klären aber auf der Basis psychologischer Erkenntnisse (und Untersuchungen)[875]. Als spezifisch normatives Kriterium führt *Eser* schließlich das der „Begreiflichkeit" des Affekts ein[876], womit gemeint ist, ein „allgemeinmenschliche[s] ‚Verständnis' für den Affekt"[877] beziehungsweise eine „(zwischen-)menschliche[ ] Begreiflichkeit der Gemütsbewegung"[878]. Aus allem ergibt sich dann folgender Privilegierungstatbestand: „Wer aufgrund einer heftigen Gemütsbewegung, die den Umständen nach menschlich begreiflich ist, tötet, wird mit Freiheitsstrafe von einem bis zu zehn Jahren bestraft."[879]

Esers Vorschlag einer weitestgehenden Privilegierung von Konflikt- und Affekttaten wurde bereits an vorangegangener Stelle angesprochen und insbesondere mit Blick auf das Kriterium „Konflikt" problematisiert. Der Schwerpunkt der folgenden Erörterungen liegt dagegen auf der Affektthematik, wie sie dem Modell zugrunde liegt.

---

[870] *Eser*, Gutachten, D 129.
[871] *Eser*, Gutachten, D 129f., 141, 143, 145.
[872] *Eser*, Gutachten, D 133.
[873] *Eser*, Gutachten, D 132.
[874] *Eser*, Gutachten, D 133.
[875] *Eser*, Gutachten, D 132.
[876] *Eser*, Gutachten, D 134.
[877] *Eser*, Gutachten, D 137.
[878] *Eser*, Gutachten, D 139.
[879] *Eser*, Gutachten, D 201.

Die Einführung eines Privilegierungstatbestands der Konflikt- und Affekttötung bezweckt, Affekte, die die in §21 StGB geforderte Stärke nicht erreichen, als Entlastungsfaktoren anzuerkennen. Selbst wenn man davon ausginge, in diesen Fällen sei eine (Straf-)Milderung angezeigt, bleibt doch unklar, weshalb affektive Erregungen, die unterhalb der gesetzlich vorgesehenen Schwelle bleiben, den Täter dermaßen entlasten sollen, dass sie geeignet sind, eine tatbestandliche Abstufung des vorsätzlichen Tötungsdelikts zu tragen. Der Hinweis auf die Häufigkeit von Konflikt- und Affekttaten – der Sache nach ist diese Bezeichnung ein Synonym für „Beziehungstötungen" – lässt sich jedenfalls als eine rein tatsächliche Erwägung nicht dazu verwenden, dies zu untermauern. Auch ist es äußerst zweifelhaft, ob sich das Vorliegen eines (heftigen) Affekts empirisch mit hinreichender Verlässlichkeit feststellen lässt. Zumal es hier immer um eine Ex-post-Beurteilung geht, die klären müsste, ob und in welchem Ausmaß sich der Täter zur Tatzeit in einem Erregungszustand befand, und es doch recht fraglich ist, ob dies zu leisten ist (dazu sogleich zu c). Des ungeachtet bleibt weiterhin einzuwenden, dass die Frage nach der Begreiflichkeit des Affekts, die eine spezifisch normative Beurteilung impliziert, mit dem Aspekt des „allgemein-menschliche[n] ‚Verständnis[ses]' für den Affekt" oder dessen „Einfühlbarkeit" bewältigt werden soll[880]. Dieses Beurteilungskriterium mit seinem gemischt psychologisch-alltagsmoralischen Charakter rekurriert auf einen allgemeinen, sozialethischen Wertmaßstab, den es in einer pluralistischen und ausdifferenzierten Gesellschaft kaum geben wird. Hier dürften eher diverse Wertesysteme nebeneinanderherlaufen, die rechtlich in gleicher Weise anzuerkennen sind, solange sie nicht gegen die Grundlagen der freiheitlichen Gesellschaftsordnung verstoßen. Im Kern wurde dieser Einwand bereits oben geltend gemacht und dargelegt (zu B I 2 c). Hierbei verschlägt es insbesondere nicht, als Maßfigur einen Menschen mit „grundsätzlich rechtsloyaler Gesinnung" einzuführen und zu fragen, ob dieser in der entsprechenden Situation ebenfalls in „explosive Erregung oder zum Letzten entschlossene Verzweiflung" hätte geraten können[881]. Da es hier nur darum gehen kann, die Begreiflichkeit der affektiven Erregung und selbstverständlich nicht die der Tötung[882] zu beurteilen, macht diese Frage keinen rechten Sinn, denn sie vermischt zwei grundverschiedene Dinge. So betrifft Rechtsloyalität ein äußeres, rechtskonformes Verhalten von Personen mit einer entsprechenden rechtstreuen Grundhaltung, während es bei affektiven Erregungszuständen um die psychisch-emotionale Verfassung oder auch Disposition von Personen geht. Das eine aber besagt noch nichts über das andere. Denn es steht der Rechtsloyalität einer Person nicht entgegen, wenn diese sich über vieles echauffiert und oftmals außer sich

[880] *Eser*, Gutachten, D 137.
[881] *Eser*, Gutachten, D 137.
[882] Das hebt auch *Eser*, Gutachten, D 135, hervor.

gerät. Auch der emotional dünnhäutige, leicht reizbare Mensch, ausgestattet mit einem regen-aufgeregten Gemütsleben, sogar der Choleriker kann durchaus rechtsloyal sein. Die Rechtsloyalität lässt sich erst in Frage stellen, wenn in die rechtlich geschützte Freiheitssphäre anderer Personen eingegriffen wird. Ebenso ist es auf der anderen Seite ohne weiteres denkbar, dass Personen keineswegs rechtsloyal sind, sich aber durch eine ungeheuere Gelassenheit, Emotions- oder weitgehende Affektlosigkeit auszeichnen. Beide Aspekte betreffen also etwas kategorial Verschiedenes, weshalb die Rechtsloyalität auch keinen (Beurteilungs-)Maßstab dafür abzugeben vermag, ob und inwieweit eine bestimmte affektive Erregung noch begreiflich ist oder nicht. Was hier gemeint sein könnte, dürfte nicht so sehr die rechtsloyale Person sein als mehr eine solche mit einer gemäßigt-durchschnittlichen Emotionalität. Die (weithin kontingente und unveränderbare) emotionale Verfassung und Disposition von Personen kann aber schwerlich zum Bezugspunkt einer rechtlichen Bewertung werden. Im Weiteren ist dieser Einwand in Zusammenhang damit zu sehen, dass die Schaffung eines Privilegierungstatbestands für Konflikt- und Affekttaten, wie *Eser* ihn proklamiert, als Form einer „emotionalen Schuldminderung" begriffen wird[883]. Schon vordergründig gesehen erweckt ein solches (Schuld-)Verständnis Bedenken. Es setzte mindestens einen entsprechenden Schuldbegriff voraus, der Emotionen erfasst und deren (auch rechtliche) Bewertung erlaubt. Ob das möglich beziehungsweise legitim wäre in einem an Freiheitsgesetzen ausgerichteten Strafrechtskonzept, lässt sich bezweifeln. Zuletzt kann dies aber auf sich beruhen, da ein solcher Schuldbegriff jedenfalls nicht vorgestellt wird. *Esers* Gutachten verhält sich in diesem Punkt vielmehr bewusst asketisch[884], was sich mit der Aufgabe eines Gutachtens erklären lassen mag. Um jedoch eine Entlastung des Täters aus den dargelegten Erwägungen hinreichend begründen zu können, wäre es unerlässlich, ein Strafrechts- oder Schuldkonzept darzutun, in das solche Überlegungen überzeugend integriert werden könnten[885].

(2) Der „strenge" Affektbegriff als schuldmindernder Umstand (Köhler)

Köhler hat unlängst in mehr komprimierter Form sein Verständnis des Affektbegriffs und der Affekttat erneut und vertiefend dargelegt[886]. Obschon er darauf hinweist, eine weitergehende Präzisierung des Konzepts sei nötig und stehe noch aus[887], sind die Grundgedanken des Ansatzes doch so weit dargetan, dass sie sich hier vorstellen und erörtern lassen. Das gilt umso mehr, als sich, speziell

---

883 *Eser*, Gutachten, D 118, 120, 130.

884 *Eser*, Gutachten, D 107.

885 Zutreffend ist daher die Kritik bei *Müssig*, Mord, S. 72, wonach es dem Ansatz an einer rechtlichen Rückbindung, an einem Fundament fehlt.

886 *Köhler*, in: Affekt, S. 9 ff.; siehe zuvor schon *dens.*, Strafrecht AT, bes. S. 417 ff.

887 *Köhler*, in: Affekt, S. 9 (20); vgl. auch *dens.*, Strafrecht AT, S. 423, wo das Fehlen „einer handlungstheoretisch angemessenen Affekttheorie" bemängelt wird.

das Tötungsdelikt betreffend, auf andere Publikationen *Köhlers* zurückgreifen lässt, in denen diese Thematik ebenfalls behandelt wird. Des Weiteren bietet es sich gerade mit Blick auf den soeben besprochenen Vorschlag von *Eser* an, *Köhlers* Ansatz besonders hervorzuheben, weil das von ihm bevorzugte Affektmodell grundlegend von dem soeben erläuterten abweicht. Es fällt, kurz gesagt, bedeutend restriktiver aus als jenes; mehr noch könnte man, wenn auch etwas überspitzt, festhalten, dass beide Konzepte in gewisser Weise miteinander kontrastieren. War es nämlich das erklärte Ziel *Esers*, den zu engen Affektbegriff, wie er insbesondere durch die Wendung „auf der Stelle zur Tat hingerissen" in §213, 1. Variante StGB vorgegeben wird, zu erweitern und einen umfassenderen Konflikt- und Affektansatz zu entwickeln[888], erstrebt *Köhler* eine Hinwendung zum „klassischen" Affektbegriff, was im Großen und Ganzen eher in die entgegengesetzte Richtung weist[889]. Denn nach dem (hier so bezeichneten) klassischen Affektbegriff steht der Affekt oder die Affekttat für ein plötzliches Ereignis, das den Täter gleichsam überfällt beziehungsweise über ihn hereinbricht[890]. Man mag sich insoweit erinnern an Formulierungen wie das „in continenti" im römischen Recht oder die „Jäheit" in der Carolina. Ganz in diesem Sinne spricht *Köhler* von einem affekthaft-jähen oder -unmittelbaren Geschehen, einer Augenblickstat, dem plötzlichen Tatentschluss, um die Affekttat zu beschreiben[891]. *Köhlers* Vorstellung von der Affekttat findet, wie noch zu zeigen sein wird, eine Parallele aber vor allem im 19. Jahrhundert, soweit dort ein „reines" Affektmodell befürwortet wurde. So galt auch damals als ausschlaggebendes Kriterium einer Affekttötung, bei der es für die Annahme eines Affekts ausschließlich auf den inneren Erregungszustand des Täters ankam, die Plötzlichkeit der Tat und/oder des Tatentschlusses[892]. Die Einbeziehung eines konflikt- und „affekt"-haften Geschehens, das sich über längere Zeit hinzieht (der sogenannte protrahierte Affekt), scheidet damit für *Köhler* in aller Regel aus[893]. Mit Anleihen bei der Philosophie[894] unterscheidet *Köhler* begrifflich streng zwischen Affekt und Leidenschaft. *Kant* zitierend führt *Köhler* aus: „Der Affekt ist Überraschung durch Empfindung, wodurch die Fassung des Gemüts aufgehoben wird. Er ist also übereilt [...]."[895] Leidenschaft hingegen gilt als „eine habituelle sinnliche Nei-

---

[888] *Eser*, Gutachten, D 129.

[889] *Köhler*, in: Affekt, S. 9 (11, 20f.); *ders.*, Strafrecht AT, bes. S. 419ff.

[890] Vgl. *Köhler*, Strafrecht AT, S. 418f.

[891] *Köhler*, Strafrecht AT, S. 418, 421; *ders.*, JZ 1981, S. 548f.; *ders.*, in: Affekt, S. 9 (11, 20f.).

[892] Besonders *Abegg*, Lehrbuch, S. 327; *Tittmann*, Handbuch, S. 29; ferner *Heffter*, Lehrbuch, S. 189; *Temme*, Lehrbuch, S. 791f.

[893] Dezidiert *Köhler*, Strafrecht AT, S. 418; *ders.*, in: Affekt, S. 9 (21).

[894] Namentlich bei *Aristoteles*, *Spinoza*, vor allem jedoch bei *Kant*; im Einzelnen *Köhler*, in: Affekt, S. 9 (12ff.).

[895] *Köhler*, in: Affekt, S. 9 (18); das Zitat findet sich bei *Kant*, Anthropologie, §71.

gung“[896]; sie ist „überlegend, nicht unbesonnen wie der Affekt, sondern mit ruhigster Überlegung verbunden, wie z. B. bei planmäßiger Rache [...]“[897]. Eine schuldmindernde Wirkung lässt sich, folgt man *Köhler*, dem Grundsatz nach nur anerkennen, falls ein Affekt im strengen Sinn vorliegt, nicht dagegen, wenn es sich um eine Leidenschaft handelt[898]. Denn, so *Köhler* wiederum mit *Kant* gesprochen: „Der Affekt tut einen augenblicklichen Abbruch an der Freiheit und der Herrschaft über sich selbst.“[899] Der Affekt, um den es hier geht und der den Täter entlasten soll, wird gemeinhin als normalpsychologischer Affekt bezeichnet. Das meint einen Affekt, der unabhängig ist von einer pathologisch bedingten (Bewusstseins-)Störung und der demnach bei einer grundsätzlich vernünftigen Person eintritt[900]. Da es für das Vorliegen einer Affekttat entscheidend auf die Plötzlichkeit der Tatausführung ankommt, lässt sich ein länger andauerndes Konfliktgeschehen, das schließlich in einer vorsätzlichen Tötung mündet, regelmäßig nicht mehr als Affekttat betrachten[901]. Die Tat sei in diesem Fall „haltungsvermittelt“, nicht unmittelbar überraschend und damit als Leidenschaft(stat) zu qualifizieren[902], bei der die von „Normreflexion getragene[n] Entscheidungsprozesse [...] besonders deutlich“ seien[903]. Für den Regelfall einer Beziehungstötung, so das Fazit, ist von einer Tat aus Leidenschaft und nicht aus Affekt auszugehen[904]. Das prinzipielle Resultat fällt also bei *Köhler*, konzeptionell bedingt, gerade anders aus als bei *Eser*.

Von der Tendenz her, das wurde oben schon angedeutet, läuft *Köhlers* Vorschlag erkennbar darauf hinaus, ähnlich wie dies im Anschluss an die *Feuerbachsche* Lösung im vorletzten Jahrhundert eine Zeitlang herrschender Ansicht entsprach, eine plötzliche, jäh-unmittelbare, eine augenblickliche Tatbegehung als Affekttat anzusehen und milder zu bewerten. Das (alles) entscheidende Indiz für die Annahme eines Affekts ist also die Plötzlichkeit, die jähe Unvermitteltheit, mit der die Tat begangen wird. Damit handelt es sich, wie es in der ersten Hälfte des 19. Jahrhunderts üblich war, um ein reines Affektmodell.

---

[896] *Köhler*, in: Affekt, S. 9 (19).

[897] *Köhler*, in: Affekt, S. 9 (19); ferner *ders.*, Strafrecht AT, S. 418.

[898] *Köhler*, in: Affekt, S. 9 (20f.); *ders.* Strafrecht AT, S. 418ff. Vgl. außerdem die hiermit vergleichbaren Erwägungen bei NK/*Schild*, § 20 Rdnr. 80f.

[899] *Köhler*, in: Affekt, S. 9 (19); *Kant*, Anthropologie, § 78.

[900] Vgl. *Köhler*, in: Affekt, S. 9 (20); *dens.*, Strafrecht AT, S. 418; *dens.*, GA 1980, 133. Dagegen meinte *Kant* (ebenso wie zuvor schon die Stoiker) noch (Anthropologie, § 70 a. E.): „Affekten und Leidenschaften unterworfen zu sein, ist wohl immer Krankheit des Gemüts [...]“. Ferner *ders*, ebd., § 73.

[901] *Köhler*, in: Affekt, S. 8 (20f.); *ders.*, Strafrecht AT, S. 419f., freilich nicht ganz unambivalent; so endet der Absatz mit der Feststellung (a.a.O., S. 420): „Auf ähnliche Weise schuldmindernd wirken können auch permanente, mit Persönlichkeitsverletzungen verbundene schwere Konflikte in Nahbeziehungen, die nach längerer Entwicklung in eine affektentlassene Tat einmünden.“ Dazu noch sogleich die Ausführungen oben im folgenden Absatz.

[902] *Köhler*, in: Affekt, S. 8 (20f.).

[903] *Köhler*, Strafrecht AT, S. 419.

[904] *Köhler*, Strafrecht AT, S. 419f.; *ders.*, in: Affekt, S. 9 (21).

Denn der plötzliche Tatentschluss mit sofortiger Tatausführung begründet eine Begünstigung des Täters, ungeachtet der äußeren Ursache für das Geschehen. Und die Plötzlichkeit der Tatbegehung ist das maßgebende Indiz, aus dem auf den inneren, aufgewühlten (Seelen-)Zustand des Täters geschlossen und ein Affekt präsumiert (man könnte auch sagen: zugeschrieben) wird[905]. Ob und inwieweit sich dieses Modell empirisch-psychologisch absichern ließe, ist zweifelhaft; darauf wird noch zurückzukommen sein (sogleich zu c). Die Problematik wird nicht zuletzt dadurch erheblich verstärkt, dass es Mischformen geben kann. Nämlich einerseits Taten, die aus einem längeren Konfliktverlauf resultieren, an und für sich daher Taten aus Leidenschaft, die aber trotzdem affektbehaftet sind. Ebenso wie es andererseits spontane Taten geben kann, mithin eigentlich Affekttaten, die aber dennoch nicht unwesentlich durch eine Leidenschaft des Täters mitbedingt sind[906]. Dass diese Analyse theoretisch gesehen etwas für sich haben mag, ist nicht in Abrede zu stellen. Das Problem liegt aber darin, dass sich das, was hier zu klären wäre, hinreichend verlässlich wohl kaum klären lässt. Man wird deshalb – das Ziel dieser Untersuchung im Auge, einen Abgrenzungsmodus für das vorsätzliche Tötungsdelikt zu benennen – schon aus diesem Grund festhalten dürfen, dass es wenig ratsam erscheint, eine tatbestandliche Abstufung des vorsätzlichen Tötungsdelikts auf diese Art durchführen zu wollen. Denn der Sache nach wird man hierbei (ungeachtet möglicher äußerer Indizien) auf die Gedankenwelt des Täters zurückgeworfen – ein ziemlich unsicheres und opakes Terrain, bei dem man zu oft (wenn nicht in der Regel) auf bloße Vermutungen angewiesen bleibt.

Nur am Rande erwähnt sei ein anderes Bedenken, das bisweilen mit großem Nachdruck gegen den klassischen Affektbegriff geltend gemacht wird: Die mildere Bewertung nur des Affekts im strengen Sinn (und damit eben nicht auch des sogenannten protrahierten Affekts), letztlich also einer Spontantat, privilegiere zu einseitig ein typisch männliches Verhaltensmuster[907]. Nimmt man die in der Praxis häufigen Beziehungstötungen, die mit dieser Kritik auch in erster Linie anvisiert werden, fällt in der Tat auf, dass es vorzugsweise Männer sind, die Frauen aus Wut oder Zorn, unter Umständen gemischt mit Verzweiflung,

---

[905] Vgl. insbesondere die Besprechung einer BGH-Entscheidung bei *Köhler*, JZ 1981, S. 548f. – Im Weiteren lässt sich verweisen auf die Darlegungen *Klesczewskis*, in: Affekt, S. 57ff. Er greift das Modell seines Lehrers im Wesentlichen auf, veranschaulicht und konkretisiert es anhand einiger Delikte aus dem Besonderen Teil, darunter auch das Tötungsdelikt (a.a.O., S. 63ff.).

[906] Das anerkennt auch *Köhler*, siehe in: Affekte, S. 9 (19ff., bes. 21), und Strafrecht AT, S. 419f.; vgl. ferner bereits die Bemerkungen in Fn. 901. Empirisch gesehen dürften diese Mischformen sogar die Regel sein, was die praktische Handhabung des Konzepts nicht unwesentlich erschweren dürfte (siehe hierzu im ersten Kapitel zu B III und sogleich zu c).

[907] Sehr deutlich *Schorsch*, in: Perversion, S. 139 (140): „[...] ein sexistisches Konstrukt [...], ein Konzept von Männern für Männer“; außerdem *Körner*, Machtgefälle, S. 153ff.; *Legnaro/Aengenheister*, KJ 1995, S. 188 (196).

als Folge einer (vermeintlichen) Beleidigung oder bloßen Zurücksetzung spontan töten; wobei selbstverständlich eine längere Konfliktgeschichte hinzukommen kann, die Opfer und Täter miteinander haben. Dagegen töten Frauen ihre Partner eher selten in einer akut zugespitzten Konflikt- oder Verletzungssituation und zumal nicht aus sthenischen Affekten[908]. Dies ist zum einen gewiss dadurch bedingt, dass Frauen sich ein solches unmittelbares Vorgehen wegen ihrer physischen Unterlegenheit regelmäßig nicht leisten können; ihre „Erfolgsaussichten" werden bei einem spontan-unüberlegten Angriff also recht gering sein. Darüber hinaus dürften jedoch plötzliche aggressive Entgleisungen (sthenische Affekte), sei es über tatsächlich vorgefallene oder bloß (subjektiv) empfundene Verletzungen, weitaus eher einem männlichen Verhaltensrepertoire entsprechen als einem weiblichen[909]. So stehen sie der traditionell männlichen Sozialisation zumindest weniger entgegen als der weiblichen, und kaum wird man ein „typisch weibliches" Verhalten mit solchen Reaktionsweisen identifizieren (oder assoziieren), ein „typisch männliches" dagegen schon eher[910]. Faktisch gesehen dürfte es somit durchaus zutreffen, dass von einem engen Affektverständnis (wie es ja offensichtlich auch § 213, 1. Variante StGB zugrunde liegt) eher Männer profitieren als Frauen. Insoweit lässt sich eine gewisse geschlechtsspezifische Komponente des strengen Affektmodells kaum leugnen. Beheben ließe sich diese Einseitigkeit, wenn man, wofür (unter anderen[911]) *Eser* plädiert, den sogenannten protrahierten Affekt und desgleichen asthenische Affekte konzeptionell in eine Affektprivilegierung miteinbezieht. Indes ist, wie dargelegt wurde, das Konflikt- und Affektmodell, mit dem dies zu erreichen wäre, rechtstheoretischen wie dogmatischen Einwänden ausgesetzt, die es als nicht

---

908 Vgl. bereits im ersten Kapitel unter B.

909 Dies zeigt sich, wiewohl nicht intendiert, recht deutlich an den Experimenten der Psychologin *Tamara Dembo*, die von *Krümpelmann* ausführlich geschildert werden (Affekt, S. 102ff.). Dort sind die Versuchspersonen durch Misserfolge am Vortag schon in einer äußerst gereizten Verfassung. Als sie erneut an den ihnen gestellten Aufgaben scheitern, kommt es zum „Affektausbruch". Dieser sieht so aus: Die männliche Versuchsperson (ein Student) greift die Versuchsleiterin tätlich an, die weibliche Versuchsperson (eine Studentin) verlässt weinend den Raum. Die unterschiedlichen Reaktionsweisen dürften nicht zufällig sein; vielmehr gehen sie mit geschlechtsspezifisch geprägten Verhaltensmustern konform. Denn, um die Gegenprobe zu machen: Ebenso wie es wohl irritierte, wenn die weibliche Versuchsperson die Versuchsleiterin körperlich attackierte, verwunderte es doch, wenn die männliche Versuchsperson weinend den Raum verließe. Nach gängiger Vorstellung verhielte die Studentin sich „unweiblich", der Student „unmännlich".

910 *Mitscherlich*, Die friedfertige Frau, S. 11f., 16, 33ff., 48ff.; zudem *Fröschl/Löw*, Macht, S. 40, 43, 176; *Egger et al.*, Gewalt, S. 24; *Schorsch*, in: Perversion, S. 139 (141).

911 Dafür ebenfalls schon *Mezger/Mikorey*, MschrKrimbiol 9/10 (1938), S. 444 (445); außerdem *Steigleder*, in: Handwörterbuch der Rechtsmedizin, S. 59 (60f.); *Venzlaff*, in: Begutachtung (1986), S. 327 (328f., 339); *ders.*, Blau-FS, S. 391 (400f.); LK/*Schöch* (12. Aufl.), § 20 Rdnr. 130, und ferner *Glatzel*, Psychiatrie, S. 56ff., und StV 1983, S. 339ff., der allerdings den Ausdruck „Affekt" vermeidet; kritisch zur Annahme eines sogenannten protrahierten Affekts hingegen *Saß*, Nervenarzt 54 (1983), S. 557 (568); *Rasch*, Psychiatrie, S. 251, und auch *Schorsch*, in: Perversion, S. 139.

tragfähig erweisen. Wenngleich man das dargelegte Monitum (allein) nicht als durchschlagendes Argument gegen den strengen Affektbegriff ansehen wird, völlig unbeachtlich ist es nicht. Denn im Kern weist es auf normative Unzulänglichkeiten des klassischen Affektverständnisses hin.

Die mildere Bewertung einer Affekttat im hier vorgestellten Sinn knüpft des Weiteren ersichtlich an eine Belastung des Täters bei überlegter Tat an. So stellt *Köhler* beide Begehungsvarianten, die überlegte und affekthaft-jähe Tat, strikt gegenüber[912] und betont, diese „Grundunterscheidung", obzwar „keine Besonderheit der Tötungsdelikte", könne „doch gleichsam in Engführung eine unterschiedliche Schuldtypologie der Tötungsdelikte grundlegend definieren"[913]. Wegen dieser engen argumentativen Verknüpfung hängt die Überzeugungskraft des Affektmodells nicht zuletzt maßgeblich von der Fundierung des Überlegungskriteriums ab. Man mag nun zunächst wiederum einräumen, mit der Entgegensetzung von Überlegung und Affekt werde zumindest begrifflich ein klares und präzises Abstufungskonzept vorgegeben (ein Positivum, das sich schon *Feuerbach* zugutehalten ließ). Das Konzept müsste aber vor allem in der Sache überzeugen, und da erweist es sich doch als fragwürdig. Hinreichend begreifen lassen sich die Einwände, die hier gegen das Affektmodell vorzutragen sind, wegen der Kohärenz, in der Affektbegriff und Überlegungsaspekt stehen, nur unter Einbeziehung der bereits an vorangegangener Stelle gegen eine schuldsteigernde Qualität der Überlegung geltend gemachten Bedenken[914]. Die Plausibilität der Einordnung einer plötzlichen Tat als Affekttat lebt dementsprechend hauptsächlich davon, dass sich die Überlegung als „Vollform der Schuld"[915] ausweisen lässt. Sollte dies nicht der Fall sein, dann lässt sich kaum mehr einsichtig machen, weshalb bei einem plötzlichen und daher nicht-überlegten Tatgeschehen eine Schuldminderung anzunehmen sein sollte. Schlüssig ist die gesamte Argumentation demnach nur, wenn sich der Prämisse, „volle Schuld" erfordere Überlegung, zustimmen lässt. Dann nämlich ließe sich im Weiteren konstatieren, dass dort, wo hinreichende Überlegung fehlt, eben bei einem plötzlich entstandenen Tatentschluss und sofortiger, unmittelbarer Tatausführung, volle Schuld nicht gegeben sei, sondern lediglich in abgeschwächter Form vorliegen könne. Man mag es wohl als irritierend ansehen, dass dieser These zufolge offenbar überall dort, wo keine genügende Zeit für Überlegung ist, ein Affekt vorliegen soll, und ebenso, dass der Affekt grosso modo gleichgesetzt wird mit der Plötzlichkeit von Tatentschluss und -ausführung (die empirischen Bedenken hiergegen wurden schon erwähnt[916]). Beides, obgleich zwei-

---

[912] *Köhler*, GA 1980, S. 121 (127ff.); *ders.*, JZ 1981, S. 548; *ders.*, JuS 1984, S. 762 (765); *ders.*, Strafrecht AT, S. 421.
[913] *Köhler*, GA 1980, S. 121 (136).
[914] In diesem Kapitel zu A II 2.
[915] *Köhler*, GA 1980, S. 121 (130, 134).
[916] Über diese empirischen Bedenken hinaus gibt es normative; diese seien hier nur knapp

felhaft, sei hier nicht weiter vertieft. Grundlegender ist bereits die dogmatische Ausgangsprämisse in Frage zu stellen. So lässt sich die Ansicht, die „Vollform der Schuld" sei erst bei einer überlegten Tat gegeben, nicht fundieren[917]. „Volle Schuld" verlangt die Einsicht, Unrecht zu tun (§ 17 StGB)[918], nicht hingegen eine irgendwie gesteigerte Form von Unrechtseinsicht. Deshalb lässt sich auch nicht davon ausgehen, „volle" Schuld sei nur bei einer überlegten Tat gegeben. Es reicht hierfür, wenn die Einsicht, Unrecht zu tun, vorhanden ist; eine darüber hinausgehende Überlegung, also eine qualifizierte Form des Nachdenkens über den Normverstoß, ist nicht nötig. Geht man davon aus, kann andererseits das Fehlen einer solchen Überlegung, wie dies bei „Augenblickstaten" der Fall sein mag, nicht als schuldmindernder Umstand bewertet werden. Die Meinung, bei einer überraschenden Tatbegehung mangele es an einer „aktuellen Normreflexion, mithin [an einer] aktuell freie[n] Entscheidung zum Unrecht bei einem ansonsten konstitutionell vernünftigen Subjekt"[919], überzeugt nicht. Denn was hier an „Normreflexion" für „volle Schuld" verlangt wird, geht zu weit. Insbesondere bedarf es nicht einer mehr oder weniger eingehenderen Reflexion über die Norm, gegen die verstoßen wird, sondern es genügt bereits die Kenntnis dieser Norm, des Verbots. In diesem Fall ist volle Schuld gegeben, und es ist nicht ersichtlich, weshalb diese vergleichsweise „einfache" Unrechtseinsicht, bei „Affekttaten" im hier vorgestellten Sinn, also bei einem plötzlich-unmittelbaren Tatgeschehen, als generell nicht vorhanden anzusehen (besser wohl: zu unterstellen) sein soll[920]. Mit der begrifflichen Gegenüberstellung von Überle-

---

erwähnt. Beispielhaft: Als plötzliches, vom Täter „unvorhergesehen[es]" Tatgeschehen und damit zugleich als Affekttat wird es klassifiziert, wenn der Täter einen „alten, angetrunkenen Mann" in der Absicht überfällt, ihm das Geld wegzunehmen, das Opfer sich jedoch unerwartet wehrt, weshalb der Täter nunmehr sein Messer herauszieht und sich plötzlich entschließt, sein Opfer zu töten, um später nicht von diesem als Täter identifiziert zu werden (vgl. bei *Köhler*, JZ 1981, S. 547 ff.; ähnliche Fallkonstellation und gleiche Argumentation bei *Kleszewski*, in: Affekt, S. 57 [67 f.]). Die vorsätzliche Tötung soll sich für den Täter „unvorhergesehen" ereignet haben, weil er, als er in die Tatsituation hineinging, nicht daran dachte, dass sich das Geschehen so entwickeln könnte, dass das Opfer sich also zur Wehr setzen würde. Faktisch gesehen mag sich die „Eskalation" des Geschehens und somit die Tötung auch mit dem Opferverhalten erklären lassen. Schwerlich aber kann diese faktische Betrachtung für eine rechtliche Bewertung des Tatgeschehens hinreichen; normativ lässt sich die Entwicklung dem Opfer jedenfalls nicht zurechnen. Sein Verhalten ist berechtigte Notwehr. Ein Affektbegriff nun, der so konzipiert ist, dass er, bloß weil der Täter die Notwehrhandlung seines Opfers offenbar nicht „vorbedacht" hatte, zu einer Schuldminderung des Täters führen soll, überzeugt nicht.

[917] Hierzu bereits eingehend in diesem Kapitel zu A II 2.

[918] Vgl. auch *Frisch*, ZStW 99 (1987), S. 751 (796); *Hörnle*, JZ 1999, S. 1080 (1084, 1087).

[919] *Köhler*, GA 1980, S. 121 (133).

[920] Siehe *Frisch*, ZStW 101 (1989), S. 538 (562 f.), und ferner *Frister*, Struktur, S. 171; aus der psycho-wissenschaftlichen Literatur entschieden in diesem Sinne vor allem *Kröber*, in: Affektdelikte, S. 77 (80 f.); des Weiteren *Janzarik*, Der Nervenarzt 62 (1991), S. 423 (425, 426); *ders.*, in: Affektdelikte, S. 57 (70); *Witter*, Leferenz-FS, S. 441 (448); *Saß*, Fortschr.Neurol. Psychiat. 53 (1985), S. 55 (60).

gung und Affekt lässt sich demzufolge eine Minderung der Schuld bei „Affekttaten" ebenso wenig dartun, wie es andererseits überzeugt, eine Steigerung der Schuld bei überlegter Tat anzuerkennen.

c) Zur Empirie der Affekttötung

Sofern eine Abstufung des vorsätzlichen Tötungsdelikts im Schuldbereich angestrebt wird und mit der Affekttat geleistet werden soll, wird durchweg beklagt, die gesetzliche Regelung sei unzureichend. Die Gründe hierfür variieren, je nach zugrunde gelegtem strafrechtsdogmatischem oder rechtstheoretischem Ansatz. Paradigmatisch zeigt sich dies an den Monita, die *Eser* und *Köhler* erheben. So bemängelt *Eser*, der Affektbegriff, wie er insbesondere in § 213, 1. Variante StGB zum Ausdruck komme, sei zu eng, und schlägt deshalb einen erweiterten Ansatz der Konflikt- und Affekttat vor[921]. Demgegenüber kritisiert *Köhler* die Verortung der Affektthematik in §§ 20, 21 StGB, wie sie nach ganz herrschender Meinung vorgenommen wird. Diese Vorschriften, so *Köhler*, seien unpassend, da sie auf „seelische Anomalien, Gründe aufgehobener oder geminderter Normreflexionsfähigkeit zu beschränken" seien[922], mithin auf ursprünglich konstitutionell bedingte oder jedenfalls vorübergehende psychopathologische Störungen („tiefgreifende Bewusstseinsstörung"). Beim normalpsychologischen Affekt hingegen ließe sich das nicht annehmen. Vielmehr werde dort ein „konstitutionell vernünftige[s] Subjekt [...] prinzipiell mitbegründend vorausgesetzt"[923]; bemängelt wird das Fehlen einer „handlungstheoretisch angemessenen Affekttheorie und die verfehlte Pathologisierung"[924]. Hiermit konvergiert der Konflikt- und Affektansatz *Esers* zumindest teilweise, da er Affekte betrifft, die unterhalb der Schwelle der §§ 20, 21 StGB anzusiedeln sind[925]. Es besteht daher wohl immerhin insoweit ein Konsens, als eine Privilegierung der Affekttötung auf den sogenannten normalpsychologischen Affekt zielt – einen Affekt also, dem ein psychopathologischer Befund nicht zugrunde liegt und der als eine passagere Erscheinung bei einer psychisch an sich intakten („vernünftigen") Person eintritt.

Zieht man zur Klärung der Affektproblematik die empirischen Wissenschaften zu Rate, wird bald deutlich, dass diese über einen feststehenden und allseits oder doch weitgehend anerkannten Begriff des Affekts nicht verfügen[926]. Was sich,

---

[921] *Eser*, Gutachten, D 128 ff.

[922] *Köhler*, Strafrecht AT, S. 421.

[923] *Köhler*, GA 1981, S. 121 (135).

[924] *Köhler*, Strafrecht AT, S. 423.

[925] *Eser*, Gutachten, D 133.

[926] Zur Problematik *Glatzel*, Mord, S. 30 ff.; *ders.*, Psychiatrie, S. 41 ff.; *Blau*, Tröndle-FS, 109 (110 f.); *Marneros*, Der Nervenarzt 78 (2007), S. 1283; *ders.*, MschrKrim 90 (2007), S. 331; *Schiffer*, Der Nervenarzt 78 (2007), S. 294. – Im Weiteren wird sogar geltend gemacht, die Psychowissenschaften verfügten überhaupt nicht über einen Affektbegriff (*Ziegert*, in: Affektdelikte, S. 43 [45 f.]; *ders.*, Vorverschulden, S. 17 f., 19 f.). Obgleich diese Kritik überzogen

wenn auch in „schlichter Trivialität“[927], festhalten ließe, wäre: als Affekt gilt jedenfalls ein intensiv erlebtes Gefühl[928]. Für sich genommen sind Affekte nichts weiter als eine ubiquitäre Erscheinung, welche sich „durch kulturell-zivilisatorische Überformungen, zu allen Zeiten und in allen Gesellschaften auffinden läßt“[929]. Völlig unzweifelhaft ist es, dass „banale Affekte“, die menschliches Handeln gewöhnlicherweise begleiten, die Schuldfähigkeit einer Person nicht tangieren (können)[930]. Von „affektive[n] Störungen“ dagegen lässt sich sprechen, wenn „unter bestimmten inneren und äußeren Einflüssen ein einzelner Affekt vorherrscht oder ein Affektsyndrom sich bildet, [...] [wobei] Intensität und Dauer den aktuellen psychischen Zustand charakterisieren oder sogar persönlichkeitskennzeichnend sind“[931]. Des Weiteren mag man als Affektdelikte Taten begreifen, die im Zustand einer ganz erheblich gesteigerten, einer hohen oder „hochgradigen“ affektiven Erregung begangen werden[932].

Eingeordnet werden derart gravierende Affekte beim Kriterium der „tiefgreifenden Bewusstseinsstörung“ in §§20, 21 StGB. So soll dieses Merkmal die nicht krankhaften und demnach „normalpsychologischen Störungen“ des Bewusstseins erfassen[933]. Weithin besteht Einigkeit darüber, dass Affekte die Zurechnungsfähigkeit regelmäßig nicht ausschließen, weshalb § 20 StGB allenfalls ausnahmsweise, zumeist jedoch nur §21 StGB zur Anwendung kommen kann[934]. Knapp zusammengefasst lässt sich das zur Handhabung der Affektthe-

---

ist (Replik bei *Saß*, in: Affektdelikte, S. 1 [7]), enthält sie einen wahren Kern (dazu noch oben im Text).

[927] So *Blau*, Tröndle-FS, S. 109 (110).

[928] Beispielhaft *Diesinger*, Affekttäter, bes. S. 4ff.; sie definiert (a.a.O., S. 5): „Affekte oder Gefühlserregungen lassen sich somit bestimmen als intensive, mit körperlichen Begleiterscheinungen und starken Handlungstendenzen einhergehende personale Antworten auf bedeutsam erlebte Umweltgegebenheiten.“ Und bei *Jaspers*, Psychopathologie, S. 91, findet sich bereits folgende Begriffsbestimmung: „Affekte nennt man augenblickliche komplexe Gefühlsverläufe von großer Intensität und auffallenden körperlichen Begleit- und Folgeerscheinungen.“ Vgl. zum Ganzen auch NK/*Schild*, §20 Rdnr. 78; *Rudolphi*, Henkel-FS, S. 199 (201ff.), sowie, mit weiteren Differenzierungen, *Nedopil*, Psychiatrie, S. 90.

[929] *Saß*, in: Affektdelikte, S. 214.

[930] *Mende*, in: Begutachtung (1986), S. 317 (321); *ders.*, Bockelmann-FS, S. 311 f.; *Steigleder*, in: Handwörterbuch der Rechtsmedizin, S. 59 (70); *Saß*, in: Affektdelikte, S. 1 (3); ferner *Janzarik*, Der Nervenarzt 63 (1992), S. 656 (662ff.); *Wegener*, Psychologie, S. 81; bereits *Mezger/Mikorey*, MschrKrimbiol 9/10 (1938), S. 444 (468).

[931] So *Mende*, in: Begutachtung (1986), S. 317.

[932] In diesem Sinne *Saß*, Der Nervenarzt 54 (1983), S. 557 (558, 569); er versteht als Affektdelikte Taten, „die von psychisch nicht erheblich kranken bzw. abnormen Tätern impulsiv im Zustand hochgespannter Affekterregung begangen werden“ (ebd., S. 558).

[933] BGHSt 11, 20 (23); *Schreiber/Rosenau*, in: Begutachtung, S. 77 (89); *Mende*, Bockelmann-FS, S. 311 (313); *Schwalm*, JZ 1970, S. 487 (493); Sch/Sch-*Lenckner/Perron*, §20 Rdnr. 12, 13; LK/*Schöch* (12. Aufl.), §20 Rdnr. 123; LK/*Jähnke* (11. Aufl.), §20 Rdnr. 25, 54; *Lackner/Kühl*, §20 Rdnr. 7; MK/*Streng*, §20 Rdnr. 36, 75; *Fischer*, §20 Rdnr. 28.

[934] BGHSt 11, 20 (23f.); *Maatz*, Der Nervenarzt 78 (2007), S. 1389 (1393f., 1395f.); *Rudolphi*, Henkel-FS, S. 199 (206); *Theune*, NStZ 1999, S. 273 (279); LK/*Schöch* (12. Aufl.), §20 Rdnr. 137; *Krümpelmann*, Recht&Psychiatrie 8 (1990), S. 150 (152), konstatiert die „foren-

matik zunächst festhalten. Im Einzelnen ist hier vieles umstritten und problematisch, selbst wenn man versucht, von Meinungsdivergenzen abzusehen, die offensichtlich das Ergebnis unterschiedlicher Schulrichtungen sind und daher im Grundsätzlichen zu verorten sind.

Wohl nicht zuletzt um die Notwendigkeit einer Entlastung (präziser: einer Minderung oder teils auch eines Ausschlusses der Schuld) des Täters beim Vorliegen eines normalpsychologischen Affekts darzutun, werden vielfach starke Metaphern verwendet. Die Rede ist von einem „Affektsturm", „Affektstau", dem „Dammbruch", der „Kurzschlußreaktion, die alle Sicherungen durchbrennen läßt"[935], einem „Trümmerfeld des Motivationsgefüges"[936] und Ähnlichem. Diese Beschreibungen dienen dazu, die oder jedenfalls eine gewisse Eigendynamik des Geschehens hervorzuheben; sie sind aber nicht dazu angetan, eine hinreichende Argumentation respektive überzeugende empirische Nachweise zu liefern. Soweit dadurch der Eindruck des Automatischen, Unaufhaltsamen entsteht, ist das bedenklich, da durchweg unzutreffend[937]. Man mag konzedieren, dass *Rasch* durch zweifelhafte Formulierungen in seinem bekannten und vielbeachteten Werk „Tötung des Intimpartners" diesen Eindruck nicht unwesentlich genährt hat[938]. Eine entsprechende Schlussfolgerung (zumal: Zurechnungsunfähigkeit des Täters[939]) hat er eindeutig nicht gezogen[940]. Die Affekttat lässt sich insbesondere nicht als „Reflex" (was freilich schon keine Handlung wäre) oder etwas „Reflexartiges" (was immer das sein

sische Bedeutungslosigkeit des §20 StGB für die Affekthandlung"; ferner *Rasch*, in: Lehrbuch der gerichtlichen Medizin, S. 55 (83, 84); *Mende*, Bockelmann-FS, S. 311f.; *ders.*, in: Begutachtung (1986), S. 317 (321); *Steigleder*, in: Handwörterbuch der Rechtsmedizin, S. 59 (70); *Saß*, in: Affektdelikte, S. 1 (3); mit vertiefter Begründung schließlich NK/*Schild*, §20 Rdnr. 81, 84, 88, 89 sowie §21 Rdnr. 19, der ausführt, bisweilen werde „als theoretisch denkbare Möglichkeit von einem schuldausschließenden Affekt phantasiert" (§20 Rdnr. 84). Grundsätzlich kritisch zur Möglichkeit eines Ausschlusses der Schuldfähigkeit bei hochgradigem Affekt selbst in Ausnahmefällen *Welzel*, Lehrbuch, S. 155.

935 Vgl. die Liste der Begriffe bei *Diesinger*, Affekttäter, S. 142f., 150, sowie die Beispiele bei *Rauch*, in: Affektdelikte, S. 200 (201).

936 So *Krümpelmann*, GA 1983, S. 337 (353); siehe im Weiteren auch NK/*Schild*, §20 Rdnr. 80, 81.

937 Entschieden kritisch wendet sich deshalb *Rauch* gegen diese „grotesken sprachlichen Entgleisungen". Da es unmöglich sei, „die immateriellen und unanschaulichen psychischen Vorgänge anders als mit Bildern zu beschreiben, verführe [das] manche Autoren dazu, die Metapher als Realität zu nehmen" (in: Affektdelikte, S. 200 [201]). Vgl. außerdem *Saß*, Forensia 4 (1983), S. 3 (12f.); ebenso *Salger*, Tröndle-FS, S. 201 (214).

938 *Rasch*, Tötung, bes. S. 54, 59ff., 65ff., 69f.; vgl. hierzu bereits die Ausführungen in Fn. 129 im ersten Kapitel.

939 In diesem Sinne *Krümpelmann*, Affekt, S. 120ff., 155ff., 181; *ders.*, Welzel-FS, S. 327 (330ff.); *ders.*, ZStW 88 (1976), S. 6 (24ff.); *ders.*, Recht&Psychiatrie 8 (1990), S. 150 (152f.).

940 *Rasch*, Psychiatrie, S. 197f. – Vgl. ferner *Saß*, in: Affektdelikte, S. 1 (3, 5); *ders.*, Der Nervenarzt 54 (1983), S. 557 (559f., 563); *Simons*, Tötungsdelikte, S. 18ff., und *Kröber*, in: Affektdelikte, S. 77 (82), die das ebenso ablehnen.

sollte) begreifen; sie ist kein Automatismus, der nicht mehr zu steuern wäre[941]. Etwas anderes anzunehmen dürfte leicht auf eine Verklärung von Affektaten hinauslaufen[942].

Aus psychiatrischer Perspektive ist die Rede von normalpsychologischen Affekten insofern befremdlich, als normalpsychologische Erscheinungen, mithin nicht krankhafte oder (hirn)organisch bedingte Veränderungen des Bewusstseins, nicht Gegenstand dieses Fachgebietes sind[943]. Derartige Phänomene unter das Merkmal einer „tiefgreifenden Bewusstseinsstörung" zu fassen ist aus dieser Sicht zudem deshalb irritierend, weil der Begriff „Bewusstseinsstörung" in der Psychiatrie eine andere Bedeutung hat, als ihm nach der gesetzlichen Regelung zukommen soll. So wird das, was in der Psychiatrie den „Kernbereich der Bewusstseinsstörung" bildet, nämlich krankhafte, somatisch bedingte Alterationen des Bewusstseins, in aller Regel durch das Merkmal „einer krankhaften seelischen Störung" in §§ 20, 21 StGB abgedeckt[944]. Hingegen ist selbst bei hochgradigen affektiven Erregungen eine pathologische Veränderung des körperlichen Funktionsablaufs nicht festzustellen[945]. Heftige Gefühle und Affekte als normalpsychologische Erscheinungen wird man daher eher dem Gebiet der Psychologie zuzuschlagen haben. Dementsprechend hebt *Janzarik* hervor, um eine „Theorie der Emotionalität" hätten sich vor allem Psychologen verdient gemacht; dahinter blieben psychiatrische Beiträge nicht zuletzt deshalb zurück, weil sich dieses Fachgebiet mehr durch eine „Vernachlässigung des Selbstverständlichen" auszeichne[946]. So gesehen ist die verstärkte Hinwendung zum Psychologischen beim Merkmal „tiefgreifende Bewusstseinsstörung" in §§ 20, 21 StGB (und darüber hinaus ebenso beim Kriterium einer „schweren anderen seelischen Abartigkeit"[947]) nur konsequent. Es überrascht deshalb kaum, wenn ein psychologisches Verständnis der Bewusstseinsstörung gefordert oder von

---

[941] *Rauch*, in: Affektdelikte, S. 201 (207 f.); ferner *Janzarik*, in: Affektdelikte, S. 57 (67 f., 70).

[942] Vgl. *Rauch*, in: Affektdelikte, S. 201 ff.; außerdem *Schorsch*, in: Perversion, S. 139 ff. („Konstrukt der Affekttat"); *Simons*, Tötungsdelikte, S. 73 ff.; *Burgheim*, Psychologische Bedingungen, S. 25 f.; ferner auch *Rasch*, Tötung, S. 70.

[943] *Saß*, Forensia 4 (1983), S. 3 (4); *Glatzel*, Psychiatrie, S. 42; *ders.*, Mord, S. 32; *Rauch*, in: Affektdelikte, S. 200 (202).

[944] *Rasch*, StV 1984, S. 264 (265 f.); *Mende*, Bockelmann-FS, S. 311 (313); *Roxin*, Strafrecht AT I, § 20 Rdnr. 13; die Einordnung variiert jedoch teils, siehe nur die Übersicht bei *Saß*, Forensia 4 (1983), S. 3 (10 f.).

[945] *Rauch*, in: Affektdelikte, S. 200 (202, 212); *Schreiber/Rosenau*, in: Begutachtung, S. 77 (90 ff.).

[946] *Janzarik*, in: Affektdelikte, S. 57 (59).

[947] Da diese gleichfalls keinen somatischen Befund voraussetzt; vgl. *Rasch*, StV 1984, S. 264 (266); *Schreiber/Rosenau*, in: Begutachtung, S. 77 (93); *Lackner/Kühl*, § 20 Rdnr. 9; LK/*Jähnke* (11. Aufl.), § 20 Rdnr. 30; Sch/Sch-*Lenckner/Perron*, § 20 Rdnr. 19; *Fischer*, § 20 Rdnr. 37.

„‚psychologischen‘ Bewußtseinsstörungen“ geredet wird[948]. Inwieweit dies in der Sache überzeugt, sei dahingestellt[949]. Legt man jedoch eine psychologische Betrachtungsweise zugrunde, ermöglicht das eine extensivere Handhabung der §§ 20, 21 StGB bei Affekttaten[950], als dies bei einer streng-psychiatrischen Sichtweise der Fall wäre[951].

Sieht man einmal davon ab, dass es weder in der Psychologie noch in der Psychopathologie einen verbindlichen Begriff des Bewusstseins gibt[952], lässt sich, was den Affekt betrifft, doch als weitestgehend geteilte Ansicht (über den Graben der beiden Fachgebiete, Psychiatrie und Psychologie, sowie deren verschiedenen Schulrichtungen und Lehrmeinungen hinweg) festhalten: Affekte, sogar heftige, bewirken keine regelrechte Störung des Bewusstseins, wohl aber eine (nicht krankhafte) Veränderung des Bewusstseins, die man als Einengung des Bewusstseins bezeichnen kann. Schwerwiegende Affekte führen danach zu einem Zustand, in dem die Besonnenheit als „höchste Stufe der Reflexion“[953] eingeschränkt ist[954]. Man spricht daher statt von einer Bewusstseinsstörung treffender von einer Besonnenheitsstörung[955]. Begrifflich und deskriptiv durchaus einleuchtend, lässt sich das so differenzieren; noch nicht gesagt ist damit, welche Folgen sich für die rechtliche Bewertung daraus ziehen lassen. Ebenfalls empirisch lässt sich weiterhin festhalten, dass durch eine Störung der Besonnenheit die „Basisfunktionen des Bewußtseins“, nämlich die vier Dimensionen

---

[948] Etwa *Venzlaff*, Blau-FS, S. 391 (394); siehe ferner *Blau*, Jura 1982, S. 393 (401 f.); *Rudolphi*, Henkel-FS, S. 199 (200).

[949] Zu grundsätzlichen Bedenken *Witter*, in: Der psychiatrische Sachverständige, S. 37 (69), und *Bresser*, in: Der psychiatrische Sachverständige, S. 80 (85); des Weiteren *Leferenz*, ZStW 88 (1976), S. 40 (43).

[950] Vgl. das Fazit bei *Undeutsch*, in: Handwörterbuch der Rechtsmedizin, S. 91 (100); ferner *Rudolphi*, Henkel-FS, S. 199 (201 ff., bes. 206).

[951] Kritisch *Saß*, Forensia 4 (1983), S. 3 (11 ff.), der die erhebliche Ausdehnung und damit zugleich Konturenlosigkeit des Begriffs „Bewusstseinsstörung“ moniert, die diese unter anderem in dem psychologischen Konzept von *Undeutsch* erhält. Danach umfasse die Bewusstseinsstörung „im Grunde alle Dimensionen der menschlichen Persönlichkeit“ und nehme selbst „Störungen der Entwicklung der ‚sozial-kulturellen Persönlichkeit‘“ auf. Hierdurch aber werde der Begriff, ausgeweitet „auf sämtliche gestörten Entwicklungsbedingungen der Persönlichkeit in der Vergangenheit“, forensisch unbrauchbar (ebd., S. 12).

[952] *Saß*, Forensia 4 (1983), S. 3 (5 f.); *Glatzel*, Mord, S. 32 f.; *ders.*, Psychiatrie, S. 42.

[953] *Glatzel*, Mord, S. 33.

[954] *Rasch*, in: Lehrbuch der gerichtlichen Medizin, S. 55 (83); *ders.*, Hallermann-FS, S. 57 (65, 66); *Rauch*, in: Affektdelikte, S. 200 (202, 209 f.); *ders.*, in: Der Sachverständige im Strafrecht, S. 74 (89 f.); *Saß*, Forensia 4 (1983), S. 3 (14); *Wegener*, Psychologie, 81; *Glatzel*, StV 1982, S. 434; *ders.*, Mord, S. 33, 35 ff.; *ders.*, Psychiatrie, S. 42, 44 ff.; *Schreiber/Rosenau*, in: Begutachtung, S. 77 (90), sowie bereits *Jaspers*, Psychopathologie, S. 119. – Grundlegend sowie vertiefend ist hierzu auf die Abhandlung „Besinnung und Bewußtsein“ von *Störring* zu verweisen (dort bes. S. 9, 14 ff., 59 ff.); vgl. auch noch oben im Text.

[955] *Störring*, Besinnung, S. 9 f., 14 f., 59; *Rauch*, in: Affektdelikte, S. 200 (210); *ders.*, in: Der Sachverständige im Strafrecht, S. 74 (90); aus der strafrechtlichen Literatur: *Jakobs*, Strafrecht AT, 18/17; LK/*Jähnke* (11. Aufl.), § 20 Rdnr. 56; LK/*Schöch* (12. Aufl.), § 20 Rdnr. 124; des Weiteren *Schwalm*, JZ 1970, S. 487 (493).

der Orientierung in Zeit, Ort, Persönlichkeit und Situation, nicht (wie bei einer Bewusstseinsstörung eigentlichen Sinns) beeinträchtigt werden[956]. Dementsprechend bemerkt *Rasch*, Straftaten, die in affektiver Erregung begangen würden, blieben „‚situationsgerecht'"[957]. Normativ stellt sich die Frage, ob eine affektbedingte Einschränkung der Besonnenheit hinreicht, eine signifikante Minderung der Schuld zu bewirken[958]. Zumal eine solche, auf die eine tatbestandliche Abstufung des vorsätzlichen Tötungsdelikts gestützt werden könnte; denn um diese Frage geht es hier zuletzt. Zweifelhaft ist dabei vor allem, ob man nicht zu sehr von einem übersteigerten Begriff der Besonnenheit ausgeht (Besonnenheit als „höchste Stufe der Reflexion"), der einen nachgerade idealen Zustand seelischer Ausgeglichenheit voraussetzt und in dieser Form wohl nur in seltenen Fällen vorliegen dürfte[959]. Das gilt umso mehr, als es in den hier relevanten Fällen um solche geht, in denen eine Person eine schwerwiegende Straftat (vorsätzliche Tötung) begeht[960]. Ob sich da trefflich überhaupt von einem Höchstmaß an Besonnenheit reden lässt, erscheint fraglich. Hält man sich *Störrings* Definition vor Augen, verstärken sich diese Bedenken: „Der Zustand voller Besinnung umfaßt also den denkbar weitesten Bewußtseinsquerschnitt, in dem sämtliche sich auf Gegenwart, Vergangenheit und Zukunft beziehenden psychischen Gegebenheiten gegenständlicher und zuständlicher, intellektueller und emotioneller Art in einer übergreifend-transzendenten Form spontan gegeneinander abgewogen, gewertet und sinnvoll zusammengefaßt werden."[961] Hierin, im Zustand voller Besinnung, sieht *Störring* die Grundlage eines „wirk-

---

[956] *Rauch*, in: Affektdelikte, S. 200 (210); ferner *Rasch*, in: Lehrbuch der gerichtlichen Medizin, S. 55 (83), für den „die festzustellende Einengung der Umweltbeziehung kaum einen belangvollen Rückschluß" gestattet; *Glatzel*, Mord, S. 35 ff., bes. 37 f.

[957] *Rasch*, in: Lehrbuch der gerichtlichen Medizin, S. 55 (83).

[958] Die, folgt man *Störring* (Besinnung, S. 59), zum Verlust der Besinnung nicht führen kann in „sogenannten psychogen-hysterischen Ausnahmezustände[n]", zu denen er die „affektbedingte[n] [...] Einstellung[en]" zählt, „denen die Persönlichkeit nachgibt".

[959] Vgl. auch die Kritik bei *Saß*, Forensia 4 (1983), S. 1 (12); ferner *Rasch*, NJW 1980, S. 1309 (1313).

[960] *Janzarik*, Der Nervenarzt 63 (1992), S. 656 (663); *ders.*, in: Affektdelikte, S. 57 (69), hebt hervor, dass hochgradige affektive Erregungen bei einer die gesamte Motorik erfassenden Gewalttat „nahezu selbstverständlich" seien; desgleichen *Saß*, Der Nervenarzt 54 (1983), S. 557 (558): affektive Erregung als „Normalfall" beim vorsätzlichen Tötungsdelikt; scharf *Kröber*, in: Affektdelikte, S. 77 („Das affektfreie Delikt, zumal das affektfreie Gewaltdelikt, gehört in den Bereich des Kriminalromans [...] oder in den Bereich einer massiven psychischen Pathologie."); siehe auch *Simons*, Tötungsdelikte, S. 75; *Marneros*, Der Nervenarzt 78 (2007), S. 1283; *Undeutsch*, in: Handwörterbuch der Rechtsmedizin, S. 91 (106); aus dem Strafrecht besonders BGH NStZ-RR 2003, S. 8 (9); *Fischer*, § 20 Rdnr. 30. – Hinzu kommt die offenbar nicht nur geringe Schwierigkeit, die Reihenfolge von Affekt und Tat auseinanderzuhalten beziehungsweise herauszufinden. So dränge sich oft der Eindruck auf, der Affekt habe sich erst an der Tat selbst entzündet und sei nicht schon vorher da gewesen (so *Rasch*, Psychiatrie, S. 254; ebenso *Mende*, Bockelmann-FS, S. 311 [320]).

[961] *Störring*, Besinnung, S. 17.

lich klugen und vernünftigen Handelns“[962]. Für sich genommen überzeugt das. Man wird aber bezweifeln dürfen, ob hiermit ein adäquater Maßstab für das Recht vorgegeben wird. Immerhin geht es um die vorsätzliche Tötung eines anderen Menschen, und hier von besonnen, klug und vernünftig zu reden, ist wenig passend. Normativ verbindet sich mit diesem Einwand ein schon an vorangegangener Stelle erwähnter: Sollte „volle“ Schuld nur da zuzusprechen sein, wo gewissermaßen ein Optimum an Besonnenheit erreicht ist, wo ein intensiveres Nachdenken und Abwägen stattgefunden hat, und überzeugt es vice versa, eine Minderung der Schuld bereits anzuerkennen, wenn dieser optimale Zustand (gleich aus welchem Grund) verfehlt wird? Die Frage wurde oben bereits verneint.

Darüber hinaus ist es erheblichen Zweifeln ausgesetzt, ob sich affektbedingte Bewusstseinseinengungen retrospektiv halbwegs verlässlich nachweisen lassen. Das Problem resultiert als Erstes schon aus dem normalpsychologischen Charakter des Affekts. So müsste bei der Begutachtung des Täters ex post, also teils Wochen nach der Tat, ein normalpsychologischer Ausnahmezustand diagnostiziert werden (können), der zur Tatzeit vorgelegen hat; an einen organischen oder psychotischen Prozess lässt sich wegen des Normalpsychologischen der Erscheinung gerade nicht anknüpfen[963]. Da es Kennzeichen des normalpsychologischen Affekts ist, dass er als zumeist kurzzeitiger Ausnahmezustand bei einer an sich gesunden Person auftritt, liegt er im Zeitpunkt der Begutachtung nicht mehr vor. Dass man daher bei der Feststellung eines Affekts unweigerlich auf Hypothesen angewiesen ist, liegt auf der Hand[964]. Zweitens wird dieses Grundproblem dadurch verschärft, dass nicht jede gewöhnliche („normale“) emotionale Erregung hinreichen soll und kann, einen rechtlich relevanten, die Schuld des Täters reduzierenden Affekt anzunehmen. Im Strafrecht wird deshalb, wie im Vorangegangenen schon angeführt, eine „heftige“ Gemütsbewegung verlangt[965]. Hieraus ergibt sich das Erfordernis einer Quantifizierung emotionaler Zustände (oder eben von Affekten). Dass die empirischen Wissenschaften aber über diagnostische Mittel und Möglichkeiten verfügten, eine sol-

---

[962] *Störring*, Besinnung, S. 17.

[963] Vgl. *Mende*, Bockelmann-FS, S. 311 (314); *Schreiber/Rosenau*, in: Begutachtung, S. 77 (90). – Hinzu kommt, dass man für die Beantwortung der Frage, ob ein Affekt zur Tatzeit gegeben war, in aller Regel ausschließlich auf die Angaben, die der Täter vom Geschehen gibt, angewiesen bleibt. Zur Problematik der „mit vielen Unsicherheitsfaktoren belasteten Täterbekundungen“ *Bernsmann*, NStZ 1989, S. 160 (162); *Marneros*, MschrKrim 90 (2007), S. 331 (334 ff.); *Mende*, Bockelmann-FS, S. 311 (317).

[964] *Glatzel*, Mord, S. 34; *ders.*, StV 1982, 434 f. („im Grunde unlösbare Aufgabe“); *Rösler*, Der Nervenarzt 62 (1998), S. 49 (52); *ders. et al.*, in: Affektdelikte, S. 114 (124); *Foerster/Venzlaff*, in: Begutachtung, S. 281 (284); *Mende*, in: Begutachtung (1986), S. 317 (319, 323); *Schiffer*, Der Nervenarzt 78 (2007), S. 294; *Marneros*, Der Nervenarzt 78 (2007), S. 1283; *Janzarik*, in: Affektdelikte, S. 57 (59 ff.).

[965] Vgl. *Eser*, Gutachten, D 132 f., 201; siehe ferner Art. 113 schwStGB und § 76 öStGB.

che Aufgabe einigermaßen zuverlässig zu bewältigen, darf man bezweifeln[966]. Der Zustand des Täters zum Zeitpunkt der Tat kann, so *Nedopil*, „nur geschätzt werden“[967].

Gewiss, es kursieren Kriterien, anhand derer ein Affekt des Täters retrospektiv festzustellen sein soll. *Saß* hat diese „im Schrifttum weitgehend führenden Merkmale für die Beurteilung von Affektaten“[968] in einem Kriterienkatalog zusammengetragen. Der Katalog besteht aus einer, wie man sagen könnte, Positiv- und Negativ-Liste; das heißt, er enthält sowohl Aspekte, die für das Vorliegen, als auch solche, die für den Ausschluss eines Affekts von Belang sind. Danach lassen sich zehn Aspekte benennen, die eher für einen gravierenden Affekt sprechen, und sieben, die einen solchen eher ausschließen sollen. Für einen Affekt werden angeführt: (1) eine spezifische Vorgeschichte und Tatanlaufzeit; (2) eine affektive Ausgangssituation mit Tatbereitschaft; (3) die psychopathologischen Dispositionen der Persönlichkeit; (4) konstellative Faktoren; (5) ein enger Zusammenhang von Provokation, Erregung und Tat; (6) ein abrupter, elementarer Tatablauf ohne Sicherungstendenzen; (7) die Einengung des Wahrnehmungsfeldes und der seelischen Abläufe; (8) vegetative, psychomotorische und psychische Begleiterscheinungen heftiger Affekterregung; (9) ein charakteristischer Affektauf- und -abbau; (10) ein Folgeverhalten mit schwerer Erschütterung. Gegen einen Affekt sollen hingegen sprechen: (1) Vorbereitungshandlungen für die Tat; (2) die Konstellation der Tatsituation durch den Täter; (3) eine zielgerichtete Gestaltung des Tatablaufs vorwiegend durch den Täter; (4) ein komplexer Handlungsablauf in unterschiedlichen Etappen; (5) ein länger hingezogenes Tatgeschehen; (6) die exakte, detailreiche Erinnerung; (7) Vorgestalten in der Phantasie, Tatankündigungen, aggressive Handlungen in der Tatanlaufzeit[969].

---

[966] *Steller*, in: Ausgewählte Fragen, S. 299 ff., bes. 310 f., 313 (es könnten „bisher keine formalen Regeln aufgestellt werden“); ferner *Mende*, Bockelmann-FS, S. 313 (314 ff.); *Venzlaff*, ZStW 88 (1976), S. 57 (64), und von Seiten des Strafrechts *Salger*, Tröndle-FS, S. 201 (210, 218); optimistischer hingegen *Maisch*, MschrKrim 66 (1983), S. 343 (351 ff.); *Schöch*, MschrKrim 66 (1983), S. 333 (341 f.).

[967] *Nedopil*, in: Ausgewählte Fragen, S. 279 (284); weitgehend zustimmend *Foerster/Venzlaff*, in: Begutachtung, S. 281 (284). Ebenso schon *de Boor*, Über motivisch unklare Delikte, S. 163: „Es mag zwar eine allgemeine Lebenserfahrung für Situationen mit höchstem Affekt geben. [...] Wissenschaftliche Untersuchungen aus eigener, in der Situation erworbener Anschauung, in denen etwas Ponderables, Vergleichbares und der Kritik Standhaltendes über solche Zustände gesagt werden könnte, gibt es nicht. Es wird sie auch nie geben können, da diese Zustände [...] sehr selten sind und die zufällige Anwesenheit des Psychologen geradezu ein Kuriosum wäre. So beruht die ganze [...] Beweisführung [...] auf bloßen Vermutungen von der Psyche des im höchsten Affekt handelnden Menschen.“

[968] *Saß*, Der Nervenarzt 54 (1983), S. 557 (566).

[969] Dieser Kriterienkatalog wurde erstmals 1983 veröffentlicht, vgl. *Saß*, Der Nervenarzt 54 (1983), S. 557 (562 und 567); wenig später hat *Saß* den Katalog leicht modifiziert, in: Fortschr.Neurol.Psychiat. 53 (1985), S. 55 (61); die obigen Kriterien entsprechen dieser neueren Version aus dem Jahr 1985. In der ersten Fassung enthielt der Katalog als Kriterien, die eher

Bei diesen Merkmalen handele es sich um „deskriptive und strukturelle Aspekte", die die Situation des Täters zum Tatzeitpunkt kennzeichneten, erläutert *Saß*. Die vorgestellten Gesichtspunkte trügen nicht „den Charakter von strengen Ein- und Ausschlußkriterien", ihnen komme lediglich eine „indizielle Bedeutung" zu; „im Verein mit den übrigen Informationen" müssten sie „für jeden Einzelfall individuell gewichte[t]" werden[970]. Während diese Kriterien vorzugsweise bei Juristen auf Resonanz gestoßen sind und von ihnen rezipiert wurden[971], wurde in psychologisch-psychiatrischen Fachkreisen die Validität der Merkmale mit beachtlichen Erwägungen bezweifelt[972]. Beinahe jedes Kriterium, so lässt sich das Resultat der Debatte zusammenfassen, ist unsicher; mit anderen Worten: es erlaubt mehrere Aussagen, nicht selten entgegengesetzte. Um drei Beispiele zu geben, das erste zum Gesichtspunkt des Nachtatverhaltens (siehe dazu die für einen Affekt sprechenden Kriterien 6 und 10): Als entlastend (mithin als auf einen Affekt hindeutend) wird es gewertet, wenn sich eine schwere Erschütterung feststellen lässt oder der Täter anschließend Suizidversuche unternommen hat; belastend (und damit einen Affekt ausschließend) wirken hingegen ein Gefühl der Erleicherung oder ein rationales Vorgehen nach der Tat (zum Beispiel das Verwischen von Spuren und Ähnliches). Gängigen alltagspsychologischen Vorstellungen mögen diese Deutungen entsprechen; erfahrungswissenschaftlich absichern lassen sie sich nicht, sie sind unwissenschaftlich. So führt *Schorsch* aus: „Man kann davon ausgehen, daß mehr oder minder in jedem Menschen nach einer solchen Tat ein schwer in Einzelgefühle zu zerlegendes Gemisch aus inneren Regungen ist; Erschrecken, Entsetzen, Angst dürften immer mitspielen [...]. Welche Gefühle dann im Moment handlungsrelevant werden, dürfte von vielen, auch zufälligen Faktoren und Umständen abhängen und ist im Nachhinein kaum rekonstruierbar."[973] Und *Venzlaff*

---

auf einen Affekt hindeuten, noch ein Missverhältnis zwischen Tatanlass und Reaktion, Erinnerungsstörungen, die Persönlichkeitsfremdheit der Tat sowie Störungen der Sinn- und Erlebniskontinuität (siehe Der Nervenarzt 54 [1983], S. 557 [562]). Diese Kriterien hat *Saß* wegen der daran geäußerten Kritik aufgegeben. Teilweise tauchen sie jedoch, wie leicht zu sehen ist, im Negativ-Katalog, also bei den Kriterien, die einen Affekt eher ausschließen, wieder auf.

[970] *Saß*, Fortsch.Neurol.Psychiat. 53 (1985), S. 55 (60).

[971] *Salger*, Tröndle-FS, S. 201 (208f.); *Theune*, NStZ 1999, S. 273 (274); LK/*Schöch* (12. Aufl.), § 20 Rdnr. 133 ff.; MK/*Streng*, § 20 Rdnr. 76 ff.; zur Rezeption der Kriterien in der Rechtsprechung siehe nur die umfangreichen Nachweise bei Sch/Sch-*Lenckner*/*Perron*, § 20 Rdnr. 15, sowie *Detter*, in: Beziehungsgewalt, S. 187 (195 f.).

[972] *Rasch*, NJW 1993, S. 757 (759): „Sieht man von Trivialkriterien ab, die eigentlich nur die Definition der tiefgreifenden Bewußtseinsstörung im Gesetzgebungsverfahren wiedergeben, ist fast jedes der dort aufgeführten Merkmale vieldeutig, sehr variabel interpretierbar, so daß das Ergebnis der Begutachtung und damit die Urteilsfindung letztlich von den ganz persönlichen Maßstäben der mit dem Fall befaßten Gutachter und Richter abhängen." Bündig zusammengefasst *ders.*, Psychiatrie, S. 252 f.; generell gegen verbindliche Kriterien zur Feststellung eines Affekts *Glatzel*, StV 1982, S. 434 (435).

[973] *Schorsch*, in: Perversion, S. 139 (150).

stellt fest: „Zu wenig wird bedacht, daß der Täter nach der Konfrontation mit der Tat [...] Verhaltensweisen produzieren kann, die keinerlei Rückschlüsse auf das praedeliktische Persönlichkeitsbild erlauben."[974] Als zweites Beispiel sei auf den Aspekt der Vorgestalten oder der Ankündigung der Tat hingewiesen, der einem Affekt entgegenstehen soll (Kriterium 7 der Negativ-Liste)[975]: Dieser Gesichtspunkt ist ambivalent; er lässt sich je nach weiterem Kontext für oder gegen einen Affekt verwenden, wobei die Ambivalenz nicht zuletzt daher rührt, dass es sich bei den Vorgestalten um ein sehr komplexes psycho(patho)logisches Phänomen handelt, das einen unmittelbaren, forensisch tragfähigen Rückschluss nicht erlaubt[976]. Tötungsphantasien, zumal unter bestimmten psychischen Belastungssituationen, sind ebenso wie verbale Bekräftigungen eines entsprechenden Entschlusses eher ubiquitäre Erscheinungen; sie kommen häufig vor und dienen zunächst weniger (falls überhaupt) der gedanklichen Vorbereitung einer Tötung als vielmehr der spontanen Entlastung von emotionalem Druck[977]. Drittens: Die exakte, detailreiche Erinnerung an das Geschehen (Punkt 6 der Negativ-Liste) wird als Kriterium gegen einen Affekt angeführt. Hierin schwingt umgekehrt die These mit, Erinnerungslücken sprächen eher für einen Affekt. Weder auf eine genaue Erinnerung noch auf Amnesien oder amnestische Lücken lassen sich solche Schlussfolgerungen jedoch stützen[978]. So können Amnesien, psychologisch gut erklärbar, Folge einer Verdrängung sein; unerträgliche Vorstellungen werden aus dem Bewusstsein verbannt[979]. Oder sie sind bloße Schutzbehauptung[980]. Nachgerade konträr zu der genannten Auffassung steht ferner die Erkenntnis, dass die mit einer affektiven Erregung einhergehende Bewusstseinseinengung mit einer Konzentration auf das angestrebte Ziel (in diesen Fällen: die Tötung) verbunden ist und zu einer „bemerkenswerte[n] Wachheit und Ausrichtung" führt[981], wodurch sich das Ereignis sogar wesentlich besser und präziser einprägen soll[982]. Die Liste der Einwände und Bedenken

---

[974] *Venzlaff*, Blau-FS, S. 391 (395).

[975] Eine gegenteilige Bewertung, wonach Vorgestalten der Tat und Tatankündigungen mehr einen Zusammenbruch des Motivationsgefüges und somit Schuldunfähigkeit anzeigen sollen, findet sich übrigens bei *Krümpelmann*, GA 1983, S. 337 (355).

[976] Eingehend *Hoff*, in: Affektdelikte, S. 95 (97ff., 106ff., 108ff.).

[977] *de Boor*, in: Antrieb und Hemmung, S. 1 (8); *Janzarik*, Der Nervenarzt 63 (1992), S. 656 (663); *Haffke*, Generalprävention, S. 33, 95; bereits *Freud*, Totem, S. 42f., 87.

[978] *Rasch*, Hallermann-FS, S. 57 (63); *ders.*, NJW 1993, S. 757 (760); *ders.*, NJW 1980, S. 1309 (1312); *Nedopil*, Psychiatrie, S. 232; *Glatzel*, StV 1982, S. 434 (436, 437); ferner *Mende*, Bockelmann-FS, S. 311 (318ff.); *Venzlaff*, Blau-FS, S. 391 (395); *Foerster/Venzlaff*, in: Begutachtung, S. 281 (288); differenzierend *Maisch*, StV 1995, S. 381 (bes. 385ff.).

[979] *Rasch*, Hallermann-FS, S. 57 (67); *Rauch*, in: Affektdelikte, S. 200 (205); *Kröber*, in: Affektdelikte, S. 77 (81); *Janzarik*, in: Affektdelikte, S. 57 (60); *Mende*, Bockelmann-FS, S. 311 (318); ausführlicher *Horn*, in: Affektdelikte, S. 163 (169, 174ff.).

[980] *Mende*, Bockelmann-FS, S. 311 (318); *Bernsmann*, NStZ 1989, S. 160 (162).

[981] *Rasch*, Hallermann-FS, S. 57 (66f.).

[982] *Horn*, in: Affektdelikte, S. 163 (168); *Rauch*, in: Affektdelikte, S. 200 (208).

gegen die zusammengestellten Kriterien ließe sich verlängern[983]. Abschließend darf man daher resümieren, dass die meisten der Merkmale inzwischen mit plausiblen Argumenten widerlegt worden sind. Die begrenzte Relevanz seines Merkmalkatalogs hat *Saß*, wie teils schon die oben angeführten Zitate belegen, von Anfang an mehr oder weniger deutlich eingeräumt: Die Kriterien könnten „lediglich mit einer gewissen Verläßlichkeit zur Beschreibung des Affektdelikts sowie seiner Vorgeschichte dienen und die typischen Züge in einer standardisierten Form erfassen"[984]. In späteren Veröffentlichungen warnt *Saß* ausdrücklich vor einem „reduktionistischen Umgang[ ]" sowie einer „Verkürzung auf einen kochbuchartigen Kriterienkatalog". Vornehmlich in der Wiedergabe der Kriterien durch Juristen sieht er „das Problem einer pragmatischen Verkürzungstendenz"[985]. „Methodologisch", bilanziert *Saß*, „handelt es sich gegenwärtig noch um den Schritt der Auswahl geeigneter Kriterien, nicht jedoch um Regeln der Graduierung und Bewertung"[986]. Die Bedeutsamkeit des Kriterienkatalogs wird damit so sehr relativiert, dass kaum zu erkennen ist, was davon noch übrig bleiben soll. Sämtliche Kriterien, die man als fachspezifische Aspekte den Erfahrungswissenschaften zuweisen kann, sind entweder mit einleuchtenden Überlegungen in Frage gestellt oder widerlegt worden, oder sie sind empirisch nicht (hinreichend) validiert. Auf der anderen Seite stehen die Merkmale, die von vornherein keinen originären Bezug zu den Psychowissenschaften erkennen lassen[987]. Bei ihnen handelt es sich um wertende Aspekte, die bereits Folge einer Adaption normativer, teils genuin rechtlicher Erwägung in dieses Fachgebiet sind[988].

Die Einwände gegen den von *Saß* vorgeschlagenen Kriterienkatalog betreffen, sofern sie aus den Seinswissenschaften stammen, oftmals nicht nur einzelne fragwürdige Kriterien, sondern sie resultieren darüber hinaus bisweilen aus grundlegenderen Differenzen. So richten sie sich gegen eine kriteriologische Herangehensweise zur Bestimmung einer Affekttat und enthalten mehr eine Grundsatzkritik. Insbesondere setzt *Saß* den Schwerpunkt für die Feststellung eines Affekts bei der Verfassung des Täters zur Tatzeit und nicht so sehr bei der

[983] Siehe etwa zum oder gegen den Gesichtspunkt der Persönlichkeitsfremdheit sowie der Sinnlosigkeit der Tat, die beide vielfach Eingang in gerichtliche Entscheidungen finden (ausführliche Nachweise hierzu bei Sch/Sch-*Lenckner/Perron*, § 20 Rdnr. 15): *Rauch*, in: Affektdelikte, S. 200 (209); *Mende*, in: Begutachtung (1986), S. 317 (324): „pseudo-wissenschaftliche[ ] Argumentation"; *Glatzel*, StV 1982, S. 434 (435); *Rasch*, NJW 1993, S. 757 (760 f.); *ders.*, StV 1984, S. 264 (265).

[984] *Saß*, Der Nervenarzt 54 (1983), S. 557 (566).

[985] *Saß*, in: Affektdelikte, S. 214 (216).

[986] *Saß*, Fortsch.Neurol.Psychiat. 53 (1985), S. 55 (60).

[987] Beispielsweise die (Bewertung der) Vorgeschichte der Tat und aggressive(r) Vorgestalten.

[988] Siehe besonders *Ziegert*, in: Affektdelikte, S. 43 (46 ff.); *dens.*, Recht&Psychiatrie 16 (1998), S. 91 (92), sowie *Bernsmann*, NStZ 1989, S. 160 (162 f.); zuvor schon *Geilen*, Maurach-FS, S. 173 (193).

vorangegangenen Konfliktentwicklung, die zur Tat hinführt[989]. Demnach führt er aus: „Es können jedoch weder die oft eindrucksvollen Belastungen in der Vorphase der Tat noch die damit einhergehende affektive Situation entscheidend für die Schuldfähigkeitsfrage sein. Diese zielt nämlich in erster Linie auf schwerwiegende Störungen des psychischen Zustandes bei Begehung der Tat."[990] Die in den Psychowissenschaften vertretene „Gegenposition" (wenngleich dies überspitzt ausgedrückt ist[991]) zeichnet sich dadurch aus, dass sie eine Fokussierung auf den Tatzeitpunkt für wenig sachgerecht hält und dafür plädiert, das Augenmerk mehr auf die Vorgeschichte der Tat und damit, zumal bei Beziehungstötungen, auf die Konfliktgenese zu richten. Für die Beurteilung, ob ein Affekt vorlag oder nicht, soll verstärkt diese Entwicklung in den Blick genommen und gewürdigt werden. Am prägnantesten wird diese Auffassung wohl von *Rasch* vertreten[992]. „Ein affektiver Ausbruch", so *Rasch*, „ereignet sich kaum einmal isoliert. Bei den strafrechtlich wichtigen Partnerkonflikten hat sich beim Täter in aller Regel in den Wochen und Monaten vor dem Geschehen, in der Tatanlaufzeit, bereits eine Verstimmungssymptomatik herausgebildet, die nach Qualität und Ausprägung dem psychischen Merkmal der schweren anderen seelischen Abartigkeit entsprechen kann"[993]. Hiermit geht es im Weiteren konform, wenn geltend gemacht wird, die „Persönlichkeitsstruktur des Täters [sei] in den Mittelpunkt des Interesses" zu rücken[994]. Im Hintergrund dieser beiden Grundansätze steht einmal die Forderung, das Vorliegen einer Affekttat strikter am psychopathologischen Referenzsystem auszurichten (so bei *Saß*)[995], und zum anderen das Bemühen um eine erweiterte, mehr sozialpsychologisch-strukturell orientierte Betrachtungsweise (dies besonders bei *Rasch*). Darüber hinaus korrespondieren beide Grundpositionen[996], darauf sei nur beiläufig hingewiesen, mit den oben dargestellten strafrechtlichen Konzeptionen zur Privilegierung einer Affekttötung (zu b). So steht, vergleichbar der strukturell-dynamischen Sichtweise, bei dem von *Eser* vorgeschlagenen Privilegierungsmodell die Konfliktentwicklung, die zur Tötung hinführt, im Vordergrund, wohingegen *Köhler* die Beurteilung einer Affekttat zeitlich strenger am

[989] Vgl. jedoch die diesen Grundansatz teils (erheblich) relativierenden Erläuterungen bei *Saß*, in: Affektdelikte, S. 214 (216, 227, 229 f.).

[990] *Saß*, Der Nervenarzt 54 (1983), S. 557 (566).

[991] Denn weder die eine noch die andere Position werden in einer extremen Form vertreten. Die Überzeichnung sei gestattet; sie dient dazu, die grundsätzlichen und strukturellen Divergenzen besser kenntlich zu machen.

[992] *Rasch*, Psychiatrie, S. 254, 360; eingehend *ders.*, Tötung, S. 54 ff.

[993] *Rasch*, Psychiatrie, S. 254.

[994] *Glatzel*, StV 1982, S. 434 (435); *ders.*, Mord, S. 34, und neuerdings *Schiffer*, Der Nervenarzt 78 (2007), S. 294 (296 ff.).

[995] *Saß*, Fortschr.Neurol.Psychiat. 53 (1985), S. 55 (58 ff.); *ders.*, Forensia 6 (1985), S. 33 (34 ff.); *ders.*, in: Affektdelikte, S. 214 (229 f.).

[996] Konzise zusammenfassend *Witter*, in: Der psychiatrische Sachverständige, S. 175 (177 f.).

unmittelbaren Tatgeschehen festmacht, namentlich entscheidend auf die Plötzlichkeit des Tatentschlusses und der -ausführung abstellt[997].

Eine Kombination beider Ansätze, einerseits des „täterorientierten, strukturell-dynamischen", andererseits des „tatorientierten, quasi indiziellen", wird insbesondere von *Venzlaff* favorisiert, und er bezeichnet diese Anschauung, in der beide Perspektiven zusammengefügt werden, sogar als weitgehend konsentiert[998]. Die verstärkte Einbeziehung des strukturell-dynamischen Aspekts, des Interaktionsverhältnisses zwischen Täter und Opfer auch weit vor dem unmittelbaren Tatgeschehen also, sowie die eingehendere Auseinandersetzung mit der Täterpersönlichkeit, deren innerpsychischer Struktur und Sozialisationsdefiziten, ist indes auch ein Ausdruck von Verlegenheit. Nämlich der prinzipiellen Unmöglichkeit die psychische Verfassung des Täters im Zeitpunkt der Tatbegehung mit hinreichender Verlässlichkeit eruieren zu können[999]. Nicht zuletzt steht diese (veränderte) Schwerpunktsetzung bei der psychiatrisch-psychologischen Begutachtung deshalb für eine pragmatische (empirisch vielleicht die einzig mögliche) Auflösung der Affektthematik[1000]. Das Problematische eines solchen Ansatzes liegt zum einen schon darin, dass sozialen und emotionalen Belastungen oder Konflikten, wie sie im Vorfeld eines Beziehungstötungsdelikts festgestellt werden können, zunächst (noch) nichts Außergewöhnliches anhaftet. Sie gehören vielmehr „zum Spezifischen des Menschen"[1001], und die gewaltfreie Bewältigung ubiquitärer Problem- und Konfliktlagen wird man von jeder Person erwarten dürfen und müssen[1002]. Eine Entlastung des Täters auf derartige Vorkommnisse und damit ein mehr oder weniger diffuses Konfliktgeschehen zu stützen läuft ebenso leicht Gefahr, rechtliche Kategorien (hier die „Schuld" des Täters) zu verflachen, in letzter Konsequenz, sie aufzulösen[1003]. Zwar verspricht man sich von der eingehenderen Erforschung der Lebensgeschichte des Täters Erkenntnisse, die Aufschluss über den psychischen Zustand

---

[997] Vgl. ergänzend *Saß*, Der Nervenarzt 54 (1983), S. 557 (569): Affektdelikte seien Gewalthandlungen, die von ihrem Charakter her impulsiv ablaufen und nicht als kühl geplantes Verbrechen.

[998] *Venzlaff*, in: Affektdelikte, S. 147 (150); ferner *Foerster/Venzlaff*, in: Begutachtung (2000), S. 181 (183).

[999] Siehe auch *Bernsmann*, NStZ 1989, S. 160 (161f.); *Mende*, Bockelmann-FS, S. 311 (317f.).

[1000] Vgl. hierzu *Venzlaff*, in: Begutachtung (2000), S. 67 (68); *dens.*, Blau-FS, S. 391 (394f.); *Saß*, Der Nervenarzt 54 (1983), S. 557 (562, 569); *Wegener*, Psychologie, S. 88.

[1001] *Saß*, Forensia 6 (1985), S. 33 (35); vgl. ferner auch *Göppinger*, Leferenz-FS, S. 411 (419f.).

[1002] Zutreffend stellt *Bernsmann* fest, der normalpsychologische Affekt erfahre im Rahmen der Beurteilung der Schuldfähigkeit „eine ungeheure Aufwertung" (NStZ 1989, S. 160 [162]).

[1003] Zur Problematik aus psychiatrischer Sicht auch *Saß*, in: Affektdelikte, S. 214 (229f.); *ders.*, Forensia 6 (1985), S. 33 (36); *Bresser*, Leferenz-FS, S. 429 (431ff., bes. 437f.). Aus dem Strafrecht etwa *Maatz*, Der Nervenarzt 78 (2007), S. 1389 (1393).

des Täters zur Tatzeit geben könnten[1004]. Es ist nicht zu bestreiten, dass, wie es vorgetragen wird, die biographische Anamnese gut geeignet ist, Persönlichkeitsstörungen festzustellen[1005]; und ebenso wenig, dass es „kein Erleben als aktuelles Geschehen" geben mag, „das in einer vom jeweils betroffenen Individuum unabhängigen [...] Weise eine nachhaltige affektive Erschütterung bewirken kann", weshalb es hilfreich ist, „besondere[ ] Erlebnisdisposition[en]" des Täters zu klären[1006]. Einen zwingenden Zusammenhang zwischen all diesen Feststellungen und dem Zustand des Täters zur Tatzeit gibt es jedoch nicht[1007]. So lässt sich nicht ohne weiteres aus etwaigen Persönlichkeitsstörungen oder Erlebnisdispositionen auf eine besondere affektive Erregung zur Tatzeit schließen[1008]. Vielmehr bleibt man hier im Wesentlichen auf Mutmaßungen angewiesen[1009]. Darüber hinaus geht die empirisch auf die gesamte Täter-Opfer-Bezie-

---

[1004] *Glatzel*, Mord, S. 34; *ders.*, StV 1982, S. 434 (435); *Mende*, Bockelmann-FS, S. 311 (318).

[1005] So *Mende*, Bockelmann-FS, S. 311 (318).

[1006] *Glatzel*, Mord, S. 34; *ders.*, StV 1982, S. 434 (435); siehe ferner NK/*Schild*, § 20 Rdnr. 86 ff. und § 21 Rdnr. 19, der vorschlägt, statt von Affekten besser von abnormen Erlebnisreaktionen zu sprechen (§ 20 Rdnr. 88).

[1007] Man vergleiche hierzu die Kriterien, die *Venzlaff* als „Subskalen" zur Feststellung einer affektiven Erschütterung vorstellt; genannt werden unter anderem Aspekte wie die „Hilflosigkeit gegenüber kritischen Lebenssituationen, Frustrierbarkeit und Unterlegenheitsgefühl [...], die starke Besetzung mit Trennungs- und Verlustängsten, ein Angewiesensein auf tragende mitmenschliche Bindungen, ein Verhaftetsein an starren Ordnungssystemen und Konventionen, geringe Flexibilität und Mangel an persönlicher Originalität, Tendenzen zur Risiko- und Konfliktvermeidung sowie ausgeprägtes Streben nach sozialer Angepaßtheit" und so weiter (Blau-FS, S. 391 [403]; siehe ferner auch die Kriterien bei *Schiffer*, Der Nervenarzt 78 [2007], S. 294 [296]). Wie und weshalb diese verbreiteten und für sich genommen unspezifischen Eigenschaften in eine konkrete und hinreichende Verbindung mit einem Affekt oder einer Affekttat gebracht werden können, erhellt sich nicht ohne weiteres. Der Zusammenhang, der hier bestehen soll, erscheint vage, sehr vage. – In der Sache durchweg konsequenter ist die Position von *Schild*. Er konstatiert zunächst zutreffend, dass es „eigentlich überhaupt nicht um Affekte (auch nicht von höchstem Grade) geht" (NK/*Schild*, § 20 Rdnr. 85). Mehr noch: Das Vorliegen einer affektiven Erregung ist nicht erforderlich (ebd., Rdnr. 87), vielmehr soll es stattdessen darauf ankommen, ob eine abnorme Erlebnisreaktion zu verzeichnen ist oder nicht (ebd., Rdnr. 89). Mit diesem Argumentationsmuster dürften sich viele Fälle gut erklären lassen. Nur, wie *Schild* richtig darlegt: Um Affekte und damit eine Affekttat im eigentlichen Sinn geht es hierbei nicht mehr.

[1008] *Bresser*, Leferenz-FS, S. 429 (437 f.); *Rauch*, in: Der Sachverständige im Strafrecht, S. 74 (80, 81 ff., bes. 83, 89); *ders.*, in: Affektdelikte, S. 200 (211 f.).

[1009] Es überrascht, wenn Vertreter der Erfahrungswissenschaften nahezu einhellig die Problematik und letztlich Unmöglichkeit klar und präzise benennen, einen Affekt als psychisches Phänomen im Zeitpunkt der Tatbegehung ex post feststellen zu können, gleichwohl aber optimistische Schlussfolgerungen ziehen (statt vieler *Rösler*, Der Nervenarzt 62 [1991], S. 49 [52 f.]; *Saß*, Forensia 6 [1985], S. 33 [38]; *Foerster/Venzlaff*, in: Begutachtung, S. 281 [284]; *Mende*, Bockelmann-FS, S. 311 [320 f.]); wie es zu diesem Resümee kommt, bleibt unklar. – Andererseits irritiert es nicht minder, wenn seitens der Jurisprudenz „mit den Begrifflichkeiten bei der Beurteilung affektiv akzentuierter Taten [...] so umgegangen wird, als handele es sich dabei um ‚harte' Daten" (wie Psychowissenschaftler bemängeln, siehe *Foerster/Venzlaff*, in: Begutachtung, S. 281 [284]; ferner *Janzarik*, Der Nervenarzt 63 [1992], S. 656

hung und die Täterpersönlichkeit ausgedehnte Betrachtung so gut wie nahtlos über in eine normative Bewertung dergleichen[1010]. Diese wird, wie im Vorangegangenen schon erläutert[1011], zumeist ausgerichtet an (alltags-)moralischen Wertmaßstäben[1012]. Damit aber ist das Terrain der Erfahrungswissenschaften in jedem Fall verlassen[1013]. Es geht um spezifisch normative Fragen und nicht mehr darum, einen Affekt als psychischen Zustand im Zeitpunkt der Tatbegehung festzustellen (was eben auch nicht möglich ist[1014]). Und hierzu können die Psychowissenschaften keinen Beitrag leisten.

d) Was bleibt?

Zunächst lässt sich, die bisherigen Ausführungen resümierend, folgende Zwischenbilanz ziehen: Die Konturierung einer schuldmindernden Affekttötung respektive eines entsprechenden Privilegierungstatbestands, wie sie den vorgestellten strafrechtlichen Konzeptionen (unter b) entnommen werden kann, vermag aus verschiedenen Erwägungen nicht zu überzeugen. Durchgreifende Bedenken stehen dem strengen Affektbegriff entgegen, wie *Köhler* ihn in Anlehnung an philosophische Differenzierungsansätze vorschlägt. Danach setzt eine Affekttat im Wesentlichen eine plötzliche, spontane Tatbegehung voraus. Diese Position ist in Zusammenhang mit der Annahme einer Schuldsteigerung bei überlegter Tat zu sehen. Eine Annahme, die ihrerseits dogmatisch nicht hinreichend abzusichern ist. Das (generösere) Affekt- und Konfliktmodell von *Eser*, im Kern bestehend aus einer Kombination psychologischer und sozialethischer Aspekte, baut dagegen auf empirischen Grundannahmen auf, die, wie soeben

---

[662f.]). Dementsprechend wird sowohl der juristischen Lehre als auch der Praxis bescheinigt, „auf eine recht eigenwillige Weise psychologische Kenntnisse in ihren Bereich" aufzunehmen und zu nutzen (*Rasch*, NJW 1980, S. 1309 [1315]) und im Weiteren sogar von einer „rationalistischen Quasi-Psychologie" der Juristen geredet (*Rasch*, in: Rechtsprobleme, S. 38; *ders.*, NJW 1980, S. 1309 [1310]).

1010 Exemplarisch die Besprechung eines Falles von *Glatzel*, StV 1983, S. 339ff.

1011 In diesem Kapitel zu B I.

1012 Eingeordnet bei der Frage, ob der Affekt „begreiflich" war; vgl. dazu vor allem *Eser*, Gutachten, D 134ff. – In Art. 113 schwStGB kommt es, in der Sache identisch, darauf an, dass die heftige Gemütsbewegung „nach den Umständen entschuldbar[ ]" war; und nach § 76 öStGB muss es sich um eine „allgemein begreifliche[ ] heftige[ ] Gemütsbewegung" handeln.

1013 *Ziegert*, in: Affektdelikte, S. 43 (48); *ders.*, Recht&Psychiatrie 16 (1998), S. 91 (92f.); MK/*Streng*, § 20 Rdnr. 87; siehe außerdem *Rasch*, in: Rechtsprobleme, S. 38; im Weiteren passt hierzu die Beobachtung von *Leygraf*, in: Tötungsdelikte – mediale Wahrnehmung, S. 225 (236), wonach in den psychowissenschaftlichen Gutachten wegen der „Täter-Opfer-Polarisierung" oftmals „die Ebene der Schuldfähigkeit" mit „der Ebene der Schuldzuweisung" verwechselt werde.

1014 Treffend heißt es hierzu bei *Fischer*, § 20 Rdnr. 31: „Die forensische Psychiatrie vermag die Störung, deren Auswirkung das Strafrecht zu regeln sucht, nur schwer zu finden [...]." Und *Geilen* spricht süffisant und nicht ganz unzutreffend vom „sozusagen ‚frei improvisierten' normalpsychologischen Affekt"; siehe *Geilen*, Maurach-FS, S. 173, übernommen wohl von *Mezger/Mikorey*, MschrKrimbiol 9/10 (1938), S. 444 (469).

gezeigt werden konnte, kaum zu validieren sind. Soweit es ferner um normative Fragen geht, sollen diese mit einem an gängigen sozialethischen Vorstellungen orientierten Wertmaßstab bewältigt werden, was sich für ein strikt freiheitstheoretisches Rechtskonzept als problematisch erweist. Von den empirischen Wissenschaften wird man sich ebenfalls keine Hilfe erhoffen dürfen; einmal ganz abgesehen davon, dass deren Erkenntnisse für sich genommen ohnehin unzureichend wären, die entscheidenden normativen Fragen zu klären. Allerdings legt der Blick auf die Empirie auch die Vermutung nahe, hier werde mit dem Topos „Affekttat" (oder „Affekttötung") möglicherweise eine Begehungsvariante kreiert, die so – und das heißt: als Affekttat im eigentlichen Sinn, also als Tat, die einen bestimmten psychischen, affektiv-erregten Zustand voraussetzt – in der Realität nicht anzutreffen beziehungsweise nicht nachzuweisen ist[1015]. Vornehmlich die Übernahme spezifisch normativer Gesichtspunkte zur empirischen Klärung der Frage, ob ein Affekt zur Tatzeit vorlag oder nicht, liefert hierfür ein beredtes Zeugnis. Schon an dieser Stelle darf man daher feststellen: Will man an einer Privilegierung der Affekttötung festhalten, bleibt als einzig gangbarer Weg eine (rein) normative Lösung. Wie eine solche im Einzelnen aussehen könnte, ist umstritten und problematisch. Die Debatte soll und braucht im Rahmen dieser Arbeit nicht vertiefend dargelegt zu werden; ebenso wenig wird es erforderlich sein, ein allgemeines Affektmodell zu entfalten. Mit Blick auf die hiesige Fragestellung genügen vielmehr die folgenden Erläuterungen:

Sofern ein Privilegierungstatbestand der vorsätzlichen Tötung anvisiert wird, nach dem affektive Zustände unterhalb, besser wohl: ungeachtet der Schwelle der §§ 20, 21 StGB den Täter entlasten sollen, bleiben die schon geäußerten Zweifel bestehen, ob und wie sich ein solches Konzept strafrechtsdogmatisch fundieren ließe. Weshalb sollte Affekten, gewissermaßen an §§ 20, 21 StGB vorbei, rechtlich eine derartige Bedeutung zuzusprechen sein, dass sie, zumal bei einem so schwerwiegenden Delikt wie der vorsätzlichen Tötung, einen Privilegierungstatbestand zu tragen vermögen? Die gesetzliche Regelung mag man als unzulänglich kritisieren, (solche) Affekte hinreichend zu erfassen; andererseits lässt sich aber ebenso gut fragen, ob und wieso normalpsychologische Erscheinungen (Affekte) eine derart signifikante Entlastung des Täters sollen bewirken können. Oder wäre es nicht vielmehr umgekehrt angezeigt, davon auszugehen, Affekte, immerhin eine ubiquitäre Angelegenheit, müsse man im Griff haben[1016]

[1015] Weshalb die Rede vom „Konstrukt der Affekttat" berechtigt ist; vgl. *Schorsch*, in: Perversion, S. 139 ff.; des Weiteren *Simons*, Tötungsdelikte, S. 73 ff.

[1016] In diesem Sinne *Jakobs*, Schuldprinzip, S. 32; *ders.*, in: Grenzfragen, S. 127 (129, 135); *ders.*, Schuld und Prävention, S. 23; tendenziell ebenso *Geilen*, Maurach-FS, S. 173 (192); aus der Rechtsprechung: OGHSt 3, 19 (23); BGH MDR 1977, S. 458 (459); BGH StV 2001, S. 228 (230).

– jedenfalls so sehr, dass man sich durch sie nicht zu einer vorsätzlichen Tötung verleiten lässt[1017]?

Diese These lässt sich vorderhand bereits mit den beiden bedeutsamsten und augenfälligsten Vorschriften untermauern, die das Strafgesetz zur Regelung von Affekt(tat)en bereithält: § 33 StGB und § 213, 1. Variante StGB. Beide Regelungen zeigen, dass es nicht der Affekt allein ist, der eine Begünstigung des Täters auslösen kann[1018]. So hat in beiden Fällen das Opfer einen Beitrag geleistet, infolgedessen der Täter in einen Affekt geriet (oder geraten durfte). Weiterhin lässt sich sogar sagen: Um das Verhalten des Opfers als einen beachtlichen, rechtlich relevanten Beitrag einzustufen, reicht eine bloß moralische Verfehlung, eine Unschicklichkeit oder ein (sei es auch höchst) unsensibles Verhalten, das sich das Opfer gegenüber dem Täter zuschulden kommen ließ, nicht aus. Notwendig ist vielmehr eine (vorausgegangene) Rechtsverletzung, die das Opfer dem Täter zugefügt hat. Insoweit ist der Wortlaut des § 213, 1. Alternative StGB eindeutig[1019], und bei § 33 StGB ergibt sich dieses Erfordernis ebenso unzweifelhaft aus dem Notwehr-Kontext. Der Affekt allein jedenfalls, das zeigen diese Vorschriften recht klar, vermag eine Entlastung des Täters nicht zu begründen. Deswegen wäre es mindestens verkürzt, in den §§ 33, 213 StGB einen Beleg für eine (ausschließliche) Affektprivilegierung zu sehen. Denn diese Lesart ließe die weitere (mit)entscheidende Voraussetzung eines vorangegangenen oder gerade stattfindenden Rechtsbruchs des Opfers gegenüber dem Täter außer Betracht. Der Affekt entlastet den Täter nur, wenn das Opfer (oder der Angreifer), bevor es zur Tat (seiner Tötung) kam, den rechtlich absolut geschützten Freiheitsbereich des Täters bereits überschritten und damit das interpersonale Anerkennungsverhältnis als Erstes verletzt hat. In diesem Fall hat das Opfer dem Täter einen rechtlich bedeutsamen (und deshalb bei § 213, 1. Fall StGB die Strafe erheblich reduzierenden und bei § 33 StGB die Strafe sogar ausschließenden) Anlass für seine Tat gegeben. Trotz möglicherweise im Weiteren festzustellender normativer Unstimmigkeiten, die beide Vorschriften aufweisen mögen[1020], ist deren Grundaussage insoweit identisch. Sofern nun eine normative

---

[1017] Zur Plausibilität dieser Forderung gerade beim Tötungsdelikt *Blau*, Tröndle-FS, S. 109 (113 f., 118 ff.); des Weiteren *Lange*, Bockelmann-FS, S. 261 (275 f.).

[1018] Zu diesen Vorschriften vor allem *Bernsmann*, NStZ 1989, S. 160 (165 f.); ferner *Blau*, Tröndle-FS, S. 109 (113); *Lange*, Bockelmann-FS, S. 261 (275).

[1019] Das gilt ungeachtet dessen, dass die ganz vorwiegende Ansicht hier eine extensivere Interpretation bevorzugt – vgl. *Maurach/Schroeder/Maiwald*, Strafrecht BT/1, § 2 Rdnr. 56; *Fischer*, § 213 Rdnr. 4 f.; NK/*Neumann*, § 213 Rdnr. 8 f.; *Lackner/Kühl*, § 213 Rdnr. 2; Sch/Sch-*Eser*, § 213 Rdnr. 5, und aus der Rechtsprechung: BGH MDR 1978, S. 110; BGH StV 1983, S. 198 (199). – Wie hier dagegen *Gössel/Dölling*, Strafrecht BT/1, § 3 Rdnr. 5, 10; MK/*Schneider*, § 213 Rdnr. 12, 16; *ders.*, in: Tötungsdelikte – mediale Wahrnehmung, S. 203 (208 f.); *ders.*, NStZ 2001, S. 455 (456). Zum Ganzen bereits in diesem Kapitel unter B I.

[1020] Insbesondere die Unterscheidung zwischen asthenischen und sthenischen Affekten erscheint als wenig sinnvoll. Weshalb in § 33 StGB nur Erstere, in § 213, 1. Variante StGB hingegen nur Letztere den Täter entlasten sollen, leuchtet nicht ohne weiteres ein (siehe be-

Auflösung der Affektthematik erstrebt wird, ist diese Kernaussage beider Paragraphen als maßgebliche Richtlinie heranzuziehen. Das bietet sich vor allem deshalb an, weil hierin eine Verantwortungszuschreibung zum Ausdruck kommt, die mit einem an Freiheitsgesetzen orientierten Rechtsverständnis einhergeht. Beide Regelungen wird man daher für die Lösung des Affektproblems als außerordentlich hilfreich, besser wohl, als wegweisend ansehen dürfen.

Zugleich steht damit fest: Dem Affekt, als einem psychischen Faktum und belastet mit dem empirischen Problem seiner (Nicht-)Nachweisbarkeit, kommt für sich genommen eine rechtliche Relevanz nicht zu. Jedenfalls keine, die über die Regelungen der §§ 20, 21 StGB hinausreichen und somit deren Voraussetzungen unterschreiten könnte. Ist dagegen, um einen den Täter entlastenden Affekt anzunehmen, ein unmittelbar vorausgegangener oder aktuell noch ablaufender Rechtsbruch des Opfers zu verlangen, bedeutet das, dass zu der etwaigen schuldmindernden Funktion, die man dem Affekt zusprechen mag, gleichzeitig eine Verringerung des Unrechts gegeben ist. Denn der Einbruch des Opfers in die rechtlich (absolut) geschützte Tätersphäre impliziert genau dieses. Mehr noch wird man sogar festhalten dürfen: Ein Affekt mag als eine sekundäre Voraussetzung zu dem Eingriff in den Rechtskreis des Täters hinzukommen, primär ist er nicht. Ausschlaggebend und in erster Linie kommt es auf den Rechtsbruch durch das Opfer an und nicht so sehr auf den Affekt des Täters

---

reits *Blau*, Tröndle-FS, S. 109 [114]; ferner *Bernsmann*, ZStW 104 [1992], S. 290 [325 f.]; *Koriath*, Müller-Dietz-FS, S. 361 [381]). Prinzipiell schon lässt sich gegen diese psychologisierende Differenzierung geltend machen, dass vielfach (wenn nicht gar regelmäßig) eine Mischung verschiedener Gefühle oder Zustände vorliegen dürfte (vgl. *Bürger-Prinz*, Motiv, S. 24; *Rasch*, in: Handwörterbuch der Kriminologie, S. 353 [389 f.]) und die Festlegung auf einen vorherrschenden Zustand schwerfällt (klassisches Beispiel: Wut gepaart mit Verzweiflung), falls sie empirisch zuverlässlich überhaupt zu leisten ist (insoweit lassen sich die Darlegungen zu c entsprechend heranziehen; siehe außerdem die Ausführungen im zweiten Kapitel zu B I 2 b). Ungeachtet dessen gibt es bestimmte Persönlichkeitstypen, die wiederum ein je unterschiedliches Verhaltensrepertoire aufweisen. Hierzu zählt man für gewöhnlich auch eher sthenische oder asthenische Typen, mithin solche, die entweder mehr offensiv-aggressiv agieren, oder solche, die sich mehr defensiv und zurückgenommen verhalten (vgl. dazu schon *Jaspers*, Psychopathologie, S. 273). Daran aber, also an ein bestimmtes dominantes Verhaltensmuster, das die Person entwickelt hat beziehungsweise welches ihr eigen ist, eine unterschiedliche rechtliche Wertung zu knüpfen, erscheint auch aus normativen Gründen problematisch. Zwar wird argumentiert, § 33 StGB gewähre Straffreiheit, weil und solange das Verhalten des Angegriffenen keine „drastisch deliktischen Züge" trage, während § 213 StGB bei einem sthenischen Affekt lediglich eine Strafmilderung gewähre (in diesem Sinne *Jakobs*, Strafrecht AT, 20/28 f.; *ders.*, Schuld, S. 23; vergleichbar *Pawlik*, Person, S. 85). Die These basiert fernerhin auf der Annahme, der Astheniker lasse die Einhaltung der Gesetze eher erwarten als eine sthenische Person (vgl. *Pawlik*, ebd.). Aber: Über die Rechtstreue einer Person sagen diese Eigenschaften, eine (zufällige) sthenische oder asthenische Veranlagung, für sich genommen nichts. Im Übrigen sind Stärke und sogar Aggression („Durchsetzungsvermögen") in bestimmten Kontexten durchaus positive Attribute und in der Gesellschaft erlaubt, wenn nicht teils gar erwünscht; einmal abgesehen davon, dass es sich hierbei (ebenso wie bei körperlicher Schwäche) um ganz geläufige menschliche Eigenschaften handelt, mit deren rechtlicher Bewertung man in den Bereich des Zufälligen wie den des Moralisierens gerät.

als einer psychischen Verfassung zur Tatzeit. Der Vorzug dieser Position besteht nicht zuletzt darin, den empirischen Unzulänglichkeiten bei der Feststellung eines Affekts, die de facto ja wohl nicht zu überwinden sind, nicht mehr weiter ausgesetzt zu sein. Denn richtigerweise ist davon auszugehen, dass eine affektive Erregung des Täters in den Tatsituationen der §§ 33 und 213, 1. Variante StGB präsumiert oder auch fingiert wird (besser vielleicht noch: nur präsumiert oder fingiert werden kann). Eine so verstandene Entlastung des Täters wegen „Affekts" entspricht der Sache nach wohl recht genau dem, was bereits die Behandlung des prominenten Ehebruchfalls im klassischen römischen Recht erkennen lässt; und darüber hinaus geht sie womöglich ebenso konform mit dem, was nach der Carolina als Totschlag anzusehen war[1021]: Das Opfer hat, bevor es zu seiner Tötung kam, den rechtlich geschützten Freiheitsbereich des Täters überschritten und ist daraufhin (oder deswegen) vom Täter getötet worden. Und der Affektzustand, in dem sich der Täter bei der Tötung eventuell befunden haben mag, wird ihm – vermutlich zur besseren psychologischen (nicht rechtlich-normativen) Erklärung der Tat als „Ausnahmezustand" – zugeschrieben.

Da es also nicht der Affekt an sich als eine innere Gemütsverfassung ist, der den Täter begünstigt, lässt sich ein Privilegierungskonzept, das lediglich auf einer schuldmindernden Wirkung des Affekts gründet, dogmatisch schlüssig nicht vertreten. Denn das Gesetz gibt eine solche, gewissermaßen asketische, reine Schuldlösung, die eine (tatbestandliche) Abstufung des vorsätzlichen Tötungsdelikt einzig an der Innenwelt, dem emotional-seelischen Zustand des Täters ausrichtet und die Unrechtsebene hierbei ausblendet, nicht vor[1022]; und ebenso wenig lässt sich für eine solche Lösung auf ein freiheitsgesetzlich abgesichertes Verantwortungs- oder Zurechnungsmodell verweisen. Demnach ist ein Privilegierungsansatz, der auf einen Affekt, verstanden als reines Schuldmoment, zielt, abzulehnen. Geht man von der dargelegten Prämisse aus, dass ein Affekt dem Täter nur zugutekommen kann, wenn es zuvor einen Einbruch des Opfers in seine (des Täters) rechtlich geschützte Sphäre gab, schließt sich hiermit zugleich der Kreis zum Unrecht. Insoweit kann auf die vorangegangenen Darlegungen zur Minderung des Unrechts verwiesen werden[1023]; diese gelten im hiesigen Zusammenhang uneingeschränkt.

Eine andere Frage ist aber noch nicht geklärt: ob nämlich dem Affekt als einem psychischen Zustand nicht doch eine Bedeutung zukommen sollte, zusätzlich oder neben der Verringerung des Unrechts (mithin so, wie dies § 213, 1. Variante StGB vorsieht). Zunächst ist freilich klar: Um eine Unrechtsminderung zu bejahen, ist es belanglos, ob ein Affekt vorhanden ist oder nicht. Die

---

[1021] Hierzu oben a.

[1022] Vgl. auch *Neumann*, Zurechnung, S. 252 ff., 268.

[1023] In diesem Kapitel zu B II.

Annahme einer Unrechtsreduzierung wird von derartigen Überlegungen nicht tangiert. Vergegenwärtigt man sich ferner die Ausgangsfrage dieser Untersuchung, die Möglichkeiten einer tatbestandlichen Abstufung des vorsätzlichen Tötungsdelikts zu sondieren, wäre es erwägenswert, neben der Unrechtsminderung einen Affekt des Täters zu fordern und einen entsprechenden potentiellen Privilegierungstatbestand von beiden Momenten abhängig zu machen. Simpel ausgedrückt, könnte vielleicht so argumentiert werden: Beide Komponenten zusammen, mithin eine Verkürzung des Unrechtsgehalts und das Vorliegen eines Affekts, machten die Notwendigkeit einer Milderung oder eines Milderungstatbestands nur umso deutlicher – deutlicher jedenfalls, als dies bei einem alleinigen Abstellen auf die Unrechtsverringerung der Fall wäre. Gegen eine solche (Doppel-)Lösung sind allerdings durchschlagende Bedenken geltend zu machen: Erstens stößt man wiederum auf die erheblichen und auch längerfristig vermutlich nicht zu beseitigenden empirischen Schwierigkeiten, eine affektive Erregung des Täters zur Tatzeit verlässlich feststellen zu können. Über dieses Defizit lässt sich nicht hinwegsehen oder -reden, und man wird ihm ebenfalls nicht gerecht, wenn man es zu einer Quantité négligeable herunterspielt. Das Erfordernis eines Affekts zu etablieren, verstanden als eine bestimmte psychische Verfassung des Täters zur Tatzeit, impliziert gravierende Unwägbarkeiten, die nicht zuletzt unter rechtsstaatlichen Gesichtspunkten weit mehr als bedenklich sind. Denn schließlich wird damit etwas vorgegeben, was nicht zu leisten ist. Zweitens bleibt es bei der schon erwähnten Frage, weshalb Affekten unterhalb oder auch ungeachtet der Schwelle der §§ 20, 21 StGB eine signifikante – und das heißt hier: tatbestands(mit)prägende – Relevanz zuzuerkennen sein soll. Normativ dürfte das, zumal beim Tötungsdelikt, kaum zu begründen sein; dem Affekt als ubiquitärem Phänomen fehlen hierzu normative Kraft und Substanz. Dagegen ist die Minderung des Unrechts, ausgelöst durch ein rechtlich fehlerhaftes Opferverhalten, freiheitstheoretisch gut abgesichert. Man wird sie deswegen auch als hinreichend gewichtig ansehen dürfen, um ihrerseits einen Privilegierungstatbestand der vorsätzlichen Tötung alleine tragen zu können. Auf einen Affekt, als mehr oder minder fragwürdige Erscheinung[1024], braucht daher nicht zurückgegriffen zu werden. Nach allem bleibt festzuhalten: Eine Affektprivilegierung ist – sei es allein oder im Verbund mit einer Unrechtsminderung – nicht zu befürworten.

Der darüber hinausreichenden Frage, wie die Affektthematik im Rahmen der §§ 20, 21 StGB aufzulösen ist, braucht im hiesigen Kontext nicht weiter nachgegangen zu werden. Dass die Klärung dieses Problems eng verflochten ist mit den obigen Erörterungen und diese den Lösungsweg auch in gewissem Maße

---

[1024] Nach wie vor gültig ist die Bemerkung *Welzels*, wonach alle Aussagen über den Affekt nur auf „vage[n] und distanzierte[n] Eindrücke[n]" basieren (in: Abhandlungen, S. 345 [360 in Fn. 45]; übernommen von *de Boor*, Über motivisch unklare Delikte, S. 163.

vorzeichnen mögen, liegt auf der Hand. Die umfangreiche Debatte zu dieser Frage braucht aber nicht aufgegriffen und entschieden zu werden[1025]. So ergibt es keinen rechten Sinn, bei der vorsätzlichen Tötung (ebenso wie generell) ein Privilegierungsmodell zu entwerfen, welches sich mit dem Anwendungsbereich der §§ 20, 21 StGB deckt; denn diese Vorschriften gelten ja ohnehin schon (und für alle Delikte). Liegt danach Zurechnungsunfähigkeit des Täters vor, schließt das eine Rechtsverletzung, eine schuldhaft begangene Tat aus[1026]. Ist die Zurechnungsfähigkeit hingegen nicht ausgeschlossen, die Zumutbarkeit normgemäßen Verhaltens aber aus den in diesen Vorschriften genannten Gründen eingeschränkt, ist eine Strafmilderung nach § 21 StGB möglich. Um diese Fälle hinlänglich zu erfassen und einer adäquaten Lösung zuzuführen, braucht kein gesonderter Privilegierungstatbestand der vorsätzlichen Tötung statuiert zu werden; dies erledigen die §§ 20, 21 StGB. Dem steht nicht entgegen, dass Einzelfragen im Rahmen der §§ 20, 21 StGB umstritten sind, wie unter anderem die Behandlung der Affektthematik. Die Klärung dieser Frage hat jedoch allgemein und grundsätzlich zu erfolgen; sie ist kein Spezifikum des Tötungsdelikts (auch wenn das Tötungsdelikt in der Praxis der bedeutsamste Anwendungsfall sein mag). Soweit sich überdies geltend machen ließe, beim Mord könne es wegen der absoluten Strafandrohung zu unangemessenen Strafen kommen, falls die Zumutbarkeit normgemäßen Verhaltens zwar beeinträchtigt sei, nicht jedoch so

---

[1025] Es stellt sich dabei insbesondere die Frage, ob – erstens – nur der „unverschuldete" Affekt entlastet sowie – zweitens – wann der Affekt als unverschuldet und wann er als verschuldet gilt (zur Diskussion: *Geilen*, Maurach-FS, S. 173 [192]; *Rudolphi*, Henkel-FS, S. 199 [206 ff., 210 f.]; SK/*Rudolphi*, § 20 Rdnr. 11 f.; *Stratenwerth*, Armin Kaufmann-GS, S. 485 [493 ff.]; *Stratenwerth/Kuhlen*, Strafrecht AT I, § 10 Rdnr. 50; *Lange*, Bockelmann-FS, S. 271 [273 ff.]; *Ziegert*, Vorverschulden, S. 189 ff.; *ders.*, Recht&Psychiatrie 16 [1998], S. 91 [93 ff.]; *ders.*, in: Affektdelikte, S. 43 [49 ff.]; *Krümpelmann*, Affekt, S. 181 ff.; *ders.*, ZStW 99 [1987], S. 191 [220 ff.]; *ders.*, GA 1983, S. 337 [354 ff.]; *ders.*, Recht&Psychiatrie 8 [1990], S. 150 [153 ff.]; *ders.*, Welzel-FS, S. 327 [340 f.]; *ders.*, ZStW 88 [1976], S. 6 [13 ff., 24 ff.]; *ders.*, in: Affektdelikte, S. 18 [36 ff.]; *Neumann*, Zurechnung, S. 269 ff.; *Frisch*, ZStW 101 [1989], S. 538 [564 ff.]; *Hruschka*, Strukturen, S. 46 ff.; *Blau*, Tröndle-FS, S. 109 [118]; *Salger*, Tröndle-FS, S. 201 [212 ff.]; *Theune*, NStZ 1999, S. 273 [279 f.]; *Behrendt*, Affekt, S. 77 ff.; Sch/Sch-*Lenckner/Perron*, § 20 Rdnr. 15 f.; LK/*Jähnke* (11. Aufl.), § 20 Rdnr. 58 ff.; MK/*Streng*, § 20 Rdnr. 83 ff.; *Lackner/Kühl*, § 20 Rdnr. 7; *Fischer*, § 20 Rdnr. 34; NK/*Schild*, § 20 Rdnr. 84 ff.; *Roxin*, Strafrecht AT I, § 20 Rdnr. 15 ff.; *Jakobs*, Strafrecht AT, 18/14 ff.; *Jescheck/Weigend*, Lehrbuch, § 40 III b); im Weiteren und drittens wäre zu überlegen, ob ein unverschuldeter Affekt prinzipiell nur angenommen werden kann, wenn er seinerseits wiederum Folge eines (fehlerhaften) Opferverhalten ist (dafür *Bernsmann*, NStZ 1989, S. 160 [162 ff.]; teils zustimmend *Blau*, Tröndle-FS, S. 109 [112 f., 118, 124]; ferner LK/*Jähnke* (11. Aufl.), § 20 Rdnr. 58; grundsätzlich und ausführlich hierzu neuerdings *González-Rivero*, Strafrechtliche Zurechnung, bes. S. 178 ff., 224 ff.; dagegen aber etwa Sch/Sch-*Lenckner/Perron*, § 20 Rdnr. 15 [„sachfremder Gesichtspunkt"]).

[1026] Zur Einordnung der Zurechnungsfähigkeit siehe bereits in diesem Kapitel unter A II 3.

sehr, dass die Grenze des § 21 StGB bereits erreicht werde[1027], ist dieser Einwand zutreffend. Er lässt sich indes nicht als Argument dafür verwenden, einen entsprechenden Privilegierungstatbestand zu schaffen, der solche Fälle auffangen und dadurch möglichen Strafungerechtigkeiten vorbeugen könnte. Dies zu tun wäre eine unsachgemäße Lösung dieses Problems – und zwar deshalb, weil ersichtlich an der falschen Stelle angesetzt würde. So weist die Kritik zurück auf eines der größten Defizite der derzeitigen Mordvorschrift: die Rechtsfolge, die jeglicher „Feinabstufung" bei der Strafzumessung entgegensteht. Dieser Mangel ist allseits bekannt und benannt; außerdem dürfte mittlerweile weithin Übereinstimmung darüber bestehen, dass er sich nicht durch noch so ausgetüftelte Formulierungen auf der Tatbestandsebene beseitigen lässt. Ein Tatbestand der vorsätzlichen Tötung oder des Mordes, der so gefasst ist, dass die Höchststrafe stets angezeigt ist, lässt sich nicht finden. Daher bleibt es dabei: Die absolute Strafandrohung ist der Verhängung einer im Einzelfall gerechten und adäquaten Strafe in jedem Fall abträglich.

2. *Andere schuldmindernde Aspekte und Umstände*

Da hier die Möglichkeiten zu erörtern sind, auf die sich eine Schuldminderung bei der vorsätzlichen Tötung respektive ein entsprechender Privilegierungsansatz stützen ließe, ist abschließend noch auf weitere Aspekte oder Umstände einzugehen, denen verbreitet eine schuldmindernde Qualität beigemessen wird. Es handelt sich hauptsächlich um bestimmte Motive oder eine bestimmte Gemütsverfassung des Täters. So wird vorgetragen, „achtenswerte Beweggründe" des Täters sollten de lege lata einen Mord ausschließen[1028]. Im Weiteren geht diese Betrachtung einher mit Erwägungen auf Strafzumessungsebene (§ 46 II StGB), denen zufolge egoistische Motive den Täter belasten, altruistische hingegen entlasten sollen[1029]. Insbesondere beim Tötungsdelikt stehen zwei Fälle im Vordergrund, die in den Gesetzgebungsvorschlägen zur Reform der Tötungsdelikte immer wieder auftauchen: die Tötung aus Mitleid und aus Verzweiflung[1030]. Man kann es deshalb als eine weithin konsentierte Auffassung betrach-

---

[1027] Derartige Fälle werden innerhalb des regulären Strafrahmens durchweg milder bewertet (siehe nur *Roxin*, Strafrecht AT I, § 20 Rdnr. 33; ausführlicher dazu *Hörnle*, Strafzumessung, S. 306 ff.), was freilich voraussetzt, dass ein solcher vorhanden ist.

[1028] Vgl. *Schwalm*, MDR 1957, S. 260 (261), mit dem Vorschlag, bei achtenswerten Beweggründen des Täters sollte de lege lata das Mordmerkmal Heimtücke abgelehnt werden und weiterhin sollte das Kriterium dazu dienen, eine allgemeine Typenkorrektur beim Mord zu gewährleisten; ähnliche Überlegungen bei *Busch*, Rittler-FS, S. 287 (295 f.); *Köhler*, JuS 1984, S. 762 (765 ff.); *Otto*, Jura 1994, S. 141 (147 f.).

[1029] *Jescheck/Weigend*, Lehrbuch, § 83 II 2.

[1030] § 134 III des Entwurfs 1962 sieht als ein Milderungstatbestand des Totschlags folgende Regelung vor: „Wenn Mitleid, Verzweiflung oder andere Beweggründe, die den Täter zur Tat bestimmen, seine Schuld wesentlich mindern, so ist die Strafe [...]." Wie in der Begründung erläutert wird, soll die Vorschrift „der Erfahrung Rechnung [tragen], dass vorsätzliche Tö-

ten, dass beiden Gesichtspunkten eine mildernde Wirkung zuzusprechen sei[1031]. Ob es sich hierbei um eine Milderung des Unrechts oder der Schuld handelt, ist umstritten und abhängig davon, wo man Motive (wie Mitleid) oder Zustände (wie Verzweiflung) einsortiert. Folgt man der im Vordringen begriffenen Ansicht, gehören die Motivmerkmale des § 211 II StGB ebenso wie die Absichtsmerkmale zum Unrecht[1032]. Andere Autoren bevorzugen dagegen eine Zuordnung zur Schuld[1033], so auch die schon erwähnten Gesetzgebungsvorschläge[1034]. Teils wird davon ausgegangen, die Motive wiesen sowohl eine Unrechts- als auch Schuldkomponente auf[1035]. Diese Frage kann hier auf sich beruhen. Denn

---

tungen zuweilen aus achtenswerten Beweggründen begangen werden" (Entwurf, S. 271). Vergleichbar gilt nach § 100 III Nr. 1 des Alternativ-Entwurfs 1970 als Privilegierung eine Tötung, bei der die „Schuld des Täters wegen seiner Beweggründe oder einer heftigen Gemütserregung erheblich gemindert ist". Desgleichen liegt für *Eser* ein Totschlag regelmäßig vor, sofern das Opfer aus Verzweiflung oder aus Mitleid getötet wurde (Gutachten, D 201, § 212 II Nr. 2). Nach § 212 I Nr. 1 des Alternativ-Entwurf Leben (GA 2008, S. 193 [201]) ist ein Totschlag anzunehmen, wenn der Täter „aus Verzweiflung oder aus Mitleid mit dem Opfer handelt, um sich oder eine ihm nahe stehende Person aus einer ihm ausweglos erscheinenenden und allgemein begreiflichen Konfliktlage zu befreien". Siehe außerdem *Lackner* (Seminar), JZ 1977, S. 502 (503); *Zipf*, Würtenberger-FS, S. 151 (157); *Jescheck*, in: Freiheitsstrafe, S. 127 (132 f.). – Da § 76 öStGB beim Totschlag lediglich von „einer allgemein begreiflichen heftigen Gemütsbewegung" spricht, womit Tötungen aus Mitleid und Verzweiflung jedenfalls nicht explizit erfasst werden, wird in Österreich eine Reform der Vorschrift mit entsprechender Erweiterung gefordert; siehe Wiener Kommentar/*Moos*, § 76 Rdnr. 24.

1031 Neuere Entscheidungen des BGH deuten allerdings eine gewisse Wende an. So soll allein die Berufung auf positiv besetzte Motive und altruistische Einstellungen – Mitleid oder die Vorstellungen des Täters, „zum Besten des Opfers" zu handeln – eine Entlastung des Täters nicht mehr bewirken können (BGHSt 37, 376 [377 f.]; BGH NStZ-RR 1997, S. 42 [43 f.]; BGH NStZ-RR 2000, S. 327). Vgl. in diesem Zusammenhang auch die Ausführungen zum Mordmerkmal „Heimtücke" im zweiten Kapitel zu B II.

1032 SK/*Horn*, § 211 Rdnr. 3; LK/*Jähnke*, Vor § 211 Rdnr. 46 ff.; MK/*Schneider*, § 211 Rdnr. 211; *Maurach/Schroeder/Maiwald*, Strafrecht BT/1, § 2 Rdnr. 23, 30 ff.; *Maurach/Zipf*, Strafrecht AT/1, § 23 Rdnr. 55 f.; *Otto*, Strafrecht BT, § 4 Rdnr. 1; *Rengier*, Strafrecht BT/2, § 4 Rdnr. 7 f.; *Kindhäuser*, Strafrecht BT I, § 1 Rdnr. 3, § 2 Rdnr. 3; *Gössel/Dölling*, Strafrecht BT/1, § 1 Rdnr. 21; *Krey/Heinrich*, Strafrecht BT/1, § 1 Rdnr. 23; *Jakobs*, Strafrecht AT, 8/96; *Welzel*, JZ 1952, S. 72 (74); modifizierend *ders.*, Strafrecht S. 79; *Fuhrmann*, JuS 1963, S. 19 f. mit Fn. 6, und nicht zuletzt BGHSt 1, 368 (370 f.).

1033 *Lange*, JR 1949, S. 167 (169 ff., bes. 171); *ders.*, Schröder-GS, S. 217 (221); *ders.*, JR 1950, S. 615 (619); *Kohlrausch/Lange*, §§ 211, 212, Anm. VII (S. 287); *Engisch*, GA 1955, S. 161 (166); *Schmidhäuser*, Gesinnungsmerkmale, S. 223 ff., 243.; *ders.*, Strafrecht AT, 8/93, 10/125; *ders.*, Strafrecht BT, 2/14 f.; LK/*Jescheck* (11. Aufl.), Vor § 13 Rdnr. 81; *Jescheck/Weigend*, Lehrbuch, § 39 II 1, § 42 II 3; *Köhler*, GA 1980, S. 121 (123, 130, 134 et passim); *ders.*, JuS 1984, S. 762 (763); *Lackner*, NStZ 1981, S. 348; *Wessels/Hettinger*, Strafrecht BT/1, § 2 Rdnr. 92 f., 123; *Wessels/Beulke*, Strafrecht AT, § 10 Rdnr. 422; LK/*Roxin* (11. Aufl.), § 28 Rdnr. 74 f.; *ders.*, Strafrecht AT I, § 10 Rdnr. 71, 73 ff.; LK/*Schünemann* (12. Aufl.), § 28 Rdnr. 73; NK/*Puppe*, Vor § 13 Rdnr. 18 und § 15 Rdnr. 107; Sch/Sch-*Lenckner/Eisele*, Vorbem. §§ 13 ff. Rdnr. 122.

1034 Fn. 1030.

1035 *Heine*, Tötung, S. 231; *Stratenwerth/Kuhlen*, Strafrecht AT, § 8 Rdnr. 147 ff., § 12 Rdnr. 193 ff; *Paeffgen*, GA 1982, S. 255 (270 ff.).

gegen die rechtliche Relevanz derartiger Kriterien – mithin von Tatmotiven, Beweggründen und weiteren, über eine etwaige Tötungsabsicht hinausgehenden Absichten und Zwecken, die der Täter mit seiner Tat verfolgt, oder einer verzweifelten Gemütsverfassung des Täters – sind grundsätzliche Bedenken anzumelden. Im Wesentlichen wurden diese an vorangegangenen Stellen schon dargetan[1036], weshalb sich die Ausführungen nunmehr knapp halten lassen. Derartige innere Einstellungen des Täters bei der rechtlichen Beurteilung der Tat zu berücksichtigen bedeutet, einen weitreichenden Zugriff zu nehmen auf dessen Innenwelt und diese Welt zu bewerten. Hierdurch werden die Bereiche von Legalität und Moralität vermengt. Man kann dies (mit *Jakobs*) als eine „Ethisierung des Strafrechts" bezeichnen[1037]. Zwar ging es in den vorangegangenen Passagen in erster Linie um die Frage, ob solche mentalen Einstellungen des Täters zu seinen Ungunsten (als besonders verwerflich einzustufende „niedrige Beweggründe") berücksichtigt werden können, während im hiesigen Kontext in Frage steht, ob und inwieweit die Motivation des Täters einen begünstigenden Einfluss auf die rechtliche Bewertung nehmen könnte. Die Antwort kann hier aber nicht anders ausfallen als dort, geht es doch allererst darum zu klären, ob solche Erwägungen einer streng-rechtlichen Beurteilung prinzipiell zugänglich sind. Was sich dem Täter in malam partem nicht entgegenhalten lässt, das lässt sich ihm andererseits in bonam partem nicht zugutehalten[1038]. Die Berücksichtigung einer „positiven" Motivation des Täters ist denkbar nur auf der Grundlage eines Strafrechtsverständnisses, welches den Zugriff auf die Innenwelt des Täters und damit die Einbeziehung und Bewertung von Täterinterna grundsätzlich und in einem weitgehenden Maße als legitim erachtet. Nach hiesiger Ansicht scheidet das aus; die Gründe dafür sind an anderer Stelle bereits ausführlicher dargelegt worden.

Was bleibt mögen – vergleichbar den obigen Ausführungen zu § 21 StGB (unter 1 d) – vorsätzliche Tötungen sein, die in einer an § 35 I StGB heranreichenden, die Voraussetzungen gleichwohl nicht erreichenden Gefahren- oder Notlage begangen werden[1039]. Anders als bei Sachverhalten, die sich in einer Nähe zu § 21 StGB bewegen, dürfte der Bereich denkbarer Fälle hier enger ausfallen, da § 35 I S. 2, 2. Hs. StGB schon die Möglichkeit eröffnet, eine Strafmilderung (über § 49 I StGB) vorzunehmen, falls „der Täter nicht mit Rücksicht auf ein besonderes Rechtsverhältnis die Gefahr hinzunehmen hatte". In Fällen jedoch,

---

1036 Im zweiten Kapitel zu B I.

1037 *Jakobs*, Strafrecht AT, 8/99.

1038 Siehe auch (obschon in anderem Zusammenhang) *Duttge*, NJW 2005, S. 260 (262).

1039 Generell zu solchen Fällen *Hörnle*, Strafzumessung, 320 ff; außerdem (wenngleich zu subjektivierend auf die Einstellung des Täters abstellend) *Köhler*, StV 1984, S. 762 (766 f.).

in denen diese Strafrahmenverschiebung nach § 49 I StGB nicht angezeigt oder ausgeschlossen ist, könnte eine Milderung der Strafe innerhalb des Regelstrafrahmens die adäquatere Lösung sein. Dies setzte allerdings einen Strafrahmen voraus, der beim Mord gegenwärtig nicht vorhanden ist. Einen auf solche Fälle zugeschnittenen Privilegierungstatbestand zu konzipieren, ist jedenfalls nicht empfehlenswert. Zum einen sind die Einschränkungen der Zumutbarkeit normgemäßen Verhaltens, die sich hiernach ergeben können, zu gering, um einen eigenen Privilegierungstatbestand hinreichend auszufüllen. Zum anderen liegt das Grundübel woanders und wird damit nicht behoben: es ist dies die starre Strafandrohung. In den Verhandlungen der Großen Strafrechtskommission findet sich die Bemerkung *Welzels*: „Wir können doch nicht allein aus dem Umstand einer [...] Schuldminderung einen selbständigen Tatbestand herleiten."[1040] Dem ist zuzustimmen, und zu ergänzen bleibt lediglich, dass diesen denkbaren Beeinträchtigungen der Zumutbarkeit normgemäßen Verhaltens zwingend durch die Schaffung eines flexiblen Strafrahmens Rechnung getragen werden müsste.

3. Ergebnis

Das Ergebnis lässt sich kurz fassen: Ein Privilegierungskonzept, das mit Erwägungen zu leisten wäre, die auf der Ebene der Schuld anzusiedeln sind, die also eine Beeinträchtigung der Zumutbarkeit normgemäßen Verhaltens betreffen, scheidet nach allem aus.

C. Folgerungen für die Abstufung des vorsätzlichen Tötungsdelikts

I. Die (einfache) vorsätzliche Tötung – oder: „Mord" als Grundtatbestand

Die Untersuchung hat ergeben: Ein Qualifikationstatbestand, den man Mord nennen könnte, ist bei der vorsätzlichen Tötung überzeugend nicht begründbar. Denn eine Qualifikation setzte einen Tatbestand voraus, der gegenüber der einfachen vorsätzlichen Tötung eine Erhöhung entweder des Unrechts- oder des Schuldgehalts aufwiese. Eine Steigerung der Schuld scheidet von vornherein und aus prinzipiellen Gründen aus. So kann die „Schuld" des Täters nicht über die Höhe des Unrechts seiner Tat hinausreichen – jedenfalls nicht die rechtliche

[1040] *Welzel*, Niederschriften, 13. Band, S. 223

Schuld, und nur um diese geht es hier. Dem Täter lässt sich nichts anderes und nicht mehr vorwerfen, als (voll-)verantwortlich ein Unrecht begangen zu haben. Was hier als Schuldsteigerung in Betracht käme, wären Erwägungen, die sich als spezifisch rechtliche nicht fundieren lassen. Erwägungen, die einem anderen Bezugssystem entnommen sind, namenlich der (über das Recht hinausreichenden) Sozialethik, und die sich einem strikten Rechtsbegriff, der lediglich das äußere Freiheitsverhältnis von Personen betrifft und regelt, entziehen[1041]. Demgegenüber lassen sich Unrechtserhöhungen nicht schon aus derart grundsätzlichen Überlegungen ausschließen[1042]. Da jedoch der Erfolgsunwert bei der vorsätzlichen Tötung nicht übertroffen werden kann, denn mehr als die totale Vernichtung der Person ist nicht möglich, sind Steigerungen des Unrechts nur als Steigerungen des Handlungsunrechts denkbar. Hierauf gestützte Unrechtserhöhungen lassen sich zwar normativ und dogmatisch schlüssig ausmachen. Indes kommt all diesen Kriterien, die eine Erhöhung des Handlungsunrechts anzuzeigen vermögen, keine absolute Wirkung zu – von wenigen, vernachlässigbaren Ausnahmen abgesehen. Es lässt sich also gerade nicht sagen, dass, sind diese unrechtssteigernden Momente gegeben, das Unrecht der Tötung in jedem Fall und zwangsläufig erhöht sein müsste. Denn neben den Unrechtserhöhungen können zugleich unrechtsmindernde Faktoren vorliegen, wodurch die unrechtserhöhende Qualität im Ergebnis mindestens (wieder) beseitigt wird (wenn nicht sogar insgesamt eine Minderung des Unrechts zu verzeichnen sein sollte). Demzufolge ist es ausgeschlossen, einen Qualifikationstatbestand zu benennen, der Unrechtserhöhungen in einer allgemeingültigen und absoluten Weise angeben könnte, falls nur die möglichen unrechtssteigernden Merkmale auch verwirklicht sind.

Ist aber ein Qualifikationstatbestand der vorsätzlichen Tötung nicht gestaltbar, dann lässt sich als „Mord“ nicht eine erschwerte Form der vorsätzlichen Tötung begreifen. Vielmehr kann, will man an dem Terminus festhalten, „Mord“ nur eine einfache vorsätzliche Tötung sein. „Mord“ ist danach die Normalform vorsätzlicher Tötung, eine Tötung ohne weitere Besonderheiten. Gleichzeitig folgt daraus: Ein Tatbestand mit der Bezeichnung „Mord“ kann lediglich der Grundtatbestand der vorsätzlichen Tötung sein, von dem Abstufungen nur mehr in eine Richtung, nämlich als Privilegierungstatbestände möglich sind. Wird dem gefolgt, mag man im Weiteren monieren, der Begriff „Mord“ sei unpassend. Zumal wenn man davon ausgeht, der Terminus „Mord“ symbolisiere eine Erschwerung der vorsätzlichen Tötung, ist dieser Einwand natürlich zutreffend. Denn dass „Mord“ nunmehr bloß für die Grund- und Normalform vorsätzlicher Tötung stehen soll, bedeutet dann so etwas wie eine „Degradierung“. Hierbei handelt es sich der Sache nach aber lediglich um ein

[1041] In diesem Kapitel zu A II.
[1042] In diesem Kapitel zu A I.

Bezeichnungsproblem, auf das später noch einmal zurückzukommen sein wird; an den eigentlichen und entscheidenden inhaltlichen Fragen ändert sich dadurch nichts. Es lässt sich also festhalten: Zum Grundtatbestand der (einfachen) vorsätzlichen Tötung lässt sich ein Qualifikationstatbestand „Mord" überzeugend nicht gestalten. Ob man für den Grundtatbestand die Bezeichnung „Mord" wählt oder nicht, sei zunächst dahingestellt.

Auf den ersten Blick mag die vorgeschlagene Lösung erstaunen, weil doch ganz überwiegend davon ausgegangen wird, Mord stelle zumindest nach derzeitiger Regelung einen Qualifikationstatbestand zum Totschlag dar[1043]. Lediglich vereinzelt und erst in neuerer Zeit wird dagegen vertreten, § 211 StGB sei sinnvoll nur als Grundtatbestand zu interpretieren[1044]; wobei die Ablehnung dieser Position nicht ausgeblieben ist[1045]. Diese Sichtweise, die in § 211 StGB den Grundtatbestand der vorsätzlichen Tötung erblickt, ist so besonders und bemerkenswert wohl nicht. Das gilt zunächst schon deshalb, weil sie auch geschichtlich nicht ohne Vorbild sein dürfte. So ist Art. 137 CCC für eine entsprechende Interpretation mindestens offen und wurde vorzugsweise in der Literatur des 19. Jahrhunderts vielfach so ausgelegt. Nach Art. 137 CCC galt die „fürsetzliche[ ] mutwillige[ ]" Tötung eines anderen als Mord[1046]. Wie dies genau zu deuten ist, lässt sich zwar, das wurde an vorangegangener Stelle dargelegt[1047], mit hinreichender Verlässlichkeit nicht klären. Sofern jedoch der Terminus „mutwillig" nicht als inhaltsleer angesehen wird, wird er so verstanden, dass das Opfer dem Täter (zuvor) keinen Anlass für seine Tötung gegeben hat[1048]. Dementsprechend stellt *Wachenfeld fest*: „Die Abwesenheit einer vom

---

[1043] Aus dem Schrifttum: LK/*Jähnke*, Vor § 211 Rdnr. 43 ff.; *Lackner/Kühl*, Vor § 211 Rdnr. 22; SK/*Horn*, § 211 Rdnr. 2; Sch/Sch-*Eser*, Vorbem. zu § 211 Rdnr. 5; NK/*Neumann*, Vor § 211 Rdnr. 136, 141; *ders.*, Lampe-FS, S. 642 ff.; MK/*Schneider*, § 211 Rdnr. 211; *Welzel*, Strafrecht, § 38 (S. 280); *ders.*, JZ 1952, S. 72 (74); *Schmidhäuser*, Strafrecht BT, 2/3; *Maurach/Schroeder/Maiwald*, Strafrecht BT/1, § 2 Rdnr. 5; *Rengier*, Strafrecht BT II, § 4 Rdnr. 1; *Wessels/Hettinger*, Strafrecht BT/1, § 2 Rdnr. 69; *Otto*, Strafrecht BT, § 2 Rdnr. 14; *ders.*, Jura 1994, S. 141 (142); *ders.*, Jura 2003, S. 612 (614); *Arzt/Weber-Hilgendorf*, Strafrecht BT, § 2 Rdnr. 26; *Kindhäuser*, Strafrecht BT I, § 1 Rdnr. 2 f.; *Gössel/Dölling*, Strafrecht BT/1, § 1 Rdnr. 7; *Krey/Heinrich*, Strafrecht BT/1, § 1 Rdnr. 19, 27; *Mitsch*, JuS 1996, S. 26 f.; *Schünemann*, Jura 1980, S. 568 (580 f.). – Und ebenso neuerdings wohl BGH JZ 2006, S. 629 (632).

[1044] *Jakobs*, Roxin-FS, S. 793 (808 in Fn. 47), sowie dessen Schüler *Müssig*, Mord, S. 249 ff., 252 ff.; vgl. zuvor aber schon *Eb. Schmidt*, DRZ 1949, S. 272 f.; ferner *Kargl*, JZ 2003, S. 1141 (1148).

[1045] *Wessels/Hettinger*, Strafrecht BT/1, § 2 Rdnr. 69 in Fn. 1; eine positivere Bewertung findet sich hingegen bei *Maurach/Schroeder/Maiwald*, Strafrecht BT/1, § 2 Rdnr. 5 (siehe aber auch *Schroeder*, NStZ 2005, S. 153).

[1046] *Zoepfl*, Peinliche Gerichtsordnung, S. 115.

[1047] Zweites Kapitel A III 1 b.

[1048] *Löffler*, Schuldformen, S. 164 f. in Fn. 57; *Hälschner*, System III, S. 52 ff.; *Wachenfeld*, Mord und Totschlag, S. 13, 20; *ders.*, Überlegung, S. 8; *ders.*, Tötungsdelikte, S. 23; *Allfeld*, Entwicklung, S. 93 ff.

Getöteten gegebenen Veranlassung ist der Kern, der im Begriffe des ‚mutwillig' steckt."[1049] Und in gleicher Weise ist für *Hälschner* eine mutwillige Tötung eine solche, „welche ohne allen äußeren Anlaß, ohne jede sie irgendwie rechtfertigende Ursache vollbracht wird"[1050]. Legt man diese Auslegung zugrunde, ist Mord nach Art. 137 der Carolina die vorsätzliche (oder absichtliche, überlegte) Tötung[1051], für die es keinen hinreichenden äußeren Tatanlass gibt. Mord ist also eine vorsätzliche Tötung sine causa[1052]. Näherhin führt *Hälschner* zur Differenzierung einer Tötung cum causa von einer Tötung sine causa aus: „Die Tödtung hat ihren Grund entweder in einer, außerhalb des Willens des Thäters liegenden, ihn zur That veranlassenden und vom Getödteten selbst gegebenen Ursache, oder es mangelt eine derartige Ursache, so daß sich der Thäter lediglich aus sich selbst zur That bestimmte."[1053] Wird dieser Lesart zu Art. 137 der Carolina gefolgt, entspricht das systematisch-dogmatische Verhältnis von Mord und Totschlag dem hier bevorzugten: Mord ist die einfache vorsätzliche Tötung, die Tötung sine causa, und fungiert damit zwangsläufig als Grundtatbestand, während sich der Totschlag hierzu nur noch als Privilegierung (und nicht, wie es derzeit gehandhabt wird, als Grundtatbestand) auszeichnen lässt. Ein Totschlag liegt vor, falls das Tötungsopfer dem Täter einen Grund für die Tat gegeben hat. Daher konnte schon *Wachenfeld*, bezogen auf die Carolina, feststellen: „Der Mord ist der Normalfall, der Totschlag die aus einem besonderen Grunde milder als der Mord zu bestrafende Tötung, folglich streng genommen auch eine exceptio."[1054]

Neben dieser historischen Anleihe lassen sich für eine solche Lösung aber auch aktuellere Verweise anbringen. Besonders hervorzuheben ist die Regelung im österreichischen Strafgesetzbuch, wonach Mord die einfache vorsätzliche Tötung ohne besondere Kennzeichnen ist (§ 75 öStGB) und damit gleichzeitig der Grundtatbestand des Tötungsdelikts[1055]. Desgleichen führt *Eser* 1980 in seinem Gutachten zum Deutschen Juristentag aus, „die verschiedenartigen Versuche, vom ‚Durchschnittsfall' vorsätzlicher Tötung eine bestimmte ‚Oberstufe' durch einen besonderen Qualifizierungstatbestand abzuheben, [seien] als gescheitert zu betrachten"; es sei daher an der Zeit, „das Bemühen um eine tatbestandliche Dreistufigkeit vorsätzlicher Tötung endgültig ad acta zu legen"[1056].

1049 *Wachenfeld*, Mord und Totschlag, S. 13.

1050 *Hälschner*, System III, S. 54.

1051 Dazu im zweiten Kapitel A III 1 b.

1052 *Wachenfeld*, Überlegung, S. 8; *Hälschner*, System III, S. 52f.

1053 *Hälschner*, System III, S. 52.

1054 *Wachenfeld*, Mord und Totschlag, S. 23. In der Sache ebenso *Allfeld*, Entwicklung, S. 94f.: „Es hätte nun für die Begriffsbestimmung des Mordes genügt, ihn eine vorsätzliche Tödtung schlechthin zu nennen, da ja der vorsätzliche Todtschlag durch die Worte ‚aus gecheit und zorn' specialisirt war, [...]."

1055 Wiener Kommentar/*Moos*, Vorbem. zu §§ 75–79 Rdnr. 1.

1056 *Eser*, Gutachten, D 106.

Demgemäß sieht sein Vorschlag die „normale" vorsätzliche Tötung als Grundtatbestand („nichtprivilegierte Tötung"[1057]) mit der Bezeichnung „Mord" vor, von dem es nur noch Privilegierungen gibt[1058]. Beide Minderungskonzepte, das des österreichischen Strafgesetzbuchs und das von *Eser* vorgeschlagene, sind allerdings anders geartet, als es hier befürwortet wird (dazu sogleich zu II); denn in beiden Fällen wird als Privilegierungsansatz eine Schuldlösung gewählt[1059].

Darüber hinaus lässt sich auf manche BGH-Entscheidung hinweisen, in der die hier favorisierte Position der Sache nach gleichfalls vertreten wird. Offenkundig tritt dies in den Entscheidungen BGHSt 34, 59ff. und BGHSt 47, 128ff. hervor[1060]. Obwohl nach der lex lata der Mordtatbestand als Steigerung zum Totschlag konzipiert ist und die Ansicht, § 211 StGB sei eine Qualifizierung zu § 212 StGB, die bei weitem herrschende ist[1061], verfährt der BGH in beiden Entscheidungen so, als sei Mord der Grundtatbestand. Folgt man nämlich den Erörterungen des BGH oder denkt sie jedenfalls konsequent zu Ende, lässt sich „Mord" sinnvollerweise nur noch als eine einfache vorsätzliche Tötung und damit als Grundtatbestand begreifen. Zur Veranschaulichung seien die Entscheidungen kurz erläutert[1062]. In BGHSt 34, 59ff. hielt der Täter sich in einem Bahnhof auf und kam auf die Idee, jemanden in der entlegenen Bahnhofstoilette umzubringen, einfach so. Dementsprechend versuchte er wenig später, eine junge Frau, die dort am Waschbecken stand, zu töten. In BGHSt 47, 128ff. wurde das Opfer von einem Täter ohne ein feststellbares Motiv getötet[1063], während ein weiterer Täter das Opfer tötete, weil es Polnisch sprach und dadurch nach der Wertung des Täters „in der sozialen Achtung noch tiefer stand als er selbst"[1064]. Der BGH bejahte im erstgenannten Fall das Merkmal „Mordlust", im zweiten hielt er beide Mal „niedrige Beweggründe" für gegeben. Die Tötungen geschahen jedoch – entsprechend den obigen Ausführungen – vor allem sine causa. Hier zu einem Mord zu gelangen erweist sich insbesondere dann als problematisch, wenn man vom Standpunkt der ganz überwiegenden, auch vom BGH vertretenen Ansicht ausgeht, wonach die Mordmerkmale sich gegenüber dem Totschlag durch eine Steigerung des Unrechts (oder, wie andere Autoren

---

1057. *Eser*, Gutachten, D 198.

1058 *Eser*, Gutachten, D 200f., in der ersten Alternative.

1059 *Eser*, Gutachten, D 107. Was die österreichische Regelung betrifft, gilt das jedenfalls für § 76 öStGB, den Totschlag (Wiener Kommentar/*Moos*, § 76 Rdnr. 5) sowie für § 79 öStGB, die Tötung eines Kindes bei der Geburt (Wiener Kommentar/*Moos*, § 79 Rdnr. 6); dagegen basiert § 77 öStGB, die Tötung auf Verlangen, auch auf einer Unrechtsreduzierung (Wiener Kommentar/*Moos*, § 77 Rdnr. 8).

1060 Außerdem lassen sich anführen: BGH StV 1994, S. 636f.; BGH NStZ-RR 2003, S. 78f.; BGH NStZ-RR 2004, S. 332f. (wo die Position aus BGHSt 47, 128ff. bestätigt wird).

1061 Ausführliche Nachweise hierzu oben in Fn. 1043.

1062 Zu beiden Entscheidungen bereits in diesem Kapitel zu A I 1 b.

1063 BGHSt 47, 128 (132).

1064 BGHSt 47, 128 (130).

meinen, der Schuld) auszeichnen[1065]. Legt man diese Auffassung zugrunde, ist es zur Annahme eines Mordes unerlässlich, eine entsprechende Erhöhung im Unrechts- (oder Schuld-)Gehalt der Tat schlüssig darzutun – und darum geht es dann ersichtlich auch dem BGH in den genannten Entscheidungen.

In BGHSt 34, 59ff. hält der BGH das Merkmal „Mordlust" für „offensichtlich" gegeben[1066]. Der Täter habe aus „Vernichtungshaß" gehandelt[1067] beziehungsweise die Tat „‚aus reiner Freude an der Vernichtung eines Lebens'" begangen[1068]. Anhaltspunkte für eine solche Deutung finden sich im mitgeteilten Sachverhalt nicht. (Sieht man einmal davon ab, dass derart moralisierende Erwägungen kaum geeignet sind, eine Steigerung von Unrecht oder Schuld überzeugend zu fundieren.) Der Täter wollte nicht einen anderen Menschen aus Hass oder Freude töten, sondern einfach so, um es auszuprobieren. Intensive Gefühle (wie Hass oder Freude) fehlen bei ihm viel eher, als dass sie vorhanden gewesen wären. Wesentlich treffender ist es daher, wenn der BGH darauf abstellt, der Täter habe „einen beliebigen Menschen", ein „Zufallsopfer", „aus reinem Mutwillen" umbringen wollen[1069]. Allerdings beschreibt der BGH damit nichts anderes als eine Tötung sine causa; und in der Tat liefert der Sachverhalt geradezu den Prototyp einer solchen Tötung. Wie jedoch diese Darlegungen und das Ergebnis, zu dem der BGH gelangt, mit einer Haltung zu vereinbaren sein sollen, der zufolge die Mordmerkmale Unrechts- (oder Schuld-)Erhöhungen gegenüber dem Totschlag enthalten[1070], ist nicht zu sehen. So lässt sich

---

[1065] Der BGH ordnet die Mordmerkmale als Unrechtsmerkmale ein; siehe BGHSt 1, 368 (370, 371, 372); 6, 329 (330); 22, 375 (377); 36, 231 (235). In der Literatur ist diese Frage umstritten; teils werden die Mordmerkmale als Unrechts-, teils als Schuldmerkmale angesehen; manche Autoren nehmen auch beides an. Ausführliche Nachweise hierzu finden sich in Fn. 1 in diesem Kapitel. Die gesamte Problematik kann hier auf sich beruhen; denn für die oben folgenden Erörterungen ist es irrelevant, ob man die Mordmerkmale als Schuld- oder(/und) Unrechtskriterien einsortiert.

[1066] BGHSt 34, 59 (62).

[1067] BGHSt 34, 59 (60).

[1068] BGHSt 34, S. 59 (62) – obschon explizit hervorzuheben ist, dass der BGH diese Passage selbst in Anführungszeichen setzt.

[1069] BGHSt 34, 59 (62, 63).

[1070] Das Schrifttum folgt mehrheitlich der Beurteilung des BGH in diesem Fall: *Maurach/Schroeder/Maiwald*, Strafrecht BT/1, § 2 Rdnr. 31; *Küper*, Strafrecht BT, S. 237; *Otto*, Strafrecht BT, § 4 Rdnr. 5; *Rengier*, Strafrecht BT II, § 4 Rdnr. 11; *Wessels/Hettinger*, Strafrecht BT/1, § 2 Rdnr. 94; *Kindhäuser*, Strafrecht BT I, § 2 Rdnr. 9; *Mitsch*, JuS 1996, S. 121 (123); *Eisele*, Strafrecht BT I, § 4 Rdnr. 80; *Fischer*, § 211 Rdnr. 8; *Lackner/Kühl*, § 211 Rdnr. 4; Sch/Sch-*Eser*, § 211 Rdnr. 15; MK/*Schneider*, § 211 Rdnr. 49; SK/*Horn*, § 211 Rdnr. 9; SSW-StGB/*Momsen*, § 211 Rdnr. 6; einschränkend NK/*Neumann*, § 211 Rdnr. 8. – Kritische Anmerkungen finden sich hingegen bei: *Gössel/Dölling*, Strafrecht BT/1, § 4 Rdnr. 40; *Arzt/Weber-Hilgendorf*, Strafrecht BT, § 2 Rdnr. 54; ferner *Grotendieck/Göbel*, NStZ 2003, S. 118 ff. – Die Entscheidung liegt auf einer Linie mit einer in der Literatur vertretenen Auffassung, wonach die „mutwillige" Tötung eines anderen als Mord anzusehen ist; explizit in diesem Sinn *Otto*, ZStW 83 (1971), S. 39 (58): „ohne drängendes Motiv, aus nichtigem Anlaß"; siehe außerdem die Regelung in § 100 II Nr. 4 des Alternativ-Entwurfs 1970 („absichtlich und mutwillig") und

im Fehlen eines Grundes für eine Tötung keine Steigerung des Unrechts (oder der Schuld) sehen. Hierbei handelt es sich lediglich um eine vorsätzliche Tötung, die nicht durch weitere Besonderheiten gekennzeichnet ist. Mithin um den „Normalfall" einer vorsätzlichen Tötung, da Faktoren, die das Unrecht (oder die Schuld) nach oben oder nach unten modifizieren könnten, nicht gegeben sind. Die Auffassung, eine Tötung ohne hinreichenden Tatanlass führe zu einem erhöhten Unrecht, wäre zudem deshalb ganz unplausibel, weil dadurch konsequenterweise umgekehrt die Tötung, bei der es einen beachtlichen Tatanlass gab, zum Grund- und Normalfall einer vorsätzlichen Tötung avancieren müsste. Das anzunehmen ist jedoch offensichtlich verfehlt; denn es verkehrte das Verhältnis von Grund- und Sonderfall. Vielmehr ist es doch so: Hatte der Täter einen zureichenden, das heißt hier: rechtlich beachtlichen Tatanlass und hat nicht bloß „einfach so", mithin ohne einen solchen Grund, jemanden getötet, dann mindert das sein Tötungsunrecht. Ein gesteigertes Tötungsunrecht lässt sich daher in BGHSt 34, 59ff. nicht annehmen.

Vergleichbares lässt sich zu BGHSt 47, 128ff. bemerken: Hier nimmt der BGH einen niedrigen Beweggrund für einen Täter an, bei dem es „kein Motiv" für die Tat gab beziehungsweise (empirisch wohl treffender) bei dem ein Motiv nicht festgestellt werden konnte[1071]. Der BGH rügt die Vorinstanz, die verkannt habe, dass „ein niedriger Beweggrund auch dann gegeben sein kann, wenn der Täter in dem Bewußtsein handelt, keinen Grund für die Tötung zu haben oder zu brauchen"[1072]. Indes ist die Auffassung der Vorinstanz keineswegs so unschlüssig, wie der BGH meint. Legt man nämlich die Prämisse zugrunde, dass – erstens – die „niedrigen Beweggründe" in einem empirisch-psychologischen Sinn zu verstehen sein sollen, dass damit also auf das Motiv oder die Motive als innere „Beweggründe" des Täters verwiesen wird[1073] und dass – zweitens – diese (niedrigen) Motive eine Erhöhung des Unrechts gegenüber dem einfachen Tötungsunrecht des Totschlags anzeigen sollen, lässt sich hier schwerlich zu einem Mord kommen[1074]. Denn wenn der Täter kein (feststellbares) Motiv für die Tat hatte und das Merkmal „niedrige Beweggründe" eine Bewertung der (inneren) Motivation des Täters erfordern sollte, dann lässt sich ein niedriger Beweggrund in diesem Fall nicht bejahen. So kann „kein Grund" – verstanden

---

ferner Alternativ-Entwurf Leben, GA 2008, S. 193 (200, 232f.), wo die „Tötung um des Tötens willen" als Mordmerkmal aufgestellt wird.

[1071] BGHSt 47, 128 (131f.).

[1072] BGHSt 47, 128 (132).

[1073] In BGHSt 22, 375 (378) heißt es (in Anlehnung an *Koffka*, JR 1969, 41 [42]), ganz in diesem Sinne: „Ein Motiv des Täters liegt in seiner Person und nirgends anders."

[1074] Vgl. auch *Saliger*, StV 2003, S. 38 (40f.), sowie des Weiteren die Kritik von *Fabricius*, StV 1995, S. 637f., an BGH StV 1995, S. 636f.

im Sinne von (innerem) Tatmotiv – nicht ein niedriger Beweggrund sein[1075]. Mehr noch lässt sich fragen: Wie sollte, gibt es keinen empirisch aufklärbaren Grund für die Tat, dieser nicht existierende (oder feststellbare) Grund die erforderliche negative Quantifizierung („niedriger Beweggrund") und damit die Unrechtssteigerung leisten? Grundlegend bleibt daher gegen BGHSt 47, 128ff. der soeben schon zu BGHSt 34, 59ff. erhobene Einwand geltend zu machen: Fehlt dem Täter ein Grund oder – was dasselbe ist – ein rechtlich beachtlicher Anlass für seine Tat, dann lässt sich das nicht in eine Unrechtserhöhung ummünzen. Und dieser Befund, dass eine Steigerung des Unrechts nicht begründbar ist, lässt sich im Übrigen auch nicht mit superlativistisch-pejorativen Formulierungen[1076] überspielen.

Trotz dieser Kritik bleibt festzuhalten: Die beiden genannten Entscheidungen des BGH bringen etwas Zutreffendes zum Ausdruck, und sie sind im Ergebnis (wenn auch nicht in der Begründung) überzeugend. So kann es für eine streng rechtliche Beurteilung der Tat nicht darauf ankommen, zunächst die innere Einstellung des Täters zu erkunden und diese sodann anhand eines sozialethischen Bewertungsmaßstabs als „niedrig" (oder verwerflich) einzustufen. Mithin sie ins Negative zu steigern, um so eine Erhöhung des Unrechts (oder der Schuld) darzutun. Das wurde an anderer Stelle bereits hinlänglich erläutert[1077]. Vielmehr gilt: Das Opfer hat dem Täter in beiden Fällen keinen hinreichenden Tatanlass gegeben, was zu bemessen ist nach spezifisch rechtlichen Kriterien[1078]. Deshalb scheidet eine Minderung des Tötungsunrechts aus. In beiden Fällen haben die Täter folglich eine „einfache" vorsätzliche Tötung begangen. Diese Tötung ist (nach hiesigem Verständnis) „Mord"; was sich daraus ergibt, dass ein Qualifikationstatbestand „Mord" nicht begründbar ist.

Mit diesem Lösungsvorschlag dürfte sich zugleich der zu Beginn der Untersuchung erwähnten, durchweg berechtigten Kritik von *Arzt* entgegentreten lassen, wonach die gegenwärtige Regelung des vorsätzlichen Tötungsdelikts sich durch eine Überschätzung der Mordmerkmale und eine Unterschätzung des Rechtsguts Leben auszeichnet[1079]. Was sich jedoch vermutlich gegen diese Lö-

---

[1075] Treffend insoweit *Saliger*, StV 2003, S. 38 (40f.).

[1076] In BGHSt 47, 128 (132), wird dargetan: Der Täter spiele „sich aus reiner Willkür zum Herrn über Leben und Tod auf, was sittlich besonders verwerflich und somit als niedriger Beweggrund zu qualifizieren" sei. Oder: Es sei „besonders verachtenswert" und stehe „sittlich auf tiefster Stufe", zu glauben, man könne „nach eigenem Gutdünken über das Leben des Opfers verfügen".

[1077] Im zweiten Kapitel zu B I.

[1078] Dazu in diesem Kapitel zu B II.

[1079] Siehe in der Einleitung. – *Arzt*, ZStW 83 (1971), S. 1 (12f.); *ders.*, in: Freiheitsstrafe, S. 141 (149); *ders.*, Strafrecht BT, § 2 Rdnr. 23; siehe außerdem *Lackner*, Referat zum 53. Deutschen Juristentag, M 25 (32, 36); *Tschulik*, in: Tötungsdelikte, S. 31 (35f.); *Eser*, Gutachen, D 92.

sung vorbringen ließe, ist das, was *Gallas* in den Sitzungen der Großen Strafrechtskommission vorgetragen hat. *Gallas* geht zunächst, ganz im hiesigen Sinne, davon aus, dass es „absolute Mordgründe" nicht gebe. „Diese Erkenntnis", erläutert er weiter, „würde eigentlich nur die Lösung zulassen, [...] jede vorsätzliche Tötung als Mord zu charakterisieren"[1080]. Gleichwohl wird diese Lösung perhorresziert, weil sie „wohl von der Mehrheit der Kommissionsmitglieder als zu hart empfunden [wird], da nach ihr auch solche Fälle Mord sein würden, die diese Bewertung nicht verdienen"[1081]. Das Bedenken lässt sich (mit etwas Emphase) so zusammenfassen: Es kann doch nicht jede vorsätzliche Tötung gleich Mord sein! Etwas anderes anzunehmen scheint offenbar von vornherein indiskutabel. Falls hinter diesem Einwand die Überlegung stehen sollte, die jeweilige Höchststrafe (momentan also die lebenslange Freiheitsstrafe), mit der ein „Mord" für gewöhnlich sanktioniert wird, sei nicht bei jeder vorsätzlichen Tötung angezeigt, ist dem nachdrücklich zuzustimmen. Denn es sind (wie ausgeführt) etwa Einschränkungen der Zumutbarkeit normgemäßen Verhaltens denkbar, die unterhalb der Schwelle des § 21 StGB liegen und denen sich angemessen nur Rechnung tragen lässt, wenn ein Strafrahmen vorhanden ist. Eine flexible Strafandrohung ist daher, hierauf wurde im Verlauf der Arbeit schon verschiedentlich hingewiesen, unabdingbar. Man könnte auf den Einwand deshalb erwidern: „Mord" ist zwar jede vorsätzliche Tötung, da „Mord" nichts anderes als der Normalfall einer vorsätzlichen Tötung sein kann. Das heißt aber nicht schon, dass für jede vorsätzliche Tötung die Höchststrafe die adäquate Strafe ist. Hierbei handelt es sich um zwei verschiedene Aspekte, die zwingend auseinanderzuhalten sind: Einmal geht es darum, wie eine Vorschrift „Mord" tatbestandlich gefasst sein könnte, wogegen es das andere Mal darum geht, mit welcher Rechtsfolge dieser Tatbestand sinnvollerweise zu versehen ist. So muss die Rechtsfolge selbstverständlich so gestaltet sein, dass die Verhängung einer angemessenen und gerechten Strafe im Einzelfall auch möglich ist. Dies lässt sich beim „Mord" (der vorsätzlichen Tötung) nur mit einem Strafrahmen erreichen. Gibt es nämlich keine flexible Strafandrohung, wird bereits die tatbestandliche Prüfung – und damit die Abgrenzung zwischen „Mord" und „Totschlag" – mit Erwägungen überfrachtet, die dort schlechterdings nichts zu suchen haben. An der derzeitigen Handhabung des § 211 StGB (und im Weiteren ebenso der des § 21 StGB, zumindest im Bereich des § 211 StGB) lässt sich das hinreichend studieren. So werden Überlegungen, die (allenfalls) im Rahmen der Strafzumessung von Bedeutung sein könnten, schon einbezogen, um zu klären, ob tatbestandlich ein Mord oder ein Totschlag anzunehmen ist. Das gewünschte und normativ oftmals einleuchtende Resultat wird damit jedoch auf Wegen gesucht und erzielt, die mehr als fragwürdig sind und rationalen

---

[1080] *Gallas*, Niederschriften, 13. Band, S. 163.
[1081] *Gallas*, Niederschriften, 13. Band, S. 163.

Standards nicht immer genügen. Mühevoll erarbeitete strafrechtsdogmatische Erkenntnisse bleiben nicht selten auf der Strecke. Zuletzt führt dieses Verfahren zur völligen Preisgabe und Auflösung strafrechtsdogmatisch wie normativ gut fundierter Prinzipien. Den Appell, auf eine absolute Strafandrohung zu verzichten, kann man daher nicht eindringlich und oft genug formulieren[1082]. Zumal nach den letzten 200 Jahren Debatte um die Abstufungsmöglichkeiten beim vorsätzlichen Tötungsdelikt immerhin so viel feststehen dürfte: Eine strafrechtsdogmatisch konsistente Anwendung einer Vorschrift „Mord", gleich wie diese im Einzelnen auch gestaltet sein mag, ist ohne flexible Strafandrohung nicht zu haben.

Es bleibt schließlich noch der terminologische Gesichtspunkt: Sollte man für den Grundtatbestand des Tötungsdelikts, die einfache vorsätzliche Tötung, den Begriff „Mord" wählen? Diese Frage ist durch die bisherigen Erörterungen noch nicht (vor)entschieden, und die Bezeichnung ist auch keineswegs zwingend. Der Vorzug einer solchen Terminologie dürfte darin liegen, dass die privilegierte Tötung dann „Totschlag" genannt werden könnte, womit das Begriffspaar „Mord und Totschlag", welches sich in der Bevölkerung fest eingebürgert hat, beibehalten werden könnte[1083]. Gleichzeitig näherte man sich wieder mehr dem an, was sich die Mehrheit der Bürger und Bürgerinnen unter Mord und Totschlag vorstellt[1084]. Dagegen mag es auf der anderen Seite durchaus Gründe geben, diese Wortwahl zu kritisieren und abzulehnen. So mag manchem der Terminus „Mord" ethisch zu stark aufgeladen sein und eine zu sehr ins Moralische gehende Konnotation aufweisen[1085]. Ein solcher möglicherweise mitschwingender Bedeutungsgehalt ist sachlich vor allem verfehlt, wenn man – wie dies dem hiesigen Konzept entspricht – bemüht ist, den Mordtatbestand

[1082] Dazu in letzter Zeit vor allem *Neumann*, in: Irrwege, S. 389 ff.; *Müller-Dietz*, Nishihara-FS, S. 248 (258); *Gerhard Wolf*, in: Schreiber-FS, S. 519 ff.; *Saliger*, ZStW 109 (1997), S. 302 (334); *Weber*, Abschaffung der lebenslangen Freiheitsstrafe, bes. S. 123 ff., 375 ff., 407 ff.

[1083] Zur Tradition des Begriffspaars *Wachenfeld*, Tötungsdelikte, S. 22 ff.; *ders.*, Lehrbuch, S. 303.

[1084] Dazu *Bertram*, in: Freiheitsstrafe, S. 157 (159 Fn. 2); ferner *Eser*, Gutachten D, 107. – Fragt man – wie ich es während meiner Arbeit an diesem Thema vielfach getan habe – Nichtjuristen, was sie sich unter Mord und unter Totschlag vorstellen, fällt die Antwort immer gleich aus: Mord ist die Tötung mit „Vorsatz" oder „Absicht", Totschlag die im „Affekt". Wie eine Nachfrage ergibt, stellen sich die meisten unter Affekttat eine „unvorsätzliche" Tat, „eben aus einem Affekt heraus" vor. Vergleichbares Resultat bei *Bertram*, a.a.O., sowie bereits bei *Wachenfeld*, Tötungsdelikte, S. 36 ff.

[1085] In diesem Sinne Alternativ-Entwurf 1970, S. 17 („emotional" gefärbte Begriffe); *Weber*, Abschaffung der lebenslangen Freiheitsstrafe, S. 421. Wesentlich mehr dürfte das noch für die Bezeichnung „Mörder" in § 211 StGB gelten, die nicht zuletzt wegen ihrer Implikationen zur Lehre vom Tätertyp mehr als problematisch ist (vgl. *Frommel*, JZ 1980, S. 559 ff.) und in jedem Fall, mithin auch bei einer Beibehaltung der Begriffe „Mord" und „Totschlag", zu streichen wäre.

sowie den Abstufungsmodus beim vorsätzlichen Tötungsdelikt frei von moralisierenden Erwägungen zu halten und ausschließlich an spezifisch rechtlichen, freiheitstheoretisch begründeten (Zurechnungs-)Prinzipien zu orientieren. Der Begriff wäre in diesem Fall nicht bloß irreführend, sondern eindeutig das falsche Etikett. Gleiches gilt, falls der Begriff „Mord" eine besonders schwere Form der vorsätzlichen Tötung implizieren sollte. Wer diese Bedenken als durchschlagend erachtet, der wird mit *v. Liszt* bilanzieren: einen „Begriff des Mordes" gibt es nicht[1086]. Im Weiteren ließe sich eine Vorschrift „vorsätzliche Tötung" wählen, die in einem Absatz 1 inhaltlich das regelt, was hier als „Mord", und in einem Absatz 2 das, was sogleich als „Totschlag" vorgeschlagen wird. Hierbei geht es jedoch lediglich um sprachliche Präferenzen. Auf die entscheidende und vordringlich zu klärende Frage, wie das vorsätzliche Tötungsdelikt tatbestandlich abgestuft werden könnte, haben diese Erwägungen keinen Einfluss. Zuletzt dürfte die Begriffswahl kaum mehr sein als eine Frage des Geschmacks. Die eigene sprachliche Präferenz geht dahin, an dem Begriffspaar „Mord und Totschlag" festzuhalten, vornehmlich weil es sich in der Gesellschaft so eingebürgert hat. Aber wie gesagt, materiell hängt hiervon nichts ab.

II. „Totschlag" als Privilegierungstatbestand

Da sich bei der vorsätzlichen Tötung ein Qualifikationstatbestand nicht konzipieren lässt und „Mord" schon den Grundtatbestand liefert, kann als „Totschlag" nur eine privilegierte Form vorsätzlicher Tötung zu verstehen sein. Der „Totschlag" kann also, anders als dies in § 212 StGB vorgesehen ist, nicht mehr als Grundtatbestand fungieren. Wie ein solcher Privilegierungstatbestand „Totschlag" ausgestaltet sein könnte, ergibt sich aus den Ausführungen unter B in diesem Kapitel; auf diese Erörterungen sei daher verwiesen. Zusammengefasst ergibt sich danach: Ein Privilegierungskonzept ist bei der vorsätzlichen Tötung überzeugend allein auf Unrechtserwägungen zu stützen, mithin auf Verringerungen im Unrechtsgehalt. Dagegen überzeugen Ansätze nicht, die ein Privilegierungsmodell bevorzugen, welches auch oder nur auf der Schuldebene anzusiedeln ist. Daran bleibt festzuhalten, selbst wenn eine Abstufung auf Schuldebene im „Zug der Zeit" liegen sollte[1087]. Denn der Unterscheidungsmodus, der dann zugrunde gelegt wird, besteht durchweg aus einer Kombination psychologischer und sozialethisch-moralischer Erwägungen – beides Kriterien, die mit einem freiheitlichen Rechtskonzept schwer in Einklang zu bringen sind. So

---

[1086] *V. Liszt*, in: Vergleichende Darstellung, S. 1 (69); ferner *Schröder*, in: Materialien S. 283 (285 ff.); *ders.*, JZ 1952, S. 526 f.; *Bockelmann*, Niederschrift, 7. Band, S. 30 f.; *Frommel*, in: Leben ohne Lebenslänglich, S. 69 (70 f., 77, 82); *Baldus*, Niederschriften, 13. Band, S. 146; *Gribbohm*, ZRP 1980, S. 222 f.; LK/*Jähnke*, Vor § 211 Rdnr. 36 a. E.; *Weiß*, Verdeckungsabsicht, S. 317. – Vgl. bereits in der Einleitung.

[1087] *Eser*, Gutachten, D 113 f.

erweist es sich auf der Grundlage eines solchen Rechtsverständnisses insbesondere als höchst problematisch, psychologische Daten (pointierter: Täterinterna) anhand eines sozialethischen Maßstabs zu bewerten. § 76 öStGB oder Art. 113 schwStGB, die Vorschriften Österreichs und der Schweiz zum Totschlag, die ihrem Wesen nach auf einem solchen Privilegierungskonzept basieren[1088], lassen sich deshalb nicht zum Vorbild nehmen.

Stützt man die Privilegierungen vorsätzlicher Tötung einzig auf Minderungen im Unrechtsgehalt, erfordert dies in allen Fällen ein der Tötung vorausgegangenes rechtlich relevantes Opferverhalten. Denn im Bereich des Unrechts geht es um die Abgrenzung der äußeren Freiheits- und damit Verantwortungssphären von Rechtspersonen. Die Unrechtsverringerungen sind deshalb, wie man sagen könnte, durchweg opfervermittelt; zumal das vorsätzliche Tötungsdelikt eine klassische Deliktsstruktur, mithin Täter-Opfer-Konstellation, aufweist. Minderungen des Unrechts sind Folge einer präziseren Bestimmung der jeweiligen Verantwortungsbereiche von Rechtspersonen, konkret: von Täter und Opfer. Und da es um Recht und Unrecht geht (und nicht um Moral oder Ähnliches), lassen sich die Abstufungen im Unrechtsgehalt ausschließlich mit spezifisch rechtlichen Zurechnungs- oder Verantwortungskriterien fundieren. Eine Verantwortungszuweisung, die sich aufgrund eines lediglich sozialethischen Wertesystems ergeben könnte, streng-rechtlich aber nicht abzusichern ist, scheidet daher aus. Fasst man es knapp zusammen, sind Unrechtsprivilegierungen in zwei Fallvarianten möglich: zum einen, wenn dem Opfer ein rechtlich fehlerhaftes Verhalten gegenüber dem (späteren) Täter vorgeworfen werden kann, wenn es also in unmittelbarem Tatzusammenhang dessen rechtlich absolut geschützten Freiheitsbereich verletzt hat; und zum anderen, wenn das Opfer in seine Tötung oder ein entsprechendes Risiko eingewilligt hat. In beiden Fällen ist erforderlich, dass sich das Verhalten – der Eingriff in die Tätersphäre oder die Einwilligung – dem Opfer normativ zurechnen lässt, was unter anderem abzulehnen ist, wenn das Opfer zurechnungsunfähig ist. Unter welchen weiteren Voraussetzungen eine Minderung des Unrechts angenommen werden kann, wurde unter B II in diesem Kapitel erörtert[1089]. Der Vorzug eines Privilegierungskonzepts, welches die Minderungsgründe ausschließlich im Unrechtsbereich loziert, ist darin zu sehen, dass es mit spezifisch rechtlichen und damit freiheitstheoretisch abgesicherten Erwägungen geleistet wird. Rekurriert wird zudem auf äußere Aspekte der Tatgenese, geht es im Recht/Unrecht doch um äußere Freiheitsverhältnisse von Personen. Schon *Dreher* bemerkte zur Abgrenzung von Mord und Totschlag[1090]: „Wir müssen [...] einen möglichst festen Tatbestand [finden]. Wir dürfen die Entscheidung [...] nicht von einem ethischen

[1088] Ausführlicher hierzu in der Einleitung.
[1089] Eine kurze Zusammenfassung findet sich unter B II 3.
[1090] *Dreher*, Niederschriften, 7. Band, S. 31.

Werturteil des Richters abhängig machen, das immer wieder anders ausfallen wird. – Der ideale Tatbestand wäre so gestaltet, daß nur äußere Merkmale entscheidend sind." Dem ist zuzustimmen, und mit dem hier vorgestellten Privilegierungsmodell wird diese Forderung gleichsam eingelöst.

III. Schließlich: Das Allgemeine im Besonderen

Möglicherweise ließe sich gegen den Differenzierungsmodus vorbringen, dass die Abstufungen im Unrechtsbereich, die sich hiernach ergeben, kein Spezifikum der Tötungsdelikte sind, sondern etwas Allgemeines zum Ausdruck bringen. Denn sie implizieren generell geltende Kriterien zur präziseren Festlegung des Schwere- oder Unrechtsgrads von Delikten, zumindest soweit es um klassische Delikte mit einer Täter-Opfer-Konstellation geht. Diese Überlegung trifft zu; ein Einwand lässt sich hieraus nicht formulieren. Genau genommen folgt dieses allgemeine Moment, welches dem Abstufungsmodus innewohnt, zwangsläufig daraus, dass sich die Minderungen des Unrechts sowohl bei einer Einwilligung als auch bei einem Eingriff des Opfers in die rechtlich absolut geschützte Tätersphäre aus allgemeingültigen, freiheitsgesetzlich begründeten Zurechnungs- und Verantwortungsprinzipien ableiten – Prinzipien, die generelle Gültigkeit beanspruchen können und nicht nur bei einem einzigen Delikt von Bedeutung sind. So lässt sich auch die unlängst von *Frister* vorgetragene Anregung einordnen, „den § 213 1. Alt. StGB zu streichen und durch eine Regelung im Allgemeinen Teil zu ersetzen"[1091]. Der Vorschlag ist in der Sache konsequent. Denn die generelle Relevanz eines entsprechenden Opferverhaltens – bei § 213, 1. Variante StGB der (unmittelbar vorausgegangene oder gerade stattfindende) Eingriff des Opfers in den Rechtskreis des Täters, im Weiteren aber ebenso eine Einwilligung des Opfers – lässt sich nicht bestreiten. Das gilt dem Grundsatz nach jedenfalls für alle Delikte, die ein Individualrecht(sgut) schützen. So wäre es völlig unplausibel anzunehmen, eine Rechtsverletzung, die das Opfer dem Täter zufügt (oder gerade zugefügt hat), könne zwar zu einer Minderung des Tötungsunrechts führen, bei einer Körperverletzung, Nötigung oder Beleidigung aber nichts bewirken[1092]. Denn ein Verhalten des Opfers, das beim Tötungsdelikt bedeutsam ist und dort eine Reduzierung des Unrechts zu begründen vermag, wird mutatis mutandis ebenso bei einer Körperverletzung, Nötigung oder Beleidigung eine entsprechende Wirkung entfalten (müssen). Und desgleichen lässt sich festhalten: Eine Einwilligung des Opfers in eine Körperverletzung wird, selbst wenn ihr wegen § 228 StGB die rechtfertigende Kraft

---

[1091] *Frister*, in: Beziehungsgewalt, S. 243 (251).

[1092] Konsequent ist es daher, § 213, 1. Variante StGB auf die Körperverletzung entsprechend anzuwenden (vgl. *Deckers*, Rieß-FS, S. 651 [668 ff.]; siehe ferner BGH StV 1988, S. 528 f.; BGH StV 1992, S. 115; ablehnend *Lackner/Kühl*, § 213 Rdnr. 1).

zu versagen ist, sie also das Unrecht nicht auszuschließen vermag, eine Verringerung des Körperverletzungsunrechts herbeiführen. Daher lässt sich der hier vorgeschlagene Abstufungsmodus dem Prinzip nach auf alle anderen Delikte, die dem Schutz individueller Rechte dienen, übertragen. Mehr noch wird man seine Beachtlichkeit sogar fordern müssen, soll ein normativ konsistentes Rechtssystem gewährleistet werden. Allerdings lässt sich der Privilegierungsmodus nicht sozusagen eins zu eins bei den genannten Delikten übernehmen; er muss vielmehr an das jeweilige Delikt, die Höhe des jeweiligen Unrechts, angeglichen werden (wie im Übrigen schon die beiden Sondernormen, § 199 StGB bei der Beleidigung und § 228 StGB bei der Körperverletzung, zeigen). Beispielhaft: Wurde hier dargetan, dass eine flüchtige Beleidigung oder Nötigung des Täters durch das Opfer nicht hinreicht, das anschließende Tötungsunrecht in nennenswerter Weise zu mindern[1093], wird man gleichwohl annehmen müssen, dass ein darauf begangenes („erwidertes") Beleidigungs- oder Nötigungsunrecht sehr wohl erheblich reduziert sein wird. Positivgesetzlich lässt sich auf § 199 StGB verweisen. Dagegen wäre es ersichtlich nicht überzeugend, die Verringerung des Unrechts bei einer solchen unmittelbar folgenden Beleidigung oder auch Körperverletzung nach § 185 StGB oder § 223 I StGB, Taten also, die ihrerseits nicht sonderlich schwerwiegend ausfallen, davon abhängig zu machen, dass das Opfer dem Täter zuvor eine „schwere Beleidigung", wie es in § 213, 1. Fall StGB heißt, oder aber eine „schwere[ ] Misshandlung oder Beleidigung" zugefügt hat (wie *Frister* es vorschlägt[1094]). Vielmehr genügt eine weniger gravierende, flüchtige Beleidigung, Nötigung oder Körperverletzung, um ein hierauf unmittelbar folgendes Unrecht mit vergleichbarem Schweregehalt in beachtlicher Weise zu verkürzen (siehe nochmals § 199 StGB). Hieraus ergibt sich zugleich, dass sich eine fixe Regelung zur Minderung des Unrechtsgehalts, die bei sämtlichen Delikten zum Schutz individueller Rechte gleichermaßen und unverändert gelten würde, nicht aufstellen lässt. Wie dargelegt, variiert der Maßstab in gewissen Grenzen, je nach der Schwere des Delikts (des Unrechtsgehalts). Für den Fall der Einwilligung zeigen §§ 228 StGB und 216 StGB entsprechende Modifikationen bereits an. Darüber hinaus ist der vorgeschlagene Abstufungsmodus zwar theoretisch, mithin seinem Grundsatz nach bei allen Delikten, die den Schutz von Individualrechten verfolgen, von Bedeutung. In der Praxis dürften dennoch neben dem Tötungsdelikt hauptsächlich die Körperverletzungs-, Beleidigungs- sowie Freiheitsdelikte im engeren Sinn (also Nötigung und Freiheitsberaubung) betroffen sein. Bei anderen Delikten zum Schutz von Individualrechten, wie den Eigentums- und Vermögensdelikten, ist seine Anwendung prinzipiell zwar ebenso begründet; er dürfte dort aber praktisch nur von geringer Relevanz sein. Hinzu kommt, dass Unrechtsreduzie-

[1093] Dazu in diesem Kapitel B II 1 b.
[1094] *Frister*, in: Beziehungsgewalt, S. 243 (251).

rungen aufgrund einer Einwilligung des Opfers bei den in Rede stehenden Delikten, Delikten zum Schutz individueller Rechte also, ohnehin in aller Regel nicht vorkommen dürften, weil die Einwilligung das Unrecht bereits ganz entfallen lässt (mit den Ausnahmen §§ 228 StGB und 216 StGB). In Betracht käme daher nur noch die Minderungsvariante, die sich aus einem Eingriff des Opfers in die Rechtssphäre des Täters ergibt. Insgesamt folgt daraus: Dem Grundsatz nach hat die Anregung *Fristers* einen berechtigten Kern. Weil es aber kaum zu bewerkstelligen sein wird, eine einheitliche Privilegierungsregelung zu entwerfen, die bei den genannten Delikten jeweils ohne graduelle Veränderung auskommt, empfiehlt es sich nicht, eine entsprechende Vorschrift im Allgemeinen Teil zu verankern. § 213, 1. Alternative StGB („Misshandlung oder schwere Beleidigung") schlichtweg in den Allgemeinen Teil zu übertragen oder dort eine Vorschrift aufzunehmen, die eine mildere Bewertung der Tat an eine vorangegangene „schwere Misshandlung oder Beleidigung" knüpft[1095], erscheint also wenig sinnvoll. Vorzugswürdiger ist es, es bei einer Regelung (oder auch entsprechenden Regelungen) im Besonderen Teil zu belassen (soweit diese sich als erforderlich oder angezeigt erweisen sollten[1096]). Für das Tötungsdelikt wäre an einer entsprechenden Privilegierungsvorschrift im Besonderen Teil festzuhalten, eine Vorschrift, die „Totschlag" genannt werden könnte. Auf diese Weise lässt sich ein Abstufungsmodus präzise angeben, der auf das Tötungsdelikt und somit die Schwere dieses Unrechts zugeschnitten ist. Eine solche Privilegierungsvorschrift ist für die Fälle eines unmittelbar vorausgegangenen Eingriffs des Opfers in die rechtlich geschützte Tätersphäre zudem nichts Neues; im Großen und Ganzen ist sie mit § 213, 1. Alternative StGB bereits vorhanden. Zumal mit dem Merkmal „Misshandlung oder schwere Beleidigung" ein Maßstab vorgegeben wird, der dem Unrecht des Tötungsdelikts angemessen ist[1097]. Und der zweite Privilegierungsfall, die Einwilligung des Opfers, ist zum größten Teil in § 216 StGB enthalten.

Es ist im Übrigen keine Besonderheit des hiesigen Konzepts, dass die dargelegten Abgrenzungsaspekte ein allgemeines Moment implizieren. Gleiches gilt

---

[1095] So *Frister*, in: Beziehungsgewalt, S. 243 (251). *Frister* geht indes in diesen Fällen nicht wie hier von einer Unrechtsverringerung aus, sondern vertritt die Auffassung, mit einer solchen Regelung sei „der durch ein verständliches Genugtuungsinteresse geminderten Schuld" Rechnung zu tragen (a.a.O.).

[1096] Neben der Möglichkeit, einen Privilegierungstatbestand zu konzipieren und eine explizite tatbestandliche Ausformulierung vorzunehmen, bleibt die andere Alternative, die Unrechtsminderungen „lediglich" auf Strafzumessungsebene zu berücksichtigen (allgemein hierzu *Jakobs*, Strafrecht AT, 6/99).

[1097] Vgl. in diesem Kapitel B II 1 b.

für die Verwerflichkeits- und Gefährlichkeitslösung sowie für das Distinktionspaar Überlegung/Affekt. Zudem wird man es auch als wünschenswert ansehen müssen, dass jedem Abstufungsmodus, der für ein spezielles Delikt unterbreitet wird, ein Generelles immanent ist. So ist ein normativ und dogmatisch überzeugendes Privilegierungs- oder auch Qualifikationskonzept, das nicht auf allgemeine Grundsätze zurückgeführt werden kann, schwer vorstellbar. Denn die möglichen Kriterien sind ja nicht gleichsam aus der Luft gegriffen, sondern sie basieren jeweils auf einem Grundkonzept des Rechts, aus dem sie abgeleitet werden. Daher heißt es schon bei *Hälschner*: „Alles was irgend als wesentliches Moment des besonderen Thatbestandes erscheint, ist niemals nur etwas Besonderes, sondern zugleich ein Allgemeines [...].“[1098] Auf der anderen Seite resultiert daraus aber zugleich eine gewisse Begrenztheit: Die Abgrenzungsaspekte können und werden nur dann überzeugen, wenn der Grundansatz, das theoretische Fundament, geteilt wird; und sie überzeugen ferner nur so weit, wie sie im Einzelnen als wohlbegründet (-abgeleitet) angesehen werden. Dass sich hier ein breiter Raum für Divergenzen und abweichende Auffassungen auftut, ist so selbstverständlich wie unvermeidbar.

D. Möglichkeiten und Grenzen einer Harmonisierung des vorgeschlagenen Modells mit der gesetzlichen Regelung

Den bisherigen Erörterungen lag mehr eine Perspektive de lege ferenda zugrunde: Es wurde dargelegt, teils lediglich zusammengetragen, wie eine tatbestandliche Abstufung beim vorsätzlichen Tötungsdelikt respektive die Abgrenzung „Mord und Totschlag“ gleichsam idealerweise zu gestalten wäre. Abschließend ist nun der Blick auf die lex lata zu richten und die Frage aufzuwerfen, ob und inwieweit der hier präferierte Abstufungsmodus mit dem derzeitigen Gesetz vereinbar ist.

Lautet die Prämisse, „Mord“ sei eine einfache vorsätzliche Tötung ohne weitere Kennzeichen und Totschlag eine vorsätzliche Tötung, zu der das Opfer einen rechtlich bedeutsamen Tatbeitrag geleistet hat, dann ist eine Harmonisierung mit § 211 II StGB vornehmlich dergestalt möglich, dass man die „niedrigen Beweggründe“, die Motivgeneralklausel, so versteht, wie es der BGH mit seiner Entscheidung BGHSt 47, 128 ff. bereits im Kern vorgegeben hat und wie es zudem gelegentlich in der Literatur vertreten wird[1099]. Eine Tötung aus „niedrigen Beweggründen“ und damit Mord ist danach anzunehmen, wenn der Täter das

[1098] *Hälschner*, System III, S. 1.

[1099] In der Tendenz bereits *Jakobs*, NJW 1969, S. 489 (490 „Nichtigkeit des Anlasses“); explizit nunmehr *ders.*, Roxin-FS, S. 793 (808 in Fn. 47); *Müssig*, Mord, S. 249 ff.

Opfer grundlos getötet hat. Wenn das Opfer dem Täter also keinen hinreichenden, das Unrecht der Tötung mindernden Anlass für die Tötung geliefert hat. In diesem Fall liegt eine Tötung sine causa vor[1100]. Demgegenüber sind als rechtlich beachtliche Gründe, die im Gegensatz dazu eine Tötung cum causa bedeuten, sämtliche Tatumstände anzusehen, die eine Reduzierung des Unrechts zu bewirken vermögen. Neben einem Eingriff des Opfers in den rechtlich absolut geschützten Täterbereich (siehe B II 1) ist das anzunehmen bei einer Einwilligung des Opfers in seine Tötung oder aber eine entsprechende Risikohandlung (B II 2). In beiden Fällen, so ist § 211 II StGB dann zu deuten, tötet der Täter das Opfer nicht aus einem „niedrigen Beweggrund", womit ein Mord ausgeschlossen ist. Wird dieser Interpretation gefolgt, ergibt sich zugleich, dass das Merkmal „niedrige Beweggründe" nicht, wie es geläufiger Ansicht entspricht, in einem empirisch-psychologischen Sinn verstanden werden kann[1101]. Für die Beurteilung, ob ein „niedriger Beweggrund" vorliegt oder nicht, kommt es nicht auf die Erforschung und Bewertung der Innenwelt des Täters an; es gilt nicht, herauszufinden, was sich der Täter in seinem Inneren zur Tat so alles gedacht hat, sowenig wie diese innere Einstellung zur Tat zu bewerten ist. Denn dies bedeutete ja, anhand eines sozialethischen Maßstabs zu klären, ob die motivationale Einstellung des Täters als „sittlich auf tiefster Stufe" stehend anzusehen ist[1102]. Nach hiesiger Vorstellung ist das Merkmal „niedrige Beweggründe" dagegen einer – wie man sagen könnte – normativierenden Betrachtung zu unterziehen. Diese darf ausschließlich an einem streng-rechtlichen und freiheitsgesetzlich abgesicherten Verantwortungsmaßstab ausgerichtet werden (siehe im Einzelnen hierzu die Ausführungen zu B II). Insofern ließe sich dann von einer Normativierung der „niedrigen Beweggründe" nach rechtlichen Prinzipien reden.

Diese Deutung des Merkmals „niedrige Beweggründe" ist im Weiteren auf alle Motiv- und Absichtsmerkmale zu übertragen, mithin auf die Mordmerkmale der ersten und dritten Gruppe. So zu verfahren ist zwingend, da normative Konsistenz innerhalb des § 211 II StGB anders nicht herzustellen ist. Gilt nämlich der Sine-causa-Gedanke als das Prinzip, welches den „niedrigen Beweggründen" zugrunde liegt, muss dieser Grundsatz konsequenterweise auch den anderen Motiv- und Absichtsmerkmalen inhärent sein. Mit dem Wortlaut des § 211 II StGB ist diese Auslegung vereinbar, werden doch die „niedrigen Beweggründe" schon nach gängiger Sichtweise als Generalklausel der Mordmerkmale der ersten Gruppe begriffen sowie nach ganz überwiegender Auffassung zudem als der dritten Gruppe übergeordnet angesehen[1103]. Für die Mord-

---

1100 Dazu die vorangegangenen Ausführungen zu C I.

1101 Was ohnehin nicht überzeugt; vgl. im zweiten Kapitel B I 1.

1102 Vgl. im zweiten Kapitel B I 2 b, c.

1103 *Maurach/Schroeder/Maiwald*, Strafrecht BT/1, § 2 Rdnr. 30; Sch/Sch-*Eser*, § 211 Rdnr. 14; SK/*Horn*, § 211 Rdnr. 8, 54, 63; LK/*Jähnke*, § 211 Rdnr. 2; *Gössel/Dölling*, Straf-

merkmale der ersten Gruppe lässt sich der Charakter der „niedrigen Beweggründe" als Generalklausel schwerlich bestreiten (und wird, soweit ersichtlich, auch nicht bestritten), allenfalls ließe er sich für die Mordmerkmale der dritten Gruppe in Frage stellen[1104]. Indes gibt es keinen einleuchtenden Grund, weder empirisch (worauf es hier allerdings nicht ankommt) noch normativ, eine Scheidung oder unterschiedliche Behandlung von Motiv- und Absichtsmerkmalen vorzunehmen[1105]. Denn das grundlegende Prinzip kann immer nur ein und dasselbe sein. Die Auflistung der weiteren Beweggründe („Mordlust", „zur Befriedigung des Geschlechtstriebs", „aus Habgier") und ebenso der besonderen Absichten (Verdeckungs- und Ermöglichungsabsicht) lässt sich dementsprechend als beispielhafte Aufzählung verstehen, die lediglich der Veranschaulichung dient und explizit machen soll, wann ein Mord in jedem Fall vorliegt, die Tat also als „niedrig" einzustufen ist[1106]. Bildreich und exemplarisch wird aufgeführt, was kein entlastender (unrechtsreduzierender) Umstand für die vorsätzliche Tötung einer anderen Person sein kann. Gesetzestechnisch gesehen, sind die genannten Mordmerkmale verzichtbares Beiwerk, da ihnen keine eigenständige Relevanz zukommt. Ihre Funktion ist eine rein deskriptive; die Merkmale dienen der Ausschmückung. Pointierter und durchaus kritisch lässt sich sagen, sie liefern nichts weiter als die überflüssige metaphorische Aufladung des § 211 StGB.

Darüber hinaus erweisen sich die unzähligen Versuche, die einzelnen Mordmerkmale der ersten und dritten Gruppe restriktiv(er) auszulegen, mit diesem Vorschlag als obsolet. Einen Nachteil begründet das nicht, vielmehr wird man diesen „Effekt" als positiv bewerten dürfen. Denn die vielfältigen Bemühungen um die „richtige" Interpretation der Einzelmerkmale sind bereits nach der üblichen Herangehensweise von äußerst begrenzter, da zuletzt häufig nicht durchschlagender Bedeutung. So werden subtile Deutungsvarianten für eines der genannten Mordmerkmale entwickelt, im Anschluss daran aber oftmals festgestellt, der Täter habe jedoch aus „niedrigen Beweggründen" getötet. Dem

---

recht BT/1, § 4 Rdnr. 20; ausführlich *Heine*, Tötung, S. 160ff., 172f.; *Fischer*, § 211 Rdnr. 6. Aus der Rechtsprechung: BGHSt 11, 226 (227f.); 35, 116 (126f.); 41, 358 (361f.). Zum Ganzen bereits im zweiten Kapitel B I 1.

[1104] Siehe MK/*Schneider*, § 211 Rdnr. 163f., sowie NK/*Neumann*, § 211 Rdnr. 5.

[1105] Vgl. im zweiten Kapitel zu B I.

[1106] *Jakobs*, Roxin-FS, S. 7993 (808 Fn. 47). – Beiläufig: Normative Widersprüche, die sich bei einer psychologisierenden Deutung insbesondere der Merkmale „Mordlust" und „zur Befriedigung des Geschlechtstriebs" ergeben können, da sich, psychologisch verstanden, hier eher eine Nähe zur Schuldminderung aufdrängt, sind damit ebenfalls erledigt. Zu dem Monitum besonders *Grasberger*, MschrKrim 82 (1999), S. 147 (149ff.); ferner *Otto*, ZStW 83 (1971), S. 39 (60f.); *Arzt*, ZStW 83 (1971), S. 1 (19), und schon *v. Liszt*, in: Vergleichende Darstellung, S. 1 (67), mit der Bemerkung: „Aus bloßer ‚Mordlust' handelt der Geistesgesunde überhaupt nicht [...]."

Prinzip nach ist der Rückgriff auf die „niedrigen Beweggründe" nicht zu beanstanden. Man darf sich aber fragen, weshalb mit so viel Akribie und Finesse an Einzelmerkmalen operiert wird, wenn diese Arbeit sich im Ergebnis nicht auszahlt und sich auch nicht auszahlen kann. Denn dass der normative Maßstab bei der Anwendung der Motiv- oder Absichtsmerkmale jeweils variieren und bei dem einen Merkmal anders als bei dem anderen ausfallen könnte, lässt sich kaum vertreten. Der normative Maßstab bei der Anwendung des § 211 II StGB (oder generell einer Vorschrift „Mord") muss ein einheitlicher sein.

Nicht zu bestreiten ist indes, dass der historische Gesetzgeber eine andere Interpretation der „niedrigen Beweggründe" vor Augen hatte[1107]. Diese Vorstellung, namentlich eine an der Sozialethik orientierte Auslegung, ist jedoch mit einem an Freiheitsgesetzen orientierten Strafrechtsbegriff nicht in Einklang zu bringen. Zwangsläufig kann deshalb der hiesige Vorschlag diesen Vorgaben nicht gerecht werden. So ist beides, ein Festhalten an den Ideen des historischen Gesetzgebers und die konsequente Realisierung und Durchsetzung freiheitlicher Rechtsgrundsätze, zusammen nicht zu haben.

Schwerer wiegt dagegen ein anderes Bedenken: Die hier favorisierte Deutung der „niedrigen Beweggründe" respektive der Motiv- und Absichtsmerkmale insgesamt führt leicht zu einer normativen Schieflage innerhalb des § 211 II StGB. Sie ergibt sich im Verhältnis zu den Mordmerkmalen der sogenannten zweiten Gruppe („heimtückisch", „grausam", „mit gemeingefährlichen Mitteln"). Interpretiert man nämlich die „niedrigen Beweggründe" wie dargelegt und wird Mord zur Tötung sine causa und damit zur einfachen vorsätzlichen Tötung, ist es schwer zu erklären, weshalb andererseits das Vorliegen eines Mordes von weiteren Voraussetzungen, einer grausamen Begehungsweise etwa, abhängen soll. Außer Acht zu lassen ist hierbei, dass sich bei der Auslegung des Merkmals „Heimtücke" im Weiteren elementare normative Unstimmigkeiten ergeben, die einer schlüssigen Interpretation dieses Merkmals grundsätzlich entgegenstehen dürften[1108]. Denn es besteht bereits grundlegender die Schwierigkeit, die Mordmerkmale der zweiten Gruppe schlüssig in ein Konzept zu integrieren, nach dem schon die einfache vorsätzliche Tötung als Mord gilt. So fordern diese Mordmerkmale ihrem Kerngehalt nach zusätzlich zu einer „normalen" vorsätzlichen Tötung noch ein Weiteres. Es ist also, um einen Mord anzunehmen, mehr notwendig, als lediglich eine vorsätzliche Tötung zu begehen. Dieses Problem, obgleich es hier mit einer gewissen Zuspitzung auftritt, lässt sich nicht (nur) als Spezifikum des vorgeschlagenen Ansatzes begreifen; denn es besteht in vergleichbarer Weise bei einem mehr konventionellen Verständnis der „niedrigen Beweggründe"[1109]. Der normative Bruch, der sich zwi-

[1107] *Grau/Krug/Rietzsch*, Deutsches Strafrecht, S. 298 ff.; ausführlicher im zweiten Kapitel zu A I.

[1108] Dazu im zweiten Kapitel zu B II.

[1109] Wie man bei *Köhler*, JuS 1984, S. 762 (765 ff.), nachlesen kann; er konstatiert ein „ge-

schen der Motivgeneralklausel und den Mordmerkmalen der zweiten Gruppe auftut, lässt sich beheben, wenn man diesen Merkmalen ihre an sich vorgesehene Funktion nimmt; und das heißt, wenn ihnen ein positiver Aussagewert nicht mehr beigemessen wird[1110]. Sie sind demzufolge nicht als Merkmale zu betrachten, die weitere Voraussetzungen benennen, die zu einer vorsätzlichen Tötung notwendig hinzukommen müssten, damit sich ein Mord annehmen lässt. Vielmehr ist ihnen, um einer konsistenten Auslegung willen, gleichsam ein negativer Bedeutungsgehalt zu inkorporieren. Wie das aussehen könnte, hat die Rechtsprechung mit ihrer „normativ orientierten [...] Auslegung" der „Heimtücke" im Ansatz zumindest vorgezeichnet[1111]. In konsequenter Fortsetzung des in dieser Entscheidung zum Ausdruck kommenden Rechtsgedankens lässt sich festhalten: Eine „heimtückische" Tötung oder Mord scheidet aus, falls das Opfer dem Täter einen rechtlich beachtlichen, das Unrecht verringernden Anlass für die Tötung gegeben hat. In diesem Fall erfolgt die Tötung cum causa, weshalb die Tat als privilegierte vorsätzliche Tötung oder als Totschlag zu bewerten ist. Das Merkmal „Heimtücke" und seine Basisdefinition des Ausnutzens einer Arg- und Wehrlosigkeit wird danach nicht mehr faktisch interpretiert (im Sinne von: war das Opfer tatsächlich arglos?), sondern normativ. Es ist zu fragen, ob das Opfer arglos sein durfte; und dies durfte es nicht, wenn es in unmittelbarem Zusammenhang mit der Tat (seiner Tötung) in den Rechtskreis des Täters eingebrochen ist. Dieses (negative) Auslegungsprinzip ist des Weiteren den anderen beiden Mordmerkmalen der zweiten Gruppe zugrunde zu legen, so dass sich die Abgrenzung von Mord und Totschlag nach einer einheitlichen Regel richtet. Nur beiläufig sei darauf hingewiesen, dass Überlegungen

---

spanntes Verhältnis" zwischen dem Merkmal „Heimtücke" und den „niedrigen Beweggründen", da zur Annahme eines Mordes „einesteils ein geradezu ‚verächtliches' Motiv" vorausgesetzt werde, während es andererseits bei der „Heimtücke" gleichgültig sei, aus welchem Motiv der Täter gehandelt habe, so dass „selbst bei einem höchst achtenswerten" Beweggrund Mord anzunehmen wäre (ebd., S. 765). Vgl. ferner *Heine*, Tötung, S. 184, zur Berechtigung der sogenannten Typenkorrektur. Siehe hierzu die Ausführungen im zweiten Kapitel unter B I 2 a.

[1110] Aufrechterhalten wird die normative Schieflage zwischen den „niedrigen Beweggründen" und der „Heimtücke" in der Konzeption *Müssigs*. *Müssig* reformuliert einerseits die „niedrigen Beweggründe" als einen normativ nichtigen Tatanlass (Mord, S. 425 ff.), worunter im Wesentlichen wie hier eine Tötung sine causa zu verstehen ist. Andererseits soll das Merkmal „Heimtücke" jedoch „dem institutionellen Zurechnungsmuster zugeordnet" werden und erst vorliegen „beim Bruch eines institutionell begründeten Garantieverhältnisses, durch das dem Täter der Schutz des Opfers, insbesondere die Sorge für dessen Leben aufgegeben ist". Hierdurch erhalte die „Heimtücke" ihr „strafrechts- und geltungstheoretisch prägnantes Profil" (alle Zitate a.a.O., S. 428). Ist aber bereits die Tötung einer x-beliebigen Person aus nichtigem Anlass (also sine causa) Mord, kann die Annahme eines Mordes nicht davon abhängen, dass der Täter zudem noch ein besonderes Vertrauensverhältnis, das zum Opfer bestand, gebrochen hat. Richtig besehen, begründet das besondere Vertrauensverhältnis zwischen Täter und Opfer eine unrechtssteigernde Komponente (dazu in diesem Kapitel zu A I 2 b).

[1111] BGHSt 48, 207 ff. (Zitat, S. 211).

im Schrifttum, das Merkmal „Heimtücke“ um eine Motivbetrachtung zu ergänzen, mit der Folge, dass dieses oder jedenfalls ein Mord ausscheiden soll, wenn „achtenswerte Beweggründe“ vorliegen[1112], sowie außerdem die sogenannte Rechtsfolgenlösung des BGH[1113] dem Grunde nach in eine ähnliche Richtung weisen. So geht es – trotz aller, auch grundlegender Divergenzen – im Kern darum, eine Harmonisierung des Merkmals „Heimtücke“ mit den „niedrigen Beweggründen“ zu erreichen. Und die Schwierigkeiten, zu einer normativ stimmigen Auflösung zu kommen, bestehen unabhängig davon, welche Grundannahmen vorausgesetzt oder gewählt werden. Diese wirken sich lediglich anschließend in den verschiedenen Wegen aus, die zur Lösung eingeschlagen werden. Der hauptsächliche Unterschied zwischen der gängigen Betrachtung und dem hiesigen Modell lässt sich darin ausmachen, dass die Harmonisierung das eine Mal in einer Ergänzung des Merkmals „Heimtücke“ (durch „achtenswerte Beweggründe“) gesucht wird[1114], während das andere Mal auf einen positiven Gehalt dieses Kriteriums von vornherein verzichtet wird. Letzteres dürfte sich nicht zuletzt vor dem Hintergrund als vorzugswürdig erweisen, dass sich das Merkmal „Heimtücke“ aufgrund immanenter normativer Friktionen einer überzeugenden Auslegung (mit positivem Inhalt) ohnehin entzieht[1115]. Was die Merkmale „grausam“ und „mit gemeingefährlichen Mitteln“ anlangt, sind diese mindestens verzichtbar, da ihnen eine eigenständige und überzeugende Funktion nicht zukommt[1116]. Von einem ernsthaften Verlust lässt sich also nicht reden.

Es ist ferner nicht unproblematisch, die weiteren Vorschriften zur vorsätzlichen Tötung, mithin die §§ 211 ff. StGB, systematisch schlüssig in das Abstufungskonzept einzufügen. So spricht für die mehrheitlich vertretene These, § 211 StGB sei ein Qualifikationstatbestand zu § 212 I StGB, vorderhand, dass in § 211 II StGB besondere Tatbestandsmerkmale angeführt sind, wohingegen § 212 I StGB ohne zusätzliche Merkmale auskommt; und typischerweise ist der Grundtatbestand der an Kriterien ärmere, allgemeinere Tatbestand[1117]. Man wird die hier bevorzugte Lösung aber nicht als mit dem Gesetzestext völlig unvereinbar ansehen können, da § 212 I StGB mit der Wendung „ohne Mörder zu sein“ (horribile dictu) auf § 211 StGB verweist, was im Verhältnis von Grund-

---

[1112] *Schwalm*, MDR 1957, S. 260 f.; *Jescheck*, JZ 1957, S. 386 (387); *Eser*, Gutachten, D 44 ff.; *Köhler*, JuS 1984, S. 762 (765 ff.); *Otto*, Jura 1994, S. 141 (147); ferner Entwurf 1962, S. 273.

[1113] BGHSt 30, 105 ff. (bes. 119).

[1114] Vergleichbar hiermit die Ergänzung des § 211 StGB durch die negative Typenkorrektur; dazu *Jescheck*, JZ 1957, S. 386 ff. (bes. 387); *ders.*, in: Freiheitsstrafe, S. 127 (132); Sch/Sch-*Eser*, § 211 Rdnr. 9 f., 28.

[1115] Eingehender im zweiten Kapitel B II.

[1116] Ausführlicher in diesem Kapitel unter A I 2 a.

[1117] Vgl. auch *Jescheck/Weigend*, Lehrbuch, § 26 III 1; *Jakobs*, Strafrecht AT, 6/96; speziell zum Tötungsdelikt *Gössel*, ZIS 2008, S. 153 (154), und schon *Berner*, Lehrbuch, S. 510.

tatbestand und Qualifizierung unüblich ist[1118]. Schwierigkeiten können weiterhin mit Blick auf § 213, 1. Variante StGB entstehen, weil der Anwendungsbereich sich mit dem hiesigen Privilegierungsmodell überschneidet und entsprechende Sachverhalte daher bereits bei § 212 I StGB einzuordnen wären. Endlich: Normative Unstimmigkeiten sind auf der Ebene der Strafzumessung zu erwarten; vor allem wegen der starren Strafandrohung, die § 211 I StGB vorgibt, etwa im Falle schuldmindernder Aspekten, die (unmittelbar) unterhalb der Schwelle des § 21 StGB bleiben. Diese Problematik ist nicht neu. Gegenwärtig wird sie bewältigt, indem Kriterien der Strafzumessung in die tatbestandliche Prüfung des § 211 II StGB mit hineingezogen werden oder durch eine extrem großzügige Anwendung des § 21 StGB. Andere Ungereimtheiten auf Strafzumessungsebene sind denkbar, soweit man die Folgevorschriften (§§ 212 ff. StGB) hinzunimmt. Das Fazit lautet daher: Der Vereinbarkeit des hier verfolgten Abstufungsmodus mit der gesetzlichen Regelung sind erhebliche Grenzen gesetzt.

Eine Auslegung der §§ 211 ff. StGB, die sich an diesem Abstufungsmodell orientiert, ist damit vielleicht nicht völlig ausgeschlossen. Ernstlich betrachtet, wird man hierin aber, wegen der genannten Unzulänglichkeiten, bloß eine behelfsmäßige Lösung sehen können, die allenfalls vorübergehend akzeptabel sein könnte. Den Intentionen des historischen Gesetzgebers – darüber besteht kein Zweifel – entspricht das Konzept nicht[1119], wovon nicht zuletzt die Komplikationen zeugen, die sich bei seiner Übertragung auf die §§ 211 ff. StGB ergeben. Soweit der hiesige Vorschlag aus diesem Grund zurückgewiesen oder mit dem Vorwurf der Unredlichkeit konfrontiert werden sollte, darf man daran erinnern, dass ein entsprechendes Monitum sich ebenso den in Rechtsprechung und Literatur vertretenen Auslegungsvarianten (mit ihren teils unüberschaubar gewordenen Nuancierungen bei einigen Mordmerkmalen) entgegenhalten ließe. Der Vorwurf gälte also ausnahmslos. Man wird das grundlegende Defizit allerdings kaum darin zu sehen haben, dass „der" überzeugende Lösungsweg auf der Grundlage des gegenwärtigen Gesetzestextes bloß noch nicht gefunden worden sei, weshalb nur beharrlich weiter gesucht werden müsse. Zu einem erheblichen Teil wird man die Problematik vielmehr einem Gesetzestext zuschreiben dürfen, der sich einer normativ konsistenten und strafrechtsdogmatisch wohlfundierten Interpretation als wenig (falls überhaupt) zugänglich erweist. Zumal wenn man ein modernes, an Freiheitsgesetzen ausgerichtetes Strafrechtsverständnis zugrunde legt, müssen sich Friktionen zwangsläufig mit einem Gesetzestext ergeben, der, aus einer anderen „geistigen" Zeit stammend, die Einbeziehung sozialethischer und moralisierender Aspekte geradezu intendiert. Denn der Zugriff auf Sozialethik oder Moral ist einem solchen Rechtsverständnis

---

[1118] Ähnlich *Eb. Schmidt*, DRZ 1949, S. 214; ferner *Hall*, Eb. Schmidt-FS, S. 343 (354 f.).

[1119] Dazu *Grau/Krug/Rietzsch*, Deutsches Strafrecht, S. 294 f. – auf den Punkt gebracht (ebd., S. 295): „Das neue Recht unterscheidet Mord und Totschlag durch ein sittliches Werturteil."

fremd. Dass hieraus ein höchst unbefriedigender Zustand resultiert, ist kaum überraschend. Fraglos wäre deshalb die sowohl überzeugendste wie aufrichtigste Lösung, mit der sich diese Unzulänglichkeiten beseitigen ließen, eine Reform der Tötungstatbestände. Die zahlreichen Rufe nach einer Reform sind bislang jedoch folgenlos verhallt – eine schlechthin entmutigende Lage also. Dennoch bleibt inständig zu hoffen, dass es sich mit diesem Anliegen nicht gleichsam so verhält wie mit dem Protagonisten in Franz Kafkas Erzählung „Vor dem Gesetz“, der um Eintritt in das Gesetz bat, dem dieser aber bis zuletzt nicht gewährt wurde. Mit diesem Ceterum censeo sei die Arbeit abgeschlossen.

Literaturverzeichnis[1]

Abegg, Julius Friedrich Heinrich: *Lehrbuch* der Strafrechts-Wissenschaft, Neustadt a.d. Orla 1836

– *Untersuchungen* aus dem Gebiete der Strafrechtswissenschaft, Breslau 1830

Achenbach, Hans: Individuelle Zurechnung, Verantwortlichkeit, Schuld, in: Bernd Schünemann (Hrsg.), *Grundfragen* des modernen Strafrechtssystems, S. 135ff., Berlin/New York 1984

– Historische und dogmatische Grundlagen der strafrechtssystematischen *Schuldlehre*, Berlin 1974

Albrecht, Hans-Jörg: *Strafzumessung* bei schwerer Kriminalität, Berlin 1994

Albrecht, Peter-Alexis: Das Dilemma der Leitprinzipien auf der Tatbestandsseite des Mordparagraphen, JZ 1982, S. 697ff.

Alexy, Robert: *Begriff und Geltung* des Rechts, Freiburg/München 1992

Allfeld, Philipp, Lehrbuch des deutschen Strafrechts, 8. Aufl. (des von Hugo Meyer begründeten Lehrbuchs), Leipzig 1922 (zitiert: Lehrbuch)

– Lehrbuch des deutschen Strafrechts, Allgemeiner Teil, 9. Aufl., Leipzig 1934, Neudruck Aalen 1978 (zitiert: Lehrbuch AT)

– Die *Entwicklung* des Begriffes Mord bis zur Carolina, Erlangen 1877

Alternativ-Entwurf eines Strafgesetzbuches, Besonderer Teil, Straftaten gegen die Person, 1. Halbband, vorgelegt von Jürgen Baumann et al., Tübingen 1970 (zitiert: Alternativ-Entwurf 1970)

Alternativ-Entwurf Leben (AE-Leben), Entwurf eines Arbeitskreises deutscher, österreichischer und schweizerischer Strafrechtslehrer (Arbeitskreis AE), GA 2008, S. 193ff.

Alternativkommentar, Kommentar zum Strafgesetzbuch, Band 1, §§ 1–21, Neuwied 1990 (zitiert: AK/*Bearbeiter*)

Alwart, Heiner: Der Begriff des Motivbündels im Strafrecht – am Beispiel der subjektiven Rechtfertigungselemente und des Mordmerkmals Habgier –, GA 1983, S. 433ff.

Amelung, Knut: *Irrtum und Täuschung* als Grundlage von Willensmängeln bei der Einwilligung des Verletzten, Berlin 1998

– Willensmängel bei der Einwilligung als Tatzurechnungsproblem, ZStW 109 (1997), S. 490ff.

Amelung, Knut/Eymann, Frieder: Die Einwilligung des Verletzten im Strafrecht, JuS 2001, S. 937ff.

Aristoteles: *Über die Seele*, Hamburg 1995

– Nikomachische *Ethik*, Stuttgart, 1969

Arvantis, Christos: Zur Problematik der *Unterscheidung zwischen Mord und Totschlag*, München 1982

[1] Der Kursivdruck gibt die Zitierweise an.

Arzt, Gunther: Mord durch Unterlassen, in: Bernd Schünemann et al. (Hrsg.), Festschrift für Claus Roxin, S. 855 ff., Berlin/New York 2001
– Aktuelle Problematik der Tatbestandsmerkmale des Mordes nach deutschem Recht, in: Hans Göppinger/Paul H. Bresser (Hrsg.), *Tötungsdelikte*, S. 49 ff., Stuttgart 1980
– Die Einschränkung des Mordtatbestandes, JR 1979, S. 7 ff.
– „Gekreuzte" Mordmerkmale?, JZ 1973, S. 681 ff.
– Zu den Auswirkungen der tatbestandlichen Ausgestaltung des § 211 StGB, in: Hans-Heinrich Jescheck/Otto Triffterer, Ist die lebenslange *Freiheitsstrafe* verfassungswidrig?, S. 141 ff., Baden-Baden 1971
– Die Delikte gegen das Leben, ZStW 83 (1971), S. 1 ff.
– *Willensmängel* bei der Einwilligung, Frankfurt a. M. 1970
Arzt, Gunther/Weber, Ulrich: Strafrecht, Besonderer Teil, Bielefeld 2000 (zitiert: *Arzt/Weber*, Strafrecht BT)
Arzt, Gunther/Weber, Ulrich/Heinrich, Bernd/Hilgendorf, Eric: Strafrecht, Besonderer Teil, 2. Aufl., Bielefeld 2009 (zitiert: *Arzt/Weber-Bearbeiter*, Strafrecht BT)
Balck, Friedrich et al.: Suizidalität und Partnerschaft, in: Heinz Henseler/ Christian Reimer (Hrsg.), *Selbstmordgefährdung*, S. 28 ff., Stuttgart/Bad Cannstatt 1981
Bamberger, Heinz Georg/Roth, Herbert (Hrsg.), Kommentar zum Bürgerlichen Gesetzbuch, Band 3, §§ 1297–2385, EGBGB, 2. Aufl., München 2008 (zitiert: Bamberger/Roth/*Bearbeiter*)
Bar, Ludwig von: *Gesetz und Schuld* im Strafrecht, Band *II*, Die Schuld nach dem Strafgesetze, Berlin 1907
– *Geschichte des deutschen Strafrechts* und der Strafrechtstheorien, Berlin 1882, Neudruck Aalen 1974
Baumann, Jürgen/Weber, Ulrich/Mitsch, Wolfgang: Strafrecht Allgemeiner Teil, 11. Aufl., Bielefeld 2003
Beckmann, Heinrich: Die Reform der Tötungsdelikte, in: Bertram Börner/Margarete Fabricius-Brand (Hrgs.), 3. Alternativer *Juristinnen- und Juristentag*, S. 61 ff., Baden-Baden 1994
– Zur Neuregelung der vorsätzlichen Tötungsdelikte, GA 1981, S. 335 ff.
Behrendt, Hans-Joachim: *Affekt* und Vorverschulden, Baden-Baden 1983
Beling, Ernst: Die *Lehre* vom Verbrechen, Tübingen 1906, Neudruck Aalen 1964
Benard, Cheryl/Schlaffer, Edit: Die ganz gewöhnliche *Gewalt* in der Ehe, Hamburg 1978
Berner, Albert Friedrich: *Lehrbuch* des deutschen Strafrechts, 18. Aufl., Leipzig 1898, Neudruck Aalen 1986
– 12. Aufl., Leipzig 1882 (zitiert: Lehrbuch, 12. Aufl.)
Bernsmann, Klaus: Überlegungen zur tödlichen Notwehr bei nicht lebensbedrohlichen Angriffen, ZStW 104 (1992), S. 290 ff.
– Affekt und Opferverhalten, NStZ 1989, S. 160 ff.
– Zur Konkurrenz von „privilegierten" (§§ 213, 216, 217) und „qualifizierten" (§ 211) Tötungsdelikten, JZ 1983, S. 45 ff.
Bertram, Günter: Zu den Auswirkungen der tatbestandlichen Ausgestaltung des § 211 StGB, in: Hans-Heinrich Jescheck/Otto Triffterer, Ist die lebenslange *Freiheitsstrafe* verfassungswidrig?, S. 157 ff., Baden-Baden 1978
Beseler, Georg: *Kommentar* über das Strafgesetzbuch für die Preußischen Staaten und das Einführungsgesetz vom 14. April 1851, Leipzig 1851

Bielefeldt, Heiner: Strafrechtliche Gerechtigkeit als Anspruch an den endlichen Menschen. Zu Kants kritischer Begründung des Strafrechts, GA 1990, S. 108ff.
Binder, Hans: Der juristische und der psychiatrische Maßstab bei der Beurteilung der Tötungsdelikte, SchwZStR 67 (1952), S. 307ff.
Binding, Karl: *Lehrbuch* des gemeinen deutschen Strafrechts, Besonderer Teil 1, 2. Aufl., Leipzig 1902, Neudruck Aalen 1969
– Die Normen und ihre Übertretung, Band III, Leipzig 1918, Neudruck Aalen 1965 (zitiert: Normen III)
– Die Normen und ihre Übertretung, Band II, Hälfte 2, 2. Aufl., Leipzig 1916, Neudruck Aalen 1965 (zitiert: Normen II/2)
– Die Normen und ihre Übertretung, Band II, Hälfte 1, 2. Aufl., Leipzig 1914, Neudruck Aalen 1965 (zitiert: Normen: II/1)
– *Handbuch* des Strafrechts, 1. Band, Leipzig 1885
Birnbaum, Johann Franz Michael: Über die Ansichten der Römer von dem Verbrechen der Tödtung, insbesondere über die Grundsätze, welche in den verschiedenen die Lex Cornelia de sicariis betreffenden Fragmenten enthalten sind, Neues Archiv für Criminalrecht 14 (1834), S. 492ff.
Blau, Günter: Die Affekttat zwischen Empirie und normativer Bewertung, in: Hans-Heinrich Jescheck/Theo Vogler (Hrsg.), Festschrift für Herbert Tröndle, S. 109ff., Berlin/New York 1989
– Prolegomena zur strafrechtlichen Schuldfähigkeit, Jura 1982, S. 393ff.
Blei, Hermann: Strafrecht II, Besonderer Teil, 12. Aufl., München 1983
Bliesener, Thomas: Aktuelle psychologische Ansätze zur Erklärung aggressiven gewalttätigen Verhaltens, in: Dieter Dölling (Hrsg.), Festschrift für Ernst-Joachim Lampe, S. 139ff., Berlin 2003
Blühm, Herbert: Die Kriminalität der vorsätzlichen *Tötungen*, Bonn 1958
Blum, Alan F./McHugh, Peter: Die gesellschafliche Zuschreibung von Motiven, in: Klaus Lüderssen/Fritz Sack (Hrsg.), Seminar: *Abweichendes Verhalten II*, Die gesellschaftliche Reaktion auf Kriminalität, Band 1, Strafgesetzgebung und Strafrechtsdogmatik, S. 171ff., Frankfurt a. M. 1975
Bockelmann, Paul: Bemerkungen über das Verhältnis des Strafrechts zur Moral und zur Psychologie, in: Arthur Kaufmann (Hrsg.), Gedächtnisschrift für Gustav Radbruch, S. 252ff., Göttingen 1968
– Studien zum Täterstrafrecht, 2. Teil, Berlin 1940
Böckenförde, Ernst-Wolfgang: *Recht*, Staat, Freiheit, Frankfurt a. M. 1991
Böhmer, Johann Samuel Friedrich: *Meditationes* in constitutionem criminalem Carolinam, Halae 1774
– *Observationes* selectae ad Bened. Carpzovii j.C. practicam novam rerum criminalium imperialem Saxonicam, Frankofurti ad Moenum 1759
Boldt, Gottfried: Johann Samuel Friedrich von *Böhmer und die gemeinrechtliche Strafrechtswissenschaft*, Berlin/Leipzig 1936
Boor, Wolfgang de: Antrieb und Hemmung bei Tötungsdelikten, in: Karl Heinz Bönner/Wolfgang de Boor (Hrsg.), *Antrieb und Hemmung* bei Tötungsdelikten, S. 1ff., Basel u. a. 1982
– *Über motivisch unklare Delikte*, Berlin u. a. 1959
Bosch, Nikolaus/Schindler, Dierk: Ausnutzen der Wehrlosigkeit des Opfers zur Verdeckung einer peinlichen Situation – Heimtücke, Verdeckungsabsicht oder niedriger Beweggrund?, Jura 2000, S. 77ff.

Bottke, Wilfried: *Suizid* und Strafrecht, Berlin 1982
Brandtstädter, Jochen: Emotion, Kognition, Handlung: Konzeptuelle Beziehungen, in: Lutz H. Eckensberger/Ernst-D. Lantermann (Hrsg.), *Emotion und Reflexivität*, S. 253ff., München/Wien/Baltimore 1985
Bresser, Paul H.: Der nosologische Ansatz in der forensischen Psychiatrie, in: Hermann Witter (Hrsg.), *Der psychiatrische Sachverständige* im Strafrecht, S. 80ff., Berlin u.a. 1987
– Schuldfähigkeit und Schuld – Die Ambivalenz ihrer Beurteilung, in: Hans-Jürgen Kerner et al. (Hrsg.), Festschrift für Heinz Leferenz, S. 429ff., Heidelberg 1983
– Probleme bei der Schuldfähigkeits- und Schuldbeurteilung, NJW 1978, S. 1188ff.
– Die Ermittlung des subjektiven Tatbestands. Grundsätzliches über „Psychologie und Recht", in: Günter Warda et al. (Hrsg.), Festschrift für Richard Lange, S. 665ff.
Brinkmann, Bernd: Dunkelfeld bei Tötungsdelikten – rechtsmedizinische Aspekte –, in: Rudolf Egg (Hrsg.), *Tötungsdelikte – mediale Wahrnehmung*, kriminologische Erkenntnisse, juristische Aufarbeitung –, S. 31ff., Wiesbaden 2002
Brückner, Günther: Zur *Kriminologie* des Mordes, Hamburg 1961
Brückner, Margit: Die Liebe der *Frauen*. Über Weiblichkeit und Mißhandlung, Frankfurt a.M. 1988
Brunnenmeister, Emil: Das *Tödtungsverbrechen* im altrömischen Recht, Leipzig 1887
– Die *Quellen der Bambergensis*, Leipzig 1879
Bruns, Hans-Jürgen: Neues *Strafzumessungsrecht*?, Köln u.a. 1988
– Das Recht der *Strafzumessung*, 2. Aufl., Köln u.a. 1985
Büchler, Andrea: *Gewalt* in Ehe und Partnerschaft, Basel/Genf/München 1998
Bürger-Prinz, Hans: *Motiv* und Motivation, Hamburg 1950
Burgheim, Joachim: Tötungsdelikte bei Paartrennungen. Ergebnisse einer vergleichenden Studie, MschrKrim 77 (1994), S. 215ff.
– Diskussionen. Besonderheiten weiblicher Tötungsverbrechen, MschrKrim 77 (1994), S. 232ff.
– *Psychologische Bedingungen* bei Entstehung und Verlauf von Tötungsdelikten in der Situation der Partnertrennung, Konstanz 1993
Burgsmüller, Claudia: Anmerkung zu BGH StV 1981, S. 339f., ebd., S. 340ff.
Busch, Richard: Über die vorsätzliche Tötung, in: Siegfried Hohenleitner et al. (Hrsg.), Festschrift für Theodor Rittler, S. 287ff., Aalen 1957
Byrd, Sharon B.: Mißhandelte Frauen. Opfer ihrer Männer und Opfer des Strafrechts, in: Wilfried Bottke u.a. (Hrsg.), *Familie* als zentraler Grundwert demokratischer Gesellschaften, S. 117ff., St. Ottilien 1994
Calker, Fritz van: *Strafrecht* und Ethik, Leipzig 1897
Cameron, Deborah/Frazer, Elisabeth: Lust am *Töten*, Frankfurt a.M. 1993
Cancio Meliá, Manuel: Opferverhalten und objektive Zurechnung, ZStW 111 (1999), S. 357ff.
Carpzow, Benedict: *Practicae novae* imperialis Saxonicae rerum criminalium, Frankofurti et Wittebergae 1658
Chatzikostas, Konstantinos: Die *Disponibilität des Rechtsgutes Leben* in ihrer Bedeutung für die Probleme von Suizid und Euthanasie, Frankfurt a.M. u.a. 2001
Cicero, Marcus Tullius: *De inventione*, Darmstadt 1998
– *De officis*, 4. Aufl., Zürich 1994
– Sämtliche *Reden*, 2. Aufl., München 1985
– *Gespräche* in Tusculum, 2. Aufl., München 1970

Conen, Peter: Die vorsätzlichen *Tötungsdelikte* im Entwurf eines Strafgesetzbuches (StGB) E 1962, Berlin 1964
Dahm, Georg: Todesstrafe und Tätertyp nach der Strafgesetznovelle vom 4. Sept. 1941, DR 1942, S. 401 ff.
– Der *Tätertyp* im Strafrecht, Leipzig 1940
– Der Methodenstreit in der heutigen Rechtswissenschaft, ZStW 57 (1938), S. 225 ff.
– *Das Strafrecht Italiens* im ausgehenden Mittelalter, Berlin/Leipzig 1931
Danwitz, Klaus-Stephan von: Die Tötung mit gemeingefährlichen Mitteln, Jura 1997, S. 569 ff.
Deckers, Rüdiger: Die Provokationsvariante des § 213 StGB, insbesondere unter Betrachtung der Anwendung auf Körperverletzungsdelikte, in: Ernst-Walter Hanack et al. (Hrsg.), Festschrift für Peter Rieß, S. 651 ff., Berlin/New York 2002
Detter, Klaus: Die BGH-Rechtsprechung zur Schuldfähigkeitsbeurteilung bei Gewalttaten in Paarbeziehungen, in: Stephan Barton (Hrsg.), *Beziehungsgewalt* und Verfahren, S. 187 ff., Baden-Baden 2004
– Zum Strafzumessungs- und Maßregelrecht, NStZ 1990, S. 173 ff.
Diesinger, Ingrid: Der *Affekttäter*, Berlin/New York 1977
Digesta Iustiniani Augusti, hrsg. von Theodor Mommsen, 2. Aufl., Berlin 1963 (zitiert: Digesta)
Donatsch, Andreas (Hrsg.): Schweizerisches *Strafgesetzbuch*, 16. Aufl., Zürich 2004
Dörner, Dietrich: Verhalten, Denken und Emotionen, in: Lutz H. Eckensberger/Ernst-D. Lantermann (Hrsg.), *Emotion und Reflexivität*, S. 157 ff., München/Wien/Baltimore 1985
Dörner, Dietrich et al.: Emotion und problemlösendes Denken, in: Heinz Mandl/Günter L. Huber (Hrsg.), *Emotion und Kognition*, S. 61 ff., München/Wien/Baltimore 1983
Dotzauer, Günther/Jarosch, Klaus: *Tötungsdelikte*, Wiesbaden 1971
Dreher, Eduard: Anmerkung zu BGH MDR 1970, S. 247 f., ebd., S. 248 ff.
Duncker, Heinfried: *Gewalt* zwischen Intimpartnern. Liebe, Aggressivität, Tötung, Lengerich u. a. 1999
Duttge, Gunnar: Der BGH auf rechtsphilosophischen Abwegen – Einwilligung in Körperverletzung und „gute Sitten", NJW 2005, S. 260 ff.
Ebbinghaus, Julius: Die *Strafen für die Tötung eines Menschen* nach den Prinzipien einer Rechtsphilosophie der Freiheit, Bonn 1968
Ebert, Udo/Kühl, Kristian: Das Unrecht der vorsätzlichen Straftat, Jura 1981, S. 225 ff.
Egger, Renate et al.: *Gewalt* gegen Frauen in der Familie, 2. Aufl., Wien 1997
Eisele, Jörg: Strafrecht – Besonderer Teil I, Stuttgart 2008
Engels, Dieter: Der partielle Ausschluß der Notwehr bei tätlichen Auseinandersetzungen zwischen Ehegatten, GA 1982, S. 109 ff.
Engisch, Karl: Auf der Suche nach *Gerechtigkeit*, München 1971
– Die Strafwürdigkeit der Unfruchtbarmachung mit Einwilligung, in: Friedrich Geerds/Wolfgang Naucke (Hrsg.), Festschrift für Hellmuth Mayer, S. 399 ff., Berlin 1966
– Anmerkung zu BGH NJW 1955, S. 1688 ff., ebd., S. 1690
– Zum Begriff des Mordes, GA 1955, S. 161 ff.
Engländer, Armin: Grund und Grenzen der *Nothilfe*, Tübingen 2008
– Selbsttötung in „mittelbarer Täterschaft", Jura 2004, S. 234 ff.
– Anmerkung zu OLG Nürnberg, JZ 2003, S. 745 f., ebd., S. 747 f.

Epiktet: Handbüchlein der Moral, in: ders., *Wege* zum glückseligen Leben, S. 27 ff., Zürich 1948

Erb, Volker: Überlegungen zu einer Neuordnung der Konkurrenzen, ZStW 117 (2005), S. 37 ff.

Erman, Bürgerliches Gesetzbuch, Handkommentar, hrsg. von Harm Peter Westermann, 12. Aufl., Köln 2008 (zitiert: Erman/*Bearbeiter*)

Eser, Albin: Renaissance des § 213 StGB: Der „minder schwere Fall des Totschlags" im Lichte der Rechtsprechung, in: Josef Kürzinger/Elmar Müller (Hrsg.), Festschrift für Wolf Middendorff, S. 65 ff., Bielefeld 1986

– Die Tötungsdelikte in der Rechtsprechung seit BGH-GSSt 1/81 bis Ende Juni 1983, 1. Teil und 2. Teil, NStZ 1983, S. 433 ff., und NStZ 1984, S. 49 ff.

– Die Tötungsdelikte in der Rechtsprechung zwischen BVerfGE 45, 187 und BGH-GSSt 1/81, 1. Teil und 2. Teil, NStZ 1981, S. 383 ff. und S. 429 ff.

– „Heimtücke" auf höchstrichterlichem Prüfstand: Chancen einer Wende in der Mord-Rechtsprechung, JR 1981, S. 177 ff.

– Empfiehlt es sich, die Straftatbestände des Mordes, des Totschlags und der Kindestötung (§§ 211 bis 213, 217 StGB) neu abzugrenzen? *Gutachten* D zum 53. Deutschen Juristentag, München 1980

Eser, Albin/Koch, Hans-Georg: Die vorsätzlichen Tötungstatbestände, ZStW 92 (1980), S. 491 ff.

Fabricius, Dirk: Anmerkung zu BGH StV 1995, S. 636 f., ebd., S. 637 f.

Fahl, Christian: Zur *Bedeutung des Regeltatbildes* bei der Bemessung der Strafe, Berlin 1996

Feuerbach, Anselm Ritter von: *Lehrbuch* des gemeinen in Deutschland gültigen peinlichen Rechts, 10. Aufl., Gießen 1828

Fischer, Thomas: Kommentar, Strafgesetzbuch und Nebengesetze, 57. Aufl., München 2010 (zitiert: *Fischer*)

Foerster, Klaus/Venzlaff, Ulrich: Die „tiefgreifende Bewusstseinsstörung" und andere affektive Ausnahmezustände, in: Ulrich Venzlaff/Klaus Foerster (Hrsg.), Psychiatrische *Begutachtung*, S. 281 ff., 5. Aufl., München/Jena 2009

– Affektive Ausnahmezustände, in: Ulrich Venzlaff/Klaus Foerster (Hrsg.), Psychiatrische *Begutachtung*, S. 181 ff., 3. Aufl., München/Jena 2000 (zitiert: Begutachtung [2000])

Forschner, Maximilian: *Die stoische Ethik*. Über den Zusammenhang von Natur-, Sprach- und Moralphilosophie im altstoischen System, Stuttgart 1981

Foth, Eberhard: Strafschärfung/Strafmilderung – eine noch unerledigte Frage der Strafzumessung, JR 1985, S. 397 ff.

Frank, Reinhard: Das Strafgesetzbuch für das Deutsche Reich nebst Einführungsgesetz, 18. Aufl., Tübingen 1931 (zitiert: StGB)

Freisler, Roland: Gedanken über das Gesetz zur Änderung des Reichsstrafgesetzbuches, DJ 1941, S. 929 ff.

Freud, Sigmund: *Trauer* und Melancholie, Gesammelte Werke, 10. Band, Werke aus den Jahren 1913–1917, S. 428 ff., London 1946

– *Totem* und Tabu, Gesammelte Werke, 9. Band, London 1940/48

Freund, Georg: Strafrecht, Allgemeiner Teil, 2. Aufl., Berlin/Heidelberg 2009

– Die Definitionen von Vorsatz und Fahrlässigkeit, in: Michael Hettinger et al. (Hrsg.), Festschrift für Wilfried Küper, S. 63 ff., Heidelberg 2007

– Materiellrechtliche und prozessuale Facetten des gesamten Strafrechtssystems, GA 2005, S. 321 ff.
– Straftatbestand und Rechtsfolgenbestimmung. Zur Bedeutung der gesetzlichen Regelungstechnik und der „harmonisierten" Strafrahmen für die Strafzumessung, GA 1999, S. 509 ff.
– *Erfolgsdelikt* und Unterlassen, Köln u. a. 1992
Friedrich, Julius: Die Bestrafung der *Motive* und die Motive der Bestrafung, Berlin/Leipzig 1910
Frisch, Wolfgang: Unrecht und Schuld im Verbrechensbegriff und in der Strafzumessung, in: Guido Britz et al. (Hrsg.), Festschrift für Heinz Müller-Dietz, S. 237 ff., München 2001
– Strafkonzept, Strafzumessungstatsachen und Maßstäbe der Strafzumessung in der Rechtsprechung des Bundesgerichtshofs, in: Claus-Wilhelm Canaris et al. (Hrsg.), Festgabe für den Bundesgerichtshof, S. 269 ff., München 2000
– Zum Unrecht der sittenwidrigen Körperverletzung (§ 228 StGB), in: Thomas Weigend/Georg Küpper (Hrsg.), Festschrift für Hans Joachim Hirsch, S. 485 ff., Berlin/New York 1999
– Straftat und Straftatsystem, in: JürgenWolter/Georg Freund (Hrsg.), Straftat, Strafzumessung und Strafprozeß im gesamten *Strafrechtssystem*, S. 135 ff., Heidelberg 1996
– Die Einwilligung im deutschen Strafrecht, in: Albin Eser/Haruo Nishihara (Hrsg.), *Rechtfertigung und Entschuldigung*, Band IV, S. 321 ff., Freiburg i.B. 1995
– Wesentliche Strafbarkeitsvoraussetzungen einer modernen Strafgesetzgebung, in: Albin Eser et al. (Hrsg.), *Von totalitärem zu rechtsstaatlichem Strafrecht*, S. 201 ff., Freiburg i.Br. 1993
– Grundprobleme der Bestrafung „verschuldeter" Affekttaten, ZStW 101 (1989), S. 538 ff.
– Über die „Bewertungsrichtung" von Strafzumessungstatsachen. Ein Beitrag zur Problematik komparativer Aussagen im Strafrecht, GA 1989, S. 338 ff.
– Gegenwärtiger Stand und Zukunftsperspektiven der Strafzumessungsdogmatik, ZStW 99 (1987), S. 349 ff. (Teil I), S. 751 ff. (Teil II)
– *Vorsatz und Risiko*, Köln u. a. 1983
Frister, Helmut: Strafrecht, Allgemeiner Teil, 4. Aufl., München 2009
– Zur Beurteilung der Schuldfähigkeit und zu den Möglichkeiten (partieller) Entschuldigung bei Beziehungsgewalt, in: Stephan Barton (Hrsg.), *Beziehungsgewalt* und Verfahren, S. 243 ff., Baden-Baden 2004
– Die *Struktur* des „voluntativen Schuldelements", Berlin 1993
– Anmerkung zu BGH StV 1988, S. 486, StV 1989, S. 342 ff.
– Die Notwehr im System der Notrechte, GA 1988, S. 291 ff.
Frommel, Monika: Wieso gelingt es nicht, die allgemein für reformbedürftig angesehenen Tötungsdelikte zu novellieren?, in: Hartmut Weber/Sebastian Scheerer (Hrsg.), *Leben ohne Lebenslänglich*. Gegen die lebenslange Freiheitsstrafe, S. 69 ff., Bielefeld 1988
– Anmerkung zu BGH StV 1987, S. 291 f., ebd., S. 292 ff.
– Die Rechtsfolgenlösung des BGH bei Mord, StV 1982, S. 533 ff.
– Die Bedeutung der Tätertypenlehren bei der Entstehung des § 211 StGB im Jahre 1941, JZ 1980, S. 559 ff.
Fröschl, Elfriede/Löw, Sylvia: Über Liebe, *Macht* und Gewalt, Wien 1995

Fuhrmann, Hans: *Referat zum 53. Deutschen Juristentag*, Empfiehlt es sich, die Straftatbestände des Mordes, des Totschlags und der Kindestötung (§§ 211 bis 213, 217 StGB) neu abzugrenzen?, Sitzungsbericht, M 7 ff., München 1980
– Die Verdeckungsabsicht beim Mord – BGHSt 15, 291, JuS 1963, S. 19 ff.
Gallas, Wilhelm: Zur Struktur des strafrechtlichen Unrechtsbegriffs, in: Arthur Kaufmann et al. (Hrsg.), Festschrift für Paul Bockelmann, S. 155 ff., München 1979
– Strafbares Unterlassen im Fall einer Selbsttötung, JZ 1960, S. 649 ff.
– Zum gegenwärtigen Stand der Lehre vom Verbrechen, ZStW 67 (1955), S. 1 ff.
– Tatstrafrecht und Täterstrafrecht, insbesondere Kriegsstrafrecht, ZStW 60 (1941), S. 374 ff.
– Zur Kritik der Lehre vom Verbrechen als Rechtsgutsverletzung, in: Georg Dahm et al. (Hrsg.), Festschrift für Graf Wenzel Gleispach, S. 50 ff., Berlin/Leipzig 1936
Gardner, Jane F.: Frauen im antiken *Rom*, München 1995
Gast, Peter: Die *Mörder*, Leipzig 1930
Geib, Gustav: *Lehrbuch* des deutschen Strafrechts, 1. Band (Geschichte), Leipzig 1861
Geilen, Gerd: Mitleid von (und mit) „Todesengeln", in: Manfred Seebode (Hrsg.), Festschrift für Günter Spendel, S. 519 ff., Berlin/New York 1992, S. 519 ff.
– Zur Entwicklung und Reform der Tötungsdelikte, JR 1980, S. 309 ff.
– Das politische Attentat als „Mord"? – Tatbestandsprobleme des § 211 StGB im Spiegel des Terrorismus, in: Arthur Kaufmann et al. (Hrsg.), Festschrift für Paul Bockelmann, S. 613 ff., München 1979
– Eingeschränkte Notwehr unter Ehegatten?, JR 1979, S. 314 ff.
– Anmerkung zu BGH JR 1978, S. 341, ebd., S. 341 ff.
– Heimtücke und kein Ende, in: Walter Stree et al. (Hrsg.), Festschrift für Horst Schröder, S. 235 ff., München 1978
– Provokation als Privilegierungsgrund der Tötung? – Kritische Betrachtungen zu § 213 StGB, in: Hans-Heinrich Jescheck/Hans Lüttger (Hrsg.), Festschrift für Eduard Dreher, S. 357 ff., Berlin/New York 1977
– Zur Problematik des schuldausschließenden Affekts, in: Friedrich-Christian Schroeder/Heinz Zipf (Hrsg.), Festschrift für Reinhart Maurach, S. 173 ff., Karlsruhe 1972
– Garantenpflichten aus ehelicher und eheähnlicher Gemeinschaft, FamRZ 1962, S. 147 ff.
Geppert, Klaus: Zur Abgrenzung von bedingtem Vorsatz und bewußter Fahrlässsigkeit, Jura 1986, S. 610 ff.
– Rechtfertigende „Einwilligung" des verletzten Mitfahrers bei Fahrlässigkeitsstraftaten im Straßenverkehr?, ZStW 83 (1971), S. 947 ff.
Gerkan, Oliver von: *Niedrige Beweggründe* als Mordmerkmal, Voerde 1998
Gernhuber, Joachim/Coester-Waltjen, Dagmar: *Lehrbuch des Familienrechts*, 6. Aufl., München 2010
Geyer, Carl-Friedrich: *Philosophie* der Antike, 4. Aufl., Darmstadt 1996
Ghysbrecht, Paul: *Psychologische Dynamik* des Mordes, Wetzlar 1966
Glatzel, Johann: *Mord* und Totschlag, Heidelberg 1987
– Privilegierung versus Dekulpation bei Tötungsdelikten, StV 1987, S. 553 ff.
– Forensische *Psychiatrie*, Stuttgart 1985
– Tiefgreifende Bewußtseinsstörung nur bei der sogenannten Affekttat?, StV 1983, S. 339 ff.
– Zur forensisch-psychiatrischen Problematik der tiefgreifenden Bewußtseinsstörung, StV 1982, S. 434 ff.

Gleispach, Wenzel Graf von: Tötung, in: Franz Gürtner (Hrsg.), *Das kommende deutsche Strafrecht*, S. 371 ff., 2. Aufl., Berlin 1936
Godenzi, Alberto: *Gewalt* im sozialen Nahraum, 3. Aufl., Basel/Frankfurt a. M. 1996
González-Rivero, Pilar: *Strafrechtliche Zurechnung* bei Defektzuständen, Berlin 2001
Göppinger, Hans: Kriminologische Aspekte zur sogenannten verminderten Schuldfähigkeit (§ 21 StGB), in: Hans-Jürgen Kerner et al. (Hrsg.), Festschrift für Heinz Leferenz, S. 411 ff., Heidelberg 1983
Gössel, Karl Heinz: Empfiehlt sich eine Änderung der Rechtsprechung zum Verhältnis der Tatbestände der vorsätzlichen Tötungsdelikte (§§ 211 ff. StGB) zueinander?, ZIS 2008, S. 153 ff.
– Überlegungen zur Reform der Tötungsdelikte, DRiZ 1980, S. 281 ff.
Gössel, Karl Heinz/Dölling, Dieter: Strafrecht, Besonderer Teil 1, 2. Aufl., Heidelberg 2004
Götz, Albrecht: 10 Jahre Mordstatistik, GA 1977, S. 321 ff.
Grasberger, Ulrike: Die (mangelnde) Eignung der Mordmerkmale zur Festlegung besonders strafwürdiger Fälle, MschrKrim 82 (1999), S. 147 ff.
Grasnick, Walter: Über *Schuld*, Strafe und Sprache, Tübingen 1987
– Wille und Willensbenehmen – Zum sogenannten Täterwillen und seiner Feststellbarkeit, in: Hermann Witter (Hrsg.), *Der psychiatrische Sachverständige* im Strafrecht, S. 287 ff., Berlin u. a. 1987
Grau, Fritz/Krug, Karl/Rietzsch, Otto: *Deutsches Strafrecht*, Band 1, 2. Aufl., Berlin 1943
Greve, Werner/Hosser, Daniela/Wetzels, Peter: Bedrohung durch *Kriminalität im Alter*, Baden-Baden 1996
Gribbohm, Günter: Zur Neuabgrenzung der Straftatbestände des Mordes, des Totschlags und der Kindestötung, ZRP 1980, S. 222 ff.
Grolman, Karl von: *Grundsätze* der Criminalrechtswissenschaft, 4. Aufl., Gießen 1825
Gropp, Walter: Strafrecht, Allgemeiner Teil, 3. Aufl., Berlin u. a. 2005
Grosbüsch, Gabriele: Die *Affekttat*, Stuttgart 1981
Grotendiek, Sven/Göbel, Daniel H.: Zur Vorwerfbarkeit der Mordlust als niedrigem Beweggrund, NStZ 2003, S. 118 ff.
Groth, Joachim: Der *Verdeckungsmord* als doppelmotivierter Handlungsakt, Frankfurt a. M. u. a. 1993
Gruhle, Hans W.: Motiv und Ursache in der Kriminologie, Mschr.Kriminalpsych. 27 (1936), S. 113 ff.
Grünewald, Anette: Verdeckungsmord durch Unterlassen, GA 2005, S. 502 ff.
– Zur Strafbarkeit eines Mordes durch Unterlassen – erläutert an den sog. tatbezogenen Mordmerkmalen der 2. Gruppe, Jura 2005, S. 519 ff.
– Zivilrechtliche begründete *Garantenpflichten* im Strafrecht?, Berlin 2001
Günther, Hans-Ludwig: Grade des Unrechts und Strafzumessung, in: Hans-Jürgen Kerner/Günther Kaiser (Hrsg.), Festschrift für Hans Göppinger, S. 453 ff., Berlin u. a. 1990
– Mordunrechtsmindernde Rechtfertigungselemente, JR 1985, S. 268 ff.
– *Strafrechtswidrigkeit* und Strafunrechtsausschluß, Köln u. a. 1983
– Lebenslang für „heimtückischen Mord?, NJW 1982, S. 353 ff.
Günther, Klaus: *Schuld* und kommunikative Freiheit, Frankfurt a. M. 2005
Haas, Volker: *Strafbegriff*, Staatsverständnis und Prozessstruktur, Tübingen 2008
Habermas, Jürgen: *Faktizität* und Geltung, 2. Aufl., Frankfurt a. M. 1992

Haddenbrock, Siegfried: Anmerkungen zum Regelfall richterlicher Alleinbeurteilung und Ausnahmefall psychiatrischer Mitbeurteilung strafrechtlicher Schuldfähigkeit, MschrKrim 69 (1986), S. 96 ff.

Haffke, Bernhard: Tiefenpsychologie und *Generalprävention*, Aarau/Frankfurt a. M. 1976

Hagemann-White, Carol et al.: *Hilfen* für mißhandelte Frauen, Stuttgart u. a. 1981

Hagemann-White, Carol/Kavemann, Barbara: Gemeinsam gegen häusliche Gewalt, hrsg. vom Bundesministerium für Familien, Senioren, Frauen und Jugend, Berlin 2004

Hall, Karl Alfred: Über die Teilnahme an Mord und Totschlag, in: Paul Bockelmann/Wilhelm Gallas (Hrsg.), Festschrift für Eberhard Schmidt, S. 343 ff., Göttingen 1961

Hälschner, Hugo: Das gemeine deutsche Strafrecht, 2. Band, Der besondere Theil des Systems, 1. Theil, Bonn 1884 (zitiert: Strafrecht II/1)

– Das gemeine deutsche Strafrecht, 1. Band, Bonn 1881 (zitiert: Strafrecht I)

– Die Lehre vom Ehebruche und der Bigamie in geschichtlicher Entwicklung und nach der neueren inbesondere norddeutschen Strafgesetzgebung, Der Gerichtssaal 22 (1870), S. 401 ff.

– Das preußische Strafrecht, Teil 3, System des preußischen Strafrechts, Besonderer Teil, Bonn 1868, Neudruck Aalen 1975 (zitiert: System III)

– Das preußische Strafrecht, Teil 2, System des preußischen Strafrechts, Allgemeiner Teil, Bonn 1858, Neudruck Aalen 1975 (zitiert: System II)

– Das preußische Strafrecht, Teil 1, *Geschichte* des brandenburgisch-preußischen Strafrechtes, Bonn 1855, Neudruck Aalen 1975

Handbuch der politischen Philosophie und Sozialphilosophie, hrsg. v. Stefan Gosepath et al., Band 1, Berlin 2008

Handbuch der Psychologie in 12. Bänden, hrsg. v. Kurt Gottschaldt et al., 2. Band, Allgemeine Psychologie, II. Motivation, 2. Aufl., Göttingen 1965

Hardwig, Werner: Die Gesinnungsmerkmale im Strafrecht, ZStW 68 (1956), S. 14 ff.

Harzer, Regina: *Die tatbestandsmäßige Situation* der unterlassenen Hilfeleistung gemäß § 323c StGB, Frankfurt a. M. 1999

Hassemer, Winfried: Die Mordmerkmale, insbesondere „heimtückisch" und „niedrige Beweggründe" – BGHSt 23, 119, JuS 1971, S. 626 ff.

Heckhausen, Jutta/Heckhausen, Heinz: *Motivation* und Handeln, 3. Aufl., Heidelberg 2006

Heffter, August Wilhelm: *Lehrbuch* des gemeinen deutschen Strafrechtes, 6. Aufl., Braunschweig 1857

Hegel, Georg Wilhelm Friedrich: *Grundlinien* der Philosophie des Rechts oder Naturrecht und Staatswissenschaft im Grundrisse, Werke 7. Band, Ausgabe Moldenhauer/Michel, Frankfurt a. M. 1986

Heine, Günter: Mord und Mordstrafe: Grundmängel der deutschen Konzeption und rechtsvergleichende Reformüberlegungen, GA 2000, S. 305 ff.

– Stand und Entwicklung der Mordtatbestände. National und international, in: Arthur Kreuzer et al. (Hrsg.), Ehrengabe für Anne-Eva Brauneck, S. 315 ff., Godesberg 1999

– *Tötung* aus „niedrigen Beweggründen", Berlin 1988

Henseler, Heinz: Narzisstische Krisen, 4. Aufl., Wiesbaden 2000

– Psychoanalytische Theorien zur Suizidalität, in: ders./Christian Reimer (Hrsg.), *Selbstmordgefährdung*, S. 113 ff., Stuttgart/Bad Cannstatt 1981

– Ein psychodynamischer Deutungsversuch des präsuicidalen Syndroms, Der Nervenarzt 45 (1974), S. 238 ff.
Hentig, Hans von: Zur *Psychologie der Einzeldelikte* II, Der Mord, Tübingen 1956
Herde, Klaus-Dieter: Regelungsbedarf für eine gesetzliche Verschärfung des Strafrahmens und eine Ausdehnung des Anwendungsbereichs des § 213 StGB, ZRP 1990, S. 458 ff.
Herren, Rüdiger: Die *Gesinnung* im Rahmen der vorsätzlichen Tötungsdelikte, insbesondere beim Mord, Basel 1966
Herzberg, Rolf D.: „Die Vermeidbarkeit einer Erfolgsdifferenz" – Überlegungen zu Günther Jakobs' strafrechtlichem Handlungs- und Verhaltensbegriff, in: Michael Pawlik/Rainer Zaczyk (Hrsg.), Festschrift für Günther Jakobs, S. 147 ff., Köln u. a. 2007
– Vorsätzliche und fahrlässige Tötung bei ernstlichem Sterbebegehren des Opfers, NStZ 2004, S. 1 ff.
– Der Vorsatz als „Schuldform", als „aliud" zur Fahrlässigkeit und als „Wissen und Wollen"?, in: Claus-Wilhelm Canaris et al. (Hrsg.), 50 Jahre Bundesgerichtshof, Festgabe aus der Wissenschaft, Band IV, S. 51 ff., München 2000
– Die Quasi-Mittäterschaft bei § 216 StGB: Straftat oder straffreie Suizidbeteiligung? – BGH, NJW 1987, 1092, JuS 1988, S. 771
– Die Abgrenzung von Vorsatz und bewußter Fahrlässigkeit – ein Problem des objektiven Tatbestandes, JuS 1986, S. 249 ff.
– *Täterschaft* und Teilnahme, München 1977
Hillenkamp, Thomas: Zum Heimtückemord in Rechtfertigungslagen, in: Klaus Rogall et al. (Hrsg.), Festschrift für Hans-Joachim Rudolphi, S. 463 ff., Neuwied 2004
– Anmerkung zu BGH JZ 2004, S. 44, ebd., S. 48 ff.
– In tyrannos – viktimodogmatische Bemerkungen zur Tötung des Familientyrannen, in: Hans-Heiner Kühne (Hrsg.), Festschrift für Koichi Miyazawa, S. 141 ff., Baden-Baden 1995
– Der *Einfluß des Opferverhaltens* auf die dogmatische Beurteilung der Tat, Bielefeld 1983
– *Vorsatztat* und Opferverhalten, Göttingen 1981
Hippel, Robert von: Deutsches *Strafrecht*, Band 1, Allgemeine Grundlagen, Berlin 1925, Neudruck Aalen 1971
Hirsch, Andrew von/Neumann, Ulfrid: „Indirekter" Paternalismus im Strafrecht am Beispiel der Tötung auf Verlangen (§ 216 StGB), GA 2007, S. 671 ff.
Hirsch, Hans Joachim: Einwilligung und Selbstbestimmung, in: Günter Stratenwerth et al. (Hrsg.), Festschrift für Hans Welzel, S. 775 ff., Berlin/New York 1974
His, Rudolf: *Geschichte des deutschen Strafrechts* bis zur Karolina, München/Berlin 1928
– Das *Strafrecht des deutschen Mittelalters*, Teil 1, Weimar 1920, Neudruck Aalen 1964
– Das *Strafrecht des deutschen Mittelalters*, Teil 2, Weimar 1935, Neudruck Aalen 1964
Hoerster, Norbert: Warum keine aktive Sterbehilfe?, ZRP 1988, S. 1 ff.
– Rechtsethische Überlegungen zur Freigabe der Sterbehilfe, NJW 1986, S. 1786 ff.
Hoff, Paul: Vorgestalten, in: Henning Saß (Hrsg.), *Affektdelikte*, S. 95 ff., Berlin u. a. 1993
Höffe, Otfried: *Vernunft* und Recht, Bausteine zu einem interkulturellen Rechtsdiskurs, 2. Aufl., Frankfurt a. M. 1998

– Eine Konversion der kritischen Theorie?, Rechtshistorisches Journal 12 (1993), S. 70ff.
– Recht und Moral: ein kantischer Problemaufriß, in: Neue Hefte für Philosophie (1979), Heft 17, Recht und Moral, S. 1ff.
Hohmann, Ralf/Matt, Holger: Zum Mordmerkmal der „Verdeckung einer anderen Straftat" – zugleich eine Besprechung von BGHST 35, 116, JA 1989, S. 134ff.
Holderegger, Adrian: *Suizid* und Suizidgefährdung, Freiburg/Schweiz 1979
Holtzendorff, Franz von: Das *Verbrechen des Mordes* und die Todesstrafe, Berlin 1875
– Die *Psychologie des Mordes*, Berlin 1875
– Tödtung, in: ders. (Hrsg.): *Handbuch* des deutschen Strafrechts, 3. Band, S. 405ff., Berlin 1874
Horn, Eckhard: *Konkrete Gefährdungsdelikte*, Köln 1973
Horn, Hans Jürgen: Die Beurteilung der Amnesie bei Affekttaten, in: Henning Saß (Hrsg.), *Affektdelikte*, S. 163ff., Berlin u.a. 1993
Hörnle, Tatjana: Die Rolle des Opfers in der Straftheorie und im materiellen Strafrecht, JZ 2006, S. 950ff.
– Kriterien für die Herstellung von Tatproportionalität, in: Wolfgang Frisch et al. (Hrsg.), *Tatproportionalität*, S. 99ff., Heidelberg 2003
– Die Opferperspektive bei der Strafzumessung, in: Bernd Schünemann/Markus Dirk Dubber (Hrsg.), *Die Stellung des Opfers* im Strafrechtssystem, S. 175ff., Köln u.a. 2000
– Tatproportionale *Strafzumessung*, Berlin 1999
– Das antiquierte Schuldverständnis der traditionellen Strafzumessungsrechtsprechung und -lehre, JZ 1999, S. 1080ff.
Horstkotte, Horst-Werner: Die verwerfliche *Gesinnung*, ein Begriffsmerkmal des Mordes?, Hamburg 1967
Hruschka, Joachim: Kriterien eines bürgerlichen Zustandes in Kants Rechtslehre, in: Michael Hettinger et al. (Hrsg.), Festschrift für Wilfried Küper, S. 183ff., Heidelberg 2007
– *Strafrecht* nach logisch-analytischer Methode, 2. Aufl., Berlin/New York 1988
– Über Schwierigkeiten mit dem Beweis des Vorsatzes, in: Karl Heinz Gössel/Hans Kauffmann (Hrsg.), Festschrift für Theodor Kleinknecht, S. 191ff., München 1985
– Rettungspflichten in Notstandssituationen, JuS 1979, S. 385ff.
– Extrasystematische Rechtfertigungsgründe, in: Hans-Heinrich Jescheck/Hans Lüttger (Hrsg.), Festschrift für Eduard Dreher, S. 189ff., Berlin/New York 1977
– *Strukturen* der Zurechnung, Berlin/New York 1976
Jagusch, Heinrich: Die Rechtsprechung des Obersten Gerichtshofs für die Britische Zone zur vorsätzlichen Tötung, SJZ 1949, Sp. 324ff.
Jähnke, Burkhard: Über die gerechte Ahndung vorsätzlicher Tötung und über das Mordmerkmal der Überlegung, MDR 1980, S. 705ff.
Jakobs, Günther: Einwilligung in sittenwidrige Körperverletzung, in: Andreas Hoyer et al. (Hrsg.), Festschrift für Friedrich-Christian Schroeder, S. 507ff., Heidelberg 2006
– *Staatliche Strafe*: Bedeutung und Zweck, Paderborn u.a. 2004
– Buchbesprechung: Asmus Maatsch, Selbstverfügung als intrapersonaler Rechtspflichtverstoß, GA 2003, S. 65ff.
– Materielle Vollendung bei Verletzungsdelikten gegen die Person, in: Bernd Schünemann et al. (Hrsg.), Festschrift für Claus Roxin, S. 793ff., Berlin/New York 2001
– *Tötung auf Verlangen*, Euthanasie und Strafrechtssystem, München 1998

- Die strafrechtliche *Zurechnung* von Tun und Unterlassen, Opladen 1996
- Das Strafrecht zwischen Funktionalismus und „alteuropäischem" Prinzipiendenken, ZStW 107 (1995), S. 843 ff.
- Kommentar: Rechtfertigung und Entschuldigung bei Befreiung aus besonderen Notlagen (Notwehr, Notstand, Pflichtenkollision), in: Albin Eser/Haruo Nishihara (Hrsg.), *Rechtfertigung und Entschuldigung*, Band IV, S. 143 ff., Freiburg i.Br. 1995
- Das *Schuldprinzip*, Opladen 1993
- Zum Unrecht der Selbsttötung und der Tötung auf Verlangen, in: Fritjof Haft et al. (Hrsg.), Festschrift für Arthur Kaufmann, S. 459 ff., Heidelberg 1993
- Der strafrechtliche *Handlungsbegriff*, München 1992
- *Strafrecht*, Allgemeiner Teil, 2. Aufl.,Berlin/New York 1991
- Über die Aufgabe der subjektiven Deliktsseite im Strafrecht, in: Hermann Witter (Hrsg.), *Der psychiatrische Sachverständige* im Strafrecht, S. 271 ff., Berlin u. a. 1987
- Anmerkung zu BGH JZ 1984, S. 994 ff., ebd., S. 996 ff.
- Die juristische Perspektive zum Aussagewert der Handlungsanalyse einer Tat, in: Joachim Gerchow (Hrsg.), Zur *Handlungsanalyse* einer Tat, S. 21 ff., Berlin u. a. 1983
- Zum Verhältnis von psychischem Faktum und Norm bei der Schuld, in: Hans Göppinger/Paul H. Bresser (Hrsg.), Sozialtherapie. *Grenzfragen* bei der Beurteilung psychischer Auffälligkeiten im Strafrecht, S. 127 ff., Stuttgart 1982
- Niedrige Beweggründe beim Mord und die besonderen persönlichen Merkmale in § 50 Abs. 2 und 3 StGB, NJW 1969, S. 489 ff.
- *Schuld* und Prävention, Tübingen 1976
- Nötigung durch Drohung als Freiheitsdelikt, S. 69 ff., in: Jürgen Baumann/Klaus Tiedemann (Hrsg.), Festschrift für Karl Peters, S. 69 ff., Tübingen 1974
- Die *Konkurrenz* von Tötungsdelikten mit Körperverletzungsdelikten, Bonn 1967

Janzarik, Werner: Steuerung und Entscheidung, deviante Strukturierung und Selbstkorrumpierung im Vorfeld affektiv akzentuierter Delikte, in: Henning Saß (Hrsg.), *Affektdelikte*, S. 57 ff., Berlin u. a. 1993
- Die Mordmerkmale aus der Sicht des psychiatrischen Sachverständigen, Der Nervenarzt 63 (1992), S. 656 ff.
- Grundlagen der Einsicht und das Verhältnis von Einsicht und Steuerung, Der Nervenarzt 62 (1991), S. 423 ff.

Jarass, Hans D./Pieroth, Bodo: Grundgesetz für die Bundesrepublik Deutschland, 9. Aufl., München 2007

Jaspers, Karl: Allgemeine *Psychopathologie*, 5. Aufl., Berlin/Heidelberg 1948

Jescheck, Hans-Heinrich: Zu den Auswirkungen der tatbestandlichen Ausgestaltung des § 211 StGB, in: Hans-Heinrich Jescheck/Otto Triffterer, Ist die lebenslange *Freiheitsstrafe* verfassungswidrig?, S. 127 ff., Baden-Baden 1978
- Anmerkung zu BGH JZ 1957, S. 385 f., ebd., S. 386 ff.

Jescheck, Hans-Heinrich/Weigend, Thomas: *Lehrbuch* des Strafrechts, Allgemeiner Teil, 5. Aufl., Berlin 1996

Joachim, Hans: Alkohol und Affekt, in: Henning Saß (Hrsg.), *Affektdelikte*, S. 180 ff., Berlin u. a. 1993

Joecks, Wolfgang: *Studienkommentar*, 8. Aufl., München 2009

Joerden, Jan C.: *Strukturen* des strafrechtlichen Verantwortlichkeitsbegriffs: Relationen und ihre Verkettungen, Berlin 1988

Junger, Ilka: Geschlechtsspezifische Rechtsprechung beim Mordmerkmal Heimtücke, Streit 1984, S. 35 ff.

Jungnitz, Ludger et al., Gewalt gegen Männer, hrsg. vom Bundesministerium für Familien, Senioren, Frauen und Jugend, Berlin 2004

Kant, Immanuel: Die Metaphysik der Sitten, Werkausgabe Band VIII, hrgs. von Wilhelm Weischedel, 8. Aufl., Frankfurt a.M. 1989 (zitiert: *MdS*)

– Schriften zur *Anthropologie*, Geschichtsphilosophie, Politik und Pädagogik 2, Werkausgabe Band XII, hrgs. von Wilhelm Weischedel, Frankfurt a.M. 1977

– *Grundlegung* der Metaphysik der Sitten, hrsg. von Karl Vorländer, Nachdruck der 3. Aufl., Hamburg 1965

Kargl, Walter: Zum Grundtatbestand der Tötungsdelikte, JZ 2003, S. 1141 ff.

– Gesetz, Dogmatik und Reform des Mordes (§ 211 StGB), StraFo 2001, S. 365 ff.

Katzenstein, Richard: Die vorsätzliche Tötung nach geltendem Recht, ZStW 24 (1904), S. 503 ff.

Kaufmann, Armin: Zum Stande der Lehre vom personalen Unrecht, in: Günter Stratenwerth et al. (Hrsg.), Festschrift für Hans Welzel, S. 393 ff., Berlin/New York 1974

– Schuldfähigkeit und Verbotsirrtum, in: Paul Bockelmann/Wilhelm Gallas (Hrsg.), Festschrift für Eberhard Schmidt, S. 319 ff., Göttingen 1961

– Lebendiges und Totes in *Bindings Normentheorie*, Göttingen 1954

Kaufmann, Arthur: Euthanasie – Selbsttötung – Tötung auf Verlangen, in: ders., *Strafrecht* zwischen Gestern und Morgen, S. 137 ff., Köln u.a. 1983

Kaulbach, Friedrich: Moral und Recht in der Philosophie Kants, in: Jürgen Blühdorn/Joachim Ritter: *Recht und Ethik*, S. 43 ff., Frankfurt a.M. 1970

Kelker, Brigitte: Zur *Legitimität von Gesinnungsmerkmalen* im Strafrecht, Frankfurt a.M. 2007

Kelsen, Hans, Reine Rechstlehre, 2. Aufl., Wien 1960

Kern, Eduard: Grade der Rechtswidrigkeit, ZStW 64 (1952), S. 255 ff.

Kerner, Hans-Jürgen: Tötungsdelikte und lebenslange Freiheitsstrafe, ZStW 98 (1986), S. 874 ff.

– Der Wandel der höchstrichterlichen Rechtsprechung zu den Mordmerkmalen und zur lebenslangen Freiheitsstrafe, in: Hochschullehrer der Juristischen Fakultät der Universität Heidelberg (Hrsg.), Festschrift der Juristischen Fakultät der Ruprecht-Karls-Universität Heidelberg, S. 419 ff., Heidelberg 1986

– *Verbrechenswirklichkeit* und Strafverfolgung, München 1973

Kersting, Wolfgang: *Wohlgeordnete Freiheit*, Frankfurt a.M. 1993

– Die verbindlichkeitstheoretischen Argumente der kantischen Rechtsphilosophie, ARSP Beiheft 37 (1988), S. 62 ff.

Kindhäuser, Urs: Strafrecht, Besonderer Teil I, 4. Aufl., Baden-Baden 2009

– Strafrecht, Allgemeiner Teil, 3. Aufl., Baden-Baden 2008

– Gleichgültigkeit als Vorsatz?, in: Jörg Arnold et al. (Hrsg.), Festschrift für Albin Eser, S. 345 ff., München 2005

– Rechtstreue als Schuldkategorie, ZStW 107 (1995), S. 701 ff.

– *Gefährdung* als Straftat, Frankfurt a.M. 1989

– Der Vorsatz als Zurechnungskriterium, ZStW 96 (1984), S. 1 ff.

Kitzinger, Friedrich: Juristische *Aphorismen*, Berlin-Grunewald 1923

Klee, Karl: *Der dolus indirectus* als Grundform der vorsätzlichen Tötung, Berlin 1906

Klesczweski, Diethelm: Affektbefangenes Handeln als Unrechts- und Schuldunterscheidungsgrund im Besonderen Teil des StGB, in: ders. (Hrsg.), *Affekt* und Strafrecht, S. 57 ff., Leipzig 2004

– Ein zweischneidiges Recht – Zu Grund und Grenzen der Notwehr in einem vorpositiven System der Erlaubnissätze, in: Rainer Zaczyk et al. (Hrsg.), Festschrift für Ernst Amadeus Wolff, S. 225 ff., Berlin u. a. 1998
– Die *Rolle der Strafe* in Hegels Theorie der bürgerlichen Gesellschaft, Berlin 1991
Koch, Arnd: Die Grundlagen des deutschen Strafverfahrens. Zehn verbreitete Fehlvorstellungen und ihre notwendige Korrektur, in: Georg Steinberg (Hrsg.), Festschrift für Hinrich Rüping, S. 393 ff., München 2008
Koffka, Else: Ist § 50 II StGB n. F. auf den Gehilfen anwendbar, wenn der Haupttäter aus dem Gehilfen bekannten niedrigen Beweggründen tötet, die beim Gehilfen fehlen?, JR 1969, S. 41 f.
Köhl, Harald: Kants *Gesinnungsethik*, Berlin/New York 1990
Kohler, Josef: *Studien* aus dem Strafrecht/IV. Das Strafrecht der italienischen Statuten vom 12.-16. Jahrhundert, Besonderer Teil, erste Hälfte, Mannheim 1896
Köhler, Michael: Die subjektive Zurechnung der Gefahr als Voraussetzung der Eingriffsbefugnis im Defensivnotstand, in: Andreas Hoyer et al. (Hrsg.), Festschrift für Friedrich-Christian Schroeder, S. 257 ff., Heidelberg 2006
– Die Zurechnung von Affekt und Leidenschaft – Gesichtspunkte der praktischen Philosophie –, in: Diethelm Klesczewski (Hrsg.), *Affekt* und Strafrecht, S. 9 ff., Leipzig 2004
– *Strafrecht*, Allgemeiner Teil, Berlin u. a. 1997
– Freiheitliches Rechtsprinzip und Betäubungsmittelstrafrecht, ZStW 104 (1992), S. 3 ff.
– Der *Begriff der Strafe*, Heidelberg 1986
– Zur Strafbarkeit des Mordes bei „außergewöhnlichen Umständen" – BGHSt 30, 105, JuS 1984, S. 762 ff.
– Über den *Zusammenhang* von Strafbegründung und Strafzumessung, Heidelberg 1983
– Die bewußte *Fahrlässigkeit*, Heidelberg 1982
– Anmerkung zu BGH JZ 1981, S. 547 f., ebd., S. 548 f.
– Anmerkung zu BGH JZ 1980, S. 238, ebd., S. 238 ff.
– Zur Abgrenzung des Mordes erörtert am Mordmerkmal „Verdeckungsabsicht", GA 1980, S. 121 ff.
Kohlrausch, Eduard/Lange, Richard: Strafgesetzbuch mit Erläuterungen und Nebengesetzen, 39. und 40. Aufl., Berlin 1950
Kohut, Heinz: *Narzißmus*, Frankfurt a. M. 1973
Koppány, Ilona: Zur Frage der Objektbeziehung und des Selbstkonzeptes des Suizidanten, in: Heinz Henseler/Christian Reimer (Hrsg.), *Selbstmordgefährdung*, S. 55 ff., Stuttgart/Bad Cannstatt 1981
Koriath, Heinz: Einige Gedanken zur Notwehr, in: Guido Britz et al. (Hrsg.), Festschrift für Heinz Müller-Dietz, S. 361 ff., München 2001
Körner, Burkhard: Das soziale *Machtgefälle* zwischen Mann und Frau als gesellschaftlicher Hintergrund der Kriminalisierung, München 1992
Koslowski, Ricco: Die Kriminologie der *Tötungsdelikte*, Frankfurt a. M. u. a. 1999
Köstlin, Christian Reinhold: *Geschichte* des deutschen Strafrechts im Umriß, Tübingen 1859
– System des deutschen Strafrechts, Abteilung I, Allgemeiner Teil, Tübingen 1855, Neudruck Aalen 1978 (zitiert: System I)

– Die Lehre vom *Mord und Todtschlag*, einer historisch-philosophischen Kritik unterworfen, Stuttgart 1838

Krack, Ralf: Teilnahme am Suizid und Tötung auf Verlangen, KJ 28 (1995), S. 60ff.

Kratzsch, Dietrich: Für oder wider die „Rechtsfolgenlösung" des Großen Senats für Strafsachen? – Zur Auslegung des § 211 StGB –, JA 1982, S. 401 ff.

Krauß, Detlef: Das Prinzip der materiellen Wahrheit im Strafprozeß, in: Gerald Grünwald u. a. (Hrsg.), Festschrift für Friedrich Schaffstein, S. 411 ff., Göttingen 1975

– Der psychologische Gehalt subjektiver Elemente im Strafrecht, in: Wolfgang Frisch/Werner Schmid (Hrsg.), Festschrift für Hans-Jürgen Bruns, S. 11, Köln u. a. 1978

Kretschmer, Ernst, Medizinische Psychologie, 14. Aufl. (hrsg. von Wolfgang Kretschmer), Stuttgart 1975

Kreuzer, Arthur: Kriminologische Aspekte der Tötungskriminalität, in: Rudolf Egg (Hrsg.), *Tötungsdelikte – mediale Wahrnehmung*, kriminologische Erkenntnisse, juristische Aufarbeitung –, S. 45ff., Wiesbaden 2002

– Definitionsprozesse bei Tötungsdelikten, Kriminalistik 1982, S. 428ff., 491 ff.

Kreuzer, Arthur/Hürlimann, Michael: Alte Menschen in Kriminalität und Kriminalitätskontrolle – Plädoyer für eine Alterskriminologie, in: dies. (Hrsg.), *Alte Menschen* als Täter und Opfer, S. 13ff., Freiburg i.Br. 1992

Krey, Volker: Strafrecht, Allgemeiner Teil, Band 1, 3. Aufl., Stuttgart 2008

– Strafrecht, Allgemeiner Teil, Band 2, 3. Aufl., Stuttgart 2008

Krey, Volker/Heinrich, Manfred: Strafrecht, Besonderer Teil, Band 1, 14. Aufl., Stuttgart 2008

Kröber, Hans-Ludwig: Persönlichkeit, konstellative Faktoren und die Bereitschaft zum „Affektdelikt", in: Henning Saß (Hrsg.), *Affektdelikte*, S. 77ff., Berlin u. a. 1993

Kröner, Otto: Die vorsätzlichen *Tötungsdelikte* in ihrer Entwicklung von der Carolina bis zum Ausgang des 18. Jahrhunderts, Göttingen 1958

Krug, August Otto: Das *Strafgesetzbuch* für das Königreich Sachsen, mit Erläuterungen, Leipzig 1855

Krümpelmann, Justus: Die strafrechtliche Beurteilung der sog. Affekttaten, in: Henning Saß (Hrsg.), *Affektdelikte*, S. 18ff., Berlin u. a. 1993

– Die strafrechtliche Schuldfähigkeit bei Affekttaten, Recht&Psychiatrie 8 (1990), S. 150ff.

– Schuldzurechnung unter Affekt und alkoholisch bedingter Schuldunfähigkeit, ZStW 99 (1987), S. 191 ff.

– Dogmatische und empirische Probleme des sozialen Schuldbegriffs, GA 1983, S. 337ff.

– Die Neugestaltung der Vorschriften über die Schuldfähigkeit durch das Zweite Strafrechtsreformgesetz vom 4. Juli 1969, ZStW 88 (1976), S. 6ff.

– Motivation und Handlung im Affekt, in: Günter Stratenwerth et al. (Hrsg.), Festschrift für Hans Welzel, S. 327ff., Berlin/New York 1974

– *Affekt* und Schuldfähigkeit, Wiesbaden 1972/1988

– Die *Bagatelldelikte*, Berlin 1966

Kühl, Kristian: Strafrecht, Allgemeiner Teil, 6. Aufl., München 2008 (zitiert: Strafrecht AT)

– „Sozialethische" Argumente im Strafrecht, Jahrbuch für Recht und Ethik 11 (2003), S. 219ff.

– Strafrecht und Moral – Trennendes und Verbindendes, in: Knut Amelung et al. (Hrsg.), Festschrift für Hans-Ludwig Schreiber, S. 959ff., Heidelberg 2003

– Der Zusammenhang von Strafe und Strafrecht, in: Dieter Dölling (Hrsg.), Festschrift für Ernst-Joachim Lampe, S. 439 ff., Berlin 2003
– Verbindungen von (Straf-)Recht und Moral, in: Eva Graul/Gerhard Wolf (Hrsg.), Gedächtnisschrift für Dieter Meurer, S. 545 ff., Berlin 2002
– Die *Bedeutung der Rechtsphilosophie* für das Strafrecht, Baden-Baden 2001
– Freiheit und Solidarität bei den Notrechten, in: Thomas Weigend/Georg Küpper (Hrsg.), Festschrift für Hans Joachim Hirsch, S. 259 ff., Berlin/New York 1999
– Zur rechtsphilosophischen Begründung des rechtfertigenden Notstands, in: Albin Eser u. a. (Hrsg.), Festschrift für Theodor Lenckner, S. 143 ff., München 1998
– Die Notwehr: Ein Kampf ums Recht oder Streit, der mißfällt?, in: Kurt Schmoller (Hrsg.), Festschrift für Otto Triffterer, S, 149 ff., Wien/New York 1996
– Naturrechtliche Grenzen strafwürdigen Verhaltens, in: Manfred Seebode (Hrsg.), Festschrift für Günter Spendel, S. 75 ff., Berlin/New York 1992
– Die Bedeutung der Kantischen Unterscheidung von Legalität und Moralität sowie von Rechtspflichten und Tugendpflichten für das Strafrecht – ein Problemaufriß, in: Heike Jung et al. (Hrsg.), *Recht und Moral*, S. 139 ff., Baden-Baden 1991
– „Sozialethische" Einschränkungen der Notwehr, Jura 1990, S. 244 ff.
– Naturrecht und positives Recht in Kants Rechtsphilosophie, ARSP Beiheft 37 (1988), S. 75 ff.

Kühne, Hans Heiner: Die strafrechtliche Relevanz eines auf Fehlvorstellungen gegründeten Rechtsgutsverzichts, JZ 1979, S. 241 ff.

Kunkel, Wolfgang: *Untersuchungen* zur Entwicklung des römischen Kriminalverfahrens in vorsullanischer Zeit, München 1962

Kunkel, Wolfgang/Schermaier, Martin: Römische *Rechtsgeschichte*, 13. Aufl., Köln/Weimar/Wien 2001

Küper, Wilfried: Strafrecht, Besonderer Teil, Definitionen und Erläuterungen, 7. Aufl., Heidelberg 2008 (zitiert: Strafrecht BT)
– „Blutrache", „Heimtücke" und Beteiligung am Mord, JZ 2006, S. 608 ff.
– Normativierung der Arglosigkeit?, GA 2006, S. 310 ff.
– „Heimtücke" als Mordmerkmal – Probleme und Strukturen, JuS 2000, S. 740 ff.
– Die Rechtsprechung des BGH zum tatbestandssystematischen Verhältnis von Mord und Totschlag – Analyse und Kritik –, JZ 1991, S. 761 ff., 862 ff., 910 ff.
– Grund- und Grenzfragen der rechtfertigenden *Pflichtenkollision* im Strafrecht, Berlin 1979
– Die Grundlagen der Kompensation und die Voraussetzungen der Straffreierklärung nach § 199 StGB, JZ 1968, S. 651 ff.

Küpper, Georg: Strafrecht, Besonderer Teil 1, 3. Aufl., Berlin u. a. 2007
– Die Probleme des Mordtatbestandes als Folge der absoluten Strafandrohung, in: Burkhardt Ziemske et al. (Hrsg.), Festschrift für Martin Kriele, S. 777 ff., München 1997

Kußmann, Michael: *Einwilligung und Einverständnis* bei Täuschung, Irrtum, Zwang, Bonn 1988

Laber, Birgit: Die neuere Rechtsprechung zum Mordmerkmal der Verdeckungsabsicht, MDR 1989, S. 861 ff.

Lackner, Karl: Anmerkung zu BGH NStZ 1981, S. 344 ff., ebd., S. 348 ff.
– *Referat zum 53. Deutschen Juristentag*, Empfiehlt es sich, die Straftatbestände des Mordes, des Totschlags und der Kindestötung (§§ 211 bis 213, 217 StGB) neu abzugrenzen?, Sitzungsbericht, M 25 ff., München 1980

– Erfahrungen aus einem Seminar über die Reform der Strafvorschriften zum Schutz des Lebens, JZ 1977, S. 502 ff.
Lackner, Karl/Kühl, Kristian: Strafgesetzbuch mit Erläuterungen, 26. Aufl., München 2007 (zitiert: *Lackner/Kühl*)
Lamott, Franziska et al.: Trauma, Beziehung und Tat, MschrKrim 81 (1998), S. 235 ff.
Lamott, Franziska/Pfäfflin, Friedemann: Bindungsrepräsentationen von Frauen, die getötet haben, MschrKrim 84 (2001), S. 10 ff.
Lampe, Ernst-Joachim: Das personale *Unrecht*, Berlin 1967
Landgraf, Wolfgang: Die „verschuldete" verminderte *Schuldfähigkeit*, Frankfurt a. M. 1988
Lange, Richard: Humanwissenschaften und Strafrecht, in: Hermann Witter (Hrsg.), *Der psychiatrische Sachverständige* im Strafrecht, S. 231 ff., Berlin u. a. 1987
– Ist Schuld möglich?, in: Arthur Kaufmann u. a. (Hrsg.), Festschrift für Paul Bockelmann, S. 261 ff., München 1979
– Eine Wende in der Auslegung des Mordtatbestandes, in: Walter Stree et al. (Hrsg.), Gedächtnisschrift für Horst Schröder, S. 217 ff., München 1978
– Zur strafrechtlichen Judikatur des Obersten Gerichtshofes für die Britische Zone, JR 1950, S. 615 ff.
– Die Schuld des Teilnehmers, insbesondere bei Tötungs- und Wirtschaftsverbrechen, JR 1949, S. 167 ff.
Langer, Winrich: Euthanasie im Krankenhaus, JR 1993, S. 133 ff.
– Zum Begriff der „besonderen persönlichen Merkmale", in: Günter Warda et al. (Hrsg.), Festschrift für Richard Lange, S. 241 ff., Berlin/New York 1976
Leferenz, Heinz: Die Neugestaltung der Vorschriften über die Schuldfähigkeit durch das Zweite Strafrechtsreformgesetz vom 4. Juli 1969, ZStW 88 (1976), S. 40 ff.
Legnaro, Aldo/Aengenheister, Astrid: *Schuld und Strafe*. Das soziale Geschlecht von Angeklagten und die Aburteilung von Tötungsdelikten, Pfaffenweiler 1999
– „Die besondere Abscheulichkeit der Tat" – Aspekte der rechtlichen Verarbeitung von männlicher Tötungskriminalität, MschrKrim 78 (1995), S. 212 ff.
– An der Notwehr vorbei – Aspekte der rechtlichen Verarbeitung von weiblicher Tötungskriminalität, MschrKrim 78 (1995), S. 203 ff.
– Geschlecht und Gerechtigkeit – Aspekte der Aburteilung von Tötungskriminalität, KJ 28 (1995), S. 188 ff.
Leipziger Kommentar zum StGB, Großkommentar, hrsg. von Burkhard Jähnke/Heinrich Wilhelm Laufhütte/Walter Odersky
– 1. Band, Einleitung; §§ 1 bis 31, 11. Aufl., Berlin 2003 (zitiert: LK/*Bearbeiter* [11. Aufl.])
– 2. Band, §§ 32 bis 60, 11. Aufl., Berlin 2003 (zitiert: LK/*Bearbeiter* [11. Aufl.])
– 6. Band, §§ 223 bis 263a, 11. Aufl., Berlin 2005 (zitiert: LK/*Bearbeiter*)
Leipziger Kommentar zum StGB, Großkommentar, hrsg. von Heinrich Wilhelm Laufhütte/ Ruth Rissing-van Saan/Klaus Tiedemann
– 1. Band, Einleitung; §§ 1 bis 31, 12. Aufl., Berlin 2007 (zitiert: LK/*Bearbeiter* [12. Aufl.])
– 2. Band, §§ 32 bis 55, 12. Aufl., Berlin 2007 (zitiert: LK/*Bearbeiter* [12. Aufl.])
– 6. Band, §§ 146 bis 210, 12. Aufl. Berlin 2010 (zitiert: LK/*Bearbeiter*)
Leist, Burkhard Wilhelm: Graeco-italische *Rechtsgeschichte*, Jena 1884

Lenckner, Theodor: Strafe, Schuld und Schuldfähigkeit, in: Hans Göppinger/Hermann Witter (Hrsg.), *Handbuch der forensischen Psychiatrie*, Band I, S. 3ff., Berlin/Heidelberg/New York 1972
– Der rechtfertigende *Notstand*, Tübingen 1965
Lesch, Heiko Hartmut: Unrecht und Schuld im Strafrecht, JA 2002, S. 602ff.
– Der *Verbrechensbegriff*, Köln u.a. 1999
– Dolus directus, indirectus und eventualis, JA 1997, S. 802ff.
– Dogmatische Grundlagen zur Behandlung des Verbotsirrtums, JA 1996, S. 346ff. und S. 504ff.
– Zur Einführung in das Strafrecht: Über den Sinn und Zweck staatlichen Strafens, JA 1994, S. 510ff. (1. Teil) und S. 590ff. (2. Teil)
Leygraf, Norbert: Die Beurteilung der Schuldfähigkeit bei Tötungsdelikten, in: Rudolf Egg (Hrsg.), *Tötungsdelikte – mediale Wahrnehmung*, kriminologische Erkenntnisse, juristische Aufarbeitung –, S. 225ff., Wiesbaden 2002
Liszt, Eduard Ritter von: Die vorsätzlichen *Tötungen*, Wien 1919
Liszt, Franz von: *Lehrbuch* des deutschen Strafrechts, 18. Aufl., Berlin 1911
– Verbrechen und Vergehen wider das Leben, in: Karl Birkmeyer et al. (Hrsg.), *Vergleichende Darstellung* des deutschen und ausländischen Strafrechts. Vorarbeiten zur deutschen Strafrechtsreform. Besonderer Teil, V. Band, S. 1ff., Berlin 1905
– Die psychologischen Grundlagen der Kriminalpolitik, ZStW 16 (1896), S. 477ff.
Lobe, Adolf: Die allgemeinen strafrechtlichen Begriffe nach Carpzov, Leipzig 1894
Locke, John: Zwei *Abhandlungen* über die Regierung, hrsg. von Walter Euchner, 7. Aufl., Frankfurt a.M. 1998
Löffler, Alexander: Die *Schuldformen* des Strafrechts in vergleichend-historischer und dogmatischer Darstellung, Band I, Abteilung I, Leipzig 1895
Lorentz, Werner: Die *Totschläger*, Leipzig 1932
Lorenzer, Alfred: Die Analyse der subjektiven Struktur von Lebensläufen und das gesellschaftlich Objektive, in: Baake, Dieter/Schulze, Theodor: Aus *Geschichten* lernen, S. 239ff., Weinheim/München 1993
Lüderssen, Klaus: Recht, Strafrecht und Sozialmoral, in: ders., *Kriminalpolitik* auf verschlungenen Wegen, S. 39ff., Frankfurt a.M. 1981
Luhmann, Niklas: *Liebe als Passion*. Zur Codierung von Intimität, Frankfurt a.M. 1994
Luthe, Rainer: Der strukturale Ansatz in der forensischen Psychiatrie, in: Hermann Witter (Hrsg.), *Der psychiatrische Sachverständige* im Strafrecht, S. 94ff., Berlin u.a. 1987
Maatsch, Asmus: *Selbstverfügung* als intrapersonaler Rechtspflichtverstoß. Zum Strafunrecht einverständlicher Sterbehilfe, Berlin 2001
Maatz, Kurt Rüdiger: Der alkoholisierte Affekttäter – Bedeutung für die Schuldfähigkeit, Der Nervenarzt 76 (2005), S. 1389ff.
– Der minder schwere Fall des Totschlags – Versuch einer normativ-ethischen Reduktion des § 213 StGB –, in: Albin Eser et al. (Hrsg.), Festschrift für Hannskarl Salger, S. 91ff., Köln u.a. 1995
Maisch, Herbert: Die Tatamnesie bei sogenannten Affektdelikten, StV 1995, S. 381ff.
– Diagnostische Urteilsbildung zur Einschätzung von Schweregraden psychischer Störungen und ihre Auswirkungen für forensische Zwecke: Grundlagenprobleme, Suchrichtungen, Annäherungsstrategien, MschrKrim 66 (1983), S. 343ff.

Marneros, Andreas: Zur Manipulierbarkeit von Affektdelikten, MschrKrim 90 (2007), S. 331 ff.
– Zur Abgrenzung von Affekttaten und Impulstaten, Der Nervenarzt 78 (2007), S. 1283 ff.
Matt, Peter von: *Liebesverrat*: Die Treulosen in der Literatur, 5. Aufl., München 2001
Maurach, Reinhart/Gössel, Karl Heinz/Zipf, Heinz: Strafrecht, Allgemeiner Teil, Teilband 2, 7. Aufl., Heidelberg 1989
Maurach, Reinhart/Schroeder, Friedrich-Christian/Maiwald, Manfred: Strafrecht, Besonderer Teil, Teilband 1, 10. Aufl., Heidelberg 2009 (zitiert: Strafrecht BT/1)
Maurach, Reinhart/Zipf, Heinz: Strafrecht, Allgemeiner Teil, Teilband 1, 8. Aufl., Heidelberg 1992
Maurer, Hartmut: Allgemeines *Verwaltungsrecht*, 16. Aufl., München 2006
Mayer, Max Ernst: Der Allgemeine Teil des deutschen Strafrechts. *Lehrbuch*, Heidelberg 1915
– Die schuldhafte *Handlung* und ihre Arten im Strafrecht, Leipzig 1901
Mende, Werner: Die affektiven Störungen, in: Ulrich Venzlaff (Hrsg.), Psychiatrische *Begutachtung*, S. 317 ff., Stuttgart/New York 1986
– Die „tiefgreifende Bewußtseinsstörung" in der forensisch-psychiatrischen Diagnostik, in: Arthur Kaufmann u. a. (Hrsg.), Festschrift für Paul Bockelmann, S. 311 ff., München 1979
Merkel, Reinhard: Aktive Sterbehilfe. Anmerkungen zum Stand der Diskussion und zum Gesetzgebungsvorschlag des „Alternativ-Entwurfs Sterbebegleitung", in: Andreas Hoyer et al. (Hrsg.), Festschrift für Friedrich-Christian Schroeder, S. 297 ff., Heidelberg 2006
– Forschungsobjekt *Embryo*. Verfassungsrechtliche und ethische Grundlagen der Forschung an menschlichen embryonalen Stammzellen, München 2002
– *Früheuthanasie*. Rechtsethische und strafrechtliche Grundlagen ärztlicher Entscheidungen über Leben und Tod in der Neonatalmedizin, Baden-Baden 2001
– An den Grenzen von Medizin, Ethik und Strafrecht: Die chirurgische Trennung sogenannter siamesischer Zwillinge, in: Claus Roxin/Ulrich Schroth (Hrsg.), *Medizinstrafrecht*. Im Spannungsfeld von Medizin, Ethik und Strafrecht, S. 137 ff., Stuttgart u. a. 2000
– Zaungäste? Über die Vernachlässigung philosophischer Argumente in der Strafrechtswissenschaft (und einige verbreitete Mißverständnisse zu § 34 S. 1 StGB), in: Institut für Kriminalwissenschaften Frankfurt a. M. (Hrsg.), *Vom unmöglichen Zustand* des Strafrechts, S. 171 ff., Frankfurt a. M. u. a. 1995
– Teilnahme am Suizid – Tötung auf Verlangen – Euthanasie. Fragen an die Strafrechtsdogmatik, in: Rainer Hegselmann/Reinhard Merkel (Hrsg.), Zur *Debatte über Euthanasie*, S. 71 ff., 2. Aufl., Frankfurt a. M. 1992
Meyer, Hugo: *Lehrbuch* des deutschen Strafrechts, 5. Aufl., Leipzig 1895
Meyer, Maria-Katharina: Zum Mordmerkmal der Heimtücke, JR 1986, S. 133 ff.
– *Ausschluß der Autonomie* durch Irrtum, Köln u. a. 1984
– Zu den Begriffen der Heimtücke und der Verdeckung einer Straftat, JR 1979, S. 441 ff. und S. 485 ff.
Mezger, Edmund: Tatstrafe und Täterstrafe, insbesondere im Kriegsstrafrecht, ZStW 60 (1941), S. 353 ff.
– Die Straftat als Ganzes, ZStW 57 (1938), S. 675 ff.
– *Strafrecht*, München/Leipzig 1931

– Die subjektiven Unrechtselemente, Der Gerichtssaal 89 (1924), S. 207 ff.
Mezger, Edmund/Mikorey, Max: Affekt und Zurechnungsfähigkeit, MschrKrimbiol 9/10 (1938), S. 444 ff.
Middendorff, Wolf: *Kriminologie* der Tötungsdelikte, Stuttgart/München/Hannover 1984
– Probleme um § 213 StGB, in: Hans Göppinger/Paul H. Bresser (Hrsg.), *Tötungsdelikte*, S. 133 ff., Stuttgart 1980
Mir Puig, Santiago: Objektive Rechtswidrigkeit und Normwidrigkeit im Strafrecht, ZStW 108 (1996), S. 759 ff.
– Über das Objektive und das Subjektive im Unrechtstatbestand, in: Gerhard Dornseifer et al. (Hrsg.), Gedächtnisschrift für Armin Kaufmann, S. 253 ff., Köln u. a. 1989
Mitsch, Wolfgang: Die Verfassungswidrigkeit des § 211 StGB, JZ 2008, S. 336 ff.
– Der „Kannibalen-Fall", ZIS 2007, S. 197 ff.
– *Rechtfertigung* und Opferverhalten, Hamburg 2004
– Grundfälle zu den Tötungsdelikten, JuS 1995, S. 787 ff., S. 888 ff., und JuS 1996, S. 26 ff., S. 121 ff., S. 213 ff., S. 309 ff.
Mitscherlich, Margarete: *Die friedfertige Frau*. Eine psychoanalytische Untersuchung zur Aggression der Geschlechter, Frankfurt a. M. 1985
Mittermaier, Karl Josef Anton: Die Beihülfe zum Selbstmord, und die Tödtung eines Einwilligenden nach dem gegenwärtigen Standpunkte der Gesetzgebung, Rechtsprechung und Wissenschaft geprüft, GA 9 (1861), S. 433 ff.
– Die Lehre von dem Morde und Todtschlag nach dem Preußischen Strafgesetzbuche, verglichen mit den Bestimmungen anderer Gesetzgebungen und geprüft nach den Forderungen der Gerechtigkeit, GA 2 (1854), S. 141 ff., 285 ff.
Mittermaier, Wolfgang: Anmerkung zu RG JW 1930, S. 919 f., ebd.
– Verbrechen und Vergehen wider die Sittlichkeit, in: Karl Birkmeyer et al. (Hrsg.), *Vergleichende Darstellung* des deutschen und ausländischen Strafrechts, Besonderer Teil, IV. Band, S. 1 ff., Berlin 1906
Mommsen, Theodor: Römisches *Strafrecht*, Leipzig 1899, Nachdruck Graz 1955
Momsen, Carsten: Anmerkung zu BGH JR 2000, S. 26 ff., ebd., S. 29 ff.
Momsen, Carsten/Jung, Caroline: Der „Kannibale von Rotenburg" – Ein vorläufiges Resümee, ZIS 2007, S. 162 ff.
Moos, Reinhard: Die Tötung im Affekt im neuen österreichischen Strafrecht, ZStW 89 (1977), S. 796 ff.
Morgenstern, Henrike: *Unterlassene Hilfeleistung*, Solidarität und Recht, Frankfurt a. M. 1997
Mosbacher, Andreas: Strafrecht und *Selbstschädigung*, Berlin u. a. 2001
Moser, Tilmann: Psychoanalytische Kriminologie, KJ 1979, S. 399 ff.
Motsch, Thomas: Der straflose *Notwehrexzess*, Berlin 2003
Müller, Ursula et al., Lebenssituation, Sicherheit und Gesundheit von Frauen in Deutschland, hrsg. vom Bundesministerium für Familien, Senioren, Frauen und Jugend, Berlin 2004
Müller-Dietz, Heinz: Das Verhältnis von Gesetz und Richter – am Beispiel des § 211 StGB, in: Albin Eser (Hrsg.), Festschrift für Haruo Nishihara, S. 248 ff., Baden-Baden 1998
– Mord, lebenslange Freiheitsstrafe und bedingte Entlassung, Jura 1983, S. 568 ff. und S. 628 ff.

– Wie ist beim Mord die präventive Wirkung der lebenslangen Freiheitsstrafe einzuschätzen?, in: Hans-Heinrich Jescheck/Otto Triffterer, Ist die lebenslange *Freiheitsstrafe* verfassungswidrig?, S. 91 ff., Baden-Baden 1978

Müller-Luckmann, Elisabeth: Weibliche Tötungskriminalität, in: Rudolf Egg (Hrsg.), *Tötungsdelikte – mediale Wahrnehmung*, kriminologische Erkenntnisse, juristische Aufarbeitung –, S. 129 ff., Wiesbaden 2002

– Zur begrifflichen und diagnostischen Problematik von Gesinnung und Reue, in: Hans Göppinger/Paul H. Bresser (Hrsg.), *Tötungsdelikte*, S. 119 ff., Stuttgart 1980

Münch, Ingo von/Kunig, Philipp: Grundgesetz-Kommentar, Band 1, 5. Aufl., München 2000

Münchener Kommentar zum Bürgerlichen Gesetzbuch, Band 7, Familienrecht I, §§ 1297–1588, Gewaltschutzgesetz, 5. Aufl., München 2010 (zitiert: MK-BGB/*Bearbeiter* [5. Aufl.])

Münchener Kommentar zum Bürgerlichen Gesetzbuch, Band 7, Familienrecht I, §§ 1297–1588 BGB, VAHRG · VAÜG · HausratsV, hrsg. von Kurt Rebmann et al., 4. Aufl., München 2000 (zitiert: MK-BGB/*Bearbeiter* [4. Aufl.])

Münchener Kommentar zum Strafgesetzbuch, hrsg. von Wolfgang Joecks/Klaus Miebach (zitiert: MK/*Bearbeiter*)

– Band 1, §§ 1 bis 51 StGB, München 2003

– Band 3, §§ 185 bis 262 StGB, München 2003

Murmann, Uwe: Die *Selbstverantwortung* des Opfers im Strafrecht, Berlin 2005

Müssig, Bernd: Normativierung der Mordmerkmale durch den Bundesgerichtshof?, in: Gunter Widmaier et al. (Hrsg.), Festschrift für Hans Dahs, S. 117 ff., Köln 2005

– *Mord* und Totschlag, Köln/Berlin/München 2005

Mylonopoulos, Christos: Über das *Verhältnis von Handlungs- und Erfolgsunwert* im Strafrecht, Köln u. a. 1981

Nedopil, Norbert: Forensische *Psychiatrie*, 3. Aufl., Stuttgart/New York 2007

– Quantifizierende Dokumentation im Bereich der forensischen Psychiatrie, in: Helmut Kury (Hrsg.), *Ausgewählte Fragen* und Probleme forensischer Begutachtung, S. 279 ff., Köln u. a. 1987

Neubauer, Erika et al.: *Gewalt* gegen Frauen: Ursachen und Interventionsmöglichkeiten, 2. Aufl., Stuttgart/Berlin/Köln 1998

Neumann, Ulfrid: Zum Verhältnis von minder schwerem Fall des Totschlags (§ 213 StGB) und Mord (§ 211 StGB) nach dem 6. Strafrechtsreformgesetz, in: Jörg Arnhold et al. (Hrsg.), Festschrift für Albin Eser, S. 431 ff., München 2005

– Mord und Totschlag. Argumentationstheoretische Erwägungen zum Verhältnis von §§ 211 und 212 StGB, in: Dieter Dölling (Hrsg.), Festschrift für Ernst-Joachim Lampe, S. 643 ff., Berlin 2003

– Anmerkung zu BGH JR 2002, S. 470 f., ebd., S. 471 ff.

– Zur (Nicht-)Reform der lebenslangen Freiheitsstrafe, in: Institut für Kriminalwissenschaften und Rechtsphilosophie Frankfurt a. M. (Hrsg.), *Irrwege* der Strafgesetzgebung, S. 389 ff., Frankfurt a. M. 1999

– Die Strafbarkeit der Suizidbeteiligung als Problem der Eigenverantwortlichkeit des „Opfers", JA 1987, S. 244 ff.

– *Zurechnung* und „Vorverschulden", Berlin 1985

Niederschriften über die Sitzungen der Großen Strafrechtskommission, 7. Band, Besonderer Teil, Bonn 1959

Niederschriften über die Sitzungen der Großen Strafrechtskommission, 13. Band, Besonderer Teil, Bonn 1969

Noll, Peter: Tatbestand und Rechtswidrigkeit: Die Wertabwägung als Prinzip der Rechtfertigung, ZStW 77 (1965), S. 1 ff.

– Übergesetzliche Milderungsgründe aus vermindertem Unrecht, ZStW 68 (1956), S. 181 ff.

– *Übergesetzliche Rechtfertigungsgründe* im besondern die Einwilligung des Verletzten, Basel 1955

Nomos Kommentar zum Strafgesetzbuch, hrsg. von Urs Kindhäuser/Ulfrid Neumann/Hans-Ullrich Paeffgen

– Band 1, §§ 1 bis 145d, 2. Aufl., Baden-Baden 2005 (zitiert: NK/*Bearbeiter*)

– Band 1, §§ 1 bis 145d, 1. Aufl., Baden-Baden 1995 (zitiert: NK/*Bearbeiter* [1995])

– Band 2, §§ 146 bis 358, 2. Aufl., Baden-Baden 2005 (zitiert: NK/*Bearbeiter*)

Nothhafft, Susanne: Himmel und Erde – Frauen in Gewaltverhältnissen und die Schwierigkeit, sie zu verteidigen, wenn sie ihren Peiniger töten, MschrKrim 82 (1999), S. 111 ff.

Oberlies, Dagmar: *Tötungsdelikte* zwischen Männern und Frauen, Pfaffenweiler 1995

– Der Versuch, das Ungleiche zu vergleichen, KJ 23 (1990), S. 318 ff.

– Geschlechtsspezifische Kriminalität und Kriminalisierung, Kölner Zeitschrift für Soziologie und Sozialpsychologie 42 (1990), S. 129 ff.

Oberlies, Dagmar/Giesen, Rosemarie: Die männliche Regel und ihre Unanwendbarkeit auf Frauen, Streit 1986, S. 15 ff.

Oehler, Dietrich: *Das objektive Zweckmoment* in der rechtswidrigen Handlung, Berlin 1959

Olshausen, Justus: *Kommentar* zum Strafgesetzbuch für das Deutsche Reich, 2. Band, 9. Aufl., Berlin 1912

Opitz, Georg: Die Scheidung der vorsätzlichen *Tötungsdelikte*, Breslau 1905

Osenbrüggen, Eduard: Das altrömische *Paricidium*. Eine philologisch-juristische Abhandlung, Kiel 1841

Otte, Lars: Der durch Menschen ausgelöste *Defensivnotstand*, Frankfurt a. M. u. a. 1998

Otto, Harro: Anmerkung zu BGH JZ 2005, S. 795 ff., ebd., S. 799 ff.

– Grundkurs Strafrecht. Die einzelnen Delikte, 7. Aufl., Berlin/New York 2005 (zitiert: Strafrecht BT)

– Grundkurs Strafrecht. Allgemeine Strafrechtslehre, 7. Aufl., Berlin 2004

– Anmerkung zu BGH NStZ 2003, S. 482 ff., NStZ 2004, S. 142 ff.

– Neue Entwicklungen im Bereich der vorsätzlichen Tötungsdelikte, Jura 2003, S. 612 ff.

– Denken und Fühlen bei der Gesetzesanwendung, in: Arthur Kreuzer et al. (Hrsg.), Ehrengabe für Anne-Eva Brauneck, S. 27 ff., Godesberg 1999

– Die Mordmerkmale in der höchstrichterlichen Rechtsprechung, Jura 1994, S. 141 ff.

– Anmerkung zu BGH JR 1991, S. 380 ff., ebd., S. 382 f.

– Eigenverantwortliche Selbstschädigung und -gefährdung sowie einverständliche Fremdschädigung und -gefährdung, in: Hans-Heinrich Jescheck/Theo Vogler (Hrsg.), Festschrift für Herbert Tröndle, S. 157 ff., Berlin/New York 1989

– Recht auf den eigenen Tod? Strafrecht im Spannungsverhältnis zwischen Lebenserhaltungspflicht und Selbstbestimmung, *Gutachten* D für den 56. Deutschen Juristentag, München 1986

– Personales Unrecht, Schuld und Strafe, ZStW 87 (1975), S. 539ff.
– Straftaten gegen das Leben, ZStW 83 (1971), S. 39ff.
Paeffgen, Hans-Ulrich: Einmal mehr – Habgier und niedrige Beweggründe, GA 1982, S. 255ff.
Palandt, Bürgerliches Gesetzbuch, 69. Aufl., München 2010 (zitiert: Palandt/*Bearbeiter*)
Pawlik, Michael: „Der wichtigste dogmatische Fortschritt der letzten Menschenalter?" Anmerkungen zur Unterscheidung zwischen Unrecht und Schuld im Strafrecht, in: Gerhard Dannecker et al. (Hrsg.), Festschrift für Harro Otto, S. 133ff., Köln u.a. 2007
– *Person*, Subjekt, Bürger. Zur Legitimation von Strafe, Berlin 2004
– Der rechtfertigende Defensivnotstand im System der Notrechte, GA 2003, S. 12ff.
– Der rechtfertigende *Notstand*, Berlin/New York 2002
– Die Notwehr nach Kant und Hegel, ZStW 114 (2002), S. 259ff.
– Der rechtfertigende Defensivnotstand, Jura 2002, S. 526ff.
– Der Polizeibeamte als Garant zur Verhinderung von Straftaten, ZStW 111 (1999), S. 335ff.
– *Das unerlaubte Verhalten* beim Betrug, Köln u.a. 1999
Pawlowski, Hans-Martin: Die Ehe als Problem des staatlichen Rechts, in: Norbert Horn (Hrsg.), Festschrift für Helmut Coing, Band I, S. 637ff., München 1982
Pfeil, Willy: Der *Ehebruch* in seiner geschichtlichen Entwicklung und nach geltendem Recht, Heidelberg 1908
Pfordten, Dietmar von der: *Rechtsethik*, München 2001
Platon: *Gesetze*, Buch VII-XII, Werke in acht Bänden, Band 8, 2. Teil, Darmstadt 1977
Pohlenz, Max: *Stoa und Stoiker*, Band I, Zürich 1950
– *Die Stoa*. Geschichte einer geistigen Bewegung, Göttingen 1948
Puppe, Ingeborg: Der Aufbau des Verbrechens, in: Gerhard Dannecker et al. (Hrsg.), Festschrift für Harro Otto, S. 389ff., Köln u.a. 2007
– Begriffskonzeptionen des dolus eventualis, GA 2006, S. 65ff.
– Strafrecht Allgemeiner Teil im Spiegel der Rechtsprechung, Band 1, Baden-Baden 2002
– *Vorsatz und Zurechnung*, Heidelberg 1992
– Der Vorstellungsinhalt des dolus eventualis, ZStW 103 (1991), S. 1ff.
Quentin, Andreas: Kein „Heimtückemord" bei objektiv gegebener Notwehrlage?, NStZ 2005, S. 128ff.
Quistorp, Johann Christian Edlen von: *Grundsätze* des deutschen peinlichen Rechts, 1. Theil, 5. Aufl., Rostock/Leipzig 1794
Radbruch, Gustav: *Rechtsphilosophie*, hrsg. von Erik Wolf und Hans-Peter Schneider, 8. Aufl., Stuttgart 1973
– Abschnitt 17 bis 20, in: Aschrott, Paul Felix/Kohlrausch, Eduard, *Reform des Strafrechts*, S. 301ff., Berlin/Leipzig 1926
Rasch, Wilfried: Forensische *Psychiatrie*, 2. Aufl., Stuttgart/Berlin/Köln 1999
– *Tötung* des Intimpartners, Bonn 1995 (Reprint: Beiträge zur Sexualforschung, 31. Heft, 1964)
– Zweifelhafte Kriteriologien für die Beurteilung der tiefgreifenden Bewußtseinsstörung, NJW 1993, S. 757ff.
– Die Zuordnung der psychiatrisch-psychologischen Diagnosen zu den vier psychischen Merkmalen der §§ 20, 21 StGB, StV 1984, S. 264ff.

– Schuldfähigkeit und Krankheitsdefinition, in: Hans Lauter/Hans Ludwig Schreiber (Hrsg.), *Rechtsprobleme* in der Psychiatrie, S. 38 ff., Köln 1981
– Die psychologisch-psychiatrische Beurteilung von Affektdelikten, NJW 1980, S. 1309 ff.
– Haftschäden durch den Vollzug der lebenslangen Freiheitsstrafe, in: Hans-Heinrich Jescheck/Otto Triffterer, Ist die lebenslange *Freiheitsstrafe* verfassungswidrig?, S. 25 ff., Baden-Baden 1978
– Tötungsdelikte, nicht-fahrlässige, in: Rudolf Sieverts/Hans Joachim Schneider (Hrsg.), *Handwörterbuch der Kriminologie*, 3. Band, S. 353 ff., 2. Aufl., Berlin/New York 1975
– Gerichtliche Psychiatrie, in: Albert Ponsold (Hrsg.), *Lehrbuch der gerichtlichen Medizin*, S. 55 ff., Stuttgart 1967
– Das Amnesie-Problem in der forensischen Psychiatrie, in: Joachim Gerchow (Hrsg.), Festschrift für Wilhelm Hallermann, S. 57 ff., Stuttgart 1966
Rasch, Wilfried/Volbert, Renate: Ist der Damm gebrochen? Zur Entwicklung der Anwendung der §§ 20, 21 StGB seit dem 1. 1. 1975, MschrKrim 68 (1985), S. 137 ff.
Rauch, Hans-Joachim: Über die Schuldfähigkeit von Affekttätern, in: Henning Saß (Hrsg.), *Affektdelikte*, S. 200 ff., Berlin u. a. 1993
– Situation und Tendenzen in der forensischen Psychiatrie, in: Christel Frank/Gerhart Harrer (Hrsg.), *Der Sachverständige im Strafrecht*. Kriminalitätsverhütung, Forensia – Jahrbuch 1, S. 74 ff., Berlin 1990
Reemtsma, Jan Philipp: Das *Recht des Opfers* auf Bestrafung des Täters – als Problem, München 1999
Reik, Theodor: In *Gedanken* töten, München 1981
Rein, Wilhelm: Das *Criminalrecht der Römer* von Romulus bis Justinianus, Leipzig 1844
Rengier, Rudolf: Strafrecht, Besonderer Teil II, 9. Aufl., München 2008 (zitiert: Strafrecht BT II)
– Zur aktuellen Heimtücke-Rechtsprechung 30 Jahre nach BVerfGE 45, 187, in: Michael Hettinger et al. (Hrsg.), Festschrift für Wilfried Küper, S. 473 ff., Heidelberg 2007
– Totschlag oder Mord und Freispruch aussichtslos? – Zur Tötung von (schlafenden) Familientyrannen, NStZ 2004, S. 233 ff.
– Anmerkung zu BGH JZ 1993, S. 363 f., ebd., S. 364 f.
– Das Mordmerkmal „mit gemeingefährlichen Mitteln“, StV 1986, S. 405 ff.
– Anmerkung zu BGH NStZ 1984, S. 20 f., ebd., S. 21 ff.
– Der Große Senat für Strafsachen auf dem Prüfstand, NStZ 1982, S. 225 ff.
– Ausgrenzung des Mordes aus der vorsätzlichen Tötung? Eine rechtsvergleichende Darstellung für das österreichische, schweizerische und deutsche Recht, ZStW 92 (1980), S. 459 ff.
– Das Mordmerkmal der Heimtücke nach BVerfGE 45, 187, MDR 1979, S. 969 ff. (Teil I), und MDR 1980, S. 1 ff. (Teil II)
Renzikowski, Joachim: *Notstand* und Notwehr, Berlin 1994
Revel, Ute: *Anwendungsprobleme* der Schuldschwereklausel des § 57a StGB, Köln u. a. 1989
Rieß, Peter: Die Neufassung des Mordes im Regierungsentwurf 1962 eines neuen Strafgesetzbuches in kriminologischer und kriminalstatistischer Sicht, MschrKrim 52 (1969), S. 28 ff.
– Zur Abgrenzung von Mord und Totschlag, NJW 1968, S. 628 ff.

Ringel, Erwin: *Selbstschädigung* durch Neurose, 3. Aufl., Wien/Freiburg/Basel 1975
– Der *Selbstmord*. Abschluß einer krankhaften Entwicklung, Wien/Düsseldorf 1953
Rode, Irmgard/Scheld, Siegfried: *Sozialprognose* bei Tötungsdelikten, Berlin u. a. 1986
Rönnau, Thomas: Voraussetzung und Grenzen der Einwilligung im Strafrecht, Jura 2002, S. 665 ff.
– *Willensmängel* bei der Einwilligung im Strafrecht, Tübingen 2001
Rösler, Michael: Zur kriteriengeleiteten Erfassung von Affektdelikten, Der Nervenarzt 62 (1991), S. 49 ff.
– Wo liegt die Zukunft der forensischen Psychiatrie?, in: Hermann Witter (Hrsg.), *Der psychiatrische Sachverständige* im Strafrecht, S. 115 ff., Berlin u. a. 1987
Rössner, Dieter: Kriminalrecht als unverzichtbare Kontrollinstitution, in: Otfried Höffe, Gibt es ein interkulturelles *Strafrecht*?, S. 121 ff., Frankfurt a. M. 1999
Rössner, Dieter/Bannenberg, Britta: Strafrechtliche Kontrolle und Konfliktregelung der Gewalt in Paarbeziehungen, in: Arthur Kreuzer et al. (Hrsg), Ehrengabe für Anne-Eva Brauneck, S. 353 ff., Godesberg 1999
Rotsch, Thomas: Die Tötung des Familientyrannen: heimtückischer Mord? – Eine Systematisierung aus aktuellem Anlass, JuS 2005, S. 12 ff.
Roxin, Claus: Strafrecht, Allgemeiner Teil, Band I, 4. Aufl., München 2006 (zitiert: Strafrecht AT I)
– Täterschaft und *Tatherrschaft*, 8. Aufl., Berlin/New York 2006
– Die strafrechtliche Beurteilung der elterlichen Züchtigung, JuS 2004, S. 177 ff.
– Das strafrechtliche Unrecht im Spannungsfeld von Rechtsgüterschutz und individueller Freiheit, ZStW 116 (2004), S. 929 ff.
– Zur Normativierung des dolus eventualis und zur Lehre von der Vorsatzgefahr, in: Klaus Rogall et al. (Hrsg.), Festschrift für Hans-Joachim Rudolphi, S. 243 ff., Neuwied 2004
– Anmerkung zu BGH JZ 2003, S. 961 ff., ebd., S. 966 ff.
– Die Abgrenzung von strafloser Suizidteilnahme, strafbarem Tötungsdelikt und gerechtfertigter Euthanasie, in: Jürgen Wolter (Hrsg.), 140 Jahre Goltdammer's Archiv für Strafrecht, S. 177 ff., Heidelberg 1993
– Die Sterbehilfe im Spannungsfeld von Suizidteilnahme, erlaubtem Behandlungsabbruch und Tötung auf Verlangen, NStZ 1987, S. 345 ff.
– Der durch Menschen ausgelöste Defensivnotstand, in: Theo Vogler (Hrsg.), Festschrift für Hans-Heinrich Jescheck, 1. Halbband. S. 457 ff., Berlin 1985
– Von welchem Zeitpunkt an ist ein Angriff gegenwärtig und löst das Notwehrrecht aus?, in: Hans-Heinrich Jescheck et al. (Hrsg.), Gedächtnisschrift für Zong Uk Tjong, S. 137 ff., Tokio 1985
– Die Mitwirkung beim Suizid – ein Tötungsdelikt?, in: Hans Heinrich Jescheck/Hans Lüttger (Hrsg.), Festschrift für Eduard Dreher, S. 331 ff., Berlin/New York 1977
– „Schuld" und „Verantwortlichkeit" als strafrechtliche Systemkategorien, in: Claus Roxin (Hrsg.), Festschrift für Heinrich Henkel, S. 171 ff., Berlin/New York 1974
– Zum Schutzzweck der Norm bei fahrlässigen Delikten, in: Karl Lackner et al. (Hrsg.), Festschrift für Wilhelm Gallas, S. 241 ff., Berlin/New York 1973
Rudolphi, Hans-Joachim: Affekt und Schuld, in: Claus Roxin u. a. (Hrsg.), Festschrift für Heinrich Henkel, S. 199 ff., Berlin/New York 1974
– Inhalt und Funktion des Handlungsunwertes im Rahmen der personalen Unrechtslehre, in: Friedrich-Christian Schroeder/Heinz Zipf (Hrsg.), Festschrift für Reinhart Maurach, S. 51 ff., München 1972

Rüping, Hinrich: Zur Problematik des Mordtatbestandes, JZ 1979, S. 617 ff.
Rüping, Hinrich/Jerouschek, Günter: Grundriss der *Strafrechtsgeschichte*, 5. Aufl., München 2007
Salger, Hannskarl: Zur forensischen Beurteilung der Affekttat im Hinblick auf eine erheblich verminderte Schuldfähigkeit, in: Hans-Heinrich Jescheck/Theo Vogler (Hrsg.), Festschrift für Herbert Tröndle, S. 201 ff., Berlin/New York 1989
Saliger, Frank: „Niedrige Beweggründe" bei „grundloser" Tötung?, StV 2003, S. 38 ff.
– Anmerkung zu BGH StV 1998, S. 19, ebd., S. 19 ff.
– Anmerkung zu BGH StV 1998, S. 21 f., ebd., S. 22 ff.
– Zum Mordmerkmal der Verdeckungsabsicht, ZStW 109 (1997), S. 302 ff.
Sangenstedt, Christof: *Garantenpflicht und Garantenstellung* von Amtsträgern, Frankfurt a. M. 1989
Saß, Henning: Persönlichkeitsbegriff und Menschenbild in der Forensischen Psychiatrie, in: Dieter Dölling (Hrsg.), Festschrift für Ernst-Joachim Lampe, S. 183 ff., Berlin 2003
– Affektdelikte: die Kontroverse geht weiter, in: ders. (Hrsg.), *Affektdelikte*, S. 1 ff., Berlin u. a. 1993
– Affekt und Schuldfähigkeit: ein psychopathologischer Lösungsvorschlag, in: ders. (Hrsg.), *Affektdelikte*, S. 214 ff., Berlin u. a. 1993
– Handelt es sich bei der Beurteilung von Affektdelikten um ein psychopathologisches Problem? Fortschritte der Neurologie · Psychiatrie 53 (1985), S. 55 ff.
– Ein psychopathologisches Referenzssystem für die Beurteilung, Forensia 6 (1985), S. 33 ff.
– Affektdelikte, Der Nervenarzt 54 (1983), S. 557 ff.
– Die „tiefgreifende Bewußtseinsstörung" gemäß den §§ 20, 21 StGB – eine problematische Kategorie aus forensisch-psychiatrischer Sicht, Forensia 4 (1983), S. 3 ff.
Sax, Walter: Zur rechtlichen Problematik der Sterbehilfe durch vorzeitigen Abbruch einer Intensivbehandlung, JZ 1979, S. 137 ff.
– Der Grundtatbestand bei den Tötungsdelikten und beim Delikt der Abtreibung, ZStW 64 (1952), S. 393 ff.
Schaffstein, Friedrich: Die Carolina und ihre Bedeutung für die strafrechtliche Begriffsbildung, in: ders., *Abhandlungen* zur Strafrechtsgeschichte, S. 65 ff., Aalen 1986
– Die Bedeutung der Carolina für die Entwicklung strafrechtlicher Deliktstatbestände, in: ders., *Abhandlungen* zur Strafrechtsgeschichte, S. 87 ff., Aalen 1986
– Die vorsätzlichen Tötungstatbestände im Gemeinen deutschen Recht, in: ders., *Abhandlungen* zur Strafrechtsgeschichte, S. 103 ff., Aalen 1986
– Zur Auslegung des Begriffs der „heimtückischen" Tötung als Mordmerkmal, in: Friedrich Geerds/Wolfgang Naucke (Hrsg.), Festschrift für Hellmuth Mayer, S. 419 ff., Berlin 1966
– *Die allgemeinen Lehren* vom Vebrechen in ihrer Entwicklung durch die Wissenschaft des gemeinen Strafrechts, Berlin/Heidelberg/New York 1930, Neudruck Aalen 1973
– Zur Lehre vom Tätertyp im Kriegsstrafrecht, DStrR 1942, S. 33 ff.
– Rechtswidrigkeit und Schuld im Aufbau des neuen Strafrechtssystems, ZStW 57 (1938), S. 295 ff.
– Das *Verbrechen als Pflichtverletzung*, Berlin 1935
Schall, Hero/Schirrmacher, Gesa: *Gewalt* gegen Frauen und Möglichkeiten staatlicher Intervention, Stuttgart u. a. 1995

Scheffler, Uwe: Körperverletzung aus niedrigen Beweggründen?, Neue Justiz 2001, S. 13 ff.

Scheinfeld, Jörg: Der Kannibalen-Fall, Tübingen 2009

– Das „Bestimmt-worden-Sein" in § 216 I StGB. Zugleich zum „Bestimmen" in § 26 StGB, GA 2007, S. 695 ff.

Schewe, Günter: Wille und Freiheit – juristische und medizinisch-psychologische Aspekte, in: Joachim Gerchow (Hrsg.), Zur Handlungsanalyse einer Tat, S. 1 ff., Berlin u. a. 1983

– „Subjektiver Tatbestand" und Beurteilung der Zurechnungsfähigkeit, in: Günter Warda et al. (Hrsg.), Festschrift für Richard Lange, S. 687 ff.

Schiffer, Boris: Beurteilung der tiefgreifenden Bewusstseinsstörung, Der Nervenarzt 78 (2007), S. 294 ff.

Schild, Wolfgang: Strafbegriff und Grundgesetz, in: Albin Eser et al. (Hrsg.), Festschrift für Theodor Lenckner, S. 287 ff., München 1998

– Der strafrechtliche Vorsatz zwischen psychischem Sachverhalt und normativem Konstrukt, in: Raimund Jakob et al. (Hrsg.), Widmungsschrift für Manfred Rehbinder, S. 119 ff., Bern 1995

– Strafrechtsdogmatische Probleme der Tötung des Intimpartners, JA 1991, S. 48 ff.

Schlechtriem, Bernd: Das *Mordmerkmal der Heimtücke* und die lebenslange Freiheitsstrafe, Mönchengladbach 1986

Schmidhäuser, Eberhard: Der Verdeckungsmord und das Urteil BGH – 2 StR 559/87, NStZ 1989, S. 55 ff.

– Zum Begriff der Rechtfertigung im Strafrecht, in: Wilfried Küper (Hrsg.), Festschrift für Karl Lackner, S. 77 ff., Berlin/New York 1987

– Strafrechtlicher Vorsatzbegriff und Alltagssprachgebrauch, in: Rolf Dietrich Herzberg (Hrsg.), Festschrift für Dietrich Oehler, S. 135 ff., Köln u. a. 1985

– Über den axiologischen Schuldbegriff des Strafrechts: Die unrechtliche Tatgesinnung, in: Theo Vogler (Hrsg.), Festschrift für Hans-Heinrich Jescheck, 1. Halbband, S. 485 ff., Berlin 1985

– Strafrecht, Besonderer Teil, 2. Aufl., Tübingen 1983

– Bedeutung und Praktikabilität des Gesinnungsbegriffs bei den Tötungsdelikten, in: Hans Göppinger/Paul H. Bresser (Hrsg.), *Tötungsdelikte*, S. 103 ff., Stuttgart 1980

– Urteil des Bundesverfassungsgerichts vom 21. 6. 1977: Verfassungswidrigkeit der lebenslangen Freiheitsstrafe für Mord und Verfassungswidrigkeit der BGH-Rechtsprechung zur Heimtücke als Mordmerkmal, JR 1978, S. 265 ff.

– Teleologisches Denken in der Strafrechtsanwendung, in: Rüdiger Herren et al. (Hrsg.), Festschrift für Thomas Würtenberger, S. 91 ff., Berlin 1977

– Strafrecht, Allgemeiner Teil, 2. Aufl., Tübingen 1975

– Selbstmord und Beteiligung am Selbstmord in strafrechtlicher Sicht, in: Günter Stratenwerth (Hrsg.), Festschrift für Hans Welzel, S. 801 ff., Berlin/New York 1974

– Gesinnungsethik und Gesinnungsstrafrecht, in: Karl Lackner et al. (Hrsg.), Festschrift für Wilhelm Gallas, S. 81 ff., Berlin/New York 1973

– Über die Wertstruktur der Notwehr, in: Festschrift für Richard M. Honig, S. 185 ff., Göttingen 1970

– Der Unrechtstatbestand, in: Paul Bockelmann et al. (Hrsg.), Festschrift für Karl Engisch, S. 433 ff., Frankfurt a. M. 1969

– *Vorsatzbegriff* und Begriffsjurisprudenz im Strafrecht, Tübingen 1968

– Der Begriff des bedingten Vorsatzes in der neuesten Rechtsprechung des BGH und in § 16 Komm. Entw. StGB Allg. Teil 1958, GA 1958, S. 161 ff.
– *Gesinnungsmerkmale* im Strafrecht, Tübingen 1958
Schmidt, Carsten Oliver/Scholz, Berndt O.: Schuldfähigkeitsbegutachtung bei Tötungsdelikten, MschrKrim 83 (2000), S. 414 ff.
Schmidt, Eberhard: *Einführung* in die Geschichte der deutschen Strafrechtspflege, 3. Aufl., Göttingen 1965
– Die Lehre von den Tötungsdelikten, DRZ 1949, S. 198 ff., 241 ff., 272 ff.
Schmidt-Leichner, Erich: Das Gesetz zur Änderung des Reichsstrafgesetzbuchs vom 4. Sept. 1941 und die Durchführungsverordnung vom 24. Sept. 1941, DR 1941, S. 2145 ff.
Schmitt, Carl: Die Tyrannei der Werte, in: ders./Eberhard Jüngel/Sepp Schelz, Die *Tyrannei* der Werte, S. 9 ff., Hamburg 1979
Schmitt, Rudolf: Das Recht auf den eigenen Tod, MDR 1986, S. 617 ff.
– Euthanasie aus der Sicht des Juristen, JZ 1979, S. 462 ff.
– Strafrechtlicher Schutz des Opfers vor sich selbst?, in: Friedrich-Christian Schroeder/Heinz Zipf (Hrsg.), Festschrift für Reinhart Maurach, S. 113 ff., Karlsruhe 1972
Schmoller, Kurt: Überlegungen zur Neubestimmung des Mordmerkmals „heimtückisch", ZStW 99 (1987), S. 388 ff.
Schneider, Hans Joachim: Hasskriminalität: eine neue kriminologische Deliktskategorie, JZ 2003, S. 497 ff.
– Besprechung: Britta Bannenberg u. a., Mediation bei Gewaltstraftaten in Paarbeziehungen, GA 2002, S. 428 ff.
Schneider, Hartmut: Anmerkung zu BGH NStZ 2003, S. 425 ff., ebd., S. 428 ff.
– Neuere Entwicklungen in der Rechtsprechung zum minder schweren Fall des Totschlags (§ 213 StGB), in: Rudolf Egg (Hrsg.), *Tötungsdelikte – mediale Wahrnehmung*, kriminologische Erkenntnisse, juristische Aufarbeitung –, S. 203 ff., Wiesbaden 2002
– Überlegungen zur restriktiven Auslegung von § 213 StGB, NStZ 2001, S. 455 ff.
– *Grund und Grenzen* des strafrechtlichen Selbstbegünstigungsprinzips, Berlin 1991
Schöch, Heinz: Die Beurteilung von Schweregraden schuldmindernder oder schuldausschließender Persönlichkeitsstörungen aus juristischer Sicht, MschrKrim 66 (1983), S. 333 ff.
Schöch, Heinz/Verrel, Torsten: Alternativ-Entwurf Sterbebegleitung (AE-StB), GA 2005, S. 553 ff.
Schönke, Adolf: Strafgesetzbuch, 2. Aufl., München/Berlin 1944 (zitiert: Schönke, 2. Aufl.)
Schönke, Adolf/Schröder, Horst: Strafgesetzbuch, 27. Aufl., München 2006 (zitiert: Sch/Sch-*Bearbeiter*)
– 14. Aufl., München 1969 (zitiert: Sch/Sch-*Bearbeiter*, 14. Aufl.)
Schorsch, Eberhard: Gewalt in den Beziehungen der Geschlechter, in: Gunter Schmidt/Volkmar Sigusch (Hrsg.): *Perversion*, Liebe, Gewalt, S. 72 ff., Stuttgart 1993
– Affekttaten und sexuelle Perversionstaten im strukturellen und psychodynamischen Vergleich, in: Gunter Schmidt/Volkmar Sigusch (Hrsg.): *Perversion*, Liebe, Gewalt, S. 139 ff., Stuttgart 1993
Schreiber, Hans-Ludwig/Rosenau, Henning: Rechtliche Grundlagen der psychiatrischen Begutachtung, in: Ulrich Venzlaff/Klaus Foerster (Hrsg.), Psychiatrische *Begutachtung*, S. 77 ff., 5. Aufl., München/Jena 2009

Schroeder, Friedrich-Christian: Anmerkung zu LG Berlin, NStZ 2005, S. 35, ebd., S. 153 f.
- Beihilfe zum Selbstmord und Tötung auf Verlangen, ZStW 106 (1994), S. 565 ff.
- Grundgedanken der Mordmerkmale, JuS 1984, S. 275 ff.

Schröder, Horst: Die künftige Gestaltung der Tötungsdelikte, in: *Materialien* zur Strafrechtsreform, 1. Band, Gutachten der Strafrechtslehrer, S. 283 ff., Bonn 1954
- Zur Abgrenzung zwischen Mord und Totschlag, JZ 1952, S. 526 f.
- Der Aufbau der Tötungsdelikte, SJZ 1950, Sp. 560 ff.

Schubert, Werner/Regge, Jürgen (Hrsg.): *Quellen* zur Reform des Straf- und Strafprozeßrechts, I. Abteilung, Weimarer Republik (1918–1932), 1. Band, Entwürfe zu einem Strafgesetzbuch (1919, 1922, 1924/25 und 1927), Berlin/New York 1995
- II. Abteilung, NZ-Zeit (1933–1939), 1. Band, Entwürfe eines Strafgesetzbuchs, 2. Teil, Berlin/New York 1990

Schünemann, Bernd: Plädoyer für eine neue Theorie der Strafzumessung, in: Albin Eser/Karin Cornils (Hrsg.), Neuere *Tendenzen der Kriminalpolitik*, S. 209 ff., Freiburg i.Br. 1987
- Die deutschsprachige Strafrechtswissenschaft nach der Strafrechtsreform im Spiegel des Leipziger Kommentars und des Wiener Kommentars, GA 1985, S. 341 ff.
- Die Funktion des Schuldprinzips im Präventionsstrafrecht, in: ders. (Hrsg.), *Grundfragen* des modernen Strafrechtssystems, S. 153 ff., Berlin/New York 1984
- Die Bedeutung der „Besonderen persönlichen Merkmale" für die strafrechtliche Teilnehmer- und Vertreterhaftung, Jura 1980, S. 354 ff. und S. 568 ff.
- Methodologische Prolegomena zur Rechtsfindung im Besonderen Teil des Strafrechts, in: Arthur Kaufmann et al. (Hrsg.), Festschrift für Paul Bockelmann, S. 117 ff., München 1979
- Grund und Grenzen der unechten *Unterlassungsdelikte*, Göttingen 1971

Schultz, Hans: Das vorsätzliche Tötungsdelikt in der Schweiz, in: Hans Göppinger/Paul H. Bresser (Hrsg.), *Tötungsdelikte*, S. 13 ff., Stuttgart 1980

Schwab, Dieter: Familienrecht, 17. Aufl., München 2009

Schwalm, Georg: Schuld und Schuldfähigkeit im Licht der Strafrechtsreformgesetze vom 25.6 und 4.7. 1969, des Grundgesetzes und der Rechtsprechung des Bundesverfassungsgerichts, JZ 1970, S. 487 ff.
- Heimtücke und achtenswerter Beweggrund, MDR 1957, S. 260 ff.

Schwarz, Otto: Strafgesetzbuch, 12. Aufl., München/Berlin 1943

Schwarze, Friedrich Oskar: Das Verbrechen des Mords und des Todtschlags. Mittheilungen aus der Praxis, Der Gerichtssaal 11 (1859), S. 321 ff.; 12 (1860), S. 481 ff.; 13 (1861), S. 450 ff.; 15 (1863), S. 229 ff., 442 ff.

Schwarzenegger, Christian: Skrupellos und verwerflich! Über Emotionen und unbestimmte Rechtsbegriffe im Strafrecht, SchwZStR 118 (2000), S. 349 ff.

Schweikert, Birgit: *Gewalt* ist kein Schicksal, Baden-Baden 2000

Seelmann, Kurt: *Anerkennungsverlust* und Selbstsubsumtion, Freiburg i.Br./München 1995
- Privatrechtlich begründete Garantenpflichten?, in: Karsten Schmidt (Hrsg.), *Vielfalt des Rechts* – Einheit der Rechtsordnung?, S. 85 ff., Berlin 1995
- Verantwortungszuweisung, Gefahrensteuerung und Verteilungsgerechtigkeit, in: Guiseppe Orsi et al. (Hrsg.), *Gerechtigkeit*, Rechtsphilosophische Hefte, Band 2, S. 109 ff., Frankfurt a. M. u. a. 1993

– Solidaritätspflichten im Strafrecht?, in: Heike Jung/Heinz Müller-Dietz/Ulfried Neumann (Hrsg.), *Recht und Moral*, S. 295 ff., Baden-Baden 1991
– Opferinteressen und Handlungsverantwortung in der Garantenpflichtdogmatik, GA 1989, S. 241 ff.
Seneca, Lucius Annaeus: *Über die Milde*, in: ders., Philosophische Schriften, 5. Band, Darmstadt 1989
– *Über den Zorn*, in: ders., Philosophische Schriften, 1. Band, Darmstadt 1969
Sessar, Klaus: Tötungskriminalität, in: Günther Kaiser et al. (Hrsg.), *Kleines kriminologisches Wörterbuch*, S. 549 ff., 3. Aufl., Heidelberg 1993
– Rechtliche und soziale Prozesse einer Definition der *Tötungskriminalität*, Freiburg 1981
– Die Umgehung der lebenslangen Freiheitsstrafe, MschrKrim 63 (1980), S. 193 ff.
– Der zweifelhafte Aussagewert der Polizeilichen Kriminalstatistik bei den versuchten Tötungen, Kriminalistik 1979, S. 167 ff.
Sick, Brigitte: *Sexuelles Selbstbestimmungsrecht* und Vergewaltigungsbegriff, Berlin 1993
Siep, Ludwig: Intersubjektivität, Recht und Staat in Hegels „Grundlinien der Philosophie des Rechts", in: Dieter Henrich/Rolf-Peter Horstmann (Hrsg.), *Hegels Philosophie* des Rechts, S. 255 ff., Stuttgart 1982
– *Anerkennung* als Prinzip der praktischen Philosophie, Freiburg i.Br./München 1979
Simons, Dietrich: *Tötungsdelikte* als Folge mißlungener Problemlösungen, Stuttgart 1988
Simson, Gerhard/Geerds, Friedrich: *Straftaten gegen die Person* und Sittlichkeitsdelikte in rechtsvergleichender Sicht, München 1969
Sinn, Arndt: *Straffreistellung* aufgrund von Drittverhalten, Tübingen 2007
Siol, Joachim: *Mordmerkmale* in kriminologischer und kriminalpolitischer Sicht, Göttingen 1973
Smaus, Gerlinda: Physische Gewalt und Macht des Patriarchats, KrimJourn. 26 (1994), S. 82 ff.
– Soziale Kontrolle und das Geschlechterverhältnis, in: Detlev Frehsee/Gabi Löschper/Karl F. Schumann (Hsrg): *Strafrecht*, soziale Kontrolle, soziale Disziplinierung, Jahrbuch für Rechtssoziologie und Rechtstheorie, S. 122 ff., Opladen 1993
Soergel: Bürgerlichen Gesetzbuch mit Einführungsgesetz und Nebengesetzen, Band 7, Familienrecht (§§ 1297–1588), Stand: Sommer 1988, Stuttgart u. a. 1989 (zitiert: Soergel/*Bearbeiter*)
Spendel, Günter: Keine Notwehreinschränkung unter Ehegatten, JZ 1984, S. 507 ff.
– Der BGH und das Mordmerkmal „Heimtücke", StV 1984, S. 45 ff.
– „Heimtücke" und gesetzliche Strafe bei Mord, JR 1983, S. 269 ff.
Staiger, Gerhard: Zu den Auswirkungen der tatbestandlichen Ausgestaltung des § 211 StGB, in: Hans-Heinrich Jescheck/Otto Triffterer, Ist die lebenslange *Freiheitsstrafe* verfassungswidrig?, S. 181 ff., Baden-Baden 1978
Staudinger: Kommentar zum Bürgerlichen Gesetzbuch mit Einführungsgesetz und Nebengesetzen (zitiert: Staudinger/*Bearbeiter*)
– 4. Buch, Familienrecht, Einleitung zu §§ 1297 ff., §§ 1297–1302, Nichteheliche Lebensgemeinschaft, §§ 1303–1362, Neubearbeitung, Berlin 2007
– 4. Buch, Familienrecht, §§ 1564–1568, HausratsVO, Neubearbeitung 2004, Berlin 2004
Steck, Peter: Merkmalscluster bei Mordhandlungen, MschrKrim 73 (1990), S. 384 ff.

Steck, Peter et al.: Diskussionen. Partnertötungen durch Frauen, MschrKrim 85 (2002), S. 340ff.
– Tödlich endende Partnerkonflikte, MschrKrim 80 (1997), S. 404ff.
Steigleder, Emanuel: Affekthandlungen, in: Georg Eisen (Hrsg.), *Handwörterbuch der Rechtsmedizin*, Band II, S. 59ff., Stuttgart 1974
– *Mörder* und Totschläger, Stuttgart 1968
Steller, Max: Psychodiagnostik bei Affekttaten – Methodik und Theorie der Begutachtung affektbedingter Bewußtseinsstörungen, in: Henning Saß (Hrsg.), *Affektdelikte*, S. 132ff., Berlin u.a. 1993
– Zur Quantifizierung von Affektmerkmalen, in: Helmut Kury (Hrsg.), *Ausgewählte Fragen* und Probleme forensischer Begutachtung, S. 299ff., Köln u.a. 1987
Sternberg-Lieben, Detlev: Die objektiven Schranken der *Einwilligung* im Strafrecht, Tübingen 1997
Stock, Ulrich: Zur Abgrenzung von Mord und Totschlag, SJZ 1947, Sp. 529ff.
Stoecker, Ralf: Einleitung, in: ders. (Hrsg.), *Handlungen* und Handlungsgründe, S. 7ff., Paderborn 2002
Stooss, Carl: Bericht über den *Vorentwurf* zu einem schweizerischen Strafgesetzbuch nach den Beschlüssen der Expertenkommission, Bern 1899
– Die *Grundzüge* des schweizerischen Strafrechts im Auftrag des Bundesrathes, 2. Band, Basel/Genf 1893
Störring, Gustav Ernst: *Besinnung* und Bewußtsein. Persönlichkeitsaufbau und Persönlichkeitszerfall aus psychologisch-pädagogischer, soziologischer und psychiatrischer Sicht, Stuttgart 1953
Strafgesetzbuch Kommentar, hrsg. v. Helmut Satzger/Bertram Schmitt/Gunter Widmaier, Köln 2009 (zitiert: SSW-StGB/*Bearbeiter*)
Stratenwerth, Günter: Vermeidbarer Schuldausschluß, in: Gerhard Dornseifer u.a. (Hrsg.), Gedächtnisschrift für Armin Kaufmann, S. 485ff., Köln u.a. 1989
– Zur Relevanz des Erfolgsunwertes im Strafrecht, in: Gerald Grünwald u.a. (Hrsg.), Festschrift für Friedrich Schaffstein, S. 177ff., Göttingen 1975
– *Tatschuld* und Strafzumessung, Tübingen 1972
– Zur Funktion strafrechtlicher Gesinnungsmerkmale, in: Hans Welzel et al. (Hrsg.), Festschrift für Hellmuth von Weber, S. 171ff., Bonn 1963
– Prinzipien der Rechtfertigung, ZStW 68 (1956), S. 41ff.
Stratenwerth, Günter/Kuhlen, Lothar: Strafrecht Allgemeiner Teil I, 5. Aufl., 2004
Streck, Michael: *Generalklausel* und unbestimmter Begriff im Recht der allgemeinen Ehewirkungen, Bonn 1970
Streng, Franz: Strafrechtliche *Sanktionen*, 2. Aufl., Stuttgart 2002
– Psychowissenschaftler und Strafjuristen, NStZ 1995, S. 12ff. (1. Teil), S. 161ff. (2. Teil)
– Schuld ohne Freiheit? Der funktionale Schuldbegriff auf dem Prüfstand, ZStW 101 (1989), S. 273ff.
Stuckenberg, Carl-Friedrich: *Vorstudien* zu Vorsatz und Irrtum im Völkerstrafrecht, Berlin 2007
Stumpfl, Friedrich: *Motiv* und Schuld, Wien 1961
Systematischer Kommentar, Band I, Allgemeiner Teil, und Band II, 1. Teil, 7., teils 8. Aufl., Neuwied 2005 (zitiert: SK/Bearbeiter)
Temme, Jodocus Deodatus Hubertus: *Lehrbuch* des preußischen Strafrechts, Berlin 1853

– Die Lehre von der *Tödtung*, nach preußischem Rechte, Leipzig 1839
Theune, Werner: Die Beurteilung der Schuldfähigkeit in der Rechtsprechung des Bundesgerichtshofes – 2. Teil, NStZ-RR 2003, S. 225 ff.
– Auswirkungen des normalpsychologischen (psychogenen) Affektes auf die Schuldfähigkeit sowie den Schuld- und Rechtsfolgenausspruch, NStZ 1999, S. 273 ff.
Thomas, Sven: Die *Geschichte des Mordparagraphen* – eine normgenetische Untersuchung bis in die Gegenwart, Bochum 1985
Thomsen, Andreas: *Begriff des Verbrechensmotivs*, München 1902
Timpe, Gerhard: Anmerkung zu BGH JR 1986, S. 75 f., ebd. S. 76 f.
Tittmann, Carl August: *Handbuch* der Strafrechtswissenschaft und der deutschen Strafgesetzkunde, 2. Theil, Halle 1807
Többen, Heinrich: *Untersuchungsergebnisse* an Totschlägern, Berlin 1932
Tönnies, Ferdinand: Gemeinschaft und Gesellschaft, 3. Aufl. (des Neudrucks der 8. Aufl. von 1935), Damstadt 1991
Trapp, Manfred: Naturrecht, Wertordnung, Vernunft, ARSP 72 (1986), S. 153 ff.
Trechsel, Stefan: Das unbewußte Motiv im Strafrecht, ZStW 93 (1982), S. 397 ff.
Tröndle, Herbert/Fischer, Thomas: Strafgesetzbuch und Nebengesetze, 55. Aufl., München 2008 (zitiert: *Tröndle/Fischer* [55. Aufl.])
Trube-Becker, Elisabeth: *Frauen* als Mörder, München 1974
Trusen, Winfried: Strafprozeß und Rezeption. Zu den Entwicklungen im Spätmittelalter und den Grundlagen der Carolina, in: Peter Landau/Friedrich-Christian Schroeder (Hrsg.), *Strafrecht*, Strafprozess und Rezeption, S. 29 ff., Frankfurt a. M. 1984
Tschulik, Otto: Die vorsätzliche Tötung im österreichischen Recht, in: Hans Göppinger/Paul H. Bresser (Hrsg.), *Tötungsdelikte*, S. 31 ff., Stuttgart 1980
Undeutsch, Udo: Schuldfähigkeit unter psychologischem Aspekt, in: Georg Eisen (Hrsg.), *Handwörterbuch der Rechtsmedizin*, Band II, Stuttgart 1974
Veh, Herbert Michael: *Mordtatbestand* und verfassungskonforme Auslegung, Berlin 1986
Venzlaff, Ulrich: Methodische und praktische Probleme der forensisch-psychiatrischen Begutachtung, in: Ulrich Venzlaff/Klaus Foerster (Hrsg.), Psychiatrische *Begutachtung*, S. 67 ff., 3. Aufl., München/Jena 2000 (zitiert: Begutachtung [2000])
– Über zweiphasig ablaufende Affekttaten, in: Henning Saß (Hrsg.), *Affektdelikte*, S. 147 ff., Berlin u. a. 1993
– Konfliktreaktionen, Neurosen und Persönlichkeitsstörungen im Erwachsenenalter, in: ders. (Hrsg.), Psychiatrische Begutachtung, S. 327 ff., Stuttgart/New York 1986 (zitiert: Begutachtung [1986])
– Die forensisch-psychiatrische Beurteilung affektiver Bewußtseinsstörungen, in: Hans-Dieter Schwind (Hrsg.), Festschrift für Günter Blau, S. 391 ff., Berlin/New York 1985
– Ist die Restaurierung eines „engen“ Krankheitsbegriffs erforderlich, um kriminalpolitische Gefahren abzuwenden?, ZStW 88 (1976), S. 57 ff.
Verrel, Torsten: *Schuldfähigkeitsgutachten* und Strafzumessung bei Tötungsdelikten, München 1995
– Die Anwendung der §§ 20, 21 StGB im Bereich der Tötungskriminalität, MschrKrim 77 (1994), S. 272 ff.
Vogel, Joachim: *Norm und Pflicht* bei den unechten Unterlassungsdelikten, Berlin 1993
Volbert, Renate: *Tötungsdelikte* im Rahmen von Bereicherungstaten, München 1992
Wachenfeld, Friedrich: *Lehrbuch* des deutschen Strafrechts, München 1914

– Die *Tötungsdelikte*, Berlin 1909
– Die Begriffe von *Mord und Totschlag* sowie vorsätzlicher Körperverletzung mit tödlichem Ausgange in der Gesetzgebung seit der Mitte des 18ten Jahrhunderts, Marburg 1890
– Die *Überlegung* in unserem heutigen Mordbegriff, Hersfeld 1887
Wächter, Carl Georg von: *Abhandlungen* aus dem Strafrechte, 1. Band, Leipzig 1935
– *Lehrbuch* des römisch-teutschen Strafrechts, 2. Theil, Stuttgart 1826
– Revision der Lehre von dem Selbstmorde, nach dem positiven Römischen und gemeinen Deutschen Rechte und den neuen Gesetzgebungen, Neues Archiv des Criminalrechts 10 (1828), S. 72 ff., 216 ff., 634 ff.
Walder, Hans: Vorsätzliche Tötung, Mord und Totschlag, StrGB Art. 111–113, SchwZStR 96 (1979), S. 117 ff.
Walker, Lenore E.: *Warum* schlägst Du mich? München 1994
Walter, Michael: Läßt sich der Handlungsunwert an der aufgewendeten „kriminellen Energie" ermessen?, GA 1985, S. 197 ff.
Walter, Tonio: Der *Kern des Strafrechts*, Tübingen 2006
Walther, Susanne: Anmerkung zu BGH JZ 2003, S. 50 ff., ebd., S. 52 ff.
– *Eigenverantwortlichkeit* und strafrechtliche Zurechnung, Freiburg i.Br. 1991
Weber, Hartmut-Michael: Die *Abschaffung der lebenslangen Freiheitsstrafe*. Für eine Durchsetzung des Verfassungsanspruchs, Baden-Baden 1999
Wegener, Hermann: Einführung in die Forensische *Psychologie*, Darmstadt 1981
Weigend, Thomas: Über die Begründung der Straflosigkeit bei Einwilligung des Betroffenen, ZStW 98 (1986), S. 44 ff.
Weiher, Ralf: Vollendete *Tötungsdelikte*, Bochum 1989
Weiß, Dietmar: Die Problematik der *Verdeckungsabsicht* im Mordtatbestand, Berlin 1997
Wellhöfer, Peter R.: *Selbstmord* und Selbstmordversuch, Stuttgart 1981
Welsch, Otto: Die *Bestrafung des Ehebruchs* nach römischem, canonischem und älterem Recht, Heidelberg 1908
Welter-Enderlin, Rosemarie: Konflikt und Gewalt in Paarbeziehungen, in: Peter Michael Pflüger (Hrsg.), *Das Paar* – Mythos und Wirklichkeit. Neue Werte in Liebe und Sexualität, S. 61 ff., Olten/Freiburg i. Br.1988
Welzel, Hans: Das deutsche *Strafrecht*, 11. Aufl., Berlin 1969
– Vom Bleibenden und Vergänglichen in der Strafrechtswissenschaft, in: ders., *Abhandlungen* zum Strafrecht und zur Rechtsphilosophie, S. 345 ff., Berlin/New York 1975
– Studien zum System des Strafrechts, in: ders., *Abhandlungen* zum Strafrecht und zur Rechtsphilosophie, S. 120 ff., Berlin/New York 1975
– *Naturrecht* und materiale Gerechtigkeit, 2. Aufl., Göttingen 1955
– Zur Systematik der Tötungsdelikte, JZ 1952, S. 72 ff.
– Persönlichkeit und Schuld, ZStW 60 (1941), S. 428 ff.
Werle, Gerhard: *Justiz-Strafrecht* und polizeiliche Verbrechensbekämpfung im Dritten Reich, Berlin/New York 1989
Wesel, Uwe: *Fast alles, was Recht ist.* Jura für Nichtjuristen, 7. Aufl., Frankfurt a. M. 2002
– *Frühformen* des Rechts in vorstaatlichen Gesellschaften, Frankfurt a. M. 1985
Wessels, Johannes/Beulke, Werner: Strafrecht, Allgemeiner Teil, 39. Aufl., Heidelberg 2009 (zitiert: Strafrecht AT)

Wessels, Johannes/Hettinger, Michael: Strafrecht, Besonderer Teil/1, 33. Aufl., Heidelberg 2009 (zitiert: Strafrecht BT/1)

Wetzels, Peter et al.: *Kriminalität im Leben alter Menschen*, Stuttgart/Berlin/Köln 1995

Wiener Kommentar zum Strafgesetzbuch, § 75 öStGB, hrsg. von Frank Höpfel/Eckard Ratz, 2. Aufl., 33. Lieferung, Wien 2002

– §§ 76, 77 öStGB, hrsg. von Frank Höpfel/Eckard Ratz, 2. Aufl., 34. Lieferung, Wien 2002

– §§ 78, 79 öStGB, hrsg. von Frank Höpfel/Eckard Ratz, 2. Aufl., 35. Lieferung, Wien 2002

Wilda, Wilhelm Eduard: Das *Strafrecht der Germanen*, Halle 1842

Witt, Olaf: Das *Mordmerkmal „grausam"*, Aachen 1996

Witter, Hermann: Zur gegenwärtigen Lage der forensischen Psychiatrie, in: ders. (Hrsg.), *Der psychiatrische Sachverständige* im Strafrecht, S. 1 ff., Berlin u. a. 1987

– Die Grundlagen für die Beurteilung der Schuldfähigkeit im Strafrecht, in: ders. (Hrsg.), *Der psychiatrische Sachverständige* im Strafrecht, S. 37 ff., Berlin u. a. 1987

– Die Beurteilung der Schuldfähigkeit bei Belastungsreaktionen, Neurosen und Persönlichkeitsstörungen, in: (Hrsg.), *Der psychiatrische Sachverständige* im Strafrecht, S. 175 ff., Berlin u. a. 1987

– Wissen und Werten bei der Beurteilung der strafrechtlichen Schuldfähigkeit, in: Hans-Jürgen Kerner et al. (Hrsg.), Festschrift für Heinz Leferenz, S. 441 ff., Heidelberg 1983

– Die Bedeutung des psychiatrischen Krankheitsbegriffs für das Strafrecht, in: Günter Warda et al. (Hrsg.), Festschrift für Richard Lange, S. 723 ff., Berlin/New York 1976

– *Grundriß* der gerichtlichen Psychologie und Psychiatrie, Berlin/Heidelberg/New York 1970

Woesner, Horst: Neuregelung der Tötungstatbestände, NJW 1980, S. 1136 ff.

– Moralisierende Mordmerkmale, NJW 1978, S. 1025 ff.

Wohlers, Wolfgang: *Deliktstypen des Präventionsstrafrechts* – zur Dogmatik „moderner" Gefährdungsdelikte, Berlin 2000

– Einschränkungen des Notwehrrechts innerhalb sozialer Näheverhältnisse, JZ 1999, S. 434 ff.

– Die Abgrenzung des Verdeckungsmordes vom Totschlag – BGHSt 35, 115, JuS 1990, S. 20 ff.

Wolf, Erik: Das künftige Strafensystem und die Zumessungsgrundsätze, ZStW 54 (1935), S. 544 ff.

– Vom *Wesen des Täters*, Tübingen 1932

Wolf, Gerhard: Mörder oder Totschläger?, in: Knut Amelung et al. (Hrsg.), Festschrift für Hans-Ludwig Schreiber, S. 519 ff., Heidelberg 2003

Wolff, Stephan: Die Neutralisierung von Geschlechtlichkeit in psychiatrischen Gerichtsgutachten, Kriminalsoziologische Bibliografie 18 (1991), Heft 72–73, S. 65 ff.

Wolter, Jürgen: Strafwürdigkeit und Strafbedürftigkeit in einem neuen Strafrechtssystem, in: ders. (Hrsg.), 140 Jahre Goltdammer's Archiv für Strafrecht, S. 269 ff., Heidelberg 1993

– *Objektive und personale Zurechnung* von Verhalten, Gefahr und Verletzung in einem funktionalen Straftatsystem, Berlin 1981

Wulf, Bernd Rüdiger: *Kriminelle Karrieren* von „Lebenslänglichen", München 1979

Zaczyk, Rainer: Das Mordmerkmal der Heimtücke und die Notwehr gegen eine Erpressung, JuS 2004, S. 750 ff.

– Strafrechtliches Unrecht und die *Selbstverantwortung des Verletzten*, Heidelberg 1993

– Das *Unrecht der versuchten Tat*, Berlin 1989

Ziegert, Ulrich: Prolegomena einer juristischen Affekttheorie, Recht&Psychiatrie 16 (1998), S. 91 ff.

– Die Affekttat zwischen Wertung und Willkür, in: Henning Saß (Hrsg.), *Affektdelikte*, S. 43 ff., Berlin u. a. 1993

– Vorsatz, Schuld und *Vorverschulden*, Berlin 1987

Zielinski, Diethart: Handlungs- und Erfolgsunwert im *Unrechtsbegriff*, Berlin 1973

Zieschang, Frank: Einschränkung des Notwehrrechts bei engen persönlichen Beziehungen?, Jura 2003, S. 527 ff.

Zieschang, Frank: Die *Gefährdungsdelikte*, Berlin 1978

Zipf, Heinz: Kriminalpolitische Überlegungen zu einer Reform der Tötungsdelikte unter besonderer Berücksichtigung des neuen österreichischen Strafrechts, in: Rüdiger Herren et al. (Hrsg.), Festschrift für Thomas Würtenberger, S. 151 ff., Berlin 1977

Zoepfl, Heinrich (Hrsg.): Die *Peinliche Gerichtsordnung* Kaiser Karl's V., 2. Ausgabe, Leipzig/Heidelberg 1876

Zwiehoff, Gabriele: Die provozierte *Tötung* – Zur Tatbestandsqualität der Provokationsvariante des § 213 StGB, Baden-Baden 2001

Sachverzeichnis

Personenverzeichnis